2025年

国家统一法律职业资格考试

易错·高频考点速记

背诵版

法律考试中心/组编

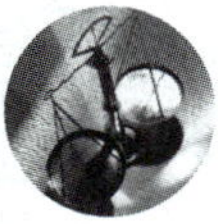

法律出版社
LAW PRESS·CHINA
北京

图书在版编目（CIP）数据

2025年国家统一法律职业资格考试易错·高频考点速记：背诵版/法律考试中心组编. -- 北京：法律出版社，2024. -- ISBN 978-7-5197-9593-1

Ⅰ. D920.4

中国国家版本馆 CIP 数据核字第 20249P0F20 号

2025年国家统一法律职业资格考试易错·高频考点速记(背诵版)
2025 NIAN GUOJIA TONGYI FALÜ ZHIYE ZIGE KAOSHI YICUO · GAOPIN KAODIAN SUJI (BEISONG BAN)

法律考试中心 组编

策划编辑 徐 菲
责任编辑 徐 菲
装帧设计 李 瞻

出版发行 法律出版社
编辑统筹 法律考试·职业教育出版分社
责任校对 李慧艳
责任印制 胡晓雅
经　　销 新华书店

开本 787毫米×1092毫米 1/32
印张 13.75 **字数** 548千
版本 2024年11月第1版
印次 2024年11月第1次印刷
印刷 固安华明印业有限公司

地址：北京市丰台区莲花池西里7号(100073)
网址：www.lawpress.com.cn
投稿邮箱：info@lawpress.com.cn
举报盗版邮箱：jbwq@lawpress.com.cn
销售电话：010-83938349
客服电话：010-83938350
咨询电话：010-63939796

书号：ISBN 978-7-5197-9593-1　**定价**：42.00元

凡购买本社图书，如有印装错误，我社负责退换。电话：010-83938349

编写说明

近几年，考试命题体现出新的思路，除了重点考查“实用的”“常考的”“新出的”知识点，“基础理论”也成为考试命题的重点。2018 年开启的国家统一法律职业资格考试注重对理论知识的考查。据此，结合近年考试命题特点，法律考试中心特组织编写本书，试图帮助考生在 2025 年考试中突破难关。

一、学习建议

（一）“煮海为盐”，该放就放

考试大纲所涉及的一级考点，数量将近 3000 个，而综观历年考试，经常被考核的考点，大约只有 350 个。因此，考生在复习的时候，应当懂得“放弃”与“选择”，以最少的投入，获得最大的回报。

从命题规律来看，大纲上的常考考点和新增考点，一直是考试命题的焦点。以大纲常考的重要考点来说，年均分值约占考试总分值的 80%，其重要性不容忽视。本书通过统计、汇总常考考点，总结了 370 个高频考点，精解精读，希望考生通过阅读本书，达到事半功倍的效果。而事实上，本系列丛书自出版以来，深受命题组的青睐，一直是命题老师出题备用资料，每年考试 80% 以上的题目，直接可以在本书中找到对应考点。

（二）以教材为主，把教材读薄

目前，市面上各种辅导书可谓层出不穷，各类辅导班如雨后春笋般出现，这为考生准备考试提供了有力的武器。不过，细心的考生会发现，不同图书对同一个试题的解答可能相异，不同辅导教师对个别考点的观点也可能不同，这给考生造成了很大的困惑。

对此，我们的建议是：一方面，有争议的考点往往不是考试的重点，千万不要执着个别问题，而影响对整个考试的复习效率。另一方面，就考试本身而言，对于有争议的问题，要以司法部制定的大纲和考试中心编审的最新教材为主，把大纲和教材读透、读薄，是考试制胜的法宝。

二、本书体例

1. 高频考点及内容：本书从常考考点中，筛选出 370 个高频考点，结合教材的主流观点，浓缩重点内容，一一进行精要介绍与分析。

2. 易错点提示：很多考生在复习教材和法条时，往往复习多遍后，仍然不会做题，这主要是没有掌握考点的关键内容。结合考试培训经验，针对考生容易出错的地方，本栏目对考生容易忽略、出错的要点进行提示，让考生如临课堂，豁然开朗。

3. 考场演练：试题是最好的练习题，高频考点之后，精选历年考试试题为考生实时测试。

4. 知识图解：明确知识点对比，方便考生记忆。

5. 法条链接：设置关联法条，学习考点的同时看法条，知识掌握得更扎实。

对明天最好的准备就是今天做到最好。衷心祝愿阅读本书的考生能够顺利通过国家统一法律职业资格考试！

法律考试中心

2024 年 11 月

目　录

习近平法治思想

考点 1　坚持党对全面依法治国的领导

1. 党的领导是中国特色社会主义法治之魂。

全面建设社会主义现代化国家、全面推进中华民族伟大复兴，关键在党。中国共产党是中国特色社会主义事业的坚强领导核心，是最高政治领导力量，各个领域、各个方面都必须坚定自觉地坚持党的领导。只有始终坚持党对一切工作的领导，才能在更高水平上实现全党全社会思想上的统一、政治上的团结、行动上的一致，才能进一步增强党的创造力、凝聚力、战斗力，才能为夺取新时代中国特色社会主义伟大胜利提供根本政治保证。

坚持党的领导，是社会主义法治的根本要求，是党和国家的根本所在、命脉所在，是全国各族人民的利益所系、幸福所系，是全面推进依法治国的题中应有之义。习近平总书记强调："全党同志必须牢记，党的领导是我国社会主义法治之魂，是我国法治同西方资本主义国家法治最大的区别。离开了党的领导，全面依法治国就难以有效推进，社会主义法治国家就建不起来。"①党的领导是中国特色社会主义最本质的特征，是社会主义法治最根本的保证。党的领导和社会主义法治是一致的；社会主义法治必须坚持党的领导，党的领导必须依靠社会主义法治。全面推进依法治国，建设社会主义法治国家，只有在党的领导下才能有目的、有步骤、有秩序地进行。

2. 全面依法治国是要加强和改善党的领导。

习近平总书记指出："全面依法治国决不是要削弱党的领导，而是要加强和改善党的领导。"②加强和改善党对全面依法治国的领导，是由全面依法治国的性质和任务决定的。习近平总书记指出，"全面推进依法治国是一个系统工程，是国家治理领域一场广泛而深刻的革命"。③"深刻革命"意味着许多改革事项都是难啃的"硬骨头"，迫切需要党中央层面加强顶层设计、统筹协调，需要各级党委加强对法治工作的组织领导和政治引领。"系统工程"不仅意味着全面依法治国具有复杂性、长期性、艰巨性，涉及经济建设、政治建设、文化建设、社会建设、生态文明建设、国防军队建设、党的建设等领域，涉及改革发展稳定、内政外交国防、治党治国

① 习近平：《坚定不移走中国特色社会主义法治道路　为全面建设社会主义现代化国家提供有力法治保障》，载《求是》2021年第5期。

② 习近平：《坚定不移走中国特色社会主义法治道路　为全面建设社会主义现代化国家提供有力法治保障》，载《求是》2021年第5期。

③ 习近平：《论坚持全面依法治国》，中央文献出版社2020年版，第118页。

治军各个方面，而且意味着全面依法治国是长期历史任务；只有发挥党总揽全局、协调各方的领导核心作用，才能完成全面依法治国这一“系统工程”的总规划，才能实现全面依法治国的总目标。

习近平总书记指出：“全面推进依法治国，要有利于加强和改善党的领导，有利于巩固党的执政地位、完成党的执政使命。”①我国正处于实现中华民族伟大复兴的关键时期，新时代坚持和发展中国特色社会主义更加需要依靠法治，更加需要加强党对全面依法治国的领导。全面依法治国，必须坚持依法治国和依规治党有机统一，加快形成覆盖党的领导和党的建设各方面的党内法规体系，增强党依法执政本领，提高管党治党水平，确保党始终成为中国特色社会主义事业的坚强领导核心。坚持科学执政、民主执政、依法执政，贯彻民主集中制，创新和改进领导方式，提高党把方向、谋大局、定政策、促改革能力，调动各方面积极性。坚持制度治党、依规治党，以党章为根本，以民主集中制为核心，完善党内法规制度体系，增强党内法规权威性和执行力，形成坚持真理、修正错误，发现问题、纠正偏差的机制。

3. 坚持党的领导、人民当家作主、依法治国有机统一。

全面依法治国，核心是坚持党的领导、人民当家作主、依法治国有机统一。习近平总书记指出：“把坚持党的领导、人民当家作主、依法治国有机统一起来是我国社会主义法治建设的一条基本经验。”②党的领导是人民当家作主和依法治国的根本保证，人民当家作主是社会主义民主政治的本质特征，依法治国是党领导人民治理国家的基本方式，三者统一于我国社会主义民主政治伟大实践。

坚持党的领导、人民当家作主、依法治国有机统一，最根本的是坚持党的领导。我国宪法以根本法的形式，反映了党带领人民进行革命、建设、改革取得的成果，确立了在历史和人民选择中形成的中国共产党的领导地位。对这一点，要理直气壮讲、大张旗鼓讲，要向干部群众讲清楚我国社会主义法治的本质特征，做到正本清源、以正视听。

只有坚持党的领导，人民当家作主才能充分实现，国家和社会生活制度化、法治化才能有序推进。

人民代表大会制度是坚持党的领导、人民当家作主、依法治国有机统一的根本制度安排。人民代表大会制度是实现党的领导和执政的制度载体和依托，是人民当家作主的根本途径和实现形式。2021 年 10 月，党的历史上第一次召开中央人大工作会议，对坚持和完善人民代表大会制度、不断发展全过程人民民主、深入推进全面依法治国作出重大部署。

4. 坚持党领导立法、保证执法、支持司法、带头守法。

推进全面依法治国，必须把党的领导贯彻落实到全面依法治国全过程和各方面。习近平总书记指出：“坚持党的领导，不是一句空的口号，必须具体体现在党

① 习近平：《论坚持全面依法治国》，中央文献出版社 2020 年版，第 106 页。

② 习近平：《论坚持全面依法治国》，中央文献出版社 2020 年版，第 92 页。

领导立法、保证执法、支持司法、带头守法上。一方面，要坚持党总揽全局、协调各方的领导核心作用，统筹依法治国各领域工作，确保党的主张贯彻到依法治国全过程和各方面。另一方面，要改善党对依法治国的领导，不断提高党领导依法治国的能力和水平。”①

把党的领导贯彻落实到全面依法治国全过程和各方面，是我国社会主义法治建设的一条基本经验。必须坚持党领导立法、保证执法、支持司法、带头守法，把依法治国基本方略同依法执政基本方式统一起来，把党总揽全局、协调各方同人大、政府、政协、监察机关、审判机关、检察机关依法依章程履行职能、开展工作统一起来，把党领导人民制定和实施宪法法律同党坚持在宪法法律范围内活动统一起来，善于使党的主张通过法定程序成为国家意志，善于使党组织推荐的人选通过法定程序成为国家政权机关的领导人员，善于通过国家政权机关实施党对国家和社会的领导，维护党和国家权威、维护全党全国团结统一。

5. 健全党领导全面依法治国的制度和工作机制。

加强党对全面依法治国的领导，必须健全党领导全面依法治国的制度和工作机制。习近平总书记强调：“要健全党领导全面依法治国的制度和工作机制，推进党的领导制度化、法治化，通过法治保障党的路线方针政策有效实施。”②当前，立法、执法、司法、守法等方面都存在不少薄弱环节，法治领域改革面临许多难啃的“硬骨头”，迫切需要从党中央层面加强统筹协调。党的十九届三中全会决定组建中央全面依法治国委员会，目的就是从体制机制上加强党对全面依法治国的集中统一领导，统筹推进全面依法治国工作；这既是加强党的领导的应有之义，也是法治建设的重要任务。

健全党领导全面依法治国的制度和工作机制，加强党对全面依法治国的集中统一领导。充分发挥各级党委的领导核心作用，把法治建设真正摆在全局工作的突出位置，与经济社会发展同部署、同推进、同督促、同考核、同奖惩。各级党委要健全法治建设的制度和工作机制，履行对本地区本部门法治工作的领导责任。党委政法委员会是党委领导和管理政法工作的职能部门，是实现党对政法工作领导的重要组织形式，要带头在宪法法律范围内活动，善于运用法治思维和法治方式领导政法工作，在推进国家治理体系和治理能力现代化中发挥重要作用。

考点 2 坚持以人民为中心

1. 以人民为中心是中国特色社会主义法治的根本立场。

党的十九届六中全会总结了一百年来党领导人民进行伟大奋斗积累的宝贵历史经验，“坚持人民至上”就是其中之一。人民群众是我们党的力量源泉，人民立场是中国共产党的根本政治立场。以人民为中心是新时代坚持和发展中国特

---

① 习近平：《论坚持全面依法治国》，中央文献出版社 2020 年版，第 107 页。

② 习近平：《坚定不移走中国特色社会主义法治道路　为全面建设社会主义现代化国家提供有力法治保障》，载《求是》2021 年第 5 期。

色社会主义的根本立场,是中国特色社会主义法治的本质要求。坚持以人民为中心,深刻回答了推进全面依法治国、建设社会主义法治国家为了谁、依靠谁的问题。

全面依法治国最广泛、最深厚的基础是人民,推进全面依法治国的根本目的是依法保障人民权益。习近平总书记强调:"我们党的宏伟奋斗目标,离开了人民支持就绝对无法实现。我们党的执政水平和执政成效都不是由自己说了算,必须而且只能由人民来评判。人民是我们党的工作的最高裁决者和最终评判者。"①始终代表最广大人民根本利益,保证人民当家作主,体现人民共同意志,维护人民合法权益,是我国国家制度和国家治理体系的本质属性,也是国家制度和国家治理体系有效运行、充满活力的根本所在。我国社会主义制度保证了人民当家作主的主体地位,也保证了人民在全面推进依法治国中的主体地位。这是我们的制度优势,也是中国特色社会主义法治区别于资本主义法治的根本所在。

2. 坚持人民主体地位。

坚持人民主体地位,必须把以人民为中心的发展思想融入到全面依法治国的伟大实践中。习近平总书记指出:"坚持人民主体地位,必须坚持法治为了人民、依靠人民、造福人民、保护人民。"②一方面,要把体现人民利益、反映人民愿望、维护人民权益、增进人民福祉落实到全面依法治国各领域全过程,使法律及其实施充分体现人民意志。另一方面,要保证人民依法享有广泛的权利和自由、承担应尽的义务,充分调动起人民群众投身依法治国实践的积极性和主动性,使全体人民都成为社会主义法治的忠实崇尚者、自觉遵守者、坚定捍卫者,使尊法、信法、守法、用法、护法成为全体人民的共同追求。

坚持人民主体地位,要求用法治保障人民当家作主。我国宪法明确规定,中华人民共和国的一切权力属于人民。人民行使国家权力的机关是全国人民代表大会和地方各级人民代表大会。党的二十大报告指出,"支持和保证人民通过人民代表大会行使国家权力,保证各级人大都由民主选举产生、对人民负责、受人民监督。支持和保证人大及其常委会依法行使立法权、监督权、决定权、任免权,健全人大对行政机关、监察机关、审判机关、检察机关监督制度,维护国家法治统一、尊严、权威。加强人大代表工作能力建设,密切人大代表同人民群众的联系"。③要坚持和完善中国共产党领导的多党合作和政治协商制度、民族区域自治制度、基层群众自治制度等基本政治制度,健全民主制度、丰富民主形式、拓宽民主渠道,依法实行民主选举、民主协商、民主决策、民主管理、民主监督,不断发展全过程人民民主。

---

① 《习近平谈治国理政》(第1卷),外文出版社2018年版,第28页。

② 习近平:《论坚持全面依法治国》,中央文献出版社2020年版,第107页。

③ 习近平:《高举中国特色社会主义伟大旗帜　为全面建设社会主义现代化国家而团结奋斗——在中国共产党第二十次全国代表大会上的报告》,人民出版社2022年版,第38页。

3. 牢牢把握社会公平正义的价值追求。

公平正义是法治的生命线，是中国特色社会主义法治的内在要求。坚持全面依法治国，建设社会主义法治国家，切实保障社会公平正义和人民权利，是社会主义法治的价值追求。全面依法治国必须紧紧围绕保障和促进社会公平正义，把公平正义贯穿到立法、执法、司法、守法的全过程和各方面，紧紧围绕保障和促进社会公平正义来推进法治建设和法治改革，创造更加公平正义的法治环境，努力让人民群众在每一项法律制度、每一个执法决定、每一宗司法案件中都感受到公平正义。加强人权法治保障，非因法定事由、非经法定程序不得限制、剥夺公民、法人和其他组织的权利。

坚持以人民为中心，维护社会公平正义，必须坚持法律面前人人平等。平等是社会主义法律的基本属性，是社会主义法治的基本要求。人民群众每一次求告无门、每一次经历冤假错案，损害的都不仅仅是他们的合法权益，更是法律的尊严和权威，是他们对社会公平正义的信心。必须将坚持法律面前人人平等体现在立法、执法、司法、守法各个方面。“要重点解决好损害群众权益的突出问题，决不允许对群众的报警求助置之不理，决不允许让普通群众打不起官司，决不允许滥用权力侵犯群众合法权益，决不允许执法犯法造成冤假错案。”①要加快完善体现权利公平、机会公平、规则公平的法律制度，确保法律面前人人平等。②

4. 推进全面依法治国的根本目的是依法保障人民权益。

我们党全心全意为人民服务的根本宗旨，决定了必须始终把人民作为一切工作的中心。习近平总书记指出：“推进全面依法治国，根本目的是依法保障人民权益。随着我国经济社会持续发展和人民生活水平不断提高，人民群众对民主、法治、公平、正义、安全、环境等方面的要求日益增长，要积极回应人民群众新要求新期待，坚持问题导向、目标导向，树立辩证思维和全局观念，系统研究谋划和解决法治领域人民群众反映强烈的突出问题，不断增强人民群众获得感、幸福感、安全感，用法治保障人民安居乐业。”③

推进全面依法治国，要切实保障公民的人身权、财产权、人格权和基本政治权利，保证公民经济、文化、社会等各方面权利得到落实。应加大关系群众切身利益的重点领域执法、司法力度，让天更蓝、空气更清新、食品更安全、交通更顺畅、社会更和谐有序。党的二十大报告强调，“中国式现代化是全体人民共同富裕的现代化。共同富裕是中国特色社会主义的本质要求，也是一个长期的历史过程。我们坚持把实现人民对美好生活的向往作为现代化建设的出发点和落脚点，着力维

---

① 《习近平谈治国理政》(第1卷)，外文出版社2018年版，第148页。

② 中共中央宣传部、中央全面依法治国委员会办公室编：《习近平法治思想学习纲要》，人民出版社、学习出版社2021年版，第32页。

③ 习近平：《坚定不移走中国特色社会主义法治道路　为全面建设社会主义现代化国家提供有力法治保障》，载《求是》2021年第5期。

护和促进社会公平正义，着力促进全体人民共同富裕，坚决防止两极分化”。[①] 因此，必须着力解决人民群众最关切的公共安全、权益保障、公平正义问题，努力维护最广大人民的根本利益，保障人民群众对美好生活的向往和追求。

考点 3 坚持中国特色社会主义法治道路

1. 中国特色社会主义法治道路是建设中国特色社会主义法治体系、建设社会主义法治国家的唯一正确道路。

方向决定道路，道路决定命运。党的十九届六中全会所总结的一百年来党领导人民进行伟大奋斗积累的十大宝贵历史经验，其中第五条即“坚持中国道路”。习近平总书记指出：“全面推进依法治国，必须走对路。如果路走错了，南辕北辙了，那再提什么要求和举措也都没有意义了。”[②]“中国特色社会主义法治道路，是社会主义法治建设成就和经验的集中体现，是建设社会主义法治国家的唯一正确道路。”[③]党的二十大报告进一步指出，“我们要坚持走中国特色社会主义法治道路，建设中国特色社会主义法治体系、建设社会主义法治国家”。[④]

走什么样的法治道路，是由一个国家的基本国情决定的。中国特色社会主义法治道路是最适合中国国情的法治道路。中国特色社会主义法治道路，根植于我国社会主义初级阶段的基本国情，生发于我国改革开放和社会主义现代化建设的具体实践，是被历史和现实充分证明了的符合我国基本国情、符合人民群众愿望、符合实践发展要求的法治道路，具有显著优越性。我国社会主义法治建设之所以能取得举世瞩目的伟大成就，就在于开辟了一条符合我国国情、遵循法治规律的中国特色社会主义法治道路。

全面依法治国，必须从我国实际出发，突出中国特色、实践特色、时代特色，要同推进国家治理体系和治理能力现代化相适应；既不能罔顾国情、超越阶段，也不能因循守旧、墨守成规。坚持从实际出发，不等于关起门来搞法治。法治是人类文明的重要成果之一，法治的精髓和要旨对于各国国家治理和社会治理具有普遍意义，要学习借鉴世界上优秀的法治文明成果。但是，学习借鉴不等于是简单的拿来主义，基本的东西必须是我们自己的，我们只能走自己的道路。必须坚持以我为主、为我所用，认真鉴别、合理吸收，不能搞“全盘西化”，不能搞“全面移植”，不能囫囵吞枣、照搬照抄，否则必然水土不服。在这个问题上，我们要有底气、有自信，要努力以中国智慧、中国实践为世界法治文明建

---

① 习近平：《高举中国特色社会主义伟大旗帜 为全面建设社会主义现代化国家而团结奋斗——在中国共产党第二十次全国代表大会上的报告》，人民出版社 2022 年版，第 22 页。

② 习近平：《论坚持全面依法治国》，中央文献出版社 2020 年版，第 105 页。

③ 习近平：《论坚持全面依法治国》，中央文献出版社 2020 年版，第 93 页。

④ 习近平：《高举中国特色社会主义伟大旗帜 为全面建设社会主义现代化国家而团结奋斗——在中国共产党第二十次全国代表大会上的报告》，人民出版社 2022 年版，第 40 页。

设作出贡献。[1]

2. 中国特色社会主义法治道路的核心要义。

习近平总书记指出："全面推进依法治国这件大事能不能办好，最关键的是方向是不是正确、政治保证是不是坚强有力，具体讲就是要坚持党的领导，坚持中国特色社会主义制度，贯彻中国特色社会主义法治理论。"[2]这三个方面实质上是中国特色社会主义法治道路的核心要义，规定和确保了中国特色社会主义法治体系的制度属性和前进方向。

坚持党的领导。坚定不移走中国特色社会主义法治道路，最根本的是坚持中国共产党的领导。抓住了这个根本问题，就抓住了中国特色社会主义法治道路的本质。新时代中国特色社会主义法治建设之所以能迅速开创新局面、谱写新篇章，最根本的就是有以习近平同志为核心的党中央的坚强领导，有习近平新时代中国特色社会主义思想特别是习近平法治思想的科学指导。

坚持中国特色社会主义制度。中国特色社会主义制度是中国特色社会主义法治体系的根本制度基础，是全面推进依法治国的根本制度保障。习近平总书记指出，"我们要坚持的中国特色社会主义法治道路，本质上是中国特色社会主义道路在法治领域的具体体现"。[3] 中国特色社会主义制度是中国共产党领导人民在不断探索和实践的基础上形成和发展起来的。党的十八大以来，党中央提出全面深化改革的总目标是完善和发展中国特色社会主义制度、推进国家治理体系和治理能力现代化。党中央部署全面深化党的建设制度改革和经济、政治、文化、社会、生态文明体制改革，使中国特色社会主义制度更加成熟和完善。中国特色社会主义根本制度、基本制度和重要制度，是中国特色社会主义法治道路的制度基础和重要保障。要坚持中国特色社会主义法治道路，不断巩固和完善中国特色社会主义制度，以法治为中国特色社会主义制度保驾护航。

贯彻中国特色社会主义法治理论。中国特色社会主义法治理论，是中国特色社会主义理论体系的重要组成部分。习近平总书记指出，"我们要发展的中国特色社会主义法治理论，本质上是中国特色社会主义理论体系在法治问题上的理论成果"。[4] 中国特色社会主义法治理论是中国特色社会主义法治体系的理论指导和学理支撑，是全面推进依法治国的行动指南。

考点 4 坚持依宪治国、依宪执政

1. 坚持依法治国首先要坚持依宪治国，坚持依法执政首先要坚持依宪执政。

---

① 中共中央宣传部、中央全面依法治国委员会办公室编：《习近平法治思想学习纲要》，人民出版社、学习出版社 2021 年版，第 46 页。

② 习近平：《论坚持全面依法治国》，中央文献出版社 2020 年版，第 91 页。

③ 习近平：《坚定不移走中国特色社会主义法治道路　为全面建设社会主义现代化国家提供有力法治保障》，载《求是》2021 年第 5 期。

④ 习近平：《坚定不移走中国特色社会主义法治道路　为全面建设社会主义现代化国家提供有力法治保障》，载《求是》2021 年第 5 期。

坚持依法治国首先要坚持依宪治国，坚持依法执政首先要坚持依宪执政，这是由宪法的地位和作用决定的。习近平总书记强调，宪法是治国安邦的总章程，是我们党治国理政的根本法律依据，是国家政治和社会生活的最高法律规范。党的十八大以来，党加强对宪法工作的全面领导，丰富和发展了中国特色社会主义宪法理论和宪法实践，推动我国宪法制度建设和宪法实施取得历史性成就。①

坚持依宪治国，是推进全面依法治国、建设社会主义法治国家的基础性工作，科学回答了宪法如何更好促进全面建设社会主义现代化国家的关键性问题。坚持依宪治国，既强调宪法的根本法地位，又强调在全面依法治国过程中，必须依据宪法精神、宪法原则以及宪法所确定的各项制度推进依法治理。各级国家机关和国家机关工作人员都要依照宪法行使权力、履行职责，所有法律法规和制度政策都不得与宪法相抵触，任何组织和个人都必须维护宪法尊严和权威。

坚持依宪执政，体现了中国共产党作为执政党的执政理念，体现了我们党对执政规律和执政方式的科学把握。我国宪法坚持党的领导、人民当家作主、依法治国有机统一，发扬人民民主，集中人民智慧，体现了全体人民共同意志，得到最广大人民的拥护和遵行。坚持依宪执政，必须坚持以人民为中心。公民的基本权利和义务是宪法的核心内容，我国宪法坚持以生存权、发展权为首要的基本人权，宪法是每个公民享有权利、履行义务的根本保证。实践证明，我国宪法以其至上的法制地位和强大的法治力量，有力保障了人民当家作主，有力促进了改革开放和社会主义现代化建设，有力推动了社会主义法治国家建设，有力维护了国家统一、民族团结、社会稳定。

2. 宪法是国家的根本法，是治国理政的总章程。

宪法是国家的根本法，是治国理政的总章程，是党和人民意志的集中体现，具有最高的法律地位、法律权威、法律效力。

首先，宪法确认了中国共产党的执政地位，确认了党在国家政权结构中总揽全局、协调各方的领导核心地位，这是中国特色社会主义最本质的特征，也是我国宪法制度的最显著特征和最大优势。必须坚持和加强党对宪法工作的全面领导，才能更好发挥我国宪法制度的显著优势和重要作用。

其次，宪法集中体现了党和人民的统一意志和共同愿望，是国家意志的最高表现形式，具有根本性、全局性、稳定性、长期性；宪法规定的是国家的重大制度和重大事项，在国家和社会生活中具有总括性、原则性、纲领性、方向性。因此，宪法是我们党治国安邦的总章程、治国理政的根本法律依据。

再次，宪法在中国特色社会主义法律体系中居于核心地位，是国家政治和社会生活的最高法律规范，是国家一切法律法规的总依据、总源头。只有坚持宪法的国家根本法地位，坚决维护和贯彻宪法规定、原则、精神，才能保证国家统一、法制统一、政令统一。

最后，宪法经实践证明是符合国情、符合实际、符合时代发展要求的好宪法。

---

① 载《人民日报》2023 年 12 月 5 日，第 1 版。

当前，要结合当代中国宪法制度和宪法实践，加强中国宪法理论研究，提炼标志性概念、原创性观点，加强中国宪法学科体系、学术体系、话语体系建设，讲好中国宪法故事，履行好宪法使命，谱写新时代中国宪法理论和实践的新篇章。

3. 全面贯彻实施宪法。

全面贯彻实施宪法，是建设社会主义法治国家的首要任务和基础性工作。习近平总书记指出："宪法的生命在于实施，宪法的权威也在于实施。"①全面贯彻实施宪法，切实维护宪法尊严和权威，是维护国家法制统一、尊严、权威的前提，也是维护最广大人民根本利益、确保国家长治久安的重要保障。2014 年，全国人大常委会通过立法把每年 12 月 4 日设立为"国家宪法日"，开展国家宪法日活动，在全社会弘扬宪法精神。2015 年，全国人大常委会作出《关于实行宪法宣誓制度的决定》，并于 2018 年进行修订，规定各级人大及县级以上各级人大常委会选举或者决定任命的国家工作人员，以及各级人民政府、监察委员会、人民法院、人民检察院任命的国家工作人员，在就职时应当公开进行宪法宣誓，激励和教育国家工作人员忠于宪法、遵守宪法、维护宪法。2018 年，全国人大法律委员会更名为全国人大宪法和法律委员会，增加推动宪法实施、开展宪法解释、推进合宪性审查、加强宪法监督、配合宪法宣传等工作职责。在中共中央印发的《法治中国建设规划(2020—2025 年)》中明确提出，要高度重视宪法在治国理政中的重要地位和作用，坚持依宪治国、依宪执政，把全面贯彻实施宪法作为首要任务，健全保证宪法全面实施的体制机制，将宪法实施和监督提高到新水平。党的二十大报告要求："加强宪法实施和监督，健全保证宪法全面实施的制度体系，更好发挥宪法在治国理政中的重要作用，维护宪法权威。"②习近平总书记强调，新征程上，要坚定维护宪法权威和尊严，推动宪法完善和发展，更好发挥宪法在治国理政中的重要作用，为以中国式现代化全面推进强国建设、民族复兴伟业提供坚实保障。要坚定政治制度自信，坚持宪法确定的中国共产党领导地位不动摇，坚持宪法确定的人民民主专政的国体和人民代表大会制度的政体不动摇。要贯彻新时代中国特色社会主义法治思想，坚持宪法规定、宪法原则、宪法精神全面贯彻，坚持宪法实施、宪法解释、宪法监督系统推进，加快完善以宪法为核心的中国特色社会主义法律体系，不断提高宪法实施和监督水平。③

4. 推进合宪性审查工作。

监督宪法的实施，解释宪法，是宪法赋予全国人大及其常委会的重要职责。全国人大及其常委会和国家有关监督机关要担负起宪法和法律监督职责，加强对宪法和法律实施情况的监督检查，健全监督机制和程序，坚决纠正违宪违法行为。

---

① 习近平：《论坚持全面依法治国》，中央文献出版社 2020 年版，第 11 页。

② 习近平：《高举中国特色社会主义伟大旗帜　为全面建设社会主义现代化国家而团结奋斗——在中国共产党第二十次全国代表大会上的报告》，人民出版社 2022 年版，第 41 页。

③ 载《人民日报》2023 年 12 月 5 日，第 1 版。

要完善人大工作机制设置，加强和改进宪法监督方面的工作。有关方面拟出台的法规规章、重要政策和重大举措，凡涉及宪法相关规定如何理解、如何适用的，都应当事先经过全国人大常委会合宪性审查，确保同宪法规定、宪法精神相符合。完善宪法监督制度，必须积极稳妥推进合宪性审查工作，加强备案审查制度和能力建设，依法撤销和纠正违宪违法的规范性文件，维护宪法权威。

《中华人民共和国国民经济和社会发展第十四个五年规划和2035年远景目标纲要》明确规定，要健全保障宪法全面实施的体制机制，加强宪法实施和监督，落实宪法解释程序机制，推进合宪性审查。2023年12月29日，第十四届全国人大常委会第七次会议表决通过《全国人民代表大会常务委员会关于完善和加强备案审查制度的决定》。

这些重大举措，对于保障宪法实施具有重大而深远的意义。通过健全备案审查制度，使所有的法规规章、司法解释和各类规范性文件出台后依法依规纳入备案审查范围。全国人大常委会的备案审查工作，包括审查有关规范性文件是否存在不符合宪法规定、不符合宪法精神的内容。其他国家机关发现规范性文件可能存在合宪性问题的，要及时报告全国人大常委会或者依法提请全国人大常委会审查。地方各级人大及其常委会要依法行使职权，保证宪法在本行政区域内得到遵守和执行。

推进合宪性审查工作，必须加强宪法解释工作，积极回应涉及宪法有关问题的关切，努力实现宪法稳定性和适应性的统一。要健全宪法解释程序机制，确保宪法解释准确、可靠。2017年3月，党中央转发了《中共全国人大常委会党组关于健全宪法解释工作程序的意见》，提出了明确要求、规定了工作规范，有关方面要认真贯彻落实。

5. 深入开展宪法宣传教育。

习近平总书记强调，“宪法法律的权威源自人民的内心拥护和真诚信仰，加强宪法学习宣传教育是实施宪法的重要基础。要在全社会广泛开展尊崇宪法、学习宪法、遵守宪法、维护宪法、运用宪法的宣传教育，弘扬宪法精神，弘扬社会主义法治意识，增强广大干部群众的宪法意识，使全体人民成为宪法的忠实崇尚者、自觉遵守者、坚定捍卫者”。①

习近平总书记指出：“宪法的根基在于人民发自内心的拥护，宪法的伟力在于人民出自真诚的信仰。只有保证公民在法律面前一律平等，尊重和保障人权，保证人民依法享有广泛的权利和自由，宪法才能深入人心，走入人民群众，宪法实施才能真正成为全体人民的自觉行动。”②要使宪法真正走入日常生活、走入人民群众，使广大人民群众真正认识到宪法不仅是全体公民必须遵循的行为规范，而且是保障公民权利的法律武器。依托国家宪法日活动、宪法宣誓等载体，使宪法深入人心，让宪法家喻户晓，内化于心、外化于行，在全社会形成尊法、学法、守法、用

---

① 习近平：《论坚持全面依法治国》，中央文献出版社2020年版，第218页。

② 习近平：《论坚持全面依法治国》，中央文献出版社2020年版，第13～14页。

法的良好氛围。坚持从青少年抓起,把宪法法律教育纳入国民教育体系,引导青少年从小掌握宪法法律知识、树立宪法法律意识、养成尊法守法习惯。

要抓住领导干部这个“关键少数”。《法治社会建设实施纲要(2020—2025年)》指出,切实加强对国家工作人员特别是各级领导干部的宪法教育,组织推动国家工作人员原原本本学习宪法文本。① 把宪法教育作为党员干部教育的重要内容,使各级领导干部和国家机关工作人员掌握宪法的基本知识。完善国家工作人员学习宪法法律的制度,推动领导干部加强宪法学习,增强宪法意识,带头尊崇宪法、学习宪法、遵守宪法、维护宪法、运用宪法,做尊法学法守法用法的模范。②

考点 5 坚持在法治轨道上推进国家治理体系和治理能力现代化

1. 全面依法治国是国家治理的一场深刻革命。

我国社会主义法治凝聚着我们党治国理政的理论成果和实践经验,是制度之治最基本最稳定最可靠的保障。习近平总书记指出:“坚持全面依法治国,是中国特色社会主义国家制度和国家治理体系的显著优势。中国特色社会主义实践向前推进一步,法治建设就要跟进一步。”③党的十八届三中全会专题研究全面深化改革问题,明确提出要完善和发展中国特色社会主义制度,推进国家治理体系和治理能力现代化,并将其作为全面深化改革的总目标。党的十八届四中全会进一步强调要推进国家治理体系和治理能力现代化,指出全面推进依法治国是一个系统工程,是国家治理领域一场广泛而深刻的革命。党的十九大报告提出,要坚持和完善中国特色社会主义制度,不断推进国家治理体系和治理能力现代化,将其作为新时代坚持和发展中国特色社会主义的基本方略之一。党的十九届四中全会对坚持和完善中国特色社会主义制度,推进国家治理体系和治理能力现代化作出全面部署。党的十九届五中全会提出,到2035年基本实现国家治理体系和治理能力现代化。党的二十大报告在“过去五年的工作和新时代十年的伟大变革”部分指出,“国家治理体系和治理能力现代化水平明显提高”;在“新时代新征程中国共产党的使命任务”部分强调,未来五年“国家治理体系和治理能力现代化深入推进”。习近平总书记指出,概括提出并深入阐述中国式现代化理论,是党的二十大的一个重大理论创新,是科学社会主义的最新重大成果。新征程上,必须深入推进国家治理体系和治理能力现代化,把我国制度优势更好转化为治理效能。深入推进国家治理体系现代化为推进中国式现代化提供制度保障。深入推进国家治理体系现代化,既改革不适应实践发展要求的体制机制、法律法规,又把成功推进和拓展中国式现代化的实践经验转化为制度成果,使各方面制度更加科学、更加完善,实现党、国家、社会各项事务治理制度化、规范化、程序化,为确保中国式现

① 《法治社会建设实施纲要(2020—2025年)》,人民出版社2020年版,第4页。

② 中共中央宣传部、中央全面依法治国委员会办公室编:《习近平法治思想学习纲要》,人民出版社、学习出版社2021年版,第59页。

③ 习近平:《推进全面依法治国,发挥法治在国家治理体系和治理能力现代化中的积极作用》,载《求是》2020年第22期。

代化沿着正确方向行稳致远保驾护航。深入推进国家治理能力现代化为推进中国式现代化提供强大动力。国家治理能力是运用国家制度管理社会各方面事务的能力。在强国建设、民族复兴的新征程上,只有深入推进国家治理能力现代化,增强按制度办事、依法办事意识,善于运用制度和法律治理国家,才能把各方面制度优势不断转化为治理效能,不断提高党科学执政、民主执政、依法执政水平,充分激发推进中国式现代化的强劲动力,广泛凝聚推进中国式现代化的磅礴力量。

在法治轨道上推进国家治理体系和治理能力现代化,要提高党依法治国、依法执政能力,推进党的领导制度化、法治化、规范化。要用法治保障人民当家作主,健全社会公平正义法治保障制度,使法律及其实施有效体现人民意志、保障人民权益、激发人民创造力。要健全完善中国特色社会主义法治体系,不断满足国家治理需求和人民日益增长的美好生活需要。要坚持依法治国、依法执政、依法行政共同推进,坚持法治国家、法治政府、法治社会一体建设,更加注重系统性、整体性、协同性。

2. 法治是国家治理体系和治理能力的重要依托。

历史和现实都告诉我们,法治是治国理政的基本方式,是社会文明进步的显著标志。习近平总书记指出:“法治是国家治理体系和治理能力的重要依托。只有全面依法治国才能有效保障国家治理体系的系统性、规范性、协调性,才能最大限度凝聚社会共识。”“在全面建设社会主义现代化国家新征程上,我们要更加重视法治、厉行法治,更好发挥法治固根本、稳预期、利长远的保障作用,坚持依法应对重大挑战、抵御重大风险、克服重大阻力、解决重大矛盾。”①坚持和完善中国特色社会主义制度,推进国家治理体系和治理能力现代化,就是要适应时代变革,不断健全我国国家治理的体制机制,不断完善中国特色社会主义法治体系,实现党和国家各项事务治理制度化、规范化、程序化,提高运用制度和法律治理国家的能力,提高党科学执政、民主执政、依法执政水平。

国家治理体系是在党领导下管理国家的制度体系,包括经济、政治、文化、社会、生态文明和党的建设等各领域的体制机制、法律法规安排,是一整套紧密相连、相互协调的国家制度。国家治理能力是运用国家制度管理社会各方面事务的能力,是改革发展稳定、内政外交国防、治党治国治军等各个方面国家制度执行能力的集中体现。习近平总书记指出:“建设中国特色社会主义法治体系、建设社会主义法治国家是实现国家治理体系和治理能力现代化的必然要求,也是全面深化改革的必然要求,有利于在法治轨道上推进国家治理体系和治理能力现代化,有利于在全面深化改革总体框架内全面推进依法治国各项工作,有利于在法治轨道上不断深化改革。”②全面推进依法治国,是解决党和国家事业发展面临的一系列重大问题,解放和增强社会活力、促进社会公平正义、维护社会和谐稳定、确保党

① 习近平:《坚定不移走中国特色社会主义法治道路　为全面建设社会主义现代化国家提供有力法治保障》,载《求是》2021 年第 5 期。

② 习近平:《论坚持全面依法治国》,中央文献出版社 2020 年版,第 93 ~ 94 页。

和国家长治久安的根本要求。

3. 更好发挥法治固根本、稳预期、利长远的保障作用。

全面推进依法治国，是着眼于实现中华民族伟大复兴中国梦、实现党和国家长治久安的长远考虑。习近平总书记指出："我们提出全面推进依法治国，坚定不移厉行法治，一个重要意图就是为子孙万代计、为长远发展谋。"①为此，必须更加重视法治、厉行法治，更好发挥法治固根本、稳预期、利长远的重要作用。中国特色社会主义实践向前推进一步，法治建设就要跟进一步。无论是实现"两个一百年"奋斗目标，还是实现中华民族伟大复兴的中国梦，全面依法治国既是重要内容，又是重要保障。要充分发挥法治的引领、规范和保障作用，以深化依法治国实践检验法治建设成效，着力固根基、扬优势、补短板、强弱项，推动各方面制度更加成熟、更加定型，逐步实现国家治理制度化、程序化、规范化、法治化。

当今世界正经历百年未有之大变局，国际形势复杂多变，改革发展稳定、内政外交国防、治党治国治军各方面任务之繁重前所未有，我们面临的风险挑战之严峻前所未有。这些风险挑战，有的来自国内，有的来自国际；有的来自经济社会领域，有的来自自然界。要打赢防范化解重大风险攻坚战，必须坚持和完善中国特色社会主义制度、推进国家治理体系和治理能力现代化，运用制度威力应对风险挑战的冲击。

4. 坚持依法治军、从严治军。

依法治军、从严治军，是我们党建军治军的基本方略。深入推进依法治军、从严治军，是全面依法治国总体部署的重要组成部分，是实现强军目标的必然要求。习近平总书记指出："国家要依法治国，军队要依法治军。"②一个现代化国家必然是法治国家，一支现代化军队必然是法治军队。

贯彻依法治军战略是系统工程，要统筹全局、突出重点，以重点突破带动整体推进。坚持党对军队的绝对领导，这是依法治军的核心和根本要求，是中国特色军事法治的最大优势。党的二十大报告指出："加强依法治军机制建设和战略规划，完善中国特色军事法治体系。"③坚持构建完善中国特色军事法治体系，即形成系统完备、严密高效的军事法规制度体系、军事法治实施体系、军事法治监督体系、军事法治保障体系，抓好军事法治建设重点任务落实。坚持按照法治要求转变治军方式，在全军真正形成党委依法决策、机关依法指导、部队依法行动、官兵依法履职的良好局面。坚持从严治军铁律，强化执纪执法监督，严肃追责问责，把依法从严贯穿国防和军队法治建设各领域全过程。

---

① 中共中央文献研究室编：《习近平关于全面依法治国论述摘编》，中央文献出版社 2015 年版，第 12～13 页。

② 中共中央宣传部、中央全面依法治国委员会办公室编：《习近平法治思想学习纲要》，人民出版社、学习出版社 2021 年版，第 67 页。

③ 习近平：《高举中国特色社会主义伟大旗帜　为全面建设社会主义现代化国家而团结奋斗——在中国共产党第二十次全国代表大会上的报告》，人民出版社 2022 年版，第 56 页。

要把军事治理同改革和法治有机结合起来，巩固拓展国防和军队改革成果，深化军事立法工作，强化法规制度实施和执行监督，发挥好改革的推动作用，用好法治这个基本方式，更好推进军事治理各项工作。①

5. 坚持依法保障“一国两制”实践与推进祖国统一。

“一国两制”是党领导人民实现祖国和平统一的一项重要制度，是中国特色社会主义的伟大创举。必须高度重视依法保障“一国两制”实践，善于运用法治思维和法治方式进行治理，牢牢掌握宪法和基本法赋予的中央对特别行政区全面管治权。巩固和深化两岸关系和平发展，坚定不移维护国家主权、安全、发展利益。

中华人民共和国宪法和特别行政区基本法，共同构成特别行政区的宪制基础。必须始终严格依照宪法和基本法办事，自觉维护宪法的最高法律地位和最高法律效力，坚决维护宪法和基本法权威。党的二十大报告指出：“全面准确、坚定不移贯彻‘一国两制’、‘港人治港’、‘澳人治澳’、高度自治的方针，坚持依法治港治澳，维护宪法和基本法确定的特别行政区宪制秩序。”②必须坚持“一国”是实行“两制”的前提和基础，“两制”从属和派生于“一国”并统一于“一国”之内，绝不容忍任何挑战“一国两制”底线的行为。在推进“一国两制”实践中，中央高度重视依法治港治澳，行使好宪法和基本法赋予的权力，坚决维护国家根本利益和特别行政区整体利益。面对香港局势动荡变化，我们依照宪法和基本法有效实施对特别行政区的全面管治权，制定实施香港特别行政区维护国家安全法，落实“爱国者治港”原则，香港局势实现由乱到治的重大转折，深入推进粤港澳大湾区建设，支持香港、澳门发展经济、改善民生、保持稳定。

面对“台独”势力分裂活动和外部势力干涉台湾事务的严重挑衅，我们坚决开展反分裂、反干涉重大斗争，展示了我们维护国家主权和领土完整、反对“台独”的坚强决心和强大能力，进一步掌握了实现祖国完全统一的战略主动，进一步巩固了国际社会坚持一个中国的格局。“解决台湾问题、实现祖国完全统一，是党矢志不渝的历史任务，是全体中华儿女的共同愿望，是实现中华民族伟大复兴的必然要求。坚持贯彻新时代党解决台湾问题的总体方略，牢牢把握两岸关系主导权和主动权，坚定不移推进祖国统一大业。”③“和平统一、一国两制”是实现国家统一的最佳方式。运用法治方式巩固和深化两岸关系和平发展，完善涉台法律法规，依法规范和保障两岸人民关系、推进两岸交流合作。要运用法律手段捍卫一个中国原则、反对“台独”，增进维护一个中国框架的共同认知，推进祖国和平统一。推动两岸就和平发展达成制度性安排。

---

① 载《人民日报》2023年7月26日，第1版。

② 习近平：《高举中国特色社会主义伟大旗帜　为全面建设社会主义现代化国家而团结奋斗——在中国共产党第二十次全国代表大会上的报告》，人民出版社2022年版，第57页。

③ 习近平：《高举中国特色社会主义伟大旗帜　为全面建设社会主义现代化国家而团结奋斗——在中国共产党第二十次全国代表大会上的报告》，人民出版社2022年版，第58页。

6. 坚持依法治网。

网络空间不是“法外之地”，同样要讲法治。网络空间是虚拟的，但运用网络空间的主体是现实的。习近平总书记指出：“网络空间同现实社会一样，既要提倡自由，也要保持秩序。自由是秩序的目的，秩序是自由的保障。”①网络空间是亿万民众共同的精神家园。既要尊重网民交流思想、表达意愿的权利，也要依法构建良好网络秩序；这有利于保障广大网民的合法权益。要本着对社会负责、对人民负责的态度，在加强网络内容建设、网络正面宣传的同时，依法加强网络空间治理，推动构建网络空间命运共同体。要把依法治网作为基础性手段，推动依法管网、依法办网、依法上网，确保互联网在法治轨道上健康运行。

加快制定完善互联网领域法律法规。要加强信息技术领域立法，及时跟进研究数字经济、互联网金融、人工智能、大数据、云计算等相关法律制度，完善互联网信息内容管理、关键信息基础设施保护等法律法规，抓紧补齐短板。依法加强数据安全管理。加大个人信息保护力度，规范互联网企业和机构对个人信息的采集使用，特别是做好数据跨境流动的安全评估和监管。要加强关键信息基础设施安全保护，强化国家关键数据资源保护能力，增强数据安全预警和溯源能力。加强国际数据治理政策储备和治理规则研究，提出中国方案。依法严厉打击网络违法犯罪行为，对利用网络鼓吹推翻国家政权、煽动宗教极端主义、宣扬民族分裂思想、教唆暴力恐怖活动等行为，要坚决制止和打击。对利用网络进行欺诈活动、散布色情材料、进行人身攻击、兜售非法物品等言行，要坚决管控和治理。对网络黑客、电信网络诈骗、侵犯公民个人隐私等违法犯罪行为，要切断网络犯罪利益链条，持续形成高压态势，维护人民群众合法权益。共同维护网络空间和平安全，要倡导尊重网络主权，加强对话交流，有效管控分歧，同各国一道推动制定各方普遍接受的网络空间国际规则，制定网络空间国际反恐公约，健全打击网络犯罪司法协助机制。

考点 6 坚持建设中国特色社会主义法治体系

1. 推进全面依法治国的总目标和总抓手。

建设中国特色社会主义法治体系，是我们党提出的具有原创性、时代性的概念和理论。习近平总书记指出：“全面推进依法治国，总目标是建设中国特色社会主义法治体系，建设社会主义法治国家。”“提出这个总目标，既明确了全面推进依法治国的性质和方向，又突出了全面推进依法治国的工作重点和总抓手。”②中国特色社会主义法治体系，本质上是中国特色社会主义制度的法律表现形式，是国家治理体系的骨干工程。

习近平总书记指出：“建设中国特色社会主义法治体系，要顺应事业发展需要，坚持系统观念，全面加以推进。”“我们要建设的中国特色社会主义法治体系，必须是扎根中国文化、立足中国国情、解决中国问题的法治体系，不能被西方错误

① 习近平：《论坚持全面依法治国》，中央文献出版社 2020 年版，第 64 页。
② 习近平：《论坚持全面依法治国》，中央文献出版社 2020 年版，第 93 页。

思潮所误导。”①建设中国特色社会主义法治体系，就是在中国共产党领导下，坚持中国特色社会主义制度，贯彻中国特色社会主义法治理论，形成完备的法律规范体系、高效的法治实施体系、严密的法治监督体系、有力的法治保障体系，形成完善的党内法规体系。党的二十大报告指出，中国特色社会主义法治体系更加完善，是未来五年全面建设社会主义现代化国家的主要目标任务之一。②

2. 建设完备的法律规范体系。

经过长期努力，中国特色社会主义法律体系已经形成，国家和社会生活各方面总体上实现了有法可依。法律体系必须随着时代变化、理论创新和实践需要不断发展、不断完善。要不断完善以宪法为核心的中国特色社会主义法律体系，坚持立法先行，坚持立改废释并举，健全完善法律、行政法规、地方性法规，为全面推进依法治国提供遵循。要深入推进科学立法、民主立法、依法立法，提高立法质量和效率，以良法保善治、促发展。习近平总书记指出：“要加强国家安全、科技创新、公共卫生、生物安全、生态文明、防范风险等重要领域立法，加快数字经济、互联网金融、人工智能、大数据、云计算等领域立法步伐，努力健全国家治理急需、满足人民日益增长的美好生活需要必备的法律制度。”“要聚焦人民群众急盼，加强民生领域立法。对人民群众反映强烈的电信网络诈骗、新型毒品犯罪和‘邪教式’追星、‘饭圈’乱象、‘阴阳合同’等娱乐圈突出问题，要从完善法律入手进行规制，补齐监管漏洞和短板，决不能放任不管。这些年来，资本无序扩张问题比较突出，一些平台经济、数字经济野蛮生长、缺乏监管，带来了很多问题。要加快推进反垄断法、反不正当竞争法等修订工作，加快完善相关法律制度。”③

3. 建设高效的法治实施体系。

习近平总书记指出：“‘天下之事，不难于立法，而难于法之必行。’推进法治体系建设，重点和难点在于通过严格执法、公正司法、全民守法，推进法律正确实施，把‘纸上的法律’变为‘行动中的法律’。要健全法律面前人人平等保障机制，维护国家法制统一、尊严、权威，一切违反宪法法律的行为都必须予以追究。各级党组织和领导干部都要旗帜鲜明支持司法机关依法独立行使职权，绝不容许利用职权干预司法、插手案件。”④

“徒善不足以为政，徒法不能以自行。”⑤要深入推进执法体制改革，完善执法

---

① 习近平：《坚持走中国特色社会主义法治道路　更好推进中国特色社会主义法治体系建设》，载《求是》2022 年第 4 期。

② 参见习近平：《高举中国特色社会主义伟大旗帜　为全面建设社会主义现代化国家而团结奋斗——在中国共产党第二十次全国代表大会上的报告》，人民出版社 2022 年版，第 25 页。

③ 习近平：《坚持走中国特色社会主义法治道路　更好推进中国特色社会主义法治体系建设》，载《求是》2022 年第 4 期。

④ 习近平：《坚持走中国特色社会主义法治道路　更好推进中国特色社会主义法治体系建设》，载《求是》2022 年第 4 期。

⑤ 《孟子·离娄章句上》。

程序，推进综合执法，严格执法责任，建立权责统一、权威高效的行政执法体制。要深化司法体制改革，完善司法管理体制和司法权力运行机制，规范司法行为，加强对司法活动的监督，切实做到公正司法。坚持把全民普法和守法作为全面依法治国的长期基础性工作，采取有力措施加强法治宣传教育，不断增强全民法治观念。

4. 建设严密的法治监督体系。

全面依法治国，必须抓紧完善权力运行制约和监督机制，规范立法、执法、司法机关权力行使，构建党统一领导、全面覆盖、权威高效的法治监督体系。"完善权力监督制约机制，以党内监督为主导，促进各类监督贯通协调，让权力在阳光下运行。"①要加强党对法治监督工作的集中统一领导，把法治监督作为党和国家监督体系的重要内容，保证行政权、监察权、审判权、检察权依法正确行使，保证公民、法人和其他组织合法权益得到切实保障。加强国家机关监督、民主监督、群众监督和舆论监督，形成法治监督合力，发挥整体监督效能。加强执纪执法监督，坚持把纪律规矩挺在前面，推进执纪执法贯通，建立有效衔接机制。建立健全立法监督工作机制，完善监督程序。建立健全与执法司法权运行机制相适应的制约监督体系，构建权责清晰的执法司法责任体系，建设省市县乡四级全覆盖的行政执法协调监督工作体系。要拓宽人民监督权力的渠道，公民对于任何国家机关和国家工作人员有提出批评和建议的权利，对于任何国家机关和国家工作人员的违法失职行为有向有关国家机关提出申诉、控告或者检举的权利。②

5. 建设有力的法治保障体系。

建设法治中国，必须加强政治、组织、队伍、人才、科技、信息等方面的保障，为全面依法治国提供重要支撑。各级党委要切实加强对依法治国的领导，提高依法执政能力和水平，为全面依法治国提供有力的政治和组织保障。党的各级组织部门等要发挥职能作用，保障推进法治中国建设。各级立法、执法、司法机关党组（党委）要加强领导、履职尽责，机关基层党组织和党员要充分发挥战斗堡垒和先锋模范作用，保障宪法法律实施。牢牢把握忠于党、忠于国家、忠于人民、忠于法律的总要求，大力提高法治工作队伍思想政治素质、业务工作能力、职业道德水准，努力建设一支德才兼备的高素质法治工作队伍。要充分运用大数据、云计算、人工智能等现代科技手段，全面建设"智慧法治"，推动法治中国建设的数据化、网络化、智能化。

6. 建设完善的党内法规体系。

党内法规既是管党治党的重要依据，也是建设社会主义法治国家的有力保

---

① 习近平：《高举中国特色社会主义伟大旗帜　为全面建设社会主义现代化国家而团结奋斗——在中国共产党第二十次全国代表大会上的报告》，人民出版社 2022 年版，第 66 页。

② 中共中央宣传部、中央全面依法治国委员会办公室编：《习近平法治思想学习纲要》，人民出版社、学习出版社 2021 年版，第 88 页。

障。我们党历来重视党内法规制度建设，注重运用党内法规管党治党、提高党的执政能力和领导水平。习近平总书记指出："加强党内法规制度建设是全面从严治党的长远之策、根本之策。我们党要履行好执政兴国的重大历史使命、赢得具有许多新的历史特点的伟大斗争胜利、实现党和国家的长治久安，必须坚持依法治国与制度治党、依规治党统筹推进、一体建设。"①2021 年 7 月 1 日，习近平总书记在庆祝中国共产党成立 100 周年大会上宣布，我们党已经"形成比较完善的党内法规体系"。必须进一步完善党内法规制定体制机制，完善党的组织法规制度、党的领导法规制度、党的自身建设法规制度、党的监督保障法规制度。要加大党内法规备案审查和解释力度，注重党内法规同国家法律的衔接和协调。要发挥依规治党对党和国家事业发展的政治保障作用，形成国家法律和党内法规相辅相成的格局。

考点 7　坚持依法治国、依法执政、依法行政共同推进，法治国家、法治政府、法治社会一体建设

1. 全面依法治国是一个系统工程。

习近平总书记指出："全面推进依法治国是一项庞大的系统工程，必须统筹兼顾、把握重点、整体谋划，在共同推进上着力，在一体建设上用劲。"②系统观念是具有基础性的思想和工作方法。要坚持系统观念，准确把握全面依法治国工作布局，坚持依法治国、依法执政、依法行政共同推进，法治国家、法治政府、法治社会一体建设。依法治国、依法执政、依法行政是一个有机整体，关键在于党要坚持依法执政、各级政府要坚持依法行政。法治国家、法治政府、法治社会三者各有侧重、相辅相成：法治国家是法治建设的目标，法治政府是建设法治国家的主体，法治社会是构筑法治国家的基础。

按照"一规划两纲要"为法治中国建设绘制的明确具体的时间表、路线图，到 2025 年，党领导全面依法治国体制机制更加健全，以宪法为核心的中国特色社会主义法律体系更加完备，职责明确、依法行政的政府治理体系日益健全，相互配合、相互制约的司法权运行机制更加科学有效，法治社会建设取得重大进展，党内法规体系更加完善，中国特色社会主义法治体系初步形成；到 2035 年，法治国家、法治政府、法治社会基本建成，中国特色社会主义法治体系基本形成，人民平等参与、平等发展权利得到充分保障，国家治理体系和治理能力现代化基本实现。

党的二十大报告指出："全面建成社会主义现代化强国，总的战略安排是分两步走：从二〇二〇年到二〇三五年基本实现社会主义现代化；从二〇三五年到本世纪中叶把我国建成富强民主文明和谐美丽的社会主义现代化强国。"党的二十大之后的未来五年，即到 2025 年，是全面建设社会主义现代化国家开局起步的关键时期，主要目标任务之一是"全过程人民民主制度化、规范化、程序化水平进一步提高，中国特色社会主义法治体系更加完善"；到 2035 年，我国发展的总体目标

---

① 习近平：《论坚持全面依法治国》，中央文献出版社 2020 年版，第 169 页。

② 习近平：《论坚持全面依法治国》，中央文献出版社 2020 年版，第 113 页。

之一是“基本实现国家治理体系和治理能力现代化，全过程人民民主制度更加健全，基本建成法治国家、法治政府、法治社会”。①

2. 法治国家是法治建设的目标。

建设社会主义法治国家，是我们党确定的建设社会主义现代化国家的重要目标。习近平总书记指出，“一个现代化国家必然是法治国家”。② 历史和现实都告诉我们，法治兴则国兴，法治强则国强。从我国古代看，凡属盛世都是法制相对健全的时期。从世界历史看，国家强盛往往同法治相伴而生。

我们党执政七十多年来，虽历经坎坷但对法治矢志不渝。从“五四宪法”到2018年修正的宪法，从“社会主义法制”到“社会主义法治”，从“有法可依、有法必依、执法必严、违法必究”到“科学立法、严格执法、公正司法、全民守法”，我们党越来越深刻认识到，治国理政须臾离不开法治。党的十五大把建设社会主义法治国家作为建设社会主义现代化国家的重要目标。党的十八届四中全会明确提出，全面推进依法治国，总目标是建设中国特色社会主义法治体系，建设社会主义法治国家。党的二十大报告强调：“我们要坚持走中国特色社会主义法治道路，建设中国特色社会主义法治体系、建设社会主义法治国家，围绕保障和促进社会公平正义，坚持依法治国、依法执政、依法行政共同推进，坚持法治国家、法治政府、法治社会一体建设，全面推进科学立法、严格执法、公正司法、全民守法，全面推进国家各方面工作法治化。”③

3. 法治政府是建设法治国家的主体。

习近平总书记强调：“推进全面依法治国，法治政府建设是重点任务和主体工程，对法治国家、法治社会建设具有示范带动作用。”④全面依法治国，法治政府建设要率先突破。必须深入推进依法行政，加快建设法治政府，构建职责明确、依法行政的政府治理体系。“转变政府职能，优化政府职责体系和组织结构，推进机构、职能、权限、程序、责任法定化，提高行政效率和公信力。”⑤各级政府必须坚持在党的领导下、在法治轨道上开展工作，创新执法体制，完善执法程序，推进机构、

① 习近平：《高举中国特色社会主义伟大旗帜　为全面建设社会主义现代化国家而团结奋斗——在中国共产党第二十次全国代表大会上的报告》，人民出版社2022年版，第24、25页。

② 中共中央宣传部、中央全面依法治国委员会办公室编：《习近平法治思想学习纲要》，人民出版社、学习出版社2021年版，第98页。

③ 习近平：《高举中国特色社会主义伟大旗帜　为全面建设社会主义现代化国家而团结奋斗——在中国共产党第二十次全国代表大会上的报告》，人民出版社2022年版，第40页。

④ 中共中央宣传部、中央全面依法治国委员会办公室编：《习近平法治思想学习纲要》，人民出版社、学习出版社2021年版，第101页。

⑤ 习近平：《高举中国特色社会主义伟大旗帜　为全面建设社会主义现代化国家而团结奋斗——在中国共产党第二十次全国代表大会上的报告》，人民出版社2022年版，第41页。

职能、权限、程序、责任法定化，推进各级政府事权规范化、法律化，加快建设职能科学、权责法定、执法严明、公开公正、智能高效、廉洁诚信、人民满意的法治政府。

权力必须关进制度的笼子，要用法治给行政权力定规矩、划界限。完善行政组织和行政程序法律制度，推进机构、职能、权限、程序、责任法定化，推进各级政府事权规范化、法律化。市场经济是法治经济，要用法治来规范政府和市场的边界。要根据新发展阶段的特点，围绕推动高质量发展、构建新发展格局，加快转变政府职能，加快打造市场化、法治化、国际化营商环境，打破行业垄断和地方保护，打通经济循环堵点，推动形成全国统一、公平竞争、规范有序的市场体系。加强对政府内部权力的制约。要对权力集中的部门和岗位实行分事行权、分岗设权、分级授权，定期轮岗，强化内部流程控制，防止权力滥用；完善政府内部层级监督和专门监督；保障依法独立行使审计监督权。全面推进政务公开。研究建立健全行政纠纷解决体系，推动构建行政调解、行政裁决、行政复议、行政诉讼有机衔接的纠纷解决机制，发挥行政机关化解矛盾纠纷的“分流阀”作用。

4. 法治社会是构筑法治国家的基础。

全面依法治国需要全社会共同参与，需要增强全社会法治观念，必须在全社会弘扬社会主义法治精神。习近平总书记强调：“只有全体人民信仰法治、厉行法治，国家和社会生活才能真正实现在法治轨道上运行。”①法律要发挥功能，需要全社会信仰法律。要在全社会树立法律权威，使人民认识到法律既是保障自身权利的有力武器，也是必须遵守的行为规范；推进多层次多领域依法治理，提高社会治理法治化水平，培育社会成员办事依法、遇事找法、解决问题用法、化解矛盾靠法的良好环境。

法治建设既要抓末端、治已病，更要抓前端、治未病。我国国情决定了我们不能成为“诉讼大国”。一个有着十四亿多人口的大国，如果大大小小的事都要打官司，那必然不堪重负！因此，要推动更多法治力量向引导和疏导端用力，完善预防性法律制度，构建多元纠纷解决机制。党的二十大报告强调：“健全共建共治共享的社会治理制度，提升社会治理效能。在社会基层坚持和发展新时代‘枫桥经验’，完善正确处理新形势下人民内部矛盾机制，加强和改进人民信访工作，畅通和规范群众诉求表达、利益协调、权益保障通道，完善网格化管理、精细化服务、信息化支撑的基层治理平台，健全城乡社区治理体系，及时把矛盾纠纷化解在基层、化解在萌芽状态。加快推进市域社会治理现代化，提高市域社会治理能力。强化社会治安整体防控，推进扫黑除恶常态化，依法严惩群众反映强烈的各类违法犯罪活动。发展壮大群防群治力量，营造见义勇为社会氛围，建设人人有责、人人尽责、人人享有的社会治理共同体。”②

---

① 中共中央宣传部、中央全面依法治国委员会办公室编：《习近平法治思想学习纲要》，人民出版社、学习出版社2021年版，第103页。

② 习近平：《高举中国特色社会主义伟大旗帜　为全面建设社会主义现代化国家而团结奋斗——在中国共产党第二十次全国代表大会上的报告》，人民出版社2022年版，第54页。

加强法治乡村建设是实施乡村振兴战略、推进全面依法治国的基础性工作。要把政府各项涉农工作纳入法治化轨道,完善农村法律服务,积极推进法治乡村建设。加强农村法治宣传教育,教育引导农村广大干部群众尊法学法守法用法,依法表达诉求、解决纠纷、维护权益。健全自治、法治、德治相结合的乡村治理体系,让农村社会既充满活力又和谐有序。

考点 8 坚持全面推进科学立法、严格执法、公正司法、全民守法

1. 科学立法、严格执法、公正司法、全民守法是推进全面依法治国的重要环节。

全面依法治国是一项长期而重大的历史任务,必须从我国实际出发,切实把握好法治建设各环节的工作规律。党的十一届三中全会确立了“有法可依、有法必依、执法必严、违法必究”的社会主义法制建设的“十六字方针”。党的十八大把法治建设摆在了更加突出的位置,强调全面推进依法治国,明确提出法治是治国理政的基本方式,要推进科学立法、严格执法、公正司法、全民守法。习近平总书记在党的十九大报告中指出,全面依法治国是国家治理的一场深刻革命,必须坚持厉行法治,推进科学立法、严格执法、公正司法、全民守法。“科学立法、严格执法、公正司法、全民守法”是全面依法治国的重要环节,成为指引新时代法治中国建设的“新十六字方针”。习近平总书记在党的二十大报告中强调,“全面推进科学立法、严格执法、公正司法、全民守法,全面推进国家各方面工作法治化”。①

2. 推进科学立法。

法律是治国之重器,良法是善治之前提。习近平总书记强调,“人民群众对立法的期盼,已经不是有没有,而是好不好、管用不管用、能不能解决实际问题;不是什么法都能治国,不是什么法都能治好国;越是强调法治,越是要提高立法质量。这些话是有道理的。我们要完善立法规划,突出立法重点,坚持立改废并举,提高立法科学化、民主化水平,提高法律的针对性、及时性、系统性。要完善立法工作机制和程序,扩大公众有序参与,充分听取各方面意见,使法律准确反映经济社会发展要求,更好协调利益关系,发挥立法的引领和推动作用”。②

建设中国特色社会主义法治体系,必须坚持立法先行,深入推进科学立法、民主立法、依法立法,提高立法质量和效率,以良法促进发展、保障善治。要抓住立法质量这个关键,深入推进科学立法、民主立法、依法立法,统筹立改废释纂,提高立法效率,增强立法系统性、整体性、协同性、时效性。维护国家法治统一是严肃的政治问题,各级立法机构和工作部门要遵循立法程序、严守立法权限,切实避免越权立法、重复立法、盲目立法,有效防止部门利益和地方保护主义影响。推进科学立法、民主立法,是提高立法质量的根本途径。科学立法的核心在于尊重和体

① 习近平:《高举中国特色社会主义伟大旗帜　为全面建设社会主义现代化国家而团结奋斗——在中国共产党第二十次全国代表大会上的报告》,人民出版社 2022 年版,第 40 页。

② 习近平:《论坚持全面依法治国》,中央文献出版社 2020 年版,第 20 页。

现客观规律,民主立法的核心在于为了人民、依靠人民。在立法内容上,要注重加强重点领域、新兴领域、涉外领域立法,统筹推进国内法治和涉外法治,注重将社会主义核心价值观融入立法,注重健全国家治理急需、满足人民日益增长的美好生活需要必备的法律制度。在立法程序上,要优化立法职权配置,发挥人大及其常委会在立法工作中的主导作用;要扩大公众有序参与,创新公众参与立法方式;要明确立法权力边界,从体制机制和工作程序上有效防止部门利益和地方保护主义法律化。

3. 推进严格执法。

执法是行政机关履行政府职能、管理经济社会事务的主要方式,严禁过度执法、逐利执法、粗暴执法。坚决排除对执法活动的非法干预,坚决防止和克服地方保护主义和部门保护主义。

党的二十大报告指出:"深化行政执法体制改革,全面推进严格规范公正文明执法,加大关系群众切身利益的重点领域执法力度,完善行政执法程序,健全行政裁量基准。强化行政执法监督机制和能力建设,严格落实行政执法责任制和责任追究制度。完善基层综合执法体制机制。"①严格执法资质,严格实行行政执法人员持证上岗和资格管理制度。进一步整合行政执法队伍,推动执法重心下移,提高行政执法能力水平。继续探索实行跨领域跨部门综合执法,建立执法队伍主管部门和相关行业管理部门相互支持、密切配合、信息共享的联动机制。要加强行政执法与刑事司法有机衔接,坚决克服有案不移、有案难移、以罚代刑等现象。要健全行政纠纷解决体系,推动构建行政调解、行政裁决、行政复议、行政诉讼有机衔接的纠纷解决机制。

4. 推进公正司法。

公正司法事关人民切身利益,事关社会公平正义,事关全面推进依法治国。习近平总书记指出,"所谓公正司法,就是受到侵害的权利一定会得到保护和救济,违法犯罪活动一定要受到制裁和惩罚"②,"司法是社会公平正义的最后一道防线,司法人员必须信仰法律、坚守法治,端稳天平、握牢法槌,铁面无私、秉公司法"。③ 各级司法机关要紧紧围绕努力让人民群众在每一个司法案件中都感受到公平正义这个目标来改进工作,坚持做到严格司法、规范司法。

深化司法体制综合配套改革,全面准确落实司法责任制,加快建设公正高效权威的社会主义司法制度。"各级党组织和领导干部都要旗帜鲜明支持司法机关依法独立行使职权,绝不容许利用职权干预司法、插手案件。"规范司法权力运行,健全公安机关、检察机关、审判机关、司法行政机关各司其职、相互配合、相互制约

---

① 习近平:《高举中国特色社会主义伟大旗帜　为全面建设社会主义现代化国家而团结奋斗——在中国共产党第二十次全国代表大会上的报告》,人民出版社 2022 年版,第 41 页。

② 习近平:《论坚持全面依法治国》,中央文献出版社 2020 年版,第 22 页。

③ 习近平:《论坚持全面依法治国》,中央文献出版社 2020 年版,第 116 页。

的体制机制。要拓展公益诉讼案件范围,完善公益诉讼法律制度,探索建立民事公益诉讼惩罚性赔偿制度。强化诉讼过程中当事人和其他诉讼参与人的知情权、陈述权、辩护辩论权、申请权、申诉权的制度保障,完善人民监督员制度,依法规范司法人员与当事人、律师、特殊关系人、中介组织的接触、交往行为。要改进司法工作作风,通过热情服务切实解决好老百姓打官司难问题,特别是要加大对困难群众维护合法权益的法律援助。加大司法公开力度,以回应人民群众对司法公正公开的关注和期待。

强化对司法活动的制约监督,加强检察机关法律监督工作。2021 年 6 月 15 日,《中共中央关于加强新时代检察机关法律监督工作的意见》印发,这是中共中央首次专门就加强检察机关法律监督工作印发意见,要求充分发挥检察机关作为国家法律监督机关的专门作用,讲政治、顾大局、谋发展、重自强,以高度的政治自觉依法履行刑事、民事、行政和公益诉讼等检察职能,实现各项检察工作全面协调充分发展,推动检察机关法律监督与其他各类监督有机贯通、相互协调,全面深化司法体制改革,大力推进检察队伍革命化、正规化、专业化、职业化建设,着力提高法律监督能力水平。①

5. 推进全民守法。

法律要发生作用,首先全社会要信仰法律。习近平总书记指出:“全民守法,就是任何组织或者个人都必须在宪法和法律范围内活动,任何公民、社会组织和国家机关都要以宪法和法律为行为准则,依照宪法和法律行使权利或权力、履行义务或职责。”②党的二十大报告指出:“弘扬社会主义法治精神,传承中华优秀传统法律文化,引导全体人民做社会主义法治的忠实崇尚者、自觉遵守者、坚定捍卫者。”③要把推进全民守法作为基础工程,全面落实“谁执法谁普法”的普法责任制。要突出普法重点内容,努力在增强普法的针对性和实效性上下功夫,不断提升全体公民法治意识和法治素养。要坚持法治教育与法治实践相结合,广泛开展依法治理活动,提高社会治理法治化水平。

考点 9 坚持统筹推进国内法治和涉外法治

1. 统筹推进国内法治和涉外法治是全面依法治国的迫切任务。

2023 年 11 月 27 日下午,习近平总书记在主持中共中央政治局就加强涉外法制建设进行第十次集体学习时指出,法律是社会生活、国家治理的准绳。涉外法律制度是国家法制的重要组成部分,是涉外法治的基础,发挥着固根本、稳预期、利长远的重要作用。在强国建设、民族复兴新征程上,必须坚持正确政治方向,以

---

① 习近平:《坚持走中国特色社会主义法治道路　更好推进中国特色社会主义法治体系建设》,载《求是》2022 年第 4 期。

② 习近平:《论坚持全面依法治国》,中央文献出版社 2020 年版,第 23、24 页。

③ 习近平:《高举中国特色社会主义伟大旗帜　为全面建设社会主义现代化国家而团结奋斗——在中国共产党第二十次全国代表大会上的报告》,人民出版社 2022 年版,第 42 页。

更加积极的历史担当和创造精神，加快推进我国涉外法治体系和能力建设。加强涉外法治建设既是以中国式现代化全面推进强国建设、民族复兴伟业的长远所需，也是推进高水平对外开放、应对外部风险挑战的当务之急。要从更好统筹国内国际两个大局、更好统筹发展和安全的高度，深刻认识做好涉外法治工作的重要性和紧迫性，建设同高质量发展、高水平开放要求相适应的涉外法治体系和能力，为中国式现代化行稳致远营造有利法治条件和外部环境。①

这就要求在全面依法治国进程中，必须统筹运用国内法和国际法，加快涉外法治工作战略布局，推进国际法治领域合作，加快推进我国法域外适用的法律体系建设，加强国际法研究和运用，提高涉外工作法治化水平，强化法治思维，运用法治方式，有效应对挑战、防范风险，为推动全球治理体系改革、构建人类命运共同体规则体系提供中国方案。

2. 加快涉外法治工作战略布局。

统筹国内国际两个大局是我们党治国理政的基本理念和基本经验，统筹推进国内法治和涉外法治、加快涉外法治工作战略布局即是这一理念和经验在法治领域的具体体现。习近平总书记指出，涉外法治工作是一项涉及面广、联动性强的系统工程，必须统筹国内和国际，统筹发展和安全，坚持前瞻性思考、全局性谋划、战略性布局、整体性推进，加强顶层设计，一体推进涉外立法、执法、司法、守法和法律服务，形成涉外法治工作大协同格局。

要坚持立法先行、立改废释并举，形成系统完备的涉外法律法规体系。法治是最好的营商环境，要完善公开透明的涉外法律体系，加强知识产权保护，维护外资企业合法权益，用好国内国际两类规则，营造市场化、法治化、国际化一流营商环境。要主动对接、积极吸纳高标准国际经贸规则，稳步扩大制度型开放，提升贸易和投资自由化便利化水平，建设更高水平开放型经济新体制。要对标国际先进水平，把自由贸易试验区等高水平对外开放的有效举措和成熟经验及时上升为法律，打造开放层次更高、营商环境更优、辐射作用更强的对外开放新高地。要全面提升依法维护开放安全能力。完善外国人在华生活便利服务措施和相关法律法规。② 要建设协同高效的涉外法治实施体系，提升涉外执法司法效能，推进涉外司法审判体制机制改革，提高涉外司法公信力。要积极发展涉外法律服务，培育一批国际一流的仲裁机构、律师事务所。要强化合规意识，引导我国公民、企业在“走出去”过程中自觉遵守当地法律法规和风俗习惯，运用法治和规则维护自身合法权益。完善以实践为导向的培养机制，早日培养出一批政治立场坚定、专业素质过硬、通晓国际规则、精通涉外法律实务的涉外法治人才。健全人才引进、选拔、使用、管理机制，做好高端涉外法治人才培养储备。③

---

① 载《人民日报》2023 年 11 月 29 日，第 1 版。
② 载《人民日报》2023 年 11 月 29 日，第 1 版。
③ 载《人民日报》2023 年 11 月 29 日，第 1 版。

3. 加强对外法治交流合作。

习近平总书记指出，要坚定法治自信，积极阐释中国特色涉外法治理念、主张和成功实践，讲好新时代中国法治故事。加强涉外法治理论和实践前沿课题研究，构建中国特色、融通中外的涉外法治理论体系和话语体系，彰显我国法治大国、文明大国形象。全面提升对外法治宣传效能，积极主动发声，扩大中国法治的影响力和感召力，增进国际社会对中国法治的认识和认同。

法治是人类政治文明的重要成果，是现代社会治理的基本手段；既是国家治理体系和治理能力的重要依托，也是维护世界和平与发展的重要保障。通过统筹推进国内法治和涉外法治，加强与各国在法治领域的交流合作，有利于实现共赢共享，让和平的薪火代代相传，让发展的动力源源不断，让文明的光芒熠熠生辉。要深化执法司法国际合作，加强领事保护与协助，建强保护我国海外利益的法治安全链。积极参与执法安全国际合作，共同打击暴力恐怖势力、民族分裂势力、宗教极端势力和贩毒走私、跨国有组织犯罪。坚持深化司法领域国际合作，完善我国司法协助体制，扩大国际司法协助覆盖面。加强反腐败国际合作，加大海外追赃追逃、遣返引渡力度。

4. 为构建人类命运共同体提供法治保障。

党的二十大报告指出："构建人类命运共同体是世界各国人民前途所在。"①构建人类命运共同体，需要有与其内含意旨相符合、反映当今时代特色、体系结构合理和谐的调整国际社会关系的法律规则。习近平总书记强调，涉外法治作为中国特色社会主义法治体系的重要组成部分，事关全面依法治国，事关我国对外开放和外交工作大局。推进涉外法治工作，根本目的是用法治方式更好维护国家和人民利益，促进国际法治进步，推动构建人类命运共同体。必须坚持民主、平等、正义，建设国际法治。不断实现国际法治内容和路径变革，在国际社会确立良法和推行善治，有助于推动人类命运共同体从理想变为现实。

联合国宪章宗旨和原则是处理国际关系的根本遵循，也是国际秩序稳定的重要基石，必须毫不动摇加以维护。我们要坚定维护联合国权威和地位，坚定维护联合国在国际事务中的核心作用。要继续做国际和平事业的捍卫者，坚持按照联合国宪章宗旨、原则和国际关系准则，按照事情本身的是非曲直处理问题，释放正能量，推动建设相互尊重、公平正义、合作共赢的新型国际关系。积极参与国际规则制定，做全球治理变革进程的参与者、推动者、引领者。提高国际法在全球治理中的地位和作用，确保国际规则有效遵守和实施。我们要坚定维护以联合国为核心的国际体系，坚定维护以国际法为基础的国际秩序，为运用法治思维和法治方式推动构建人类命运共同体贡献中国智慧和中国方案。党的二十大报告指出："世界各国弘扬和平、发展、公平、正义、民主、自由的全人类共同价值，促进各国人

① 习近平：《高举中国特色社会主义伟大旗帜　为全面建设社会主义现代化国家而团结奋斗——在中国共产党第二十次全国代表大会上的报告》，人民出版社 2022 年版，第 62 页。

民相知相亲，尊重世界文明多样性，以文明交流超越文明隔阂、文明互鉴超越文明冲突、文明共存超越文明优越，共同应对各种全球性挑战。”①

考点 10 坚持建设德才兼备的高素质法治工作队伍

1. 建设一支德才兼备的高素质法治工作队伍至关重要。

党的十八届四中全会专门提出“法治工作队伍”概念，这对于加强法治工作队伍统一管理、建设高素质法治工作队伍，具有重大理论和实践意义。法治工作队伍是国家治理队伍的一支重要力量，处于法治实践的最前沿。法治工作队伍的素质高低，直接影响和制约国家治理的法治化进程。

全面推进依法治国，必须建设一支德才兼备的高素质法治工作队伍。习近平总书记指出：“研究谋划新时代法治人才培养和法治队伍建设长远规划，创新法治人才培养机制，推动东中西部法治工作队伍均衡布局，提高法治工作队伍思想政治素质、业务工作能力、职业道德水准，着力建设一支忠于党、忠于国家、忠于人民、忠于法律的社会主义法治工作队伍，为加快建设社会主义法治国家提供有力人才保障。”②要坚持把法治工作队伍建设作为全面依法治国的基础性工作，大力推进法治专门队伍革命化、正规化、专业化、职业化，培养造就一大批高素质法治人才及后备力量。

2. 加强法治专门队伍建设。

法治专门队伍主要包括在人大和政府从事立法工作的人员、在行政机关从事执法工作的人员、在司法机关从事司法工作的人员。全面推进依法治国，首先必须把这几支法治专门队伍建设好。习近平总书记指出：“法治工作是政治性很强的业务工作，也是业务性很强的政治工作。”③要坚持把政治标准放在首位，加强科学理论武装，坚持用习近平新时代中国特色社会主义思想特别是习近平法治思想武装头脑，深入开展理想信念教育，深入开展社会主义核心价值观教育。要把强化公正廉洁的职业道德作为必修课，自觉用法律职业伦理约束自己，信仰法治、坚守法治，培育职业良知，坚持严格执法、公正司法，树立惩恶扬善、执法如山的浩然正气，杜绝办“金钱案”“权力案”“人情案”。完善法律职业准入、资格管理制度，建立法律职业人员统一职前培训制度和在职法官、检察官、警官、律师同堂培训制度。完善从符合条件的律师、法学专家中招录立法工作者、法官、检察官、行政复议人员制度。加强立法工作队伍建设。建立健全立法、执法、司法部门干部和人才常态化交流机制，加大法治专门队伍与其他部门具备条件的干部和人才交流力

---

① 习近平：《高举中国特色社会主义伟大旗帜　为全面建设社会主义现代化国家而团结奋斗——在中国共产党第二十次全国代表大会上的报告》，人民出版社 2022 年版，第 63 页。

② 习近平：《推进全面依法治国，发挥法治在国家治理体系和治理能力现代化中的积极作用》，载《求是》2020 年第 22 期。

③ 中共中央宣传部、中央全面依法治国委员会办公室编：《习近平法治思想学习纲要》，人民出版社、学习出版社 2021 年版，第 128 页。

度。加强边疆地区、民族地区和基层法治专门队伍建设。健全法官、检察官员额管理制度，规范遴选标准、程序。加强执法司法辅助人员队伍建设。建立健全符合职业特点的法治工作人员管理制度，完善职业保障体系，不断增强职业荣誉感和使命感。健全执法司法人员依法履职免责、履行职务受侵害保障救济、不实举报澄清等制度。

3. 加强法律服务队伍建设。

法律服务队伍是全面依法治国的重要力量。由律师、公证员、司法鉴定人、仲裁员、人民调解员、法律援助人员、基层法律服务工作者、法律服务志愿者等构成的法律服务队伍，在保障当事人合法权益、维护社会公平正义、开展法治宣传教育、化解社会矛盾纠纷、促进社会和谐稳定等方面发挥着重要作用。要加强法律服务队伍建设，把拥护中国共产党领导、拥护社会主义法治作为法律服务人员从业的基本要求，加强对法律服务队伍的教育管理，引导法律服务工作者坚持正确政治方向，依法依规诚信执业，认真履行社会责任，满腔热忱投入社会主义法治国家建设。

要充分发挥律师在全面依法治国中的重要作用，加强律师队伍思想政治建设，完善律师执业保障机制，增强广大律师走中国特色社会主义法治道路的自觉性和坚定性。习近平总书记指出："要加强对律师队伍的政治引领，教育引导广大律师自觉遵守拥护中国共产党领导、拥护我国社会主义法治等从业基本要求，努力做党和人民满意的好律师。"①要落实党政机关、人民团体、国有企业事业单位普遍建立法律顾问制度和公职律师、公司律师制度，健全相关工作规则，理顺管理体制机制，重视发挥法律顾问和公职律师、公司律师作用。构建社会律师、公职律师、公司律师等优势互补、结构合理的律师队伍。

党的二十大报告要求："建设覆盖城乡的现代公共法律服务体系，深入开展法治宣传教育，增强全民法治观念。"②要加快发展公证员、司法鉴定人、仲裁员、人民调解员、法律援助人员、基层法律服务工作者、法律服务志愿者等几支法律服务队伍，满足人民群众日益增长的法律服务需求和法治社会建设的需要。建立激励法律服务人才跨区域流动机制，逐步解决基层和欠发达地区法律服务资源不足和高端人才匮乏问题。

4. 加强法治人才培养。

办好法学教育，必须坚持走中国特色社会主义法治道路，坚持以马克思主义法学思想和中国特色社会主义法治理论为指导。习近平总书记强调："要加强对我国法治的原创性概念、判断、范畴、理论的研究，加强中国特色法学学科体系、学术体系、话语体系建设。要把新时代中国特色社会主义法治思想落实到各法学学

---

① 习近平：《坚持走中国特色社会主义法治道路　更好推进中国特色社会主义法治体系建设》，载《求是》2022 年第 4 期。

② 习近平：《高举中国特色社会主义伟大旗帜　为全面建设社会主义现代化国家而团结奋斗——在中国共产党第二十次全国代表大会上的报告》，人民出版社 2022 年版，第 42 页。

科的教材编写和教学工作中，推动进教材、进课堂、进头脑，努力培养造就更多具有坚定理想信念、强烈家国情怀、扎实法学根底的法治人才。”①

2023 年 2 月，中共中央办公厅、国务院办公厅印发《关于加强新时代法学教育和法学理论研究的意见》，要求：“坚持和加强党的全面领导，确保法学教育和法学理论研究始终沿着正确政治方向前进。坚持围绕中心、服务大局，把法学教育和法学理论研究放在党和国家工作大局中谋划和推进。坚持立德树人、德法兼修，努力培养造就更多具有坚定理想信念、强烈家国情怀、扎实法学根底的法治人才。坚持遵循法学学科发展规律和人才成长规律，分类建设和管理法学院校。坚持把马克思主义法治理论同中国具体实际相结合、同中华优秀传统法律文化相结合，总结中国特色社会主义法治实践规律，汲取世界法治文明有益成果，推动法学教育和法学理论研究高质量发展。”

高校作为法治人才培养的第一阵地，要充分利用学科齐全、人才密集的优势，加强法治及其相关领域基础性问题的研究，对复杂现实进行深入分析、作出科学总结，提炼规律性认识，为完善中国特色社会主义法治体系、建设社会主义法治国家提供理论支撑。要坚持立德树人、德法兼修。不仅要提高学生的法学知识水平，而且要培养学生的思想道德素养，要教育学生首先要把人做好，然后才可能成为合格的法治人才。

办好法学教育，必须加强法学教师队伍建设，打造一支政治立场坚定、法学功底深厚、熟悉中国国情、通晓国际规则的高水平专兼职教师队伍。法学教师要追求言为人师、行为世范，做习近平法治思想的坚定信仰者、积极传播者、模范实践者，带头践行社会主义核心价值观，用自己的实际行动引导带动学生；在原则问题和大是大非面前旗帜鲜明、立场坚定，坚决反对和抵制西方“宪政”“三权鼎立”“司法独立”等错误观点；全面贯彻党的教育方针，坚持为党育人、为国育才，着力培养社会主义法治事业的建设者和接班人。要大力加强法学学科体系建设，认真总结法学教育和法治人才培养经验和优势，深入研究和解决好为谁教、教什么、教给谁、怎样教的问题，探索建立适应新时代全面依法治国伟大实践需要的法治人才培养机制。要强化法学教育实践环节，处理好法学知识和法治实践教学的关系，将立法执法司法实务工作部门的优质法治实践资源引进高校课堂，加强法学教育、法学研究工作者和法治实务工作者之间的交流。

考点 11 坚持抓住领导干部这个“关键少数”

1. 领导干部是全面依法治国的关键。

“全面建设社会主义现代化国家，必须有一支政治过硬、适应新时代要求、具备领导现代化建设能力的干部队伍。”②领导干部是全面推进依法治国的重要组织

① 习近平：《坚持走中国特色社会主义法治道路　更好推进中国特色社会主义法治体系建设》，载《求是》2022 年第 4 期。

② 习近平：《高举中国特色社会主义伟大旗帜　为全面建设社会主义现代化国家而团结奋斗——在中国共产党第二十次全国代表大会上的报告》，人民出版社 2022 年版，第 66 页。

者、推动者、实践者，是全面依法治国的关键。习近平总书记指出："各级领导干部作为具体行使党的执政权和国家立法权、行政权、司法权的人，在很大程度上决定着全面依法治国的方向、道路、进度。党领导立法、保证执法、支持司法、带头守法，主要是通过各级领导干部的具体行动和工作来体现、来实现。""因此，高级干部做尊法学法守法用法的模范，是实现全面推进依法治国目标和任务的关键所在。"①领导干部对法治建设既可以起到关键推动作用，也可能起到致命破坏作用。必须把领导干部作为全面依法治国实践的重中之重予以高度重视，牢牢抓住领导干部这个"关键少数"。各级领导干部要对法律怀有敬畏之心，带头依法办事，带头遵守法律，不断提高运用法治思维和法治方式深化改革、推动发展、化解矛盾、维护稳定、应对风险的能力。

2. 领导干部要做尊法学法守法用法的模范。

党的二十大报告要求，"发挥领导干部示范带头作用，努力使尊法学法守法用法在全社会蔚然成风"。② 尊崇法治、敬畏法律，是领导干部必须具备的基本素质。习近平总书记指出："古人说，民'以吏为师'。领导干部尊不尊法、学不学法、守不守法、用不用法，人民群众看在眼里、记在心上，并且会在自己的行动中效法。领导干部尊法学法守法用法，老百姓就会去尊法学法守法用法。"③领导干部做尊法学法守法用法的模范，要靠自觉，也要靠制度保证。我们党就此提出了一系列制度安排，包括建立法律顾问制度、设立公职律师，完善党政部门依法决策机制，建立行政机关内部重大决策合法性审查机制，建立重大决策终身责任追究制度及责任倒查机制，建立领导干部干预司法活动、插手具体案件处理的记录、通报和责任追究制度，建立法治建设成效考核制度，建立领导干部应知应会党内法规和国家法律制度，等等。必须抓紧建立健全、严格遵循执行这些制度，使这些制度成为硬约束。④

3. 领导干部要提高运用法治思维和法治方式的能力。

法治思维是基于法治的固有特性和对法治的信念来认识事物、判断是非、解决问题的思维方式。法治方式是运用法治思维处理和解决问题的行为模式。善用法治思维和法治方式可以促进法治实践，法治实践又会激发人们自觉能动地运用法治思维和法治方式。领导干部要守法律、重程序、讲规矩，带头营造办事依法、遇事找法、解决问题用法、化解矛盾靠法的法治环境，善于用法治思维谋划工作，用法治方式处理问题。要牢记职权法定，牢记权力来自哪里、界线划在哪里，做到法定职责必须为、法无授权不可为。要坚持以人民为中心，牢记法治的真谛

---

① 习近平：《论坚持全面依法治国》，中央文献出版社 2020 年版，第 135 页。

② 习近平：《高举中国特色社会主义伟大旗帜　为全面建设社会主义现代化国家而团结奋斗——在中国共产党第二十次全国代表大会上的报告》，人民出版社 2022 年版，第 42 页。

③ 习近平：《论坚持全面依法治国》，中央文献出版社 2020 年版，第 141 页。

④ 中共中央宣传部、中央全面依法治国委员会办公室编：《习近平法治思想学习纲要》，人民出版社、学习出版社 2021 年版，第 145 页。

是保障人民权益，权力行使的目的是维护人民权益。要加强对权力运行的制约监督，依法设定权力、规范权力、制约权力、监督权力，把权力关进制度的笼子里。要自觉接受监督，这既是对领导干部行使权力的监督，也是对领导干部正确行使权力的制度保护。要把法治素养和依法履职情况作为重要内容纳入干部考核评价，让尊法学法守法用法成为领导干部自觉行为和必备素质。

4. 党政主要负责人要履行推进法治建设第一责任人职责。

习近平总书记指出："各级领导干部要把责任担起来，不搞花架子、做表面文章，不能一年开一两次会、讲一两次话了事。党政主要负责人要亲力亲为，不能当甩手掌柜。"①党政主要负责人作为推进法治建设第一责任人，应当切实履行依法治国重要组织者、推动者和实践者的职责，贯彻落实党中央关于法治建设的重大决策部署，统筹推进科学立法、严格执法、公正司法、全民守法，自觉运用法治思维和法治方式深化改革、推动发展、化解矛盾、维护稳定，对法治建设重要工作亲自部署、重大问题亲自过问、重点环节亲自协调、重要任务亲自督办，把本地区各项工作纳入法治化轨道。

党政主要负责人要切实履行推进法治建设第一责任人职责，自觉坚持和加强对法治建设的领导。党委主要负责人在推进法治建设中应当充分发挥党委在推进本地区法治建设中的领导核心作用，定期听取有关工作汇报，及时研究解决有关重大问题，将法治建设纳入地区发展总体规划和年度工作计划，与经济社会发展同部署、同推进、同督促、同考核、同奖惩。政府主要负责人在推进法治建设中应加强对本地区法治政府建设的组织领导，制定工作规划和年度工作计划，及时研究解决法治政府建设有关重大问题，为推进法治建设提供保障、创造条件。要完善党政主要负责人履行推进法治建设第一责任人职责的约束机制，党政主要负责人不履行或者不正确履行推进法治建设第一责任人职责的，应当依照《中国共产党问责条例》等有关党内法规和国家法律法规予以问责。

---

① 中共中央宣传部、中央全面依法治国委员会办公室编：《习近平法治思想学习纲要》，人民出版社、学习出版社 2021 年版，第 148 页。

法 理 学

考点 1 法的作用

法的作用泛指法对社会产生的影响。法的作用可以分为规范作用与社会作用。

1. 法的规范作用可以分为指引、评价、教育、预测和强制五种。指引作用，是指引人们行为方向的作用，包括两种：确定的指引和可选择的指引。

2. 法的社会作用主要表现在三个领域：社会经济生活、政治生活、思想文化生活；法的社会作用主要的两个方向：政治职能和社会职能。

☞ **易错点提示** 法律的作用绝不是万能的。法律不可能超出社会发展需要“创造”或“改变”社会。

考点 2 法的价值

法的价值，是指法这种规范体系（客体）有哪些为人（主体）所重视、珍视的性状、属性和作用。法的价值概念并不等于法律作用或法律效用等概念。

1. 法的价值判断与事实判断：(1)法的价值判断，是指法律所拟定的原则、规则、制度等客体对人们有无价值，有何价值，有多大价值的判断。(2)法的事实判断，是指对客观存在的法律原则、规则、制度等所进行的客观分析与判断。

2. 法的基本价值：人们根本的、共同的、基本的需要，其主要包括自由、秩序、效益和正义。

3. 法的价值冲突：法的各种价值之间有时会发生矛盾，从而导致价值之间的相互抵牾。处理这种情况，通常有以下三个原则。(1)价值位阶原则：一般来讲，基本价值优于其他价值，基本价值包括秩序、自由和正义。(2)个案平衡原则：公共利益并不一定高于个人利益，而是结合具体情形寻找两者间的平衡点。(3)比例原则：在因某种价值牺牲另一种价值时，应将损害的程度降至最低。

考点 3 法律规则与法律原则

1. 法律规则是采取一定的结构形式具体规定人们的法律权利、法律义务以及相应的法律后果的行为规范。法律规则的构成要素包括假定（条件）、行为模式、法律后果。

(1)法律规则的分类。根据行为模式的不同，分为授权性规则和义务性规则；根据法律规则的确定性程度，分为确定性规则、委任性规则和准用性规则；按照法律规范对人们行为的强制性程度和效力强弱程度的不同，分为强行性规则和任意性规则。

委任性规则也具有授权性。授权性规则主要是授予公民权利，公民有选择性;而委任性规则主要是委托某个国家机关,没有选择性。

(2)法律规则与法律条文的关系。法律条文是法律规则的文字表现,法律规则是法律条文的具体内容;一个条文表述不同法律规则或其要素,法律规则的内容可以由不同规范性法律文件的法律条文来表述。

2. 法律原则,是为法律规则提供某种基础或本源的综合性的、指导性的价值准则或规范,是法律诉讼、法律程序和法律裁决的确认规范。

法律原则分为:公理性原则和政策性原则;基本原则和具体原则;实体性原则和程序性原则。

☞ **易错点提示** 法律原则和法律规则都是国家规定的指导人们行为的基本准则,但它们是不同的。

①内容不同:法律规则明确具体,着眼于主体行为及各种条件的共性;法律原则不具体规定人们的权利义务,不仅限于行为及条件的共性,而且关注它们的个别性。

②适用范围不同:法律规则是微观调控,它们只适用于某一类型的行为;法律原则是宏观指导,适用范围广泛。

③适用方式不同:法律规则以"全有或全无"的形式应用于个案中,法律原则的适用则不同。

考点 4 法的渊源

1. 法的渊源。形式意义上的法的渊源,也就是法的效力来源,指一定的国家机关依照法定职权和程序制定或认可的具有不同法的效力和地位的法的不同表现形式。

根据法的效力的来源不同,法的渊源分为正式渊源和非正式渊源。

(1)法的正式渊源。法的正式渊源源于国家机关,是由国家的立法机关或行政机关制定的法律法规,一般是成文法或制定法,用文字表现出来。正式的法的渊源的效力原则分为以下三种。

①不同位阶的法的渊源之间的冲突原则,主要包括宪法至上原则、法律高于法规原则、法规高于规章原则、行政法规高于地方性法规原则等。

②同一位阶的法的渊源之间的冲突原则,主要包括全国性法律优先原则、特别法优先原则、后法优先或新法优先原则、实体法优先原则、国际法优先原则。

法律之间对同一事项的新的一般规定与旧的特别规定不一致,不能确定如何适用时,由全国人民代表大会常务委员会(以下简称全国人大常委会)裁决。

行政法规之间对同一事项的新的一般规定与旧的特别规定不一致,不能确定如何适用时,由国务院裁决。

③位阶出现交叉时的法的渊源之间的冲突原则,我国《立法法》主要规定:

A. 自治条例和单行条例依法对法律、行政法规、地方性法规作变通规定的,在本自治地方适用自治条例和单行条例的规定。

B. 经济特区法规根据授权对法律、行政法规、地方性法规作变通规定的,在本经济特区适用经济特区法规的规定。

C. 地方性法规、规章之间不一致时，由有关机关依照下列规定的权限作出裁决。

a. 同一机关制定的新的一般规定与旧的特别规定不一致时，由制定机关裁决。

b. 地方性法规与部门规章之间对同一事项的规定不一致，不能确定如何适用时，由国务院提出意见，国务院认为应当适用地方性法规的，应当决定在该地方适用地方性法规的规定；认为应当适用部门规章的，应当提请全国人大常委会裁决。

c. 部门规章之间、部门规章与地方政府规章之间对同一事项的规定不一致时，由国务院裁决。

d. 根据授权制定的法规与法律规定不一致，不能确定如何适用时，由全国人大常委会裁决。

(2)法的非正式渊源。法的非正式渊源源于国家机关以外或者源于国家司法机关，主要分为五种：习惯、判例(或指导性案例)、法学家的著作、法理、政策。

2. 当代中国法的渊源。当代中国法的渊源主要是以宪法为核心的各种制定法，包括宪法、法律、行政法规、部门规章和地方政府规章、地方性法规、民族自治法规(包括自治条例和单行条例)、经济特区的规范性文件、特别行政区的法律、国际条约、国际惯例等。

3. 规范性法律文件的规范化和系统化。(1)法律汇编。法律汇编不改变法律文件的内容，不是国家的立法活动。(2)法典编纂。法典编纂是对法律文件进行加工整理，是国家的立法活动之一。

☞ **易错点提示** 法典编纂只能由国家立法机关进行，执法和司法机关均无权进行。

考点 5 法律关系

法律关系是在法律规范调整社会关系的过程中所形成的人们之间的权利和义务关系。

1. 法律关系的种类。(1)调整性法律关系和保护性法律关系。(2)纵向法律关系和横向法律关系。(3)单向法律关系、双向法律关系和多向法律关系。单向法律关系是指在一个法律关系中，权利人只享受权利，义务人只承担义务。双向法律关系是指权利人和义务人之间互为权利义务关系。多向法律关系是指三个或三个以上相关法律关系的复合体。(4)第一性法律关系和第二性法律关系。

2. 法律关系主体。法律关系的主体是法律关系的参加者，即在法律关系中一定权利的享有者和一定义务的承担者，包括公民(自然人)、机构和组织(法人)、国家。公民和法人要能够成为法律关系的主体，享有权利和承担义务，就必须具有权利能力和行为能力。

3. 法律关系的内容。法律关系的内容就是法律关系主体之间的法律权利和法律义务。它是法律规范的指示内容(行为模式、法律权利与法律义务的一般规定)在实际社会生活中的具体落实，是法律规范在社会关系中实现的一种状态。

法律关系主体的权利和义务与作为法律规范内容的权利和义务是不同的：(1)所属的领域不同；(2)针对的主体不同；(3)法的效力不同。

4. 法律关系客体。法律关系的客体是指法律关系主体之间权利和义务所指向的对象,是一定利益的法律形式。法律关系客体的种类一般包括物、人身利益、精神产品和行为结果。

5. 法律关系的产生、变更与消灭。法律关系处在不断地生成、变更和消灭的运动过程中。其变化主要须满足两个条件:一是法律规范;二是法律事实。

☞ **易错点提示** 法律事实就是法律规范所规定的能够引起法律关系产生、变更和消灭的客观情况或现象。法律事实分为两种:①法律事件。不以当事人的意志为转移的法律事实,包括自然事件、社会事件。②法律行为。以当事人的意志为转移的法律事实,包括合法行为、违法行为。

考点 6 法适用的一般原理

1. 法适用的目标

法律人适用法律的最直接的目标就是要获得一个合理的法律决定,即法律决定具有可预测性和正当性。法律决定的可预测性是形式法治的要求,正当性是实质法治的要求。

(1)可预测性。形式上符合法律。可预测性意味着作法律决定的人在作决定的过程中应该尽可能地避免武断和恣意。这就要求法官必须将法律决定建立在既存的一般性的法律规范的基础上,即严格依据国家法律进行裁判,保证判决在形式上符合法律规定。

(2)正当性。内容上符合法理。法律决定的正当性是指按照实质价值或某些道德考量,法律决定是正当的或正确的。法律决定的正当性是指按照现代法治社会公认的实质价值或道德原则,法院的法律决定是正当的或正确的,是与这些自由、平等、人权等法律价值相一致的。这就要求法官必须通过运用法律共同体所普遍承认的法学方法,如类比推理或客观目的解释,保证其法律决定与实质价值或道德具有一致性,即实质内容符合法理。

(3)紧张关系。法律决定的可预测性与正当性之间存在一定的紧张关系。其原因在于,有的法律决定不是作决定的人武断地和恣意地作出的,即实现了可预测性,然而该决定与特定国家的法秩序所承认的实质价值或道德相背离。同时,我们也应该看到,有些法律决定是正当的,却是作法律决定的人武断地和恣意地作出的。实质上,这种紧张关系是形式法治与实质法治之间一种紧张关系的体现。

(4)可预测性的初始优先性。对在特定的一个时间段内的特定国家的法律人来说,法律决定的可预测性具有初始的优先性。因为对于特定国家的法律人来说,其首先理当崇尚的是法律的可预测性。

2. 法适用的步骤

整体来说,法律人适用有效的法律规范解决具体个案纠纷的过程在形式上是逻辑中的三段论推理过程,即大前提、小前提和结论。

(1)要查明和确认案件事实,作为小前提,在诉讼中对应的就是法庭调查。

(2)要选择和确定与上述案件事实相符合的法律规范,作为大前提,在诉讼中对应的就是法庭辩论。

(3)以整个法律体系的目的为标准,从两个前提中推导出法律决定或法律裁决,在诉讼中对应的就是最后的评议和宣判。

☞ **易错点提示** 在实际的法律活动中,法律人适用有效法律规范解决个案纠纷的这三个步骤"绝不是各自独立且严格区分的单个行为。它们之间界限模糊并且可以相互转换"。例如,法律人查明和确认案件事实的过程就不是一个纯粹的事实归结过程,而是一个在法律规范与事实之间的循环过程,即目光在事实与规范之间来回穿梭。这是因为法律人要想将一定的规范适用在特定的案件中,就必须把当事人向他叙述的纯粹生活事实转化为"法律事实"。在这个意义上,法律解释对于法律适用来说并不是可有可无的,而是必要的,是法律适用的基础。

3. 内部证成与外部证成的概念和特征

(1)证成。法律适用过程也是一个法律证成的过程。因为"证成"往往被定义为给一个决定提供充足理由的活动或过程。一方面,法律决定是按照一定的推理规则从前提中推导出来的;另一方面,推导法律决定所依赖的前提是合理的、正当的。

(2)内部证成。法律决定必须按照一定的推理规则从相关前提中逻辑地推导出来,属于内部证成。它关涉的只是从前提到结论之间推论是否是有效的,而推论的有效性或真值依赖于是否符合推理规则或规律。

(3)外部证成。对法律决定所依赖的前提的证成属于外部证成。它关涉的是对内部证成中所使用的前提本身的合理性,即对前提的证立。

(4)内部证成保证了结论是从前提中逻辑地推导出来,它对前提是不是正当的、合理的,没有任何保障。

4. 内部证成与外部证成的关系

(1)在法律适用中,内部证成和外部证成是相互关联的。

(2)外部证成是将一个新的三段论附加在论证的链条中,这个新的三段论是用来支持内部证成中的前提的。我们可以看到,法律的推理或法律适用在整体框架上是一个三段论,而且是大三段论套小三段论。这就意味着在外部证成的过程中也必然地涉及内部证成,也就是说对法律决定所依赖的前提的证成本身既有一个推理过程,也有一个内部证成的问题。

(3)法律人在证成前提的过程中也必须遵循一定的推理规则。法律人在法律适用或作法律决定的过程中所确立的每一个法律命题或法律判断都必须能够被重构为逻辑上正确的结论。

(4)我们不能够将内部证成只理解为通常所谓的法律规范、案件事实与法律决定之间的推理规则,而应理解为包括确立前提本身所要遵循的推理规则。

☞ **易错点提示** 法的实施中最重要的是法的适用的基本原理,俗称"法律论证",其是提升法理学品质的重要组成部分。该考点在法理学中具有较高地位,是近年来法理学中难度最高、价值最大的考点。其中尤为重要的考点包括:法律适用中的内部证成与外部证成。在具体的案例中,要学会区分两者,并且牢记,目光在事实与规范之间来回穿梭。

考点 7 法律解释与法律推理

1. 法律解释,是指一定的人或组织对法律规定含义的说明。

(1)根据解释的主体和效力不同,分为正式解释与非正式解释。

正式解释是国家机关的解释,主要有:①立法解释:立法机关对自己制定的法律法规进行的解释,最主要的是全国人大常委会对宪法或法律的解释,包括国务院对其制定的行政法规的解释,也包括地方权力机关对地方性法规的解释。②司法解释:最高人民法院和最高人民检察院在运用法律过程中对法律所作的解释。③行政解释:国家行政机关主要是国务院在运用法律过程中对法律所作的解释。

非正式解释也称学理解释,不具有法律效力,但它在法律适用、法学教育和法治宣传方面有很重要的意义。

(2)根据法律解释的尺度不同,分为限制解释、扩充解释和字面解释。限制解释、扩充解释,主要是为了符合立法原意进行的解释。

法律解释的方法是解释者在进行法律解释时为了达到解释的目标所使用的方法,包括文义解释、历史解释、体系解释和目的解释等。

2. 法律推理。

(1)演绎推理:从一般到特殊的推理。

(2)归纳推理:从特殊到一般的推理。

【考场演练】 不定项选择题

下列与法律解释相关的分析中,正确的是:

A. 李某将其仇人坟墓掘开并将骨头扔掉,其认为白骨不属于尸体,否认其构成侮辱尸体罪。他对白骨的解释属于无权解释、主观目的解释

B. 法官任某在审理案件中认为刑法中"伪造货币罪"中的货币不包括生肖纪念币,该解释为有权解释、文义解释

C. 最高人民法院某副院长在接受媒体采访时表示,《刑法修正案(八)》中规定的"醉驾入刑"应结合《刑法》总则当中的"情节显著轻微危害不大的,不认为是犯罪"的规定来理解,因此并非只要醉驾就一定入刑,这属于体系解释方法的运用

D. 李某认为组织他人卖淫罪中"他人"不仅包括女性,而且包括男性。其理由是目前组织男性卖淫的现象很普遍,危害性很大,要发挥法律的社会功能,应包含男性。其对相关条文的解释为客观目的解释

【参考答案】 CD

(3)类比推理:最常用的辩证推理方法,根据两个对象某些属性相似而推出它们在另一些属性上也可能相似。

(4)设证推理:从所有能够解释事实的假设中优先选择一个假设的推论。

宪　法

考点 1　我国现行《宪法》的修改

我国《宪法》没有专章规定修改程序，规定修宪机关是全国人民代表大会（以下简称全国人大），且须全体代表的2/3以上的多数通过。现行《宪法》（1982年）制定后，先后进行了五次修改。

【知识图解1】 1988年第一次修正

比较项目	原条文	修改后条文
第十条第四款	任何组织或者个人不得侵占、买卖、出租或者以其他形式非法转让土地	任何组织或个人不得侵占、买卖或者以其他形式非法转让土地。**土地的使用权可以依照法律的规定转让**
第十一条第三款	—	**国家允许私营经济在法律规定的范围内存在和发展。私营经济是社会主义公有制经济的补充。国家保护私营经济的合法的权利和利益，对私营经济实行引导、监督和管理**

【知识图解2】 1993年第二次修正

比较项目	原条文	修改后条文
序言第七自然段后两句	今后国家的根本任务是集中力量进行社会主义现代化建设。中国各族人民将继续在中国共产党领导下，在马克思列宁主义、毛泽东思想指引下，坚持人民民主专政，坚持社会主义道路，不断完善社会主义的各项制度，发展社会主义民主，健全社会主义法制，自力更生，艰苦奋斗，逐步实现工业、农业、国防和科学技术的现代化，把我国建设成为高度文明、高度民主的社会主义国家	**我国正处于社会主义初级阶段。国家的根本任务是，根据建设有中国特色社会主义的理论，集中力量进行社会主义现代化建设。**中国各族人民将继续在中国共产党领导下，在马克思列宁主义、毛泽东思想指引下，坚持人民民主专政，坚持社会主义道路，**坚持改革开放，**不断完善社会主义的各项制度，发展社会主义民主，健全社会主义法制，自力更生，艰苦奋斗，逐步实现工业、农业、国防和科学技术的现代化，把我国建设成为富强、民主、文明的社会主义国家

续表

比较项目	原条文	修改后条文
序言第十自然段末尾	—	**中国共产党领导的多党合作和政治协商制度将长期存在和发展**
第七条	国营经济是社会主义全民所有制经济，是国民经济中的主导力量。国家保障国营经济的巩固和发展	**国有经济，即**社会主义全民所有制经济，是国民经济中的主导力量。国家保障**国有经济**的巩固和发展
第八条第一款	农村人民公社、农业生产合作社和其他生产、供销、信用、消费等各种形式的合作经济，是社会主义劳动群众集体所有制经济。参加农村集体经济组织的劳动者，有权在法律规定的范围内经营自留地、自留山、家庭副业和饲养自留畜	**农村中的家庭联产承包为主的责任制**和生产、供销、信用、消费等各种形式的合作经济，是社会主义劳动群众集体所有制经济。参加农村集体经济组织的劳动者，有权在法律规定的范围内经营自留地、自留山、家庭副业和饲养自留畜
第十五条	国家在社会主义公有制基础上实行计划经济。国家通过经济计划的综合平衡和市场调节的辅助作用，保证国民经济按比例地协调发展。 禁止任何组织或者个人扰乱社会经济秩序，破坏国家经济计划	**国家实行社会主义市场经济。** **国家加强经济立法，完善宏观调控。** **国家依法禁止任何组织或者个人扰乱社会经济秩序**
第十六条	国营企业在服从国家的统一领导和全面完成国家计划的前提下，在法律规定的范围内，有经营管理的自主权。 国营企业依照法律规定，通过职工代表大会和其他形式，实行民主管理	**国有企业在法律规定的范围内有权自主经营。** **国有企业**依照法律规定，通过职工代表大会和其他形式，实行民主管理
第十七条	集体经济组织在接受国家计划指导和遵守有关法律的前提下，有独立进行经济活动的自主权。 集体经济组织依照法律规定实行民主管理，由它的全体劳动者选举和罢免管理人员，决定经营管理的重大问题	集体经济组织在**遵守有关法律的前提下，**有独立进行经济活动的自主权。 集体经济组织实行民主管理，**依照法律规定**选举和罢免管理人员，决定经营管理的重大问题

续表

比较项目	原条文	修改后条文
第四十二条第三款	劳动是一切有劳动能力的公民的光荣职责。国营企业和城乡集体经济组织的劳动者都应当以国家主人翁的态度对待自己的劳动。国家提倡社会主义劳动竞赛，奖励劳动模范和先进工作者。国家提倡公民从事义务劳动	劳动是一切有劳动能力的公民的光荣职责。**国有企业**和城乡集体经济组织的劳动者都应当以国家主人翁的态度对待自己的劳动。国家提倡社会主义劳动竞赛，奖励劳动模范和先进工作者。国家提倡公民从事义务劳动
第九十八条	省、直辖市、设区的市的人民代表大会每届任期五年。县、不设区的市、市辖区、乡、民族乡、镇的人民代表大会每届任期三年	省、直辖市、**县、市、市辖区**的人民代表大会每届任期**五年**。乡、民族乡、镇的人民代表大会每届任期三年

【知识图解3】 1999年第三次修正

比较项目	原条文	修改后条文
序言第七自然段	中国新民主主义革命的胜利和社会主义事业的成就，都是中国共产党领导中国各族人民，在马克思列宁主义、毛泽东思想的指引下，坚持真理，修正错误，战胜许多艰难险阻而取得的。我国正处于社会主义初级阶段。国家的根本任务是，根据建设有中国特色社会主义的理论，集中力量进行社会主义现代化建设。中国各族人民将继续在中国共产党领导下，在马克思列宁主义、毛泽东思想指引下，坚持人民民主专政，坚持社会主义道路，坚持改革开放，不断完善社会主义的各项制度，发展社会主义民主，健全社会主义法制，自力更生，艰苦奋斗，逐步实现工业、农业、国防和科学技术的现代化，把我国建设成为富强、民主、文明的社会主义国家	中国新民主主义革命的胜利和社会主义事业的成就，是中国共产党领导中国各族人民，在马克思列宁主义、毛泽东思想的指引下，坚持真理，修正错误，战胜许多艰难险阻而取得的。**我国将长期处于社会主义初级阶段**。国家的根本任务是，**沿着建设有中国特色社会主义的道路**，集中力量进行社会主义现代化建设。中国各族人民将继续在中国共产党领导下，在马克思列宁主义、毛泽东思想、邓小平理论指引下，坚持人民民主专政，坚持社会主义道路，坚持改革开放，不断完善社会主义的各项制度，**发展社会主义市场经济**，发展社会主义民主，健全社会主义法制，自力更生，艰苦奋斗，逐步实现工业、农业、国防和科学技术的现代化，把我国建设成为富强、民主、文明的社会主义国家
第五条第一款	—	**中华人民共和国实行依法治国，建设社会主义法治国家**

续表

比较项目	原条文	修改后条文
第六条	中华人民共和国的社会主义经济制度的基础是生产资料的社会主义公有制,即全民所有制和劳动群众集体所有制。 社会主义公有制消灭人剥削人的制度,实行各尽所能,按劳分配的原则	中华人民共和国的社会主义经济制度的基础是生产资料的社会主义公有制,即全民所有制和劳动群众集体所有制。 社会主义公有制消灭人剥削人的制度,实行各尽所能、按劳分配的原则。 **国家在社会主义初级阶段,坚持公有制为主体、多种所有制经济共同发展的基本经济制度,坚持按劳分配为主体、多种分配方式并存的分配制度**
第八条第一款	农村中的家庭联产承包为主的责任制和生产、供销、信用、消费等各种形式的合作经济,是社会主义劳动群众集体所有制经济。参加农村集体经济组织的劳动者,有权在法律规定的范围内经营自留地、自留山、家庭副业和饲养自留畜	**农村集体经济组织实行家庭承包经营为基础、统分结合的双层经营体制。**农村中的生产、供销、信用、消费等各种形式的合作经济,是社会主义劳动群众集体所有制经济。参加农村集体经济组织的劳动者,有权在法律规定的范围内经营自留地、自留山、家庭副业和饲养自留畜
第十一条	在法律规定范围内的城乡劳动者个体经济,是社会主义公有制经济的补充。国家保护个体经济的合法的权利和利益。 国家通过行政管理,指导、帮助和监督个体经济。 国家允许私营经济在法律规定的范围内存在和发展。私营经济是社会主义公有制经济的补充。国家保护私营经济的合法的权利和利益,对私营经济实行引导、监督和管理	**在法律规定范围内的个体经济、私营经济等非公有制经济,是社会主义市场经济的重要组成部分。** **国家保护个体经济、私营经济的合法的权利和利益。国家对个体经济、私营经济实行引导、监督和管理**
第二十八条	国家维护社会秩序,镇压叛国和其他反革命的活动,制裁危害社会治安、破坏社会主义经济和其他犯罪的活动,惩办和改造犯罪分子	国家维护社会秩序,镇压叛国和其他**危害国家安全**的犯罪活动,制裁危害社会治安、破坏社会主义经济和其他犯罪的活动,惩办和改造犯罪分子

【知识图解4】 2004年第四次修正

比较项目	原条文	修改后条文
序言第七自然段第三句、第四句	国家的根本任务是，沿着建设有中国特色社会主义的道路，集中力量进行社会主义现代化建设。中国各族人民将继续在中国共产党领导下，在马克思列宁主义、毛泽东思想、邓小平理论指引下，坚持人民民主专政，坚持社会主义道路，坚持改革开放，不断完善社会主义的各项制度，发展社会主义市场经济，发展社会主义民主，健全社会主义法制，自力更生，艰苦奋斗，逐步实现工业、农业、国防和科学技术的现代化，把我国建设成为富强、民主、文明的社会主义国家	国家的根本任务是，沿着**中国特色社会主义道路**，集中力量进行社会主义现代化建设。中国各族人民将继续在中国共产党领导下，在马克思列宁主义、毛泽东思想、邓小平理论和**"三个代表"重要思想**指引下，坚持人民民主专政，坚持社会主义道路，坚持改革开放，不断完善社会主义的各项制度，发展社会主义市场经济，发展社会主义民主，健全社会主义法制，自力更生，艰苦奋斗，逐步实现工业、农业、国防和科学技术的现代化，**推动物质文明、政治文明和精神文明协调发展**，把我国建设成为富强、民主、文明的社会主义国家
序言第十自然段第二句	在长期的革命和建设过程中，已经结成由中国共产党领导的，有各民主党派和各人民团体参加的，包括全体社会主义劳动者、拥护社会主义的爱国者和拥护祖国统一的爱国者的广泛的爱国统一战线，这个统一战线将继续巩固和发展	在长期的革命和建设过程中，已经结成由中国共产党领导的，有各民主党派和各人民团体参加的，包括全体社会主义劳动者、**社会主义事业的建设者**、拥护社会主义的爱国者和拥护祖国统一的爱国者的广泛的爱国统一战线，这个统一战线将继续巩固和发展
第十条第三款	国家为了公共利益的需要，可以依照法律规定对土地实行征用	国家为了公共利益的需要，可以依照法律规定对土地实行**征收或者征用并给予补偿**
第十一条第二款	国家保护个体经济、私营经济的合法的权利和利益。国家对个体经济、私营经济实行引导、监督和管理	国家保护个体经济、私营经济等非公有制经济的合法的权利和利益。国家**鼓励、支持和引导非公有制经济的发展，并对非公有制经济依法实行监督和管理**
第十三条	国家保护公民的合法的收入、储蓄、房屋和其他合法财产的所有权。 国家依照法律规定保护公民的私有财产的继承权	**公民的合法的私有财产不受侵犯。** **国家依照法律规定保护公民的私有财产权和继承权。** **国家为了公共利益的需要，可以依照法律规定对公民的私有财产实行征收或者征用并给予补偿**

续表

比较项目	原条文	修改后条文
第十四条第四款	—	**国家建立健全同经济发展水平相适应的社会保障制度**
第三十三条第三款	—	**国家尊重和保障人权**
第五十九条第一款	全国人民代表大会由省、自治区、直辖市和军队选出的代表组成。各少数民族都应当有适当名额的代表	全国人民代表大会由省、自治区、直辖市、**特别行政区**和军队选出的代表组成。各少数民族都应当有适当名额的代表
第六十七条第二十项	（二十）决定全国或者个别省、自治区、直辖市的戒严	（二十）决定全国或者个别省、自治区、直辖市进入**紧急状态**
第八十条	中华人民共和国主席根据全国人民代表大会的决定和全国人民代表大会常务委员会的决定，公布法律，任免国务院总理、副总理、国务委员、各部部长、各委员会主任、审计长、秘书长，授予国家的勋章和荣誉称号，发布特赦令，发布戒严令，宣布战争状态，发布动员令	中华人民共和国主席根据全国人民代表大会的决定和全国人民代表大会常务委员会的决定，公布法律，任免国务院总理、副总理、国务委员、各部部长、各委员会主任、审计长、秘书长，授予国家的勋章和荣誉称号，发布特赦令，宣布进入**紧急状态，**宣布战争状态，发布动员令
第八十一条	中华人民共和国主席代表中华人民共和国，接受外国使节；根据全国人民代表大会常务委员会的决定，派遣和召回驻外全权代表，批准和废除同外国缔结的条约和重要协定	中华人民共和国主席代表中华人民共和国，**进行国事活动**，接受外国使节；根据全国人民代表大会常务委员会的决定，派遣和召回驻外全权代表，批准和废除同外国缔结的条约和重要协定
第八十九条第十六项	（十六）决定省、自治区、直辖市的范围内部分地区的戒严	（十六）依照法律规定决定省、自治区、直辖市的范围内部分地区进入**紧急状态**
第九十八条	省、直辖市、县、市、市辖区的人民代表大会每届任期五年。乡、民族乡、镇的人民代表大会每届任期三年	**地方各级**人民代表大会每届任期**五年**
第四章章名	国旗、国徽、首都	国旗、**国歌**、国徽、首都
第一百三十六条第二款	—	**中华人民共和国国歌是《义勇军进行曲》**

【知识图解 5】 2018 年第五次修正

比较项目	原条文	修改后条文
序言第七自然段	在马克思列宁主义、毛泽东思想、邓小平理论和“三个代表”重要思想指引下	在马克思列宁主义、毛泽东思想、邓小平理论、“三个代表”重要思想、**科学发展观、习近平新时代中国特色社会主义思想**指引下
	健全社会主义法制	健全社会主义法**治**
	自力更生,艰苦奋斗	**贯彻新发展理念**,自力更生,艰苦奋斗
	推动物质文明、政治文明和精神文明协调发展,把我国建设成为富强、民主、文明的社会主义国家	推动物质文明、政治文明、**精神文明、社会文明、生态文明**协调发展,把我国建设成为**富强民主文明和谐美丽的**社会主义**现代化强国,实现中华民族伟大复兴**
序言第十自然段	在长期的革命和建设过程中	在长期的**革命、建设、改革**过程中
	包括全体社会主义劳动者、社会主义事业的建设者、拥护社会主义的爱国者和拥护祖国统一的爱国者的广泛的爱国统一战线	包括全体社会主义劳动者、社会主义事业的建设者、拥护社会主义的爱国者、拥护祖国统一**和致力于中华民族伟大复兴的爱国者**的广泛的爱国统一战线
序言第十一自然段	平等、团结、互助的社会主义民族关系已经确立,并将继续加强	**平等团结互助和谐的**社会主义民族关系已经确立,并将继续加强
序言第十二自然段	中国革命和建设的成就是同世界人民的支持分不开的	**中国革命、建设、改革**的成就是同世界人民的支持分不开的
	中国坚持独立自主的对外政策,坚持互相尊重主权和领土完整、互不侵犯、互不干涉内政、平等互利、和平共处的五项原则	中国坚持独立自主的对外政策,坚持互相尊重主权和领土完整、互不侵犯、互不干涉内政、平等互利、和平共处的五项原则,**坚持和平发展道路,坚持互利共赢开放战略**
	发展同各国的外交关系和经济、文化的交流	发展同各国的外交关系和**经济、文化交流,推动构建人类命运共同体**
第一条第二款	社会主义制度是中华人民共和国的根本制度	社会主义制度是中华人民共和国的根本制度。**中国共产党领导是中国特色社会主义最本质的特征**
第三条第三款	国家行政机关、审判机关、检察机关都由人民代表大会产生,对它负责,受它监督	国家行政机关、**监察机关**、审判机关、检察机关都由人民代表大会产生,对它负责,受它监督
第四条第一款	国家保障各少数民族的合法的权利和利益,维护和发展各民族的平等、团结、互助关系	国家保障各少数民族的合法的权利和利益,维护和发展各民族的**平等团结互助和谐**关系
第二十四条第二款	国家提倡爱祖国、爱人民、爱劳动、爱科学、爱社会主义的公德	国家**倡导社会主义核心价值观,**提倡爱祖国、爱人民、爱劳动、爱科学、爱社会主义的公德

<table>
<tr><th>比较项目</th><th>原条文</th><th>修改后条文</th></tr>
<tr><td>第二十七条</td><td colspan="2">增加一款,作为第三款:“国家工作人员就职时应当依照法律规定公开进行宪法宣誓”</td></tr>
<tr><td>第六十二条</td><td colspan="2">“全国人民代表大会行使下列职权”中增加一项:
(七)选举国家监察委员会主任;
第七项至第十五项相应改为第八项至第十六项</td></tr>
<tr><td>第六十三条</td><td colspan="2">“全国人民代表大会有权罢免下列人员”中增加一项:
(四)国家监察委员会主任;
第四项、第五项相应改为第五项、第六项</td></tr>
<tr><td>第六十五条第四款</td><td>全国人民代表大会常务委员会的组成人员不得担任国家行政机关、审判机关和检察机关的职务</td><td>全国人民代表大会常务委员会的组成人员不得担任国家行政机关、监察机关、审判机关和检察机关的职务</td></tr>
<tr><td rowspan="2">第六十七条</td><td>(六)监督国务院、中央军事委员会、最高人民法院和最高人民检察院的工作</td><td>(六)监督国务院、中央军事委员会、国家监察委员会、最高人民法院和最高人民检察院的工作</td></tr>
<tr><td colspan="2">增加一项,作为第十一项:“(十一)根据国家监察委员会主任的提请,任免国家监察委员会副主任、委员”
第十一项至第二十一项相应改为第十二项至第二十二项</td></tr>
<tr><td>第七十条第一款第一句</td><td>全国人民代表大会设立民族委员会、法律委员会、财政经济委员会、教育科学文化卫生委员会、外事委员会、华侨委员会和其他需要设立的专门委员会</td><td>全国人民代表大会设立民族委员会、宪法和法律委员会、财政经济委员会、教育科学文化卫生委员会、外事委员会、华侨委员会和其他需要设立的专门委员会</td></tr>
<tr><td>第七十九条第三款</td><td>中华人民共和国主席、副主席每届任期同全国人民代表大会每届任期相同,连续任职不得超过两届</td><td>中华人民共和国主席、副主席每届任期同全国人民代表大会每届任期相同</td></tr>
<tr><td rowspan="2">第八十九条</td><td>(六)领导和管理经济工作和城乡建设</td><td>(六)领导和管理经济工作和城乡建设、生态文明建设</td></tr>
<tr><td>(八)领导和管理民政、公安、司法行政和监察等工作</td><td>(八)领导和管理民政、公安、司法行政等工作</td></tr>
<tr><td>第一百条</td><td colspan="2">增加一款,作为第二款:“设区的市的人民代表大会和它们的常务委员会,在不同宪法、法律、行政法规和本省、自治区的地方性法规相抵触的前提下,可以依照法律规定制定地方性法规,报本省、自治区人民代表大会常务委员会批准后施行”</td></tr>
<tr><td>第一百零一条第二款第一句</td><td>县级以上的地方各级人民代表大会选举并且有权罢免本级人民法院院长和本级人民检察院检察长</td><td>县级以上的地方各级人民代表大会选举并且有权罢免本级监察委员会主任、本级人民法院院长和本级人民检察院检察长</td></tr>
</table>

比较项目	原条文	修改后条文
第一百零三条第三款	县级以上的地方各级人民代表大会常务委员会的组成人员不得担任国家行政机关、审判机关和检察机关的职务	县级以上的地方各级人民代表大会常务委员会的组成人员不得担任国家行政机关、**监察机关**、审判机关和检察机关的职务
第一百零四条	监督本级人民政府、人民法院和人民检察院的工作	监督本级人民政府、**监察委员会**、人民法院和人民检察院的工作
第一百零七条第一款	县级以上地方各级人民政府依照法律规定的权限,管理本行政区域内的经济、教育、科学、文化、卫生、体育事业、城乡建设事业和财政、民政、公安、民族事务、司法行政、监察、计划生育等行政工作,发布决定和命令,任免、培训、考核和奖惩行政工作人员	县级以上地方各级人民政府依照法律规定的权限,管理本行政区域内的经济、教育、科学、文化、卫生、体育事业、城乡建设事业和财政、民政、公安、民族事务、司法行政、计划生育等行政工作,发布决定和命令,任免、培训、考核和奖惩行政工作人员
第三章“国家机构”中增加一节,作为第七节“监察委员会”	第七节　监察委员会 第一百二十三条　中华人民共和国各级监察委员会是国家的监察机关。 第一百二十四条　中华人民共和国设立国家监察委员会和地方各级监察委员会。 监察委员会由下列人员组成: 主任, 副主任若干人, 委员若干人。 监察委员会主任每届任期同本级人民代表大会每届任期相同。国家监察委员会主任连续任职不得超过两届。 监察委员会的组织和职权由法律规定。 第一百二十五条　中华人民共和国国家监察委员会是最高监察机关。 国家监察委员会领导地方各级监察委员会的工作,上级监察委员会领导下级监察委员会的工作。 第一百二十六条　国家监察委员会对全国人民代表大会和全国人民代表大会常务委员会负责。地方各级监察委员会对产生它的国家权力机关和上一级监察委员会负责。 第一百二十七条　监察委员会依照法律规定独立行使监察权,不受行政机关、社会团体和个人的干涉。 监察机关办理职务违法和职务犯罪案件,应当与审判机关、检察机关、执法部门互相配合,互相制约	
第七节相应改为第八节,第一百二十三条至第一百三十八条相应改为第一百二十八条至第一百四十三条		

☞ **易错点提示**　①经1993年和2004年两次修改,全国人大及地方各级人大的任期统一都为5年。

②经1988年、1999年和2004年三次修改,国家对非公有制经济的政策是“鼓励、支持和引导+依法监督和管理”,而对集体经济的政策是“鼓励、指导和帮助”。

考点 2 **宪法的结构和效力**

1. 宪法的结构：就宪法的总体结构而言，一般包括序言、正文、附则三大部分。附则是宪法的一部分，其法律效力与一般条文相同。

2. 宪法的效力：与一般法律规范相比，宪法规范具有根本性、最高权威性、原则性、纲领性、相对稳定性等特点。宪法效力具有最高性与直接性。

在整个法律体系中，宪法的效力是最高的，不仅是立法的基础，而且对立法行为与依据宪法进行的各种行为产生直接的约束力。我国《宪法》序言明确规定：本宪法以法律的形式确认了中国各族人民奋斗的成果，规定了国家的根本制度和根本任务，是国家的根本法，具有最高的法律效力。

☞ **易错点提示** 我国《宪法》的结构仅包括序言和正文两个部分，没有附则。

考点 3 **国家的基本社会制度**

1. 社会保障制度。(1)国家建立健全同经济发展水平相适应的社会保障制度。(2)我国《宪法》规定了对社会弱势和特殊群体的社会保障制度：①中华人民共和国公民在年老、疾病或者丧失劳动能力的情况下，有从国家和社会获得物质帮助的权利。国家发展为公民享受这些权利所需要的社会保险、社会救济和医疗卫生事业。②国家和社会保障残废军人的生活，抚恤烈士家属，优待军人家属。③国家和社会帮助安排盲、聋、哑和其他有残疾的公民的劳动、生活和教育。④中华人民共和国妇女在政治的、经济的、文化的、社会的和家庭的生活等各方面享有同男子平等的权利。国家保护妇女的权利和利益，实行男女同工同酬，培养和选拔妇女干部。⑤婚姻、家庭、母亲和儿童受国家的保护。

2. 医疗卫生事业。国家发展医疗卫生事业，发展现代医药和我国传统医药，鼓励和支持农村集体经济组织、国家企业事业组织和街道组织举办各种医疗卫生设施，开展群众性的卫生活动，保护人民健康。

3. 劳动保障制度。国家通过各种途径，创造劳动就业条件，加强劳动保护，改善劳动条件，并在发展生产的基础上，提高劳动报酬和福利待遇。国家提倡社会主义劳动竞赛，奖励劳动模范和先进工作者。国家提倡公民从事义务劳动。国家对就业前的公民进行必要的劳动就业训练。

4. 人才培养制度。国家培养为社会主义服务的各种专业人才，扩大知识分子的队伍，创造条件，充分发挥他们在社会主义现代化建设中的作用。

5. 计划生育制度。国家推行计划生育，使人口的增长同经济和社会发展计划相适应。

6. 社会秩序及安全维护制度。国家维护社会秩序，镇压叛国和其他危害国家安全的犯罪活动，制裁危害社会治安、破坏社会主义经济和其他犯罪的活动，惩办和改造犯罪分子。中华人民共和国的武装力量属于人民。它的任务是巩固国防，抵抗侵略，保卫祖国，保卫人民的和平劳动，参加国家建设事业，努力为人民服务。国家加强武装力量的革命化、现代化、正规化的建设，增强国防力量。

考点 4 选举制度

1. 选举的基本原则

我国选举制度的基本原则：选举权的普遍性原则、选举权的平等性原则、直接选举和间接选举并用的原则、秘密投票的原则等。

（1）我国享有选举权的三个条件：具有中国国籍、年满 18 周岁、依法享有政治权利。

（2）2010 年《全国人民代表大会和地方各级人民代表大会选举法》修改，取消城乡选举差别，实现“同票同权”。

2. 选举的组织与程序

（1）选举机构：间接选举由本级人大常委会主持。特别行政区全国人大代表的选举由全国人大常委会主持。

（2）代表名额分配：①全国人大代表名额，由全国人大常委会根据各省、自治区、直辖市的人口数，按照每一代表所代表的城乡人口数相同的原则，以及保证各地区、各民族、各方面都有适当数量代表的要求进行分配。②地方各级人大代表名额，由本级人大常委会或者本级选举委员会根据本行政区域所辖的下一级各行政区域或者各选区的人口数，按照每一代表所代表的城乡人口数相同的原则，以及保证各地区、各民族、各方面都有适当数量代表的要求进行分配。在县、自治县的人大中，人口特少的乡、民族乡、镇，至少应有代表一人。

（3）代表候选人的提出：直接选举中，由各政党、各人民团体单独或联合，或者选区选民 10 人以上联名推荐提出；间接选举中，由各政党、各人民团体单独或联合，或者代表 10 人以上联名推荐提出。

全国和地方各级人大代表的选举，均实行差额选举制。

（4）投票选举：全国和地方各级人大代表的选举，一律采用无记名投票的方法。选举时应当设有秘密写票处。选民如果是文盲或者因残疾不能写选票的，可以委托他信任的人代写。

在选民直接选举人大代表时，选区全体选民的过半数参加投票，选举有效。代表候选人获得参加投票的选民过半数的选票时，始得当选。县级以上的地方各级人大在选举上一级人大代表时，代表候选人获得全体代表过半数的选票时，始得当选。

【知识图解】 对代表的罢免

人大代表	由谁提出	向谁提出	由谁通过
乡级人大代表	原选区选民 30 人以上联名	县级人大常委会	原选区过半数的选民通过
县级人大代表	原选区选民 50 人以上联名		

续表

人大代表	由谁提出	向谁提出	由谁通过
全国人大代表，省、自治区、直辖市、设区市、自治州的人大代表	开会期间：选举他的人大的主席团或1/10以上代表联名	选举他的人大会议	选举他的人大过半数的代表通过
	闭会期间：选举他的人大常委会主任会议或者常委会1/5以上组成人员联名	选举他的人大常委会	选举他的人大常委会组成人员的过半数通过

考点 5　民族区域自治制度

1. 民族自治地方：自治区、自治州和自治县。

☞　**易错点提示**　民族乡不是民族自治地方。

2. 民族自治地方的自治权：(1)制定自治条例和单行条例。自治区制定的自治条例和单行条例，报全国人大常委会批准后生效；自治州、自治县制定的自治条例和单行条例，报省或者自治区的人大常委会批准后生效，并报全国人大常委会备案。(2)根据当地民族的实际情况，贯彻执行国家的法律和政策。(3)自主地管理地方财政。(4)自主地安排和管理地方性的经济建设事业。(5)自主地管理教育、科学、文化、卫生、体育事业。(6)组织维护社会治安的公安部队，须经国务院批准。(7)使用本民族的语言文字。

考点 6　特别行政区制度

1.“一国两制”与特别行政区制度。“一国两制”是“一个国家，两种制度”的简称，是在统一的社会主义国家内，在中央的统一领导下，可以在局部地区因历史的原因而不实行社会主义的制度，依法保留原有的制度。《宪法》第31条规定：“国家在必要时得设立特别行政区。在特别行政区内实行的制度按照具体情况由全国人民代表大会以法律规定。”特别行政区是指在统一的中华人民共和国范围内，根据我国宪法和法律所设立的具有特殊的法律地位，实行特别的政治、经济制度的行政区域。特别行政区是中华人民共和国不可分割的组成部分，是一级地方行政区域，直辖于中央人民政府，受中央人民政府统一管辖，但特别行政区又不同于一般行政区域，其主要特点有：

(1)特别行政区享有高度的自治权。除此之外，特别行政区财政独立，使用自己的货币，其收入全部用于自己的需要，中央人民政府不在特别行政区征税。

(2)特别行政区保留原有的资本主义制度和生活方式50年不变。

(3)特别行政区由当地人管理，实现“港人治港”“澳人治澳”。

(4)特别行政区原有的法律基本不变。

2. 特别行政区的法律地位。确定特别行政区的法律地位主要是明确其与中央人民政府的关系。依两个基本法的规定，中央对特别行政区行使的权力有：

中央人民政府负责管理与特别行政区有关的外交事务，中央人民政府负责管理特别行政区的防务，中央人民政府任命特别行政区的行政长官和行政机关的主要官员，全国人大常委会有权决定特别行政区进入紧急状态，全国人大常委会享有对特别行政区基本法的解释权，全国人大对特别行政区基本法享有修改权等。

3. 特别行政区的高度自治权：(1)行政管理权。特别行政区依基本法的规定自行处理特别行政区的行政事务，包括经济、财政、金融、贸易、工商业、土地契约、航运、民航、教育、科学、文化、体育、宗教、劳工和社会服务等事项。(2)立法权。特别行政区的立法机关依据基本法的规定，有权制定适用于特别行政区的法律。特别行政区的立法机关制定的法律须报全国人民代表大会常务委员会备案。备案不影响该法律的生效。(3)独立的司法权和终审权。特别行政区法院独立进行审判，不受任何干涉，在特别行政区发生的案件由特别行政区法院进行审理，特别行政区终审法院享有终审权。

4. 特别行政区的政治体制：特别行政区政治体制的特点可以概括为“行政主导、司法独立、行政与立法相互制约与配合”。

(1)行政主导。行政长官在特别行政区处于特殊地位，是特别行政区的首长，代表特别行政区；法律草案、预算案及其他重要议案由政府向立法会提出；政府向立法会提出的议案优先列入议程；立法会通过的法案须经行政长官签署、公布，方能生效；行政长官对立法会通过的法案有相对否决权；行政长官有权根据法律规定的程序解散立法会；其他。例如，行政长官可以依照法律的规定，批准临时短期拨款，有权决定政府官员或者其他公务人员是否向立法会作证和提供证据等。

(2)司法独立。《香港特别行政区基本法》第2条、第19条规定，香港特别行政区享有独立的司法权和终审权；第80条规定，各级法院是香港特别行政区的司法机关，行使香港特别行政区的审判权；第85条规定，特别行政区法院独立进行审判，不受任何干涉，司法人员履行审判职责的行为不受法律追究。

(3)行政与立法相互制约与配合。首先体现为行政对立法的制衡机制。行政长官可以拒绝签署立法会通过的法案，并可在3个月内将法案发回立法会重新审议。如果行政长官拒绝签署立法会再次通过的法案，或者立法会拒绝通过政府提出的财政预算案或者其他重要法案，经协商仍不能取得一致意见，那么行政长官可解散立法会，但在其一任任期内只能解散立法会一次。立法会议员所提出的法律草案，凡涉及政府政策者，在提出前必须得到行政长官的书面同意。其次体现为立法会对行政长官的制衡机制。行政长官发回重新审议的法案，如立法会以不少于全体议员2/3的多数再次通过，行政长官必须在1个月内签署公布，否则行政长官可解散立法会。在以下两种情况下，立法会可迫使行政长官辞职：一是行政长官因两次拒绝签署立法会通过的法案而解散立法会，重新选举的立法会仍以全体议员2/3的多数通过所争议的原案，而行政长官仍拒绝签署；二是行政长官因立法会拒绝通过财政预算案或者其他重要法案而解散立法会，重新选举的立法会继续拒绝通过所争议的原案。基本法还规定，如果行政长官有严重违法或者渎职行为，经法定程序，立法会可提出弹劾案，报请中央人民政府决定。

5. 特别行政区的政权组织。

(1)行政长官。行政长官是特别行政区的首长，代表特别行政区，对中央人民政府和特别行政区负责。作为特别行政区的首长，对立法会负责。行政长官由年满40周岁，在香港或澳门通常连续居住满20年，并在外国无居留权(《澳门特别行政区基本法》没有此项规定)的特别行政区永久性居民中的中国公民担任。行政长官在当地通过选举或者协商产生，由中央人民政府任命。任期5年，可连任一次。行政长官行使的职权分为以下几类：执行权、立法方面的职权、行政方面的职权、司法方面的职权等。

(2)行政机关。特别行政区政府是特别行政区的行政机关，对立法会负责。特别行政区政府的首长是行政长官；特别行政区政府设政务司、财政司、律政司和各局处、署。行政机关的主要官员由行政长官提名报中央人民政府任命。基本法规定，主要官员由在香港或者澳门通常居住连续满15年并在外国无居留权(《澳门特别行政区基本法》没有此项规定)的特别行政区永久性居民中的中国公民担任。行政机关主要行使的职权有：制定并执行政策，管理各项行政事务，办理基本法规定的中央人民政府授权的对外事务，编制并提出财政预算、决算，拟订并提出法案、议案、附属法规，委派官员列席立法会并代表政府发言。

(3)立法机关。立法会是特别行政区的立法机关，享有广泛的权力，包括立法权、财政权、监督权和任免权。

(4)司法机关。香港特别行政区设立终审法院、高等法院、区域法院、裁判署法庭和其他专门法庭。澳门特别行政区设立初级法院(包括行政法院)、中级法院和终审法院，初级法院还可根据需要设立若干专门法庭。行政法院是管辖行政诉讼和税务诉讼的法院，不服行政法院裁决者，可向中级法院上诉。终审法院是澳门特别行政区的最高法院，行使澳门特别行政区终审审判权。香港特别行政区没有单独的检察机关，其检察职能属于律政司，为行政机关。澳门属于大陆法系，设有独立的检察机关，属于司法机关范畴。

考点 7 特别行政区维护国家安全的宪制责任

1. 根据《香港特别行政区维护国家安全法》规定，中央人民政府对香港特别行政区有关的国家安全事务负有根本责任。香港特别行政区负有维护国家安全的宪制责任，应当履行维护国家安全的职责。

2. 香港特别行政区设立维护国家安全委员会，负责香港特别行政区维护国家安全事务，承担维护国家安全的主要责任，并接受中央人民政府的监督和问责。香港特别行政区维护国家安全委员会的职责为：(1)分析研判香港特别行政区维护国家安全形势，规划有关工作，制定香港特别行政区维护国家安全政策；(2)推进香港特别行政区维护国家安全的法律制度和执行机制建设；(3)协调香港特别行政区维护国家安全的重点工作和重大行动。香港特别行政区维护国家安全委员会的工作不受香港特别行政区任何其他机构、组织和个人的干涉，工作信息不予公开。香港特别行政区维护国家安全委员会作出的决定不受司法复核。

3. 香港特别行政区政府警务处设立维护国家安全的部门，配备执法力量。

4. 中央人民政府在香港特别行政区设立维护国家安全公署。中央人民政府驻香港特别行政区维护国家安全公署依法履行维护国家安全职责，行使相关权力。驻香港特别行政区维护国家安全公署人员由中央人民政府维护国家安全的有关机关联合派出。驻香港特别行政区维护国家安全公署的职责为：(1)分析研判香港特别行政区维护国家安全形势，就维护国家安全重大战略和重要政策提出意见和建议；(2)监督、指导、协调、支持香港特别行政区履行维护国家安全的职责；(3)收集分析国家安全情报信息；(4)依法办理危害国家安全犯罪案件。

5. 有以下情形之一的，经香港特别行政区政府或者驻香港特别行政区维护国家安全公署提出，并报中央人民政府批准，由驻香港特别行政区维护国家安全公署对《香港特别行政区维护国家安全法》规定的危害国家安全犯罪案件行使管辖权：(1)案件涉及外国或者境外势力介入的复杂情况，香港特别行政区管辖确有困难的；(2)出现香港特别行政区政府无法有效执行本法的严重情况的；(3)出现国家安全面临重大现实威胁的情况的。上述案件由驻香港特别行政区维护国家安全公署负责立案侦查，最高人民检察院指定有关检察机关行使检察权，最高人民法院指定有关法院行使审判权。

考点 8 基层群众性自治组织

基层群众性自治组织指的是依照有关法律规定，以城乡居民(村民)一定的居住地为纽带和范围设立，并由居民(村民)选举产生的成员组成的，实行自我管理、自我教育、自我服务的社会组织。其具有群众性、自治性、基层性的特点。

1. 村民委员会

(1)由主任、副主任和委员共3～7人组成，其中，应当有妇女成员，多民族村民居住的村应当有人数较少的民族的成员。

(2)村民委员会根据需要设人民调解、治安保卫、公共卫生等委员会。村民委员会成员可以兼任下属委员会的成员。

(3)村民委员会实行村务公开制度。

(4)村民委员会决定问题，应当采取少数服从多数的原则。

【考场演练】 多项选择题

关于村庄治理，下列说法正确的是：

A. 村民代表应当向其推选户或者村民小组负责，接受村民监督

B. 村务监督机构成员向村民委员会负责，可以列席村民委员会会议

C. 村民委员会工作移交由村民选举委员会主持，由乡、民族乡、镇的人民政府监督

D. 村民会议有权撤销或者变更村民委员会不适当的决定；有权撤销或者变更村民代表会议不适当的决定

【参考答案】 ACD

2. 居民委员会

(1)由主任、副主任和委员共5～9人组成。

(2)居民委员会决定问题,采取少数服从多数的原则。

(3)依照法律被剥夺政治权利的人编入居民小组,居民委员会应当对他们进行监督和教育。

☞ **易错点提示** 本村1/5以上有选举权的村民或者1/3以上的村民代表联名,可以提出罢免村民委员会成员的要求,并说明要求罢免的理由。被提出罢免的村民委员会成员有权提出申辩意见。罢免村民委员会成员,须有登记参加选举的村民过半数投票,并须经投票的村民过半数通过。

考点 9 我国公民的基本权利

我国公民的基本权利包括平等权,政治权利和自由,宗教信仰自由,人身自由,社会经济、文化教育方面的权利等。

1. 平等权。平等权,是指公民依法平等地享有权利,不受任何差别对待,要求国家给予同等保护的权利。《宪法》规定:中华人民共和国公民在法律面前一律平等。

2. 政治权利和自由。政治权利和自由包括选举权和被选举权;言论、出版、集会、结社、游行、示威等政治权利;批评、建议、申诉、控告、检举等监督权和取得赔偿权。

3. 宗教信仰自由。宗教信仰自由是指公民依据内心的信念,自愿地信仰宗教的自由。

> **【考场演练】** 单项选择题
>
> 关于《宪法》对人身自由的规定,下列哪一选项是不正确的?
>
> A. 禁止用任何方法对公民进行侮辱、诽谤和诬告陷害
>
> B. 生命权是《宪法》明确规定的公民基本权利,属于广义的人身自由权
>
> C. 禁止非法搜查公民身体
>
> D. 禁止非法搜查或非法侵入公民住宅
>
> 【参考答案】 B

4. 人身自由。人身自由包括狭义和广义两个方面。狭义的人身自由主要是指公民的身体不受非法侵犯,广义的人身自由则还包括与狭义人身自由相关联的人格尊严、住宅不受侵犯、通信自由和通信秘密等与公民个人生活有关的权利和自由。

5. 社会经济、文化教育等方面的权利,包括财产权、劳动权、受教育权等。

6. 特定主体的权利,如妇女、老人、儿童的权利等。

☞ **易错点提示** ①既属于基本权利也属于基本义务的,包括劳动权和受教育权两种。

②中国公民只有两种情况没有选举权和被选举权:未满18周岁和被依法剥夺政治权利。

考点 10 人大及其常委会的职权

1. 全国人大的职权

(1)修改宪法、监督宪法的实施。

(2)制定和修改基本法律。

(3)选举、决定和罢免国家机关的重要领导人。

(4)决定国家重大问题。

(5)最高监督权。

(6)其他应当由它行使的职权。

2. 地方各级人大的职权

(1)在本行政区域内,保证宪法、法律、行政法规的遵守和执行。

(2)选举和罢免地方国家机关负责人。

(3)决定重大的地方性事务。

(4)监督权。地方各级人大监督本级人民政府的工作,听取和审议本级政府的工作报告,撤销本级人民政府不适当的决定和命令;县级以上人大还有权监督本级监察委员会、人民法院和人民检察院的工作,有权改变或者撤销本级人大常委会不适当的决议。

(5)制定地方性法规。省、自治区、直辖市人大有权制定和颁布地方性法规,地方性法规不得与宪法、法律和行政法规相违背,并须报全国人大常委会和国务院备案;设区的市、自治州人大有权对城乡建设与管理、环境保护、历史文化保护等方面的事项制定地方性法规,但该地方性法规不得与宪法、法律、行政法规及本省、自治区制定的地方性法规相违背,且须报省、自治区人大常委会批准,并由省、自治区人大常委会报全国人大常委会和国务院备案。

3. 全国人大常委会的职权

(1)解释宪法、监督宪法的实施。

(2)根据宪法规定的范围行使立法权。

(3)解释法律。

(4)审查和监督规范性文件。

(5)预算监督权。

(6)监督国家机关的工作。

(7)决定、任免国家机关领导人员。

(8)国家生活中其他重要事项的决定权。

4. 地方各级人大常委会的职权

县以上地方各级人大常委会是本级人大的常设机关,是同级国家权力机关的组成部分,地方各级人大常委会对本级人大负责并报告工作。根据《宪法》和有关法律的规定,县以上地方各级人大常委会的职权主要包括以下几方面:

(1)在本行政区域内,保证宪法、法律、行政法规和上级人大及其常委会决议的遵守和执行,保证国家计划和国家预算的执行。

(2)审查和批准本行政区域内的国民经济和社会发展规划纲要、计划和预算及其执行情况的报告,审查监督政府债务,监督本级人民政府对国有资产的管理。

(3)讨论、决定本行政区域内的政治、经济、教育、科学、文化、卫生、生态环境保护、自然资源、城乡建设、民政、社会保障、民族等工作的重大事项和项目。

(4)选举本级人大常委会的组成人员。

(5)选举省长、副省长,自治区主席、副主席,市长、副市长,州长、副州长,县长、副县长,区长、副区长。

(6)选举本级监察委员会主任、人民法院院长和人民检察院检察长;选出的人民检察院检察长,须报经上一级人民检察院检察长提请该级人大常委会批准。

(7)选举上一级人大代表。

(8)听取和审议本级人大常委会的工作报告。

(9)听取和审议本级人民政府和人民法院、人民检察院的工作报告。

(10)改变或者撤销本级人大常委会的不适当的决议。

(11)撤销本级人民政府的不适当的决定和命令。

(12)保护社会主义的全民所有的财产和劳动群众集体所有的财产,保护公民私人所有的合法财产,维护社会秩序,保障公民的人身权利、民主权利和其他权利。

(13)保护各种经济组织的合法权益。

(14)铸牢中华民族共同体意识,促进各民族广泛交往交流交融,保障少数民族的合法权利和利益。

(15)保障宪法和法律赋予妇女的男女平等、同工同酬和婚姻自由等各项权利。

☞ **易错点提示** ①全国人大闭会期间,人大常委会不得决定国务院总理、副总理和国务委员的人选。

②全国人大不得决定最高人民法院、最高人民检察院除正职领导人以外的其他人员。

③宣布全国范围或个别省、自治区、直辖市进入紧急状态由全国人大常委会决定,而宣布省、自治区和直辖市部分地区进入紧急状态由国务院决定。

④全国人大及其常委会可以根据改革发展的需要,决定就特定事项授权在规定期限和范围内暂时停止适用法律的部分规定。暂时调整或者暂时停止适用法律的部分规定的事项,实践证明可行的,由全国人民代表大会及其常务委员会及时修改有关法律;修改法律的条件尚不成熟的,可以延长授权的期限,或者恢复施行有关法律规定。

考点 11 国务院所属机构

1. 国务院所属各部、各委员会等组成部门受国务院统一领导。国务院组成部门在工作中的方针、政策、计划和重大行政措施,应向国务院请示报告,由国务院决定。国务院组成部门的设立、撤销或者合并,经总理提出,由全国人大决定,在全国人大闭会期间,由全国人大常委会决定。《国务院组织法》规定,国务院组成部门设部长(主任、行长、审计长)1 人、副部长(副主任、副行长、副审计长)2 ~ 4 人,委员会可以设委员 5 ~ 10 人。国务院办公厅由秘书长领导。国务院直属机构是国务院设立的主管各项专门业务的机关。国务院办事机构的主要职能是协助总理办理专门事项。

2. 国务院组成部门的领导体制。国务院组成部门实行部长(主任、行长、审计长）负责制。部长（主任、行长、审计长）领导本部门的工作，召集和主持部务（委务、行务、署务）会议，讨论决定本部门工作的重大问题，签署上报国务院的重要请示、报告和发布的命令、指示。副部长（副主任、副行长、副审计长）协助部长（主任、行长、审计长）工作。部务会议、委务会议、行务会议、署务会议是各组成部门发挥集体作用的组织，其成员包括部长（委员会主任、行长、审计长）、副部长（副主任、副行长、副审计长）和其他成员。

3. 国务院组成部门的职权。各部、各委员会等组成部门是分管某一方面行政事务的职能部门，根据法律和国务院的行政法规、决定、命令，在本部门的权限内发布命令、指示和制定规章。这包括三层含义：（1）它们主要通过发布命令、指示和制定规章来管理本部门的工作；（2）它们必须在本部门的权限范围内进行领导、组织和管理；（3）它们发布的命令、指示和制定的规章，必须以法律和国务院的行政法规、决定、命令为依据，不得同它们相抵触。此外，国务院具有行政管理职能的直属机构以及法律规定的机构，可以根据法律和国务院的行政法规、决定、命令，在本部门的权限范围内制定规章。

考点 12 宪法监督的方式

1. 宪法监督的机关：在宪法监督体制上，我国属于代议机关作为宪法监督机关的模式。

2. 宪法监督的方式：我国采取事先审查与事后审查相结合的方式。

（1）事先审查，主要体现为自治条例和单行条例、地方性法规等规范性文件经批准后生效，有权机关在批准过程中要审查其是否抵触宪法。

【知识图解 1】 规范性文件的批准制度

规范性文件	制定机关	批准机关
自治条例和单行条例	自治区人大 自治州、自治县人大	全国人大常委会 省、自治区、直辖市人大常委会
地方性法规	设区的市、自治州人大及其常委会	省、自治区人大常委会

（2）事后审查，主要体现为有权机关接受规范性文件备案后进行合宪性审查，并可要求原制定机关作出处理。

①规范性文件的备案。法规、规章等规范性文件的备案审查是我国宪法监督的重要方式。根据《宪法》《立法法》《各级人民代表大会常务委员会监督法》等规定：A. 全国人大常委会接受行政法规、监察法规、地方性法规、自治州和自治县的自治条例和单行条例、经济特区法规、浦东新区法规、海南自由贸易港法规以及司法解释的备案；B. 省、自治区、直辖市人大常委会接受本级政府制定的规章的备案；C. 设区的市、自治州人民政府制定的规章应当报国务院，省、自治区人大常委会和人民政府以及本级人大常委会备案；D. 根据授权制定的法规应当报授权决定规定的机关备案。上述规范性文件应当在公布后的 30 日内报有关机关备案。

按照《立法法》规定，全国人大专门委员会和常委会工作机构可以对报送备案的规范性文件进行主动审查，并可以根据需要进行专项审查。其中，对于行政法规、地方性法规、自治条例和单行条例，如果全国人大专门委员会、常委会工作机构认为同宪法或者法律相抵触，或者存在合宪性、合法性问题，可以向制定机关提出书面审查意见；也可以由宪法和法律委员会与有关专门委员会、常委会工作机构召开联合审查会议，要求制定机关到会说明情况，再向制定机关提出书面审查意见。制定机关应当在2个月内研究提出是否修改或者废止的意见，并向全国人大宪法和法律委员会、有关的专门委员会或者常委会工作机构反馈。制定机关按照所提意见进行修改或者废止的，审查终止。如果被认为同宪法或者法律相抵触，或者存在合宪性、合法性问题需要修改或者废止，而制定机关不予修改或者废止的，则全国人大宪法和法律委员会、有关的专门委员会、常委会工作机构应向委员长会议提出予以撤销的议案、建议，由委员长会议决定提请常委会会议审议决定。

【知识图解2】 规范性文件的备案制度

规范性文件	制定机关	接受备案机关	其他要求
行政法规	国务院	全国人大常委会	—
监察法规	国家监察委员会	全国人大常委会	—
地方性法规	省、自治区、直辖市人大及其常委会	全国人大常委会、国务院	—
	设区的市、自治州人大及其常委会	全国人大常委会、国务院	由省、自治区人大常委会报备
自治条例和单行条例	自治州、自治县人大	全国人大常委会、国务院	由省、自治区、直辖市人大常委会报备，报备时应说明对法律、行政法规、地方性法规的变通情况
经济特区法规	经济特区所在地的省、市的人大及其常委会	全国人大常委会	报备时，应说明变通的情况
浦东新区法规	上海市人大及其常委会	全国人大常委会	报备时，应说明变通的情况
海南自由贸易港法规	海南省人大及其常委会	全国人大常委会	报备时，应说明变通的情况
部门规章	国务院部门	国务院	—
地方政府规章	省、自治区、直辖市政府	国务院、本级人大常委会	—
	设区的市、自治州政府	国务院，省、自治区人大常委会和政府，本级人大常委会	—

续表

规范性文件	制定机关	接受备案机关	其他要求
根据授权制定的法规	被授权机关	授权决定规定的机关	—
具体应用法律的解释(司法解释)	最高人民法院、最高人民检察院	全国人大常委会	—

②规范性文件的审查请求。规范性文件的审查请求包括要求审查和建议审查。按照《立法法》规定,如果认为行政法规、地方性法规、自治条例和单行条例同宪法或者法律相抵触,或者存在合宪性、合法性问题,国务院、中央军委、国家监察委员会、最高人民法院、最高人民检察院和各省、自治区、直辖市人大常委会可以向全国人大常委会书面提出进行审查的要求,由全国人大有关的专门委员会和常委会工作机构进行审查、提出意见。其他国家机关和社会团体、企业事业组织以及公民认为行政法规、地方性法规、自治条例和单行条例同宪法或者法律相抵触的,可以向全国人大常委会书面提出进行审查的建议,由常委会工作机构进行审查;必要时送有关的专门委员会进行审查、提出意见。全国人大有关专门委员会和常委会工作机构应当将审查情况向提出审查建议的国家机关、社会团体、企业事业组织以及公民反馈,并可以向社会公开。值得注意的是,2019 年 12 月 4 日,全国人大常委会在中国人大网开通公民网上提交审查建议功能,公民可以通过该网站向全国人大常委会提起法规及司法解释的审查建议。根据全国人大常委会《关于完善和加强备案审查制度的决定》规定,地方各级监察委员会、人民法院、人民检察院在监察、审判、检察工作中发现法规、司法解释同宪法或者法律相抵触,或者存在合宪性、合法性问题的,可以逐级上报至国家监察委员会、最高人民法院、最高人民检察院,由国家监察委员会、最高人民法院、最高人民检察院向全国人大常委会书面提出审查要求。

【知识图解 3】 规范性文件的审查请求制度

审查对象	请求主体	请求方式	处理方式
行政法规、地方性法规、自治条例和单行条例	国务院、中央军委、国家监察委员会、最高人民法院、最高人民检察院和各省、自治区、直辖市人大常委会	向全国人大常委会书面提出审查要求	由全国人大有关的专门委员会和常委会工作机构进行审查、提出意见
	其他国家机关和社会团体、企业事业组织以及公民	向全国人大常委会书面提出审查建议	由常委会工作机构进行审查,必要时送有关专门委员会进行审查、提出意见,审查情况向建议者反馈并可向社会公开

考点 13 监察委员会的产生、任期、原则

1. 监察委员会主任每届任期同本级人大每届任期相同。国家监察委员会主任连续任职不得超过两届。

2. 监察委员会是党统一领导下的国家反腐败工作机构,它既不是行政机关,也不是司法机关,而是国家监察机关。国家监察委员会是最高监察机关。

3. 国家监察委员会领导地方各级监察委员会的工作,上级监察委员会领导下级监察委员会的工作。

4. 国家监察委员会对全国人大和全国人大常委会负责。地方各级监察委员会对产生它的国家权力机关和上一级监察委员会负责。

5. 监察委员会依照法律规定独立行使监察权,不受行政机关、社会团体和个人的干涉。

6. 监察机关办理职务违法和职务犯罪案件,应当与审判机关、检察机关、执法部门互相配合,互相制约。

考点 14 监察委员会的监察对象

监察机关对下列公职人员和有关人员进行监察:

1. 中国共产党机关、人大及其常务委员会机关、人民政府、监察委员会、人民法院、人民检察院、中国人民政治协商会议各级委员会机关、民主党派机关和工商业联合会机关的公务员,以及参照《公务员法》管理的人员。

2. 法律、法规授权或者受国家机关依法委托管理公共事务的组织中从事公务的人员。

3. 国有企业管理人员。

4. 公办的教育、科研、文化、医疗卫生、体育等单位中从事管理的人员。

5. 基层群众性自治组织中从事管理的人员。

6. 其他依法履行公职的人员。

考点 15 监察委员会的管辖分工

1. 地域、级别管辖

(1)各级监察机关按照管理权限管辖本辖区内《监察法》第 15 条规定的人员所涉监察事项。

(2)上级监察机关可以办理下一级监察机关管辖范围内的监察事项,必要时也可以办理所辖各级监察机关管辖范围内的监察事项。

(3)监察机关之间对监察事项的管辖有争议的,由其共同的上级监察机关确定。

2. 指定管辖

(1)上级监察机关可以将其所管辖的监察事项指定下级监察机关管辖,也可以将下级监察机关有管辖权的监察事项指定给其他监察机关管辖。

(2)监察机关认为所管辖的监察事项重大、复杂,需要由上级监察机关管辖的,可以报请上级监察机关管辖。

3. 交叉管辖

人民法院、人民检察院、公安机关、审计机关等国家机关在工作中发现公职人员涉嫌贪污贿赂、失职渎职等职务违法或者职务犯罪的问题线索,应当移送监察机关,由监察机关依法调查处置。被调查人既涉嫌严重职务违法或者职务犯罪,又涉嫌其他违法犯罪的,一般应当由监察机关为主调查,其他机关予以协助。

中国法律史

考点 1　先秦法制的主要内容

1. 法制思想:(1)西周的“以德配天,明德慎罚”思想。汉代中期以后,“以德配天,明德慎罚”的主张被儒家发展成“德主刑辅,礼刑并用”的基本策略,从而为以“礼法结合”为特征的中国传统法制奠定了理论基础。(2)出礼入刑的礼刑关系。此时期存在“礼刑”对应关系的表达,至战国以降,随着法家的形成,而有“儒法”对应的表达;并不存在今人所谓的“礼法”关系。

2. 西周的契约法规:买卖契约称为“质剂”,借贷契约称为“傅别”。

3. 婚姻继承法律。(1)婚姻缔结的三大原则:一夫一妻制、同姓不婚、父母之命。(2)婚姻关系的解除:“七出”“三不去”制度。(3)继承制度:嫡长子继承制。

4.《法经》:中国历史上第一部比较系统的封建成文法典。该法典共六篇:《盗法》《贼法》《囚(网)法》《捕法》《杂法》《具法》。

5. 商鞅变法。公元前 359 年,法家著名代表人物商鞅在秦国实施变法改革,这是战国时期封建法制发展过程中一次意义重大的法制改革。从法律变革角度看,商鞅变法主要包括以下几个方面:(1)改法为律,扩充法律内容。(2)运用法律手段推行“富国强兵”的措施。(3)用法律手段剥夺旧贵族的特权。(4)全面贯彻法家“以法治国”和“明法重刑”的主张,包括强调“以法治国”“轻罪重刑”,不赦不宥,鼓励告奸,实行连坐。

考点 2　秦汉律的主要内容

1. 秦代的刑罚适用原则:(1)以身高判定刑事责任能力;(2)区分故意与过失;(3)盗窃按赃值定罪;(4)共同犯罪与集团犯罪加重处罚;(5)累犯加重;(6)教唆犯罪加重处罚;(7)自首减轻处罚,若犯罪后能主动消除犯罪后果,可以减免处罚;(8)诬告反坐,即以被诬告人所受的处罚,反过来制裁诬告者。

2. 汉代文帝、景帝废肉刑。汉文帝开始刑罚改革的直接起因是在文帝十三年少女缇萦上书,刑制改革的内容是:把黥刑(墨刑)改为髡钳城旦舂(去发颈部系铁圈服苦役 5 年);劓刑改为笞三百;斩左趾(砍左脚)改为笞五百;斩右趾改为弃市死刑。汉文帝的改革,从法律上宣布了废除肉刑,具有重要意义。汉景帝继位后,对刑制作进一步改革。他主持重定律令,又颁布《箠令》,使刑制改革得以完善。

3. 汉律的上请与恤刑:(1)上请,即通过请示皇帝给有罪贵族官僚某些优待。(2)恤刑,统治者以“为政以仁”相标榜,强调贯彻儒家矜老恤幼的恤刑思想。年 80 岁以上的老人,8 岁以下的幼童,以及怀孕未产的妇女、老师、侏儒等,在有罪监禁期间,给予不戴刑具的优待。老人、幼童及连坐妇女,除犯大逆不道诏书指明追捕的犯罪外，一律不再拘捕监禁。

4. 亲亲得相首匿。该原则是汉宣帝时期确立的，主张亲属间首谋藏匿犯罪可以不负刑事责任，来源于儒家“父为子隐，子为父隐，直在其中矣”的理论，对卑幼亲属首匿尊长亲属的犯罪行为，不追究刑事责任。尊长亲属首匿卑幼亲属，罪应处死的，可上请皇帝宽贷。它反映出汉律的儒家化，并且一直影响后世封建立法。

考点 3 魏晋南北朝时期法典的发展变化

1. 名例律。鉴于汉代律令繁杂，魏明帝下诏改定刑制，作新律 18 篇，后人称为《魏律》或《曹魏律》。其将《法经》中的“具律”改为“刑名”置于律首。

晋武帝诏颁《晋律》，又称《泰始律》。《晋律》对汉魏法律继续改革，精简法律条文，形成 20 篇 620 条的格局。与魏律相比，其在刑名律后增加法例律，丰富了刑法总则的内容，同时对刑律分则部分重新编排，向“刑宽”“禁简”的方向完善。《晋律》颁布的同时，律学家张斐、杜预为之作注，总结了历代刑法理论与刑事立法经验，经晋武帝批准颁行，与《晋律》具有同等法律效力，故《晋律》亦称《张杜律》。

北齐政权总结历代立法经验，历经 10 余年修成《北齐律》。该律共 12 篇，将“刑名”与“法例律”合为“名例律”1 篇，充实了刑法总则，并精练了刑法分则，使其成为 11 篇，即禁卫、户婚、擅兴、违制、诈伪、斗讼、贼盗、捕断、毁损、厩牧、杂律。

2. “八议”与“官当”。

(1)魏明帝在制定《魏律》时，以《周礼》“八辟”为依据，正式规定了“八议”制度。“八议”制度是对封建特权人物犯罪实行减免处罚的法律规定。它包括议亲(皇帝亲戚)、议故(皇帝故旧)、议贤(有传统德行与影响的人)、议能(有大才能)、议功(有大功勋)、议贵(贵族官僚)、议勤(为朝廷勤劳服务)、议宾(前代皇室宗亲)。此后，“八议”成为各代刑律的重要内容。唐律中的名例律在“五刑”“十恶”之后即规定了“八议”制度。

(2)“官当”是封建社会允许官吏以官职爵位折抵徒罪的制度，正式出现在《北魏律》与《陈律》中，《北魏律·法例篇》规定：每一爵级抵当徒罪 2 年。南朝《陈律》规定更细：凡以官抵折徒刑，同赎刑结合使用；如官吏犯罪应判 4 年至 5 年徒刑，准许以官当徒 2 年，其余年限服劳役；若判处 3 年徒刑，准许以官当徒 2 年，剩余 1 年可以赎罪。

3. 准五服以制罪。《晋律》与《北齐律》中相继确立“准五服以制罪”的制度。服制是中国封建社会以丧服为标志，区分亲属的范围和等级的制度。按服制依亲属远近关系分为五等：斩衰、齐衰、大功、小功、缌麻。服制不但确定继承与赡养等权利义务关系，也是亲属相犯时确定刑罚轻重的依据。例如，斩衰亲服制最高，尊长犯卑幼减免处罚，卑幼犯尊长加重处罚。袒免亲为五服外远亲，尊长犯卑幼处罚相对从重，卑幼犯尊长处罚相对从轻。

4. 死刑复奏。死刑复奏是指奏请皇帝批准执行死刑判决的制度。北魏太武帝时正式确立这一制度，为唐代的死刑三复奏打下了基础。这一制度的建立既加强了皇帝对司法审判的控制，又体现了皇帝对民众的体恤。

考点 4 唐宋至明清时期的法律思想与制度

1. 唐律,通常指《永徽律疏》,又称《唐律疏议》,体现了中国古代法律制度的水平、风格和基本特征,成为中华法系的代表性法典,对后世及周边国家产生了极为深远的影响。同时,它也是中国历史上迄今保存下来的最完整、最早、最有影响的古代成文法典,在中国古代立法史上占有重要地位。

(1)唐律五刑:唐律承用隋《开皇律》中所确立的五刑,即笞、杖、徒、流、死五种刑罚。

(2)唐律中的刑罚原则:①区分公、私罪原则;②自首原则;③类推原则;④化外人原则。

2. 宋刑统,是历史上第一部刊印颁行的法典,全称《宋建隆重详定刑统》,简称《宋刑统》。《宋刑统》收录了五代时通行的部分敕、令、格、式,形成一种律令合编的法典结构。

编敕是将一个个单行的敕令整理成册,上升为一般法律形式的一种立法过程。宋神宗时设有专门编敕的机构"编敕所"。从宋太祖时的《建隆编敕》开始,大凡新皇帝登极或改元,均要进行编敕。

3. 明律与明大诰:《大明律》,全称《大明律集解附例》,其律文简于唐律,精神严于宋律,成为终明之世通行不改的封建大法。朱元璋在修订《大明律》的同时,为防止"法外遗奸",又手订四编《大诰》,具有与《大明律》相同的法律效力,集中体现了朱元璋"重典治世"的思想。

(1)明刑弼教:朱熹首先对"明刑弼教"做了新的阐释,有意提高了礼、刑关系中刑的地位,认为礼法二者对治国同等重要。经此一说,中国封建法制沿着"德主刑辅"——礼法合一——明刑弼教的发展轨道,进入新的阶段。

(2)"从重从新"与"重其所重,轻其所轻"的原则:实行刑罚从重从新原则。对于贼盗及有关钱粮等事,明律较唐律处刑为重,不分情节一律处以重刑,且扩大株连范围,此即"重其所重"原则;对于"典礼及风俗教化"等一般性犯罪,明律处罚轻于唐律,此即"轻其所轻"原则。清律继承了这一原则。

(3)故杀与谋杀:①故杀的渊源已久,北魏时已经出现了故杀。按《唐律》规定,故杀是"非因斗争,无事而杀",即双方并非因为斗殴,一方突然起意杀人。这样,从前的贼杀就被新出现的故杀和单独进行的谋杀所分解了。明、清都继承了唐律对故杀的这一定义,并对之进行更进一步的阐释,从而将谋杀和与谋杀关系最为密切的故杀这一概念相区别。②谋杀。在我国古代法中"谋杀"曾长期被看作必要共犯。《唐律疏议》中我们可以看到,谋杀首先被定义为二人以上的共同犯罪。但在《唐律》中谋杀的含义已经发生了很大变化,即谋杀不再是必要共犯,单独一人也可以成为谋杀罪的主体。但是,在唐代及以后的历代法典中,"谋杀人"条依然把谋杀看作一种必要共犯,所以,为了对各行为人准确量刑,就有必要对共同谋杀行为人中共同犯罪人进行认定。明律继承了唐律的做法,在《大明律·名例律》中这样解释"谋":"称'谋'者,二人以上。"可见,明律仍然认为谋杀首先是二人以上共同犯罪。同时,明律也承认一个人也可以成为谋杀罪的主体,而且明律中对一个人进行的谋杀即单独谋杀的解释与唐律也基本相同。到了清代，我国传统社会谋杀的概念已经定型，即谋杀是有预谋的故意杀人，而故杀是没有预谋、突然起意的故意杀人。有无事先预谋是区分谋杀和故杀的根本标准。同时，谋杀又包括共同谋杀和单独谋杀。如果故意杀人的主体为二人以上，因为二人以上的主体本身就是事先预谋的标志，所以二人以上故意杀人毋庸置疑为谋杀。这时，需要进行区分的便主要是单独谋杀与故杀，而区分单独谋杀与故杀的唯一标准则是事先预谋的存在与否。

4. 清律:《大清律例》是中国历史上最后一部传统成文法典。清代最重要的法律形式之一就是例，可分为条例、则例、事例、成例等名目。

(1)清末改刑部为法部，掌管全国司法行政事务；改大理寺为大理院，为全国最高审判机关；实行审检合署。

(2)四级三审制:清末确立一系列近代意义诉讼制度，实行四级三审制，规定了刑事案件公诉制度、证据、保释制度；审判制度上实行公开、回避等制度。

(3)观审制度与会审公廨。①观审制度。西方列强取得在华领事裁判权后，确立的强行干预中国司法审判的制度，即外国人是原告的案件，其所属国领事官员也有权前往观审，如认为审判、判决有不妥之处，可以提出新证据等。这种制度是原有领事裁判权的扩充，是对中国司法主权的践踏。②会审公廨。公审公廨是清廷与英、美、法三国驻上海领事于1864年协议在租界内设立的特殊审判机关。凡涉及外国人案件，必须有领事官员参加会审；凡中国人与外国人之间诉讼案，由本国领事裁判或陪审，甚至租界内纯属中国人之间的诉讼也由外国领事观审并操纵判决。它的确立是外国在华领事裁判权的扩充和延伸。

考点 5 清末主要修律内容

1.《大清现行刑律》，是清政府在《大清律例》的基础上稍加修改，作为《大清新刑律》完成前的一部过渡性法典，于1910年5月15日颁行。其内容基本秉承旧律例，与《大清律例》相比，有如下变化:改律名为“刑律”；取消了六律总目，将法典各条按性质分隶30门；对纯属民事性质的条款不再科刑；废除了一些残酷的刑罚手段，如凌迟；增加了一些新罪名，如妨害国交罪等。但其只是在形式上对《大清律例》稍加修改，在表现形式和内容上都不能说是一部近代意义的专门刑法典。

2.《大清新刑律》，是清廷于1911年1月25日公布的中国历史上第一部近代意义上的专门刑法典，但仍保持着旧律维护专制制度和封建伦理的传统。

【考场演练】 单项选择题

鸦片战争后，清朝统治者迫于内外压力，对原有的法律制度进行了不同程度的修改与变革。关于清末法律制度的变革，下列哪一选项是正确的?

A.《大清现行刑律》废除了一些残酷的刑罚手段，如凌迟

B.《大清新刑律》打破了旧律维护专制制度和封建伦理的传统

C. 改刑部为法部，职权未变

D. 改四级四审制为四级两审制

【参考答案】 A

《大清新刑律》起草工作始于1906年，由于引发了礼教派的攻击和争议，至1911年1月才正式公布，但并未真正施行。《大清新刑律》分总则和分则两篇，后附《暂行章程》5条。其抛弃了旧律诸法合体的编纂形式，以罪名和刑罚等专属刑法范畴的条文作为法典的唯一内容；在体例上抛弃了旧律的结构形式，将法典分为总则和分则；确立了新刑罚制度，规定刑罚分主刑、从刑；采用了一些近代西方资产阶级的刑法原则和刑法制度，如罪刑法定原则和缓刑制度等。

3.《钦定大清商律》，是清代第一部商律。1908年9月，修订法律馆起草《大清商律草案》；1911年9月，农工商部起草《改订大清商律草案》，但均未正式颁行。

4.《大清民律草案》。其具体的编纂工作，自1907年正式着手，修订法律馆于1911年8月完成全部草案。该民律草案并未正式颁行。

☞ **易错点提示** 中国法律史之最：

①《法经》是中国历史上第一部比较系统的封建成文法典。

②《永徽律疏》是中国历史上保存最完整、最早、最有影响的古代成文法典。

③《唐六典》是第一次以法典形式规定法官回避制度。

④《宋刑统》是中国历史上第一部刊印颁行的法典。

⑤宋代的《洗冤集录》是世界上最早的法医学著作。

⑥《大清律例》是中国历史上最后一部传统成文法典。

⑦《钦定宪法大纲》是中国近代史上第一个宪法性文件。

⑧《大清新刑律》是第一部近代意义上的专门刑法典。

⑨《中华民国临时约法》是中国历史上最早的资产阶级宪法性文件。

⑩《中华民国宪法》(1923年贿选宪法)是中国近代史上首部正式颁行的宪法。

考点 6 中华民国时期的法律思想

1. 三民主义是民族主义、民权主义与民生主义的简称，既是资产阶级革命派的政治纲领，也是孙中山政治法律思想的核心内容。三民主义伴随革命的进程，历经旧三民主义与新三民主义两个阶段逐渐完善充实，成为孙中山政治法律主张的理论基础与指导思想。旧三民主义的民族主义，其主要内容为“驱除鞑虏，恢复中华”。1924年中国国民党第一次全国代表大会召开，孙中山在大会宣言中对三民主义中的民族主义进行了进一步的阐释，明确宣布民族主义有两方面的含义，一是中国民族自求解放，二是中国境内各民族一律平等，实现了由旧民族主义向新民族主义的转化，弥补了过去没有明确提出反对帝国主义的重大缺陷和大汉族主义的局限。民权主义是三民主义的核心。

2. 五权宪法。与人民拥有的四权相对，政府同样需要行政权、立法权、司法权、考试权、监察权五权。孙中山的五权宪法思想，受西方国家三权分立思想和制度影响，同时将中国传统考试和监察制度纳入其中，具有创新性。按照五权宪法理论，中央政府以五院制构成，即“一曰行政院，二曰立法院，三曰司法院，四曰考试院，五曰监察院”。孙中山认为这样的政府“才是世界上最完全最良善的政府”。

考点 7 北京政府的法律制度

1.《中华民国宪法草案》(简称“天坛宪草”)的制定：袁世凯就任临时大总统

之初,按《临时约法》规定国会由参、众两院组成。两院的产生,议员任期及职权,会议制度等也均予规定。以议会政治限制袁氏专横,确保民主共和国体。1914年,“天坛宪草”未及公布便胎死腹中。

2.《中华民国约法》(又名“袁记约法”)与《临时约法》相比,其显著特点是:第一,废除责任内阁制,行总统制。第二,无限扩张总统权力。

考点 8 南京国民政府的法律制度

1.《训政纲领》和《训政时期约法》。1928年,国民党中央常务委员会制定并通过《训政纲领》6条,作为“训政时期”政纲,基本内容是:确立国民党为最高“训政”者;国民党全国代表大会代行国民大会职权,为最高国家权力机关;国民党中央执行委员会(其核心是政治会议)是国家最高权力机关的常设机关。蒋介石以党总裁身份直接控制政治会议,集党、政、军权于一身。《训政纲领》还规定了“政权”和“治权”的划分。1930年决定召开国民会议,制定训政时期约法。1931年国民会议讨论并通过《中华民国训政时期约法》,由政府正式公布。该法共8章89条,主要内容规定:中华民国“主权属于国民全体”,国体“永为统一共和国”;采取五院制的政权组织形式,“国民政府设行政院、立法院、司法院、考试院、监察院及各部会”;规定了一系列公民的民主自由权利,国民“在法律上一律平等”。但人民的政权,即选举、罢免、创制、复决四种权力的行使,由国民党政府训导之。该法的核心精神,是以根本法形式确认训政时期国民党为最高“训政”者,代行国民大会的统治权。《训政时期约法》的解释权属国民党中央执行委员会。

2.《中华民国宪法草案》于1936年5月5日由政府公布,因其公布日期,又称“五五宪草”。该草案共8章147条,结构与《中华民国训政时期约法》基本相同。国民政府宣称该草案遵奉孙中山遗教制定,标榜要结束“训政”,实行“宪政”,以体现三民主义、五权宪法精神。

3. 1947年《中华民国宪法》的制定和公布。该宪法分14章175条,主要内容及特点是:第一,以资产阶级共和国粉饰军阀独裁。第二,以资产阶级民主自由掩盖军阀独裁。

考点 9 马锡五审判方式

1942年至1943年,马锡五担任陕甘宁边区陇东专区专员兼陕甘宁边区高等法院陇东分庭庭长,在边区长期的司法审判实践中,形成了马锡五审判方式。马锡五审判方式是把群众路线的工作方法创造性地运用到审判工作中去的司法民主的崭新形式,也是从一系列司法案件中总结归纳出的经验成果。

1. 马锡五审判方式的特点:(1)深入农村调查研究,实事求是了解案情;(2)依靠群众,教育群众,尊重群众意见;(3)方便群众诉讼;手续简便、不拘形式。

2. 马锡五审判方式的产生和意义。延安整风运动为马锡五审判方式的产生奠定了思想基础,群众智慧是其产生的源泉。这一方式是在巡回审判基础上成长起来的,成为陕甘宁边区司法工作的一面旗帜。马锡五审判方式的出现和推广,培养了大批优秀司法干部,解决了积年疑难案件,减少争讼、促进团结、利于生产、保证抗日,使人民司法制度落到实处。

国 际 法

考点 1 领土

1. 领土的取得方式：领土是指国家主权支配和管辖下的地球的特定部分及附属的特定上空，它由领陆、领水、领空和底土四部分组成。传统国际法获取领土的五种方式是先占、时效、添附、征服和割让，其中仅有添附和非强制割让目前仍然是合法有效的。现代国际法中还产生了某些新的领土变更方式或方法，如殖民地独立和公民投票。

2. 边境制度：边境或边境地区是指与边界线相邻的一定区域。由于边境地区的特殊性，各国一般通过国内法和双边协议建立特殊的管理制度，即边境制度。

(1)界标的维护：在已设界标边界线上，相邻国家对界标的维护负有共同责任。若一方发现界标被移动、损坏或灭失，则应尽快通知另一方，在双方代表在场的情况下修复或重建。国家有责任对移动、损坏或毁灭界标的行为给予严厉惩罚。

(2)边境土地的使用：国家对本国边境地区土地的利用，不得使对方国家的利益遭受损害。

(3)界水的利用：一般地，沿岸国对界水有共同的使用权。一国在使用界水时，不得损害邻国的利益，包括不得采取可能使河流枯竭或泛滥的措施，更不得单方故意使河水改道。渔民一般只能在界水的本国一侧捕鱼。相邻国家在界水上享有平等的航行权，船舶在航行时应该具有明显的国籍标志。

(4)边境事件的处理：相邻国家通常通过协议，由双方代表成立处理边境地区事项的机构，专门处理上述有关边境和边民的问题，如偷渡、违章越界、损害界标等事项。对于一些重大的或未能解决的问题，则通过双方更高级别的外交机关进行交涉和处理。

☞ **易错点提示** ①多国河流与国际河流的区别。a. 多国河流：各国分别对位于其领土的一段河流拥有主权；一般对所有沿岸国开放；非沿岸国船舶未经许可不得航行。b. 国际河流：通过条约规定，对所有国家开放航行。c. 国际运河：人工开凿的水道，一般对所有国家开放。

②对于南极地区：冻结对南极的领土要求。

考点 2 外国人的入境、居留和出境

1. 外国人入境：应当向驻外签证机关申请办理签证，但是《出境入境管理法》另有规定的除外。签证分为外交签证、礼遇签证、公务签证、普通签证。

(1)外国人有下列情形之一的，不予签发签证：①被处驱逐出境或者被决定遣

送出境,未满不准入境规定年限的;②患有严重精神障碍、传染性肺结核病或者有可能对公共卫生造成重大危害的其他传染病的;③可能危害中国国家安全和利益、破坏社会公共秩序或者从事其他违法犯罪活动的;④在申请签证过程中弄虚作假或者不能保障在中国境内期间所需费用的;⑤不能提交签证机关要求提交的相关材料的;⑥签证机关认为不宜签发签证的其他情形。对不予签发签证的,签证机关可以不说明理由。

(2)外国人有下列情形之一的,可以免办签证:①根据中国政府与其他国家政府签订的互免签证协议,属于免办签证人员的;②持有效的外国人居留证件的;③持联程客票搭乘国际航行的航空器、船舶、列车从中国过境前往第三国或者地区,在中国境内停留不超过24小时且不离开口岸,或者在国务院批准的特定区域内停留不超过规定时限的;④国务院规定的可以免办签证的其他情形。

(3)有下列情形之一的外国人需要临时入境的,应当向出入境边防检查机关申请办理临时入境手续:①外国船员及其随行家属登陆港口所在城市的;②可免办签证的第③种人员需要离开口岸的;③因不可抗力或者其他紧急原因需要临时入境的。临时入境的期限不得超过15日。

对申请办理临时入境手续的外国人,出入境边防检查机关可以要求外国人本人、载运其入境的交通运输工具的负责人或者交通运输工具出境入境业务代理单位提供必要的保证措施。

2. 外国人的居留:任何国家或其国民都不得主张必然有在另一国的居住权。外国人的居留应该办理申请和批准手续,以规定的地区、期限、目的和方式居留。外国人所持签证注明的停留期限不超过180日的,持证人凭签证并按照签证注明的停留期限在中国境内停留。

3. 国家一般不禁止外国人的合法出境,但可以对外国人离境规定某些条件。外国人有下列情形之一的,不准出境:(1)被判处刑罚尚未执行完毕或者属于刑事案件被告人、犯罪嫌疑人的,但是按照中国与外国签订的有关协议,移管被判刑人的除外;(2)有未了结的民事案件,人民法院决定不准出境的;(3)拖欠劳动者的劳动报酬,经国务院有关部门或者省、自治区、直辖市人民政府决定不准出境的;(4)法律、行政法规规定不准出境的其他情形。

☞ **易错点提示** 定居国外的中国公民仍然是中国公民,不适用外国人出境入境管理的规定。

考点 3 外交保护、引渡和庇护

1. 外交保护。外交保护是指一国国民在外国受到不法侵害,且依该外国法律程序得不到救济时,其国籍国可以通过外交方式要求该外国进行救济或承担责任,以保护其国民或国家的权益。

(1)国家行使外交保护权一般应符合三个条件:①一国国民权利受到侵害是由于所在国的国家不当行为所致;②“国籍继续原则”和“国籍实际联系原则”;③“用尽当地救济原则”。

(2)外交保护原则上适用于一国的国家行为已经或必将侵害外国人合法权益

的各种事项，实践中主要包括国民被非法逮捕或拘禁、国民的财产或利益被非法剥夺、国民受到歧视性待遇、国民被“拒绝司法”等。

2. 引渡。引渡是一国将处于本国境内的被外国司法追究或已经判刑的人，应该外国的请求，送交该外国审判或处罚的一种国际司法协助行为。引渡的主体是国家，引渡是在国家之间进行的。

(1)引渡需要根据有关的引渡条约进行。无条约规定，则无引渡义务。

(2)“本国人不引渡原则”。除非有关引渡条约或国内法有特殊规定，一般地，各国有权拒绝引渡本国公民。

(3)可引渡的罪行，一般都列举和规定在引渡条约或国内引渡法中。“双重犯罪原则”和“政治犯不引渡原则”是被一般接受的原则。

(4)一些犯罪行为不能被视为政治犯罪，这些罪行包括：战争罪、反和平罪和反人类罪；种族灭绝或种族隔离的罪行；非法劫持航空器；侵害包括外交代表在内的受国际保护人员的罪行等。

(5)“罪名特定原则”。请求国只能就其请求引渡的特定犯罪行为对该被引渡人进行审判或处罚，如果以其他罪名进行审判或将被引渡人转引给第三国，则一般应经原引出国的同意。

3. 庇护。庇护是指一国对于遭到外国追诉或迫害而前来避难的外国人，准予其入境和居留，给予保护，并拒绝将其引渡给另一国的行为。

【考场演练】 多项选择题

中国人张某在甲国将甲国公民杀死后逃至乙国，已知甲国和乙国之间没有签订引渡条约，但是中国和甲、乙两国都有引渡条约。下列说法正确的有：

A. 中国外交部可以向乙国政府请求将张某先行采取强制措施再行引渡

B. 如甲国向乙国申请引渡，乙国无正当理由不得拒绝引渡

C. 如果乙国未经中国同意将张某引渡给甲国，则中国可以向乙国提起外交保护

D. 如乙国将张某引渡给中国后，甲国向中国提请引渡张某，中国政府应当予以拒绝

【参考答案】 AD

(1)庇护是国家基于领土主权而引申出的权利。

(2)国家对庇护问题通常在有关的国内法中加以规定。

(3)对从事侵略战争、种族灭绝和种族隔离、劫机、侵害外交代表等罪行以及其他被条约或习惯国际法认为是国际罪行的人，不得进行庇护。

(4)庇护包括允许避难者在庇护国境内居留，对其进行保护或不对其进行相关的惩罚，也包括拒绝将其交给其他国家或递解出境。

☞ **易错点提示** ①外交保护和引渡都是在国家之间进行的。

②不引渡并不等于不庇护。政治犯不引渡，但政治庇护恰恰是庇护中最为普遍的一种。

③不引渡并不等于庇护。

考点 4 外交特权与管辖豁免

1. 使馆的特权与豁免，其内容主要规定在《维也纳外交关系公约》中：(1)使

馆馆舍不得侵犯。接受国官吏非经使馆馆长许可,不得进入使馆馆舍;接受国对使馆馆舍负有特殊的保护责任,应采取一切适当步骤保护使馆馆舍免受侵入或损害。使馆馆舍设备免受搜查、征用、扣押或强制执行。(2)使馆财产及档案不得侵犯。使馆的档案及文件无论何时何处,均不得侵犯。(3)通讯自由,包括使用明密码电信,以及使用外交邮袋和外交信差。(4)使馆免纳捐税。(5)旅行自由。使馆人员在接受国应享有行动和旅行的自由权,但这种自由受国际法的原则和接受国法律规定的限制。(6)使用派遣国的国家标志。

2. 外交人员特权豁免的内容。根据《维也纳外交关系公约》规定,外交人员在接受国所享有的特权与豁免主要有:(1)人身不可侵犯。接受国应尊重外交人员的尊严,不得对外交人员的人身实施搜查、逮捕或拘禁。(2)寓所、文书和信件不可侵犯。接受国的官员、司法人员等未经外交人员的许可不得进入。接受国不得对外交人员的文书和信件采取开拆、扣留等措施。(3)对外交人员的财产,包括交通工具,不得实施搜查、扣押、征用或强制执行。(4)管辖豁免。外交代表享有完全的对接受国刑事管辖的豁免,接受国的司法机关不得对其进行刑事审判和处罚。民事和行政管辖豁免:除某些特定的例外情况,接受国的法院不对外交代表进行民事管辖,包括不进行审判和处罚,也不采取强制执行措施。外交代表没有在法律程序中作为证人出庭作证或提供证词的义务。(5)外交代表管辖豁免的例外情况:外交代表在接受国境内私有不动产物权的诉讼;外交代表以私人身份并不代表派遣国而作为遗嘱执行人、遗产管理人、继承人或受赠人之继承事项的诉讼;外交代表于接受国内在公务范围以外所从事的专业或商务活动的诉讼;外交代表主动起诉而引起的与该诉讼直接有关的反诉。(6)外交人员享有的其他方面优惠,包括某些税收的免征、行李的免验和义务的免除。

【考场演练】 单项选择题

甲、乙两国均为《维也纳外交关系公约》缔约国,甲国拟向乙国派驻大使馆工作人员。其中,杰克是武官,约翰是二秘,玛丽是甲国籍会计且非乙国永久居留者。依该公约,下列哪一选项是正确的?

A. 甲国派遣杰克前,无须征得乙国同意

B. 约翰在履职期间参与贩毒活动,乙国司法机关不得对其进行刑事审判与处罚

C. 玛丽不享有外交人员的特权与豁免

D. 如杰克因参加斗殴意外死亡,其家属的特权与豁免自其死亡时终止

【参考答案】 B

3. 使馆其他人员与家属的特权豁免。根据《维也纳外交关系公约》的规定,除外交代表享有外交特权与豁免外,使馆的其他人员和家属,在接受国也享有不同程度的特权与豁免:(1)与外交代表构成同一户口的家属,如系非接受国国民,应享有与外交代表基本相同的特权与豁免。(2)使馆的行政技术人员及与其构成同一户口的家属,如非接受国国民且不在该国永久居留者,也享有外交代表享有的一般的特权与豁免,但有许多限制和修改。(3)使馆事务职员如非接受国国民

且不在该国永久居留者，一般也享有某些有限的优遇。(4)对于使馆人员家属、使馆行政技术人员、使馆事务职员的特权豁免，各国多通过双边协议或国内法加以明确规定。

【知识图解】 领事、外交特权与豁免

比较项目	遇火灾	寓所、文书、信件	人员刑事管辖	人员民事管辖
外交	不经馆长允许不让进使馆	不许侵犯	完全刑事豁免	免作证
领事	推定领馆馆长已经同意	未规定	严重罪行依照法定程序予以逮捕或者拘留的，不豁免	除与职务有关，不免作证义务

☞ **易错点提示** ①我国《领事特权与豁免条例》规定了领事官员的寓所、文书和信件以及财产有不受侵犯的特权。

②外交特权和管辖豁免可以由其派遣国明示放弃，但外交人员自己无权放弃。

③我国现行法律和实践，对有些问题进行了澄清细化和某些限制。例如，把享有特权与豁免的人员家属明确限定为“共同生活的配偶及未成年子女”；规定使领馆和其成员携带自用的枪支、子弹入境，必须经中国政府批准，并且按照中国政府的有关规定办理。

考点 5 条约缔结与生效

1. 条约成立的实质要件：具有完全的缔约权；自由同意；符合强行法。

(1)条约的缔约能力或称为缔约资格，是指国家和其他国际法主体拥有的合法缔结条约的能力。一般来说，非国际法主体没有普遍的合法缔结条约的资格。国家内部的行政单位、地方政府一般不能与外国缔结条约，除非得到国家的授权。

(2)缔约权，是指国家国内法规定哪些个人和机构有权代表国家对外缔结条约，以及在对外缔约方面的权限。在一国内部哪些政权机关行使缔约权，各国法律规定并不相同。

2. 条约的签署，是指有权签署的人将其姓名签于条约约文之下。条约的签署行为在不同的情况下具有不同的法律意义和后果，《维也纳条约法公约》对此作出了明确的规定。

(1)签署行为首先具有对约文认证的作用，是约文认证的一种方式。约文的认证是指谈判方确认共同同意该约文是正确的和作准的，应作为当事方之间拟缔结的条约约文。

(2)此外，签署行为在不同情况下可以有不同的法律意义：如经条约规定或各有关方约定，签署意味着签字国同意受条约的拘束，那么此时的签署就具有了认证和接受拘束的双重意义。

(3)对规定或约定需要批准的条约，签署除对约文的认证外，还含有签署者代表国家初步同意缔结该条约的意思，虽然该条约对于该国尚无法律拘束力，但该

国签署之后不应作出有损条约目的宗旨的行动。

(4)若签署国嗣后明确表示不予批准,则该签署只具有认证的作用。

(5)国家对于所签署的条约,没有一般的必须批准的义务。

3. 条约的保留,是指一国在签署、批准、接受、赞同或加入一个条约时所作的单方声明,无论措辞或名称如何,其目的在于排除或更改条约中某些规定在对该国适用时的法律效果。下列情况下不得提出保留:条约规定禁止保留;保留不在条约准许的保留范围内;保留与条约的目的和宗旨不符。

对于一国的保留,其他缔约国可以同意或反对,即有权决定本国是否接受该保留造成的对有关权利义务排除或变更的拘束。

保留的法律效果:(1)在保留国与接受保留国之间,按保留的范围,改变该保留所涉及的一些条约规定。(2)在保留国与反对保留国之间,若反对保留国并不反对该条约在保留国与反对保留国之间生效,则保留所涉及的规定,在保留的范围内,不适用于该两国之间。(3)在未提出保留的国家之间,按照原来条约的规定,无论未提出保留的国家是否接受另一缔约国的保留。

☞ **易错点提示** ①国家元首、政府首脑、外交部长谈判缔约,无须出具全权证书,仍被认为代表其国家。

②各国没有必须批准其所签署的条约的义务。

考点 6 国际争端解决方法

1. 解决国际争端的传统方式

(1)强制方法,包括战争与非战争的武装行为,平时封锁、干涉、反报和报复等。

①反报,是指一国对于他国的不礼貌、不友好但不违法的行为,采取相同或相似的不礼貌、不友好但不违法的行为予以回报。

②报复,是指一国对于他国的国际不法行为,采取与之相应的措施作为回应。

(2)非强制方法,是指在争端各方自愿的基础上,解决国际争端的方法,分为政治解决方法和法律解决方法。政治方法包括谈判、协商、斡旋、调停、调查、和解等。法律方法包括仲裁和法院解决。

联合国国际法院是联合国六大机构之一,是联合国的司法机关,也是当今最普遍、最重要的国际司法机构。

①国际法院的诉讼程序。一般程序是:起诉,书面程序和口头程序,作出判决。特别程序或称附带程序包括初步反对主张、临时保全、中止诉讼等。

②国际法院的"对人管辖"。有三类国家可以作为国际法院的诉讼当事国:一是联合国的会员国;二是非联合国的会员国但为《国际法院规约》的当事国;三是满足一定条件的非联合国会员国且非《国际法院规约》的当事国。国际组织、法人或个人都不能成为国际法院的诉讼当事国。

③国际法院的"对事管辖"。第一种是自愿管辖,指当事国在争端发生后,达成协议,将争端提交国际法院。第二种是协定管辖,即在现行条约或协定中,提前规定各方同意将有关的争端提交国际法院解决。第三种是任意强制管辖,即《国

际法院规约》的当事国，可以通过自愿发表声明，就某些事项在某种条件下，承认法院的管辖为当然而具有强制性，不需要再有特别的协定。

④国际法院的判决是终局性的，判决一经作出，即对本案及本案当事国产生拘束力，当事国必须履行。如有一方拒不履行判决，他方得向安理会提出申诉，安理会可以作出有关建议或决定采取措施执行判决。

2. 运用国际组织解决国际争端

联合国在解决国际争端中的作用和方式，是根据《联合国宪章》的原则和有关规定进行的。除联合国国际法院外，解决争端的主要机构是联合国大会和联合国安理会。

(1)联合国大会对于任何争端的情况，具有广泛讨论的权利，对于重大的争端还可以召开特别或紧急特别会议进行讨论，除安理会正在处理的事项外，还可以向会员国或安理会提出任何事项的建议。联合国大会还可以就有关事项的调查，成立常设或辅助机构。联合国大会的讨论或建议一般没有法律拘束力，但有广泛的政治和舆论影响力。

(2)联合国安理会对争端的解决具有广泛的职能，对于维护国际和平与安全负有主要责任。安理会对于危及国际和平与安全的情况或侵略行为甚至具有采取强制方式的权力。具体地讲，安理会在解决争端方面主要包括以下职权：①安理会可以对任何国际争端或可能引起争端的情况进行调查。②安理会对于足以危及国际和平与安全的争端，可以在争端的任何阶段，就任何的争端解决程序或方法提出建议。该建议不是决议，没有法律拘束力，但会产生道义或政治影响。③对于发展到破坏和平的严重情况，安理会可依职权作出维持和恢复和平的决议。该决议对于会员国具有法律拘束力。根据情况，安理会可以决定采取多种必要的措施，如经济和交通的停止，外交关系的断绝，陆海空军的示威，封锁及其他军事行动，包括派出军事观察团、维和部队等。

(3)根据《联合国宪章》规定，联合国秘书长可以对危及国际和平与安全的任何事项提请安理会注意和经安理会同意向联合国大会报告。《联合国宪章》并未规定秘书长在解决争端中的其他职权。

☞ **易错点提示** ①国际法院的诉讼当事方，不包括国际组织、法人或个人。②国际法院的咨询管辖权与诉讼管辖权不同。

司法制度和法律职业道德

考点 1 司法和司法制度的概念

1. 司法。司法通常是指国家司法机关根据法定职权和法定程序，具体应用法律处理案件的专门活动。

(1)我国实行人民代表大会制度。在我国，人民代表大会是国家权力机关，各级行政机关、监察机关、审判机关和检察机关都由同级人民代表大会产生，对它负责，受它监督。根据《宪法》、《人民法院组织法》和《人民检察院组织法》规定，人民法院是审判机关，行使审判权；人民检察院是法律监督机关，行使检察权；它们共同构成我国的司法机关。

(2)司法具有独立性、被动性、交涉性、程序性、终局性、普遍性的特点。

(3)司法的功能：解决纠纷，调整社会关系，解释、补充法律，形成公共政策。

2. 司法制度。广义上讲，司法制度是指有关司法机关和司法组织的性质、任务、组织体系、权利义务、活动原则以及工作制度等方面规范的总称。

中国特色社会主义司法制度主要由以下四个方面的体系构成：司法规范体系、司法组织体系、司法制度体系、司法人员管理体系。

3. 司法公正。公正是人们所追求的崇高理想、价值和目标，也是法治的灵魂和核心。司法公正是法律精神的内在要求，是法治的组成部分和基本内容，是民众对法治的必然要求。

4. 司法效率。司法效率是指司法资源的投入与办结案件及其质量之间的比例关系。

公正与效率是市场经济条件下法律体系的两大价值目标，同时也是我国司法制度所应追求的两大价值目标。司法公正与司法效率是相伴相随、两位一体的概念：

(1)效率与公正都是司法所追求的目标，因而在许多情况下，这两者是相辅相成的。

(2)因为效率属于工具理性，具有明确的可比性，而公正属于价值理性，具有模糊的相对性，所以这两者又存在内在的紧张关系。

(3)我国的司法现状决定了我们应当作出“公正优先，兼顾效率”的价值选择。

5. 独立行使审判权与独立行使检察权。

(1)国家的审判权和检察权只能分别由人民法院和人民检察院依法统一行使，其他机关、团体或个人无权行使这项权力。司法权归属且仅归属司法机关，司法权不得分割行使，排除其他机关行使具有司法性质的权力，也不允许在司法机关之外另设特别法庭。

(2)司法机关依照法律独立行使职权,不受行政机关、社会团体和个人的干涉。行政机关等不得使用任何权力干涉司法程序。

(3)司法机关在司法活动中必须依照法律规定,正确地适用法律。

考点 2 法官职业道德

按照我国《法官法》和《法官职业道德基本准则》规定,法官职业道德的主要内容包括忠诚司法事业、保证司法公正、确保司法廉洁、坚持司法为民、维护司法形象。

1. 忠诚司法事业。

2. 保证司法公正。

(1)坚持和维护人民法院独立行使审判权。(2)确保案件裁判结果公平公正。(3)坚持实体公正与程序公正并重。(4)提高司法效率。(5)公开审判。(6)遵守回避规定,保持中立地位。(7)不办关系案、人情案、金钱案。

3. 确保司法廉洁。

(1)法官应当自重、自省,坚守廉洁底线。(2)法官不得接受诉讼当事人的钱物和其他利益。(3)法官不得从事或者参与营利性的经营活动。(4)法官不得以其身份谋取特殊利益。

4. 坚持司法为民。

(1)以人为本。(2)发挥司法的能动作用。(3)司法便民。(4)尊重当事人和其他诉讼参与人。

5. 维护司法形象。

(1)坚持学习,精研业务。(2)坚持文明司法,遵守司法礼仪。(3)加强自身修养,约束业外活动。(4)退休法官谨慎行为。

考点 3 检察官职业道德

依据《检察官职业道德基本准则》规定,检察官职业道德的基本要求为"忠诚、为民、担当、公正、廉洁"五方面。

1. 忠诚:忠于党,忠于国家,忠于人民,忠于宪法和法律,忠于检察事业。

【考场演练】 单项选择题

《法官职业道德基本准则》为加强法官职业道德建设,保证法官正确履行法律赋予的职责,规定了相关内容,以下说法正确的是:

A. 法官应当严格遵守法定办案时限,提高审判执行效率,及时化解纠纷,注重节约司法资源,杜绝玩忽职守、拖延办案等行为,符合司法为民的要求

B. 法官认真贯彻司法公开原则,尊重人民群众的知情权,自觉接受法律监督和社会监督,同时避免司法审判受到外界的不当影响,符合司法公正的要求

C. 法官加强自身修养,培育高尚道德操守和健康生活情趣,杜绝与法官职业形象不相称、与法官职业道德相违背的不良嗜好和行为,遵守社会公德和家庭美德,维护良好的个人声誉,符合司法忠诚的要求

D. 法官不从事或者参与营利性的经营活动,不在企业及其他营利性组织中兼任法律顾问等职务,不就未决案件或者再审案件给当事人及其他诉讼参与人提供咨询意见,符合司法中立的要求

【参考答案】 B

2. 为民：(1)坚持以人民利益为重的理念；(2)坚持严格、规范、公正、文明执法；(3)坚持融入群众、倾听群众呼声、解决群众诉求、接受群众监督。

3. 担当。

4. 公正：独立履职、理性履职、履职回避、重视证据、遵循程序、保障人权、尊重律师和法官、遵守纪律、提高效率。

5. 廉洁：(1)坚持廉洁操守；(2)避免不当影响；(3)妥善处理个人事务。

考点 4 律师职业道德

1. 律师职业道德基本准则：(1)忠诚；(2)为民；(3)法治；(4)正义；(5)诚信；(6)敬业。

2. 律师的执业职责的法律规定。

(1)《律师法》第38条规定："律师应当保守在执业活动中知悉的国家秘密、商业秘密，不得泄露当事人的隐私。律师对在执业活动中知悉的委托人和其他人不愿泄露的有关情况和信息，应当予以保密。但是，委托人或者其他人准备或者正在实施危害国家安全、公共安全以及严重危害他人人身安全的犯罪事实和信息除外。"第39条规定："律师不得在同一案件中为双方当事人担任代理人，不得代理与本人或者其近亲属有利益冲突的法律事务。"第40条规定："律师在执业活动中不得有下列行为：(一)私自接受委托、收取费用，接受委托人的财物或者其他利益；(二)利用提供法律服务的便利牟取当事人争议的权益；(三)接受对方当事人的财物或者其他利益，与对方当事人或者第三人恶意串通，侵害委托人的权益；(四)违反规定会见法官、检察官、仲裁员以及其他有关工作人员；(五)向法官、检察官、仲裁员以及其他有关工作人员行贿，介绍贿赂或者指使、诱导当事人行贿，或者以其他不正当方式影响法官、检察官、仲裁员以及其他有关工作人员依法办理案件；(六)故意提供虚假证据或者威胁、利诱他人提供虚假证据，妨碍对方当事人合法取得证据；(七)煽动、教唆当事人采取扰乱公共秩序、危害公共安全等非法手段解决争议；(八)扰乱法庭、仲裁庭秩序，干扰诉讼、仲裁活动的正常进行。"

(2)根据《律师执业行为规范(试行)》规定，律师应当履行以下执业职责：①律师在执业期间不得以非律师身份从事法律服务。律师只能在一个

【考场演练】 多项选择题

律师在推进全面依法治国进程中具有重要作用，律师应依法执业、诚信执业、规范执业。根据《律师执业管理办法》，下列哪些做法是正确的？

A. 甲律师依法向被害人收集被告人不在聚众斗殴现场的证据，提交检察院要求其及时进行审查

B. 乙律师对当事人及家属准备到法院门口静坐、举牌、声援的做法，予以及时有效的劝阻

C. 丙律师在向一方当事人提供法律咨询中致电对方当事人，告知对方诉讼请求缺乏法律和事实依据

D. 丁律师在社区普法宣传中，告知群众诉讼是解决继承问题的唯一途径，并称其可提供最专业的诉讼代理服务

【参考答案】 AB

律师事务所执业。律师不得在受到停止执业处罚期间继续执业，或者在律师事务所被停业整顿期间、注销后继续以原所名义执业。②律师不得在同一案件中为双方当事人担任代理人，不得代理与本人或者其近亲属有利益冲突的法律事务。③律师担任各级人民代表大会常务委员会组成人员的，任职期间不得从事诉讼代理或者辩护业务。④律师不得为以下行为：产生不良社会影响，有损律师行业声誉的行为；妨碍国家司法、行政机关依法行使职权的行为；参加法律所禁止的机构、组织或者社会团体；其他违反法律、法规、律师协会行业规范及职业道德的行为；其他违反社会公德，严重损害律师职业形象的行为。

3. 律师业务推广行为规范。

(1)律师业务推广原则：应当遵守平等、诚信原则，遵守律师职业道德和执业纪律，遵守律师行业公认的行业准则，公平竞争。

(2)律师业务推广广告：律师发布广告应当具有可识别性，应当能够使社会公众辨明是律师广告。律师事务所和律师不得以诋毁其他律师事务所、律师或者支付介绍费等不正当手段承揽业务。

(3)律师宣传：律师和律师事务所不得进行歪曲事实和法律，或者可能使公众对律师产生不合理期望的宣传。律师和律师事务所可以宣传所从事的某一专业法律服务领域，但不得自我声明或者暗示其被公认或者证明为某一专业领域的权威或专家。律师和律师事务所不得进行律师之间或者律师事务所之间的比较宣传。

4. 律师与委托人或当事人的关系规范。

(1)委托代理关系。

(2)禁止虚假承诺。

(3)禁止非法牟取委托人权益。

(4)利益冲突审查：律师事务所应当建立利益冲突审查制度。律师事务所在接受委托之前，应当进行利益冲突审查并作出是否接受委托决定。办理委托事务的律师与委托人之间存在利害关系或利益冲突的，不得承办该业务并应当主动提出回避。

(5)保管委托人财产：律师事务所可以与委托人签订书面保管协议，妥善保管委托人财产，严格履行保管协议。律师事务所受委托保管委托人财产时，应当将委托人财产与律师事务所的财产、律师个人财产严格分离。

(6)转委托：未经委托人同意，律师事务所不得将委托人委托的法律事务转委托其他律师事务所办理。但在紧急情况下，为维护委托人的利益可以转委托，但应当及时告知委托人。

受委托律师遇有突患疾病、工作调动等紧急情况不能履行委托协议时，应当及时报告律师事务所，由律师事务所另行指定其他律师继续承办，并及时告知委托人。非经委托人的同意，不能因转委托而增加委托人的费用支出。

(7)委托关系的解除与终止。有下列情形之一的，律师事务所应当终止委托关系：委托人提出终止委托协议的；律师受到吊销执业证书或者停止执业处罚的，经过协商,委托人不同意更换律师的;当发现有《律师执业行为规范(试行)》第50条规定的利益冲突情形的;受委托律师因健康状况不适合继续履行委托协议的,经过协商,委托人不同意更换律师的;继续履行委托协议违反法律、法规、规章或者《律师执业行为规范(试行)》的。

有下列情形之一,经提示委托人不纠正的,律师事务所可以解除委托协议:委托人利用律师提供的法律服务从事违法犯罪活动的;委托人要求律师完成无法实现或者不合理的目标的;委托人没有履行委托合同义务的;在事先无法预见的前提下,律师向委托人提供法律服务将会给律师带来不合理的费用负担,或给律师造成难以承受的、不合理的困难的;其他合法的理由的。

5. 律师参与诉讼或仲裁规范:回避规范、调查取证规范、尊重法庭与规范接触司法人员规范、庭审仪表和语态规范,维护司法公正。

6. 律师与其他律师的关系规范:尊重与合作;禁止不正当竞争。

考点 5 仲裁员职业道德

1. 内容:(1)独立公正。仲裁员不得以任何直接或间接方式接受当事人或其他代理人的请客、馈赠或提供的其他利益,亦不得代人向仲裁员实施请客送礼或提供其他好处和利益。此外,主动披露,是指仲裁员主动披露其与当事人或代理人之间的某种关系,以便于当事人和仲裁机构考虑此种关系是否影响该仲裁员的独立性和公正性。(2)诚实信用。(3)勤勉高效。(4)保守秘密。(5)尊重同行。

2. 不当行为:(1)仲裁员私自会见当事人、代理人或者接受当事人、代理人的请客送礼,情节严重的;(2)仲裁员在仲裁案件时有索贿受贿、徇私舞弊、枉法裁决行为的。

考点 6 公证员职业道德

1. 忠于法律、尽职履责:(1)忠于宪法和法律,恪守客观、公正原则。(2)遵守法定回避制度。(3)履行执业保密义务。(4)积极采取措施纠正、制止违法违规行为。

2. 爱岗敬业、规范服务:(1)珍惜职业荣誉。(2)履行告知义务。(3)平等、热情地对待公证当事人、代理人和参与人。(4)依法提高办证质量和效率。(5)注重文明礼仪,维护职业形象。(6)积极履行监督义务。(7)不发表不当评论。

3. 加强修养、提高素质:(1)遵守社会公德。(2)具有良好的个人修养和品行。(3)忠于职守。(4)热爱集体,团结协作。(5)不断提高自身的业务能力和职业素养。(6)终身学习,勤勉进取。

4. 廉洁自律、尊重同行:(1)廉洁自律。(2)妥善处理个人事务。公证员应当妥善处理个人事务,不得利用公证员的身份和职务为自己、亲属或他人谋取利益。(3)不得接受不当利益。(4)相互尊重。(5)避免不当干预。(6)不从事不正当竞争行为。

刑　法

考点 1 刑法的基本原则

1. 罪刑法定原则。经典表述是，“法无明文规定不为罪”，“法无明文规定不处罚”。罪刑法定原则的具体要求是：

(1)禁止溯及既往(事前的罪刑法定)，是指犯罪及其惩罚必须在行为前预先规定，刑法不得对在其公布、施行前的行为进行追溯适用。这一要求也被称为禁止事后法。罪刑法定原则禁止不利于行为人的溯及既往，但允许有利于行为人的溯及既往。

(2)排斥习惯法(成文的罪刑法定)。

(3)禁止类推解释(严格的罪刑法定)。刑罚是最严厉的制裁措施，因此对刑法的适用应严格适用，而不能类推适用；对刑法的解释也应当严格解释，而不能类推解释。

(4)刑罚法规的适当，包含刑法明确性、禁止不确定刑和禁止处罚不当罚的行为三项内容(确定的罪刑法定)。

【考场演练】 多项选择题

下列哪些选项不违反罪刑法定原则？

A. 将明知是痴呆女而与之发生性关系导致被害人怀孕的情形，认定为强奸“造成其他严重后果”

B. 将卡拉OK厅未经著作权人许可大量播放其音像制品的行为，认定为侵犯著作权罪中的“发行”

C. 将重度醉酒后在高速公路超速驾驶机动车的行为，认定为以危险方法危害公共安全罪

D.《刑法》规定了盗窃武装部队印章罪，未规定毁灭武装部队印章罪。为弥补处罚漏洞，将毁灭武装部队印章的行为认定为毁灭“国家机关”印章

【参考答案】 ACD

2. 平等适用刑法原则。平等适用刑法，即刑法面前人人平等，是指刑法规范在根据其内容应当得到适用的所有场合，都予以严格适用。

3. 罪刑相适应原则。其具体要求是，刑罚既要与犯罪性质相适应，又要与犯罪情节相适应，还要与犯罪分子的人身危险性相适应。

考点 2 刑法的解释

按解释的方法，可将刑法的解释分为文理解释(平义解释)和论理解释。

1. 文理解释，是指根据刑法用语的文义及其通常使用方式阐释刑法意义的解释方法。文理解释的根据主要是语词的含义、语法、标点及标题。文理解释是一种基本的但并非简单的解释方法。如果文理解释的结论合理，则没有必要采取论理解释方法；如果文理解释的结论不合理或产生多种结论，则必须进行论理

解释。

2. 论理解释，是指参酌刑法产生的缘由、理由、沿革及其他相关事项，按照立法精神，阐明刑法真实含义的解释方法。论理解释主要有以下几种：

(1)扩大解释，即刑法条文的字面通常含义比刑法的真实含义窄，于是扩张字面含义，使其符合刑法的真实含义。例如，将《刑法》第341条中"出售"解释为"包括出卖和以营利为目的的加工利用行为"，将《刑法》第116条中的"汽车"解释为"包括作为交通工具使用的大型拖拉机"，则是一种扩大解释。扩大解释是对用语通常含义的扩张，不能超出用语可能具有的含义；如果完全超出用语可能具有的含义，则是违反罪刑法定原则的类推解释。应否作出扩大解释，还必须考虑处罚的必要性；对于一个行为而言，其处罚的必要性越大，将其解释为犯罪的可能性越大，但如果行为离刑法用语核心含义的距离越远，则解释为犯罪的可能性越小。换言之，"解释的实质的容许范围，与实质的正当性(处罚的必要性)成正比，与法律条文通常语义的距离成反比"。因此，处罚的必要性越大，作出扩大解释的可能性就越大；处罚的必要性越大，扩大解释的扩张程度便越宽。

(2)缩小解释，即刑法条文的字面通常含义比刑法的真实含义广，于是限制字面含义，使其符合刑法的真实含义。例如，将《刑法》第111条规定的"情报"限定为"关系国家安全和利益、尚未公开或者依照有关规定不应公开的事项"，则是缩小解释。罪刑法定原则的保障人权的思想，并非意味着在任何场合都要尽可能作出缩小解释；事实上，任意作出缩小解释反而可能违反罪刑法定原则。例如，将《刑法》第232条中"故意杀人"的"人"限制解释为"精神正常的人"或者"年满1周岁以上的人"，可谓缩小解释，但严重违反罪刑法定主义的精神。不是限制字面含义，而是在刑法规定之外附加条件的，不是缩小解释，可能是目的性限缩。

(3)当然解释，即刑法规定虽未明示某一事项，但依形式逻辑、规范目的及事物属性的当然道理，将某事项解释为包括在某规定的适用范围之内。

(4)补正解释，即在刑法文字发生错误时，统观刑法全文加以补正，以阐明刑法真实含义的解释方法。例如，认为《刑法》第63条中的"以下"不包括本数，则是补正解释。补正解释必须符合立法目的，符合刑法的整体规定。在刑法解释中，补正解释不意味着将刑法没有明文规定的犯罪解释为犯罪。这是由罪刑法定原则所决定的。

(5)体系解释，即根据刑法条文在整个刑法中的地位，联系相关法条的含义，阐明其规范意旨的解释方法。体系解释的目的在于避免断章取义，以便刑法整体协调。刑法是存在于法律体系中的一个整体，它不仅要与宪法协调，而且其本身也是协调的。因为刑法体现正义，要对相同的案件作相同处理，对相似的案件作相似处理，对不同的案件作不同处理，绝对不能自相矛盾。如果对刑法作出不协调的解释，则必然有损刑法的正义性。所以，使刑法相协调是最好的解释方法。"对一个本文某一部分的诠释如果为同一本文的其他部分所证实，它就是可以接受的；如果不能，则应舍弃。"遇到不明确的规定时，应当通过明确的规定来阐释不明确的部分，而不应当以某种规定不明确为由而否定明确的规定。体系解释并不意味着对刑法中的任何用语都必须作出完全一致的解释，更不意味着刑法用语必须与其他法律用语的含义相吻合。由于语言的特点等，刑法中的许多用语也具有相对性，即同一用语在不同条款甚至在同一条款中可能具有不同含义。同时，肯定刑法用语的相对性是为了实现刑法的协调与正义，所以对用语作相对解释，实质上也是体系解释。

（6）历史解释，即根据制定刑法时的历史背景以及刑法发展的源流，阐明刑法条文真实含义的解释方法。历史解释并不意味着只是探讨立法原意，而是要根据历史参考资料得出符合时代的结论。历史解释也不意味着必须永远按照过去的观念解释现行刑法或对旧刑法的解释必须仍然适用于新刑法，而是应注重刑法变更的历史原因。例如，私自开拆、隐匿、毁弃邮件、电报罪，已由旧刑法中的渎职罪调整到新刑法中的侵犯公民人身权利、民主权利罪，解释者应当把握这种调整的理由并作出新的解释，而不能按渎职罪解释该罪的构成要件。

（7）比较解释，即将刑法的相关规定或外国立法与判例作为参考资料，借以阐明刑法规定真实含义的解释方法。在进行比较解释时，不可忽视中外刑法在实质、内容、体例上的差异，不能只看文字上的表述与犯罪的名称，而应注重规定某种犯罪的条文在刑法体系中的地位，从而了解相同用语在不同国家的刑法中所具有的不同含义。例如，日本《刑法》第 246 条规定了诈骗罪，第 246 条之二规定了使用计算机诈骗罪，第 248 条规定了准诈骗罪，而我国《刑法》没有规定后两种罪名。不能认为，使用计算机诈骗与准诈骗的行为，没有被我国《刑法》规定为犯罪，因而不得定罪处刑；相反只能认为，这些行为包含在我国《刑法》第 264 条、第 266 条规定的盗窃罪、诈骗罪之中。

（8）目的解释，即根据刑法规范的目的，阐明刑法条文真实含义的解释方法。任何解释都或多或少包含了目的解释；当不同的解释方法得出多种结论或不能得出妥当结论时，就以目的解释来最终决定；刑法分则规定具体犯罪与刑罚的条文，都有其特定的法益保护目的；在确定具体犯罪的构成要件时，必须以其保护法益为指导。目的解释的前提是正确确定刑法规范的目的。就刑法而言，难以确定的是分则具体条文的目的。例如，规定盗窃罪的《刑法》第 264 条的目的，是保护财产的所有权，还是保护财产的占有？规定受贿罪的《刑法》第 385 条的目的，是保护职务行为的公正性，还是职务行为的不可收买性？对此，又需要根据宪法原则和刑法理念与现实，采取多种解释方法来确定。

在对刑法条文进行解释时，既可能采取某一种解释方法，也可能同时采取某几种解释方法，对不同条文可能采取不同的解释方法（如对 A 条进行扩大解释，对 B 条进行缩小解释），但解释必须符合刑法目的。

考点 3 作为与不作为

危害行为（以下简称行为），是指在人的意识支配下实施的侵犯法益的身体活动。首先，行为是人的身体活动或者动作，包括积极活动与消极活动。其次，行为是人的意识支配的产物，无意识的举动被排除在行为之外。刑法理论将行为概括为作为与不作为。

1. 成立不作为犯在客观上必须具备以下条件:(1)行为人负有实施具有法律性质的特定积极行为的义务。这种义务的来源主要有法律、法规明文规定的义务,职务或者业务要求的义务,法律行为引起的义务,先行行为引起的义务。(2)行为人能够履行特定义务。(3)行为人不履行特定义务,造成或者可能造成法益侵害结果。

2. 刑法理论一般将不作为犯罪分为两种类型:(1)纯正不作为犯(或称真正不作为犯);(2)不纯正不作为犯(或称不真正不作为犯)。

【知识图解】 作为与不作为

<table>
<tr><td rowspan="2">作为</td><td>本质</td><td colspan="2">以积极的身体活动实施违反禁止性规范的行为</td></tr>
<tr><td>基本类型</td><td colspan="2">以自己身体的,以物质工具的,以自然力的,以动物的以及以他人的行为</td></tr>
<tr><td rowspan="10">不作为</td><td>本质</td><td colspan="2">以消极的身体活动同时违反禁止性和命令性规范的行为</td></tr>
<tr><td rowspan="6">成立条件</td><td rowspan="4">行为人负有实施具有法律性质的积极行为的义务</td><td>法律明文规定的积极作为义务</td></tr>
<tr><td>职务或业务要求的义务</td></tr>
<tr><td>法律行为引起的义务,如合同行为</td></tr>
<tr><td>先行行为引起的义务,即先行行为导致法益处于危险状态,行为人负有采取有效措施排除危险或防止结果发生的特定义务。先行行为是否包括正当行为?一般来说,只要制造了危险,不问是否正当,都可以成为义务的来源。但是,正当防卫行为不能成为义务的来源,防卫过当另当别论。紧急避险人,对于遭受损害的无辜第三者具有作为义务</td></tr>
<tr><td colspan="2">行为人能够履行特定义务</td></tr>
<tr><td colspan="2">行为人不履行特定义务,造成或可能造成危害结果(结果回避可能性)。
注意:反过来说,只有当行为人履行作为义务可以避免结果发生时,其不作为才可能成立犯罪</td></tr>
<tr><td rowspan="2">不作为犯分类</td><td colspan="2">纯正不作为犯</td></tr>
<tr><td colspan="2">不纯正不作为犯:行为人以不作为形式实施的通常为作为形式的犯罪</td></tr>
<tr><td>典型纯正不作为犯</td><td colspan="2">遗弃罪、教育设施重大安全事故罪、消防责任事故罪、拒不救援友邻部队罪</td></tr>
</table>

☞ **易错点提示** ①因为刑法分则的某些条文在描述行为时所使用的动词能否包括不作为也不一定明确,特别是不真正不作为犯与作为犯具有等价性,所以在判断某种不作为是否成立犯罪时,需要慎重。

②不能以不作为的成立条件取代犯罪构成要件。

③不要将作为犯等同于故意犯,把不作为犯等同于过失犯。

考点 4 刑法上的因果关系

刑法上的因果关系是指行为与结果之间的一种引起与被引起的关系。刑法上的因果关系的认定要注意以下几点:

(1)因果关系只是研究某种行为是不是某种结果的原因,而不是对行为与结果本身的研究。

(2)因果关系是一种客观联系,不以人的意志为转移,行为人是否认识到了自己的行为可能发生结果,不影响对因果关系的认定。因果关系又是一种特定条件下的客观联系,不能离开客观条件认定因果关系,行为人是否认识到了特定条件,不能左右对因果关系的认定。

(3)一个结果完全可能由数个行为造成,一个行为也完全可能造成数个结果。

(4)在行为人的行为介入了第三者或者被害人的行为导致结果发生的场合,要判断某种结果是不是行为人的行为所造成时,应当考察行为人的行为导致结果发生的可能性的大小,介入情况的异常性大小以及介入情况对结果发生作用的大小。

现在的刑法理论一般肯定不作为与结果之间具有因果关系,其表现为,如果行为人履行义务,结果就不会发生。认定因果关系不等于认定刑事责任。

考点 5 主体与责任能力

1. 自然人主体。自然人主体分为两种情况:一般主体与特殊主体。特殊身份是指行为人在身份上的特殊资格,以及其他与一定的犯罪行为有关的,行为人在社会关系上的特殊地位或者状态,如男女性别、亲属关系、国家工作人员等。这些特殊身份不是自然人主体的一般要素,只是某些犯罪的自然人主体必须具备的要素。

☞ **易错点提示** ①特殊身份必须是行为人开始实施犯罪行为时就已经具有的特殊资格或已经形成的特殊地位或者状态,因为实施犯罪才在犯罪活动或者犯罪组织中形成的特殊地位(如首要分子)不是特殊身份。

②特殊主体的特殊身份,只是针对该犯罪的实行犯而言,至于教唆犯与帮助犯,则不受特殊身份的限制。

2. 我国《刑法》对自然人刑事责任能力作了如下规定(该考点经《刑法修正案(十一)》修订):

(1)不满 12 周岁的人,一律不负刑事责任。

(2)已满 14 周岁不满 16 周岁的人,犯故意杀人、故意伤害致人重伤或者死亡、强奸、抢劫、贩卖毒品、放火、爆炸、投放危险物质罪的,应当负刑事责任。

(3)已满 12 周岁不满 14 周岁的人,犯故意杀人、故意伤害罪,致人死亡或者以特别残忍手段致人重伤造成严重残疾,情节恶劣,经最高人民检察院核准追诉的,应当负刑事责任。

(4)已满 12 周岁不满 18 周岁的人犯罪,应当从轻或者减轻处罚。

(5)已满 75 周岁的人故意犯罪的,可以从轻或者减轻处罚;过失犯罪的,应当从轻或者减轻处罚。

(6)因不满 16 周岁不予刑事处罚的,责令其父母或者其他监护人加以管教;在必要的时候,依法进行专门矫治教育。

☞ **易错点提示** 刑事责任年龄是指实足年龄,而不是指虚岁,应当从出生之日计算至行为之日而不是结果发生之日。

3. 单位犯罪主体。单位犯罪主体,应是依法成立,拥有一定财产或者经费,能以自己的名义承担责任的公司、企业、事业单位、机关、团体。单位犯罪并非严格责任犯罪,而是与自然人一样,要求具有故意或过失,在有的情况下,还要求有特定的目的。例如,单位成立票据诈骗罪,要求具有票据诈骗的故意与非法占有目的,否则不成立票据诈骗罪。以下情形不是单位犯罪:(1)个人为进行违法犯罪活动而设立公司、企业、事业单位实施犯罪的,或者公司、企业、事业单位设立后,以实施犯罪为主要活动的，不以单位犯罪论处。(2)个人盗用单位名义实施犯罪，违法所得由实施犯在内的个人私分的，不属于单位犯罪。

【知识图解】 自然人主体与单位主体

<table>
<tr><td rowspan="5">自然人主体</td><td>一般主体</td><td colspan="2">指不以特殊身份为必要的行为主体</td></tr>
<tr><td rowspan="4">特殊主体</td><td colspan="2">指以特殊身份为必要的行为主体</td></tr>
<tr><td rowspan="3">特殊身份</td><td>指行为人在身份上的特殊资格，以及其他与一定的犯罪行为有关的，行为人在社会关系上的特殊地位或者状态</td></tr>
<tr><td>特殊身份必须是行为人开始实施犯罪行为时就已经具有的特殊资格或已经形成的特殊地位或者状态，因为实施犯罪才在犯罪活动或者犯罪组织中形成的特殊地位(如首要分子不是特殊身份)</td></tr>
<tr><td>特殊主体的特殊身份只是针对该罪的单独犯和实行犯而言的</td></tr>
<tr><td rowspan="9">单位主体</td><td rowspan="4">单位犯罪特征</td><td>单位特征</td><td>合法性与广泛性(包括公司、企业、事业单位、机关、团体。其中，独资、私营等公司、企业、事业单位需具备法人资格)</td></tr>
<tr><td>行为特征</td><td>通常由单位的决策机构按照单位的决策程序决定，由直接责任人员具体实施</td></tr>
<tr><td>主观特征</td><td>为本单位或本单位全体成员牟取非法利益</td></tr>
<tr><td>法律特征</td><td>法定性，并非一切犯罪都可以由单位构成。例如，单位不能构成盗窃罪，但单位内自然人可以</td></tr>
<tr><td>处罚</td><td colspan="2">以双罚制为原则，以单罚制为例外</td></tr>
<tr><td rowspan="4">重点司法解释</td><td colspan="2">根据有关司法解释，不以单位犯罪论处的情形有：(1)个人为进行违法犯罪活动而设立的公司、企业、事业单位实施犯罪的，或者公司、企业、事业单位设立后，以实施犯罪为主要活动的，不以单位犯罪论处；(2)盗用单位名义实施犯罪，违法所得由实施犯罪的个人私分的，直接以自然人犯罪定罪处罚而不以单位犯罪论处</td></tr>
<tr><td colspan="2">在审理单位故意犯罪案件时，对单位犯罪直接负责的主管人员和其他直接责任人员，可不区分主犯、从犯，按照其在单位犯罪中所起的作用判处刑罚</td></tr>
<tr><td colspan="2">单位的分支机构或者内设机构、部门，可以成为单位犯罪的主体</td></tr>
<tr><td colspan="2">单位涉嫌犯罪后，若被其主管部门、上级机构等吊销营业执照、撤销或者宣告破产，此时，直接追究其直接负责的主管人员和其他直接责任人员的刑事责任，对该单位不再追诉</td></tr>
</table>

☞ **易错点提示** 只要法律没有明确规定单位可以成为某罪的犯罪主体，该罪的犯罪主体就只能是自然人。对于单位实施刑法规定的危害社会的行为，刑法分则和其他法律未规定追究单位刑事责任的，对组织、策划、实施该危害行为的人依法追究刑事责任。

考点 6 故意与过失

1. 故意责任

(1)故意的种类。故意分为直接故意与间接故意。

①直接故意。明知自己的行为会发生危害社会的结果，并且希望这种结果发

生的心理态度。

②间接故意。明知自己的行为可能发生危害社会的结果，并且放任这种结果发生的心理态度。

直接故意与间接故意最大的区别在于，直接故意的意志因素是希望危害结果发生，间接故意的意志因素是放任危害结果的发生。

(2)事实认识错误：故意是认识因素与意志因素的统一，因此，对客观事实的认识错误就可能影响故意。错误是指行为人的认识与实际情况不一致。

①具体的事实认识错误，是指行为人认识的事实与实际发生的事实虽然不一致，但没有超出同一犯罪构成要件的范围，即行为人只是在某个犯罪构成要件的范围内发生了对事实的认识错误，因而也被称为同一犯罪构成要件内的错误，主要包括对象错误、打击错误与因果关系错误。

②抽象的事实认识错误，是指行为人所认识的事实与现实所发生的事实，分别属于不同的犯罪构成要件，或者说，行为人所认识的事实与所发生的事实跨越了不同的犯罪构成要件，因而也被称为不同犯罪构成要件间的错误。抽象的事实错误只有对象错误与打击错误两种情况。

行为人误将非犯罪对象当作犯罪对象加以侵害的(如行为人本欲杀害甲，黑夜里误将一只有害野兽当作甲杀死)，或者行为人误将犯罪对象当作非犯罪对象加以侵害的(如行为人本欲杀死有害野兽，黑夜里误认为邻人为野兽而开枪射击致人死亡)，虽然也存在认识错误，但主要属于未遂犯与不能犯，过失与意外事件的问题。

2. 过失责任

过失是指“应当预见自己的行为可能发生危害社会的结果，因为疏忽大意而没有预见，或者已经预见而轻信能够避免”的心理态度。

(1)疏忽大意的过失，是指应当预见自己的行为可能发生危害社会的结果，因为疏忽大意而没有预见，以致发生这种结果的心理状态。应当预见的前提是行为人能够预见。应当预见的内容是法定的危害结果。

(2)过于自信的过失，是指已经预见自己的行为可能发生危害社会的结果，但轻信能够避免，以致发生这种结果的心理状态。

☞ **易错点提示** 过失与故意的不同：①过失犯罪均以发生危害结果为要件。②刑法规定“过失犯罪，法律有规定的才负刑事责任”。③刑法对过失犯罪规定了较故意犯罪轻得多的法定刑。

考点 7 正当防卫与紧急避险

1. 一般正当防卫的条件：(1)存在现实的不法侵害。(2)不法侵害正在进行。在不法侵害尚未开始或者已经结束时，进行所谓“防卫”的，称为防卫不适时。(3)具有防卫意识。(4)针对不法侵害人本人进行防卫。(5)没有明显超过必要限度造成重大损害。

需要注意的是，并非超过必要限度的，都是防卫过当，只有“明显”超过必要限度造成重大损害的，才是防卫过当。正当防卫的必要限度条件不适用于对严重危及人身安全的暴力犯罪所进行的防卫(特殊正当防卫)。

2. 特殊正当防卫。对正在进行行凶、杀人、抢劫、强奸、绑架以及其他严重危及人身安全的暴力犯罪,采取防卫行为,造成不法侵害人伤亡的,不属于防卫过当,不负刑事责任。

认定特殊正当防卫时应注意以下几点:(1)对于非暴力犯罪以及作为一般违法行为的暴力行为,不适用此规定。(2)对于轻微暴力犯罪或者一般暴力犯罪,不适用此规定。(3)并非对于任何行凶、杀人、抢劫、强奸、绑架等暴力犯罪进行防卫都适用此规定,只有当暴力犯罪严重危及人身安全时,才适用此规定。(4)严重危及人身安全的暴力犯罪,也并不限于刑法条文所列举的上述犯罪,还包括其他严重危及人身安全的暴力犯罪。(5)在严重危及人身安全的暴力犯罪已经结束后,行为人将不法侵害人杀死杀伤的,不适用此规定。

【考场演练】 多项选择题

以下属于正当防卫的是:

A. 身材魁梧的甲看到一个身材瘦小的乙想要非法入侵自己(甲)的住宅,甲用菜刀砍伤乙致其轻伤。甲的行为仍构成正当防卫

B. 甲乙有纠纷,甲想把乙推下船,但自己不小心掉入河中,乙害怕救助甲后,其继续伤害自己而没有施救,后其他人将甲救起。乙构成正当防卫

C. 父亲撞见歹徒持刀抢劫女儿,与歹徒发生激斗,最终将歹徒反杀,父亲属于正当防卫

D. 郑某深夜在家中听到厨房有动静走去一看,发现一身材瘦小的小偷吴某正试图从窗口爬进他家盗窃,下半身还卡在窗外,于是拿起菜刀把吴某砍成重伤。郑某成立正当防卫

【参考答案】 AC

3. 防卫过当。防卫行为明显超过必要限度造成重大损害的,属于防卫过当。

防卫过当不是独立罪名,而应根据其符合的犯罪构成要件确定罪名。通说认为,防卫过当在主观上一般是过失,但也不排除间接故意的可能性。对于防卫过当,应当减轻或者免除处罚。

【知识图解】 正当防卫与紧急避险

比较项目	正当防卫	紧急避险
成立条件	(1)必须有不法侵害行为发生;(2)必须是正在进行的不法侵害;(3)必须出于防卫意图;(4)针对的对象必须是实施不法侵害的人本人;(5)不能明显超过必要限度	(1)必须有危险发生;(2)必须正在发生危险;(3)必须是为了使合法权益免受侵害;(4)必须是在迫不得已的情况下;(5)不能超过必要限度;(6)主体不属于法律上有特殊规定的人员;针对的对象只能是第三者的合法权益
主体的限制	没有限制	主体不能是法律上有特殊规定的人员(如警察、消防人员)
危害来源	不法行为人的侵害	自然力破坏、动物侵袭等的危险
行为对象	不法侵害人本人	第三人,即与危害来源无关的人
损害利益	非法利益	合法利益

比较项目	正当防卫	紧急避险
实施条件	有不法侵害发生即可	迫不得已,即无其他办法
是否过当的标准	明显超过必要限度方为过当	所保护的利益必须大于所损害的利益
刑事责任	不负刑事责任。明显过当的,负刑事责任,但应当减轻或免除处罚	不负刑事责任。超过必要限度的,负刑事责任,但应当减轻或免除处罚
特殊规定	对正在进行行凶、杀人、抢劫、强奸、绑架以及其他严重危及人身安全的暴力犯罪,采取防卫行为,造成不法侵害人伤亡的,不属于防卫过当,不负刑事责任	无

☞ **易错点提示** ①假想防卫不是正当防卫,行为人如果主观上有过失,则按照过失犯罪处理,如果没有过失,则按照意外事件处理。

②防卫挑拨、相互斗殴、偶然防卫等,不具有防卫意识,因此不属于正当防卫。

考点 8 被害人承诺

被害人的承诺,符合一定条件,可以排除损害被害人法益的行为的违法性。

经被害人承诺的行为符合下列条件时,才排除犯罪事由:(1)承诺者对被侵害的法益具有处分权限。对于国家、公共利益与他人利益,不存在被害人承诺的问题,故只有被害人承诺侵害自己的法益时,才有可能排除犯罪事由。但即使是承诺侵害自己的法益,也有一定限度,如经被害人承诺而杀害他人的行为,仍然成立故意杀人罪。(2)承诺者必须对所承诺的事项的意义、范围具有理解能力。(3)承诺必须出于被害人的真实意志,戏言性的承诺,基于强制或者威压作出的承诺,不排除犯罪事由。(4)必须存在现实的承诺。现实中没有被害人的承诺,但如果被害人知道事实真相后当然会承诺,在这种情况下,推定被害人的意志进而所实施的行为,就是基于推定的承诺的行为。(5)承诺至迟必须存在于结果发生时,被害人在结果发生前变更承诺的,则原来的承诺无效。事后承诺不影响行为成立犯罪,否则国家的追诉权就会被被害人的意志任意左右。(6)经承诺所实施的行为不得超出承诺的范围。例如,甲同意乙砍掉自己的一根小手指,而乙砍掉了甲的两根手指。乙的这种行为仍然成立故意伤害罪。

符合上述条件的,排除犯罪事由。但是,经承诺所实施的行为是否侵犯其他法益因而构成其他犯罪,则是另一问题。例如,即使妇女同意数人同时对其实施淫乱行为,如果数人以不特定或者多数人可能认识到的方式实施淫乱行为,虽不构成强奸罪,但不排除成立聚众淫乱罪。

考点 9 认识错误

事实上的认识错误包括客体错误、行为对象错误(构成要件之对象错误、非构成要件之对象错误)、手段或工具错误以及因果关系错误。对于前三者,基本上遵循这样的一条线索来处理,即行为人主观上是否有犯罪故意:如果有,则或者是犯罪既遂或者是犯罪未遂;如果没有犯罪故意,则或者是过失犯罪或者是意外事件。而因果关系认识错误,不影响定罪量刑。

1. 具体事实认识错误

具体事实认识错误是指行为人的主观方面和客观行为的误差没有超出同一个犯罪构成,主要包括以下几种:

(1)对象错误(客体没有错误),指行为人误把甲对象当作乙对象加以侵害,而甲对象与乙对象体现相同的法益,行为人的认识内容与客观事实仍属同一犯罪构成的情况。例如,行为人本欲杀甲,黑夜里误将乙当作甲杀害。根据法定符合说,刑法规定故意杀人罪是为了保护人的生命,而不只是保护特定的甲或者特定的乙的生命,因此,只要行为人主观上想杀人,而客观上又杀了人,就符合故意杀人罪的构成要件,成立故意杀人罪既遂。

(2)打击(对象)错误,也称方法错误、打击偏差,指由于行为本身的差误,导致行为人所欲攻击的对象与实际受害的对象不一致,但这种不一致仍然没有超出同一犯罪构成。根据法定符合说,行为人主观上具有杀人的故意,客观上的杀人行为也导致了他人死亡,二者在刑法规定的故意杀人罪的犯罪构成内是完全一致的,因而成立故意杀人既遂。需要注意的是,法定符合说也面临难题:行为人本欲杀甲,但因为行为差误,同时导致甲与乙死亡的,应如何处理?法定符合说中的数故意说认为,行为人对甲与乙都成立故意杀人既遂。但采取数故意说并不意味着成立数个故意杀人罪,因为只有一个行为,所以应按想象竞合犯以一罪论处。例如,张三想杀李四,向李四开枪,子弹穿过李四身体打死了站在李四身后的王五,李四重伤未死。对于王五的死亡,根据“法定符合说”,法律直接推定张三是间接故意,而不像“具体符合说”那样认为其主观上为过失。

(3)因果关系错误,指侵害的对象没有错误,但造成侵害的因果关系的发展过程与行为人所预想的发展过程不一致,包括侵害结果推后或者提前发生的情况。因果关系错误主要有三种情况,即狭义的因果关系错误、事前故意与犯罪构成的提前实现。

狭义的因果关系错误,是指结果不是按照行为人所预想的因果关系的发展进程来实现的情况。例如,甲以杀人的故意用刀刺杀乙,使乙受伤,但乙为血友病患者,因流血过多而死亡。又如,甲为了使乙溺死而将乙推入井中,但井中没有水,乙摔死在井中。再如,甲以杀人故意向乙开枪射击,乙为了避免子弹打中自己而后退,结果坠入悬崖而死亡(因果关系错误不影响定罪量刑,不影响成立故意犯罪的既遂)。

事前故意,是指行为人误认为第一个行为已经造成结果,出于其他目的实施了第二个行为,实际上是第二个行为导致的预期结果发生的情况。例如,甲以杀人故意对乙实施暴力(第一行为),造成乙休克后,甲以为乙已经死亡,为了隐匿罪迹,将乙扔至水中(第二行为),实际上乙是溺死于水中的(事前故意的因果关系并未中断,故以故意犯罪的既遂论处)。

犯罪构成的提前实现，实际上是指提前实现了行为人所预想的结果。例如，甲准备待乙吃安眠药熟睡后将其绞死，但未待甲实施绞杀行为，乙由于服用安眠药过量而死亡。又如，甲准备将乙的贵重物品搬至院墙外毁坏，但拿起贵重物品时，贵重物品就从手中滑落而摔坏。要认定这种情形是否成立故意犯罪既遂，关键要看行为人在实施第一行为时，是否已经着手实行，如果能得出肯定结论，则应认定为故意犯罪既遂，如果得出否定结论，则否认故意犯罪未遂。

2. 抽象事实认识错误

抽象事实认识错误是指行为人的主观方面和客观行为的误差超出了同一个犯罪构成，包括以下两种类型：

(1)对象错误(客体也错误)，指行为人误把甲对象当作乙对象加以侵害，而甲对象与乙对象体现不同的法益，分属不同的犯罪构成。例如，行为人本欲盗窃一般财物，却误将枪支当作一般财物而盗窃。这种认识错误超出了犯罪构成的范围。行为人所认识的事实(盗窃财物)与现实所发生的事实(盗窃枪支)分别属于不同的犯罪构成。

(2)打击(客体)错误，指由于行为本身的差误，导致行为人所欲攻击的对象与实际受害的对象不一致，而且这种不一致超出了同一犯罪构成。例如，行为人本欲射击乙，但因没有瞄准，而将乙身边价值近万元的宠物打死。同样，行为人所认识的事实(杀人)与现实所发生的事实(毁坏财物)分别属于不同的犯罪构成。

【知识图解】 认识错误分类

- 认识错误
  - 事实认识错误
    - 具体的事实认识错误
      - 对象错误："误把乙当甲来杀"，不影响故意犯罪既遂的成立
      - 打击错误："欲杀某甲而杀某乙"，处理原则同上
      - 因果关系错误：行为人对因果关系发展的具体样态认识错误
    - 抽象的事实认识错误
      - 对象错误："欲盗财物得枪支"，主客观相一致的范围内认定为盗窃既遂
      - 打击错误："欲杀某甲伤某物"，主客观相一致的范围内认定为故意杀人未遂
  - 其他
    - 手段错误
      - 迷信犯："剪个纸人用针扎"，不成立犯罪
      - 手段不能犯
        - 绝对不能犯："误把白糖当砒霜"，不成立犯罪
        - 相对不能犯："该用一斤用八两"，故意杀人未遂
    - 对象错误
      - 误将犯罪对象当作非犯罪对象："误将人当野兽杀"，过失犯罪或意外事件
      - 误将非犯罪对象当作犯罪对象
        - 绝对不能犯："荒郊野外杀草人"，不成立犯罪
        - 相对不能犯："该掏左兜掏右兜"，盗窃罪未遂

考点 10 犯罪未遂、犯罪预备、犯罪中止

1. 在犯罪过程中，自动放弃犯罪或者自动有效地防止犯罪结果发生的，是犯罪中止。

犯罪中止存在两种情况：一是在犯罪预备阶段或者在实行行为还没有实行终了的情况下，自动放弃犯罪；二是在实行行为实行终了的情况下，自动有效地防止

犯罪结果的发生。

犯罪中止的特征。(1)中止的时间性。中止必须发生在"犯罪过程中"。(2)中止的自动性,即行为人认识到客观上还可以继续实施犯罪或者可以达到既遂状态,但自愿放弃原来的犯罪意图。(3)中止的客观性。中止行为分为两种情况:在犯罪预备阶段以及实行行为尚未实行终了,只要不继续实施行为就不会发生犯罪结果的情况下,中止行为表现为放弃继续实施犯罪;在实行行为终了,不采取有效措施就会发生犯罪结果的情况下,中止行为表现为采取积极有效措施防止犯罪结果发生。(4)中止的有效性。犯罪中止的成立并不要求没有发生任何犯罪结果,而是要求没有发生作为既遂标志的犯罪结果。

对于中止犯,没有造成损害的,应当免除处罚;造成损害的,应当减轻处罚。所谓"没有造成损害",应理解为没有造成任何危害结果;所谓"造成损害",应理解为造成了一定危害结果,但没有造成作为既遂标志的犯罪结果。

2. 已经着手实行犯罪,由于犯罪分子意志以外的原因而未得逞的,是犯罪未遂。犯罪未得逞是由于犯罪分子意志以外的原因。犯罪分子意志以外的原因包括三种情况:(1)抑止犯罪意志的原因,即某种事实使犯罪分子认为自己客观上已经不可能继续实行犯罪,从而被迫停止犯罪;(2)抑止犯罪行为的原因,即某种情况使行为人在客观上不可能继续实行犯罪或者不可能造成犯罪结果;(3)抑止犯罪结果的原因,即行为人已将其认为应当实行的行为实行终了,但某种情况阻止了结果的发生。

【考场演练】 单项选择题

甲准备去盗窃丙家的渔网,乙明知甲的行为,为其提供了渔船,甲利用渔船盗窃渔网成功,事后发现该渔网为乙所有。关于甲、乙行为的说法正确的是:

A. 甲、乙均成立盗窃既遂

B. 甲盗窃既遂,乙盗窃未遂

C. 甲盗窃既遂,乙盗窃预备

D. 甲盗窃既遂,乙无罪

【参考答案】 C

对于未遂犯,可以比照既遂犯从轻或者减轻处罚。

【知识图解】 犯罪预备、犯罪中止与犯罪未遂

项目	犯罪预备	犯罪中止	犯罪未遂
出现阶段	未进入实行阶段	既可出现在犯罪预备阶段,也可出现在犯罪实行阶段	只能出现在着手以后实施犯罪的阶段
犯罪的客观方面	为犯罪准备工具制造条件的预备行为,非实行行为	既可能是预备行为,也可能是实行行为	只能是刑法分则规定的实行行为
停止原因	由于意志之外的原因	出于行为人的意愿而自动中止	由于犯罪分子意志之外的原因

续表

项目	犯罪预备	犯罪中止	犯罪未遂
行为后果	未进入实行阶段	未进入实行阶段或实行行为未完成或法定危害结果未发生	实行行为未完成或未出现法定危害结果
判断公式	欲达目的而不能	能达目的而不欲	欲达目的而不能
处罚原则	可以比照既遂犯从轻、减轻或免除处罚	(1)没有造成损害的,应当免除处罚; (2)造成损害的,应当减轻处罚	可以比照既遂犯从轻或减轻处罚

【法条链接】

《刑法》

第二十二条　为了犯罪,准备工具、制造条件的,是犯罪预备。

对于预备犯,可以比照既遂犯从轻、减轻处罚或者免除处罚。

第二十三条　已经着手实行犯罪,由于犯罪分子意志以外的原因而未得逞的,是犯罪未遂。

对于未遂犯,可以比照既遂犯从轻或者减轻处罚。

第二十四条　在犯罪过程中,自动放弃犯罪或者自动有效地防止犯罪结果发生的,是犯罪中止。

对于中止犯,没有造成损害的,应当免除处罚;造成损害的,应当减轻处罚。

☞ **易错点提示**　手段不能犯一般成立犯罪未遂;迷信犯一般不成立犯罪。

【考场演练】　单项选择题

甲、乙合谋盗窃,甲入室盗窃,乙在楼下望风。乙在望风过程中主人张三回来,乙担心张三报警遂将其打成重伤。甲盗窃成功后出来发现重伤的张三,不过问不理睬,与乙携赃而逃。下列表述正确的是:

A. 甲构成盗窃罪,乙构成入户抢劫

B. 甲和乙属于盗窃罪的共犯,甲构成盗窃罪,乙构成抢劫致人重伤

C. 甲和乙属于盗窃罪的共犯,二人均属于抢劫致人重伤

D. 甲和乙属于抢劫罪的共犯,二人均属于抢劫致人重伤、入户抢劫

【参考答案】　B

考点 11　共同犯罪的成立条件

1. 必须是二人以上,即二人共同故意犯罪时即可成立共同犯罪。这里的二人以上不是泛指一切人,而是必须符合犯罪主体要件的人,就自然人而言,必须是达到刑事责任年龄、具有刑事责任能力的人。由于刑法规定单位可以成为某些犯罪的主体,两个以上的单位以及单位与自然人共同实施的犯罪,可能构成共同犯罪。

(1)两个已满 12 周岁不满 16 周岁的人,或者一个已满 16 周岁的人与一个已满 12 周岁不满 16 周岁的人,共同故意实施《刑法》第 17 条规定之罪的,才成立共

同犯罪,实施此外之行为的,不成立共同犯罪。

(2)一个达到刑事责任年龄、具有刑事责任能力的人,支配没有达到刑事责任年龄、没有刑事责任能力的人实施犯罪行为的,不构成共同犯罪。

(3)单位犯罪时,直接负责的主管人员及其他直接责任人员,与该单位本身不成立共同犯罪。

2. 必须有共同故意。一是各共犯人均有相同的犯罪故意;二是各共犯人之间具有意思联络。因此,下列情形不成立共同犯罪:(1)共同过失犯不成立共同犯罪。(2)故意犯罪行为与过失犯罪行为不成立共同犯罪。(3)同时犯不成立共同犯罪。(4)先后故意实施的相关犯罪行为,彼此没有主观联系的,不成立共同犯罪。(5)超出共同故意之外的犯罪,不是共同犯罪。(6)事前无通谋事后实施的窝藏、包庇、掩饰、隐瞒犯罪所得或者犯罪所得收益的行为,不构成共同犯罪。但如果事前有通谋,则成立共同犯罪。

3. 必须有共同行为。共同行为不仅指各共犯人都实施了属于同一构成要件的行为,而且指各共犯人的行为在共同故意支配下相互配合、相互协调、相互补充,形成一个整体。“共同行为”意味着各共犯人的行为都是共同犯罪行为这一整体的组成部分;在发生了法益侵害结果的情况下,各共犯人的行为作为一个整体与结果之间具有因果关系,因而也可以肯定各共犯人的行为与结果之间具有因果关系。

☞ **易错点提示** 我国《刑法》分则将一些帮助犯分离出来,单独定罪,不再认为其是共犯。例如,协助组织卖淫罪,煽动分裂国家罪,帮助犯罪分子逃避处罚罪,帮助毁灭、伪造证据罪。

考点 12 共犯人的分类及其刑事责任

1. 主犯。组织、领导犯罪集团进行犯罪活动的或者在共同犯罪中起主要作用的,是主犯。

2. 从犯。在共同犯罪中起次要或者辅助作用的,是从犯。对于从犯,应当从轻、减轻处罚或者免除处罚。

3. 胁从犯。对于被胁迫参加犯罪的,应当按照他的犯罪情节减轻处罚或者免除处罚。胁从犯是共犯人的一种,具有犯罪故意与犯罪行为,故行为人身体完全受强制、完全丧失意志自由时实施的某种行为,以及符合紧急避险条件的行为,不成立胁从犯。

4. 教唆犯。教唆犯是指以授意、怂恿、劝说、利诱或者其他方法故意唆使他人犯罪的人。对于教唆犯的认定,应注意以下几点:(1)对于教唆犯,应当按照他所教唆的罪定罪,而不能笼统地定教唆罪。(2)间接教唆的,也应按教唆犯处罚。(3)当刑法分则条文将教唆他人实施特定犯罪的行为规定为独立的犯罪时,对教唆者不能依所教唆的罪定罪,而应直接依照刑法分则的规定定罪。

对教唆犯的处罚,应当注意以下三点:(1)教唆他人犯罪的,应当按照他在共同犯罪中所起的作用处罚。(2)教唆不满 18 周岁的人犯罪的,应当从重处罚。(3)如果被教唆的人没有犯被教唆的罪,对于教唆犯,可以从轻或者减轻处罚。这种情况在刑法理论上通常称为教唆未遂。

☞ **易错点提示** 主犯与首要分子是两个不同的概念。首要分子分为两类：一是犯罪集团中的首要分子；二是聚众犯罪中的首要分子。犯罪集团中的主犯不一定都是首要分子。在聚众犯罪并不构成共同犯罪的情况下（如刑法规定只处罚首要分子，而首要分子只有一人时），不存在主犯、从犯之分。

对于组织、领导犯罪集团进行犯罪活动的首要分子，按照集团所犯的全部罪行处罚。对于犯罪集团的首要分子以外的主犯，应分为两种情况处罚：对于组织、指挥共同犯罪的人，应当按照其组织、指挥的全部犯罪处罚；对于没有从事组织、指挥活动但在共同犯罪中起主要作用的人，应按其参与的全部犯罪处罚。

考点 13 罪数的认定与数罪并罚

1. 罪数的认定：区分罪数，也就是区分一罪与数罪。区分一罪与数罪时，虽然原则上应以犯罪构成为标准，但同时也要考虑刑法的特殊规定，参照合理的司法实践经验。

（1）实质的一罪：①继续犯，是指行为从着手实行到由于某种原因终止以前，一直处于持续状态的犯罪。非法拘禁罪，被认为是典型的继续犯。②想象竞合犯，也称想象的数罪、观念的竞合、一行为数罪，是指一个行为触犯了数个罪名的情况。例如，行为人开一枪而致一人死亡、一人重伤，一个开枪行为同时触犯了故意杀人罪与故意伤害罪。③结果加重犯，也称加重结果犯，是指法律规定的一个犯罪行为（基本犯罪），由于发生了严重结果而加重其法定刑的情况。故意伤害致死是其适例。

（2）法定的一罪：①结合犯，是指数个原本独立的犯罪行为，根据刑法分则的明文规定，结合成为另一独立的新罪的情况。②集合犯，是指犯罪构成把数个同种类的行为集合成为一个犯罪。一般认为，集合犯包括常习犯、职业犯与营业犯。

（3）处断的一罪：①连续犯，是指行为人基于同一的或者概括的犯罪故意，连续实施性质相同的数个行为，触犯同一罪名的犯罪。例如，对多次走私未经处理的，按照累计走私货物、物品的偷逃应缴税额处罚。②吸收犯，是指事实上存在数个不同的行为，其中一行为吸收其他行为，仅成立吸收行为一个罪名的犯罪。吸收犯的吸收关系有三种情况：一是重行为吸收轻行为，即罪质严重的、法定刑高的犯罪行为，吸收罪质轻微的、法定刑低的犯罪行为。二是实行行为吸收预备行为，即行为人已经着手实行了犯罪，而预备行为触犯另一罪名时，对预备行为不独立定罪，而由实行行为吸收。例如，入室抢劫的行为，其预备行为触犯了非法侵入住宅罪，其实行为是抢劫，故抢劫罪吸收非法侵入住宅罪。三是主行为吸收从行为，即在共同犯罪中，行为人分别起到了主要作用、次要作用与较小作用时，由起主要作用的行为吸收其他行为。例如，先教唆他人犯罪，后又帮助他人实行犯罪的，应当按教唆犯处罚。③牵连犯，是指犯罪的手段行为与目的行为或者结果行为与原因行为分别触犯不同罪名的情况。在犯罪行为可分为手段行为与目的行为时，如手段行为与目的行为分别触犯不同的罪名，则成立牵连犯；在犯罪行为可分为原因行为与结果行为时，若原因行为与结果行为分别触犯不同的罪名，则成立牵连犯。前者如以伪造公文的方法（手段行为）骗取公私财物（目的行为）；后者如盗窃财物（原因行为）后，为了销赃而伪造印章（结果行为）。

☞ **易错点提示** 虽然手段行为与目的行为之间在主观上有牵连关系，但如果手段行为与目的行为之间的牵连关系不具有通常性，也不应认定为牵连犯。例如，为了抢劫银行而盗窃枪支，然后利用所盗窃枪支抢劫银行的，应认定为数罪，而不应认定为牵连犯。又如，为了冒充军人招摇撞骗而盗窃军车，然后驾驶冒充军人招摇撞骗的，应当认定为数罪，而不能认定为牵连犯。

2. 数罪并罚制度。我国《刑法》第69条从总体上确立了数罪并罚的限制加重原则，同时兼顾考虑了并科原则和吸收原则。

(1)判决宣告以前一人犯数罪的并罚：除判处死刑和无期徒刑的以外，应当在总和刑期以下、数刑中最高刑期以上，酌情决定执行的刑期。但是管制最高不能超过3年，拘役最高不能超过1年，有期徒刑总和刑期不满35年的，最高不超过20年；总和刑期在35年以上的，最高不能超过25年。

数罪中有判处有期徒刑和拘役的，执行有期徒刑。数罪中有判处有期徒刑和管制，或者拘役和管制的，有期徒刑、拘役执行完毕后，管制仍须执行。

数罪中有判处附加刑的，附加刑仍须执行。附加刑种类相同的，合并执行，种类不同的，分别执行。

(2)判决宣告后发现漏罪的并罚："先并后减"法。判决宣告以后，刑罚执行完毕以前，发现被判刑的犯罪分子在判决宣告以前还有其他罪没有判决的，应当对新发现的罪作出判决，把前后两个判决所判处的刑罚，依照《刑法》第69条的规定，决定执行的刑罚。已经执行的刑期，应当计算在新判决决定的刑期以内。

(3)判决宣告后又犯新罪的并罚："先减后并"法。判决宣告以后，刑罚执行完毕以前，被判刑的犯罪分子又犯罪的，应当对新犯的罪作出判决，把前罪没有执行的刑罚和后罪所判处的刑罚，依照《刑法》第69条的规定，决定执行的刑罚。

【知识图解1】 一行为一罪

- 一行为一罪
  - 继续犯
    - 概念：行为从着手实行到由于某种原因终止以前，一直处于持续状态
    - 特征
      - (1)基于一个罪过实施了一个行为
      - (2)持续地针对同一对象，侵犯同一具体法益
      - (3)犯罪行为与不法状态在一定时间内同时处于不间断继续状态
    - 处断原则：以一罪论处，不实行数罪并罚
  - 想象竞合犯
    - 概念：一行为触犯数罪名
    - 特征
      - (1)只实施了一个行为
      - (2)一行为触犯了数罪名
    - 处断原则：从一重处断
  - 结果加重犯
    - 概念：实施基本犯罪行为而发生严重结果，刑法因而规定加重其法定刑
    - 特征
      - (1)基本犯罪行为与加重结果具有因果关系
      - (2)对基本犯罪一般持故意，对加重结果至少有过失
      - (3)刑法针对加重结果规定了加重的法定刑
    - 处断原则：直接按刑法规定的加重法定刑处罚

【知识图解2】 数行为一罪

- 数行为一罪
  - 连续犯
    - 概念：基于同一的或概括的犯罪故意，连续实施性质相同的数个犯罪行为，触犯同一罪名
    - 特征
      - (1)基于同一的或概括的犯罪故意
      - (2)必须实施性质相同的数个犯罪行为
      - (3)数个行为之间具有连续性
      - (4)数个犯罪行为性质相同、触犯同一罪名
    - 处断原则：按一罪论处，见《刑法》第153条、第263条、第383条
  - 牵连犯
    - 概念：以实施某一犯罪为目的，其手段或结果行为又触犯了其他罪名
    - 特征
      - (1)基于一个(最终)犯罪目的
      - (2)实施了数个危害行为
      - (3)数行为之间存在牵连关系：手段与目的、原因与结果
      - (4)数行为触犯不同罪名
    - 处断原则：有特殊规定的从规定，无规定的从一重处罚
  - 吸收犯
    - 概念：存在数个不同的行为，其中一行为吸收其他行为，仅成立吸收行为一罪
    - 特征
      - (1)具有数个独立的符合犯罪构成的犯罪行为
      - (2)数个行为必须触犯不同罪名
      - (3)数行为之间具有吸收关系：重吸收轻，主吸收从，实行吸收预备
    - 处断原则：按吸收之罪处断，不实行并罚

考点14 主刑

主刑分为管制、拘役、有期徒刑、无期徒刑和死刑五种。

1. 刑种。

【知识图解】 刑种

比较项目	特点	刑期	刑期计算	执行机关
管制	对罪犯不予关押，但限制其一定的自由(禁止令)，实行社区矫正	3个月至2年，数罪并罚时不得超过3年	从判决执行之日起计算，判决执行前先行羁押的，羁押1日折抵刑期2日	社区矫正
拘役	短期剥夺犯罪分子自由，就近执行	1~6个月，数罪并罚时不得超过1年	从判决执行之日起计算，判决执行前先行羁押的，羁押1日折抵刑期1日	公安机关

续表

比较项目	特点	刑期	刑期计算	执行机关
有期徒刑	剥夺犯罪分子一定期限的自由,实行强制劳动改造	6个月至15年,数罪并罚时总和刑期不满35年的,最高不能超过20年,总和刑期在35年以上的,最高不能超过25年	从判决执行之日起开始计算,判决执行以前先行羁押的,羁押1日折抵刑期1日	监狱或其他执行场所
无期徒刑	剥夺犯罪分子终身自由,实行强制劳动改造(附加剥夺政治权利终身)	终身	无	

2. 死刑。我国《刑法》贯彻了保留死刑、坚持少杀、防止错杀的政策,适用死刑时也必须以这一政策为指导。根据《刑法》的有关规定,在适用死刑时应注意以下几点:(1)必须严格遵守罪刑法定的原则,只有对分则条文明确规定了死刑的犯罪,才可能判处死刑。(2)应当把握死刑规定的精神。虽然只能对刑法分则条文规定了死刑的犯罪判处死刑,但绝不意味着对规定了死刑的犯罪都应当判处死刑。(3)不得对犯罪的时候不满18周岁的人、审判的时候怀孕的妇女和审判的时候已满75周岁的人(以特别残忍手段致人死亡的除外)适用死刑。这里的不适用死刑,既包括不适用死刑立即执行,也包括不适用死刑缓期2年执行。(4)不得违反法定程序适用死刑。(5)不得任意采用死刑执行方法。

对于被判处死刑缓期执行的犯罪分子,有下列三种处理结果。(1)在死刑缓期执行期间,如果没有故意犯罪,2年期满以后,减为无期徒刑。(2)在死刑缓期执行期间,如果确有重大立功表现,2年期满以后,减为25年有期徒刑。(3)在死刑缓期执行期间,如果故意犯罪,情节恶劣的,报请最高人民法院核准后执行死刑;对于故意犯罪未执行死刑的,死刑缓期执行的期间重新计算,并报最高人民法院备案。

死刑缓期执行的期间,从判决确定之日起计算。死刑缓期执行减为有期徒刑的刑期,从死刑缓期执行期满之日起计算。死刑缓期执行判决确定之前的羁押时间,不计算在缓期2年的期限之内。

☞ **易错点提示** ①对被判处死刑缓期执行的累犯以及因故意杀人、强奸、抢劫、绑架、放火、爆炸、投放危险物质或者有组织的暴力性犯罪被判处死刑缓期执行的犯罪分子,人民法院根据犯罪情节等情况可以同时决定对其限制减刑。缓期执行期满后依法减为无期徒刑的,不能少于25年,缓期执行期满后依法减为25年有期徒刑的,不能少于20年。

②禁止令:对判处管制、宣告缓刑的犯罪分子,人民法院根据犯罪情况,认为从促进犯罪分子教育矫正、有效维护社会秩序的需要出发,确有必要禁止其在管制执行期间或缓刑考验期限内从事特定活动,进入特定区域、场所,接触特定的人,可以根据《刑法》第38条第2款、第72条第2款的规定,同时宣

告禁止令。

③从业禁止：因利用职业便利实施犯罪，或者实施违背职业要求的特定义务的犯罪被判处刑罚的，人民法院可以根据犯罪情况和预防再犯罪的需要，禁止其自刑罚执行完毕之日或者假释之日起从事相关职业，期限为3年至5年。

考点15 附加刑

附加刑包括罚金、剥夺政治权利、没收财产、驱逐出境。

1. 罚金。罚金是人民法院判处犯罪分子向国家缴纳一定数额金钱的刑罚方法。我国刑法分则对罚金的规定包括选处罚金、单处罚金、并处罚金、并处或单处罚金。

由于遭遇不能抗拒的灾祸等原因缴纳确实有困难的，经人民法院裁定，可以延期缴纳、酌情减少或者免除。

2. 剥夺政治权利。剥夺政治权利是指剥夺犯罪分子参加管理国家和政治活动的权利的刑罚方法。

（1）剥夺政治权利是剥夺下列权利：①选举权和被选举权。②言论、出版、集会、结社、游行、示威自由的权利。③担任国家机关职务的权利。④担任国有公司、企业、事业单位和人民团体领导职务的权利。

（2）剥夺政治权利附加适用于严重犯罪的，由刑法总则规定，具体分为两种情况：①应当附加剥夺政治权利。一是对于危害国家安全的犯罪分子应当附加剥夺政治权利；二是对于被判处死刑、无期徒刑的犯罪分子，应当剥夺政治权利终身。②可以附加剥夺政治权利。《刑法》第56条规定，对于故意杀人、强奸、放火、爆炸、投毒抢劫等严重破坏社会秩序的犯罪分子，可以附加剥夺政治权利。

（3）剥夺政治权利独立适用于罪行较轻、不需要判处主刑的罪犯，由刑法分则规定。剥夺政治权利的期限分为以下四种情况：①对于判处死刑、无期徒刑的犯罪分子，应当剥夺政治权利终身。②在死刑缓期执行减为有期徒刑或者无期徒刑减为有期徒刑的时候，应当把附加剥夺政治权利的期限改为3年以上10年以下。③独立适用或者判处有期徒刑、拘役附加适用剥夺政治权利的期限，为1年以上5年以下。④判处管制附加剥夺政治权利的期限与管制的期限相等。

（4）剥夺政治权利的刑期起算与执行分为以下几种情况：①被判处管制附加剥夺政治权利的刑期，与管制的刑期同时执行。②独立适用剥夺政治权利的，从判决执行之日起计算。③判处有期徒刑、拘役附加剥夺政治权利的刑期，以及死刑缓期执行、无期徒刑减为有期徒刑附加剥夺政治权利的刑期，从徒刑、拘役执行完毕之日起或者从假释之日起开始计算，剥夺政治权利的效力当然施用于主刑执行期间。④判处死刑、无期徒刑因而剥夺政治权利终身的，从主刑执行之日起开始执行剥夺政治权利。

考点 16 从宽量刑情节

【知识图解】 从宽量刑情节

量刑情节		法定或酌定	处罚
范围	具体情节		
域外犯罪	在外国已经受过刑罚处罚	可以	免除或者减轻
刑事责任能力	已满 12 周岁不满 18 周岁	应当	从轻或者减轻
	尚未完全丧失辨认或控制自己行为能力的精神病人犯罪	可以	从轻或者减轻
	又聋又哑的人或者盲人犯罪	可以	从轻、减轻或者免除
	年满 75 周岁的人故意犯罪	可以	从轻或减轻处罚
	年满 75 周岁的人过失犯罪	应当	从轻或减轻处罚
犯罪的未完成状态	预备犯	可以比照既遂犯	从轻、减轻或者免除
	未遂犯	可以比照既遂犯	从轻或者减轻
	中止犯	应当	免除(没有造成损害)或者减轻(造成损害的)
正当行为	正当防卫过当	应当	减轻或者免除
	紧急避险过当	应当	减轻或者免除
共同犯罪	教唆犯教唆不成的	可以	从轻或者减轻
	从犯	应当	从轻、减轻或者免除
	胁从犯	应当按犯罪情节	减轻或者免除
自首与立功	一般的自首	可以	从轻或者减轻
	犯罪较轻的自首	可以	免除
	一般的立功	可以	从轻或者减轻
	重大的立功	可以	减轻或者免除
	行贿人在被追诉前主动交代行贿行为的	可以	减轻或者免除

考点 17 累犯

累犯,是指被判处一定刑罚的犯罪分子,在刑罚执行完毕或者赦免以后,在法定期限内又犯一定之罪的情况。对累犯,应当从重处罚。累犯分为一般累犯与特别累犯。

1. 一般累犯的成立条件:(1)前罪与后罪都必须是故意犯罪,如果前后两罪或者其中一罪是过失犯罪或者不满 18 周岁的人犯罪,就不成立累犯。(2)前罪被判处有期徒刑以上刑罚,后罪应当判处有期徒刑以上的刑罚。(3)后罪发生的时间,必须在前罪所判处的刑罚执行完毕或者赦免以后的5年之内。上述5年的期限，对于被假释的犯罪分子，应从假释期满之日起计算。

2. 特别累犯的成立条件：(1)前罪和后罪都必须是危害国家安全犯罪、恐怖活动犯罪、黑社会性质的组织犯罪中的某一类犯罪。(2)必须是在刑罚执行完毕或者赦免以后再犯罪。如果前罪免予刑罚处罚也不存在赦免问题，就不成立特别累犯。

☞ **易错点提示** ①对累犯，不适用缓刑和假释。

②被判处缓刑的犯罪分子在缓刑考验期满后再犯新罪的，不成立累犯。

考点18 自首与立功

1. 自首。自首可以分为一般自首与特别自首。

一般自首，是指犯罪以后自动投案，如实供述自己罪行的行为。一般自首的成立条件是：

(1)自动投案。自动投案须发生在尚未归案之前，必须有实际行动，必须是基于犯罪分子本人的自愿意志，自行投于有关机关或个人。

(2)如实供述自己的罪行。①犯罪嫌疑人自动投案时虽然没有交代自己的主要犯罪事实，但在司法机关掌握其主要犯罪事实之前主动交代的，应认定为如实供述自己的罪行。②如实供述自己的罪行，指的是主要犯罪事实，而不是指犯罪的全部事实细节。③犯罪嫌疑人自动投案后隐瞒自己的真实身份等情况，影响对其定罪量刑的，不能认定为如实供述自己的罪行。

特别自首，也称准自首，是指被采取强制措施的犯罪嫌疑人、被告人和正在服刑的罪犯，如实供述司法机关尚未掌握的本人其他罪行的行为。“司法机关尚未掌握的本人其他罪行”，是指与司法机关掌握的或者判决确定的罪行属于不同种的罪行。

【考场演练】 多项选择题

甲交通肇事后，其父协助公安机关抓获甲。下列说法正确的是：

A. 甲的行为不成立自首，因为甲并没有自动投案

B. 甲父协助公安机关抓获甲，可以认定为代甲自首，故甲的行为成立自首

C. 甲的父亲协助公安机关抓获甲，可以认定为立功，但该立功也是为了甲，故可认定为甲成立立功

D. 虽然甲的行为不能成立自首，但鉴于甲父协助公安机关抓获甲的行为，在对甲量刑时可以酌情从轻处罚

【参考答案】 AD

☞ **易错点提示** 对于自首的犯罪分子，可以从轻或者减轻处罚。其中，犯罪较轻的，可以免除处罚。而坦白与自首不同，对坦白，可以从轻处罚，只有在罪犯如实供述自己罪行，避免特别严重后果发生的，才可以减轻处罚。

2. 立功。立功分为一般立功与重大立功。

犯罪分子有立功表现的，可以从轻或者减轻处罚；有重大立功表现的，可以减轻或者免除处罚。

☞ **易错点提示** ①《刑法》总则第67条的规定是自首的一般处理原则，分则第164条、第390条、第392条的规定是特别规定，特别规定优先于一般规定。

因此,行贿人、介绍贿赂人被追诉前自首的,可以减轻或免除处罚。

②只有在案发后没有受到讯问、未被采取强制措施,自动投案如实供述自己的罪行的,才能成立自首。

考点 19 缓刑制度

1. 缓刑的适用条件。宣告缓刑应当同时符合以下四个条件:(1)犯罪情节较轻。判断犯罪情节轻重,以犯罪分子是否应当被判处拘役或者 3 年以下有期徒刑作为考察指标。(2)有悔罪表现。(3)没有再犯罪的危险。(4)宣告缓刑对所居住社区没有重大不良影响。

不满 18 周岁的人、怀孕的妇女和已满 75 周岁的人,符合上述缓刑条件的,应当宣告缓刑。

宣告缓刑,可以根据犯罪情况,同时禁止犯罪分子在缓刑考验期限内从事特定活动,进入特定区域、场所,接触特定的人。对宣告缓刑的犯罪分子,在缓刑考验期限内,依法实行社区矫正。

2. 缓刑的考验期限:拘役的缓刑考验期限为原判刑期以上 1 年以下,但是不能少于 2 个月;有期徒刑的缓刑考验期限为原判刑期以上 5 年以下,但是不能少于 1 年。可见,缓刑考验期限不得短于原判刑期,可以等于或者长于原判刑期。

3. 缓刑的撤销:(1)被宣告缓刑的犯罪分子,在缓刑考验期内犯新罪,或者发现判决宣告以前还有其他罪没有判决的,应当撤销缓刑,将新犯的罪或者新发现的罪作出判决,把前罪和后罪所判处的刑罚,依照《刑法》第 69 条的规定,决定执行的刑罚。原判决宣告以前先行羁押的,羁押日期应当折抵刑期。需要说明的是,只要是在缓刑考验期内犯新罪,即使经过了缓刑考验期限后才发现,也应当撤销缓刑。(2)被宣告缓刑的犯罪分子,在缓刑考验期限内,违反法律、行政法规或者国务院有关部门关于缓刑的监督管理规定,或者违反人民法院判决中的禁止令,情节严重的,应当撤销缓刑,执行原判刑罚。

☞ **易错点提示** 不适用缓刑的情况:①对于累犯和犯罪集团的首要分子,不适用缓刑。②黑社会性质组织属于犯罪集团,因此对黑社会性质组织的首要分子,不能适用缓刑。

考点 20 假释制度

假释,是指对于被判处有期徒刑、无期徒刑的部分犯罪分子,在执行一定刑期之后,确有悔改表现,不致再危害社会,附条件地予以提前释放的制度。

1. 假释的适用条件:(1)前提条件。假释只适用于被判处有期徒刑、无期徒刑的犯罪分子。(2)执行刑期条件。假释只适用于已经执行一部分刑期的犯罪分子。被判处有期徒刑的犯罪分子,执行原判刑期1/2 以上,被判处无期徒刑的犯罪分子,实际执行 13 年以上,才可以假释。如果有特殊情况,经最高人民法院核准,适用假释可以不受《刑法》第 81 条第 1 款规定的执行刑期的限制。(3)实质条件。假释只适用于在刑罚执行期间,认真遵守监规,接受教育改造,确有悔改表现,没有再犯罪的危险的犯罪分子。(4)消极条件。对累犯以及因故意杀人、强奸、抢劫、绑架、放火、爆炸、投放危险物质或者有组织的暴力性犯罪被判处10年以上有期徒刑、无期徒刑的犯罪分子,不得假释。

2. 假释的考验期限。有期徒刑的假释考验期限,为没有执行完毕的刑期;无期徒刑的假释考验期限为10年。假释考验期限,从假释之日起计算。

对假释的犯罪分子,在假释考验期限内,依法实行社区矫正。

3. 假释的撤销包括以下三种情况:(1)被假释的犯罪分子,在假释考验期限内犯新罪的,应当撤销假释,按照《刑法》第71条规定的"先减后并"的方法实行并罚。假释后所经过的考验期,不得计算在新判决决定的刑期之内。(2)在假释考验期限内,发现被假释的犯罪分子在判决宣告以前还有其他罪没有判决的,应当撤销假释,按照《刑法》第70条规定的"先并后减"的方法实行并罚,已经执行的刑期,计算在新判决决定的刑期以内,但假释后所经过的考验期,不得计算在新判决决定的刑期以内。(3)被假释的犯罪分子,在假释考验期限内,有违反法律、行政法规或者国务院有关部门关于假释的监督管理规定的行为,尚未构成新的犯罪的,应当依照法定程序撤销假释,收监执行未执行完毕的刑罚。

考点21 以危险方法危害公共安全的犯罪

1. 以危险方法危害公共安全的犯罪的基本犯,是指故意使用放火、决水、爆炸、投放危险物质的方法危害公共安全的行为,分别以放火罪、决水罪、爆炸罪、投放危险物质罪定罪。

2. 以危险方法危害公共安全的犯罪的补充犯,是指故意使用放火、决水、爆炸、投放危险物质以外的其他危险方法危害公共安全的行为,以"以危险方法危害公共安全罪"定罪。

如果行为人主观为过失,则构成失火罪、过失决水罪、过失爆炸罪、过失投放危险物质罪、过失以危险方法危害公共安全罪。

☞ **易错点提示** ①凡是构成基本犯的,都以基本犯定罪,只有超出基本犯的范围,才能以补充犯定罪。

②以危险方法危害公共安全的犯罪与故意杀人罪、故意伤害罪的区别:关键在于行为人的行为是否危及公共安全。如果行为人采用上述危险方法杀害特定个人,不危及公共安全,则属于故意杀人罪或故意伤害罪。

【考场演练】 多项选择题

下列哪些行为构成以危险方法危害公共安全罪?

A. 甲把蜂窝煤点燃从高处扔向人群,引发火灾,导致多人伤亡

B. 乘客乙在乘坐公交车时,与司机徐某发生争吵,在车辆行驶过程中,抢夺司机徐某手中的方向盘,导致车辆失控而撞死多人

C. 公交车司机丙与乘客孟某发生争吵,在遭受孟某的辱骂后,丙置行驶中的车辆于不顾,离开方向盘和乘客孟某扭打,导致交通事故,致多人伤亡

D. 丁把马路(机动车道)上的窨井盖偷走,路过车辆与其他车辆相撞,发生严重交通事故,导致多人伤亡

【参考答案】 ABC

考点 22 交通肇事罪与相关罪名

【知识图解】 交通肇事罪与相关罪名

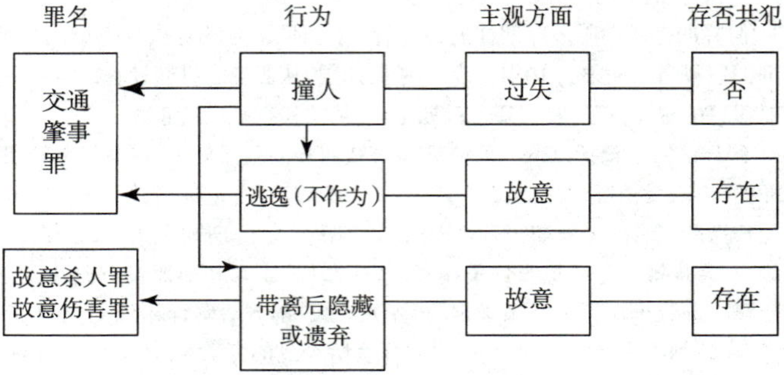

1. 交通肇事罪。本罪是指违反交通运输管理法规,因而发生重大交通事故,致人重伤、死亡或者使公私财产遭受重大损失的行为。本罪主体是从事交通运输的人员及其他人员,非交通运输人员也能成为本罪主体。

注意正确区分交通肇事罪与非罪的界限:(1)行为人虽然违反交通运输管理法规,但并没有造成重大交通事故的,不能认定为交通肇事罪。(2)行为虽然造成了严重后果,但行为人主观上没有过失,而是由于不能抗拒或者不能预见的原因所引起的,不能认定为交通肇事罪。(3)发生交通事故的原因往往比较复杂,在许多情况下,行为人与被害人均有责任,需要分清责任的主次;对于负次要责任的行为,不能认定为交通肇事罪。

注意正确区分交通肇事罪与其他犯罪的界限:(1)应划清本罪与利用交通工具故意杀人或者伤害的界限。前者是过失致人重伤或者死亡;后者是故意伤害他人或者故意杀害他人。(2)对于符合《刑法》第114条、第115条以危险方法危害公共安全犯罪的行为,不能认定为交通肇事罪。比如,行为人明知酒后驾车违法、醉酒驾车会危害公共安全,却无视法律醉酒驾车,并在肇事后继续驾车冲撞,造成重大伤亡,说明行为人主观上对持续发生的危害结果持放任态度,具有危害公共安全的故意。对此类醉酒驾车造成重大伤亡的,应依法以"以危险方法危害公共安全罪"定罪。

☞ **易错点提示** 正确区分一罪与数罪的界限。在盗窃他人机动车过程中或者在盗窃后,违反交通运输管理法规,造成交通事故,构成犯罪的,应当以交通肇事罪与盗窃罪实行并罚。

2. 危险驾驶罪。本罪为危险犯,在道路上驾驶机动车,有下列情形之一的,构成危险驾驶罪,处拘役,并处罚金:

(1)追逐竞驶,情节恶劣的;

(2)醉酒驾驶机动车,以及从事校车业务或者旅客运输,严重超过额定乘员载客,或者严重超过规定时速行驶;

(3)超员、超速行驶;

(4)违反危险化学品安全管理规定运输危险化学品,危及公共安全的。

如果在危险驾驶行为之外,又实施其他行为构成犯罪的,对此应当数罪并罚。如追逐竞驶或者醉酒驾驶,又以暴力、威胁方法阻碍公安机关依法检查,构成妨害公务罪、袭警罪等其他犯罪的,应以危险驾驶罪与妨害公务罪、袭警罪等犯罪实行数罪并罚。

☞ **易错点提示** 注意正确区分一罪与数罪的界限:①有前述行为,同时构成其他犯罪的,依照处罚较重的规定定罪处罚。②醉酒驾驶机动车,以暴力、威胁方法阻碍公安机关依法检查,又构成妨害公务罪等其他犯罪的,依照数罪并罚的规定处罚。

3. 妨害安全驾驶罪。对行驶中的公共交通工具的驾驶人员使用暴力或者抢控驾驶操纵装置,干扰公共交通工具正常行驶,危及公共安全的,处1年以下有期徒刑、拘役或者管制,并处或者单处罚金。前面规定的驾驶人员在行驶的公共交通工具上擅离职守,与他人互殴或者殴打他人,危及公共安全的,依照前规定处罚。有前两款行为,同时构成其他犯罪的,依照处罚较重的规定定罪处罚。

考点 23 虚假诉讼罪

虚假诉讼罪,是指以捏造的事实提起民事诉讼,妨害司法秩序或者严重侵害他人合法权益的行为。

1.“以捏造的事实提起民事诉讼”是指采取伪造证据、虚假陈述等手段,捏造民事法律关系,虚构民事纠纷,向人民法院提起民事诉讼。向人民法院申请执行基于捏造的事实作出的仲裁裁决、公证债权文书,或者在民事执行过程中以捏造的事实对执行标的提出异议、申请参与执行财产分配的,属于以捏造的事实提起民事诉讼。隐瞒债务已经全部清偿的事实,向人民法院提起民事诉讼,要求他人履行债务的,以“以捏造的事实提起民事诉讼”论。

2. 认定:成立本罪,要求虚假诉讼行为妨害司法秩序或者严重侵害他人合法权益。

3. 竞合与法律责任:行为人以捏造的事实提起民事诉讼,非法占有他人财产或者逃避合法债务,又构成诈骗罪,职务侵占罪,拒不执行判决、裁定罪,贪污罪等犯罪的,依照处罚较重的规定定罪从重处罚。司法工作人员利用职权,与他人共同实施虚假诉讼行为(《刑法》第307条之一前3款行为)的,从重处罚;同时构成滥用职权罪,民事枉法裁判罪,执行判决、裁定滥用职权罪等犯罪的,依照处罚较重的规定定罪从重处罚。犯本罪的,根据《刑法》第307条之一的规定处罚。

考点 24 生产、销售伪劣商品罪

生产、销售伪劣商品罪中的基本罪是《刑法》第140条规定的生产、销售伪劣产品罪,具体到各类产品,则有特定的罪名。

1. 生产、销售伪劣产品罪,是指生产者、销售者违反国家产品质量管理法规,在生产、销售的产品中掺杂、掺假，以假充真，以次充好，或者以不合格产品冒充合格产品，销售金额较大的行为。

在认定这类案件性质时要注意，行为人违反国家产品质量管理法规，生产、销售伪劣产品和销售金额在5万元以上是构成生产、销售伪劣产品罪的重要条件。销售金额是指生产、销售伪劣产品后所得和应得的全部违法收入。

2. 其他具体罪名。

(1)两个行为犯：生产、销售有毒、有害食品罪，生产、销售、提供假药罪。

(2)三个危险犯：生产、销售不符合安全标准的食品罪，妨害药品管理罪，生产、销售不符合标准的医用器材罪。

(3)四个结果犯：生产、销售、提供劣药罪，生产、销售不符合安全标准的产品罪，生产、销售伪劣农药、兽药、化肥、种子罪，生产、销售不符合卫生标准的化妆品罪。

☞ **易错点提示** ①《刑法》第140条所规定的是广义上的产品犯罪，第141～148条所规定的是具体的产品犯罪。第140条规定的犯罪必须具备的一个条件，就是生产、销售的伪劣产品销售金额必须达到5万元以上，才构成该种犯罪；但是，如果生产、销售的是第141～148条所列的产品，却不满足各条构成犯罪的构成要件，而销售金额达到了5万元以上的，则按照第140条的规定以生产、销售伪劣产品罪定罪处罚。

②如果行为人生产、销售第141～148条所列的产品，满足了该各条要求的构成要件，当然就构成了该各条所规定的犯罪；但是，如果生产、销售的第141～148条所列的产品同时又符合第140条规定的销售金额在5万元以上，则行为人的行为实际上同时符合两种犯罪的构成要件，属于刑法理论上的想象竞合犯，在这种情况下，应当依照处罚较重的规定定罪处罚。

③以提供给他人生产、销售、提供药品为目的，违反国家规定，生产、销售不符合药用要求的原料、辅料，符合《刑法》第140条规定的，以生产、销售伪劣产品罪从重处罚；同时构成其他犯罪的，依照处罚较重的规定定罪处罚。

【法条链接】

《刑法》

第一百四十条　生产者、销售者在产品中掺杂、掺假，以假充真，以次充好或者以不合格产品冒充合格产品，销售金额五万元以上不满二十万元的，处二年以下有期徒刑或者拘役，并处或者单处销售金额百分之五十以上二倍以下罚金；销售金额二十万元以上不满五十万元的，处二年以上七年以下有期徒刑，并处销售金额百分之五十以上二倍以下罚金；销售金额五十万元以上不满二百万元的，处七年以上有期徒刑，并处销售金额百分之五十以上二倍以下罚金；销售金额二百万元以上的，处十五年有期徒刑或者无期徒刑，并处销售金额百分之五十以上二倍以下罚金或者没收财产。

第一百四十二条之一　违反药品管理法规，有下列情形之一，足以严重危害人体健康的，处三年以下有期徒刑或者拘役，并处或者单处罚金；对人体健康造成严重危害或者有其他严重情节的，处三年以上七年以下有期徒刑，并处罚金：

（一）生产、销售国务院药品监督管理部门禁止使用的药品的；

（二）未取得药品相关批准证明文件生产、进口药品或者明知是上述药品而销售的；

（三）药品申请注册中提供虚假的证明、数据、资料、样品或者采取其他欺骗手段的；

（四）编造生产、检验记录的。

有前款行为，同时又构成本法第一百四十一条、第一百四十二条规定之罪或者其他犯罪的，依照处罚较重的规定定罪处罚。

考点 25 走私犯罪

1. 走私武器、弹药罪：违反海关法规，走私武器、弹药的行为。

2. 走私普通货物、物品罪：违反海关法规，走私《刑法》第 151 条、第 152 条、第 347 条规定以外的货物、物品，偷逃应缴税额较大或者 1 年内曾因走私被给予 2 次行政处罚后又走私的行为。

3. 走私贵重金属罪。本罪是指违反海关法规，走私国家禁止出口的黄金、白银或者其他贵重金属的行为。本罪的走私方式，与走私武器、弹药罪相同，但是本罪仅限于将贵重金属从境内走私至境外的行为。

将贵重金属从境外走私至境内的，成立走私普通货物、物品罪。

4. 走私文物罪。本罪是指违反海关法规，走私国家禁止出口的文物的行为。本罪的走私方式，与走私武器、弹药罪相同，但是本罪仅限于将文物从境内走私至境外的行为。

将文物从境外走私至境内的，成立走私普通货物、物品罪。

5. 走私淫秽物品罪。本罪是指违反海关法规，以牟利或者传播为目的，走私淫秽的影片、录像带、录音带、图片、书刊或者其他淫秽物品的行为。本罪客观上要求走私淫秽物品。

走私非淫秽的影片、影碟、录像带、录音带、音碟、图片、书刊、电子出版物等物品的，按走私普通货物、物品罪定罪处罚。

【知识图解】 走私犯罪考点

罪名	考点提示
走私普通货物、物品罪	（1）犯罪对象：《刑法》有明文规定的特殊物品以外的物品。 （2）犯罪构成要件：偷逃应缴税额较大或者一年内曾因走私被给予 2 次行政处罚后又走私。注意是税额而非货值。 （3）对于多次走私未经处理的，走私数额累计计算
走私贵重金属罪；走私文物罪	（1）犯罪对象：国家禁止出口的贵重金属、文物。 （2）构成要件：没有数额要求。 （3）非法出口的构成本罪。 （4）非法进口的，按走私普通货物、物品罪处理

续表

罪名	考点提示
走私淫秽物品罪	(1)犯罪对象:淫秽物品。 (2)主观方面:必须具有牟利或传播的目的。纯粹为了自己观看的不构成犯罪
走私武器、弹药罪;走私核材料罪;走私假币罪;走私废物罪;走私珍贵动物、珍贵动物制品罪;走私国家禁止进出口的货物、物品罪	(1)犯罪对象:武器、弹药、核材料、假币、废物、珍贵动物、珍贵动物制品、珍稀植物及其制品等国家禁止进出口的其他货物物品。 (2)构成要件:没有数额要求。 (3)对主观方面:故意即可,没有特殊要求
数罪并罚	行为人同时走私普通货物、物品和特殊货物、物品,都构成犯罪的,应当数罪并罚,而不能用重罪吸收轻罪

☞ **易错点提示** 单位可构成走私犯罪的主体。

考点 26 货币类犯罪

1. 伪造货币罪,是指违反货币管理法规,依照货币的式样,制造假货币冒充真货币的行为。

2. 变造货币罪,是指对货币采用挖补、剪贴、涂改、拼凑等方法,使原货币加大数量或者改变面额,数额较大的行为。

3. 出售、购买、运输假币罪,是指出售、购买、伪造的货币,或者明知是伪造的货币而运输,数额较大的行为。

4. 持有、使用假币罪,是指违反货币管理法规,明知是伪造的货币而持有、使用,数额较大的行为。

如果行为人虽然持有、使用的是伪造的货币,但是确实不知道所持有、使用的是伪造的货币,则主观上没有持有、使用伪造的货币的故意,不能认定为犯罪。

☞ **易错点提示** ①行为人伪造货币又出售或者运输伪造的货币的,依伪造货币罪定罪从重处罚。

②同时采用伪造和变造手段,制造真伪拼凑货币的行为,以伪造货币罪定罪处罚。

③以使用为目的,伪造停止流通的货币,或者使用伪造的停止流通的货币的,以诈骗罪定罪处罚。

④《刑法修正案(九)》取消了伪造货币罪和走私假币罪的死刑,并取消了伪造货币罪的罚金限额。

考点 27 信用卡相关犯罪

1. 妨害信用卡管理罪。下列行为构成妨害信用卡管理罪:明知是伪造的信用卡而持有、运输的,或者明知是伪造的空白信用卡而持有、运输,数量较大的;非法持有他人信用卡,数量较大的;使用虚假的身份证明骗领信用卡的;出售、购买、为他人提供伪造的信用卡或者以虚假的身份证明骗领的信用卡的行为。

2. 窃取、收买、非法提供信用卡信息罪，即窃取、收买或者非法提供他人信用卡信息资料的，依照妨害信用卡管理罪的规定处罚。

银行或者其他金融机构的工作人员利用职务上的便利，犯前述罪的，从重处罚。

3. 信用卡诈骗罪，是指使用伪造、作废的信用卡，或者冒用他人的信用卡，或者使用以虚假的身份证明骗领的信用卡，或者利用信用卡恶意透支进行信用卡诈骗活动，数额较大的行为。

《刑法》规定的信用卡，是指由商业银行或者其他金融机构发行的具有消费支付、信用贷款、转账结算、存取现金等全部功能或者部分功能的电子支付卡。

【考场演练】 单项选择题

甲、乙为朋友。乙出国前，将自己的借记卡(背面写有密码)交甲保管。后甲持卡购物，将卡中1.3万元用完。乙回国后发现卡里没钱，便问甲是否用过此卡，甲否认。关于甲的行为性质，下列哪一选项是正确的?

A. 侵占罪

B. 信用卡诈骗罪

C. 诈骗罪

D. 盗窃罪

【参考答案】 B

(1)所谓“恶意透支”，是指持卡人以非法占有为目的，超过规定限额或者规定期限透支，并且经发卡银行催收后仍不归还的行为。

(2)区分信用卡诈骗罪与伪造信用卡、盗窃信用卡犯罪的界限。伪造信用卡并用伪造的信用卡进行诈骗的，属于牵连犯，应当按照其中的重罪进行处罚。盗窃信用卡并使用的，按照盗窃罪定罪处罚。

【知识图解】 信用卡诈骗罪与其他罪名

<table>
<tr><th colspan="3" rowspan="2">信用卡种类</th><th colspan="3">取财地点</th></tr>
<tr><th>银行</th><th>商场</th><th>自动取款(售货)机</th></tr>
<tr><td colspan="3">伪造的信用卡</td><td>信用卡诈骗罪</td><td>信用卡诈骗罪</td><td>盗窃罪</td></tr>
<tr><td colspan="3">作废的信用卡</td><td>信用卡诈骗罪</td><td>信用卡诈骗罪</td><td>盗窃罪</td></tr>
<tr><td rowspan="4">他人真实有效的信用卡</td><td colspan="2">盗窃所得</td><td>盗窃罪</td><td>盗窃罪</td><td>盗窃罪</td></tr>
<tr><td rowspan="2">抢劫所得</td><td>当场取财</td><td>抢劫罪</td><td>抢劫罪</td><td>抢劫罪</td></tr>
<tr><td>日后取财</td><td>抢劫罪与信用卡诈骗罪</td><td>抢劫罪与信用卡诈骗罪</td><td>抢劫罪与盗窃罪</td></tr>
<tr><td colspan="2">其他方式获得</td><td>信用卡诈骗罪</td><td>信用卡诈骗罪</td><td>盗窃罪(拾得后使用的定信用卡诈骗罪)</td></tr>
<tr><td colspan="3">以虚假身份骗领的信用卡</td><td>信用卡诈骗罪</td><td>信用卡诈骗罪</td><td>信用卡诈骗罪</td></tr>
<tr><td colspan="3">自己真实有效的信用卡(恶意透支)</td><td>信用卡诈骗罪</td><td>信用卡诈骗罪</td><td>信用卡诈骗罪</td></tr>
</table>

☞ **易错点提示** ①信用卡诈骗罪的主体只能是自然人，不能是单位。②伪造信用卡的，构成伪造、变造金融票证罪。

考点 28 非法经营罪与非法经营同类营业罪

1. 非法经营罪:违反国家规定,进行非法经营活动,扰乱市场秩序,情节严重的行为。刑法列举了以下四种非法经营行为的表现方式:

(1)未经许可经营法律、行政法规规定的专营、专卖物品或者其他限制买卖的物品的。

(2)买卖进出口许可证、进出口原产地证明以及其他法律、行政法规规定的经营许可证或者批准文件的。

(3)未经国家有关主管部门批准非法经营证券、期货、保险业务的,或者非法从事资金支付结算业务的。

(4)其他严重扰乱市场秩序的非法经营行为。

2. 非法经营同类营业罪:国有公司、企业的董事、监事、高级管理人员利用职务便利,自己经营或者为他人经营与其所任职公司、企业同类的营业,获取非法利益,数额巨大,或者其他公司、企业的董事、监事、高级管理人员违反法律、行政法规规定,利用职务便利,自己经营或者为他人经营与其所任职公司、企业同类的营业,致使公司、企业利益遭受重大损失的行为。《刑法修正案(十二)》扩大了本罪的主体范围,尤其是将本罪主体扩大至国有公司、企业之外的其他公司、企业的董事、监事、高级管理人员。根据刑法的时间效力原理,对于《刑法修正案(十二)》施行之前发生的其他公司、企业的董事、监事、高级管理人员的非法经营同类营业行为,不能以本罪论处。

3. 非法经营罪与非法经营同类营业罪的区别:非法经营罪的主体是一般主体;非法经营同类营业罪的主体限定为国有公司、企业的董事、监事、高级管理人员,其经营方式也与非法经营罪不同。

4. 注意区分与为亲友非法牟利罪的界限:为亲友非法牟利罪是指国有公司、企业、事业单位的工作人员,利用职务便利,为亲友非法牟利,致使国家利益遭受重大损失,或者其他公司、企业的工作人员违反法律、行政法规规定,利用职务便利,为亲友非法牟利,致使公司、企业利益遭受重大损失的行为。《刑法修正案(十二)》将本罪主体扩大至国有公司、企业、事业单位之外的其他公司、企业的工作人员。对于《刑法修正案(十二)》施行之前发生的其他公司、企业的工作人员为亲友非法牟利的行为,不能以本罪论处。"为亲友非法牟利"是指具有下述三种情形之一:

(1)将本单位的盈利业务交由自己的亲友进行经营的。

(2)以明显高于市场的价格从自己的亲友经营管理的单位采购商品、接受服务或者以明显低于市场的价格向自己的亲友经营管理的单位销售商品、提供服务的。

(3)向自己的亲友经营管理的单位采购、接受不合格商品、服务的。

考点29 故意杀人罪

故意杀人罪,是指故意非法剥夺他人生命的行为。

1. 在故意杀人罪的行为中,有两点是应当特别予以注意的:(1)剥夺他人生命的行为必须是非法的。(2)行为人所剥夺的必须是他人的生命才构成犯罪,如果剥夺的是自己的生命,是自杀行为,不是犯罪。

受他人嘱托而将他人杀死的行为在法律上没有根据,行为人也没有权利接受这种嘱托,应当认定为故意杀人罪。

2. 以下特殊情况也应认定为故意杀人罪:(1)《刑法》第238条、第247条、第248条、第289条、第292条规定的非法剥夺他人人身自由使用暴力致人死亡的,刑讯逼供或暴力逼取证言致人死亡的,虐待被监管人致人死亡的,聚众"打砸抢"致人死亡的,聚众斗殴致人死亡的,应以故意杀人罪论处。(2)对实施安乐死的,以故意杀人罪论处。(3)以相约自杀为幌子欺骗他人自杀而自己不自杀,教唆或帮助他人自杀,胁迫他人自杀的,以故意杀人罪论处。

【知识图解】 故意杀人罪考点

定故意杀人罪的情形(转化犯)	不定故意杀人罪的情形(结果加重犯)	数罪并罚的情形
(1)非法拘禁罪使用暴力致人死亡的; (2)虐待被监管人致人死亡的; (3)拒不执行判决、裁定使用暴力致人死亡的; (4)聚众"打砸抢"致人死亡的; (5)聚众斗殴致人死亡的; (6)刑讯逼供、暴力取证致人死亡的	(1)非法拘禁罪致人死亡的,属于本罪的结果加重犯; (2)虐待罪致人死亡的,属于本罪的结果加重犯; (3)绑架罪致使被绑架人死亡或者杀害被绑架人的,属于本罪的结果加重犯; (4)犯强奸罪致人死亡的,属于本罪的结果加重犯; (5)暴力干涉婚姻自由罪致人死亡的,属于本罪的结果加重犯; (6)拐卖妇女、儿童罪造成被拐卖的妇女、儿童或者其亲属死亡的,属于本罪的结果加重犯	(1)强奸过程中杀害前来阻止的第三人的,强奸罪与故意杀人罪并罚; (2)强奸妇女、奸淫幼女过程中或者之后杀害被害人的(故意的情形),强奸罪与故意杀人罪并罚; (3)拐卖妇女、儿童过程中杀害被害人或者被害人近亲属等(故意的情形),故意杀人罪与拐卖妇女、儿童罪并罚; (4)非法拘禁、刑讯逼供、暴力取证、虐待被监管人之后,故意杀害被害人的,数罪并罚

☞ **易错点提示** ①故意杀人罪与过失致人死亡罪区别的要点在于罪责不同:故意杀人罪主观上是故意,过失致人死亡罪主观上是过失。

②故意杀人罪与故意伤害罪的区别:关键在于故意的不同。故意杀人罪有非法剥夺他人生命的故意,而故意伤害罪没有剥夺他人生命的故意。因此,行为人有确切的杀人故意的,即使杀而未死,仍然是故意杀人罪(未遂);而意图伤害他人过失致人死亡的,即使发生了死亡的结果,仍然是故意伤害罪。

考点30 故意伤害罪

1. 客观方面表现为非法损害他人身体健康。

(1)行为对象是他人的身体。伤害自己身体的,不成立故意伤害罪;但军人为了逃避军事义务，在战时自伤身体的，应按《刑法》第434条的规定追究刑事责任。毁坏尸体的行为，不成立故意伤害罪。伤害胎儿身体的，也不构成犯罪。

(2)实施了伤害行为。

(3)伤害行为必须具有非法性，因正当防卫、紧急避险而伤害他人，因治疗上的需要为病人截肢，体育运动项目中规则所允许的伤害等，都不构成犯罪。

2. 故意伤害致死与过失致人死亡罪的界限。过失致人死亡时，行为人主观上既无杀人的故意，也无伤害的故意。故意伤害致死显然以具有伤害的故意为前提，过失造成的死亡结果，则是故意伤害罪的加重情节。因此，不能将所有的“故意”殴打致人死亡的案件，都认定为故意伤害致死。换言之，殴打不等于伤害，一般生活意义上的“故意”不等于刑法上的故意。如果行为人只具有一般殴打的意图，并无伤害的故意，由于某种原因或条件引起了被害人死亡，就不能认定为故意伤害致死；如果行为人主观上对死亡结果具有过失，就应认定为过失致人死亡罪。特别是对于那些父母为教育子女而实施惩戒行为导致子女死亡，邻里之间由于民间纠纷一方殴打另一方造成死亡，以及其他轻微暴行致人死亡的案件，不能轻易认定为故意伤害致死。

☞ **易错点提示** ①故意伤害致人重伤或者死亡的主体是已满14周岁，具有辨认控制能力的自然人。

②故意伤害致人轻伤的主体则必须已满16周岁，并具有辨认控制能力。

3. 故意伤害罪与包含伤害内容的其他犯罪的界限。《刑法》第234条规定，“本法另有规定的，依照规定”，即行为人在实施其他犯罪的过程中，伤害他人，《刑法》另有规定的，应按有关条文定罪量刑，如犯强奸罪、抢劫罪、放火罪等罪致人伤害的，应分别依照各相应条款定罪量刑，不依故意伤害罪论处。

☞ **易错点提示** 对于故意伤害罪和组织出卖人体器官罪，总结为三点：①提供者不同意提供，或者虽然提供者同意提供但是不满18周岁的，组织者成立故意伤害罪或者故意杀人罪。②提供者自愿提供且年满18周岁的，组织者成立组织出卖人体器官罪。③犯罪对象是尸体器官的，成立盗窃、侮辱故意毁坏尸体罪。

考点31 非法拘禁罪与绑架罪

【知识图解】 非法拘禁罪与绑架罪

非法拘禁罪	结果加重犯	非法拘禁致人重伤的，处3年以上10年以下有期徒刑；致人死亡的，处10年以上有期徒刑。这里一般是指行为人使用没有超出拘禁行为所必需的范围的暴力，进而过失致被害人重伤、死亡的情形
	转化犯	使用暴力致人伤残、死亡的，构成故意伤害罪、故意杀人罪。这里一般是指行为人使用超出拘禁行为所必需的范围的暴力致人伤残、死亡的情形
	索债型非法拘禁	为索取债务非法扣押、拘禁他人的，构成非法拘禁罪。这里的债务既包括合法债务，也包括赌债、高利贷等法律不予保护的债务
	不真正身份犯	国家机关工作人员利用职权犯本罪的，从重处罚
	从重情节	具有殴打、侮辱情节的，从重处罚

绑架罪	客观要件	使用暴力、胁迫或者其他手段劫持他人的行为。所谓劫持,是指违背被害人或者其法定监护人的意志,使用暴力等手段将被害人虏离原处所或置于行为人的控制之下,并剥夺或者限制其人身自由的行为。以勒索财物为目的偷盗婴幼儿的,成立绑架罪
	重要特征	行为人在劫持被害人后,通过一定方式将被害人被劫持的事实告知被害人亲属、朋友、利害关系人或者有关机关、单位等,利用他们对被害人人身利益的关切,迫使其在一定时间内交付一定数额的金钱或财物,或满足其某种不法要求,以换取人质。这也是区分绑架罪与抢劫罪的一个重要界限。抢劫罪劫财的对象只能是被害者本人,而不能是其他人。行为人如果以剥夺或限制人身自由的手段向被害人当场劫取财物的,应以抢劫罪定罪处罚,而不能认定为绑架罪
	主体	已满 16 周岁。但已满 14 周岁不满 16 周岁绑架又杀人的,以故意杀人罪追究刑事责任
	目的	勒索财物或满足其他不法要求
	既遂	以完成绑架行为作为认定既遂的标准,而不以勒索财物的目的或其他不法目的的实现作为标准

绑架罪与索债型非法拘禁罪的区别:(1)债务的性质问题。根据《刑法》的规定,为索取债务非法扣押、拘禁他人的,定非法拘禁罪。此外,根据司法解释规定,为了索取赌债、高利贷等法律不予保护的债务而非法扣押、拘禁他人的,仍然构成非法拘禁罪。(2)拘禁的对象问题。一般来说,要定索债型的非法拘禁罪,拘禁的对象须是债务人本人。但如果拘禁的是与债务人有着共同财产关系或者抚养、扶养关系的其他人,仍倾向于定非法拘禁罪。(3)索取的财物的数额问题。如果索取的财物数额明显超出债务数额,并符合绑架罪构成特征的,定绑架罪。

☞ **易错点提示** 《刑法修正案(七)》对情节较轻的绑架行为规定了法定刑(5 年到 10 年),完善了绑架罪量刑。《刑法修正案(九)》增加了故意伤害致被绑架人重伤的情形,此情形下不并罚。

考点 32 拐卖妇女、儿童类犯罪

1. 拐卖妇女、儿童罪,是指以出卖为目的,拐骗、绑架、收买、贩卖、接送、中转妇女、儿童的行为之一的行为。

(1)区分罪与非罪的界限:有的人为他人介绍婚姻或者介绍收养子女而收取他人财物,这与拐卖妇女、儿童有着本质的区别。

(2)区分拐卖妇女、儿童罪的罪数形态:在拐卖妇女、儿童的过程中,对被拐卖的妇女实施奸淫,强迫被拐卖的妇女卖淫,应当作为拐卖妇女、儿童罪的一个量刑情节予以考虑,不认定为数罪;但如果是杀害或者伤害被拐卖的妇女、儿童的,则应当认定为数罪,以拐卖妇女、儿童罪与故意杀人罪、故意伤害罪实行数罪并罚。

2. 收买被拐卖的妇女、儿童罪,是指明知是被拐卖的妇女、儿童而予以收买的行为。

(1)收买被拐卖的妇女,强行与其发生性关系的,依照强奸罪的规定定罪处罚。

(2)收买被拐卖的妇女、儿童,非法剥夺、限制其人身自由或者有伤害、侮辱等犯罪行为的,依照非法拘禁罪、故意伤害罪、侮辱罪等有关规定定罪处罚。

(3)收买被拐卖的妇女、儿童,并有强奸、非法拘禁、伤害、侮辱等犯罪行为的,依照数罪并罚的规定处罚。

(4)收买被拐卖的妇女、儿童又出卖的,依照拐卖妇女、儿童罪的规定定罪处罚。

(5)收买被拐卖的妇女、儿童,按照被买妇女的意思,不阻碍其返回原居住地的,对被买儿童没有虐待行为,不阻碍对其进行解救的,仍应追究刑事责任,但可以从轻或者减轻处罚。

3. 聚众阻碍解救被收买的妇女、儿童罪,是指纠集多人,阻碍国家机关工作人员解救被收买的妇女、儿童的行为。以暴力、威胁方法阻碍国家机关工作人员解救被收买的妇女、儿童的,依照妨害公务罪的规定定罪处罚。

4. 拐卖儿童罪与拐骗儿童罪的区别。拐骗儿童罪是指拐骗不满14周岁的未成年人,使其脱离其家庭或者监护人的行为。二者的区别在于是否有出卖的目的。

考点33 抢劫罪与相关罪名

【知识图解1】 绑架罪与抢劫罪

比较项目	绑架罪	抢劫罪
暴力和取财的时间不同	绑架人质后,并不当场取得财物	暴力胁迫和取财行为均在当场
针对的对象	绑架人质后,利用第三人对被绑架人的安危的担心,向第三人索要财物	直接向暴力胁迫的对象(被害人本人)索要财物

【知识图解2】 抢夺罪与抢劫罪

比较项目	抢夺罪	抢劫罪
暴力的对象	对物使用暴力	对人使用暴力
暴力的程度	被害人来不及抗拒,不是暴力压制使被害人不能抗拒,也不是被害人受胁迫不敢抗拒	足以抑制被害人的反抗

【知识图解3】 敲诈勒索罪与抢劫罪

比较项目	敲诈勒索罪	抢劫罪
暴力的程度不同	暴力、威胁的程度较轻,一般也是提出事后实现暴力威胁的内容(被害人的意志还是有一定的自由的)	达到足以使人不能反抗或不敢反抗的程度

比较项目	敲诈勒索罪	抢劫罪
威胁的方式	可以当着被害人的面发出，也可以通过书信、电话或者第三者传达	当着被害人的面直接发出的
胁迫的内容不同	威胁的内容包括实施暴力，揭发隐私，毁坏财物，阻止正当权利的行使，不让对方实现某种正当要求等	是以当场实施暴力相威胁
暴力、威胁内容的实现时间	如果不满足行为人的要求，暴力、威胁的内容会在将来的某个时间实现	如果要求得不到满足，便会当场实施
暴力和取财的时间	一般是最多一个当场实现，如当场使用暴力胁迫，但事后取财；以将来施加暴力相威胁，当场索要财物；以将来施加暴力相威胁，以后索要财物	两个当场：暴力、胁迫和取得财物的行为均是当场实现

1. 抢劫罪，是指以非法占有为目的，以暴力、胁迫或者其他方法使他人不能抗拒，强行将公私财物抢走的行为。

(1)关于盗窃、诈骗、抢夺罪转化为抢劫罪的特别规定：在实施盗窃、诈骗、抢夺犯罪的过程中，为窝藏赃物、抗拒抓捕或者毁灭罪证而当场使用暴力或以暴力相威胁的，定抢劫罪。

(2)认定“入户抢劫”时，应当注意“户”的范围：“户”在这里是指住所，其特征表现为供他人家庭生活和与外界相对隔离两个方面，前者为功能特征，后者为场所特征。一般情况下，集体宿舍、旅店宾馆、临时搭建的工棚等不应认定为“户”，但在特定情况下，确实具有上述两个特征的，也可以认定为“户”。

2. 抢夺罪，是指以非法占有为目的，乘人不备，公开夺取数额较大的公私财物，或者多次抢夺的行为。其与抢劫罪的区别在于“乘人不备”。

☞ **易错点提示** ①抢劫罪中，被害人不能反抗、不敢反抗、无法反抗的状态必须是由行为人的强制性行为造成的，如果被害人由于自己的原因造成醉酒状态，或者是被害人处于昏睡状态，行为人拿走财物，就不能认定为抢劫而只能认定为盗窃。

②对于驾驶车辆(既包括机动车，也包括非机动车)夺取他人财物的，一

【考场演练】 单项选择题

贾某在路边将马某打倒在地，劫取其财物。离开时贾某为报复马某之前的反抗，往其胸口轻踢了一脚，不料造成马某心脏骤停死亡。设定贾某对马某的死亡具有过失，下列哪一分析是正确的？

A. 贾某踢马某一脚，是抢劫行为的延续，构成抢劫致人死亡

B. 贾某踢马某一脚，成立事后抢劫，构成抢劫致人死亡

C. 贾某构成抢劫罪的基本犯，应与过失致人死亡罪数罪并罚

D. 贾某构成抢劫罪的基本犯与故意伤害(致死)罪的想象竞合犯

【参考答案】 C

般以抢夺罪从重处罚。但具有下列情形之一的，应当以抢劫罪定罪处罚：a. 驾驶车辆，逼挤、撞击或强行逼倒他人以排除他人反抗，乘机夺取财物的；b. 驾驶车辆强抢财物时，因被害人不放手而采取强拉硬拽方法劫取财物的；c. 行为人明知其驾驶车辆强行夺取他人财物的手段会造成他人伤亡的后果，仍然强行夺取并放任造成财物持有人轻伤以上后果的。

③如果行为人是携带凶器进行抢夺，无论凶器是否使用，都依照抢劫罪的规定定罪处罚。

【法条链接】

《刑法》第二百六十三条　以暴力、胁迫或者其他方法抢劫公私财物的，处三年以上十年以下有期徒刑，并处罚金；有下列情形之一的，处十年以上有期徒刑、无期徒刑或者死刑，并处罚金或者没收财产：（一）入户抢劫的；（二）在公共交通工具上抢劫的；（三）抢劫银行或者其他金融机构的；（四）多次抢劫或者抢劫数额巨大的；（五）抢劫致人重伤、死亡的；（六）冒充军警人员抢劫的；（七）持枪抢劫的；（八）抢劫军用物资或者抢险、救灾、救济物资的。

考点 34 敲诈勒索罪

敲诈勒索罪，是指以非法占有为目的，对他人实施威胁，索取公私财物数额较大或者多次索取公私财物的行为。

注意区分敲诈勒索罪与抢劫罪的界限：

（1）抢劫罪的暴力胁迫，暴力具有“当场”兑现的紧迫性；敲诈勒索威胁的内容，可以当场实现，也可能是以后实现。

（2）抢劫罪的犯罪分子的目的物是从被控制之下的被害人处“当场”取得的；敲诈勒索罪的目的物可能是当场也可能是以后某个时间取得的。

考点 35 盗窃罪

1. 数额较大的标准。（1）盗窃公私财物价值1000元至3000元以上、3万元至10万元以上、30万元至50万元以上的，应当分别认定为《刑法》第264条规定的“数额较大”“数额巨大”“数额特别巨大”。各省、自治区、直辖市高级人民法院、人民检察院可以根据本地区经济发展状况，并考虑社会治安状况，在前述规定的数额幅度内，确定本地区执行的具体数额标准，报

【考场演练】 多项选择题

甲的下列哪些行为属于盗窃（不考虑数额）？

A. 某大学的学生进食堂吃饭时习惯于用手机、钱包等物占座后，再去购买饭菜。甲将学生乙用于占座的钱包拿走

B. 乙进入面馆，将手机放在大厅6号桌的空位上，表示占座，然后到靠近窗户的地方看看有没有更合适的座位。在7号桌吃面的甲将手机拿走

C. 乙将手提箱忘在出租车的后备厢。后甲搭乘该出租车时，将自己的手提箱也放进后备箱，并在下车时将乙的手提箱一并拿走

D. 乙全家外出打工，委托邻居甲照看房屋。有人来村里购树，甲将乙家山头上的树谎称为自家的树，卖给购树人，得款3万元

【参考答案】 ABCD

最高人民法院、最高人民检察院批准。在跨地区运行的公共交通工具上盗窃，盗窃地点无法查证的，盗窃数额是否达到“数额较大”“数额巨大”“数额特别巨大”，应当根据受理案件所在地省、自治区、直辖市高级人民法院、人民检察院确定的有关数额标准认定。盗窃毒品等违禁品，应当按照盗窃罪处理的，根据情节轻重量刑。(2)盗窃公私财物，具有下列情形之一的，“数额较大”的标准可以按照上述规定标准的50%确定：曾因盗窃受过刑事处罚的；1年内曾因盗窃受过行政处罚的；组织、控制未成年人盗窃的；自然灾害、事故灾害、社会安全事件等突发事件期间，在事件发生地盗窃的；盗窃残疾人、孤寡老人、丧失劳动能力人的财物的；在医院盗窃病人或者其亲友财物的；盗窃救灾、抢险、防汛、优抚、扶贫、移民、救济款物的；因盗窃造成严重后果的。

2. 多次盗窃：2年内盗窃3次以上的，应当认定为“多次盗窃”。

3. 入户盗窃：非法进入供他人家庭生活，与外界相对隔离的住所盗窃的，应当认定为“入户盗窃”。

4. 携带凶器盗窃：携带枪支、爆炸物、管制刀具等国家禁止个人携带的器械盗窃，或者为了实施违法犯罪携带其他足以危害他人人身安全的器械盗窃的，应当认定为“携带凶器盗窃”。

5. 扒窃：在公共场所或者公共交通工具上盗窃他人随身携带的财物的，应当认定为“扒窃”。

6. 盗窃罪的竞合与牵连问题：

(1)盗窃使用中的电力设备，危害公共安全，但不构成盗窃罪的，以破坏电力设备罪定罪处罚；同时构成盗窃罪和破坏电力设备罪的，择一重处罚。

(2)盗掘尚未出土的古文化遗址、古墓葬，则构成盗掘古文化遗址、古墓葬罪。

(3)明知是枪支弹药而盗窃的，则构成盗窃枪支、弹药罪。

(4)盗窃广播电视设施、公用电信设施数额不大，但是危害公共安全的，则构成破坏广播电视设施、公用电信设施罪。

(5)盗窃技术成果等商业秘密的，按照侵犯商业秘密罪定罪处罚。

(6)为实施其他犯罪，偷机动车作为犯罪工具使用后非法占有车辆，或者将车辆遗弃导致丢失的，以盗窃罪和其他犯罪数罪并罚；将车辆送回未造成丢失的，按照其所实施的其他犯罪从重处罚。

考点36 诈骗罪

诈骗罪，是指以非法占有为目的，用虚构事实或者隐瞒真相的方法，骗取数额较大的公私财物的行为。

在认定这类案件性质时要注意：

1. 以诈骗方法骗取财物，《刑法》另有规定的，依照规定。所谓“另有规定的，依照规定”，是指刑法分则中的其他条文对采用虚构事实、隐瞒真相骗取财物行为的特别规定。刑法分则条文已经对这些特殊的诈骗罪作了专门规定，故不再适用诈骗罪的规定定罪处罚，而是以专门规定定罪处罚，如集资诈骗罪、贷款诈骗罪、票据诈骗罪、金融凭证诈骗罪、信用证诈骗罪、信用卡诈骗罪、有价证券诈骗罪、保险诈骗罪、合同诈骗罪。

2. 以欺诈、伪造证明材料或者其他手段骗取养老、医疗、工伤、失业、生育等社会保险金或者其他社会保障待遇的，属于诈骗公私财物的行为，构成诈骗罪。

考点37 侵占罪

侵占罪，是指以非法占有他人财物为目的，将代为保管的他人财物或者他人的遗忘物、埋藏物非法占为己有，数额较大，拒不交还的行为。

1. 区分侵占罪与职务侵占罪的界限：侵占罪是一般主体的犯罪，侵占的是代为保管的他人财物或者他人的遗忘物、埋藏物；职务侵占罪的主体是特殊主体，即公司、企业或者其他单位的工作人员，其侵占的是本单位财物。

2. 国有公司、企业或者其他国有单位中从事公务的人员和国有公司、企业或者其他国有单位委派到非国有公司、企业以及其他单位从事公务的人员，有利用职务上的便利将本单位财物非法占为己有行为的，依照贪污罪的规定定罪处罚。

考点38 妨害司法罪

1. 伪证罪与诬告陷害罪的区别：(1)伪证罪发生在刑事诉讼的过程中；诬告陷害罪发生在立案侦查之前，而且可能是引起立案侦查的原因。(2)伪证罪是对与刑事案件有重要关系的情节作虚假的证明、鉴定、记录、翻译；诬告陷害罪表现为捏造犯罪事实进行虚假告发。(3)伪证罪的主体是证人、鉴定人、记录人、翻译人；诬告陷害罪的主体是一般主体。(4)伪证罪在主观上既可以是意图陷害他人，也可能是意图为他人开脱罪责；而诬告陷害罪的意图是使他人受刑事追究。行为人诬告他人犯罪，引起司法机关的追诉活动后，在刑事诉讼中又作伪证的，原则上宜从一重罪处罚。

2. 窝藏、包庇罪与伪证罪的区别：(1)窝藏、包庇罪为一般主体；而伪证罪是特殊主体，只限于证人、鉴定人、记录人与翻译人。(2)窝藏、包庇罪发生的时间没有限制；而伪证罪必须发生在刑事诉讼中。(3)窝藏、包庇罪是通过使犯罪分子逃匿或者采取其他庇护方法，使其逃避刑事制裁；伪证罪掩盖的是与案件有重要关系的犯罪情节。(4)窝藏、包庇的对象既可以是犯罪嫌疑人、被告人，也可以是受有罪宣告的犯罪分子；而伪证罪所包庇的对象只能是犯罪嫌疑人、被告人。

3. 掩饰、隐瞒犯罪所得、犯罪所得收益罪与洗钱罪的区别：(1)洗钱罪只限于掩饰、隐瞒毒品犯罪、黑社会性质的组织犯罪、恐怖活动犯罪、走私犯罪、贪污贿赂犯罪、破坏金融管理秩序犯罪、金融诈骗犯罪的所得及其产生的收益的来源和性质的行为，而掩饰、隐瞒犯罪所得、犯罪所得收益罪包括对其他犯罪所得及其产生收益的掩饰与隐瞒。(2)两罪的行为不完全相同。洗钱罪包括各种掩饰、隐瞒犯罪所得及其收益的来源和性质的行为；而掩饰、隐瞒犯罪所得、犯罪所得收益罪是对犯罪所得及其产生的收益本身实行窝藏、转移、收购、代为销售等掩饰与隐瞒行为。但是，不排除一个行为同时触犯掩饰、隐瞒犯罪所得、犯罪所得收益罪与洗钱罪的情形。对此，应从一重罪论处。

4.《刑法修正案(九)》新增虚假诉讼罪，针对以捏造的事实提起民事诉讼，妨害司法秩序或者严重侵害他人合法权益的行为。单位也可构成本罪。

对于构成虚假诉讼罪,非法占有他人财产或者逃避合法债务,又构成其他犯罪的,依照处罚较重的规定定罪从重处罚。

司法工作人员利用职权,与他人共同实施前述行为的,从重处罚;同时构成其他犯罪的,依照处罚较重的规定定罪从重处罚。

考点39 毒品相关犯罪

1. 走私、贩卖、运输、制造毒品罪是指明知是毒品而故意实施走私、贩卖、运输、制造毒品的行为。

在认定这类案件性质时,要注意利用、教唆未成年人走私、贩卖、运输、制造毒品,或者向未成年人出售毒品的,从重处罚。多次走私、贩卖、运输、制造毒品,未经处理的,毒品数量累计计算。

2. 区分走私、贩卖、运输、制造毒品罪与诈骗罪的界限:对于故意贩卖假毒品骗取财物的,以诈骗罪论处;把假毒品误作真毒品进行走私、贩卖、运输的,以走私、贩卖、运输毒品罪(未遂)处罚。

3. 毒品数量问题是否影响犯罪的构成:走私、贩卖、运输、制造毒品,无论数量多少,都应当追究刑事责任,予以刑罚处罚;而非法持有毒品,毒品数量不够大的,不构成非法持有毒品罪。

4. 区分毒品犯罪共犯与窝藏、转移、隐瞒毒品、毒赃罪的界限:如果事先通谋,则构成共犯;如果仅仅为犯罪分子窝藏、转移、隐瞒毒品或者毒品犯罪所得的财物,则构成窝藏、转移、隐瞒毒品、毒赃罪。

考点40 贪污罪

1. 贪污罪,是指国家工作人员利用职务上的便利,侵吞、窃取、骗取或者以其他手段非法占有公共财物的行为。

(1)公共财物的范围。需要特别注意,在国家机关、国有公司、企业、集体企业和人民团体管理、使用或者运输中的私人财产,以公共财产论。

(2)国家工作人员在国内公务活动或者对外交往中接受礼物,依照国家规定应当交公而不交公,数额较大的,以贪污罪定罪处罚。

(3)对多次贪污未经处理的,按照累计贪污数额处罚。累计贪污数额时,应依刑法有关追诉时效的规定执行,在追诉时效期限内的贪污数额都应当累计计算。

2. 区分贪污罪与盗窃罪、诈骗罪的界限。关键在于区分国家工作人员是否利用职务上的便利。

3. 区分贪污罪与侵占罪、职务侵占罪的界限:

(1)主体不同。贪污罪的主体是国家工作人员和受托管理、经营国有财产的人员;侵占罪的主体是他人财产的保管或者实际持有者;职务侵占罪的主体是贪污罪主体范围以外的公司、企业或者其他单位的人员。

(2)行为方式不同。贪污罪和职务侵占罪的行为必须利用职务上的便利;侵占罪没有利用职务上的便利。

(3)行为对象不同。贪污罪的对象是公共财物;侵占罪的对象是他人的委托保管物、遗忘物、埋藏物;职务侵占罪的对象是本单位的财产。

☞ **易错点提示** 《刑法修正案(九)》对贪污罪作了修正:①取消了具体数额标准,由司法解释具体规定。②被判处死刑缓期执行的,人民法院根据犯罪情节等情况可以同时决定在其死刑缓期执行2年期满依法减为无期徒刑后,终身监禁,不得减刑、假释。

考点41 挪用公款罪

挪用公款罪,是指国家工作人员利用职务上的便利,挪用公款归个人使用,进行非法活动的,或者挪用公款数额较大、进行营利活动的,或者挪用公款数额较大、超过3个月未还的行为。

1. 下列情形属于"归个人使用":(1)将公款供本人、亲友或其他自然人使用的;(2)以个人名义将公款供其他单位使用的;(3)个人决定以单位名义将公款供其他单位使用,谋取个人利益的。

2. 注意区分挪用公款罪与挪用特定款物罪的界限:关键在于目的和用途不同。挪用公款罪以归个人使用为目的,即挪作私用;挪用特定款物罪是将用于救灾、抢险、防汛、优抚、扶贫、移民、救济款物等特定款物挪作他用。

3. 注意区分挪用公款罪与挪用资金罪的界限:区别在于主体不同。挪用公款罪的主体是国家工作人员,挪用资金罪的主体是国家工作人员以外的公司、企业或者其他单位的工作人员。在《刑法修正案(十一)》中,增设了从宽条款,有挪用资金罪行为,在提起公诉前将挪用的资金退还的,可以从轻或减轻处罚。其中,犯罪较轻的,可以减轻或者免除处罚。

在认定这类案件性质时,要注意以下三个问题:

(1)商业银行、证券交易所、期货交易所、证券公司、期货经纪公司、保险公司或者其他金融机构的工作人员利用职务上的便利,挪用本单位或者客户资金的,依照挪用资金罪的规定定罪处罚。

(2)国有商业银行、证券交易所、期货交易所、证券公司、期货经纪公司、保险公司或者其他国有金融机构的工作人员和国有商业银行、证券交易所、期货交易所、证券公司、期货经纪公司、保险公司或者其他国有金融机构委派到前述规定中的非国有机构从事公务的人员利用职务上的便利,挪用本单位或者客户资金的,依照挪用公款罪的规定定罪处罚。

(3)国有公司、企业或者其他国有单位中从事公务的人员和国有公司、企业或者其他国有单位委派到非国有公司、企业以及其他单位从事公务的人员,有利用职务上的便利挪用本单位资金归个人使用或者借贷给他人的,依照挪用公款罪的规定定罪处罚。

4. 注意区分挪用公款罪与贪污罪的界限:主要在于贪污罪以非法占有为目的,即意图永远非法占有公有财物;挪用公款罪以非法占用为目的,即暂时占有、使用公款。

考点42 受贿罪与行贿罪

贿赂犯罪中的"财物",包括货币、物品和财产性利益。财产性利益包括可以折算为货币的物质利益如房屋装修、债务免除等,以及需要支付货币的其他利益如会员服务、旅游等。后者的犯罪数额，以实际支付或者应当支付的数额计算。

1. 受贿罪，是指国家工作人员利用职务上的便利，索取他人财物，或者非法收受他人财物，为他人谋取利益的行为。

（1）注意《刑法》特别规定的以受贿罪论处的两种情况，即经济受贿以受贿罪论处的情况，以及斡旋受贿以受贿罪论处的情况。

（2）具有下列情形之一的，应当认定为“为他人谋取利益”，构成犯罪的，应当依照《刑法》关于受贿犯罪的规定定罪处罚：实际或者承诺为他人谋取利益的；明知他人有具体请托事项的；履职时未被请托，但事后基于该履职事由收受他人财物的。国家工作人员索取、收受具有上下级关系的下属或者具有行政管理关系的被管理人员的财物价值3万元以上，可能影响职权行使的，视为承诺为他人谋取利益。

（3）区分受贿罪与非国家工作人员受贿罪、单位受贿罪的界限：主要是主体不同。受贿罪的主体是国家工作人员，非国家工作人员受贿罪的主体是公司、企业或者其他单位的工作人员，单位受贿罪的主体是国家机关、国有公司、企业、事业单位、人民团体。

（4）国家工作人员出于贪污、受贿的故意，非法占有公共财物、收受他人财物之后，将赃款赃物用于单位公务支出或者社会捐赠的，不影响贪污罪、受贿罪的认定，但量刑时可以酌情考虑。

特定关系人索取、收受他人财物，国家工作人员知道后未退还或者上交的，应当认定国家工作人员具有受贿故意。

2. 行贿罪，是指为谋取不正当利益，给予国家工作人员以财物的行为。

在认定这类案件性质时要注意，因被勒索而给予国家工作人员财物，没有获得不正当利益的，不是行贿，不构成犯罪。

（1）区分行贿罪与对非国家工作人员行贿罪的界限：对非国家工作人员行贿罪的对象是公司、企业或其他单位的工作人员。

（2）区分行贿罪与对单位行贿罪的界限：对单位行贿罪的行贿对象是国家机关、国有公司、企业、事业单位、人民团体。

（3）区分行贿罪与单位行贿罪的界限：行贿罪的犯罪主体是一般主体，单位行贿罪的犯罪主体是国家机关、国有公司、企业、事业单位、人民团体。

行贿人、介绍贿赂人在被追诉前主动交代行贿或者介绍贿赂行为的，可以减轻或者免除处罚。

【考场演练】 单项选择题

交警甲和无业人员乙勾结，让乙告知超载司机“只交罚款一半的钱，即可优先通行”；司机交钱后，乙将交钱司机的车号报给甲，由在高速路口执勤的甲放行。二人利用此法共得32万元，乙留下10万元，余款归甲。关于本案的分析，下列哪一选项是错误的？

A. 甲、乙构成受贿罪共犯

B. 甲、乙构成贪污罪共犯

C. 甲、乙构成滥用职权罪共犯

D. 乙的受贿数额是32万元

【参考答案】 B

3. 介绍贿赂罪，是指向国家工作

人员介绍贿赂，情节严重的行为。

4. 利用影响力受贿罪。

（1）国家工作人员的近亲属或者其他与该国家工作人员关系密切的人，通过该国家工作人员职务上的行为，或者利用该国家工作人员职权或者地位形成的便利条件，通过其他国家工作人员职务上的行为，为请托人谋取不正当利益，索取请托人财物或者收受请托人财物，数额较大或者有其他较重情节的行为。

（2）离职的国家工作人员，利用原职权或者地位形成的便利条件，通过其他国家工作人员的职务行为，为请托人谋取不正当利益，索取请托人财物或者收受请托人财物，数额较大或者有其他较重情节的行为。

（3）离职的国家工作人员的近亲属或者其他与其关系密切的人，利用该离职的国家工作人员原职权或者地位形成的便利条件，通过其他国家工作人员职务上的行为，为请托人谋取不正当利益，索取请托人财物或者收受请托人财物，数额较大或者有其他较重情节的行为。

5. 对有影响力的人行贿罪，是指为谋取不正当利益，向国家工作人员的近亲属或者其他与该国家工作人员关系密切的人，或者向离职的国家工作人员或者其近亲属以及其他与其关系密切的人行贿的行为。

单位也可构成本罪。

6. 对外国公职人员、国际公共组织官员行贿罪：为谋取不正当商业利益，给予外国公职人员或者国际公共组织官员以财物。

单位可以构成对非国家工作人员行贿罪和对外国公职人员、国际公共组织官员行贿罪。

【知识图解】 贿赂犯罪考点

<table>
<tr><th colspan="2">行贿方</th><th colspan="2">受贿方</th></tr>
<tr><th>罪名</th><th>主体</th><th>主体</th><th>罪名</th></tr>
<tr><td>行贿罪
（《刑法》第389条）</td><td>个人
（被勒索且未获得不当利益的除外）</td><td rowspan="2">国家工作人员</td><td rowspan="2">受贿罪
（《刑法》第385条）</td></tr>
<tr><td>单位行贿罪
（《刑法》第393条）</td><td>单位</td></tr>
<tr><td>对单位行贿罪
（《刑法》第391条）</td><td>个人或单位</td><td>国家机关、国有公司、企业、事业单位、人民团体</td><td>单位受贿罪
（《刑法》第387条）</td></tr>
<tr><td>对有影响力的人行贿罪
（《刑法》第390条之一）</td><td>个人或单位</td><td>离职的国家工作人员；现职/离职国家工作人员的近亲属及其他关系密切的人</td><td>利用影响力受贿罪
（《刑法》第388条之一）</td></tr>
<tr><td>对非国家工作人员行贿罪
（《刑法》第164条第1款）</td><td>个人或单位</td><td>非国家工作人员</td><td>非国家工作人员受贿罪
（《刑法》第163条）</td></tr>
</table>

行贿方		受贿方	
罪名	主体	主体	罪名
对外国公职人员、国际公共组织官员行贿罪（《刑法》第 164 条第 2 款）	个人或单位	—	—

考点 43 徇私枉法罪

徇私枉法罪，是指司法工作人员徇私枉法、徇情枉法，对明知是无罪的人而使他受追诉，对明知是有罪的人而故意包庇不使他受追诉，或者在刑事审判活动中故意违背事实和法律作枉法裁判的行为。

1. 徇私枉法罪与非法拘禁罪的界限。使无罪的人受追诉的行为，不具有剥夺他人自由的性质的，应认定为徇私枉法罪；通过伪造证据等方式对无罪的人采取强制措施的，应认定为徇私枉法罪；不是为了追诉而非法剥夺他人自由的，应认定为非法拘禁罪。

2. 徇私枉法罪与包庇罪的界限。（1）徇私枉法罪的主体必须是司法工作人员；而包庇罪的主体不要求是司法工作人员。（2）徇私枉法罪是利用司法职务之便包庇有罪的人使其不受追诉；包庇罪是通过向司法机关作假证明包庇有罪的人。（3）徇私枉法罪包庇的应是犯罪嫌疑人、被告人；而包庇罪可能包庇犯罪嫌疑人、被告人与已决犯。（4）徇私枉法罪发生在立案侦查、起诉、审判过程中；包庇罪则没有时间上的限制。

刑事诉讼法

考点 1 立案管辖

立案管辖,是指人民法院、人民检察院和公安机关之间,在直接受理刑事案件范围上的权限划分。

1. 人民法院直接受理的刑事案件(自诉案件)

(1)告诉才处理的案件:①侮辱、诽谤案(严重危害社会秩序和国家利益的除外);②暴力干涉婚姻自由案(致使被害人死亡的除外);③虐待案(致使被害人重伤、死亡的或者被害人没有能力告诉,或者因受到强制、威吓无法告诉的除外);④侵占案(绝对的告诉才处理的案件)。

(2)被害人有证据证明的轻微刑事案件(公诉与自诉交叉):①故意伤害案(轻伤);②重婚案;③遗弃案;④非法侵入住宅案;⑤侵犯通信自由案;⑥生产、销售伪劣商品案(《刑法》分则第三章第一节规定的,但严重危害社会秩序和国家利益的除外);⑦侵犯知识产权案(《刑法》分则第三章第七节规定的,但严重危害社会秩序和国家利益的除外);⑧《刑法》分则第四章、第五章规定的,对被告人可能判处 3 年有期徒刑以下刑罚的案件(上述案件,被害人直接向法院起诉,法院应当受理。对其中证据不足,可由公安机关受理的,或者认为对被告人可能判 3 年有期徒刑以上刑罚的,应当告知被害人向公安机关报案,或者移送公安机关立案侦查)。

(3)公诉转自诉案件:被害人有证据证明对被告人侵犯自己人身、财产权利的行为应当依法追究刑事责任,而公安机关或人民检察院不予追究被告人刑事责任的案件。

2. 监察委员会的管辖:公职人员和有关人员的职务犯罪案件

(1)监察机关对公职人员和有关人员进行监察,公职人员和有关人员的范围:①中国共产党机关、人大及其常委会机关、人民政府、监察委员会、人民法院、人民检察院、中国人民政治协商会议各级委员会机关、民主党派机关和工商业联合会机关的公务员,以及参照《公务员法》管理的人员;②法律、法规授权或者受国家机关依法委托管理公共事务的组织中从事公务的人员;③国有企业管理人员;④公办的教育、科研、文化、医疗卫生、体育等单位中从事管理的人员;⑤基层群众性自治组织中从事管理的人员;⑥其他依法履行公职的人员。

(2)职务犯罪案件的范围。监察委员会依法履行监督、调查、处置职责:①对公职人员开展廉政教育,对其依法履职、秉公用权、廉洁从政从业以及道德操守情况进行监督检查。②对涉嫌贪污贿赂、滥用职权、玩忽职守、权力寻租、利益输送、徇私舞弊以及浪费国家资财等职务违法和职务犯罪进行调查。③对违法的公职人员依法作出政务处分决定;对履行职责不力、失职失责的领导人员进行问责;对涉嫌职务犯罪的,将调查结果移送人民检察院依法审查、提起公诉;向监察对象所在单位提出监察建议。

3. 人民检察院自侦案件

(1)自侦案件范围:①人民检察院在对诉讼活动实行法律监督中发现的司法工作人员利用职权实施的非法拘禁、刑讯逼供、非法搜查等侵犯公民权利、损害司法公正的犯罪,可以由人民检察院立案侦查。②对于公安机关管辖的国家机关工作人员利用职权实施的重大犯罪案件,需要由人民检察院直接受理的时候,经省级以上人民检察院决定,可以由人民检察院立案侦查。

(2)自侦案件办理程序。

①级别管辖:由设区的市级人民检察院立案侦查。A. 基层人民检察院发现犯罪线索的,应当报设区的市级人民检察院决定立案侦查。B. 设区的市级人民检察院也可以将案件交由基层人民检察院立案侦查,或者由基层人民检察院协助侦查。C. 最高人民检察院、省级人民检察院发现犯罪线索的,可以自行决定立案侦查,也可以将案件线索交由指定的省级人民检察院、设区的市级人民检察院立案侦查。

②侦查部门:由人民检察院负责刑事检察工作的专门部门负责侦查。A. 设区的市级以上人民检察院侦查终结的案件,可以交有管辖权的基层人民法院相对应的基层人民检察院提起公诉。B. 需要指定其他基层人民检察院提起公诉的,应当与同级人民法院协商指定管辖。C. 依法应当由中级人民法院管辖的案件,应当由设区的市级人民检察院提起公诉。

③程序要求:A. 人民检察院办理自侦的犯罪案件,不再适用对直接受理立案侦查案件决定立案报上一级人民检察院备案,逮捕犯罪嫌疑人报上一级人民检察院审查决定的规定。B. 对人民检察院自侦的犯罪案件,人民检察院拟作撤销案件、不起诉决定的,应当报上一级人民检察院审查批准。C. 人民检察院办理自侦的犯罪案件,应当依法接受人民监督员的监督。

(3)无管辖权情况的处理:人民检察院立案侦查时认为属于直接受理侦查的案件,在审查起诉阶段发现属于监察机关管辖的,应当及时商监察机关办理。属于公安机关管辖,案件事实清楚,证据确实、充分,符合起诉条件的,可以直接起诉;事实不清、证据不足的,应当及时移送有管辖权的机关办理。在审查起诉阶段,发现公安机关移送起诉的案件属于监察机关管辖,或者监察机关移送起诉的案件属于公安机关管辖,但案件事实清楚,证据确实、充分,符合起诉条件的,经征求监察机关、公安机关意见后,没有不同意见的,可以直接起诉;提出不同意见,或者事实不清、证据不足的,应当将案件退回移送案件的机关并说明理由,建议其移送有管辖权的机关办理。

(4)对于下列案件,上级人民检察院可以指定管辖:①管辖有争议的案件;②需要改变管辖的案件;③需要集中管辖的特定类型的案件;④其他需要指定管辖的案件。

4. 交叉管辖

(1)监察委员会与其他机关交叉。

被调查人既涉嫌严重职务违法或者职务犯罪,又涉嫌其他违法犯罪的,一般应当由监察机关为主调查,其他机关予以协助。①经沟通,认为全案由监察委员会管辖更为适宜的,人民检察院应当将案件和相应职务犯罪线索一并移送监察委员会。②认为由监察委员会和人民检察院分别管辖更为适宜的,人民检察院应当将监察委员会管辖的相应职务犯罪线索移送监察委员会,对依法由人民检察院管辖的犯罪案件继续侦查。③人民检察院应当及时将沟通情况报告上一级人民检察院。沟通期间,人民检察院不得停止对案件的侦查。④监察委员会和人民检察院分别管辖的案件,调查(侦查)终结前,人民检察院应当就移送审查起诉有关事宜与监察委员会加强沟通,协调一致,由人民检察院依法对全案审查起诉。⑤人民检察院立案侦查犯罪时,发现犯罪嫌疑人同时涉嫌公安机关管辖的犯罪线索的,依照现行有关法律和司法解释的规定办理。

(2)公诉案件与自诉案件交叉。

公安机关在侦查过程中,发现被告人还犯有自诉案件时:①对于属于告诉才处理的案件,告知被害人可向人民法院直接提起诉讼。②对于属于其他类型的自诉案件,可直接立案进行侦查,随同公诉案件移送人民法院。

考点 2 审判管辖

1. 级别管辖

(1)基层人民法院管辖第一审普通刑事案件,但是依照《刑事诉讼法》由上级人民法院管辖的除外。

(2)中级人民法院管辖下列第一审刑事案件:①危害国家安全、恐怖活动案件。②可能判处无期徒刑、死刑的案件。

☞ **易错点提示** 根据最高人民法院《关于适用〈中华人民共和国刑事诉讼法〉的解释》(以下简称《刑诉解释》)第14条的规定,人民检察院认为可能判处无期徒刑、死刑,向中级人民法院提起公诉的案件,中级人民法院受理后,认为不需要判处无期徒刑、死刑的,应当依法审判,不再交基层人民法院审判。

(3)高级人民法院管辖的第一审刑事案件,是全省(自治区、直辖市)性的重大刑事案件。

(4)最高人民法院管辖的第一审刑事案件,是全国性的重大刑事案件。

☞ **易错点提示** 根据《刑诉解释》第15条规定,一人犯数罪、共同犯罪或者其他需要并案审理的案件,其中一人或者一罪属于上级人民法院管辖的,全案由上级人民法院管辖。

2. 地区管辖

确定地区管辖的原则有两个:(1)以犯罪地人民法院管辖为主,被告人居住地人民法院管辖为辅的原则。刑事案件由犯罪地的人民法院管辖。由被告人居住地的人民法院审判更为适宜的,可以由被告人居住地的人民法院管辖。

☞ **易错点提示** ①犯罪地包括犯罪行为地和犯罪结果地。

②针对或者主要利用计算机网络实施的犯罪,犯罪地包括用于实施犯罪行为的网络服务使用的服务器所在地,网络服务提供者所在地,被侵害的信息网络系统及其管理者所在地,犯罪过程中被告人、被害人使用的信息网络系统所在地,以及被害人被侵害时所在地和被害人财产遭受损失地等。

③在中华人民共和国领域外的中国船舶内的犯罪,由该船舶最初停泊的中国口岸所在地或者被告人登陆地、入境地的人民法院管辖。

(2)以最初受理的人民法院审判为主,主要犯罪地人民法院审判为辅的原则。几个同级人民法院都有权管辖的案件,由最初受理的人民法院审判。必要时,可以移送主要犯罪地的人民法院审判。

3. 移送管辖与指定管辖

(1)基层人民法院将自己受理的案件请求移送中级人民法院审判。

①应当移送。基层人民法院对可能判处无期徒刑、死刑的第一审刑事案件,应当移送中级人民法院审判。

②请求移送。基层人民法院对下列第一审刑事案件,可以请求移送中级人民法院审判:重大、复杂案件;新类型的疑难案件;在法律适用上具有普遍指导意义的案件。

(2)两个以上同级人民法院都有权管辖的案件,由最初受理的人民法院审判。必要时,可以移送主要犯罪地的人民法院审判。管辖权发生争议的,应当在审限内协商解决;协商不成的,由争议的人民法院分别层报共同的上级人民法院指定管辖。

(3)有管辖权的人民法院因案件涉及本院院长需要回避或者其他原因,不宜行使管辖权的,可以请求移送上一级人民法院管辖;上一级人民法院可以管辖,也可以指定与提出请求的人民法院同级的其他人民法院管辖。

(4)管辖不明的案件,上级人民法院可以指定下级人民法院审判。有关案件,由犯罪地、被告人居住地以外的人民法院审判更为适宜的,上级人民法院可以指定下级人民法院管辖。

(5)第二审人民法院发回重新审判的案件,人民检察院撤回起诉后,又向原第一审人民法院的下级人民法院重新提起公诉的,下级人民法院应当将有关情况层报原第二审人民法院。原第二审人民法院根据具体情况,可以决定将案件移送原第一审人民法院或者其他人民法院审判。

考点 3 回避

【知识图解】

- 回避
  - 回避的概念
  - 回避适用人员
    - 调查人员[1]、审查起诉工作的监察人员、审判人员、检察人员、侦查人员
    - 法官助理书记员、翻译人员、鉴定人
    - 其他人员
  - 回避理由
    - 是本案当事人或者是当事人的近亲属
    - 本人或者他的近亲属和本案有利害关系
    - 担任过本案的证人、鉴定人、辩护人、诉讼代理人
    - 与本案当事人有其他关系，可能影响公正处理案件
    - 违规会见当事人及委托的人或接受其请客送礼
    - 其他回避理由
  - 回避种类
    - 自行回避
    - 申请回避
    - 指令回避
  - 回避程序
    - 回避的期间
    - 回避的申请
    - 回避的决定权人
    - 回避的审查决定
    - 对驳回回避申请的复议

〔1〕参与过调查的监察、侦查、检察人员。——编者注

1. 回避的理由

(1)是本案当事人或者当事人的近亲属。

(2)本人或者他的近亲属和本案有利害关系。

(3)担任过本案的证人、鉴定人、辩护人或者诉讼代理人。

(4)与本案当事人有其他关系,可能影响公正处理案件。

(5)接受当事人及其委托的人的请客送礼,或者违反规定会见当事人及其委托的人。

(6)参与过本案调查、侦查、审查起诉工作的监察、侦查、检察人员,调至人民法院工作的,不得担任本案的审判人员。

(7)在第一审人民法院作出裁判后又进入第二审程序、在法定刑以下判处刑罚的复核程序或者死刑复核程序的,原第二审程序、在法定刑以下判处刑罚的复核程序或者死刑复核程序中的合议庭组成人员不受上述第6项、第7项规定的限制。

2. 回避的申请

(1)回避的期间:适用于侦查、起诉、审判等阶段。

(2)申请主体:当事人及其法定代理人、辩护人、诉讼代理人。

☞ **易错点提示** 对侦查人员的回避在作出决定以前或者复议期间,侦查人员不能停止对案件的侦查工作,以免影响及时收集犯罪证据和查明案件事实。

3. 回避的审查与决定

(1)审判人员、检察人员、侦查人员的回避,应当分别由院长、检察长、县级以上公安机关负责人决定。

(2)人民法院院长的回避,由本院审判委员会讨论决定。审判委员会讨论时,由副院长主持,院长不得参加。

(3)检察长和公安机关负责人的回避,由同级人民检察院检察委员会决定。

(4)法官助理、书记员、翻译人员和鉴定人适用审判人员回避的有关规定,其回避问题由院长决定。

4. 回避决定的复议

回避的决定可以采用口头方式或者书面方式作出,采用口头方式的,必须将决定记录在案。有关回避的决定一经作出,一般即发生法律效力。当事人及其法定代理人、辩护人、诉讼代理人对驳回申请的决定不服,可以申请复议一次。在复议主体作出复议决定前,不影响被申请回避的人员参与案件的处理活动。

【法条链接】

《刑事诉讼法》

第一百九十条　开庭的时候,审判长查明当事人是否到庭,宣布案由;宣布合议庭的组成人员、书记员、公诉人、辩护人、诉讼代理人、鉴定人和翻译人员的名单;告知当事人有权对合议庭组成人员、书记员、公诉人、鉴定人和翻译人员申请回避;告知被告人享有辩护权利。

被告人认罪认罚的,审判长应当告知被告人享有的诉讼权利和认罪认罚的法律规定,审查认罪认罚的自愿性和认罪认罚具结书内容的真实性、合法性。

第二百零一条　对于认罪认罚案件,人民法院依法作出判决时,一般应当采纳人民检察院指控的罪名和量刑建议,但有下列情形的除外:

(一)被告人的行为不构成犯罪或者不应当追究其刑事责任的;

(二)被告人违背意愿认罪认罚的;

(三)被告人否认指控的犯罪事实的;

(四)起诉指控的罪名与审理认定的罪名不一致的;

(五)其他可能影响公正审判的情形。

人民法院经审理认为量刑建议明显不当,或者被告人、辩护人对量刑建议提出异议的,人民检察院可以调整量刑建议。人民检察院不调整量刑建议或者调整量刑建议后仍然明显不当的,人民法院应当依法作出判决。

考点 4　辩护人

1. 辩护人的范围

可以担任辩护人的人:(1)律师(外国人、无国籍的犯罪嫌疑人、被告人委托律师辩护的,只能委托中国律师作为辩护人)。(2)人民团体或者犯罪嫌疑人、被告人所在单位推荐的人。(3)犯罪嫌疑人、被告人的监护人、亲友。

不能担任辩护人的人:(1)正在被执行刑罚或者处于缓刑、假释考验期间的人;(2)依法被剥夺、限制人身自由的人;(3)被开除公职或者被吊销律师、公证员执业证书的人;(4)人民法院、人民检察院、监察机关、公安机关、国家安全机关、监狱的现职人员;(5)人民陪审员;(6)与本案审理结果有利害关系的人;(7)外国人或者无国籍人;(8)无行为能力或者限制行为能力的人。其中,上述第(3)项至第(7)项规定的人员,如果是被告人的监护人或者近亲属,由被告人委托担任辩护人的,也可以准许。

审判人员和人民法院其他工作人员从人民法院离任后,或者检察人员从人民检察院离任后,不得担任原任职法院或检察院所办理案件的诉讼代理人或者辩护人。审判人员和人民法院其他工作人员的配偶、子女或者父母,不得担任其任职法院所办理案件的辩护人。但上述情况中,作为被告人的监护人、近亲属进行辩护的,可以担任辩护人。

2. 辩护人的诉讼地位

(1)辩护人在刑事诉讼中只承担辩护职能,是犯罪嫌疑人、被告人合法权益的专门维护者。辩护人在刑事诉讼中一般不能检举、揭发犯罪嫌疑人、被告人已经实施的犯罪行为。

(2)辩护人是独立的诉讼参与人。辩护人与犯罪嫌疑人、被告人的关系,不同于诉讼代理人和当事人的关系。

(3)辩护人在刑事诉讼中所维护的是犯罪嫌疑人、被告人的合法权益,而不是非法权益。

3. 辩护人的权利

(1)阅卷权。辩护律师行使阅卷权,无须办案机关的批准,而其他辩护人行使阅卷权则需要人民法院或人民检察院的许可。

在侦查阶段,辩护律师虽然不享有阅卷权,但也可以向侦查机关了解犯罪嫌疑人涉嫌的罪名和案件有关情况,以准备辩护。

(2)会见通信权。辩护律师可以同在押的犯罪嫌疑人、被告人会见和通信。其他辩护人经人民法院、人民检察院许可,也可以同在押的犯罪嫌疑人、被告人会见和通信。辩护律师要求会见在押的犯罪嫌疑人、被告人的,应当携带律师执业证书、律师事务所证明和委托书或者法律援助公函,对于辩护律师携带上述材料的,看守所应当及时安排会见,保证辩护律师

【考场演练】 单项选择题

张某涉嫌诈骗罪被甲县公安局立案侦查。侦查人员在3日内讯问了张某两次,但只在第二次讯问时才告知其有权委托律师、亲友等人担任辩护人。张某遂委托了王律师担任其辩护人。王律师向甲县公安局提出了会见张某以及了解案件有关情况的请求。关于本案,下列哪一说法是正确的?

A. 甲县公安局在第二次讯问张某时告知其有权委托辩护人,符合《刑事诉讼法》的规定

B. 对于王律师的会见请求,甲县公安局批准其会见张某并派员在场,是依法保障律师执业权利的表现

C. 甲县公安局告知张某有权委托亲友担任辩护人,充分保障了张某的辩护权

D. 若甲县公安局以妨碍侦查为由拒绝告知王律师本案的有关情况,则侵犯了王律师的诉讼权利

【参考答案】 D

在48小时以内见到在押的犯罪嫌疑人、被告人。对于危害国家安全犯罪案件、恐怖活动犯罪案件，辩护律师在侦查期间要求会见在押的犯罪嫌疑人，应当经侦查机关许可。辩护律师会见在押的犯罪嫌疑人、被告人，可以了解案件有关情况，提供法律咨询等；自案件移送审查起诉之日起，可以向犯罪嫌疑人、被告人核实有关证据。辩护律师会见犯罪嫌疑人、被告人时不被监听。其他辩护人经人民法院、人民检察院许可，也可以同在押的犯罪嫌疑人、被告人会见、通信。

辩护律师可以同被监视居住的犯罪嫌疑人、被告人会见和通信，除涉嫌危害国家安全犯罪案件、恐怖活动犯罪案件，无须经办案机关许可，会见同样不被监听。

危害国家安全罪、恐怖活动犯罪案件，在侦查期间辩护律师会见在押的犯罪嫌疑人，应当经侦查机关许可。上述案件，侦查机关应当事先通知看守所。

(3)调查取证权。一是辩护律师向证人或者其他有关单位和个人取证。辩护律师经证人或者其他有关单位和个人同意，可以向他们收集与本案有关的材料。二是辩护律师向被害人或者其近亲属、被害人提供的证人取证。辩护律师经人民检察院或者人民法院许可，并且经被害人或者其近亲属、被害人提供的证人同意，可以向他们收集与本案有关的材料。

(4)申请解除期限届满的强制措施的权利。

(5)获得通知权。

(6)参加法庭调查和辩论权。

(7)提出意见权。

(8)申诉控告权。

(9)人身保障权。

(10)保密权。辩护律师对在执业活动中知悉的委托人的有关情况和信息，有权予以保密。

(11)拒绝辩护权。如果遇有当事人委托事项违法或者委托人利用律师提供的服务从事违法活动或者委托人隐瞒事实的情形，律师有权拒绝辩护。

4. 辩护人的义务

(1)辩护人或者其他任何人不得帮助犯罪嫌疑人、被告人隐匿、毁灭、伪造证据或者串供，不得威胁、引诱证人作伪证以及进行其他干扰司法机关诉讼活动的行为。否则，应当依法追究法律责任。

(2)辩护人接受犯罪嫌疑人、被告人委托后，应当及时告知办理案件的机关其接受委托的情况。

(3)辩护人收集的有关犯罪嫌疑人不在犯罪现场、未达到刑事责任年龄、属于依法不负刑事责任的精神病人的证据，应当及时告知公安机关、人民检察院，以避免对不必要的案件进行侦查和审查起诉，节约司法资源。

(4)辩护律师在执业活动中知悉委托人或者其他人，准备或正在实施危害国家安全、公共安全以及严重危害他人人身安全的犯罪的，应当及时告知司法机关，但公安司法机关应当为辩护律师保密。

(5)辩护人会见在押犯罪嫌疑人、被告人时,应当遵守看管场所的规定。

(6)辩护人参加法庭审判时要遵守法庭秩序。

(7)未经人民检察院或者人民法院许可,辩护律师不得向被害人或被害人提供的证人收集与本案有关的材料。

(8)辩护人不得违反规定会见法官、检察官以及其他有关工作人员,不得向法官、检察官以及其他有关工作人员行贿,介绍贿赂或者指使、诱导当事人行贿,或者以其他不正当方式影响法官、检察官以及其他有关工作人员依法办理案件。

考点 5 值班律师

1. 值班律师制度

(1)值班律师制度是我国辩护制度的重要补充。值班律师为既未委托辩护人又未获得法律援助机构指派律师辩护的犯罪嫌疑人、被告人提供法律帮助,帮助犯罪嫌疑人、被告人更好地进行自行辩护。值班律师制度是对委托辩护与法律援助辩护的重要补位,性质上属于为被追诉者提供必要的最低限度的法律帮助。

(2)值班律师在具体案件中的身份不是辩护人,不提供出庭辩护的服务,但需要以其专业的法律知识为犯罪嫌疑人、被告人提供包括法律咨询、程序选择建议、申请变更强制措施、对案件处理提出意见等一系列法律帮助。

(3)值班律师制度的适用范围并不限于认罪认罚从宽案件,而应该覆盖所有案件的所有诉讼阶段中犯罪嫌疑人、被告人没有辩护人的情形;人民法院、人民检察院和看守所等办案机关需要为值班律师制度的设立和运转承担相应的责任,具体包括应当告知犯罪嫌疑人、被告人有权约见值班律师,并为其约见值班律师提供便利。

2. 值班律师的职责

(1)提供法律咨询;(2)程序选择建议;(3)申请变更强制措施;(4)对案件处理提出意见;(5)就涉嫌的犯罪事实、指控罪名及适用的法律规定,从轻、减轻或者免除处罚等从宽处罚的建议,认罪认罚后案件审理适用的程序以及其他需要提出意见的事项向人民检察院提出意见,并在犯罪嫌疑人签署认罪认罚具结书时在场;(6)被告人没有委托辩护人,法律援助机构也没有指派律师为其提供辩护的,人民法院、人民检察院、看守所应当告知犯罪嫌疑人、被告人有权约见值班律师,并为犯罪嫌疑人、被告人约见值班律师提供便利;(7)人民法院收到在押被告人提出的法律援助或者法律帮助申请,应当依照有关规定及时转交法律援助机构或者通知值班律师。

考点 6 刑事证据的法定分类和学理分类

1. 法定分类

(1)物证:以其外部特征、物品属性、存在状况等来发挥证明作用,与其他证据相比,具有较强的客观性、稳定性。

(2)书证:以记载的内容和反映的思想来证明案件真实情况的书面材料或其他物质材料。

☞ **易错点提示** 书证与物证的区别主要在于,书证以内容证明案件事实,物证则以物质属性和外观特征证明案件事实。书证与物证的联系主要是都要有实物载体,属于实物证据。如果一个物体同时以上述两种方式发挥证明作用,它就既是书证又是物证。例如,在发案现场收集到一封书信,内容与被害人死亡原因有关,属于书证,同时又需要鉴定是否为被害人本人所写,属于物证。

(3)证人证言。凡是知道案件情况的人,都有作证的义务。生理上、精神上有缺陷或者年幼,不能辨别是非、不能正确表达的人,不能作证人。

☞ **易错点提示** 证人亲笔书写的书面证词,并不改变其证人证言的属性,不能判断为书证。

(4)被害人陈述。

(5)犯罪嫌疑人、被告人供述和辩解。采用刑讯逼供等非法手段取得的犯罪嫌疑人、被告人供述,不能作为定案的根据。只有被告人供述,没有其他证据的,不能认定被告人有罪和处以刑罚;没有被告人供述,证据确实、充分的,可以认定被告人有罪和处以刑罚。

(6)鉴定意见。注意有专门知识的人的出庭制度。

(7)勘验、检查、辨认、侦查实验等笔录。

(8)视听资料、电子数据。

2. 学理分类

(1)原始证据与传来证据:根据证据材料的来源不同所作的分类。凡是来自原始出处,即直接来源于案件事实的证据材料,是原始证据。凡是不直接来源于案件事实,而是从间接的非第一来源获得的证据材料,称为传来证据。例如,证人没有亲自听到、看到案件真实情况,而是转述从别人那里听到的情况;物证的复制品、照片;书证的抄件、复印件;等等。

【考场演练】 单项选择题

甲涉嫌盗窃室友乙存放在储物柜中的笔记本电脑一台并转卖他人,但甲辩称该电脑系其本人所有,只是暂存于乙处。下列哪一选项既属于原始证据,又属于直接证据?

A. 侦查人员在乙储物柜的把手上提取的甲的一枚指纹

B. 侦查人员在室友丙手机中直接提取的视频,内容为丙偶然拍下的甲打开储物柜取走电脑的过程

C. 室友丁的证言,内容是曾看到甲将一台相同的笔记本电脑交给乙保管

D. 甲转卖电脑时出具的现金收条

【参考答案】 C

(2)有罪证据与无罪证据:根据证据是否能够证明犯罪事实的存在或者犯罪行为系犯罪嫌疑人、被告人所为所作的分类。凡是能够证明犯罪事实存在和犯罪行为系犯罪嫌疑人、被告人所为的证据,是有罪证据。凡是能够否定犯罪事实存在,或者能够证明犯罪嫌疑人、被告人未实施犯罪行为的证据,是无罪证据。

(3)言词证据与实物证据:根据证据的表现形式不同所作的分类。凡是表现为人的陈述,即以言词作为表现形式的证据,是言词证据。凡是表现为物品、痕迹和内容具有证据价值的书面文件,即以实物作为表现形式的证据,是实物证据。在法律规定的几种证据中,证人证言,被害人陈述,犯罪嫌疑人、被告人供述和辩

解都是言词证据。辨认笔录和侦查实验笔录，一般也认为属于言词证据。物证，书证，勘验、检查笔录属于实物证据。

☞ **易错点提示** 鉴定意见也是言词证据。对于视听资料、电子数据，一般认为属于实物证据，但讯问犯罪嫌疑人、被告人以及询问证人、被害人时的录音、录像则属于收集、固定证据的方法，并没有形成新的证据，不属于《刑事诉讼法》规定的证据种类意义上的视听资料、电子数据，按陈述主体不同，应分属犯罪嫌疑人、被告人供述和辩解，证人证言，被害人陈述。

（4）直接证据与间接证据：根据证据与案件主要事实证明关系的不同所作的分类。所谓刑事案件的主要事实，是指犯罪行为是否系犯罪嫌疑人、被告人所实施的；所谓证明关系的不同，是指某一证据是否可以单独、直接地证明案件的主要事实。间接证据是不能单独、直接证明刑事案件主要事实，需要与其他证据相结合才能证明的证据。间接证据必须与案内的其他证据结合起来，形成一个证据体系，才能共同证明案件的主要事实。

考点 7 刑事证据规则

1. 关联性规则，是指只有与案件事实有关的材料，才能作为证据使用。关联性是证据被采纳的首要条件。没有关联性的证据不具有可采性，但具有关联性的证据未必都具有可采性，仍有可能出于利益考虑，或者由于某种特殊规则，而不具有可采性。

2. 非法证据排除规则，是指违反法定程序，以非法方法获取的证据，原则上不具有证据能力，不能为法庭采纳。该规则既包括非法言词证据的排除，也包括非法实物证据的排除。

（1）采用刑讯逼供等非法手段取得的犯罪嫌疑人、被告人供述和采用暴力、威胁等非法手段取得的证人证言、被害人陈述，属于非法言词证据。

非法言词证据只要其非法性得到依法确认就应一律排除，不但不能作为定案的根据，也不能作为批准逮捕和提起公诉的根据。

（2）根据最高人民法院、最高人民检察院、公安部、国家安全部、司法部《关于办理刑事案件严格排除非法证据若干问题的规定》（以下简称《严格排非规定》）规定，收集物证、书证不符合法定程序，可能严重影响司法公正的，应当予以补正或者作出合理解释；不能补正或者作出合理解释的，对有关证据应当予以排除。

（3）采用刑讯逼供方法使犯罪嫌疑人、被告人作出供述，之后犯罪嫌疑人、被告人受该刑讯逼供行为影响而

【考场演练】 单项选择题

下列哪一选项所列举的证据属于补强证据？

A. 证明讯问过程合法的同步录像材料

B. 证明获取被告人口供过程合法，经侦查人员签名并加盖公章的书面说明材料

C. 根据被告人供述提取到的隐蔽性极强，并能与被告人供述和其他证据相印证的物证

D. 对与被告人有利害冲突的证人所作的不利被告人的证言的真实性进行佐证的书证

【参考答案】 D

作出的与该供述相同的重复性供述,应当一并排除,但下列情形除外:①侦查期间,根据控告、举报或者自己发现等,侦查机关确认或者不能排除以非法方法收集证据而更换侦查人员,其他侦查人员再次讯问时告知诉讼权利和认罪的法律后果,犯罪嫌疑人自愿供述的;②审查逮捕、审查起诉和审判期间,检察人员、审判人员讯问时告知诉讼权利和认罪的法律后果,犯罪嫌疑人、被告人自愿供述的。

(4)审查逮捕、审查起诉期间讯问犯罪嫌疑人,应当告知其有权申请排除非法证据,并告知诉讼权利和认罪的法律后果。人民法院向被告人及其辩护人送达起诉书副本时,应当告知其有权申请排除非法证据。

3. 自白任意规则,又称非任意自白排除规则,是指在刑事诉讼中,只有基于被追诉人自由意志而作出的自白(承认有罪的供述),才具有可采性;违背当事人意愿或违反法定程序而强制作出的供述不是自白,而是逼供,不具有可采性,必须予以排除。

4. 传闻证据规则,也称传闻证据排除规则,即法律排除将传闻证据作为认定犯罪事实的根据的规则。根据这一规则,无法定理由的,任何人在庭审期间以外及庭审准备期间以外的陈述,不得作为认定被告人有罪的证据。

5. 意见证据规则,是指证人只能陈述自己亲身体验和经历的事实,而不得陈述对该事实的意见或者推测的结论。

6. 补强证据规则。所谓"补强证据",是指用以增强另一证据证明力的证据。一开始收集到的对证实案情有重要意义的证据,称为"主证据",而用以印证该证据真实性的其他证据,就称为"补强证据"。补强证据规则,是指为了防止误认事实或存在其他危险性,而在运用某些证明力明显薄弱的证据认定案情时,必须有其他证据补强其证明力,才能被法庭采信并作为定案根据。一般来说,在刑事诉讼中需要补强的不仅包括被追诉人的供述,而且包括证人证言、被害人陈述等特定证据。

☞ **易错点提示** 下列证据应当慎重使用,有其他证据印证的,可以采信:生理上、精神上有缺陷,对案件事实的认知和表达存在一定困难,但尚未丧失正确认知、表达能力的被害人、证人和被告人所作的陈述、证言和供述;与被告人有亲属关系或者其他密切关系的证人所作的有利于被告人的证言,或者与被告人有利害冲突的证人所作的不利于被告人的证言。

7. 最佳证据规则,又称原始证据规则,是指以文字、符号、图形等方式记载的内容来证明案情时,原件才是最佳证据。该规则要求书证的提供者应尽量提供原件,如果提供副本、抄本、复制本等非原始材料,则必须提供充足理由加以说明,否则,该书证不具有可采性。

考点 8 刑事诉讼证明标准

1. 刑事诉讼证明对象

(1)案件事实。被告人、被害人的身份;被指控的犯罪是否存在;被指控的犯罪是否为被告人所实施;被告人有无刑事责任能力,有无罪过,实施犯罪的动机、目的;实施犯罪的时间、地点、手段、后果以及案件起因等;是否系共同犯罪或者犯罪事实存在关联,以及被告人在犯罪中的地位、作用;被告人有无从重、从轻、减轻、免除处罚情节；有关涉案财物处理的事实；有关附带民事诉讼的事实；有关管辖、回避、延期审理等的程序事实；与定罪量刑有关的其他事实。

(2)免证事实。在法庭审理中，下列事实不必提出证据进行证明：①为一般人共同知晓的常识性事实；②人民法院生效裁判所确认并且未依审判监督程序重新审理的事实；③法律、法规的内容以及适用等属于审判人员履行职务所应当知晓的事实；④在法庭审理中不存在异议的程序事实；⑤法律规定的推定事实；⑥自然规律或者定律。

2. 证明责任的分担

(1)人民检察院负有证明被告人有罪的责任。检察机关决定提起公诉的案件，必须达到犯罪事实已经查清，证据确实、充分，依法应当追究刑事责任的标准。

(2)自诉案件的自诉人应当对其控诉承担证明责任。在自诉案件中，自诉人处于原告的地位，独立承担控诉职能，对自己提出的控诉主张依法应当承担证明责任。

(3)在例外情况下，被告人应当承担提出证据的责任。

3. 证明标准：犯罪事实清楚，证据确实、充分

证据确实、充分，应当符合以下条件：定罪量刑的事实都有证据证明；据以定案的证据均经法定程序查证属实；综合全案证据，对所认定事实已排除合理怀疑。

需要注意的是疑罪的处理问题，刑事诉讼法明确了“疑罪从无”的处理原则。

【考场演练】 单项选择题

证明责任也称举证责任，是诉讼法和证据法中的一项基本制度，是指人民检察院或某些当事人应当收集或提供证据证明应予认定的案件事实或有利于自己的主张，否则将承担其主张不能成立的危险。下列法庭审理中的行为哪一项体现了刑事诉讼证明责任的承担？

A. 郑某因涉嫌侵占罪被起诉至法院，后其向法庭提供证据证明电脑原本就为自己所有

B. 任某抢劫一案中，辩护人提供了案发时被告人正在出差途中的证据

C. 申某故意杀人一案中，被告人指出自己被羁押后曾被带至看守所之外进行讯问，法院由此对被告人口供的合法性有所怀疑，检察院提供证据解释说明

D. 李某被指控犯绑架罪，被告人当庭要求排除之前的有罪供述，理由是曾被侦查人员打伤肋骨，同时提供了被羁押前就医时所拍的X光片

【参考答案】 C

考点 9 取保候审

1. 取保候审的适用对象：(1)可能判处管制、拘役或者独立适用附加刑的；(2)可能判处有期徒刑以上刑罚，采取取保候审不致发生社会危险性的；(3)患有严重疾病、生活不能自理，怀孕或者正在哺乳自己婴儿的妇女，采取取保候审不致发生社会危险性的；(4)羁押期限届满，案件尚未办结，需要采取取保候审的。

☞ **易错点提示** 人民检察院对于严重危害社会治安的犯罪嫌疑人，以及其他犯罪性质恶劣、情节严重的犯罪嫌疑人不得取保候审。

2. 取保候审的保证方式：保证人保证和保证金保证。

3. 取保候审的执行：由公安机关执行。

4. 被取保候审人的义务。(1)法定义务：①未经执行机关批准不得离开所居住的市、县；②住址、工作单位和联系方式发生变动的，在24小时以内向执行机关报告；③在传讯的时候及时到案；④不得以任何形式干扰证人作证；⑤不得毁灭、伪造证据或者串供。(2)酌定义务。办案机关应当根据犯罪嫌疑人、被告人涉嫌犯罪的性质，危害后果，社会影响，犯罪嫌疑人、被害人的具体情况等，有针对性地确定被取保候审人的一项或多项酌定义务：①不得进入特定的场所；②不得与特定的人员会见或者通信；③不得从事特定的活动；④将护照等出入境证件、驾驶证件交执行机关保存。

被取保候审的人在取保候审期间违反上述法定义务和酌定义务，则应视情节轻重对已交纳保证金的没收保证金的全部或者一部分，并根据案件的具体情况，责令犯罪嫌疑人、被告人具结悔过，重新交纳保证金或提出保证人。对于不宜再取保候审的，可以监视居住或者予以逮捕。对需要予以逮捕的，可以对犯罪嫌疑人、被告人先行拘留。

考点 10 监视居住

1. 监视居住的适用对象：(1)患有严重疾病、生活不能自理的；(2)怀孕或者正在哺乳自己婴儿的妇女；(3)系生活不能自理的人的唯一扶养人；(4)因为案件的特殊情况或者办理案件的需要，采取监视居住措施更为适宜的；(5)羁押期限届满，案件尚未办结，需要采取监视居住措施的。

人民法院、人民检察院和公安机关对符合逮捕条件，有上述情形之一的犯罪嫌疑人、被告人，可以监视居住。

☞ **易错点提示** 对符合取保候审条件，但犯罪嫌疑人、被告人不能提出保证人，也不交纳保证金的，也可以监视居住。

2. 监视居住的种类：分为住处监视居住和指定居所监视居住两种。

住处监视居住，是指在犯罪嫌疑人、被告人的住处执行的监视居住；指定居所监视居住是指在人民法院、人民检察院或者公安机关指定的居所执行的监视居住。原则上，监视居住应当在犯罪嫌疑人、被告人的住处执行，只有在两种情况下可以适用指定居所监视居住：(1)犯罪嫌疑人、被告人无固定住处的；(2)对于涉嫌危害国家安全犯罪、恐怖活动犯罪，在住处执行可能有碍侦查的，经上一级公安机关批准，也可以在指定的居所执行。

3. 监视居住的执行：由公安机关执行。

4. 监视居住的期限：最长不超过6个月，在此期限内不得中断对案件的侦查、起诉和审理。

5. 执行指定居所监视居住的特殊规定。

(1)对于涉嫌危害国家安全犯罪、恐怖活动犯罪，在住处执行可能有碍侦查的而需要指定居所的，需经上一级公安机关批准。

(2)指定居所监视居住的，除无法通知的以外，应当在执行监视居住后24小时以内，通知被监视居住人的家属，通知的内容包括指定居所监视居住的原因和地点。无法通知的具体情形包括：犯罪嫌疑人、被告人不讲真实姓名、住址、身份不明的；没有家属的；提供的家属联系方式无法取得联系的；自然灾害等不可抗力导致无法通知的。

（3）由人民检察院对指定居所监视居住的决定和执行是否合法实行监督。

（4）指定居所监视居住的期限应当折抵刑期：被判处管制的，监视居住1日折抵刑期1日；被判处拘役、有期徒刑的，监视居住2日折抵刑期1日。

6. 被监视居住人的义务：（1）未经执行机关批准不得离开执行监视居住的处所。（2）未经执行机关批准不得会见他人或者通信。（3）在传讯的时候及时到案。（4）不得以任何形式干扰证人作证。（5）不得毁灭、伪造证据或者串供。（6）将护照等出入境证件、身份证件、驾驶证件交执行机关保存。

被监视居住的犯罪嫌疑人、被告人有违反上述义务的情形，情节严重的，可以予以逮捕；需要予以逮捕的，可以对犯罪嫌疑人、被告人先行拘留。

考点 11 刑事拘留和逮捕

1. 拘留

（1）拘留的适用对象：现行犯或者重大犯罪嫌疑分子。

（2）拘留的程序：公安机关依法需要拘留犯罪嫌疑人，由承办单位填写呈请拘留报告书，经县级以上公安机关负责人批准，制作拘留证，然后由提请批准拘留的单位负责执行。决定拘留的案件，人民检察院应当将有关法律文书和案由、犯罪嫌疑人基本情况的材料送交同级公安机关，由公安机关负责执行。

2. 逮捕

（1）逮捕的适用情形：①对有证据证明有犯罪事实，可能判处徒刑以上刑罚的犯罪嫌疑人、被告人，采取取保候审尚不足以防止发生社会危险性的，应当予以逮捕。②对有证据证明有犯罪事实，可能判处10年有期徒刑以上刑罚的；有证据证明有犯罪事实，可能判处徒刑以上刑罚，曾经故意犯罪的；有证据证明有犯罪事实，可能判处徒刑以上刑罚，不讲真实姓名、住址，身份不明的，符合上述三种情况的，应当逮捕。③被取保候审、监视居住的犯罪嫌疑人、被告人违反取保候审、监视居住规定，情节严重的，可以予以逮捕（包括可能判处徒刑以下刑罚但违反取保候审、监视居住规定，严重影响诉讼活动正常进行的）。

（2）不予逮捕的情形。对具有下列情形之一的犯罪嫌疑人，人民检察院应当作出不批准逮捕或者不予逮捕的决定：①不符合上述应当或可以逮捕条件的；②具有《刑事诉讼法》第16条规定的情形之一的。

犯罪嫌疑人涉嫌的罪行较轻，且没有其他重大犯罪嫌疑，具有以下情形之一的，可以作出不批准逮捕或者不予逮捕的决定：①属于预备犯、中止犯，或者防卫过当、避险过当的；②主观恶性较小的初犯，共同犯罪中的从犯、胁从犯，犯罪后自首、有立功表现或者积极退赃、赔偿损失、确有悔罪表现的；③过失犯罪的犯罪嫌疑人，犯罪后有悔罪表现，有效控制损失或者积极赔偿损失的；④犯罪嫌疑人与被害人双方根据刑事诉讼法的有关规定达成和解协议，经审查，认为和解系自愿、合法且已经履行或者提供担保的；⑤犯罪嫌疑人系已满14周岁未满18周岁的未成年人或者在校学生，本人有悔罪表现，其家庭、学校或者所在社区以及居民委员会、村民委员会具备监护、帮教条件的；⑥犯罪嫌疑人系已满75周岁的人；⑦犯罪嫌疑人认罪认罚的；⑧其他。

注意：对未成年被告人应当严格限制适用逮捕措施。人民法院决定逮捕，应当讯问未成年被告人，听取辩护律师的意见。对被逮捕且没有完成义务教育的未成年被告人，人民法院应当与教育行政部门互相配合，保证其接受义务教育。

（3）逮捕的批准、决定和执行机关。逮捕犯罪嫌疑人、被告人的批准权或者决定权属于人民检察院和人民法院。逮捕的执行权属于公安机关，人民检察院和人民法院批准或决定逮捕的都必须交付公安机关执行。

（4）逮捕的执行程序：逮捕犯罪嫌疑人、被告人后，应当立即送看守所羁押。除无法通知的以外，应当在逮捕后24小时以内，通知被逮捕人的家属。人民法院、人民检察院对于各自决定逮捕的人，公安机关对于经人民检察院批准逮捕的人，都必须在逮捕后的24小时以内进行讯问。在发现不应当逮捕的时候，必须立即释放，发给释放证明。

（5）羁押必要性审查：《刑事诉讼法》第95条规定，犯罪嫌疑人、被告人被逮捕后，人民检察院仍应当对羁押的必要性进行审查。对不需要继续羁押的，应当建议予以释放或者变更强制措施。有关机关应当在10日以内将处理情况通知人民检察院。检察机关对羁押必要性的审查是依职权进行的，不以有关诉讼参与人提出审查的申请为前提。人民检察院对审查起诉阶段未经羁押必要性审查、可能判处3年有期徒刑以下刑罚的在押犯罪嫌疑人，在提起公诉前应当依职权开展一次羁押必要性审查。但犯罪嫌疑人、被告人及其法定代理人、近亲属或者辩护人也有权申请人民检察院进行羁押必要性审查，申请时应当说明不需要继续羁押的理由，有相关证据或者其他材料的，应当提供。看守所根据在押人员身体状况，也可以建议人民检察院进行羁押必要性审查。需要注意的是，已经逮捕的犯罪嫌疑人认罪认罚的，人民检察院应当及时对羁押必要性进行审查。根据《人民检察院、公安机关羁押必要性审查、评估工作规定》的规定，公安机关在移送审查起诉前，发现采取逮捕措施不当或者犯罪嫌疑人及其法定代理人、近亲属或者辩护人、值班律师申请变更羁押强制措施的，应当对羁押的必要性进行评估。不需要继续羁押的，应当及时决定释放或者变更强制措施。根据《人民检察院、公安机关羁押必要性审查、评估工作规定》等规定，羁押必要性审查案件由办案机关对应的同级人民检察院捕诉部门办理，负责刑事执行检察的部门收到有关材料或者发现不需要继续羁押的，应当及时将有关材料和意见移送负责捕诉的部门。审查起诉阶段，负责捕诉的部门经审查认为不需要继续羁押的，应当直接释放犯罪嫌疑人或者变更强制措施。人民检察院进行羁押必要性审查，可以采取以下方式：①审查犯罪嫌疑人、被告人不需要继续羁押的理由和证明材料；②听取犯罪嫌疑人、被告人及其法定代理人、近亲属或者辩护人、值班律师意见；③听取被害人及其法定代理人、诉讼代理人、近亲属或者其他有关人员的意见，了解和解、谅解、赔偿情况；④听取公安机关、人民法院意见，必要时查阅、复制原案卷宗中有关证据材料；⑤调查核实犯罪嫌疑人、被告人的身体健康状况；⑥向看守所调取有关犯罪嫌疑人、被告人羁押期间表现的材料；⑦需要采取的其他方式。

考点12 附带民事诉讼

1. 附带民事诉讼的受理或赔偿范围：仅限于被害人因人身权利受到犯罪侵犯或者财物被犯罪分子毁坏而遭受物质损失，不包括精神损失。

2. 附带民事诉讼的原告。(1)被害人：因犯罪行为遭受物质损失的公民、企业、事业单位、机关、团体等。(2)被害人的法定代理人、近亲属：被害人死亡或者丧失行为能力的，其法定代理人、近亲属有权提起附带民事诉讼。(3)人民检察院：国家财产、集体财产遭受损失，受损失的单位未提起附带民事诉讼的，人民检察院可以在提起公诉时提起附带民事诉讼。

3. 附带民事诉讼中负有赔偿责任的人：(1)刑事案件的被告人以及未被追究刑事责任的其他共同侵害人。(2)刑事被告人的监护人。(3)死刑罪犯的遗产继承人。其应当在所继承的遗产范围内承担赔偿责任。(4)共同犯罪案件中，案件审结前死亡的被告人的遗产继承人。(5)对被害人的物质损失依法应当承担赔偿责任的其他单位和个人。

☞ **易错点提示** ①被告人的亲友自愿代为赔偿的，可以准许。②共同犯罪案件，同案犯在逃的，不应列为附带民事诉讼被告人。逃跑的同案犯到案后，被害人或者其法定代理人、近亲属可以对其提起附带民事诉讼，但已经从其他共同犯罪人处获得足额赔偿的除外。

4. 提起附带民事诉讼的期间：刑事案件立案以后，一审宣判前。

☞ **易错点提示** 第一审期间未提起附带民事诉讼，在第二审期间提起的，第二审人民法院可以依法进行调解；调解不成的，告知当事人可以在刑事判决、裁定生效后另行提起民事诉讼。

5. 附带民事诉讼的财产保全：(1)诉中财产保全。人民法院对可能因被告人的行为或者其他原因，使附带民事判决难以执行的案件，根据附带民事诉讼原告人的申请，可以裁定采取保全措施，查封、扣押或者冻结被告人的财产；附带民事诉讼原告人未

【考场演练】 单项选择题

张某因超速驾驶发生交通事故，不慎将行人A撞成重伤，且把B停放在路边的摩托车撞毁了。张某因害怕承担责任在肇事后逃逸。S区公安局在张某哥哥的协助下将张某抓获归案。S区检察院以交通肇事罪对张某提起公诉。关于本案，下列说法正确的是：

A. 张某就民事赔偿问题与A没有达成和解，而与B达成了和解，法院应当对张某从轻处罚

B. B只有向法院提起附带民事诉讼后，才能委托诉讼代理人

C. B向法院提起附带民事诉讼后，张某与B达成和解，但张某不能即时履行全部赔偿义务，S区法院应当制作附带民事和解书

D. 对张某哥哥协助公安机关抓获张某的行为，因为不是法定量刑情节，法院可不予以审理

【参考答案】 A

提出申请的，必要时，人民法院也可以采取保全措施。人民法院采取诉中财产保全措施，可以责令申请人提供担保，申请人不提供担保的，裁定驳回申请。人民法院接受财产保全申请后，对情况紧急的，必须在48小时内作出裁定；裁定采取保全措施的，应当立即开始执行。(2)诉前财产保全。有权提起附带民事诉讼的人因情况紧急，不立即申请保全将会使其合法权益受到难以弥补的损害的，可以在提起附带民事诉讼前，向被保全财产所在地、被申请人居住地或者对案件有管辖权的人民法院申请采取保全措施。申请人在人民法院受理刑事案件后15日内未提起附带民事诉讼的，人民法院应当解除保全措施。对于诉前财产保全，申请人应当提供担保，不提供担保的，裁定驳回申请。人民法院接受申请后，对情况紧急的，必须在48小时内作出裁定；裁定采取保全措施的，应当立即开始执行。人民法院可以采取的保全措施包括查封、扣押与冻结被告人的财产三种。

☞ **易错点提示** 财产保全的对象限于附带民事诉讼被告人的财产，非附带民事诉讼被告人的财产不得进行保全。人民法院保全财产后，应当立即通知被保全财产的人。财产已被查封、冻结的，不得重复查封、冻结。被申请人提供担保的，人民法院应当裁定解除保全。申请有错误的，申请人应当赔偿被申请人因保全所遭受的损失。

6. 附带民事诉讼的审判。(1)审判组织：原则上“先刑后民”，由同一审判组织审理。(2)审理刑事附带民事诉讼案件时，人民法院应当结合被告人赔偿被害人物质损失的情况认定其悔罪表现，并在量刑时予以考虑。(3)对附带民事诉讼作出判决，应当根据犯罪行为造成的物质损失，结合案件具体情况，确定被告人应当赔偿的数额。(4)人民检察院提起附带民事诉讼的，人民法院经审理，认为附带民事诉讼被告人依法应当承担赔偿责任的，应当判令附带民事诉讼被告人直接向遭受损失的单位作出赔偿；遭受损失的单位已经终止，有权利义务继受人的，应当判令其向继受人作出赔偿；没有权利义务继受人的，应当判令其向人民检察院交付赔偿款，由人民检察院上缴国库。

考点13 侦查行为

1. 讯问犯罪嫌疑人

(1)必须由公安机关或者人民检察院的侦查人员负责进行。讯问的时候侦查人员不得少于2人。讯问同案审理的被告人，应当分别进行。

(2)对不需要逮捕、拘留的犯罪嫌疑人，可以传唤到犯罪嫌疑人所在市、县内的指定地点或者到他的住处进行讯问，但是应当出示公安机关或者人民检察院的证明文件。对在现场发现的犯罪嫌疑人，经出示工作证件，可以口头传唤，但应当在讯问笔录中注明。犯罪嫌疑人被送交看守所羁押以后，侦查人员对其进行讯问，应当在看守所内进行。因客观原因侦查机关在看守所讯问室以外的场所进行讯问的，应当作出合理解释。传唤、拘传持续的时间不得超过12小时，案情特别重大、复杂，需要采取拘留、逮捕措施的，传唤、拘传持续的时间不得超过24小时。两次拘传间隔的时间一般不得少于12小时，不得以连续拘传的方式变相拘禁犯罪嫌疑人。拘传犯罪嫌疑人，应当保证犯罪嫌疑人的饮食和必要的休息时间。对于已经被拘留或者逮捕的犯罪嫌疑人，应当在拘留或者逮捕后的24小时以内讯问，在发现不应当拘留或者逮捕的时候，必须立即释放。

(3)根据《严格排非规定》，看守所收押犯罪嫌疑人，应当进行身体检查。检查时，人民检察院驻看守所检察人员可以在场。检查发现犯罪嫌疑人有伤或者身体异常的，看守所应当拍照或者录像，分别由送押人员、犯罪嫌疑人说明原因，并在体检记录中写明，由送押人员、收押人员和犯罪嫌疑人签字确认。对重大案件，人民检察院驻看守所检察人员应当在侦查终结前询问犯罪嫌疑人，核查是否存在刑讯逼供、非法取证情形，并同步录音录像。经核查，确有刑讯逼供、非法取证情形的，侦查机关应当及时排除非法证据，不得作为提请批准逮捕、移送审查起诉的根据。

(4)讯问聋、哑的犯罪嫌疑人，应当有通晓聋、哑手势的人参加，并且将这种情况记明笔录。

(5)讯问录音录像。侦查人员在讯问犯罪嫌疑人的时候，可以对讯问过程进行录音或者录像；对于可能判处无期徒刑、死刑的案件或者其他重大犯罪案件，应当对讯问过程进行录音或者录像。录音或者录像应当不间断进行，保持完整性，不得选择性地录制，不得剪接、删改。

2. 询问证人

(1)询问证人，应当由侦查人员进行；审判人员认为必要时，也可以询问证人。

(2)侦查人员询问证人，可以在现场进行，但应当出示工作证件；侦查人员也可以到证人的所在单位、住处或者证人提出的地点进行，但是必须出示公安机关或者人民检察院的证明文件。在必要的时候，也可以通知证人到公安机关或者人民检察院提供证言。

(3)询问证人应当个别进行。

询问被害人适用询问证人的程序。

3. 勘验、检查

(1)勘验、检查的种类：现场勘验、物证检验、尸体检验、人身检查和侦查实验五种。

☞ **易错点提示** 勘验的对象是现场、物品和尸体，而检查的对象是活人的身体。

(2)检查的对象：被害人、犯罪嫌疑人。

☞ **易错点提示** 对犯罪嫌疑人可以强制检查，但对被害人的人身检查，应征求本人的同意，不得强制进

【考场演练】 单项选择题

关于勘验、检查，下列哪一选项是正确的？

A. 为保证侦查活动的规范性与合法性，只有侦查人员可进行勘验、检查

B. 侦查人员进行勘验、检查，必须持有侦查机关的证明文件

C. 检查妇女的身体，应当由女工作人员或者女医师进行

D. 勘验、检查应当有见证人在场，勘验、检查笔录上没有见证人签名的，不得作为定案的根据

【参考答案】 B

行。检查妇女的身体,应当由女工作人员或者医师(可以是男性)进行。

(3)为了查明案情,在必要的时候,经公安机关负责人批准,可以进行侦查实验。

4. 搜查

搜查只能由侦查人员进行。搜查时必须向被搜查人出示搜查证,否则,被搜查人有权拒绝搜查。但是侦查人员"在执行逮捕、拘留的时候,遇有紧急情况,不另用搜查证也可以进行搜查"。

5. 查封、扣押物证、书证

(1)在侦查活动中发现的可用以证明犯罪嫌疑人有罪或者无罪的各种财物、文件,应当查封、扣押;与案件无关的财物、文件,不得查封、扣押。

(2)对查封、扣押的财物、文件,应当会同在场见证人和被查封、扣押财物、文件持有人查点清楚,当场开列清单一式两份,由侦查人员、见证人和持有人签名或者盖章,一份交给持有人,另一份附卷备查。

(3)对查封、扣押的财物、文件、邮件、电报或者冻结的存款、汇款、债券、股票、基金份额等财产,经查明确实与案件无关的,应当在3日以内解除查封、扣押、冻结,予以退还。

6. 鉴定

指派、聘请的鉴定人应当是具有某项专门知识,而且与本案和本案当事人没有利害关系,能够保证客观、公正地进行鉴定的人。

7. 辨认

(1)几名辨认人对同一被辨认对象进行辨认时,应当由每名辨认人单独进行辨认。必要时,可以有见证人在场。

(2)辨认时,应当将辨认对象混杂在其他对象中。不得在辨认前向辨认人展示辨认对象及其影像资料,不得给辨认人任何暗示。

8. 技术侦查

(1)公安机关、国家安全机关自行决定与执行技术侦查措施的适用。

(2)适用范围包括三种情况:①公安机关、国家安全机关侦查过程中,"在立案后,对于危害国家安全犯罪、恐怖活动犯罪、黑社会性质的组织犯罪、重大毒品犯罪或者其他严重危害社会的犯罪案件",根据侦查犯罪的需要,经过严格的批准手续,可以采取技术侦查措施;②检察机关在办理自侦案件过程中,"在立案后,对于利用职权实施的严重侵犯公民人身权利的重大犯罪案件",根据侦查犯罪的需要,经过严格的批准手续,可以采取技术侦查措施,按照规定交有关机关执行;③追捕被通缉或者批准、决定逮捕的在逃的犯罪嫌疑人、被告人,经过批准,可以采取追捕所必需的技术侦查措施。

9. 通缉

(1)只有公安机关有权发布通缉令。

(2)通缉的对象只能是依法应当逮捕而在逃的犯罪嫌疑人,包括已被逮捕而在羁押期间逃跑的犯罪嫌疑人。

考点14 侦查中的羁押期限

1. 依据《刑事诉讼法》第156~159条的规定，对犯罪嫌疑人逮捕后的侦查羁押期限如下：

适用情形	侦查羁押期限	批准或决定机关
一般侦查羁押期限	2个月	—
案情复杂、期限届满不能终结的	延长1个月	经上一级人民检察院批准
①交通十分不便的边远地区的重大复杂案件；②重大的犯罪集团案件；③流窜作案的重大复杂案件；④犯罪涉及面广，取证困难的重大复杂案件	延长2个月	经省、自治区、直辖市人民检察院批准或者决定
对犯罪嫌疑人可能判处10年有期徒刑以上刑罚，依照《刑事诉讼法》第158条的规定延长期限届满，仍不能侦查终结的	再延长2个月	经省、自治区、直辖市人民检察院批准或者决定
因为特殊原因，在较长时间内不宜交付审判的特别重大复杂的案件	延期审理	由最高人民检察院报请全国人大常委会批准

2. 重新计算侦查羁押期限

(1)在侦查期间，发现犯罪嫌疑人另有重要罪行的，自发现之日起依照《刑事诉讼法》第156条的规定重新计算侦查羁押期限。但是公安机关在侦查期间，发现犯罪嫌疑人另有重要罪行，重新计算侦查羁押期限的，由公安机关决定，不再经人民检察院批准，但须报批准逮捕的人民检察院备案，并受人民检察院监督。

(2)犯罪嫌疑人不讲真实姓名、住址，身份不明的，应当对其身份进行调查，侦查羁押期限自查清其身份之日起计算，但不得停止对其犯罪行为的侦查取证。对于犯罪事实清楚，证据确实、充分，确实无法查明其身份的，也可以按其自报的姓名起诉、审判。

(3)对犯罪嫌疑人作精神病鉴定的期间，不计入羁押期限。其他鉴定时间则应当计入羁押期间。

考点15 补充侦查

1. 审查批捕阶段的补充侦查

人民检察院对于公安机关提请批准逮捕的案件进行审查后，应当根据情况分别作出批准逮捕或者不批准逮捕的决定。对于批准逮捕的决定，公安机关应当立即执行，并且将执行情况及时通知人民检察院。对于不批准逮捕的，人民检察院应当说明理由，需要补充侦查的，应当同时通知公安机关。

2. 审查起诉阶段的补充侦查

(1)补充侦查的形式：人民检察院审查案件，对于需要补充侦查的，可以退回公安机关补充侦查，也可以自行侦查。

(2)补充侦查的期限和次数：对于补充侦查的案件，应当在1个月以内补充侦查完毕。补充侦查以两次为限。

☞ **易错点提示** 补充侦查期限届满后，人民检察院未将补充的证据材料移送人民法院的，人民法院可以根据在案证据作出判决、裁定。

3. 法庭审理阶段的补充侦查

（1）补充侦查的形式：在法庭审判过程中，检察人员发现提起公诉的案件需要补充侦查，提出建议的，可以延期审理。人民检察院应当自行侦查，必要时可以书面要求监察机关或者公安机关补充提供证据。

☞ **易错点提示** 合议庭在审判期间，发现被告人可能有自首、立功等法定量刑情节，而人民检察院移送的案卷中没有相关证据材料的，应当通知人民检察院在指定时间内移送。审判期间，被告人提出新的立功线索的，人民法院可以建议人民检察院补充侦查。

（2）补充侦查的期限：依照《刑事诉讼法》第 204 条第 2 项的规定延期审理的案件，人民检察院应当在 1 个月以内补充侦查完毕。

考点 16 审查起诉

1. 人民检察院审查案件的时候，必须查明以下内容：（1）犯罪事实、情节是否清楚，证据是否确实、充分，犯罪性质和罪名的认定是否正确。（2）有无遗漏罪行和其他应当追究刑事责任的人。办理共同犯罪案件特别是集团犯罪案件，除对其中已逃跑的成员可以另案处理外，一定要把全案的事实查清，然后对应当追究刑事责任的同案人，全案起诉，全案判处。（3）是否属于不应追究刑事责任的情形。（4）有无附带民事诉讼。（5）侦查活动是否合法。

2. 审查起诉的步骤和方法：（1）各级人民检察院审查起诉的案件应与人民法院审判管辖相适应。（2）审阅案卷材料。（3）讯问犯罪嫌疑人。（4）听取辩护人或者值班律师、被害人及其诉讼代理人的意见。（5）补充侦查。（6）作出决定。

3. 审查起诉的期限：人民检察院对于监察机关、公安机关移送起诉的案件，应当在 1 个月以内作出决定，重大、复杂的案件，可以延长 15 日。

人民检察院审查起诉的案件，改变管辖的，从改变后的人民检察院收到案件之日起计算审查起诉期限。

对于补充侦查的案件，补充侦查完毕移送人民检察院后，人民检察院也要重新计算审查起诉期限。

考点 17 不起诉

1. 不起诉的种类

（1）法定不起诉，又称绝对不起诉或应当不起诉，是指犯罪嫌疑人没有犯罪事实或者具有《刑事诉讼法》第 16 条规定的不追究刑事责任情形之一的，人民检察院应当作出不起诉决定。

（2）酌定不起诉，又称相对不起诉，是指人民检察院认为犯罪嫌疑人的犯罪情节轻微，依照《刑法》规定不需要判处刑罚或者免除刑罚的案件，可以作出不起诉决定。

(3)存疑不起诉,又称证据不足的不起诉,是指人民检察院对于2次退回补充调查或者补充侦查的案件,仍然认为证据不足,不符合起诉条件的,经检察长批准,依法作出不起诉决定。

(4)附条件不起诉,是指检察机关在审查起诉时,对于未成年人涉嫌《刑法》分则第四章、第五章、第六章规定的侵犯人身权利、民主权利罪,侵犯财产罪,妨害社会管理秩序罪,可能判处1年有期徒刑以下刑罚,符合起诉条件,但有悔罪表现的,人民检察院可以作出附条件不起诉的决定。

(5)特别不起诉:犯罪嫌疑人自愿如实供述涉嫌犯罪的事实,有重大立功或者案件涉及国家重大利益的,经最高人民检察院核准,公安机关可以撤销案件,人民检察院可以作出不起诉决定,也可以对涉嫌数罪中的一项或者多项不起诉。

2. 不起诉决定书的宣布和送达

依照《刑事诉讼法》的规定,不起诉的决定应当公开宣布,同时应当将不起诉决定书分别送达下列机关和人员:

(1)被不起诉人和他的所在单位。

(2)对于公安机关移送起诉的案件,应当将不起诉决定书送达公安机关。

(3)对于有被害人的案件,应当将不起诉决定书送达被害人。

3. 对不起诉决定的复议和申诉

(1)公安机关认为不起诉决定有错误的时候,可以要求复议,人民检察院负责捕诉的部门应当另行指派检察官或者办案组进行审查,并在收到要求复议意见书后的30日内,经检察长批准,作出复议决定,通知公安机关。如果公安机关认为复议决定有错误的,还可以向上一级人民检察院提请复核。

(2)被害人如果不服,可以自收到决定书后7日以内向上一级人民检察院申诉,请求提起公诉。人民检察院应当将复查决定告知被害人。

(3)对于人民检察院作出的不起诉决定,被不起诉人如果不服,可以自收到决定书后7日以内向人民检察院申诉。人民检察院应当作出复查决定,通知被不起诉的人,同时抄送公安机关。

考点 18 刑事审判的原则

1. 审判公开原则,人民法院审判案件,除法律规定的特别情况外,一律公开进行。

审判公开原则的例外,法庭评议不公开,对部分案件不公开审理。下列案件不公开审理:(1)有关国家秘密的案件。(2)有关个人隐私的案件。(3)当事人申请不公开审理的涉及商业秘密的案件,可以不公开审理。

2. 直接言词原则,包括直接原则和言词原则。直接原则又可分为直接审理原则和直接采证原则。言词原则,是指法庭审理须以口头陈述的方式进行。

3. 辩论原则,是指在法庭审理中,控辩双方应以口头的方式进行辩论,法院裁判的作出应以充分辩论为必经程序。

4. 集中审理原则,又称不中断审理原则,是指法院开庭审理案件,应在不更换审判人员的条件下连续进行,不得中断审理的诉讼原则。其主要包括每起案件自始至终应由同一法庭进行审判;法庭成员不可更换;集中证据调查与法庭辩论;庭审不中断并迅速作出裁判。

考点 19 审判组织

我国人民法院分为四级,即最高人民法院、高级人民法院、中级人民法院和基层人民法院。我国实行两审终审制。

1. 独任庭,是指由审判员 1 人独任审判的法庭组织形式。独任庭仅限于基层人民法院适用简易程序、速裁程序审判的案件。

2. 合议庭,是人民法院的基本审判组织。

(1)基层人民法院和中级人民法院审判第一审案件,应当由审判员 3 人或由审判员和人民陪审员共 3 人或者 7 人组成合议庭进行。

(2)高级人民法院审判第一审案件,应当由审判员 3 ~7 人或者由审判员和人民陪审员共 3 人或者 7 人组成合议庭进行。

(3)最高人民法院审判第一审案件,应当由审判员 3 ~7 人组成合议庭进行。

(4)人民法院审判上诉、抗诉案件,由审判员 3 人或者 5 人组成合议庭进行。

(5)最高人民法院复核死刑案件,高级人民法院复核死刑缓期执行的案件,应当由审判员 3 人组成合议庭进行。

合议庭的成员人数应当是单数。合议庭由审判员、助理审判员或者人民陪审员随机组成。

合议庭成员在评议案件的时候,应当表明自己的意见。合议庭如果意见分歧,应当按多数意见作出决定,但少数人的意见应当写入笔录。

3. 人民陪审员制度:除最高人民法院以外,各级人民法院审判第一审案件,均可吸收人民陪审员作为合议庭成员参与审判,人民陪审员在人民法院执行职务期间,除法律另有规定外,同审判员有同等的权利。

4. 审判委员会,是人民法院内部设立的对审判工作实行集体领导的组织。各级人民法院均设立审判委员会。审判委员会由院长、副院长和若干资深法官组成。参加审判委员会的成员称审判委员会委员。对于疑难、复杂、重大的案件,合议庭认为难以作出决定的,由合议庭提请院长决定提交审判委员会讨论决定。

考点 20 法庭审判程序

1. 公诉案件庭前审查:对公诉案件的审查是公诉案件第一审程序中的一个必经阶段。

对公诉案件的审查,是一种程序性审查,并不是对案件进行审理,它不解决对被告人定罪量刑的问题。

2. 开庭审判前的准备:

(1)确定审判长及合议庭组成人员。

(2)开庭 10 日以前将起诉书副本送达被告人、辩护人。

(3)通知当事人、法定代理人、辩护人、诉讼代理人在开庭 5 日以前提供证人、鉴定人名单,以及拟当庭出示的证据;申请证人、鉴定人、有专门知识的人出庭的,应当列明有关人员的姓名、性别、年龄、职业、住址、联系方式。

(4)开庭3日以前将开庭的时间、地点通知人民检察院。

(5)开庭3日以前将传唤当事人的传票和通知辩护人、诉讼代理人、法定代理人、证人、鉴定人等出庭的通知书送达;通知有关人员出庭,也可以采取电话、短信、传真、电子邮件、即时通讯等能够确认对方收悉的方式;对被害人人数众多的涉众型犯罪案件,可以通过互联网公布相关文书,通知有关人员出庭。

(6)公开审理的案件,在开庭3日以前公布案由、被告人姓名、开庭时间和地点。

上述工作情况应当记录在案。案件具有下列情形之一的,人民法院可以召开庭前会议:①控辩双方对事实、证据存在较大争议的;②证据材料较多、案情重大复杂的;③社会影响重大的;④需要召开庭前会议的其他情形。召开庭前会议准备就非法证据排除了解情况、听取意见,或者准备询问控辩双方对证据材料的意见的,应当通知被告人到场。有多名被告人的案件,可以根据情况确定参加庭前会议的被告人。

3. 法庭审判。法庭审判由合议庭的审判长主持。

(1)开庭:开庭审理前,由书记员进行开庭前的准备工作,然后审判长宣布开庭,传被告人到庭后,查明被告人的情况;审判长宣布案件的来源、起诉的案由、附带民事诉讼当事人的姓名及是否公开审理,不公开审理的,应当宣布理由;审判长宣布合议庭组成人员、法官助理、书记员、公诉人的名单,以及辩护人、诉讼代理人、鉴定人、翻译人员等诉讼参与人的名单;审判长应当告知当事人及其法定代理人、辩护人、诉讼代理人在法庭审理过程中依法享有的诉讼权利;审判长应当询问当事人及其法定代理人、辩护人、诉讼代理人是否申请回避,申请何人回避和申请回避的理由。

(2)法庭调查:公诉人宣读起诉书,之后审判长应当询问被告人对起诉指控的犯罪事实和罪名有无异议;在审判长主持下,被告人、被害人可以就起诉书指控的犯罪事实分别陈述;讯问、发问被告人、被害人;质证、出示、核实证据;调取新证据;合议庭调查核实证据。

审判长主持讯问、发问被告人时,对于同案审理的被告人,应当分别进行。必要时,可以传唤同案被告人等到庭对质。

(3)法庭辩论:公诉人发言;被害人及其诉讼代理人发言;被告人自行辩护;辩护人辩护;控辩双方进行辩论。

(4)被告人最后陈述。

(5)评议和宣判:被告人最后陈述后,审判长应当宣布休庭,由合议庭进行评议。

对第一审公诉案件,人民法院审理后,应当按照下列情形分别作出判决、裁定:

①起诉指控的事实清楚,证据确实、充分,依据法律认定指控被告人的罪名成立的,应当作出有罪判决。

②起诉指控的事实清楚,证据确实、充分,但指控的罪名不当的,应当依据法律和审理认定的事实作出有罪判决。

③案件事实清楚,证据确实、充分,依据法律认定被告人无罪的,应当判决宣告被告人无罪。

④证据不足,不能认定被告人有罪的,应当以证据不足、指控的犯罪不能成立,判决宣告被告人无罪。

⑤案件部分事实清楚,证据确实、充分的,应当作出有罪或者无罪的判决;对事实不清、证据不足部分,不予认定。

⑥被告人因未达到刑事责任年龄,不予刑事处罚的,应当判决宣告被告人不负刑事责任。

⑦被告人是精神病人,在不能辨认或者不能控制自己行为时造成危害结果,不予刑事处罚的,应当判决宣告被告人不负刑事责任;被告人符合强制医疗条件的,应当依照《刑诉解释》第二十六章的规定进行审理并作出判决。

⑧犯罪已过追诉时效期限且不是必须追诉,或者经特赦令免除刑罚的,应当裁定终止审理。

⑨属于告诉才处理的案件,应当裁定终止审理,并告知被害人有权提起自诉。

⑩被告人死亡的,应当裁定终止审理;但有证据证明被告人无罪,经缺席审理确认无罪的,应当判决宣告被告人无罪。

合议庭经过评议作出裁判后,应当宣判。宣判有当庭宣判和定期宣判两种形式。

4. 拒绝辩护:被告人在一个审判程序中更换辩护人一般不得超过两次。被告人当庭拒绝辩护人辩护,要求另行委托辩护人或者指派律师的,合议庭应当准许。被告人拒绝辩护人辩护后,没有辩护人的,应当宣布休庭;仍有辩护人的,庭审可以继续进行。有多名被告人的案件,部分被告人拒绝辩护人辩护后,没有辩护人的,根据案件情况,可以对该部分被告人另案处理,对其他被告人的庭审继续进行。重新开庭后,被告人再次当庭拒绝辩护人辩护的,可以准许,但被告人不得再次另行委托辩护人或者要求另行指派律师,由其自行辩护。被告人属于应当提供法律援助的情形,重新开庭后再次当庭拒绝辩护人辩护的,不予准许。法庭审理过程中,辩护人拒绝为被告人辩护,有正当理由的,应当准许;是否继续庭审,参照前述规定。

5. 第一审程序的期限:人民法院审理公诉案件,应当在受理后 2 个月以内宣判,至迟不得超过 3 个月。对于可能判处死刑的案件或者附带民事诉讼的案件,以及有《刑事诉讼法》第 158 条规定情形之一的,经上一级人民法院批准,可以延长 3 个月;因特殊情况还需要延长的,报请最高人民法院批准。人民法院改变管辖的案件,从改变后的人民法院收到案件之日起计算审理期限。人民检察院补充侦查的案件,补充侦查完毕移送人民法院后,人民法院重新计算审理期限。

考点21 上诉与抗诉(二审抗诉)

【知识图解】 上诉与抗诉

比较项目		上诉	抗诉
相同点	对象	地方各级人民法院未生效的判决、裁定	
	期限	判决:10日;裁定:5日;从接到判决书、裁定书的第2日起算	
	效力	必然引起第二审程序	
不同点	主体	自诉人、被告人、附带民事诉讼的当事人和这些主体的法定代理人;被告人的辩护人及近亲属(经被告人同意)	第一审人民法院的同级人民检察院(被害人及其法定代理人只能请求人民检察院对判决抗诉)
	理由	没有限制[1]	第一审判决、裁定确有错误
	形式	书面形式或口头形式	书面形式:抗诉书
	途径	通过原审人民法院或直接向上一级人民法院提出	只能向上一级人民法院提出

〔1〕附带民事诉讼当事人及其法定代理人只能就附带民事诉讼部分提出上诉。

1. 全面审查原则

(1)第二审人民法院应当就第一审判决认定的事实和适用法律进行全面审查,不受上诉或者抗诉范围的限制。

(2)共同犯罪案件,只有部分被告人提出上诉的,或者人民检察院只就第一审人民法院对部分被告人的判决提出抗诉的,第二审人民法院应当对全案进行审查,一并处理。

(3)共同犯罪案件,提出上诉的被告人死亡,其他被告人没有提出上诉的,第二审人民法院应当对死亡的被告人终止审理;但有证据证明被告人无罪,经缺席审理确认无罪的,应当判决宣告被告人无罪。具有前述情形,第二审人民法院仍应当对全案进行审查,对其他同案被告人仍应当作出判决或者裁定。

(4)审理附带民事诉讼的上诉、抗诉案件,应当对全案进行审查。如果第一审判决的刑事部分并无不当,第二审人民法院只需就附带民事诉讼部分作出处理。

2. 上诉不加刑原则

上诉不加刑是第二审法院要遵守的一个原则。只有在被告方提起上诉的时候,上诉不加刑才能适用。上诉不加刑的"刑"包括三个内容:刑种、刑期、刑罚的执行方法。

(1)被告人或者他的法定代理人、辩护人、近亲属上诉的案件,不得加重被告人的刑罚。

(2)人民检察院提出抗诉或者自诉人提出上诉的,不受上诉不加刑的限制。既有被告人一方上诉,又有人民检察院提出抗诉或者自诉人提出上诉的,同样不受上诉不加刑原则的限制。

(3)同案审理的案件,只有部分被告人上诉的,既不能加重提出上诉的被告人的刑罚,也不能加重其他同案被告人的刑罚。

(4)人民检察院只对部分被告人的判决提出抗诉,或者自诉人只对部分被告人的判决提出上诉的,第二审人民法院不得对其他同案被告人加重刑罚。

(5)原判认定的罪名不当的,在不加重原判刑罚或者对刑罚执行产生不利影响的情况下,可以改变罪名。

(6)原判对被告人宣告缓刑的,不得撤销缓刑或者延长缓刑考验期。

(7)原判判处的刑罚不当、应当适用附加刑而没有适用的,不得直接加重被告人的刑罚、适用附加刑。原判判处的刑罚畸轻,必须依法改判的,应当在第二审判决、裁定生效后,依照审判监督程序重新审判。

考点 22 延期审理与中止审理

1. 延期审理,是指在法庭审判过程中,遇有足以影响审判进行的情形时,法庭决定延期审理,待影响审判进行的原因消失后,再行开庭审理。延期审理有以下三种情形:(1)需要通知新的证人到庭,调取新的物证,重新鉴定或者勘验的;(2)检察人员发现提起公诉的案件需要补充侦查,提出建议的;(3)由于申请回避而不能进行审判的。

2. 中止审理,是指人民法院在审判案件过程中,因发生某种情况影响了审判的正常进行,而决定暂停审理,待影响审判正常进行的情况消失后,再行开庭审理。

在审判过程中,有下列情形之一,致使案件在较长时间内无法继续审理的,可以中止审理:(1)被告人患有严重疾病,无法出庭的;(2)被告人脱逃的;(3)自诉人患有严重疾病,无法出庭,未委托诉讼代理人出庭的;(4)由于不能抗拒的原因。

中止审理的原因消失后,应当恢复审理。中止审理的期间不计入审理期限。

☞ **易错点提示** 中止审理与延期审理的主要区别是:

①时间不同。延期审理仅适用于法庭审理过程中,而中止审理适用于人民法院受理案件后至作出判决前。

②原因不同。延期审理的原因是诉讼自身出现了障碍,其消失依赖于某种诉讼活动的完成,因此,延期审理不能停止法庭审理以外的诉讼活动;而中止审理的原因是出现了不能抗拒的情况,其消除与诉讼本身无关,因此,中止审理将暂停一切诉讼活动。

③再行开庭的可预见性不同。延期审理的案件,再行开庭的时间可以预见,甚至当庭即可决定,但中止审理的案件,再行开庭的时间往往无法预见。

3. 终止审理,是指人民法院在审判案件过程中,遇有法律规定的致使审判不应当或者不需要继续进行的情形而终结案件的诉讼活动。终止审理的法定情形是指《刑事诉讼法》第 16 条第 2 ~ 6 项所规定的内容。

考点 23 自诉案件的处理

1. 自诉案件的范围

(1)告诉才处理的案件,包括侮辱、诽谤案,但是严重危害社会秩序和国家利益的除外;暴力干涉婚姻自由案;虐待案,但被害人没有能力告诉或者因受到强制、威吓无法告诉的除外;侵占案。

(2)被害人有证据证明的轻微刑事案件。所谓轻微刑事案件，是指犯罪事实、情节较为轻微，可能判处3年以下有期徒刑以及拘役、管制等较轻刑罚的案件。

(3)被害人有证据证明对被告人侵犯自己人身、财产权利的行为应当依法追究刑事责任，而公安机关或者人民检察院不予追究被告人刑事责任的案件。

具有下列情形之一的，应当说服自诉人撤回起诉；自诉人不撤回起诉的，裁定不予受理：(1)不属于《刑诉解释》第1条规定的案件的；(2)缺乏罪证的；(3)犯罪已过追诉时效期限的；(4)被告人死亡的；(5)被告人下落不明的；(6)除因证据不足而撤诉的以外，自诉人撤诉后，就同一事实又告诉的；(7)经人民法院调解结案后，自诉人反悔，就同一事实再行告诉的；(8)属于人民检察院没有提起公诉，被害人有证据证明的轻微刑事案件，公安机关正在立案侦查或者人民检察院正在审查起诉的；(9)不服人民检察院对未成年犯罪嫌疑人作出的附条件不起诉决定或者附条件不起诉考验期满后作出的不起诉决定，向人民法院起诉的。

2. 自诉案件的第一审审判程序

除适用简易程序审理的或者法律另有规定的以外，自诉案件第一审审判程序参照刑事诉讼法关于公诉案件第一审程序的规定进行。

自诉案件第一审程序有以下特点：(1)对告诉才处理的案件，被害人起诉的有证据证明的轻微刑事案件，可以适用简易程序，由审判员一人独任审判。(2)人民法院审理自诉案件，可以在查明事实、分清是非的基础上，根据自愿、合法的原则进行调解。但对于被害人有证据证明对被告人侵犯自己人身、财产权利的行为应当依法追究刑事责任，而公安机关或者人民检察院不予追究被告人刑事责任的自诉案件，不适用调解。(3)判决宣告前，自诉案件的当事人可以自行和解，自诉人可以撤回自诉。(4)自诉案件的审理期限：被告人被羁押的，与普通公诉案件第一审的审理期限相同；被告人未被羁押的，人民法院应当在受理后6个月内宣判。(5)告诉才处理和被害人有证据证明的轻微刑事案件的被告人或者其法定代理人在诉讼过程中，可以对自诉人提起反诉。

考点24 简易程序

1. 简易程序的适用范围

基层人民法院管辖的案件，符合下列条件的，可以适用简易程序审判：(1)案件事实清楚，证据确实、充分的。(2)被告人承认自己所犯罪行，对指控的犯罪事实没有异议的。(3)被告人对适用简易程序没有异议的。

具有下列情形之一的，不适用简易程序：(1)被告人是盲、聋、哑人；(2)被告人是尚未完全丧失辨认或者控制自己行为能力的精神病人；(3)有重大社会影响的；(4)共同犯罪案件中部分被告人不认罪或者对适用简易程序有异议的；(5)辩护人作无罪辩护的；(6)被告人认罪但经审查认为可能不构成犯罪的；(7)不宜适用简易程序审理的其他情形。

2. 简易审判程序的特点

(1)审判组织形式的简化：适用简易程序审理案件，对可能判处3年有期徒刑以下刑罚的，可以组成合议庭进行审判，也可以由审判员一人独任审判；对可能判处的有期徒刑超过3年的，应当组成合议庭进行审判。

(2)适用简易程序审理公诉案件，人民检察院应当派员出庭。

(3)简化法庭调查和法庭辩论程序。

(4)简易程序在必要时得变更为普通程序。适用简易程序审理案件，在法庭审理过程中，有下列情形之一的，应当转为普通程序审理：①被告人的行为可能不构成犯罪的；②被告人可能不负刑事责任的；③被告人当庭对起诉指控的犯罪事实予以否认的；④案件事实不清、证据不足的；⑤不应当或者不宜适用简易程序的其他情形。

适用简易程序独任审判过程中，发现对被告人可能判处的有期徒刑超过3年的，应当转由合议庭审理。决定转为普通程序审理的案件，审理期限应当从作出决定之日起计算。

☞ **易错点提示** 一经确定为适用普通程序审理的案件，不得转换为适用简易程序。适用简易程序审理案件，裁判文书可以简化。

【考场演练】 不定项选择题

甲犯合同诈骗罪，法院经审查决定适用简易程序审理。关于本案，下列说法正确的是：

A. 本案开庭审理时，检察院应当派员出席法庭

B. 法院若认为本案可能判处3年以下有期徒刑，则可由审判员一人独任审判

C. 在法庭审理中，被告人对被指控的犯罪事实无异议，但认为本案构成诈骗罪，而非合同诈骗罪，于是法院转为普通程序重新审理

D. 法院于2018年9月10日对本案开庭审判，于2018年10月12日判决甲有期徒刑5年，则本案已超过法定审判期限

【参考答案】 AB

3. 适用简易程序审理案件，一般应当当庭宣判，并在5日内将判决书送达当事人和提起公诉的人民检察院。

考点25 速裁程序

1. 适用速裁程序的条件(同时满足)：(1)基层人民法院管辖的可能判处3年有期徒刑以下刑罚的案件；(2)案件事实清楚，证据确实、充分；(3)被告人认罪认罚并同意适用速裁程序的，可以适用速裁程序。

2. 不适用速裁程序的情形：(1)被告人是盲、聋、哑人的；(2)被告人是尚未完全丧失辨认或者控制自己行为能力的精神病人的；(3)被告人是未成年人的；(4)案件有重大社会影响的；(5)共同犯罪案件中部分被告人对指控的犯罪事实、罪名、量刑建议或者适用速裁程序有异议的；(6)被告人与被害人或者其法定代理人没有就附带民事诉讼赔偿等事项达成调解、和解协议的；(7)辩护人作无罪辩护的；(8)其他不宜适用速裁程序的情形。

3. 速裁程序的特点：(1)通知可以采用简便方式，但应当记录在案；不受送达期限的限制。(2)可以集中开庭，逐案审理；一般不进行法庭调查、法庭辩论，但在判决宣告前应当听取辩护人的意见和被告人的最后陈述意见。(3)适用速裁程序

审理案件,应当当庭宣判。(4)由审判员一人独任审判。(5)人民检察院在提起公诉的时候,可以建议人民法院适用速裁程序。(6)适用速裁程序审理案件,人民法院应当在受理后 10 日以内审结;对可能判处的有期徒刑超过 1 年的,可以延长至 15 日。(7)人民法院在审理过程中,发现有被告人的行为不构成犯罪或者不应当追究其刑事责任、被告人违背意愿认罪认罚、被告人否认指控的犯罪事实或者其他不宜适用速裁程序审理的情形的,应当按照《刑事诉讼法》第三编"审判"第二章"第一审程序"的第一节"公诉案件"或者第三节"简易程序"的规定重新审理。

考点 26 认罪认罚从宽原则的基本含义和具体规定

1. 含义

认罪认罚从宽原则的基本含义是,对于自愿认罪并自愿接受司法机关给予的刑罚处罚的犯罪嫌疑人、被告人,可以从宽处理。

(1)认罪。犯罪嫌疑人、被告人积极主动认罪,如实供述自己的罪行,或者对侦查机关已经掌握的犯罪事实,明确主动表示承认。

(2)认罚。犯罪嫌疑人、被告人对司法机关根据其案件的具体情况所给出的刑罚表示明确接受,尤其是接受人民检察院提出的包括主刑、附加刑以及是否适用缓刑等刑罚具体执行方式在内的量刑建议。

(3)从宽。"从宽"既包括实体法上的从宽,也包括程序法上的从宽。实体法上的从宽,是指在犯罪嫌疑人、被告人本身所具有的实体法上的自首、坦白等量刑情节的基础上,在遵循罪责刑相适应原则的前提下,给予其相对更大的从宽幅度,以表示对其认罪认罚的鼓励。程序法上的从宽,即对犯罪嫌疑人、被告人适用限制人身自由程度更轻的强制措施,作出轻缓的程序性处理或者适用更为便利和减少讼累的诉讼程序。

2. 认罪认罚从宽制度的有关规定

(1)对认罪认罚案件,法庭审理时应当告知被告人享有的诉讼权利和认罪认罚的法律规定,审查认罪认罚的自愿性和认罪认罚具结书内容的真实性、合法性。

(2)对认罪认罚案件,人民检察院起诉指控的事实清楚,但指控的罪名与审理认定的罪名不一致的,人民法院应当听取人民检察院、被告人及其辩护人对审理认定罪名的意见,依法作出判决。

(3)对认罪认罚案件,人民法院经审理认为量刑建议明显不当,或者被告人、辩护人对量刑建议提出异议的,人民检察院可以调整量刑建议。人民检察院不调整或者调整后仍然明显不当的,人民法院应当依法作出判决。适用速裁程序审理认罪认罚案件,需要调整量刑建议的,应当在庭前或者当庭作出调整;调整量刑建议后,仍然符合速裁程序适用条件的,继续适用速裁程序审理。

(4)对量刑建议是否明显不当,应当根据审理认定的犯罪事实、认罪认罚的具体情况,结合相关犯罪的法定刑、类似案件的刑罚适用等作出审查判断。

(5)对认罪认罚案件,人民法院一般应当对被告人从轻处罚;符合非监禁刑适用条件的,应当适用非监禁刑;具有法定减轻处罚情节的,可以减轻处罚。对认罪认罚案件,应当根据被告人认罪认罚的阶段早晚以及认罪认罚的主动性、稳定性、彻底性等,在从宽幅度上体现差异。共同犯罪案件,部分被告人认罪认罚的,可以依法对该部分被告人从宽处罚,但应当注意全案的量刑平衡。

(6)被告人在人民检察院提起公诉前未认罪认罚,在审判阶段认罪认罚的,人民法院可以不再通知人民检察院提出或者调整量刑建议。

(7)对被告人在第一审程序中未认罪认罚,在第二审程序中认罪认罚的案件,应当根据其认罪认罚的具体情况决定是否从宽,并依法作出裁判。确定从宽幅度时应当与第一审程序认罪认罚有所区别。

(8)案件审理过程中,被告人不再认罪认罚的,人民法院应当根据审理查明的事实,依法作出裁判。

考点 27 判决、裁定和决定

1. 判决,是法院就案件的实体问题所作的决定。

判决一经发生法律效力,就具有强制性。除人民法院外,任何机关、团体或者个人都无权对判决加以变更或者撤销。判决即使有错误,也只能由人民法院经过严格的法定程序才能变更或者撤销。因此,判决具有极高的权威性、严肃性和稳定性。

2. 裁定,是人民法院在审理案件或者执行判决过程中对有关诉讼程序和部分实体问题所作的处理决定。

人民法院用裁定处理的刑事程序问题主要有:诉讼期限的延展;中止审理;维持原判或者发回重新审判;驳回起诉;核准死刑等。人民法院用裁定处理的实体问题主要是执行中的问题,如减刑、假释等。

☞ **易错点提示** 裁定和判决之间的区别是:①判决只解决案件的实体问题,而裁定既解决实体问题,也解决程序问题。②在一个案件中,发生法律效力并被执行的判决只有一个,而发生法律效力的裁定可以有若干个。③判决必须以书面形式表现出来,而裁定既可用书面形式,又可用口头形式。口头裁定作出后,记入笔录即可。④上诉、抗诉期限不同。不服第一审刑事判决的上诉、抗诉期限为10日,而不服第一审裁定的上诉、抗诉期限为5日。

【考场演练】 单项选择题

在一审法院审理中出现下列哪一特殊情形时,应以判决的形式作出裁判?

A. 经审理发现犯罪已过追诉时效且不是必须追诉的

B. 自诉人未经法庭准许中途退庭的

C. 经审理发现被告人系精神病人,在不能控制自己行为时造成危害结果的

D. 被告人在审理过程中死亡,根据已查明的案件事实和认定的证据,尚不能确认其无罪的

【参考答案】 C

3. 决定,是用于解决诉讼程序问题的一种法院裁判形式。决定可以是口头的,也可以是书面的。口头决定应记录在卷,书面决定应制作决定书。人民法院的决定一经作出,立即生效,不准上诉、抗诉,但有些决定可以申请复议,如对驳回

申请回避的决定，当事人及其法定代理人可以申请复议一次。

☞ **易错点提示** 决定、判决、裁定的区别如下：①适用对象不同。判决用于解决实体问题，裁定部分用于解决程序问题，部分用于解决实体问题，而决定只用于解决程序问题。②只有人民法院有权作出判决和裁定，而决定可以由人民法院、人民检察院、公安机关分别作出。③效力不同。第一审人民法院所作的判决或者裁定，有关机关和人员依法可以抗诉或者上诉，并不立即发生法律效力。而决定无论由哪一级或者哪一个公、检、法机关作出，均立即发生法律效力，不得上诉或者抗诉。

考点 28 二审程序

1. 二审程序的提起主体

(1)上诉的主体：①被告人、自诉人及其法定代理人是享有独立上诉权的主体。②被告人的辩护人和近亲属，经被告人同意方可上诉。③附带民事诉讼的当事人和他们的法定代理人是对判决、裁定中的附带民事部分享有独立上诉权的主体。

被害人及其法定代理人对一审刑事判决不服，没有上诉权，只能请求人民检察院抗诉。

(2)抗诉主体：地方各级人民检察院。地方各级人民检察院认为本级人民法院第一审的判决、裁定确有错误的时候，应当向上一级人民法院提出抗诉。

☞ **易错点提示** 最高人民法院是国家的最高审判机关，它的一审判决和裁定就是终审的判决和裁定，对它既不能上诉，也不能按照二审程序抗诉。最高人民检察院如果认为最高人民法院的裁判确有错误，只能按照审判监督程序提出抗诉。

2. 上诉、抗诉的理由

(1)上诉的理由：上诉主体只要不服第一审判决、裁定，并在法定期限内依法提出上诉，人民法院就应当受理，并启动第二审程序。

(2)抗诉的理由：地方各级人民检察院认为本级人民法院第一审判决、裁定确有错误的时候，才能提出抗诉。

3. 上诉、抗诉的期限

不服判决的上诉和抗诉的期限为 10 日，不服裁定的上诉和抗诉的期限为 5 日，从接到判决书、裁定书的第二日起算。

4. 上诉、抗诉的方式

(1)上诉可以以书状形式，也可以以口头形式提出。口头上诉与书状上诉具有同等效力，人民法院都应当受理。

(2)抗诉应以书面形式提出，即必须制作抗诉书。

5. 第二审程序的审判原则

(1)全面审查原则：第二审人民法院应当就第一审判决认定的事实和适用法律进行全面审查，不受上诉或者抗诉范围的限制。共同犯罪的案件只有部分被告人上诉的，应当对全案进行审查，一并处理。

(2)上诉不加刑原则：第二审人民法院审判只有被告人一方上诉的案件，在作出新的判决时，不得对被告人判处重于原判的刑罚。

上诉不加刑原则只适用于被告人或者他的法定代理人、辩护人、近亲属提起的上诉案件。而人民检察院提出抗诉的或者自诉案件自诉人提出上诉的，第二审人民法院对案件进行判决时，不受该原则的限制。

6. 第二审的审理方式：开庭审理和不开庭审理

应当开庭审理的有四类：(1)被告人、自诉人及其法定代理人对第一审认定的事实、证据提出异议，可能影响定罪量刑的上诉案件；(2)被告人被判处死刑的上诉案件；(3)人民检察院抗诉的案件；(4)其他应当开庭审理的案件。

第二审人民法院开庭审理上诉、抗诉案件，可以到案件发生地或者原审人民法院所在地进行。

7. 对上诉、抗诉案件审理后的处理

(1)裁定驳回上诉或者抗诉，维持原判。第二审人民法院对上诉或抗诉案件进行审理后，认为原判决认定事实和适用法律正确、量刑适当，提出上诉或抗诉的理由不能成立的，应当裁定驳回上诉或者抗诉，维持原判。

(2)改判。第二审人民法院改判的情形有三种：原判决适用法律有错误的；原判决量刑不当的；原判决事实不清楚或者证据不足，二审对事实予以查清的。

(3)裁定撤销原判，发回重审。属于裁定撤销原判，发回重审的有两种情形：①对事实不清楚或者证据不足的第一审判决，除第二审人民法院通过自行调查核实或者通知原审人民法院补充材料即可将事实查清，直接改判外，第二审人民法院一般应裁定撤销原判，发回原审人民法院重新审理。②第二审人民法院发现第一审人民法院的审理有下列违反法律规定的诉讼程序的情形之一的，应当裁定撤销原判，发回原审人民法院重新审判：违反《刑事诉讼法》有关公开审判的规定的；违反回避制度的；剥夺或者限制了当事人的法定诉讼权利，可能影响公正审判的；审判组织的组成不合法的；其他违反法律规定的诉讼程序，可能影响公正审判的。

原审人民法院对于发回重新审判的案件，应当另行组成合议庭，依照第一审程序进行审判。对于重新审判后的判决，可以上诉、抗诉。

8. 第二审程序的审理期限

第二审人民法院受理上诉、抗诉案件，应当在 2 个月以内审结。对于可能判处死刑的案件或者附带民事诉讼的案件，以及有《刑事诉讼法》第 158 条规定情形之一的，经省、自治区、直辖市高级人民法院批准或者决定，可以延长 2 个月；因特殊情况还需要延长的，报请最高人民法院批准。最高人民法院受理上诉、抗诉案件的审理期限，由最高人民法院决定。

考点 29 死刑复核程序

1. 死刑核准权：死刑除依法由最高人民法院判决的以外，都应当报请最高人民法院核准。

2. 判处死刑立即执行案件的复核：

(1)中级人民法院判处死刑的第一审案件，被告人未上诉、人民检察院未抗诉的，在上诉、抗诉期满后 10 日内报请高级人民法院复核。高级人民法院同意判处死刑的，应当在作出裁定后 10 日内报请最高人民法院核准；认为原判认定的某一具体事实或者引用的法律条款等存在瑕疵，但判处被告人死刑并无不当的，可以在纠正后作出核准的判决、裁定；不同意判处死刑的，应当依照第二审程序提审或者发回重新审判。

(2)中级人民法院判处死刑的第一审案件，被告人上诉或者人民检察院抗诉，高级人民法院裁定维持的，应当在作出裁定后10日内报请最高人民法院核准。

(3)高级人民法院判处死刑的第一审案件，被告人未上诉、人民检察院未抗诉的，应当在上诉、抗诉期满后10日内报请最高人民法院核准。

报请复核的死刑案件，应当一案一报。

最高人民法院复核死刑案件，应当由审判员3人组成合议庭进行。复核死刑案件一般要进行以下活动：讯问被告人；审查核实案卷材料，简称为阅卷；听取辩护人的意见；最高人民检察院提出意见；制作复核审理报告；向最高人民检察院通报死刑案件复核结果。

3. 判处死刑立即执行案件复核后的处理：(1)原判认定事实和适用法律正确、量刑适当、诉讼程序合法的，应当裁定核准；(2)原判认定的某一具体事实或者引用的法律条款等存在瑕疵，但判处被告人死刑并无不当的，可以在纠正后作出核准的判决、裁定；(3)原判事实不清、证据不足的，应当裁定不予核准，并撤销原判，发回重新审判；(4)复核期间出现新的影响定罪量刑的事实、证据的，应当裁定不予核准，并撤销原判，发回重新审判；(5)原判认定事实正确、证据充分，但依法不应当判处死刑的，应当裁定不予核准，并撤销原判，发回重新审判；根据案件情况，必要时，也可以依法改判；(6)原审违反法定诉讼程序，可能影响公正审判的，应当裁定不予核准，并撤销原判，发回重新审判。

4. 判处死刑缓期2年执行案件的复核程序：死刑缓期2年执行案件的核准权由高级人民法院统一行使。

高级人民法院复核死刑缓期执行的案件，应当由审判员3人组成合议庭。高级人民法院复核死刑案件，应当讯问被告人。高级人民法院复核死刑缓期执行案件，应当按照下列情形分别处理：(1)原判认定事实和适用法律正确、量刑适当、诉讼程序合法的，应当裁定核准；(2)原判认定的某一具体事实或者引用的法律条款等存在瑕疵，但判处被告人死刑缓期执行并无不当的，可以在纠正后作出核准的判决、裁定；(3)原判认定事实正确，但适用法律有错误，或者量刑过重的，应当改判；(4)原判事实不清、证据不足的，可以裁定不予核准，并撤销原判，发回重新审判，或者依法改判；(5)复核期间出现新的影响定罪量刑的事实、证据的，可以裁定不予核准，并撤销原判，发回重新审判，或者审理后依法改判；(6)原审违反法定诉讼程序，可能影响公正审判的，应当裁定不予核准，并撤销原判，发回重新审判。

高级人民法院复核死刑缓期执行案件，不得加重被告人的刑罚。

考点30 审判监督程序

1. 申诉。

(1)申诉主体：当事人及其法定代理人、近亲属，对已经发生法律效力的判决、裁定，可以向人民法院或者人民检察院提出申诉，但是不能停止判决、裁定的执行。案外人认为已经发生法律效力的判决、裁定侵害其合法权益，提出申诉的，人民法院应当审查处理。

☞ **易错点提示** 被害人没有上诉权但有申诉权。近亲属没有独立的上诉权，只能在被告人同意的情况下上诉；但近亲属有独立的申诉权，近亲属进行申诉时无须被告人同意。

(2)申诉的提出：当事人及其法定代理人、近亲属的申诉，既可以向人民法院提出，也可以向人民检察院提出。

(3)申诉的审查处理：人民法院对立案审查的申诉案件，应当在3个月内作出决定，至迟不得超过6个月。因案件疑难、复杂、重大或者其他特殊原因需要延长审查期限的，参照《刑诉解释》第210条处理。经审查，具有下列情形之一的，应当决定重新审判：①有新的证据证明原判决、裁定认定的事实确有错误，可能影响定罪量刑的；②据以定罪量刑的证据不确实、不充分、依法应当予以排除的；③证明案件事实的主要证据之间存在矛盾的；④主要事实依据被依法变更或者撤销的；⑤认定罪名错误的；⑥量刑明显不当的；⑦对违法所得或者其他涉案财物的处理确有明显错误的；⑧违反法律关于溯及力规定的；⑨违反法定诉讼程序，可能影响公正裁判的；⑩审判人员在审理该案件时有贪污受贿、徇私舞弊、枉法裁判行为的。

【考场演练】 多项选择题

关于审判监督程序，下列哪些选项是正确的？

A. 只有当事人及其法定代理人、近亲属才能对已经发生法律效力的裁判提出申诉

B. 原审法院依照审判监督程序重新审判的案件，应当另行组成合议庭

C. 对于依照审判监督程序重新审判后可能改判无罪的案件，可中止原判决、裁定的执行

D. 上级法院指令下级法院再审的，一般应当指令原审法院以外的下级法院审理

【参考答案】 BCD

2. 决定再审：各级人民法院院长对本院已经发生法律效力的判决和裁定，如果发现在认定事实上或者在适用法律上确有错误，必须提交审判委员会处理。

各级人民法院、专门人民法院对本院或者上级人民法院对下级人民法院作出的终审裁判，经复查认为符合再审立案条件的，应当决定或裁定再审。

3. 决定提审和指令再审：最高人民法院对各级人民法院已经发生法律效力的判决和裁定，上级人民法院对下级人民法院已经发生法律效力的判决和裁定，如果发现确有错误，有权提审或者指令下级人民法院再审。

4. 提出抗诉：最高人民检察院对各级人民法院已经发生法律效力的判决和裁定，上级人民检察院对下级人民法院已经发生法律效力的判决和裁定，如果发现确有错误，有权按照审判监督程序向同级人民法院提出抗诉。

☞ **易错点提示** 二审抗诉与再审抗诉的区别：

①抗诉的对象不同。二审抗诉的对象是地方各级人民法院尚未发生法律效

力的一审判决、裁定；而再审抗诉的对象是已经发生法律效力的判决和裁定。

②抗诉的权限不同。基层人民检察院只能提出二审抗诉，无权提出再审抗诉；而最高人民检察院只能提出再审抗诉，无权提出二审抗诉。

③接受抗诉的审判机关不同。接受二审抗诉的是提出抗诉的人民检察院的上一级人民法院；而接受再审抗诉的是提出抗诉的人民检察院的同级人民法院。

④抗诉的期限不同。二审抗诉必须在法定期限内提出，而法律对再审抗诉的提起没有规定期限。

⑤抗诉的效力不同。二审抗诉将阻止第一审判决、裁定发生法律效力；而再审抗诉并不导致原判决、裁定在人民法院按照审判监督程序重新审判期间执行的停止。

5. 重新审判的程序。

(1)再审：人民法院根据再审决定或者再审指令对案件重新审判的程序。

由原审人民法院审理的，应当另行组成合议庭进行。

原来是第一审案件，应当依照第一审程序进行审判，所作的判决、裁定可以上诉、抗诉；原来是第二审案件，应当依照第二审程序进行审判，所作的判决、裁定是终审的判决、裁定。

(2)提审：最高人民法院对各级人民法院，以及上级人民法院对下级人民法院已经发生法律效力的判决、裁定发现确有错误，或者接受同级人民检察院的再审抗诉后，直接调取原审案卷和材料，并组成合议庭对案件进行审判的程序。

上级人民法院按照审判监督程序提审的案件，应当依照第二审程序进行审判，所作的判决、裁定，是终审的判决、裁定。

6. 再审期间不停止原判决、裁定的执行，但被告人可能经再审改判无罪，或者可能经再审减轻原判刑罚而致刑期届满的，可以决定中止原判决、裁定的执行，必要时，可以对被告人采取取保候审、监视居住措施。

考点 31 缺席审判程序

1. 范围：(1)贪污贿赂犯罪案件，以及需要及时进行审判，经最高人民检察院核准的严重危害国家安全犯罪、恐怖活动犯罪案件，犯罪嫌疑人、被告人在境外，监察机关、公安机关移送起诉，人民检察院认为犯罪事实已经查清，证据确实、充分，依法应当追究刑事责任的，可以向人民法院提起公诉。人民法院进行审查后，对于起诉书中有明确的指控犯罪事实，符合缺席审判程序适用条件的，应当决定开庭审判。(2)因被告人患有严重疾病无法出庭，中止审理超过6个月，被告人仍无法出庭，被告人及其法定代理人、近亲属申请或者同意恢复审理的案件。(3)被告人死亡，有证据证明被告人无罪或人民法院按照审判监督程序重新审判的案件。

2. 送达方式：国际条约规定的或者外交途径提出的司法协助方式，或者被告人所在地法律允许的其他方式。

3. 送达内容：传票和人民检察院的起诉书副本。

4. 送达对象：被告人。

5. 辩护权的申请主体：被告人及其近亲属（如果被告人及其近亲属没有委托辩护人的，人民法院应当通知法律援助机构指派律师为其提供辩护）。

6. 上诉主体：被告人本人及其近亲属。

7. 抗诉主体：人民检察院。

8. 被告人到案后的救济：在审理过程中，被告人自动投案或者被抓获的，人民法院应当重新审理。罪犯在判决、裁定发生法律效力后到案的，人民法院应当将罪犯交付执行刑罚。交付执行刑罚前，人民法院应当告知罪犯有权对判决、裁定提出异议。罪犯对判决、裁定提出异议的，人民法院应当重新审理。依照生效判决、裁定对罪犯的财产进行的处理确有错误的，应当予以返还、赔偿。

考点 32 执行机关

1. 人民法院：负责死刑立即执行、罚金和没收财产的判决以及无罪或者免除刑罚的判决的执行。

2. 监狱：对被判处死刑缓期 2 年执行、无期徒刑、有期徒刑的罪犯，由公安机关送交监狱执行刑罚。对未成年犯应当在未成年犯管教所执行刑罚。

3. 公安机关：负责送交执行时余刑不足 3 个月的有期徒刑、①拘役、剥夺政治权利、驱逐出境的执行。

4. 社区矫正机构：对被判处管制、宣告缓刑、假释或者暂予监外执行的罪犯，依法实行社区矫正，由社区矫正机构负责执行。

考点 33 未成年人刑事案件诉讼程序

1. 不公开审判的原则。审判的时候被告人不满 18 周岁的案件，不公开审理。但是，经未成年被告人及其法定代理人同意，未成年被告人所在学校和未成年人保护组织可以派代表到场。

2. 法律援助辩护。未成年犯罪嫌疑人、被告人没有委托辩护人的，人民法院、人民检察院、公安机关应当通知法律援助机构指派律师为其提供辩护。

3. 对未成年犯罪嫌疑人、被告人应当严格限制适用逮捕措施。人民检察院审查批准逮捕和人民法院决定逮捕，应当讯问未成年犯罪嫌疑人、被告人，听取辩护律师的意见。对被拘留、逮捕和执行刑罚的未成年人与成年人应当分别关押、分别管理、分别教育。

4. 未成年人案件审判组织审理。下列案件可以由未成年人案件审判组织审理：(1)人民法院立案时不满 22 周岁的在校学生犯罪案件；(2)强奸、猥亵、虐待、遗弃未成年人等侵害未成年人人身权利的犯罪案件；(3)由未成年人案件审判组织审理更为适宜的其他案件。共同犯罪案件有未成年被告人的或者其他涉及未成年人的刑事案件，是否由未成年人案件审判组织审理，由院长根据实际情况决定。

5. 对于未成年人刑事案件，在讯问和审判的时候，应当通知未成年犯罪嫌疑人、被告人的法定代理人到场。无法通知、法定代理人不能到场或者法定代理人是共犯的，也可以通知未成年犯罪嫌疑人、被告人的其他成年亲属，所在学校、单位、居住地或者办案单位所在地基层组织或者未成年人保护组织的代表到场，并

① 由看守所代为执行。

将有关情况记录在案。到场的法定代理人可以代为行使未成年犯罪嫌疑人、被告人的诉讼权利。

到场的法定代理人或者其他人员认为办案人员在讯问、审判中侵犯未成年人合法权益的,可以提出意见。讯问笔录、法庭笔录应当交给到场的法定代理人或者其他人员阅读或者向他宣读。讯问女性未成年犯罪嫌疑人,应当有女工作人员在场。询问未成年被害人、证人,也适用上述规定。审判未成年人刑事案件,未成年被告人最后陈述后,其法定代理人可以进行补充陈述。

6. 对未成年被告人应当严格限制适用逮捕措施。人民法院决定逮捕,应当讯问未成年被告人,听取辩护律师的意见。对被逮捕且没有完成义务教育的未成年被告人,人民法院应当与教育行政部门互相配合,保证其接受义务教育。人民法院对无固定住所、无法提供保证人的未成年被告人适用取保候审的,应当指定合适成年人作为保证人,必要时可以安排取保候审的被告人接受社会观护。

7. 犯罪记录封存。犯罪的时候不满18周岁,被判处5年有期徒刑以下刑罚的,应当对相关犯罪记录予以封存。犯罪记录被封存的,不得向任何单位和个人提供,但司法机关为办案需要或者有关单位根据国家规定进行查询的除外。依法进行查询的单位,应当对被封存的犯罪记录的情况予以保密。

【考场演练】 单项选择题

董某(17岁)在某景点旅游时,点燃荒草不慎引起大火烧毁集体所有的大风公司林地,致大风公司损失5万元,被检察院提起公诉。关于本案处理,下列哪一选项是正确的?

A. 如大风公司未提起附带民事诉讼,检察院可代为提起,并将大风公司列为附带民事诉讼原告人

B. 董某与大风公司既可就是否对董某免除刑事处分达成和解,也可就民事赔偿达成和解

C. 双方刑事和解时可约定由董某在1年内补栽树苗200棵

D. 如双方达成刑事和解,检察院经法院同意可撤回起诉并对董某适用附条件不起诉

【参考答案】 C

考点34 当事人和解的公诉案件诉讼程序

1. 适用范围。下列公诉案件,犯罪嫌疑人、被告人真诚悔罪,通过向被害人赔偿损失、赔礼道歉等方式获得被害人谅解,被害人自愿和解的,双方当事人可以和解:(1)因民间纠纷引起,涉嫌《刑法》分则第四章、第五章规定的犯罪案件,可能判处3年有期徒刑以下刑罚的;(2)除渎职犯罪以外的可能判处7年有期徒刑以下刑罚的过失犯罪案件。

犯罪嫌疑人、被告人在5年以内曾经故意犯罪的,不适用《刑事诉讼法》第五编第二章规定的程序。

2. 和解协议:双方当事人和解的,公安机关、人民检察院、人民法院应当听取当事人和其他有关人员的意见,对和解的自愿性、合法性进行审查,并主持制作和解协议书。

对于达成和解协议的案件,公安机关可以向人民检察院提出从宽处理的建

议。人民检察院可以向人民法院提出从宽处罚的建议；对于犯罪情节轻微，不需要判处刑罚的，可以作出不起诉的决定。人民法院可以依法对被告人从宽处罚。

考点35 犯罪嫌疑人、被告人逃匿、死亡案件违法所得的没收程序

1. 适用情形：贪污贿赂犯罪、恐怖活动犯罪等重大犯罪案件的犯罪嫌疑人、被告人，通缉1年后不能到案或者死亡的。

2. 提起没收程序的主体：人民检察院可以向人民法院提出没收违法所得的申请；公安机关认为有上述规定的情形的，应当写出没收违法所得意见书，移送人民检察院。

3. 管辖：犯罪地或者犯罪嫌疑人、被告人居住地的中级人民法院。

4. 审理程序：人民法院组成合议庭进行审理。人民法院受理申请后发出为期6个月的公告，公告期满后进行审理。有利害关系人参加诉讼的，必须开庭审理（犯罪嫌疑人、被告人的近亲属申请参加诉讼的，不一定开庭审理）。

5. 结果：对经查证属于违法所得及其他涉案财产，除依法返还被害人的外，应当裁定予以没收；对不属于应当追缴的财产的，应当裁定驳回申请，解除查封、扣押、冻结措施。对于人民法院依照前述规定作出的裁定，犯罪嫌疑人、被告人的近亲属和其他利害关系人或者人民检察院可以提出上诉、抗诉。

考点36 依法不负刑事责任的精神病人的强制医疗程序

1. 适用范围：实施暴力行为，危害公共安全或者严重危害公民人身安全，经法定程序鉴定依法不负刑事责任的精神病人，有继续危害社会可能的，可以予以强制医疗。

2. 适用主体：根据《刑事诉讼法》第五编第五章"依法不负刑事责任的精神病人的强制医疗程序"规定对精神病人强制医疗的，由人民法院决定。

公安机关发现精神病人符合强制医疗条件的，应当写出强制医疗意见书，移送人民检察院。对于公安机关移送的或者在审查起诉过程中发现的精神病人符合强制医疗条件的，人民检察院应当向人民法院提出强制医疗的申请。人民法院在审理案件过程中发现被告人符合强制医疗条件的，可以作出强制医疗的决定。

对实施暴力行为的精神病人，在人民法院决定强制医疗前，公安机关可以采取临时的保护性约束措施。

3. 合议庭审理：人民法院受理强制医疗的申请后，应当组成合议庭进

【考场演练】 单项选择题

甲在公共场所实施暴力行为，经鉴定为不负刑事责任的精神病人，被县法院决定强制医疗。甲父对决定不服向市中级人民法院申请复议，市中级人民法院审理后驳回申请，维持原决定。关于本案处理，下列哪一选项是正确的？

A. 复议期间可暂缓执行强制医疗决定，但应采取临时的保护性约束措施

B. 应由公安机关将甲送交强制医疗

C. 强制医疗6个月后，甲父才能申请解除强制医疗

D. 申请解除强制医疗应向市中级人民法院提出

【参考答案】 B

行审理。

人民法院审理强制医疗案件,应当通知被申请人或者被告人的法定代理人到场。被申请人或者被告人没有委托诉讼代理人的,人民法院应当通知法律援助机构指派律师为其提供法律帮助。

4. 执行和救济:人民法院经审理,对于被申请人或者被告人符合强制医疗条件的,应当在1个月以内作出强制医疗的决定。

被决定强制医疗的人、被害人及其法定代理人、近亲属对强制医疗决定不服的,可以向上一级人民法院申请复议。

5. 强制医疗的解除:强制医疗机构应当定期对被强制医疗的人进行诊断评估。对于已不具有人身危险性,不需要继续强制医疗的,应当及时提出解除意见,报决定强制医疗的人民法院批准。

被强制医疗的人及其近亲属有权申请解除强制医疗。

6. 执行监督:人民检察院对强制医疗的决定和执行实行监督。

行政法与行政诉讼法

考点 1 行政法的基本原则

合法行政、合理行政、程序正当、高效便民、诚实守信和权责统一共同构成了行政法的基本原则。这六项原则虽有内在关联，但内涵和要求各不同。

1. 合法行政原则。合法行政是行政法的首要原则，其他原则可以理解为这一原则的延伸。实行合法行政原则是行政活动区别于民事活动的主要标志。

我国合法行政原则在结构上包括对现行法律的遵守和依照法律授权活动两个方面。

2. 合理行政原则。其主要含义是行政决定应当具有理性，属于实质行政法治的范畴，尤其适用于裁量性行政活动。其包括以下三个原则：(1)公平公正原则。要平等对待行政管理相对人，不偏私、不歧视。(2)考虑相关因素原则。作出行政决定和进行行政裁量，只能考虑符合立法授权目的的各种因素，不得考虑不相关因素。(3)比例原则。比例原则有三方面的要求：合目的性、适当性、损害最小。

3. 程序正当原则。其包括以下三个原则：(1)行政公开原则。除涉及国家秘密和依法受到保护的商业秘密、个人隐私外，行政机关实施行政管理应当公开，以实现公民的知情权。(2)公众参与原则。行政机关作出重要规定或者决定，应当听取公民、法人和其他组织的意见。特别是作出对公民、法人和其他组织不利的决定，要听取他们的陈述和申辩。(3)回避原则。行政机关工作人员履行职责，与行政管理相对人存在利害关系时，应当回避。

4. 高效便民原则。其分为两个方面：行政效率原则和便利当事人原则。

5. 诚实守信原则。其分为两个方面：行政信息真实原则和保护公民信赖利益原则。

6. 权责统一原则。其分为两个方面：行政效能原则和行政责任原则。

考点 2 对公务员的基本管理制度

【知识图解 1】 公务员公职的取得

<table>
<tr><td rowspan="3">取得身份（录用）</td><td>适用范围</td><td>一级主任科员以下及其他相当职级层次的公务员</td></tr>
<tr><td>录用程序</td><td>发布公告→资格初审→笔试面试→资格复审→政审体检公示</td></tr>
<tr><td>试用期限</td><td>试用期 1 年，合格者任职，不合格者取消录用</td></tr>
<tr><td rowspan="3">取得职务（任职）</td><td>委任制</td><td rowspan="3">公务员领导职务实行选任制、委任制和聘任制。公务员职级实行委任制和聘任制。领导成员职务按照国家规定实行任期制</td></tr>
<tr><td>选任制</td></tr>
<tr><td>聘任制</td></tr>
</table>

【知识图解2】 公务员考核与奖惩

考核	考核内容	德、能、勤、绩、廉,重点考核政治素质和工作实绩
	考核类型	平时考核、专项考核和定期考核
	考核结果	优秀;称职;基本称职;不称职
奖励	奖励对象	公务员个人;公务员集体
	奖励形式	定期奖励与及时奖励相结合,精神奖励与物质奖励相结合,以精神奖励为主
	奖励等级	嘉奖;记三等功;记二等功;记一等功;授予称号
处分	处分种类	警告;记过;记大过;降级;撤职;开除
	处分后果	处分期间不得升迁;记过、记大过、降级、撤职的不得涨工资
	处分解除	解除处分后晋升工资、级别、职务不再受影响,但解除降级、撤职不视为官复原职
交流	调任	从其他国有单位或团体调入机关担任公务员
	转任	在公务员队伍内变动职务
回避	近亲任职回避	夫妻、直系血亲、三代以内旁系血亲、近姻亲:①不能相互直接领导;②不能直属同一领导;③不能一方当领导,另一方从事组织、人事、纪检、监察、财务、审计工作
	地域任职回避	乡级机关、县级机关、设区的市级机关及其有关部门主要领导职务
	执行公务回避	涉及本人(或亲属关系人员)利害关系的;亲属关系人员即夫妻、直系血亲、三代以内旁系血亲、近姻亲

【知识图解3】 公务员公职的丧失

比较项目	特点	应注意问题
辞职	公务员自己提出,包括自愿辞职、责令辞职	下列情况不得辞职:①未满最低服务年限;②在涉及国家秘密等特殊职位任职或未满原职脱密期限;③重要公务尚未处理完毕且须本人继续处理;④正接受审计、纪检、监察调查、刑事审查;⑤其他情形
辞退	国家单方面决定,被辞退后按照失业处理	辞退的两种特殊情况:①年度考核连续2年不称职(1年不称职仅降一级任职);②连续旷工超过15天或1年内累计旷工超过30天
退休	因客观原因丧失职位,可获得退休金和其他待遇	下列情况可提前退休:①工龄满30年;②距规定退休年龄不足5年且工龄满20年;③符合规定的其他情况

考点 3 行政机构设置和编制管理

1. 国务院行政机构:根据职能分为国务院办公厅、国务院组成部门、国务院直属机构、国务院办事机构、国务院组成部门管理的国家行政机构和国务院议事协调机构。国务院组成部门设立撤销或合并,由国务院总理提请全国人大或常委会决定。

国务院行政机构的编制确定,依据职能配置和职位分类实行精简的原则。国务院行政机构编制的增加和减少,由国务院机构编制管理机关审核方案,报国务院批准。

《国务院行政机构设置和编制管理条例》,是目前关于国务院行政机构设置和编制管理的主要依据。

2. 地方:我国实行中央统一领导、地方分级管理的机构编制管理体制。

考点 4 行政法规和规章的制定

1. 行政法规的制定

(1)制定权限:执行具体法律规定事项;实施宪法规定职权事项;全国人大及其常委会授权事项。

(2)制定程序:国务院制定行政法规,需要经历立项、起草、审查、决定与公布程序。

(3)监督程序:全国人大常委会有权撤销同宪法和法律相抵触的行政法规。行政法规有下列情形的,可以由有权机关予以改变或者撤销:超越权限的;违反上位法规定的;违背法定程序的。

2. 行政规章的制定

(1)部门规章。由国务院各部门制定,包括各部、委员会、中国人民银行、审计署、国务院直属机构。

部门规章可以规定的事项或称制定的依据是法律或国务院的行政法规、决定、命令,并只能在本部门的权限范围内制定规章。

☞ **易错点提示** 没有法律或者国务院的行政法规、决定、命令的依据,部门规章不得设定减损公民、法人和其他组织权利或者增加其义务的规范,不得增加本部门的权力或者减少本部门的法定职责。

(2)地方政府规章。由地方人民政府制定,包括省级政府、自治区政府、设区的市政府、自治州政府、直辖市政府。

地方政府规章可以规定的事项,包括为执行法律、行政法规、地方性法规规定需要制定规章的事项以及本行政区域的行政管理事项。

【考场演练】 多项选择题

关于规章的起草和审查,下列哪些说法是正确的?

A. 起草规章可邀请专家参加,但不能委托专家起草

B. 起草单位就规章起草举行听证会,应制作笔录,如实记录发言人的主要观点和理由

C. 起草规章应广泛听取有关机关、组织和公民的意见

D. 如制定规章的基本条件不成熟,法制机构应将规章送审稿退回起草单位

【参考答案】 BC

☞ **易错点提示** ①国家机关、社会团体、企业事业组织、公民认为规章同法律、行政法规相抵触的,可以向国务院书面提出审查的建议,由国务院法制机构研究并提出处理意见,按照规定程序处理。国家机关、社会团体、企业事业组织、公民认为设区的市、自治州的人民政府规章同法律、行政法规相抵触或者违反其他

上位法的规定的，也可以向本省、自治区人民政府书面提出审查的建议，由省、自治区人民政府法制机构研究并提出处理意见，按照规定程序处理。

②国务院有权改变或者撤销不适当的部门规章和地方政府规章。

考点5 行政许可

1. 行政许可的申请与受理。公民、法人或者其他组织从事特定活动，依法需要取得行政许可的，应当向行政机关提出申请。申请书需要采用格式文本的，行政机关应当向申请人提供行政许可申请书格式文本。申请书格式文本中不得包含与申请行政许可事项没有直接关系的内容。行政许可申请可以通过信函、电报、电传、传真、电子数据交换和电子邮件等方式提出。

行政机关受理或者不予受理行政许可申请，应当出具加盖本行政机关专用印章和注明日期的书面凭证。

2. 审查与决定。行政机关应当对申请人提交的申请材料进行审查。

(1)申请人提交的申请材料齐全、符合法定形式，行政机关能够当场作出决定的，应当当场作出书面的行政许可决定。

根据法定条件和程序，需要对申请材料的实质内容进行核实的，行政机关应当指派两名以上工作人员进行核查。

(2)依法应当先经下级行政机关审查后报上级行政机关决定的行政许可，下级行政机关应当自其受理行政许可申请之日起20日内审查完毕。但是，法律、法规另有规定的，依照其规定。下级行政机关应当在法定期限内将初步审查意见和全部申请材料直接报送上级行政机关，上级行政机关不得要求申请人重复提供申请材料。

(3)行政机关对行政许可申请进行审查时，发现行政许可事项直接关系他人重大利益的，应当告知该利害关系人。申请人、利害关系人有权进行陈述和申辩。行政机关应当听取申请人、利害关系人的意见。

(4)行政机关对行政许可申请进行审查后，除可以当场作出行政许可决定的外，行政机关应当自受理行政许可申请之日起20日内作出行政许可决定。20日内不能作出决定的，经本行政机关负责人批准，可以延长10日，并应当将延长期限的理由告知申请人。但是，法律、法规另有规定的，依照其规定。

行政许可采取统一办理或者联合办理、集中办理的，办理的时间不得超过45日;45日内不能办结的，经本级人民政府负责人批准，可以延长15日，并应当将延长期限的理由告知申请人。

申请人的申请符合法定条件、标准的，行政机关应当依法作出准予行政许可的书面决定。行政机关依法作出不予行政许可的书面决定的，应当说明理由，并告知申请人享有依法申请行政复议或者提起行政诉讼的权利。

行政机关作出准予行政许可的决定，需要颁发行政许可证件的，应当向申请人颁发加盖本行政机关印章的行政许可证件。

3. 听证。法律、法规、规章规定实施行政许可应当听证的事项，或者行政机关认为需要听证的其他涉及公共利益的重大行政许可事项，行政机关应当向社会公告，并举行听证。

行政许可直接涉及申请人与他人之间重大利益关系的，行政机关在作出行政许可决定前，应当告知申请人、利害关系人享有要求听证的权利；申请人、利害关系人在被告知听证权利之日起5日内提出听证申请的，行政机关应当在20日内组织听证。申请人、利害关系人不承担行政机关组织听证的费用。

行政机关应当根据听证笔录，作出行政许可决定。

4. 有数量限制的行政许可，两个或者两个以上申请人的申请均符合法定条件、标准的，行政机关应当根据受理行政许可申请的先后顺序作出准予行政许可的决定。但是，法律、行政法规另有规定的，依照其规定。

5. 行政许可的撤销与注销。撤销是使构成违法的行政许可丧失效力的处理；注销是使由于宏观原因或者法律原因不可能继续存在的行政许可失去效力的处理。

【知识图解1】 行政许可设定的范围

可以设定许可的事项	①一般许可：从事直接涉及公共利益或个人重大利益的特殊活动； ②特许：有限自然资源的开发利用、公共资源的配置以及直接关系公共利益的特定行业的市场准入； ③认可：特定职业行业资格、资质的确定； ④核准：特定设备、设施、产品、物品的检验、检测、检疫； ⑤登记：企业或其他组织的设立
可以不设定许可的事项	①能够自主决定的；②市场能够调节的；③能够自律管理的；④能够事后监督的

【知识图解2】 行政许可设定的权限

<table>
<tr><th>比较项目</th><th>经常性许可</th><th>非经常性许可</th><th>制定具体规定</th><th>禁止设定许可</th></tr>
<tr><td>法律</td><td>可立法设定</td><td>无此情况</td><td>无此情况</td><td>无特殊禁止</td></tr>
<tr><td>行政法规</td><td>法律未设定</td><td>法律未设定的，必要时可以决定方式设定；实施后除临时性许可外，应及时提请全国人大及其常委会立法或自行制定行政法规</td><td rowspan="2">行政法规、地方性法规、行政规章可在上位法范围内作出具体规定，但不得增设行政许可，不得增设违反上位法的其他条件</td><td>无特殊禁止</td></tr>
<tr><td>地方性法规</td><td>上位法未设定</td><td>无此情况</td><td>①由国家统一确定资格资质的许可；②企业或其他组织的设立登记及其前置性许可；③限制外地生产、经营、服务、商品进入的许可</td></tr>
</table>

【知识图解 3】 行政许可实施的一般程序

比较项目	申请与受理,审查与决定	变更与延续	听证
基本制度	①委托申请:可委托他人代为申请,但应亲自到场的除外。 ②电子政务:行政机关有推行电子政务的义务,当事人可通过多种灵活方式(主要是电信电子方式)申请许可。 ③正当程序:需核实申请材料实质内容应由 2 名以上工作人员进行。 ④跨级上报:须跨级上报的许可,下级机关应将初步审查意见和全部申请材料直接上报,上级机关不得要求申请人重复提供材料。 ⑤陈述申辩:许可事项直接关系他人重大利益的,申请人、利害关系人有权陈述申辩。 ⑥政务公开:准予许可的决定应公开,公众有权查阅	当事人要求变更或延续的应当申请,符合法定条件、标准的,行政机关应当依法准予变更或者延续	①启动方式:行政机关对法定事项或其认为涉及公共利益的重大许可事项可决定听证(依职权启动);对直接涉及申请人与他人之间重大利益关系的事项应告知听证权(依申请启动)。 ②公务回避:申请人、利害关系人有权申请有直接利害关系的听证主持人回避(实体回避);行政机关应指定审查工作人员以外的人员主持听证(程序回避)。 ③案卷排他:行政机关应当根据听证笔录作出决定
重要期限	①补正告知期限:补正告知应在当场或 5 日内 1 次作出,否则视为受理申请。 ②决定期限:一机关决定(20 日内决定,经本机关负责人批准可延长 10 日);平级多机关决定(统一、联合、集中办理的 45 日内决定,经本级政府负责人批准可延长 15 日);跨级多机关决定(下级机关应在 20 日内审查完毕)。 ③颁证期限:准予许可的,应当自决定之日起 10 日内颁发、送达许可证或加贴、加盖标志物。 ④听证、招标、拍卖、检验、检测、检疫等时间另计	①需延续的应在许可有效期届满 30 日前申请;但是,法律、法规、规章另有规定的,依照其规定; ②行政机关应在许可有效期届满前决定,逾期未作决定的视为准予延续	①申请期限:权利人应在被告知听证权利之日起 5 日内申请听证。 ②组织期限:行政机关应当在 20 日内组织听证。 ③告知期限:行政机关应于举行听证的 7 日前告知听证时间与地点,必要时予以公告

☞ **易错点提示** ①法律、行政法规设定的行政许可,其适用范围没有地域限制的,申请人取得的行政许可在全国范围内有效。

②行政许可与行政处罚的比较:a. 行政许可的设定机关应当定期对其设定的行政许可进行评价;行政处罚没有此要求。b. 在行政委托上,可以被委托实施行政许可的受托者只能是行政机关;而可以被委托实施行政处罚的受托者是依法成立的管理公共事务的组织。

考点 6 行政处罚的种类与设定

1. 行政处罚的种类:(1)警告、通报批评;(2)罚款、没收违法所得、没收非法财物；(3)暂扣许可证件、降低资质等级、吊销许可证件；(4)限制开展生产经营活动、责令停产停业、责令关闭、限制从业；(5)行政拘留；(6)法律、行政法规规定的其他行政处罚。

2. 行政处罚的设定：

(1)法律。法律可以设定各种行政处罚。限制人身自由的行政处罚，只能由法律设定。

(2)行政法规。①行政法规可以设定除限制人身自由以外的行政处罚。②法律对违法行为已经作出行政处罚规定，行政法规需要作出具体规定的，必须在法律规定的给予行政处罚的行为、种类和幅度的范围内规定。③法律对违法行为未作出行政处罚规定，行政法规为实施法律，可以补充设定行政处罚。拟补充设定行政处罚的，应当通过听证会、论证会等形式广泛听取意见，并向制定机关作出书面说明。行政法规报送备案时，应当说明补充设定行政处罚的情况。

(3)地方性法规。①地方性法规可以设定除限制人身自由、吊销营业执照以外的行政处罚。②法律、行政法规对违法行为已经作出行政处罚规定，地方性法规需要作出具体规定的，必须在法律、行政法规规定的给予行政处罚的行为、种类和幅度的范围内规定。③法律、行政法规对违法行为未作出行政处罚规定，地方性法规为实施法律、行政法规，可以补充设定行政处罚。拟补充设定行政处罚的，应当通过听证会、论证会等形式广泛听取意见，并向制定机关作出书面说明。地方性法规报送备案时，应当说明补充设定行政处罚的情况。

(4)部门规章。①部门规章可以在法律、行政法规规定的给予行政处罚的行为、种类和幅度的范围内作出具体规定。②尚未制定法律、行政法规的，国务院部门规章对违反行政管理秩序的行为，可以设定警告、通报批评或者一定数额罚款的行政处罚。罚款的限额由国务院规定。

(5)地方规章。①地方政府规章可以在法律、法规规定的给予行政处罚的行为、种类和幅度的范围内作出具体规定。②尚未制定法律、法规的，地方政府规章对违反行政管理秩序的行为，可以设定警告、通报批评或者一定数额罚款的行政处罚。罚款的限额由省、自治区、直辖市人大常委会规定。

(6)国务院部门和省、自治区、直辖市人民政府及其有关部门应当定期组织评估行政处罚的实施情况和必要性，对不适当的行政处罚事项及种类、罚款数额等，应当提出修改或者废止的建议。

考点 7 行政处罚的实施程序

1. 一般规定

(1)公示制度。行政处罚的实施机关、立案依据、实施程序和救济渠道等信息应当公示。

(2)行政机关依照法律、行政法规规定利用电子技术监控设备收集、固定违法事实的，应当经过法制和技术审核，确保电子技术监控设备符合标准、设置合理、标志明显，设置地点应当向社会公布。电子技术监控设备记录违法事实应当真实、清晰、完整、准确。行政机关应当审核记录内容是否符合要求；未经审核或者经审核不符合要求的，不得作为行政处罚的证据。行政机关应当及时告知当事人违法事实，并采取信息化手段或者其他措施，为当事人查询、陈述和申辩提供便利。不得限制或者变相限制当事人享有的陈述权、申辩权。

(3)行政处罚应当由具有行政执法资格的执法人员实施。执法人员不得少于2人，法律另有规定的除外。

(4)回避。①执法人员与案件有直接利害关系或者有其他关系可能影响公正执法的，应当回避。②当事人认为执法人员与案件有直接利害关系或者有其他关系可能影响公正执法的，有权申请回避。③当事人提出回避申请的，行政机关应当依法审查，由行政机关负责人决定。决定作出之前，不停止调查。

(5)行政机关在作出行政处罚决定之前，应当告知当事人拟作出的行政处罚内容及事实、理由、依据，并告知当事人依法享有的陈述、申辩、要求听证等权利。

(6)具有一定社会影响的行政处罚决定应当依法公开。公开的行政处罚决定被依法变更、撤销、确认违法或者确认无效的，行政机关应当在3日内撤回行政处罚决定信息并公开说明理由。

2. 简易程序

(1)违法事实确凿并有法定依据，对公民处以200元以下、对法人或者其他组织处以3000元以下罚款或者警告的行政处罚的，可以当场作出行政处罚决定。

(2)有下列情形之一，执法人员可以当场收缴罚款：①依法给予100元以下罚款的；②不当场收缴事后难以执行的。

(3)执法人员当场作出行政处罚决定的，应当向当事人出示执法证件，填写预定格式、编有号码的行政处罚决定书，并当场交付当事人。当事人拒绝签收的，应当在行政处罚决定书上注明。

(4)当事人应当自收到行政处罚决定书之日起15日内，到指定的银行或者通过电子支付系统缴纳罚款。银行应当收受罚款，并将罚款直接上缴国库。

(5)在边远、水上、交通不便地区，当事人到指定的银行或者通过电子支付系统缴纳罚款确有困难，经当事人提出，行政机关及其执法人员可以当场收缴罚款。

3. 普通程序

(1)行政调查。除依简易程序可以当场作出的行政处罚外，行政机关发现公民、法人或者其他组织有依法应当给予行政处罚的行为的，必须全面、客观、公正地调查，收集有关证据；必要时，依照法律、法规的规定，可以进行检查。执法人员在调查或者进行检查时，应当主动向当事人或者有关人员出示执法证件。当事人或者有关人员有权要求执法人员出示执法证件。执法人员不出示执法证件的，当事人或者有关人员有权拒绝接受调查或者检查。当事人或者有关人员应当如实回答询问，并协助调查或者检查，不得拒绝或者阻挠。询问或者检查应当制作笔录。行政机关在收集证据时，可以采取抽样取证的方法；在证据可能灭失或者以后难以取得的情况下，经行政机关负责人批准，可以先行登记保存，并应当在7日内及时作出处理决定，在此期间，当事人或者有关人员不得销毁或者转移证据。

(2)行政处罚决定。①确有应受行政处罚的违法行为的，根据情节轻重及具体情况，作出行政处罚决定；②违法行为轻微，依法可以不予行政处罚的，不予行政处罚；③违法事实不能成立的，不予行政处罚；④违法行为涉嫌犯罪的，移送司法机关。对情节复杂或者重大违法行为给予行政处罚，行政机关负责人应当集体讨论决定。

(3)法制审核。有下列情形之一,在行政机关负责人作出行政处罚的决定之前,应当由从事行政处罚决定法制审核的人员进行法制审核;未经法制审核或者审核未通过的,不得作出决定:①涉及重大公共利益的;②直接关系当事人或者第三人重大权益,经过听证程序的;③案件情况疑难复杂、涉及多个法律关系的;④法律、法规规定应当进行法制审核的其他情形。行政机关中初次从事行政处罚决定法制审核的人员,应当通过国家统一法律职业资格考试取得法律职业资格。

(4)行政机关应当自行政处罚案件立案之日起 90 日内作出行政处罚决定。法律、法规、规章另有规定的,从其规定。

4. 听证程序

(1)适用范围。行政机关拟作出下列行政处罚决定,应当告知当事人有要求听证的权利,当事人要求听证的,行政机关应当组织听证:①较大数额罚款;②没收较大数额违法所得、没收较大价值非法财物;③降低资质等级、吊销许可证件;④责令停产停业、责令关闭、限制从业;⑤其他较重的行政处罚;⑥法律、法规、规章规定的其他情形。当事人不承担行政机关组织听证的费用。

(2)组织程序。①当事人要求听证的,应当在行政机关告知后 5 日内提出;②行政机关应当在举行听证的 7 日前,通知当事人及有关人员听证的时间、地点;③除涉及国家秘密、商业秘密或者个人隐私依法予以保密外,听证公开举行;④听证由行政机关指定的非本案调查人员主持;当事人认为主持人与本案有直接利害关系的,有权申请回避;⑤当事人可以亲自参加听证,也可以委托 1 ~ 2 人代理;⑥当事人及其代理人无正当理由拒不出席听证或者未经许可中途退出听证的,视为放弃听证权利,行政机关终止听证;⑦举行听证时,调查人员提出当事人违法的事实、证据和行政处罚建议,当事人进行申辩和质证;⑧听证应当制作笔录。笔录应当交当事人或者其代理人核对无误后签名或者盖章。当事人或者其代理人拒绝签名或者盖章的,由听证主持人在笔录中注明。

考点 8 行政强制的种类和设定

《行政强制法》所称行政强制,包括行政强制措施和行政强制执行。

1. 行政强制措施,是指行政机关在行政管理过程中,为制止违法行为、防止证据损毁、避免危害发生、控制危险扩大等情形,依法对公民的人身自由实施暂时性限制,或者对公民、法人或者其他组织的财物实施暂时性控制的行为。

(1)行政强制措施的种类:限制公民人身自由;查封场所、设施或者财物;扣押财物;冻结存款、汇款;其他行政强制措施。

(2)行政强制措施的设定:由法律设定。

尚未制定法律,且属于国务院行政管理职权事项的,行政法规可以设定除限制公民人身自由、冻结存款汇款和应当由法律规定的行政强制措施以外的其他行政强制措施。

尚未制定法律、行政法规,且属于地方性事务的,地方性法规可以设定查封场所、设施或者财物,扣押财物的行政强制措施。

法律、法规以外的其他规范性文件不得设定行政强制措施。

法律对行政强制措施的对象、条件、种类作了规定的,行政法规、地方性法规不得作出扩大规定。

法律中未设定行政强制措施的,行政法规、地方性法规不得设定行政强制措施。但是,法律规定特定事项由行政法规规定具体管理措施的,行政法规可以设定除限制公民人身自由、冻结存款汇款和应当由法律规定的行政强制措施以外的其他行政强制措施。

2. 行政强制执行,是指行政机关或者行政机关申请人民法院,对不履行行政决定的公民、法人或者其他组织,依法强制履行义务的行为。

(1)行政强制执行的方式:加处罚款或者滞纳金;划拨存款、汇款;拍卖或者依法处理查封、扣押的场所、设施或者财物;排除妨碍、恢复原状;代履行;其他强制执行方式。

【考场演练】 单项选择题

为了解决海上交通拥堵乱象,公安部将某沿海城市规划为试点城市,实行"海上城市环境优化"计划,开展海上运输环境清理活动,重点清理未登记停靠、未登记航行的船舶。甲的船舶未办理登记,行政机关向其发出通知,责令其3日内将船舶停靠在指定规划区域内,并限期不得驶离。请问,该行政机关的行政行为的性质是:

A. 查封

B. 财产扣押

C. 行政强制执行

D. 其他行政强制措施

【参考答案】 D

(2)行政强制执行的设定:由法律设定。

法律没有规定行政机关强制执行的,作出行政决定的行政机关应当申请人民法院强制执行。

起草法律草案、法规草案,拟设定行政强制的,起草单位应当采取听证会、论证会等形式听取意见,并向制定机关说明设定该行政强制的必要性、可能产生的影响以及听取和采纳意见的情况。

3. 行政强制的设定和实施,应当依照法定的权限、范围、条件和程序。

行政强制的设定和实施,应当适当。采用非强制手段可以达到行政管理目的的,不得设定和实施行政强制。

考点 9 行政强制程序

1. 行政强制措施实施程序

(1)实施行政强制措施的主体:行政强制措施由法律、法规规定的行政机关在法定职权范围内实施。行政强制措施权不得委托,并应当由行政机关具备资格的行政执法人员实施,其他人员不得实施。

☞ **易错点提示** 依据《行政处罚法》的规定行使相对集中行政处罚权的行政机关,可以实施法律、法规规定的与行政处罚权有关的行政强制措施。

(2)一般程序要求。

①报告和批准。实施前须向行政机关负责人报告并经批准。

②表明身份,出示执法身份证件。

③通知当事人到场。当事人不到场的,邀请见证人到场,由见证人和行政执法人员在现场笔录上签名或者盖章。

④告知和说明理由。执法人员应当场告知当事人采取行政强制措施的理由、依据以及当事人依法享有的权利、救济途径。

⑤听取当事人的陈述和申辩。

⑥制作现场笔录。现场笔录由当事人和行政执法人员签名或者盖章,当事人拒绝的,在笔录中予以注明。

(3)特别程序要求。

①实施限制公民人身自由的强制措施。当场告知或者实施行政强制措施后立即通知当事人家属实施行政强制措施的行政机关、地点和期限。在紧急情况下当场实施行政强制措施的,在返回行政机关后,立即向行政机关负责人报告并补办批准手续。如法律对此类措施的其他程序作出规定,应从其规定。

行政机关实施限制人身自由的行政强制措施不得超过法定期限。实施行政强制措施的目的已经达到或者条件已经消失,应当立即解除。

②查封、扣押。查封、扣押限于涉案的场所、设施或者财物。不得查封、扣押与违法行为无关的场所、设施或者财物;不得查封、扣押公民个人及其所扶养家属的生活必需品。当事人的场所、设施或者财物已被其他国家机关依法查封的,不得重复查封。查封、扣押的期限不得超过30日;情况复杂的,经行政机关负责人批准,可以延长,但是延长期限不得超过30日。如法律、行政法规另有规定的,从其规定。延长查封、扣押的决定应当及时书面告知当事人,并说明理由。

③冻结。冻结存款、汇款应当由法律规定的行政机关实施。冻结存款、汇款的数额应当与违法行为涉及的金额相当;已被其他国家机关依法冻结的,不得重复冻结。自冻结存款、汇款之日起30日内,行政机关应当作出处理决定或者作出解除冻结决定;情况复杂的,经行政机关负责人批准,可以延长,但是延长期限不得超过30日。法律另有规定的除外。延长冻结的决定应当及时书面告知当事人,并说明理由。

2. 行政机关强制执行程序

(1)行政机关自行强制执行权限。我国行政强制执行实行由行政机关和法院共享强制执行权的模式。法律没有规定行政机关强制执行的,作出行政决定的行政机关应当申请人民法院强制执行。行政机关自行强制执行权的取得需要由全国人大及其常委会制定的法律授权。

行政机关可以自行强制执行的两项授权:一是对违法建筑物、构筑物、设施等强制拆除;二是符合特定条件时对金钱给付义务的直接强制执行。

(2)一般程序及要求。①催告。②陈述与申辩。③作出强制执行决定和送达。④采取强制执行措施。

(3)特别程序及要求。

①金钱给付义务的执行。

A. 先采取间接强制措施。行政机关依法作出金钱给付义务的行政决定,当事人逾期不履行的,行政机关可以依法加处罚款或者滞纳金。加处罚款或者滞纳金的标准应当告知当事人。加处罚款或者滞纳金的数额不得超出金钱给付义务的数额。

B. 自行强制执行或申请法院执行。行政机关实施加处罚款或者滞纳金超过30日,经催告当事人仍不履行的,具有行政强制执行权的行政机关可以强制执行。没有行政强制执行权的行政机关应当申请人民法院强制执行。

C. 执行的程序要求。划拨存款、汇款应当由法律规定的行政机关决定,并书面通知金融机构。

②代履行。行政机关依法作出要求当事人履行排除妨碍、恢复原状等义务的行政决定,当事人逾期不履行,经催告仍不履行,其后果已经或者将危害交通安全、造成环境污染或者破坏自然资源的,行政机关可以代履行,或者委托没有利害关系的第三人代履行。

需要立即清除道路、河道、航道或者公共场所的遗洒物、障碍物或者污染物,当事人不能清除的,行政机关可以决定立即实施代履行;当事人不在场的,行政机关应当在事后立即通知当事人,并依法作出处理。

(4)中止执行、终结执行和执行和解。

①中止执行。有下列情形之一的,中止执行:当事人履行行政决定确有困难或者暂无履行能力的;第三人对执行标的主张权利,确有理由的;执行可能造成难以弥补的损失,且中止执行不损害公共利益的;行政机关认为需要中止执行的其他情形。

中止执行的情形消失后,行政机关应当恢复执行。对没有明显社会危害,当事人确无能力履行,中止执行满3年未恢复执行的,行政机关不再执行。

②终结执行。有下列情形之一的,终结执行:公民死亡,无遗产可供执行,又无义务承受人的;法人或者其他组织终止,无财产可供执行,又无义务承受人的;执行标的灭失的;据以执行的行政决定被撤销的;行政机关认为需要终结执行的其他情形。

在执行中或者执行完毕后,据以执行的行政决定被撤销、变更,或者执行错误的,应当恢复原状或者退还财物;不能恢复原状或者退还财物的,依法给予赔偿。

③执行和解。实施行政强制执行,行政机关可以在不损害公共利益和他人合法权益的情况下,与当事人达成执行协议。执行协议可以约定分阶段履行;当事人采取补救措施的,可以减免加处的罚款或者滞纳金。执行协议应当履行。当事人不履行执行协议的,行政机关应当恢复强制执行。

考点 10 政府信息公开

1. 对"政府信息"的理解

政府信息是指行政机关在履行职责过程中制作或者获取的,以一定形式记录、保存的信息。

2. 适用的主体

适用的主体主要是行政机关和法律、法规授权的具有管理公共事务职能的组织,也包括教育、供水、供电、供气、供热、环保、卫生健康、公共交通等与人民群众利益密切相关的公共企事业单位。

3. 公开的范围

(1)不予公开的信息。依法确定为国家秘密的政府信息,法律、行政法规禁止公开的政府信息,以及公开后可能危及国家安全、公共安全、经济安全、社会稳定的政府信息;涉及商业秘密、个人隐私等公开会对第三方合法权益造成损害的政府信息,行政机关不得公开等。

(2)主动公开的信息。涉及公众利益调整、需要公众广泛知晓或者需要公众参与决策的政府信息。例如,行政法规、规章和规范性文件;机关职能、机构设置、办公地址、办公时间、联系方式、负责人姓名;国民经济和社会发展规划、专项规划、区域规划及相关政策;国民经济和社会发展统计信息;办理行政许可和其他对外管理服务事项的依据、条件、程序以及办理结果;实施行政处罚、行政强制的依据、条件、程序以及本行政机关认为具有一定社会影响的行政处罚决定;财政预算、决算信息;行政事业性收费项目及其依据、标准;政府集中采购项目的目录、标准及实施情况;重大建设项目的批准和实施情况;扶贫、教育、医疗、社会保障、促进就业等方面的政策、措施及其实施情况;突发公共事件的应急预案、预警信息及应对情况;环境保护、公共卫生、安全生产、食品药品、产品质量的监督检查情况;公务员招考的职位、名额、报考条件等事项以及录用结果;法律、法规、规章和国家有关规定应当主动公开的其他政府信息等。《政府信息公开条例》要求各行政机关按照上述基本要求,确定主动公开政府信息的具体内容。同时,为了保证主动公开的要求能够落到实处,该条例还根据县级以上各级人民政府及其部门、乡(镇)人民政府的工作职责,分别规定了其应当重点公开的政府信息。

(3)依申请公开的信息。除行政机关主动公开的政府信息外,公民、法人或者其他组织还可以根据自身需要,向行政机关申请获取相关政府信息。

考点 11 行政诉讼的受案范围

1. 可以申请行政复议的事项

(1)对行政机关作出的行政处罚决定不服。

(2)对行政机关作出的行政强制措施、行政强制执行决定不服。

(3)申请行政许可,行政机关拒绝或者在法定期限内不予答复,或者对行政机关作出的有关行政许可的其他决定不服。

(4)对行政机关作出的确认自然资源的所有权或者使用权的决定不服。

(5)对行政机关作出的征收征用决定及其补偿决定不服。

(6)对行政机关作出的赔偿决定或者不予赔偿决定不服。

(7)对行政机关作出的不予受理工伤认定申请的决定或者工伤认定结论不服。

(8)认为行政机关侵犯其经营自主权或者农村土地承包经营权、农村土地经营权。

(9)认为行政机关滥用行政权力排除或者限制竞争。

(10)认为行政机关违法集资、摊派费用或者违法要求履行其他义务。

(11)申请行政机关履行保护人身权利、财产权利、受教育权利等合法权益的法定职责,行政机关拒绝履行、未依法履行或者不予答复。

(12)申请行政机关依法给付抚恤金、社会保险待遇或者最低生活保障等社会保障,行政机关没有依法给付。

(13)认为行政机关不依法订立、不依法履行、未按照约定履行或者违法变更、解除政府特许经营协议、土地房屋征收补偿协议等行政协议。

(14)认为行政机关在政府信息公开工作中侵犯其合法权益。

(15)认为行政机关的其他行政行为侵犯其合法权益。

2. 行政复议的排除事项

(1)国防、外交等国家行为。

(2)抽象行政行为,即行政法规、规章或者行政机关制定、发布的具有普遍约束力的决定、命令等规范性文件。

(3)内部行为,即行政机关对其工作人员的奖惩、任免等决定。

对这些决定引起的争议,按照法律、行政法规的规定提出申诉。这里所说的法律法规,主要是指公务员法等。

(4)调解行为,即行政机关对民事纠纷作出的调解。

考点 12 行政复议机关

1. 县级以上地方各级人民政府作为被申请人的行政复议机关。根据《行政复议法》第4条第1款的规定,县级以上地方各级人民政府以及其他履行行政复议职责的行政机关是行政复议机关。据此,行政复议职责主要应由县级以上地方各级人民政府行使。县级以上地方各级人民政府管辖的行政复议案件包括:

(1)对本级人民政府工作部门作出的行政行为不服的。

对县级以上地方各级人民政府工作部门作出的行政行为不服的,向本级人民政府申请复议。因此,对县级以上地方各级人民政府工作部门的行政行为不服提起行政复议的,该部门的本级人民政府为复议机关。

(2)对下一级人民政府作出的行政行为不服的。

(3)对本级人民政府依法设立的派出机关作出的行政行为不服的。根据我国《地方各级人民代表大会和地方各级人民政府组织法》第85条规定,省、自治区的人民政府在必要的时候,经国务院批准,可以设立若干派出机关;县、自治县的人民政府在必要的时候,经省、自治区、直辖市的人民政府批准,可以设立若干区公所,作为它的派出机关;市辖区、不设区的市的人民政府,经上一级人民政府批准,可以设立若干街道办事处,作为它的派出机关。据此,政府派出机关包括省级政府派出机关(一般称为行政公署)、县级政府派出机关区公所和区级政府派出机关街道办事处,对上述派出机关的行为不服申请行政复议的,相应的复议机关应该是设立该派出机关的人民政府。

根据《行政复议法》第24条第3款规定,省、自治区人民政府依法设立的派出机关参照设区的市级人民政府的职责权限,管辖相关行政复议案件。换言之,省级政府派出机关在级别上相当于设区的市级人民政府,其可以参照设区的市级人民政府的职责权限管辖相关行政复议案件。

(4)对本级人民政府或者其工作部门管理的法律、法规、规章授权的组织作出的行政行为不服的。

(5)对派出机构的行政行为不服的。对县级以上地方各级人民政府工作部门依法设立的派出机构依照法律、法规、规章规定,以派出机构的名义作出的行政行为不服的行政复议案件,由本级人民政府管辖;其中,对直辖市、设区的市人民政府工作部门按照行政区划设立的派出机构作出的行政行为不服的,也可以由其所在地的人民政府管辖。

2. 省、自治区、直辖市政府作为被申请人的行政复议机关。省、自治区、直辖市人民政府管辖对本机关作出的行政行为不服的行政复议案件。

3. 国务院部门作为被申请人的行政复议机关。根据《行政复议法》第25条的规定,国务院部门管辖下列行政复议案件:(1)对本部门作出的行政行为不服的;(2)对本部门依法设立的派出机构以自己的名义作出的行政行为不服的;(3)对本部门管理的授权组织作出的行政行为不服的。

根据《行政复议法》第26条的规定,对于省、自治区、直辖市人民政府或国务院部门以本机关或本部门为被申请人的案件作出的行政复议决定,行政相对人不服的,可以向人民法院提起行政诉讼,也可以向国务院申请裁决。如果相对人选择了向国务院申请裁决,则国务院作出的裁决是最终裁决。

4. 实行垂直领导的行政机关作为被申请人的行政复议机关。根据《行政复议法》第27条的规定,对海关、金融、外汇管理等实行垂直领导的行政机关、税务和国家安全机关的行政行为不服的,向上一级主管部门申请行政复议。

5. 地方人民政府司法行政部门作为被申请人的行政复议机关。根据《行政复议法》第28条的规定,对履行行政复议机构职责的地方人民政府司法行政部门的行政行为不服的,可以向本级人民政府申请行政复议,也可以向上一级司法行政部门申请行政复议。

【知识图解1】 被申请人与复议机关的确定

类型	复议被申请人	复议机关
一般情形	县级以上地方政府工作部门	本级政府
	政府派出机关(如行政公署、区公所、街道办事处)	本级政府(设立该派出机关的政府)
	县级政府工作部门设立的派出机构	本级政府(县政府)
	政府或工作部门管理的被授权组织	本级政府
	省级以下地方政府	上一级人民政府
特殊情形	国家垂直领导机关(如海关、金融、外汇管理)	上一级主管部门
	省部级单位(国务院部门或省级政府)	省部级单位自己
	国务院部门设立的派出机构、管理的被授权组织	国务院部门
	直辖市、地级市政府工作部门按照行政区划设立的派出机构	本级政府或所在地的政府
	履行复议机构职责的政府司法行政部门	本级政府或上一级司法行政部门

【知识图解2】 行政复议简易程序

项目		内容
适用情形	法定简易	行政复议机关审理下列行政复议案件,认为事实清楚、权利义务关系明确、争议不大的,可以适用简易程序: (1)被申请行政复议的行政行为是当场作出的; (2)被申请行政复议的行政行为是警告或者通报批评; (3)案件涉及款额3000元以下; (4)属于政府信息公开案件
	约定简易	当事人各方同意适用简易程序的,可以适用
审前程序	第一步:行政复议机构应当自受理行政复议申请之日起3日内,将行政复议申请书副本或行政复议申请笔录复印件发送被申请人; 第二步:被申请人应当自收到行政复议申请书副本或行政复议申请笔录复印件之日起5日内提出书面答复,并提交作出行政行为的证据、依据和其他有关材料	
审理方式	可以书面审理	
审理期限	自受理申请之日起30日内作出行政复议决定(无延长规定)	
程序转化	行政复议机构认为不宜适用简易程序的,经行政复议机构的负责人批准,可以转为普通程序审理	

【知识图解3】 行政复议的决定类型

决定类型	情形	内容
维持决定	行政行为事实清楚,证据确凿,适用依据正确,程序合法,内容适当	使行政行为维持或者取得法律效力
责令履行决定	被申请人存在应当履行的法定职责,不履行构成了行政违法,且继续履行仍有意义	要求其在一定期限内履行法定义务
撤销或部分撤销,责令重新作出决定	(1)主要事实不清、证据不足; (2)违反法定程序; (3)适用的依据不合法; (4)超越职权或者滥用职权	(1)使行政行为全部或者部分丧失效力或不能取得法律效力; (2)行政复议机关责令被申请人重新作出行政行为的,被申请人不得以同一事实和理由作出与被申请行政复议的行政行为相同或者基本相同的行政行为,但是行政复议机关以违反法定程序为由决定撤销或者部分撤销的除外

决定类型	情形	内容
变更决定	(1)事实清楚,证据确凿,适用依据正确,程序合法,但是内容不适当的; (2)事实清楚,证据确凿,程序合法,但是未正确适用依据; (3)事实不清、证据不足,经行政复议机关查清事实和证据	(1)撤销原来行政行为,使其丧失效力或不能取得效力,行政复议机关对有关事项作出新的权利义务安排和处理; (2)行政复议机关不得作出对申请人更为不利的变更决定,但是第三人提出相反请求的除外
确认违法决定	(1)行政行为依法应予撤销,但是撤销会给国家利益、社会公共利益造成重大损害; (2)行政行为程序轻微违法,但是对申请人权利不产生实际影响; (3)行政行为违法,但是不具有可撤销内容; (4)被申请人改变原违法行政行为,申请人仍要求撤销或者确认该行政行为违法; (5)被申请人不履行或者拖延履行法定职责,责令履行没有意义	对行政行为违法性质和违法状态的确定或认定
确认无效	行政行为有实施主体不具有行政主体资格或者没有依据等重大且明显违法情形	自始无效、当然无效、绝对无效
驳回决定	申请人认为行政机关不履行法定职责而申请行政复议,行政复议机关受理后发现该行政机关没有相应法定职责或者在受理前已经履行法定职责的	不产生行政复议上的效力
赔偿决定	依申请作出:当申请人申请复议时可以一并提出行政赔偿请求,行政复议机关必须决定赔偿与否	行政复议机关对依法应当赔偿的,在决定撤销、变更或确认违法时,应当同时决定被申请人依法给予赔偿
	依职权作出:申请人在复议时没有提出行政赔偿请求的,行政复议机关可以在法定情形下直接作出有赔偿效果的决定	行政复议机关依法决定撤销或者部分撤销、变更罚款,撤销或者部分撤销违法集资、没收财物、征收征用、摊派费用以及对财产的查封、扣押、冻结等行政行为时,应当同时责令被申请人返还财产,解除对财产的查封、扣押、冻结措施,或赔偿相应价款

考点13 行政诉讼的管辖

1. 级别管辖。中级人民法院管辖下列第一审行政案件:(1)对国务院部门或者县级以上地方人民政府所作的行政行为提起诉讼的案件;(2)海关处理的案件;

(3)本辖区内重大、复杂的案件;(4)其他法律规定由中级人民法院管辖的案件。

2. 地域管辖。行政案件由最初作出行政行为的行政机关所在地人民法院管辖。

(1)经复议的案件,也可以由复议机关所在地人民法院管辖。

(2)经最高人民法院批准,高级人民法院可以根据审判工作的实际情况,确定若干人民法院跨行政区域管辖行政案件。

(3)对限制人身自由的行政强制措施不服提起的诉讼,由被告所在地或者原告所在地人民法院管辖。

(4)因不动产提起的行政诉讼,由不动产所在地人民法院管辖。

3. 选择管辖。两个以上人民法院都有管辖权的案件,原告可以选择其中一个人民法院提起诉讼。原告向两个以上有管辖权的人民法院提起诉讼的,由最先立案的人民法院管辖。

4. 移送管辖。人民法院发现受理的案件不属于本院管辖的,应当移送有管辖权的人民法院,受移送的人民法院应当受理。受移送的人民法院认为受移送的案件按照规定不属于本院管辖的,应当报请上级人民法院指定管辖,不得再自行移送。

5. 指定管辖。有管辖权的人民法院由于特殊原因不能行使管辖权的,由上级人民法院指定管辖。

人民法院对管辖权发生争议,由争议双方协商解决。协商不成的,报它们的共同上级人民法院指定管辖。

上级人民法院有权审理下级人民法院管辖的第一审行政案件。

下级人民法院对其管辖的第一审行政案件,认为需要由上级人民法院审理或者指定管辖的,可以报请上级人民法院决定。

考点 14 行政诉讼当事人

1. 原告。行政行为的相对人以及其他与行政行为有利害关系的公民、法人或者其他组织,有权提起诉讼。

(1)侵权关系受害人的原告资格。受害人是指受到其他公民(加害人)违法行为侵害的人。在发生侵害时,行政机关可能有两种做法:一是不予处理;二是处罚了加害人,但受害人认为处罚轻微。

这里还需要注意两种情形:①加害人或者受害人中起诉的一方是原告,没有起诉的一方是第三人。②如果加害人认为行政处罚过重而起诉,受害人认为处罚过轻同时起诉,在这种情况下,受害人和加害人都是原告,但他们不是共同原告。这是因为,两个原告的主张冲突不符合共同原告的要件。

(2)相邻权人的原告资格。如果被诉具体行政行为侵害了有关公民的相邻权,利害关系即告成立。

(3)公平竞争权人的原告资格。

(4)投资人的原告资格。联营企业、中外合资企业、中外合作企业的联营、合资、合作各方,认为联营、合资、合作企业权益或者自己一方合法权益受到行政行为侵害的,均可以以自己的名义提起诉讼。

(5)合伙组织的原告确认。合伙企业向人民法院提起诉讼的,应当以核准登记的字号为原告。未依法登记领取营业执照的个人合伙的全体合伙人为共同原告。

(6)个体工商户的诉权。个体工商户向人民法院提起诉讼的,以营业执照上登记的经营者为原告。有字号的,以营业执照上登记的字号为原告,并应当注明该字号经营者的基本信息。

(7)股份制企业内部机构的诉权。股份制企业的内部机构认为行政机关作出的行政行为侵犯企业经营自主权的,可以以企业的名义提起诉讼。

(8)非国有企业被行政机关注销、撤销、合并、强令兼并、出售、分立或者改变企业隶属关系的,企业或者其法定代表人可以提起诉讼。

(9)企业法定代表人的独立诉权和代位诉权。在企业法定代表人被行政机关变更或撤换的情况下,原企业法定代表人有权提起行政诉讼。新的法定代表人提出撤诉申请,没有法律依据。

(10)人民检察院的原告资格。人民检察院在履行职责中发现生态环境和资源保护、食品药品安全、国有财产保护、国有土地使用权出让等领域负有监督管理职责的行政机关违法行使职权或者不作为,致使国家利益或者社会公共利益受到侵害的,应当向行政机关提出检察建议,督促其依法履行职责。行政机关不依法履行职责的,人民检察院依法向人民法院提起诉讼。

(11)非营利法人的出资人、设立人的原告资格。事业单位、社会团体、基金会、社会服务机构等非营利法人的出资人、设立人认为行政行为损害法人合法权益的,可以自己的名义提起诉讼。

(12)业主委员会及业主的原告资格。业主委员会对于行政机关作出的涉及业主共有利益的行政行为,可以自己的名义提起诉讼。业主委员会不起诉的,专有部分占建筑物总面积过半数或者占总户数过半数的业主可以提起诉讼。

2. 被告。公民、法人或者其他组织直接向人民法院提起诉讼的,作出行政行为的行政机关是被告。

(1)经复议的案件,复议机关决定维持原行政行为的,作出原行政行为的行政机关和复议机关是共同被告;复议机关改变原行政行为的,复议机关是被告。

复议机关在法定期限内未作出复议决定,公民、法人或者其他组织起诉原行政行为的,作出原行政行为的行政机关是被告;起诉复议机关不作为的,复议机关是被告。

(2)两个以上行政机关作出同一行政行为的,共同作出行政行为的行政机关是共同被告。

(3)行政机关委托的组织所作的行政行为,委托的行政机关是被告。

(4)行政机关被撤销或者职权变更的,继续行使其职权的行政机关是被告。没有继续行使其职权的行政机关,以其所属的人民政府为被告;实行垂直领导的,以垂直领导的上一级行政机关为被告。

3. 第三人。公民、法人或者其他组织同被诉行政行为有利害关系但没有提起诉讼,或者同案件处理结果有利害关系的,可以作为第三人申请参加诉讼,或者由人民法院通知参加诉讼。

人民法院判决第三人承担义务或者减损第三人权益的,第三人有权依法提起上诉(或者申请再审)。

考点 15 行政诉讼起诉条件

1. 时间条件:其是指诉讼时效,即诉权行使的有效期间。

(1)直接起诉的一般期限是知道或者应当知道行政机关作出行政行为之日起6个月内;经复议的一般期限是收到复议决定书之日起15日内。

因不动产提起诉讼的案件自行政行为作出之日起超过20年,其他案件自行政行为作出之日起超过5年提起诉讼的,人民法院不予受理。

(2)公民、法人或者其他组织申请行政机关履行保护其人身权、财产权等合法权益的法定职责,行政机关在接到申请之日起2个月内不履行的,公民、法人或者其他组织可以向人民法院提起诉讼,并应当在行政机关履行法定职责期限届满之日起6个月内提出。法律、法规对行政机关履行职责的期限另有规定的,从其规定。

公民、法人或者其他组织在紧急情况下请求行政机关履行保护其人身权、财产权等合法权益的法定职责,行政机关不履行的,提起诉讼不受2个月的限制。

2. 起诉条件:(1)原告具有原告资格;(2)有明确的被告;(3)有具体的诉讼请求和事实根据;(4)属于人民法院受案范围和受诉人民法院管辖。

3. 可以书面起诉,也可以口头起诉:书写起诉状确有困难的,可以口头起诉,由人民法院记入笔录,出具注明日期的书面凭证,并告知对方当事人。

☞ **易错点提示** 登记立案制:人民法院在接到起诉状时对符合《行政诉讼法》规定的起诉条件的,应当登记立案。当事人对不予立案裁定不服的,可以提起上诉。

考点 16 行政诉讼证据

1. 举证责任的分配。行政机关负举证责任是行政诉讼举证责任分担的基本原则,被告应当提供作出被诉行政行为的证据和所依据的规范性文件。

被告不提供或者无正当理由逾期提供证据,视为没有相应证据。但是,被诉行政行为涉及第三人合法权益,第三人提供证据的除外。

但不排除原告提供证据:(1)原告可以提供证明行政行为违法的证据。原告提供的证据不成立的,不免除被告的举证责任。(2)在起诉被告不履行法定职责的案件中,原告应当提供其向被告提出申请的证据。但有下列情形之一的除外:被告应当依职权主动履行法定职责的;原告因正当理由不能提供证据的。(3)在行政赔偿、补偿的案件中,原告应当对行政行为造成的损害提供证据。被告的原因导致原告无法举证的,由被告承担举证责任。

被告在作出行政行为时已经收集了证据,但因不可抗力等正当事由不能提供的,经人民法院准许,可以延期提供。原告或者第三人提出了其在行政处理程序中没有提出的理由或者证据的,经人民法院准许,被告可以补充证据。

2. 行政诉讼证据的收集。在诉讼过程中,被告及其诉讼代理人不得自行向原告、第三人和证人收集证据。

3. 人民法院对证据的调取分为依职权与应申请两种。

(1)人民法院有权向有关行政机关以及其他组织、公民调取证据。但是,不得为证明行政行为的合法性调取被告作出行政行为时未收集的证据。

(2)与本案有关的下列证据,原告或者第三人不能自行收集的,可以申请人民法院调取:由国家机关保存而须由人民法院调取的证据;涉及国家秘密、商业秘密和个人隐私的证据;确因客观原因不能自行收集的其他证据。

4. 证据的质证与采信:(1)证据应当在法庭上出示,并由当事人互相质证。对涉及国家秘密、商业秘密和个人隐私的证据,不得在公开开庭时出示。(2)人民法院应当按照法定程序,全面、客观地审查核实证据。对未采纳的证据应当在裁判文书中说明理由。以非法手段取得的证据,不得作为认定案件事实的根据。

考点 17 一审行政诉讼判决的形式

人民法院应当在立案之日起6个月内作出第一审判决。有特殊情况需要延长的,由高级人民法院批准,高级人民法院审理第一审案件需要延长的,由最高人民法院批准。

1. 驳回原告诉讼请求判决。行政行为证据确凿,适用法律、法规正确,符合法定程序的,或者原告申请被告履行法定职责或者给付义务理由不成立的,人民法院判决驳回原告的诉讼请求。

2. 撤销判决。行政行为有下列情形之一的,人民法院判决撤销或者部分撤销,并可以判决被告重新作出行政行为:(1)主要证据不足的;(2)适用法律、法规错误的;(3)违反法定程序的;(4)超越职权的;(5)滥用职权的;(6)明显不当的。

3. 履行判决。人民法院经过审理,查明被告不履行法定职责的,判决被告在一定期限内履行。

被告不依法履行、未按照约定履行或者违法变更、解除政府特许经营协议、土地房屋征收补偿协议等协议的,人民法院判决被告承担继续履行、采取补救措施或者赔偿损失等责任。被告变更、解除上述协议合法,但未依法给予补偿的,人民法院判决给予补偿。

4. 给付判决。人民法院经过审理,查明被告依法负有给付义务的,判决被告履行给付义务。

5. 确认违法判决。

(1)行政行为有下列情形之一的,人民法院判决确认违法,但不撤销行政行为:①行政行为依法应当撤销,但撤销会给国家利益、社会公共利益造成重大损害的;②行政行为程序轻微违法,但对原告权利不产生实际影响的。

(2)行政行为有下列情形之一,不需要撤销或者判决履行的,人民法院判决确认违法:①行政行为违法,但不具有可撤销内容的;②被告改变原违法行政行为,原告仍要求确认原行政行为违法的;③被告不履行或者拖延履行法定职责,判决履行没有意义的。

6. 确认无效判决。行政行为有实施主体不具有行政主体资格或者没有依据等重大且明显违法情形,原告申请确认行政行为无效的,人民法院判决确认无效。

人民法院判决确认违法或者无效的，可以同时判决责令被告采取补救措施；给原告造成损失的，依法判决被告承担赔偿责任。

7. 变更判决。行政处罚明显不当，或者其他行政行为涉及对款额的确定、认定确有错误的，人民法院可以判决变更。

☞ **易错点提示** ①人民法院判决变更，不得加重原告的义务或者减损原告的权益。但利害关系人同为原告，且诉讼请求相反的除外。

②复议机关与作出原行政行为的行政机关为共同被告的案件，人民法院应当对复议决定和原行政行为一并作出裁判。

考点 18 行政诉讼简易程序

1. 行政诉讼简易程序适用的范围。

(1)人民法院审理下列第一审行政案件，认为事实清楚、权利义务关系明确、争议不大的，可以适用简易程序：①被诉行政行为是依法当场作出的；②案件涉及款额2000元以下的；③属于政府信息公开案件的。

(2)除以上规定以外的第一审行政案件，当事人各方同意适用简易程序的，可以适用简易程序。

(3)不适用简易程序的案件：发回重审、按照审判监督程序再审的案件。

【考场演练】 多项选择题

关于行政诉讼简易程序，下列哪些说法是正确的？

A. 对第一审行政案件，当事人各方同意适用简易程序的，可以适用

B. 案件涉及款额2000元以下的发回重审案件和上诉案件，应适用简易程序审理

C. 适用简易程序审理的行政案件，由审判员一人独任审理

D. 适用简易程序审理的行政案件，应当庭宣判

【参考答案】 AC

2. 行政诉讼简易程序的审理：由审判员一人独任审理，并应当在立案之日起45日内审结。

3. 人民法院在审理过程中，发现案件不宜适用简易程序的，裁定转为普通程序。

考点 19 行政案件的执行

1. 行政诉讼案件的执行

(1)执行依据：人民法院发生法律效力的判决、裁定、调解书。

(2)行政机关拒绝履行判决、裁定、调解书的，第一审人民法院可以采取下列措施：①对应当归还的罚款或者应当给付的款额，通知银行从该行政机关的账户内划拨。②在规定期限内不履行的，从期满之日起，对该行政机关负责人按日处50元至100元的罚款。③将行政机关拒绝履行的情况予以公告。④向监察机关或者该行政机关的上一级行政机关提出司法建议。接受司法建议的机关，根据有关规定进行处理，并将处理情况告知人民法院。⑤拒不履行判决、裁定、调解书，社会影响恶劣的，可以对该行政机关直接负责的主管人员和其他直接责任人员予以拘留；情节严重，构成犯罪的，依法追究刑事责任。

(3)公民、法人或者其他组织拒绝履行判决、裁定、调解书的，行政机关或者第

三人可以向第一审人民法院申请强制执行,或者由行政机关依法强制执行。

2. 非诉案件的执行

公民、法人或者其他组织对行政行为在法定期间不提起诉讼又不履行的,行政机关可以申请人民法院强制执行,或者依法强制执行。

☞ **易错点提示** ①执行依据中包括调解书。

②按日处罚款对象为行政机关负责人,而非行政机关。

考点20 国家赔偿范围

我国《国家赔偿法》采用了多元归责原则,即国家机关及其工作人员的职权行为违法,或虽未违法但存在过错或者从结果上看已经造成损害的,国家就需承担赔偿责任。

1. 行政赔偿的范围。行政机关及其工作人员在行使行政职权时有下列侵犯人身权、财产权情形之一的,受害人有取得赔偿的权利:

(1)违法拘留或者违法采取限制公民人身自由的行政强制措施的。

(2)非法拘禁或者以其他方法非法剥夺公民人身自由的。

(3)以殴打、虐待等行为或者唆使、放纵他人以殴打、虐待等行为造成公民身体伤害或者死亡的。

(4)违法使用武器、警械造成公民身体伤害或者死亡的。

(5)违法实施罚款、吊销许可证和执照、责令停产停业、没收财物等行政处罚的。

(6)违法对财产采取查封、扣押、冻结等行政强制措施的。

(7)违法征收、征用财产的。

(8)造成公民身体伤害或者死亡、财产损害的其他违法行为。

2. 刑事司法赔偿的范围。行使侦查、检察、审判职权的机关以及看守所、监狱管理机关及其工作人员在行使职权时有下列侵犯人身权、财产权情形之一的,受害人有取得赔偿的权利:

(1)违反刑事诉讼法的规定对公民采取拘留措施的,或者依照刑事诉讼法规定的条件和程序对公民采取拘留措施,但是拘留时间超过刑事诉讼法规定的时限,其后决定撤销案件、不起诉或者判决宣告无罪终止追究刑事责任的。

(2)对公民采取逮捕措施后,决定撤销案件、不起诉或者判决宣告无罪终止追究刑事责任的。

(3)依照审判监督程序再审改判无罪,原判刑罚已经执行的。

(4)刑讯逼供或者以殴打、虐待等行为或者唆使、放纵他人以殴打、虐待等行为造成公民身体伤害或者死亡的。

(5)违法使用武器、警械造成公民身体伤害或者死亡的。

(6)违法对财产采取查封、扣押、冻结、追缴等措施的。

(7)依照审判监督程序再审改判无罪,原判罚金、没收财产已经执行的。

人民法院在民事诉讼、行政诉讼过程中,违法采取对妨害诉讼的强制措施、保全措施或者对判决、裁定及其他生效法律文书执行错误,造成损害的,赔偿请求人要求赔偿的程序,适用关于刑事赔偿程序的规定。

3. 国家不承担赔偿责任的情形。

(1)个人行为:行政机关工作人员与行使职权无关的个人行为;行使侦查、检察、审判职权的机关以及看守所、监狱管理机关的工作人员与行使职权无关的个人行为。

(2)自己行为:因公民、法人和其他组织自己的行为致使损害发生的;因公民自伤、自残等故意行为致使损害发生的。

(3)伪供伪证行为:因公民自己故意作虚伪供述,或者伪造其他有罪证据被羁押或者被判处刑罚的。

(4)刑法豁免的:依照《刑法》第17条、第18条规定不负刑事责任的人被羁押的。

(5)刑事诉讼法豁免的:依照《刑事诉讼法》第16条、第177条第2款、第284条第2款、第290条规定不追究刑事责任的人被羁押的。

(6)法律规定的其他情形。

☞ **易错点提示** ①赔偿义务机关主张依据《国家赔偿法》第19条第1项、第5项规定的情形免除赔偿责任的,应当就该免责事由的成立承担举证责任。

②根据《国家赔偿法》第19条第2项、第3项的规定,依照《刑法》第17条、第18条规定不负刑事责任的人和依照《刑事诉讼法》第16条、第177条第2款规定不追究刑事责任的人被羁押,国家不承担赔偿责任。但是,对起诉后经人民法院错判拘役、有期徒刑、无期徒刑并已执行的,人民法院应当对该判决确定后继续监禁期间侵犯公民人身自由权的情形予以赔偿。

考点21 司法赔偿义务机关和处理程序

1. 司法赔偿义务机关。司法机关侵权的,该机关为赔偿义务机关;司法工作人员侵权的,该工作人员所在的司法机关为赔偿义务机关。

(1)对公民采取拘留措施,依照《国家赔偿法》规定应当给予国家赔偿的,作出拘留决定的机关为赔偿义务机关。

(2)对公民采取逮捕措施后决定撤销案件、不起诉或者判决宣告无罪的,作出逮捕决定的机关为赔偿义务机关。

(3)再审改判无罪的,作出原生效判决的人民法院为赔偿义务机关。

原一审人民法院作出判决后,被告人没有上诉,人民检察院没有抗诉,判决发生法律效力的,原一审人民法院为赔偿义务机关;被告人上诉或人民检察院抗诉,原二审人民法院维持一审判决或者对一审人民法院判决予以改判的,原二审人民法院为赔偿义务机关。

(4)二审改判无罪,以及二审发回重审后作无罪处理的,作出一审有罪判决的人民法院为赔偿义务机关。

☞ **易错点提示** 此处作出逮捕决定的机关不再作为赔偿义务机关。但是,对公民采取拘留措施后又逮捕,国家承担赔偿责任的,作出逮捕决定的机关为赔偿义务机关。

(5)人民法院在民事诉讼、行政诉讼过程中,违法采取对妨害诉讼的强制措施、保全措施或者对判决、裁定及其他生效法律文书执行错误造成损害的，作出该行为的人民法院为赔偿义务机关。

(6)司法工作人员违法行使职权造成公民、法人或者其他组织人身权、财产权损害的，该工作人员所在的机关为赔偿义务机关。

(7)看守所及其工作人员在行使职权时侵犯公民合法权益造成损害的，看守所的主管机关为赔偿义务机关。

2. 司法赔偿处理程序。

(1)司法赔偿请求的提出：赔偿请求人必须自其知道或者应当知道国家机关及其工作人员行使职权时的行为侵犯其人身权、财产权之日起2年内向赔偿义务机关提出。

【考场演练】 多项选择题

某县公安局以沈某涉嫌销售伪劣商品罪为由将其刑事拘留，并经县检察院批准逮捕。后检察院决定不起诉。沈某申请国家赔偿，赔偿义务机关拒绝。下列说法正确的是：

A. 县公安局为赔偿义务机关

B. 赔偿义务机关拒绝赔偿，应当书面通知沈某

C. 国家应当给予沈某赔偿

D. 对拒绝赔偿，沈某可以向县检察院的上一级检察院申请复议

【参考答案】 BCD

(2)司法赔偿请求的受理：赔偿义务机关在收到赔偿请求人的赔偿申请书后，应及时予以审查，决定是否受理。

①对不属于司法赔偿范围的请求，应作出书面决定，通知申请人并告知其理由。

②对于无请求权的申请人，应书面通知其不予受理并说明理由。

③对于不属于本机关赔偿事项范围的赔偿申请，应告知赔偿请求人向负有赔偿义务的机关申请。

④对于申请书所载事项不符合法律规定或有遗漏的，应通知其在规定期限内补正。

⑤对于赔偿请求已过赔偿时效，应通知请求人不予受理。

⑥对于符合赔偿条件的，应将受理决定送达申请人。

赔偿义务机关决定受理赔偿请求之后，受害人可以撤回赔偿请求。

(3)司法赔偿请求的处理：司法赔偿义务机关受理受害人的赔偿请求后，应当及时、全面地审理案件材料，在收到申请书之日起2个月内，按照国家赔偿法关于“赔偿方式和计算标准”的规定，作出处理。

赔偿义务机关可以根据案件的具体情况采取协议或者决定的方式。在查清事实的基础上，司法赔偿义务机关可以与赔偿请求人就赔偿方式、赔偿项目和赔偿数额进行协商，并签订赔偿协议。协商不成时，由赔偿义务机关单方面作出决定。

赔偿义务机关决定赔偿的，应当制作赔偿决定书，并自作出决定之日起10日内送达赔偿请求人；决定不予赔偿的，应当自作出决定之日起10日内书面通知赔偿请求人，并说明不予赔偿的理由。

(4)司法赔偿复议程序:司法赔偿请求人不服赔偿义务机关的裁决或者未与其达成协议的,有权向赔偿义务机关的上一级机关提出复议申请,由复议机关进行审查并对司法赔偿争议作出决定的程序。

☞ **易错点提示** 司法赔偿复议程序仅适用于公安机关、安全机关、检察机关和监狱管理机关等作为赔偿义务机关的情况。人民法院为赔偿义务机关的,在经过先行处理程序之后,受害人应当直接向上一级人民法院的赔偿委员会申请,由赔偿委员会作出决定。

①复议申请的提出和受理。

②对复议申请的审理和决定。复议机关受理复议申请后,应指定与本案无利害关系的工作人员办理。工作人员应当调查收集证据,查明案件事实,同时充分听取赔偿请求人的意见,与请求人就赔偿数额、赔偿方式和期限进行协商。复议机关应当听取赔偿义务机关的意见。复议可以采取书面方式审理,认为有必要时,也可以采取其他方式审理。

复议机关应当自收到申请之日起2个月内作出决定,对赔偿义务机关认定事实清楚,适用法律正确、适当的决定应予以维持;对于认定事实错误、适用法律错误或确定的赔偿方式、数额不合理的决定应当予以撤销;认为应当予以赔偿的,复议机关应当重新作出决定或者变更赔偿义务机关的决定。

复议机关作出的决定对于作为其下级机关的赔偿义务机关具有约束力。复议决定一经生效,赔偿义务机关必须执行。赔偿复议机关如果在2个月内不作出决定,请求人可以申请复议机关所在地的同级人民法院赔偿委员会作出赔偿决定;如果请求人对复议机关作出的决定不服,可以在收到复议决定书之日起30日内向复议机关所在地的同级人民法院赔偿委员会申请作出赔偿决定。

☞ **易错点提示** 赔偿义务机关作出赔偿决定,应当依法告知赔偿请求人有权在30日内向赔偿义务机关的上一级机关申请复议。赔偿义务机关未依法告知,赔偿请求人收到赔偿决定之日起2年内提出复议申请的,复议机关应当受理。

(5)司法赔偿决定程序,是指赔偿委员会受理司法赔偿请求、作出决定的程序。中级以上人民法院设立赔偿委员会,负责处理有关司法赔偿案件。

①赔偿委员会的组成:由人民法院3名以上审判员组成,组成人员的人数应当为单数。设主任1人,负责召集、主持赔偿委员会会议,领导赔偿委员会的工作。

②赔偿委员会的管辖:赔偿义务机关是人民法院的,则由其上一级人民法院管辖;如果赔偿义务机关是其他司法机关,则由复议机关所在地的同级人民法院管辖。

③根据最高人民法院《关于国家赔偿监督程序若干问题的规定》,赔偿请求人或者赔偿义务机关对赔偿委员会生效决定,认为确有错误的,可以向上一级人民法院赔偿委员会提出申诉。申诉审查期间,不停止生效决定的执行。申诉符合规定条件的,人民法院应当在收到申诉材料之日起7日内予以立案。赔偿委员会审查申诉案件采取书面审查的方式,根据需要可以听取申诉人和被申诉人的陈述和申辩。赔偿委员会审查申诉案件,一般应当在3个月内作出处理,至迟不得超过6

个月。有特殊情况需要延长的,由本院院长批准。最高人民检察院对各级人民法院赔偿委员会生效决定,上级人民检察院对下级人民法院赔偿委员会生效决定,向同级人民法院赔偿委员会提出重新审查意见的,同级人民法院赔偿委员会应当决定直接审理,并将决定书送达提出意见的人民检察院。

☞ **易错点提示** 赔偿委员会的决定是终局裁决。

考点 22 国家赔偿方式和计算标准

采用以金钱赔偿为主,返还财产、恢复原状为辅的方式,还规定了恢复名誉、赔礼道歉、消除影响等赔偿方式。

1. 金钱赔偿:金钱赔偿的适用,应当以不能返还财产或恢复原状为前提。

(1)人身损害的金钱赔偿。

①减少的收入每日赔偿金按国家上年度职工日平均工资计算,最高额为国家上年度职工年平均工资的5倍。

②残疾赔偿金根据丧失劳动能力的程度,按照国家规定的伤残等级确定,最高不超过国家上年度职工年平均工资的20倍。

③死亡赔偿金和丧葬费是一个固定的数额,即国家上年度职工年平均工资的20倍。

☞ **易错点提示** "上年度"应为赔偿义务机关、复议机关或者人民法院赔偿委员会作出决定时的上年度;复议机关或者人民法院赔偿委员会维持原赔偿决定的,按作出原赔偿决定时的上年度执行;复议机关或者人民法院赔偿委员会改变原赔偿决定,按照新作出决定时的上一年度国家职工平均工资标准计算人身自由赔偿金。国家上年度职工日平均工资数额,应当以职工年平均工资除以全年法定工作日数的方法计算。年平均工资以国家统计局公布的数字为准。作出赔偿决定、复议决定时国家上一年度职工平均工资尚未公布的,以已经公布的最近年度职工平均工资为准。

(2)财产损害的金钱赔偿——"直接损失"赔偿原则。

①返还执行的罚款或者罚金、追缴或者没收的金钱,应当支付银行同期存款利息。

②解除冻结的存款或者汇款的,应当支付银行同期存款利息。

③财产已经变卖的,应给付变卖所得的价款。变卖的价款明显低于财产价值的,应当支付相应的赔偿金。

(3)精神损害的金钱赔偿。《国家赔偿法》明确国家机关及其工作人员违法侵害公民的人身自由及生命健康权造成严重后果的,应支付精神损害抚慰金。

2. 返还财产:返还财产一般是指原物。如果原物是特定化的种类物,可以同种类的物品赔偿,当事人不同意的,只能金钱赔偿,不能采用返还财产的方式。

3. 恢复原状:只有在比金钱赔偿更便捷的情况下,才适用此种方式。

4. 国家赔偿的其他方式:除上述三种赔偿方式外,根据《国家赔偿法》第35条的规定,对出现《国家赔偿法》第3条或者第17条规定情形之一的,致人精神损害,即国家机关及其工作人员违法侵害公民的人身自由及生命健康权的,赔偿义务机关应当在侵权行为影响的范围内，为受害人消除影响，恢复名誉，赔礼道歉。

【法条链接】

《国家赔偿法》

第三条　行政机关及其工作人员在行使行政职权时有下列侵犯人身权情形之一的，受害人有取得赔偿的权利：（一）违法拘留或者违法采取限制公民人身自由的行政强制措施的；（二）非法拘禁或者以其他方法非法剥夺公民人身自由的；（三）以殴打、虐待等行为或者唆使、放纵他人以殴打、虐待等行为造成公民身体伤害或者死亡的；（四）违法使用武器、警械造成公民身体伤害或者死亡的；（五）造成公民身体伤害或者死亡的其他违法行为。

第四条　行政机关及其工作人员在行使行政职权时有下列侵犯财产权情形之一的，受害人有取得赔偿的权利：（一）违法实施罚款、吊销许可证和执照、责令停产停业、没收财物等行政处罚的；（二）违法对财产采取查封、扣押、冻结等行政强制措施的；（三）违法征收、征用财产的；（四）造成财产损害的其他违法行为。

第五条　属于下列情形之一的，国家不承担赔偿责任：（一）行政机关工作人员与行使职权无关的个人行为；（二）因公民、法人和其他组织自己的行为致使损害发生的；（三）法律规定的其他情形。

第十七条　行使侦查、检察、审判职权的机关以及看守所、监狱管理机关及其工作人员在行使职权时有下列侵犯人身权情形之一的，受害人有取得赔偿的权利：（一）违反刑事诉讼法的规定对公民采取拘留措施的，或者依照刑事诉讼法规定的条件和程序对公民采取拘留措施，但是拘留时间超过刑事诉讼法规定的时限，其后决定撤销案件、不起诉或者判决宣告无罪终止追究刑事责任的；（二）对公民采取逮捕措施后，决定撤销案件、不起诉或者判决宣告无罪终止追究刑事责任的；（三）依照审判监督程序再审改判无罪，原判刑罚已经执行的；（四）刑讯逼供或者以殴打、虐待等行为或者唆使、放纵他人以殴打、虐待等行为造成公民身体伤害或者死亡的；（五）违法使用武器、警械造成公民身体伤害或者死亡的。

第十八条　行使侦查、检察、审判职权的机关以及看守所、监狱管理机关及其工作人员在行使职权时有下列侵犯财产权情形之一的，受害人有取得赔偿的权利：（一）违法对财产采取查封、扣押、冻结、追缴等措施的；（二）依照审判监督程序再审改判无罪，原判罚金、没收财产已经执行的。

第十九条　属于下列情形之一的，国家不承担赔偿责任：（一）因公民自己故意作虚伪供述，或者伪造其他有罪证据被羁押或者被判处刑罚的；（二）依照刑法第十七条、第十八条规定不负刑事责任的人被羁押的；（三）依照刑事诉讼法第十五条、第一百七十三条第二款、第二百七十三条第二款、第二百七十九条规定不追究刑事责任的人被羁押的；（四）行使侦查、检察、审判职权的机关以及看守所、监狱管理机关的工作人员与行使职权无关的个人行为；（五）因公民自伤、自残等故意行为致使损害发生的；（六）法律规定的其他情形。

考点 23 治安管理处罚

【知识图解】 治安管理处罚的种类与程序

项目	内容
治安处罚种类	①警告:可以由派出所决定;②罚款:其中 500 元以下的可由派出所决定;③拘留:15 日以下;④吊销:仅限吊销公安机关发放的许可证;⑤限期出境或驱逐出境:仅针对外国人
治安处罚时效	违法行为发生之日起,或连续、继续行为终了之日起 6 个月后不再处罚
一般程序	①30 日内审结,重大复杂案件报上一级公安机关可延 30 日(鉴定期限不算在内);②检查程序;③传唤与询问程序
简易程序	事实清楚、证据确凿,处警告或罚款 200 元以下可以当场处罚
听证程序	吊销许可证或罚款 2000 元以上的,当事人有权申请听证(不包括拘留)

1. 治安管理处罚的概念

治安管理处罚,是指公安机关对治安管理方面的违法行为人予以行政制裁的活动,是一种行政处罚。

2. 治安管理处罚的种类和适用

(1)治安管理处罚的种类。

治安管理处罚的种类包括:警告、罚款、行政拘留、吊销公安机关发放的许可证。此外,对违反治安管理的外国人,可以附加适用限期出境或者驱逐出境。

(2)治安管理处罚的适用。

关于治安管理处罚的适用,应注意以下几个问题:

①办理治安案件所查获的违禁品、违法工具等非法财物,应当收缴,按照规定处理。违反治安管理所得的财物,追缴退还被侵害人;没有被侵害人的,登记造册,公开拍卖或者按照国家有关规定处理,所得款项上缴国库。

②有两种以上违反治安管理行为的,分别决定,合并执行。行政拘留处罚合并执行的,最长不超过 20 日。

③对于因民间纠纷引起的打架斗殴或者损毁他人财物等违反治安管理行为,情节较轻的,公安机关可以调解处理。当事人达成协议的,不予处罚。经调解未达成协议或者达成协议后不履行的,给予处罚,并告知当事人可以就民事争议向法院提起民事诉讼。

④违反治安管理行为在 6 个月内没有被公安机关发现的,不再处罚。

3. 违反治安管理的行为和处罚

违反治安管理的行为包括四种:(1)扰乱公共秩序的行为。(2)妨害公共安全的行为。(3)侵犯人身权利、财产权利的行为。(4)妨害社会管理的行为。

4. 处罚程序

(1)调查。

公安机关受理报案、控告、举报、投案后,认为属于违反治安管理行为的,应当立即进行调查;认为不属于违反治安管理行为的,应当告知报案人、控告人、举报人、投案人,并说明理由。

注意:对违反治安管理行为人,公安机关传唤后应当及时询问查证,询问查证的时间不得超过 8 小时;情况复杂,依照《治安管理处罚法》规定可能适用行政拘留处罚的,询问查证的时间不得超过 24 小时。公安机关应当及时将传唤的原因和处所通知被传唤人家属。

(2)决定。

治安管理处罚由县级以上人民政府公安机关决定,其中警告、500 元以下的罚款可以由公安派出所决定。

公安机关应当向被处罚人宣告治安管理处罚决定书,并当场交付被处罚人;无法当场向被处罚人宣告的,应当在 2 日内送达被处罚人。决定给予行政拘留处罚的,应当及时通知被处罚人的家属。有被侵害人的,公安机关应当将决定书副本抄送被侵害人。

公安机关作出吊销许可证以及处 2000 元以上罚款的治安管理处罚决定前,应当告知违反治安管理行为人有权要求举行听证;违反治安管理行为人要求听证的,公安机关应当及时依法举行听证。

公安机关办理治安案件的期限,自受理之日起不得超过 30 日;案情重大、复杂的,经上一级公安机关批准,可以延长 30 日。为了查明案情进行鉴定的期间,不计入办理治安案件的期限。

注意:被处罚人对治安管理处罚决定不服的,可以依法申请行政复议或者提起行政诉讼。

(3)执行。

被处罚人不服行政拘留处罚决定,申请行政复议、提起行政诉讼的,可以向公安机关提出暂缓执行行政拘留的申请。公安机关认为暂缓执行行政拘留不致发生社会危险的,由被处罚人或者其近亲属提出符合《治安管理处罚法》第 108 条规定条件的担保人,或者按每日行政拘留 200 元的标准交纳保证金,行政拘留的处罚决定暂缓执行。

民　　法

考点 1 民法的基本原则

1. 私权保护原则：民事主体的人身权利、财产权利以及其他合法权益受到法律保护，任何组织或者个人不得侵犯。

2. 平等原则：民事主体在民事活动中的法律地位一律平等。

3. 自愿原则：民事主体从事民事活动，应当遵循自愿原则，按照自己的意思设立、变更、终止民事法律关系。自愿原则强调民事主体基于自我意志实施行为，任何一方不得以不正当手段使对方接受其意志。

4. 公平原则：民事主体从事民事活动，应当遵循公平原则，合理确定各方的权利和义务。具体内容如下：(1)民事主体从事民事活动应当秉持公平原则，合理行使权利、承担义务，平衡个体利益以及集体利益；(2)司法机关处理民事纠纷应当秉持公平原则。

5. 诚实信用原则：民事主体从事民事活动，应当遵循诚信原则，秉持诚实，恪守承诺。具体内容如下：(1)诚实，不得实施欺诈行为；(2)信用，信守既有约定；(3)善意，采取善意方式行使权利、履行义务，禁止滥用权利给他人造成不必要之损害。

6. 公序良俗原则：民事主体从事民事活动，不得违背公序良俗。公序良俗原则强调实施行为不能损害公共利益以及善良风俗。

7. 合法原则：民事主体从事民事活动，不得违反法律。合法原则强调实施行为应当符合法律规定。

8. 绿色原则：民事主体从事民事活动，应当有利于节约资源、保护生态环境。绿色原则强调实施行为不能污染环境、破坏生态。

【考场演练】　单项选择题

杨某(男，60周岁，丧偶)与翁某(女，25周岁)相识后感觉很投缘，交往数月后，二人不顾家人的反对毅然登记结婚。婚后二人签订书面协议：杨某出资购买商品房一套，该商品房登记在翁某一人名下；若二人因故离婚，商品房依然归翁某所有，但翁某不得另嫁他人。婚后不久，翁某对杨某渐生嫌弃，并经常对杨某实施家庭暴力。杨某诉至法院请求离婚。本案中，杨某与翁某关于离婚后翁某不得另嫁他人的协议违背了民法的哪一个基本原则？

A. 平等原则

B. 自愿原则

C. 诚信原则

D. 公序良俗原则

【参考答案】　D

考点 2 民法的调整对象

民法调整平等主体之间基于民事

法律事实而产生、变更或者消灭的以民事权利、民事义务为内容的社会关系,即民事法律关系。关于民事法律关系,需要掌握两层考点。

1. 民事法律关系基于民事法律事实而产生、变更或者消灭,其中民事法律事实简称法律事实,类型众多,具体包括:

(1)状态,如亲属关系、年龄大小以及生死与否等。

(2)事件,事件既可以是与人的行为无关的事件,如地震;也可以是与人的行为有关但是结果并非人的意志可以左右的事件,如出生、死亡等。

(3)行为,行为又可以进一步划分为法律行为、事实行为以及准法律行为。

①法律行为。以意思表示为要素,其效果以意思表示为准,如合同,签订合同依赖当事人之间的意思表示一致,合同签订之后,按照当事人之间的意思表示发生效果。

②事实行为。不以意思表示为要素,其效果以法律规定为准。例如,实施侵权行为之时,加害人通常并无形成侵权法律关系的意思表示,但是最终基于《民法典》以及相关司法解释的规定,加害人应当对受害人承担侵权责任,加害人与受害人之间将会形成侵权法律关系。

③准法律行为。以意思表示为要素,其效果以法律规定为准。常见的准法律行为有三——意思通知、事实通知及情感通知。

2. 民事法律关系以民事权利、民事义务为内容,因此未以民事权利、民事义务为内容的社会关系不是民事法律关系,具体包括:

(1)情谊关系。情谊关系基于情谊行为产生,搭乘便车、到站叫醒、顺路取件、相约吃饭以及为人指路等均属典型的情谊行为。值得注意的是,情谊行为不是民事法律事实,不能形成民事法律关系,但是情谊行为如果产生侵权行为属于民事法律事实,可以形成民事法律关系(侵权法律关系)。

(2)婚约关系。订立婚约不是民事法律事实,不能形成民事法律关系,但是由于订立婚约而给付彩礼的行为属于民事法律事实,可以形成民事法律关系。对于已经给付的彩礼,原则上给付方不得请求返还,但是存在下列三种情形之一的,人民法院应当予以支持:①双方未办理结婚登记手续;②双方办理结婚登记手续后又离婚,确未共同生活;③婚前给付彩礼,离婚后导致给付人生活困难。

(3)法外空间。亲属关系之外的其他身份关系并不具有民法上的权利、义务内容,因而并非民事法律关系,如情侣关系、师生关系、同学关系、同事关系等。

考点 3 自然人的能力制度

自然人的能力制度包括:自然人的民事权利能力与自然人的民事行为能力,二者虽言语颇为相似,但是语义大相径庭。

1. 自然人的民事权利能力

在一般情形下,自然人的民事权利能力始于出生,终于死亡,但是《民法典》针对胎儿存在以下特殊规定。

(1)一般情形。

在一般情形下,自然人的民事权利始于出生,终于死亡。出生时间以出生证明为准，死亡时间以死亡证明为准；没有出生证明、死亡证明的，以户籍登记或者其他有效身份登记为准。有其他证据足以推翻以上记载时间的，以该证据证明的时间为准。

（2）特殊规定。

①遗产分割时，应保留胎儿的继承份额。胎儿娩出时是死体的，保留的份额按照法定继承办理。

②以胎儿为被赠与人的赠与合同，胎儿出生时为活体的，赠与合同有效；胎儿出生时为死体的，赠与合同无效。

此外，《民法典》吸收学界建议，对胎儿利益的特殊保护，采取总括保护主义，而非个别保护主义，适用情形不限于遗产继承与接受赠与，请求侵权损害赔偿等情形下亦可视为胎儿具有民事权利能力。

2. 自然人的民事行为能力

依《民法典》规定，自然人的民事行为能力可作三层划分：完全民事行为能力人、限制民事行为能力人及无民事行为能力人。

（1）完全民事行为能力人，包括18周岁以上的非精神病人（此处"精神病人"既包括精神疾病患者，也包括智力障碍等认知障碍患者）与16周岁以上不满18周岁的能够以自己的劳动收入作为主要并且稳定的生活来源（自给自足）的非精神病人。如果没有其他效力瑕疵，完全民事行为能力人独立实施的法律行为有效。

（2）限制民事行为能力人，包括8周岁以上不满18周岁的未成年人（特殊情形除外）与不能完全辨认自己行为的成年人。如果没有其他效力瑕疵，限制民事行为能力人独立实施的法律行为应当区分为下列两类分别处理：①限制民事行为能力人独立实施的纯获利益的法律行为和与其年龄、智力以及精神健康状况相适应的法律行为有效。②限制民事行为能力人独立实施的其他法律行为效力待定。但是，依《民法典》规定，限制民事行为能力人独立订立的遗嘱无效。

（3）无民事行为能力人，包括不满8周岁的未成年人与完全不能辨认自己行为的成年人。即便没有其他效力瑕疵，无民事行为能力人独立实施的法律行为亦是无效。值得注意的是，无民事行为能力人虽然不能独立实施民事行为，但是可以由其法定代理人代理其实施。

考点 4 自然人的监护制度

1. 监护资格的取得

（1）法定监护

①监护规则。为未成年人与无民事行为能力或限制民事行为能力的成年人确定法定监护人的顺序并不相同，详述如下。

A. 未成年人：父母→（外）祖父母→兄、姐→其他愿意担任并且经过被监护人住所地的村民委员会、居民委员会或者民政部门同意个人或者组织。

B. 精神病人：配偶→父母、子女→其他近亲属→其他愿意担任并且经过被监护人住所地的村民委员会、居民委员会或者民政部门同意个人或者组织。

②法律效力。父母离婚并不影响与未成年人的法定监护关系，离异双方均为未成年人的法定监护人。

③适用注意。为未成年的精神病人确定法定监护人应当适用未成年人的监护规则。

(2)遗嘱指定监护

被监护人的父母担任监护人的，可以通过遗嘱指定监护人。

(3)协商监护

可以协议确定监护人，协议确定监护人的，应当尊重被监护人的真实意愿。

(4)指定监护

①监护规则。法定监护有争议并且协商无法解决的，由被监护人住所地的居民委员会、村民委员会或者民政部门指定监护人，不服的再向法院提出申请；或者直接向法院提出申请，由法院指定监护人。

②法律效力。指定监护不得擅自变更，如果擅自变更，那么由变更前后的监护人共同承担监护责任。

③适用注意。指定监护人之前，被监护人处于无人保护状态的，由被监护人住所地的居民委员会、村民委员会、法律规定的有关组织或者民政部门担任临时监护人。

(5)机关监护

穷尽前述途径都无法确定监护人的，由民政部门担任监护人，被监护人住所地的居民委员会、村民委员会具备条件的，也可以担任监护人。

注意：因突发事件等紧急情况，监护人暂时无法履行监护职责，被监护人的生活处于无人照料状态的，被监护人住所地的居民委员会、村民委员会或者民政部门应当为被监护人安排必要的临时生活照料措施。

(6)意定监护

具有完全民事行为能力的成年人，可以事先协商，以书面形式确定自己的监护人。协商确定的监护人在该成年人丧失或者部分丧失民事行为能力之后，履行监护职责。这一规则可以称为附条件的委托监护，旨在未雨

【考场演练】 多项选择题

2002 年，邵某和王某育有一女邵阳。在邵阳 2 周岁时，夫妻二人因琐事发生矛盾，邵某独自带邵阳回老家生活。2013 年，邵某因强奸、猥亵邵阳被法院判处有期徒刑 6 年。自 2006 年后，王某从未向邵阳支付过抚养费。邵某入狱后，王某仍对邵阳不闻不问。2013 年，法院依法撤销了邵某和王某的监护资格。2018 年，刚满 16 周岁的邵阳就能以自己的劳动收入作为主要生活来源。关于本案，下列表述错误的是：

A. 若邵某出狱后确有悔改表现，则法院可依申请恢复其监护人资格

B. 邵阳对邵某的损害赔偿请求权的诉讼时效期间自法定代理终止之日起计算

C. 有关个人和民政部门以外的组织未及时申请撤销监护人资格时，民政部门可以向法院申请

D. 王某被撤销监护资格后即无须继续履行向邵阳支付抚养费的义务

【参考答案】 ABCD

绸缪，使完全民事行为能力人可以预先为自己安排丧失或者部分丧失民事行为能力之后的监护人。

2. 监护资格的消灭

(1)撤销

①撤销监护资格的法定事由。

A. 实施严重损害被监护人身心健康行为的，如继父性侵继女、父母长期家暴等。

B. 怠于履行监护职责或者无法履行监护职责并且拒绝将监护职责部分或者全部委托给他人，导致被监护人处于危困状态的。

C. 有严重侵害被监护人合法权益的其他行为的。

②撤销监护资格的法律效果。

A. 依法负担被监护人抚养费、赡养费或者扶养费的父母、子女、配偶等，被法院撤销监护人资格之后，应当继续负担被监护人抚养费、赡养费或者扶养费。

B. 被监护人的父母或者子女被人民法院撤销监护人资格之后，除对被监护人实施故意犯罪的外，确有悔改情形的，经其申请，法院可以在尊重被监护人真实意愿的前提下，视情况恢复其监护人资格。

(2)终止

①监护关系终止的法定事由。

A. 被监护人取得或者恢复完全民事行为能力的。

B. 监护人丧失监护能力的。

C. 被监护人或者监护人死亡的。

D. 法院认定监护关系终止的其他情形，如监护资格被撤销。

②监护关系终止的法律效果。

监护关系终止之后，被监护人仍然需要监护的，应当依法另行确定监护人。

考点 5 自然人的宣告制度

1. 宣告失踪

(1)宣告失踪的前提条件。

自然人下落不明满 2 年的，利害关系人可以向法院申请宣告该自然人为失踪人。自然人下落不明的时间从其失去音讯之日起计算。战争期间下落不明的，下落不明的时间自战争结束之日或者有关机关确定的下落不明之日起计算。

(2)宣告失踪的申请主体。

宣告失踪的申请主体是利害关系人。值得注意的是，申请主体之间没有顺序限制。

(3)寻找下落不明人的公告期间。

法院受理利害关系人宣告失踪的申请之后应当发出寻找下落不明人的公告，需要公告 3 个月，期满无人异议表明失踪事实得到确认，方可判决宣告失踪。

(4)宣告失踪的法律效果。

①宣告失踪是诉讼离婚的法定事由，夫妻一方被宣告失踪的，对方提起诉讼

请求离婚，法院应当判决准予离婚。

②宣告失踪之后，失踪人的财产应当由财产代管人管理。关于财产代管制度，需要掌握下列三点。

A. 财产代管人的确定：失踪人的财产由其配偶、成年子女、父母或者其他愿意的人代管。无法确定财产代管人的，法院可以指定财产代管人。

B. 财产代管人的责任：妥善管理，由于故意或者重大过失造成失踪人财产损失的，应当承担赔偿责任。值得注意的是，财产代管人只能管理财产，一般不能处分财产。即便处分，也仅限为失踪人履行债务或者清缴税款等，否则财产代管人以自己的名义处分财产，属于无权处分。

C. 财产代管人的变更：财产代管人未尽代管职责、侵害财产权益或者丧失代管能力的，利害关系人可以申请变更财产代管人。当然，财产代管人有正当理由的，可以自行向法院申请变更财产代管人。

(5)撤销宣告的法律效果。

失踪人重新出现的，经本人或者利害关系人申请，法院应当撤销失踪宣告。此外，失踪人有权要求财产代管人及时移交有关财产并且报告财产代管情况。

2. 宣告死亡

(1)宣告死亡的前提条件。

①自然人由于一般情形下落不明满 4 年的，利害关系人可以向法院申请宣告该自然人死亡。

②自然人由于意外事件下落不明满 2 年的，利害关系人可以向法院申请宣告该自然人死亡。此时，如果经有关机关证明该自然人不可能生存，那么申请宣告该自然人死亡不受 2 年时间的限制。

(2)宣告死亡的申请主体。

宣告死亡的申请主体是利害关系人。值得注意的是，申请主体之间无顺序限制。

【考场演练】 单项选择题

家住北京市房山区的李某在春节期间到马来西亚旅游，返程时其乘坐的客机被告知失联。经过几个月的全力搜救，仍未发现失联人的遗体。为方便失联家属处理失联人的善后事宜，北京市房山区的有关机关统一出具了失联人已不可能生存的证明。关于本案，下列说法正确的是：

A. 若李某的妻子拒绝申请宣告李某死亡，则李某的母亲即无权申请

B. 若李某被申请宣告死亡，则法院受理后的公告期为 1 年

C. 若李某被宣告死亡后其妻一直未改嫁他人，则双方的婚姻关系必然会因死亡宣告被撤销而自行恢复

D. 若李某并未死亡，则其在宣告死亡期间实施的民事法律行为并非均有效

【参考答案】 D

(3)寻人启事的公告期间。

法院收到利害关系人宣告死亡的申请之后应当发出寻人启事，寻人启事需要公告，期满无人异议表明死亡事实得到确认，方可判决宣告死亡。公告期间分为两种情形：①由于一般情形下落不明或者意外事件下落不明的，寻人启事应当公告 1 年。②由于意外事件下落不明且经有关机关证明确无生还可能的，寻人启事

应当公告3个月。

(4)宣告死亡的法律效果。

①个人财产依法开始继承:自然人被宣告死亡之日,其财产由其继承人依法继承。

②婚姻关系自宣告之后消除:自然人被宣告死亡之日,婚姻关系即予消除,配偶再次结婚的不是重婚。

③对方可以单独送养子女:原本将子女送与他人收养应当征得父母双方的同意,但是父母一方被宣告死亡之后,对方可以单独决定将子女送与他人收养。此时,基于《民法典》的规定,死亡一方的父母对拟被送养之子女有优先抚养权。

④死亡日期的认定:由于一般情形下落不明而被宣告死亡的,法院宣告死亡的判决作出之日视为其死亡的日期;由于意外事件下落不明而被宣告死亡的,意外事件发生之日视为其死亡的日期。值得注意的是,自然人被宣告死亡但是实际并未死亡的,该自然人在被宣告死亡期间实施的民事法律行为不会由于宣告死亡而无效。但是,如果存在其他无效事由,如违反法律、行政法规的强制性规定,违背公序良俗等,则其作出的民事法律行为也会无效。

(5)撤销宣告的法律效果。

①关于婚姻。

在一般情况下,死亡宣告一旦撤销,那么自死亡宣告撤销之日起婚姻关系自动恢复,但是:A. 原配偶已经再婚、再婚之后又离婚或者再婚之后配偶死亡的,婚姻关系不再自动恢复。B. 原配偶向婚姻登记机关书面声明不愿意恢复婚姻关系的,婚姻关系不再自动恢复。

②关于收养。

子女被收养的,撤销死亡宣告之后收养关系继续有效,被宣告死亡的一方不得以收养未经其同意为由主张收养关系无效。

③关于财产。

A. 继承所得应当返还:原物存在的,返还原物;无法返还的,应当给予适当补偿。

B. 隐瞒实情应当赔偿:隐瞒实情使他人被宣告死亡而取得其财产的,除应当返还原物及其孳息外,还应当赔偿损失。

3. 制度关联

(1)宣告失踪并非宣告死亡的前置程序,即未经宣告失踪,也能直接申请宣告死亡。

(2)利害关系人只申请宣告失踪,即使符合宣告死亡的前提条件,法院也只能宣告失踪。

(3)有人申请宣告失踪,有人申请宣告死亡,既符合宣告失踪的前提条件,也符合宣告死亡的前提条件,法院应当宣告死亡。

考点6 法人的分类

1. 学理分类

法人依其设立依据的不同可以分为公法人和私法人,以公法为依据设立的法人为公法人,如法院、政府等;以私法为依据设立的法人为私法人,如公司、商会等。私法人可以进一步分为社团法人(营利或者公益)与财团法人(公益)。

2. 法定分类

(1)营利法人

①主要类型

企业法人,如有限责任公司、股份有限公司和其他企业法人等。值得注意的是,政策性银行不是企业法人。

②适用规则

A. 营利法人的出资人不得滥用出资人权利损害法人或者其他出资人的利益。滥用出资人权利给法人或者其他出资人造成损失的,应当依法承担民事责任。

B. 营利法人的出资人不得滥用法人独立地位与出资人有限责任损害法人债权人的利益。滥用法人独立地位和出资人有限责任,逃避债务,严重损害法人债权人的利益的,应当对法人债务承担连带责任。

C. 营利法人的控股出资人、实际控制人、董事、监事、高级管理人员不得利用其关联关系损害法人的利益。利用关联关系给法人造成损失的,应当承担赔偿责任。

D. 营利法人的权力机构、执行机构作出决议的会议召集程序、表决方式违反法律、行政法规、法人章程,或者决议内容违反法人章程的,营利法人的出资人可以请求人民法院撤销该决议,但是营利法人依据该决议与善意相对人形成的民事法律关系不受影响。

(2)非营利法人

①主要类型

社会团体法人、事业单位法人以及捐助法人。其中,基于《民法典》相关规定,捐助法人包括:基金会、社会服务机构及宗教场所等。值得注意的是,社会团体法人不同于社团法人,社会团体法人非以营利为其目的。

②适用规则

A. 捐助法人作出的决定违反章程的,捐助人等利害关系人或者主管机关可以请求人民法院予以撤销,但是捐助法人依据该决定与善意相对人形成的民事法律关系不受影响。

B. 为公益目的成立的非营利法人终止时,不得向出资人、设立人或者会员分配剩余财产。剩余财产应当按照法人章程的规定或者权力机构的决议用于公益目的;无法按照法人章程的规定或者权力机构的决议处理的,由主管机关主持转给宗旨相同或者相近的法人,并向社会公告。

(3)特别法人

①主要类型

机关法人(政府、法院及检察院等)、农村集体经济组织法人、城镇农村的合作经济组织法人及基层群众自治组织法人。

②适用规则

机关法人被撤销的，法人终止，其民事权利、民事义务由继任的机关法人享有与承担；没有继任的机关法人的，由作出撤销决定的机关法人享有与承担。

考点 7 民事法律行为的分类

1. 单方行为、双方行为、多方行为及决议行为

(1)所谓单方行为，又称单方法律行为，是指依单方的意思表示即可使法律行为设立、变更或者终止，如订立遗嘱、抛弃权利与代理授权等。

(2)所谓双方行为，又称双方法律行为，即合同(契约)，是指依双方对向的意思表示方可使法律行为设立、变更或者终止。所谓“对向”，是指双方的意思表示是向彼此发出。

(3)所谓多方行为，又称多方法律行为，是指依多方同向的意思表示方可使法律行为设立、变更或者终止。所谓“同向”，是指多方的意思表示协同一致、指向相同。值得注意的是，区分双方行为与多方行为的标准不是一方或者双方当事人的人数，而是意思表示是对向还是同向。如果意思表示是对向，那么属于双方行为；如果意思表示是同向，那么属于多方行为。

(4)所谓决议行为，又称组织内部行为，是指法人、非法人组织依照法律或者章程规定的议事方式和表决程序作出决议。

2. 要式行为与不要式行为

(1)所谓要式行为，是指依法律规定或者由当事人约定，满足特定形式方得成立的法律行为。特定形式包括：书面、审批、登记等。值得注意的是，一般而言，要式行为满足特定形式方得成立，但是如果民事法律行为的一方当事人已经履行主要义务，并且对方当事人已经表示接受，那么即便特定形式尚未满足，要式行为也能成立。

(2)所谓不要式行为，是指法律对形式未作规定、当事人对形式未作约定的法律行为。

3. 诺成行为与实践行为

(1)所谓诺成行为，又称不要物行为，是指当事人意思表示一致即可成立并且生效的法律行为。

(2)所谓实践行为，又称要物行为，是指当事人意思表示一致之后仍需交付标的物方得生效的法律行为。在考试中，需要掌握的实践行为包括借用合同、定金合同、保管合同及自然人之间的借款合同(借款人与出借人均为自然人的借款合同)。

4. 单务行为与双务行为

(1)所谓单务行为，是指一方负担义务而不享有权利、另一方享有权利而不负担义务的法律行为，如赠与合同、自然人之间的借款合同等。

(2)所谓双务行为，是指双方互负义务的法律行为，如买卖合同、租赁合同、仓储合同等。

5. 有偿行为与无偿行为

(1)所谓有偿行为，是指行为人取得权利时必须支付对价的法律行为，如买卖

合同、租赁合同、承揽合同等。

（2）所谓无偿行为，是指行为人取得权利时不必支付对价的法律行为，如赠与合同、无偿保管合同、无偿委托合同等。

6. 有因行为与无因行为

（1）所谓有因行为，是指需要原因行为作为其生效前提的法律行为，即如果原因行为无效或者缺乏原因行为，则相应民事法律行为不能生效。

（2）所谓无因行为，是指无须原因行为作为其生效前提的法律行为，即即便原因行为无效或者缺乏原因行为，相应民事法律行为也能生效，如票据行为、代理授权等。

7. 负担行为与处分行为

（1）所谓负担行为，又称债权行为，是指使民事法律关系的当事人负担义务的法律行为。

（2）所谓处分行为，又称物权行为，是指直接引起权利变动效力的行为。

8. 身份行为与财产行为

（1）所谓身份行为，是指发生身份变动效果的行为，如辞去委托监护、协议离婚等。

（2）所谓财产行为，是指发生财产变动效果的行为，如买卖合同、赠与合同等。

考点 8 附条件、附期限的民事法律行为

1. 附条件的民事法律行为

（1）定义。所谓附条件的民事法律行为，是指效力由约定的将来可能发生的合法事实的发生与否来决定的法律行为。

（2）分类。

①附生效条件的民事法律行为与附解除条件的民事法律行为。

A. 附生效条件的民事法律行为：条件成就之前，民事法律行为成立而未生效；条件成就之后，民事法律行为生效。

B. 附解除条件的民事法律行为：条件成就之前，民事法律行为有效；条件成就之后，民事法律行为失效，无须通过行使解除权的方式予以解除。

②附积极条件的民事法律行为与附消极条件的民事法律行为。

A. 附积极条件的民事法律行为：以某种事实的发生作为条件。

B. 附消除条件的民事法律行为：以某种事实不发生作为条件。

（3）拟制。

①条件成就之拟制：当事人为自己的利益不正当地阻止条件成就时，视为条件已成就。

②条件落空之拟制：当事人为自己的利益不正当地促成条件成就时，视为条件未成就。

2. 附期限的民事法律行为

（1）定义。所谓附期限的民事法律行为，是指效力由约定的将来确定发生的合法事实的发生时间来限制的法律行为。

(2)分类。

①附生效期限的民事法律行为与附解除期限的民事法律行为。

A. 附生效期限的民事法律行为:期限到达之前,民事法律行为成立而未生效;期限到达之后,民事法律行为生效。

B. 附解除期限的民事法律行为:期限到达之前,民事法律行为有效;期限到达之后,民事法律行为失效,无须通过行使解除权的方式予以解除。

②附确定期限的民事法律行为与附不确定期限的民事法律行为。

A. 附确定期限的民事法律行为:所附之期限为确定日期。

B. 附不确定期限的民事法律行为:所附之期限为某一必然发生之事实的发生日期,但是发生日期并不确定。

考点 9 可撤销的民事法律行为

1. 重大误解

(1)定义。所谓重大误解,是指表意人作出与内心意思不一致的表示行为,包括发出意思表示错误与受领意思表示错误,前者如误将真迹当作赝品而作出出卖的意思表示,后者如将赝品当作真迹而作出买受的意思表示。

(2)构成要件。

①表意人对民事法律行为的内容等发生了重大误解或表达错误。

②表意人因误解作出了意思表示。

③误解是由误解方自己造成的。

(3)错误类型。

①内心意思形成发生错误,此类错误属于动机错误,并非重大误解。

②意思表示内容发生错误,如由于交易习惯不同,错将 A 商品当作 B 商品而发出要约,此类错误属于重大误解。

③意思表示表达发生错误,如本欲发出 5000 元出卖手机的要约,但是写成 500 元出卖手机。值得注意的是,双方意思表示一致,仅仅文本记载错误的,并非重大误解。

④意思表示传达发生错误,通常表现为使者的传达错误,使者过失导致传达错误属于重大误解。

(4)效力。当事人自知道或者应当知道撤销事由之日起 90 日内并且自民事法律行为发生之日起 5 年内应当以诉讼或者仲裁的方式行使撤销权。

2. 显失公平

(1)定义。所谓显失公平,是指一方当事人利用己方优势或者对方处于危困状态、缺乏判断能力等情形,致使民事法律行为在成立时权利与义务即明显不对等。

(2)构成要件。

①当事人之间的权利、义务明显不对等。

②权利、义务明显不对等的事实发生在民事法律行为成立之时。

③一方当事人利用了己方的优势或者对方的处于危困状态、缺乏判断能力等

情形。

(3)效力。当事人自知道或者应当知道撤销事由之日起1年内并且自民事法律行为发生之日起5年内应当以诉讼或者仲裁的方式行使撤销权。

3. 欺诈

(1)定义。所谓欺诈,是指一方当事人或者第三人故意告知虚假信息(积极欺诈)或者隐瞒真实信息(消极欺诈)使对方当事人陷入错误认识。其中,消极欺诈以存在告知义务为前提,如果并无告知义务,那么没有告知也不算隐瞒真实信息,便不构成欺诈。告知义务通常源于法律规定、双方约定或者交易习惯。

(2)构成要件。

①欺诈方具有欺诈的故意。

②欺诈方实施欺诈行为。

③被欺诈的一方因欺诈而陷入错误认识。

④被欺诈的一方基于错误认识作出意思表示。

(3)特殊规定。第三人实施欺诈行为,使一方当事人在违背真实意思的情况下实施的民事法律行为,对方当事人知道或者应当知道欺诈行为的,受欺诈方有权请求法院或者仲裁机构撤销。

(4)效力。当事人自知道或者应当知道撤销事由之日起1年内并且自民事法律行为发生之日起5年内应当以诉讼或者仲裁的方式行使撤销权。

4. 胁迫

(1)定义。所谓胁迫,是指一方当事人或者第三人故意预告危害使对方当事人陷入恐惧状态。值得注意的是,胁迫的民事法律行为可撤销是为了矫正不自由的意思表示,而非弥补一方当事人的损失,因而即便胁迫一方没有获利或者对方没有损失,也不影响构成胁迫。

(2)构成要件。

①一方或者第三人实施了胁迫行为。胁迫行为包含两种情况:一是以将要发生的损害相威胁。二是胁迫者以直接施加损害相威胁。

②胁迫人具有胁迫的故意。

③受胁迫方因胁迫而实施了民事法律行为。

④胁迫行为是非法的。

(3)特殊规定。第三人实施胁迫行为,使一方当事人在违背真实意思的情况下实施的民事法律行为,受胁迫方有权请求法院或者仲裁机构撤销,无论对方当事人是否知道或者应当知道胁迫行为。

(4)效力。当事人自胁迫行为终止之日起1年内并且自民事法律行为发生之日起5年内应当以诉讼或者仲裁的方式行使撤销权。

考点 10 效力待定的民事法律行为

1. 无权代理。行为人欠缺代理权,职务代理人超越代理权且相对人未尽到合理审查义务的,法定代表人越权代表且相对人未尽到合理审查义务或者法定代表人、负责人或者代理人与相对人恶意串通行为,所实施代理行为,由此发生的民事法律行为,效力待定。

(1)被代理人的角度。

①如果被代理人追认,那么民事法律行为自始有效,对当事人具有拘束力,当事人应当履行相应义务。

②如果被代理人拒绝追认,那么民事法律行为自始无效,对当事人没有拘束力,当事人不必履行相应义务。

(2)相对人的角度。

①追认权:相对人可以催告被代理人追认,被代理人应当自收到催告之日起30日内予以追认。30日内被代理人未作表示的,视为拒绝追认,民事法律行为自始无效,对当事人没有拘束力,当事人不必履行相应义务。

②撤销权:被代理人追认之前,善意的相对人(对行为人无权代理不知情)可以通知的方式撤销民事法律行为。值得注意的是,撤销的方式是通知。

③催告权:相对人催告法定代理人或者被代理人追认时,法定代理人或者被代理人可以在收到催告通知之日起30日内决定是否追认,法定代理人或者被代理人未作表示的,视为拒绝追认。

2. 限制民事行为能力人独立实施的与其年龄、智力、精神健康状况不相适应的民事法律行为。

限制民事行为能力人独立实施的与其年龄、智力、精神健康状况不相适应的民事法律行为,效力待定。为简明,可从以下两个角度理解:

(1)法定代理人的角度。

①如果法定代理人追认,那么民事法律行为自始有效,对当事人具有拘束力,当事人应当履行相应义务。

②如果法定代理人拒绝追认,那么民事法律行为自始无效,对当事人没有拘束力,当事人不必履行相应义务。

(2)相对人的角度。

①相对人可以催告法定代理人追认,法定代理人应当自收到催告之日起30日内予以追认。30日内法定代理人未作表示的,视为拒绝追认,民事法律行为自始无效,对当事人没有拘束力,当事人不必履行相应义务。

②法定代理人追认之前,善意的相对人(对行为人缺乏民事行为能力不知情)可以通知的方式撤销民事法律行为。值得注意的是,撤销的方式是通知。

考点 11 无效的民事法律行为

1. 无民事行为能力人实施的民事法律行为无效。但是,无民事行为能力人的法定代理人可以代理其实施民事法律行为。

2. 行为人与相对人以虚假的意思表示实施的民事法律行为(双方虚假行为)无效。以虚假的意思表示隐藏的民事法律行为的效力,依照有关法律规定处理。

3. 违反法律、行政法规的强制性规定的民事法律行为无效,但是该强制性规定不会导致该民事法律行为无效的除外。强制性规定包括效力性强制性规定与管理性强制性规定,违反管理性强制性规定的合同并非当然无效。

4. 违背公序良俗的民事法律行为无效。存在违背两性伦理、违背家庭伦理、践踏人格尊严等情形的民事法律行为，均属违背公序良俗的民事法律行为，当属无效，如代孕合同、包养合同等。

5. 行为人与相对人恶意串通，损害他人合法权益的民事法律行为无效。恶意串通之“恶意”，不仅要求行为人知道或者应当知道自己之行为将给他人带来损害，而且要求行为人追求损害的发生，恶意串通给他人造成损害的，串通双方应当承担连带责任。

【考场演练】 多项选择题

肖某系甲烟草公司经理，因违纪被开除，后伪造公章，于5月25日以甲公司名义与不知情的乙公司约定，向乙公司出售烟草50箱，价款50万元。6月1日，乙公司得知肖某被开除，询问甲公司是否认可该合同。6月10日，甲公司通知乙公司不承认肖某所订立的香烟合同。下列说法正确的是：

A. 6月10日后，乙公司有权请求肖某赔偿损失

B. 6月10日后，乙公司有权请求甲公司履行合同

C. 6月10日后，乙公司有权请求肖某履行合同

D. 6月10日前，乙公司有权通知甲公司撤销

【参考答案】 ACD

考点12 代理的分类

1. 有权代理与无权代理

(1) 有权代理。代理人在代理权限内实施代理行为的，属于有权代理。这里的代理权既包括法定代理权，也包括委托代理权。

(2) 无权代理。代理人没有代理权而实施代理行为的，属于无权代理。这里的没有代理权包括：自始缺乏代理权、超越代理权及代理权终止。无权代理可以进一步划分为狭义的无权代理与表见代理。无论是表见代理还是狭义的无权代理，代理人均无代理权，但是不同于狭义的无权代理，表见代理的代理人具有使相对人合理相信其具有代理权的事实与理由。

①表见代理的构成要件。

A. 代理人无代理权，但是具有使相对人合理相信其具有代理权的事实和理由，即权利外观。

B. 相对人善意并且没有过失。

C. 被代理人的行为与权利外观的形成具有牵连性。下列情形不能认定具有牵连性：a. 行为人私刻被代理人的公章，伪造被代理人的介绍信、合同书、授权委托书，并且以此与相对人签订合同。b. 在被代理人的印章、合同书、介绍信等文件被盗之后，被代理人已经在指定的报刊上以合理的方式作了公告，但是行为人仍然以上述材料与相对人签订合同。c. 行为人凭空捏造了一个单位，伪造该单位的单位名称并且私刻该单位的公章与相对人签订合同，而事实上又真的存在这样一个单位。

②表见代理的法律效果。

表见代理的法律效果类似于有权代理的法律效果，被代理人应当履行相应的

义务，但是因此所遭受的损失可以向表见代理人主张赔偿。当然，善意的相对人也可以选择撤销表见代理所实施的民事法律行为。

2. 直接代理与间接代理

(1)直接代理：代理人以被代理人名义实施代理行为的，属于直接代理。

(2)间接代理：代理人经过授权以自己的名义实施代理行为的，属于间接代理。间接代理依据相对人是否知晓代理关系的存在分为显名的间接代理与隐名的间接代理，相对人知道代理关系的存在的为显名的间接代理，相对人不知道代理关系的存在的为隐名的间接代理。

①显名的间接代理具有以下法律效果：除有确切证据证明代理人与相对人约定合同仅约束代理人与相对人外，合同直接约束被代理人与相对人。

②隐名的间接代理具有以下法律效果：合同直接约束代理人与相对人。但是被代理人可以行使介入权，相对人不履行合同义务之时，代理人应当向被代理人披露相对人，被代理人可以行使代理人对相对人的权利，取代代理人成为合同当事人；相对人可以行使选择权，由于被代理人不配合导致代理人无法履行合同义务之时，代理人应当向相对人披露被代理人，相对人可以选择代理人或者被代理人作为合同当事人，但是一旦选定不得变更。

3. 本代理与复代理

(1)本代理。本代理人既可以基于被代理人的委任取得代理人资格，也可以基于法律规定或者机关指定取得代理人资格。

(2)复代理。复代理人通过代理人基于复任权实施转委托行为取得代理人资格，复代理人是被代理人的代理人，而不是代理人的代理人。此处考点有二。

①代理人实施转委托行为应当基于复任权。

A. 法定代理人始终具有复任权。

B. 委托代理人在下列三种情况下具有复任权：被代理人事先同意转委托的；被代理人事后追认转委托的；在紧急情况下，为了被代理人的利益而需要转委托的。

②复代理人是被代理人的代理人，而非代理人的代理人。

A. 复代理人以被代理人的名义实施代理行为，法律效果归属被代理人。

B. 代理人不退出代理关系，仍然是被代理人的代理人。

C. 复代理人的代理权受到代理人的代理权的限制，即复代理人的代理权不得超过代理人的代理权。

考点 13 诉讼时效的期间

1. 期间特征

诉讼时效仅适用于请求权，属于强制性规范，不允许当事人通过约定加以改变，具体而言：

(1)当事人不得约定排除适用诉讼时效。

(2)当事人不得约定延长或者缩短诉讼时效期间。

(3)当事人不得预先放弃诉讼时效利益，预先放弃诉讼时效利益无效。

(4)当事人不得约定诉讼时效中断或者诉讼时效中止。

(5)当事人不能约定诉讼时效的起算时间。

2. 期间种类

(1)普通诉讼时效:3 年。

(2)特殊诉讼时效:国际货物买卖合同 4 年;技术进出口合同 4 年;人寿保险合同 5 年。

(3)最长诉讼时效:20 年。

3. 期间起算

(1)最长诉讼时效:最长诉讼时效自权利遭受侵害之日起计算。

(2)普通诉讼时效与特殊诉讼时效:普通诉讼时效与特殊诉讼时效一般均自债权人知道或者应当知道权利遭受侵害以及义务人之日起计算。《民法典》与最高人民法院《关于审理民事案件适用诉讼时效制度若干问题的规定》中对部分诉讼时效的起算作了明确规定。

①履行期限明确:如果债务履行期限明确,那么应当自履行期限届满之日起计算诉讼时效。

②履行期限未定:如果债务履行期限不明确,诉讼时效期间从债权人要求债务人履行义务的宽限期届满之日起计算诉讼时效;如果债务人明确拒绝,那么应当自拒绝之日起计算诉讼时效。

③约定分期履行:如果约定债务分期履行,那么应当自最后一期履行期限届满之日起计算诉讼时效。

④合同依法撤销:如果合同被撤销,返还财产、赔偿损失请求权自合同被撤销之日起计算诉讼时效。

⑤人身遭受损害:如果遭受人身损害,那么诉讼时效的起算分为下列两种情形处理:伤害明显的,应当自伤害之日起计算诉讼时效;伤害隐蔽的,应当自确诊之日起计算诉讼时效。

⑥无因管理之债:无因管理行为产生的给付必要费用、赔偿损失请求权,应当自无因管理行为结束且知道或者应当知道被管理人之日起计算诉讼时效。

⑦不当得利之债:不当得利返还请求权,应当自知道或者应当知道不当得利的事实以及受益人之日起计算诉讼时效。

⑧性侵未成年人:未成年人遭受性侵害的,应当自受害人年满 18 周岁之日起计算诉讼时效。

⑨法定代理致害:法定代理人损害被代理人(无民事行为能力人或者限制民事行为能力人)的利益的,应当自该法定代理终止之日起计算诉讼时效。

考点 14 诉讼时效的中断

1. 中断事由

(1)债权人主张权利。在诉讼时效期间内,债权人主张权利的,诉讼时效中断,债权人主张权利的方式很多,包括但是并不限于下列情形:

①债权人提起诉讼或者申请仲裁。

②债权人送交主张权利的文书，对方在文书上签名、盖章、捺指印或者虽然未签名、盖章、捺指印但是能够以其他方式证明该文书到达债务人。

③债权人以发送信件或者数据电文方式主张权利，信件或者数据电文到达或者应当到达债务人。

④债权人为金融机构的，依照法律规定或者双方约定从债务人账户中扣收欠款本息。

⑤债务人下落不明，债权人在国家级媒体或者下落不明的当事人一方住所地的省级有影响的媒体上刊登具有主张权利内容的公告。

⑥与提起诉讼或者申请仲裁具有同等效力的其他情形。例如，向公安机关、检察机关等请求保护。

(2)债务人承认债务。在诉讼时效期间内，债务人作出分期履行、部分履行、提供担保等承诺或者行为的，视为债务人承认债务，诉讼时效自债务人承认债务之日起中断。

2. 中断效果

中断事由消除之后，重新起算原来长度的诉讼时效。关于诉讼时效中断的效果，存在下列特殊情形，应当重视。

(1)部分及于全部：债权人对同一债权中的部分债权主张权利的，诉讼时效中断的效果及于剩余债权；债务人对同一债务中的部分债务履行的，诉讼时效中断的效果及于剩余债务。

(2)连带及于全部：对连带债权人或者连带债务人中的一人发生诉讼时效中断的，诉讼时效中断的效力及于全部连带债权人或者连带债务人。但是，在连带保证责任中，主债务的诉讼时效中断的，保证债务的诉讼时效不随之中断。

(3)代位一箭双雕：债权人对次债务人提起代位诉讼的，将导致债权人与债务人、债务人与次债务人之间的诉讼时效均中断。

(4)转让到达中断：债权让与时，应当认定诉讼时效从让与通知到达债务人之日起中断。

考点 15 诉讼时效的中止

1. 中止事由：在诉讼时效期间的最后6个月内，存在下列情形之一，导致债权人无法主张权利的，诉讼时效中止：

(1)不可抗力。

(2)无民事行为能力人或者限制民事行为能力人没有法定代理人，或者法定代理人死亡、丧失民事行为能力、丧失代理权。

(3)继承开始之后未确定继承人或者遗产管理人。

(4)权利人被义务人或者其他人控制。

(5)其他导致权利人不能行使请求权的障碍。

2. 中止效果：在诉讼时效期间的最后6个月内，债权人由于客观原因无法主张权利的，停止计算诉讼时效；中止事由消除之后，诉讼时效应当自中止事由消除之日起继续计算6个月。

考点16 诉讼时效的经过

1. 诉讼时效经过对债权人的影响

诉讼时效经过，债权人的债权虽然不消灭，但是沦为自然权利。具体体现如下：

（1）受领权依然存在。债务人自愿履行，债权人可以受领，不构成不当得利。

（2）起诉权依然存在。债权人起诉的，法院应当受理，不得裁定不予受理或者裁定驳回起诉。受理之后，债务人如果提出诉讼时效抗辩，法院查明无中止、中断及延长事由的，判决驳回债权人的诉讼请求。

2. 诉讼时效经过对债务人的影响

（1）诉讼时效经过的抗辩。

诉讼时效经过，债务人获得诉讼时效经过的抗辩权，但是诉讼时效抗辩只能在一审中提出，一审中未提出诉讼时效经过的抗辩，二审中提出的，法院不予支持，除非基于新证据提出。诉讼时效仅适用于请求权，但是并非所有的请求权均适用诉讼时效。《民法典》与最高人民法院《关于审理民事案件适用诉讼时效制度若干问题的规定》对部分不适用诉讼时效的请求权作了明确规定，详述如下：①支付存款本金以及利息请求权；②兑付国债、金融债券以及向不特定对象发行的企业债券的本金以及利息请求权；③基于投资关系产生的缴付出资请求权；④请求停止侵害、排除妨碍、消除危险；⑤不动产物权和登记的动产物权的权利人请求返还财产；⑥请求支付赡养费、抚养费或者扶养费。

值得注意的是，除上述请求权不适用诉讼时效外，以下权利也不适用诉讼时效：

①其他请求权。占有返还请求权与业主大会请求业主缴付公共维修基金的权利。

②名为请求权，实为形成权。离婚请求权与共有物分割请求权等。

（2）诉讼时效利益的抛弃。

诉讼时效经过，债务人所获得的诉讼时效经过的抗辩权即为诉讼时效利益，对此利益，债务人可以抛弃。债务人虽然不得预先放弃诉讼时效利益，但是可以在诉讼时效经过之后，以明示或者默示的方式抛弃已经取得的诉讼时效利益，并且一旦抛弃，不得反悔。

①明示抛弃：所谓诉讼时效利益的明示抛弃，是指在诉讼时效经过之后，债务人作出同意履行债务的表示。例如，债务人与债权人达成还款协议、制订还款计划以及另行提供担保等。值得注意的是，债务人仅仅承认债务，而不是同意履行债务，不构成诉讼时效的明示抛弃。诉讼时效的明示抛弃的法律效果是重新起算诉讼时效，但是仅仅重新起算同意履行部分债务的诉讼时效，不再重新起算剩余部分债务的诉讼时效。

②默示抛弃：在诉讼时效经过之后，债务人自动履行债务，而不主张诉讼时效经过的抗辩权。

考点 17 物的分类

1. 有体物与无体物

(1)所谓有体物，是指具备物质实体，能为人所直观感知之物，如火山岩、水银、液化气等。

(2)所谓无体物，是指没有物质实体，无法为人直观感知之物，如电、热、光等。

2. 动产与不动产

(1)所谓动产，是指能够移动并且价值不因此而减损的物。动产可以进一步划分为普通动产与特殊动产，特殊动产包括船舶、机动车及航空器等，其余均为普通动产。值得注意的是，无论是普通动产，还是特殊动产，其物权变动的公示方式均为交付，特殊动产虽然需要办理登记，但是登记与否并不影响物权变动的效力。

(2)所谓不动产，是指不能移动或者移动之后价值减损的物，如土地、房屋、林木等。

3. 种类物与特定物

(1)所谓特定物，是指已经确定，无法为其他相同种类、相同品质的物所代替的物，包括事实上的特定物与法律上的特定物。其中，所谓事实上的特定物，是指不存在其他相同种类、相同品质的物可以代替的物，即"独此一家，别无分店"；所谓法律上的特定物，是指存在其他相同种类、相同品质的物可以代替，但是由于约定或者指定，不能以其他相同种类、相同品质的物相替代的物。

(2)所谓种类物，是指能够为其他相同种类、相同品质的物所代替的物，如十吨大米、一斤萝卜等。

4. 重要成分与非重要成分

(1)所谓重要成分，是指在一个物之相互结合的各个部分中，非经毁损或者变更性质不能分离者。例如，房屋的屋梁、房屋的墙砖、汽车的涂漆、书籍的封面等。

(2)所谓非重要成分，是指一个物之相互结合的各个部分中，重要成分之外的构成部分。例如，房屋的活动门窗、汽车的音响、汽车的引擎、汽车的轮胎等。

5. 主物与从物

(1)所谓主物，是指 A 物脱离 B 物仍然有本来的使用价值，A 物就是主物，如电视机、计算机等。

(2)所谓从物，是指 B 物脱离 A 物失去了本来的使用价值，B 物就是从物，如遥控器、鼠标等。

值得注意的是，除另有约定外，主物的所有权发生移转，从物的所有权随同移转；在主物上设立担保物权，担保物权效力及于从物。但是以下情形除外：

(1)在抵押权设定之后抵押人取得的抵押物之从物不属于抵押权的客体。

(2)在质权设立之时，如果从物未交付质权人，该从物并非质权的客体。

(3)债务人未将从物移交留置权人的，留置物的从物并非留置权的客体。

6. 原物与孳息

(1)所谓原物，是指原已存在之物。例如，生下鸡蛋的母鸡、摘下果实的果树、剪下羊毛的绵羊、开采矿藏的矿山等。

(2)所谓孳息,可以进一步划分为天然孳息与法定孳息。天然孳息是指原物按照自然规律或者正常用法而产生的物,如母鸡生下的鸡蛋、果树摘下的果实、绵羊剪下的羊毛、矿山开采的矿藏等。收取天然孳息不会对原物构成根本性破坏,所以屠牛所得的牛皮、杀猪所得的猪肉等不是天然孳息。法定孳息是指原物依据法律关系所生收益,如租金、利息、彩票中奖所获奖金或者奖品等。关于孳息的归属,需要分两种情形掌握:

①通常而言,对于天然孳息,有约定从约定,没有约定的,由所有权人取得;既有所有权人,又有用益物权人的,由用益物权人取得。对于法定孳息,有约定从约定,没有约定的,按照交易习惯确定。

②但是在买卖合同中,无论是天然孳息,还是法定孳息,其归属均遵从以下规则:有约定的从约定,没有约定的,采用交付主义。在买卖合同中,除另有约定外,标的物交付前,孳息归出卖人所有;标的物交付后,孳息归买受人所有。

考点 18 物权变动

1. 基于法律行为的物权变动

(1)基于法律行为的物权变动是指物权变动以有效的法律行为为要件,有效的法律行为乃是物权变动的原因。基于法律行为的物权变动具有区分性、有因性。

①区分性:在基于法律行为的物权变动中,欠缺公示手段(登记或者交付)导致不能发生物权变动效果的,法律行为的效力不因此受影响。

②有因性:在基于法律行为的物权变动中,法律行为无效的,物权变动不会发生。

(2)基于法律行为的物权变动可以进一步划分为基于法律行为的不动产物权变动与基于法律行为的动产物权变动。详述如下:

①基于法律行为的不动产物权变动。

A. 原则。有效的法律行为 + 处分权 + 登记 = 不动产物权变动。

注意:当事人提供虚假材料申请登记,造成他人损害的,应当承担赔偿责任。由于登记错误,造成他人损害的,登记机构应当承担赔偿责任。登记机构赔偿之后,可以向造成登记错误的人追偿。

B. 例外。a. 有效的法律行为 + 处分权 = 土地承包经营权的设立(未经登记可以设立、可以对抗);b. 有效的法律行为 + 处分权 = 土地承包经营权的转让(未经登记可以转让、不能对抗);c. 有效的法律行为 + 处分权 = 地役权的设立(未经登记可以设立、不能对抗)。

C. 特殊登记。a. 更正登记:相关人员认为不动产登记簿的事项错误时,可以申请更正登记。不动产登记簿记载的权利人书面同意更正或者有证据证明登记簿确有错误的,登记机关应当予以更正。b. 异议登记:异议登记之后,可以阻却第三人善意取得。异议登记人在异议登记之日起 15 日内不起诉的,异议登记失效,但是异议登记失效不影响法院对案件实体审理。c. 预告登记:预告登记之后,未经预告登记人的同意处分不动产的，不发生物权效力，但是法律行为的效力不因此受影响。债权消灭或者自能够进行不动产登记之日起90日内未进行登记的，预告登记失效。买卖不动产的协议被认定无效、被撤销、被解除，或者预告登记的权利人放弃债权的，应当认定为前述所谓“债权消灭”。

②基于法律行为的动产物权变动。

A. 原则。有效的法律行为 + 处分权 + 交付 = 动产物权变动。

B. 例外。有效的法律行为 + 处分权 = 动产抵押权的设立（未经登记可以设立、不能对抗）。

C. 观念交付。a. 简易交付，是指动产的受让人已经直接占有该动产，在让与人与受让人就移转动产的所有权或者设立动产质权达成合意时，即视为已经完成交付。b. 指示交付，是指让与人的动产被他人直接占有期间，让与人与受让人合意移转动产的所有权或者设立动产质权，并且对受让人移转让与人对动产直接占有人的返还原物请求权。c. 占有改定，是指让与人与受让人通过达成两个合意的方式完成交付，让与人与受让人合意移转动产的所有权之后，让与人和受让人达成借用、保管、租赁等合意，依照第二次的合意让与人取得直接占有，受让人取得间接占有。

2. 非基于法律行为的物权变动

（1）基于人民政府的征收决定，征收决定生效时物权变动。

（2）基于人民法院、仲裁机构的判决、裁决，判决或者裁决生效时物权变动。形成判决、形成裁决在考试中有固定的语言模式：判决或者裁决某物归某人所有。如果在考试中有这样的表述：判决或者裁决某人办理过户登记或者交付某物，那么该判决或者裁决不属于形成判决、形成裁决。

（3）基于继承，继承开始时物权变动。

（4）基于合法建造或者拆除房屋，事实行为成就时物权变动。

值得注意的是，非基于法律行为取得不动产物权的，无须登记。但是未经登记，会限制处分权，权利人处分该不动产的，不发生物权效力。法律行为的效力不因此受影响。

考点 19 物权保护

1. 请求确认物权：请求确认物权是指物权处于不确定状态时，相关人员可以提起确认之诉请求法院确认物权状态。

2. 物权请求权：

（1）返还原物请求权。

①请求人为物权人，并且物权人必须是有占有权能的物权人，如所有权人、质权人、留置权人等，抵押权人、地役权人没有占有权能，因而不能行使返还原物请求权。

②被请求人应当满足以下条件：A. 被请求人是现时的占有人，即在请求人请求返还原物时，被请求人必须正在占有该物。B. 被请求人不是占有辅助人，与占有辅助人对应的是自己占有人。自己占有人是指基于自己的意志进行占有的人；

占有辅助人是指基于他人意志进行占有的人,如雇主(自己占有人)与雇员(占有辅助人)。C. 被请求人是无权占有人。

(2)排除妨害请求权/消除危险请求权。

主张排除妨害请求权/消除危险请求权应当具备以下条件:①妨害或者危险具有不法性或者超越了正常的容忍限度/危险可能发生;②请求人为物权人;③被请求人必须是对妨害或者危险的除去具有支配力的人;④请求之时,妨害或者危险依然存在。

值得注意的是,排除妨害请求权/消除危险请求权均有提及具有支配力的人,所谓具有支配力的人,包括行为妨害人与状态妨害人。其中,所谓行为妨害人,是指以其行为造成妨害或者危险的人(如擅自装修而扰民的承租人);所谓状态妨害人,是指能够除去妨害或者危险,但是放任妨害或者危险状态持续的人(如前述承租人之出租人)。

3. 债权请求权:债权请求权的行使须以妨害人存在主观过错以及客观上存在损害结果为条件,同时受到诉讼时效的限制。债权请求权有二:恢复原状请求权与损害赔偿请求权。

(1)所谓恢复原状请求权,是指妨害行为导致物权人之物毁损、灭失的,物权人可以请求妨害人采取修复或者其他方式,恢复其物本来面貌。

(2)所谓损害赔偿请求权,是指妨害行为造成物权人之损害的,物权人可以请求妨害人赔偿损失。

考点 20 所有权的取得方式

1. 原始取得。所谓原始取得,是指非依他人既存的权利而取得所有权,如善意取得、添附、收取孳息(如果园的承包人摘下果树上的果实,可以取得果实的所有权)、建造(如某村村民合法完成建造房屋,可以取得房屋的所有权)、生产(如某手工艺人制造一把木梳,可以取得木梳的所有权)、征收(如政府战争期间征收车辆,可以取得车辆的所有权)等。其中,善意取得、添附及拾得遗失物较为重要。

(1)善意取得。

①积极要件。

A. 处分人以自己的名义实施了无权处分。在考试中,常见的无权处分有两类:一是未经同意处分他人之物;二是未经同意处分共有之物。

B. 第三人主观为善意。第三人受让不动产或者动产时,不知转让人无处分权且无重大过失的,应当认定第三人主观为善意。值得注意的是,第三人的方式、动机不影响善意的判断。

C. 第三人以合理价格受让。因此,赠与不能产生善意取得的效果。

D. 不动产已经完成登记/动产已经完成交付。在动产交易中,现实交付、简易交付及指示交付均可产生善意取得的效果,但是占有改定不能产生善意取得的效果。

②消极要件。

A. 占有脱离物(盗赃物、遗失物、漂流物、埋藏物、隐藏物等)不能被善意取得，即如果善意受让人受让之物为占有脱离物，那么即便四个要件均已具备，善意受让人也不能善意取得该物的所有权。因此，行为人无权处分占有脱离物的，权利人有权自知道或者应当知道善意受让人之日起2年内请求返还；如果善意受让人通过拍卖或者从具有经营资质的经营者处购得，那么善意受让人有权请求权利人偿付价款。言外之意是，如果善意受让人既非通过拍卖也非从具有经营资质的经营者处购得，那么善意受让人无权请求权利人偿付价款。

B. 善意受让人主张善意取得的，不予支持的情形：转让合同被认定为无效或者转让合同因为受让人存在欺诈、胁迫等法定事由被撤销。

③法律效果。

A. 原所有权消灭，原所有权人不得向新所有权人主张返还原物。

B. 原所有权人可以向无权处分人主张损害赔偿以资救济。

(2)添附。

①附合。所谓附合，是指两个以上所有权人的物结合在一起不能分离。此时，动产与动产附合的，一方之物价值明显较高的，所有权归属该方，或者可以区分主从物的，所有权归属主物的所有权人，否则按份共有；动产与不动产附合的，所有权归属不动产的所有权人。

②混合。所谓混合，是指两个以上所有权人的物混合在一起不能分辨。此时，混合之物归谁所有参照附合规则。

③加工。所谓加工，是指在他人之物上附加有价值的劳动使其成为新物，如羊毛制成羊毛制品、陶土加工成陶瓷制品等。此时，新物所有权原则上归属原物所有权人，但是加工行为相对原物明显更具价值时归属加工人。

(3)拾得遗失物。

①拾得人的权利。遗失人领取遗失物时应当向拾得人或者有关部门支付保管遗失物的必要费用(不是报酬，而是必要费用)。但是，拾得人侵占遗失物(拒不返还遗失物即为侵占遗失物)的不能请求必要费用。

②拾得人的义务。A. 返还原物及其孳息。B. 及时通知失主或者送交有关部门。C. 妥善保管，故意或者重大过失导致遗失物毁损、灭失的，拾得人应当予以赔偿。

③遗失物的处理。有关部门发布招领公告之日起1年内无人认领的，该遗失物归国家所有。

2. 继受取得。所谓继受取得，是指基于他人既存的权利而取得所有权，如继承、接受遗赠、企业合并、企业分立、买卖、赠与等。

考点21 共有

1. 按份共有

(1)特征。按份之份额是所有权的份额，而非共有物的份额。该份额由按份共有人约定，没有约定的，按照按份共有人的出资额确定；没有出资额或者无法确定出资额的，视为等额按份共有。

(2)认定。有以下情形之一的，共有方式为按份共有：①明确约定为按份共有。②没有约定或者约定不明,除具有家庭关系外,视为按份共有。

(3)共有物处置。

①处分或者重大修缮共有物,对共有物变更性质或者用途的,有约定从约定,否则应当经共有份额2/3以上的按份共有人或者全体共同共有人同意。值得注意的是,2/3以上是指份额,而非人数。

②分割共有物。

A. 约定不得分割:原则上不能分割,但是,共有人有重大理由或共有的基础丧失时,可以请求分割。

B. 未约定不得分割:各按份共有人随时可以请求分割。

(4)债务的承担。对外连带;对内依约,无约按份。

(5)优先购买权。

①权利内容:按份共有人之一向按份共有人之外的人转让共有份额时,其他按份共有人享有优先购买权,即如果其他按份共有人能够提出同等条件,可以优先于按份共有人之外的人受让共有份额。同等条件应当综合共有份额的转让价格、价款履行方式以及期限等因素确定。

②行使期限:按份共有人之一向按份共有人之外的人转让共有份额时,其他按份共有人应当在合理期限内行使优先购买权。所谓合理期限,有约定的从约定;没有约定的以通知载明的期限为准;通知未载明或者载明期限短于15日的,以15日为准,自通知到达之日起计算;未通知的,自其他按份共有人知道或者应当知道同等条件之日起15日为限;既未通知,其他按份共有人也无法知道同等条件的,自共有份额权属转移之日起6个月为限。值得注意的是,如果是按份共有人共同约定合理期限,那么约定5日、10日、15日等均可,并无限制;但是,如果是转让人单方通知其他按份共有人,那么通知载明的合理期限不能短于15日,否则以15日为准。

【考场演练】 多项选择题

刘某、关某、张某按照3:3:2的比例,共同出资80万元购买了一套房屋,按照按份共有进行了登记。为大幅提高租金收益,刘某和关某倾向于对该房重新装修,预计需再投入8万元装修资金,张某反对。关于刘某、关某二人主张,下列说法正确的有:

A. 张某就此可转让份额

B. 张某就此可主张分割共有物

C. 就此可主张刘某、关某侵权

D. 刘某、关某有权主张重新装修

【参考答案】 ABD

③救济途径:按份共有人之一向按份共有人之外的人转让共有份额时,没有通知其他按份共有人的,其他按份共有人可以请求损害赔偿,但是不可以仅主张转让合同无效。需要说明的是,不可以仅主张转让合同无效是指如果其他按份共有人仅主张转让人与受让人间的份额转让合同无效的,法院不予支持;但是如果其他按份共有人不仅主张转让人与受让人间的份额转让合同无效,还主张购买相应份额的,法院可以支持。此一条文义在于杜绝其他按份共有人恶意主张转让合同无效,又不购买相应份额,最终导致某一按份共有人陷入无法转让共有份额的

尴尬状态。

④权利阻却。

A. 继承、遗赠不适用：共有份额的权利主体因继承、遗赠等原因发生变化时，其他按份共有人主张优先购买的，不予支持，但是按份共有人之间另有约定的除外。

B. 内部转让不适用：按份共有人之间转让共有份额，其他按份共有人主张优先购买的，不予支持，但是按份共有人之间另有约定的除外。

2. 共同共有

(1)特征。共有人不分份额地享有一个所有权。

(2)界定。有以下情形之一的，共有方式为共同共有：①家庭关系。②夫妻关系，但是夫妻双方约定财产归各自所有的除外。③同居关系，婚姻无效或者被撤销，同居期间所取得的财产，除非能够证明为个人财产的外，视为共同共有。④继承关系，继承开始后遗产分割前，遗产由各继承人共同共有。⑤合伙关系。

(3)债务的负担。对外连带；对内依约，无约共同。

考点 22 用益物权

1. 土地承包经营权

(1)权利的设立：土地承包经营权自土地承包经营权合同生效时即设立，无论登记均可对抗善意第三人。

(2)权利的流转：

①土地承包经营权的流转。土地承包经营权可以通过转让、互换或者其他方式流转。其中，以转让、互换方式流转的，经当事人要求，可以办理登记，未经登记不得对抗善意第三人，但是未经登记不影响转让的效力。此外，未经依法批准，不得将承包地用于非农建设。

②土地经营权的流转。土地承包经营权人可以自主决定依法采取出租、入股或者其他方式向他人流转土地经营权。土地经营权人有权在合同约定的期限内占有农村土地，自主开展农业生产经营并且取得收益。流转期限为 5 年以上的土地经营权，自流转合同生效时设立。当事人可以向登记机构申请土地经营权登记；未经登记，不得对抗善意第三人。

(3)权利的继承：土地承包经营权不得继承，只有承包收益(如承包土地上未收割的农作物)可以继承。但是，林地承包经营权以及以招标、拍卖、公开协商等方式取得的土地承包经营权可以在承包期限内继承。

2. 建设用地使用权

建设用地使用权自登记时设立。建设用地使用权的设立方式包括有偿出让与无偿划拨两种。以下建设用地可以划拨方式取得：(1)国家机关用地、军事用地；(2)城市基础设施用地、公益事业用地；(3)国家重点扶持的能源、交通、水利等基础设施用地；(4)法律、行政法规规定的其他建设用地。

3. 宅基地使用权

宅基地使用权是指依法对集体所有的土地享有占有以及使用的权利。农村村民一户只能申请一处宅基地，宅基地面积不得超过省、自治区、直辖市规定的标准，农村村民出租、出卖、赠与住宅后再申请宅基地的，不予批准。

4. 地役权

(1)权利的设立：地役权自地役权合同生效时设立，未经登记不影响地役权的设立，但是不得对抗善意第三人。

(2)权利的流转：地役权不得单独流转。一般而言，地役权依附于建设用地使用权，不得脱离建设用地使用权而转让、抵押等，而是应当随同流转，具体如下：①需役地权利转让的，转让部分涉及地役权的，受让人享有地役权。②供役地权利转让的，转让部分涉及地役权的，地役权已登记的，受让人应当负担地役；地役权未登记的，受让人无须负担地役。

5. 居住权

(1)权利的设立。居住权人有权按照合同约定，对他人的住宅享有占有、使用的权利，以满足生活居住的需要。除另有约定外，原则上居住权无偿设立。设立居住权的，应当采用书面形式订立居住权合同并且向登记机构申请居住权登记，居住权自登记时设立。

(2)权利的流转。居住权不得转让、继承。设立居住权的住宅不得出租，但是当事人另有约定的除外。

(3)权利的消灭。居住权期间届满或者居住权人死亡的，居住权消灭。居住权消灭的，应当及时办理注销登记。

考点 23 担保物权概述

1. 担保物权的特征

(1)从属性。担保物权具有从属性。所谓从属性，是指担保物权在范围、效力、消灭以及移转上均从属于主债权。

①范围上的从属性：担保物权所担保的额度不能超过主债权的额度，即担保物权所担保的额度应当小于或者等于主债权的额度。

②效力上的从属性：担保物权以主债权的存在或者将来存在为前提，主债权无效的，担保物权无效。

③消灭上的从属性：消灭上的从属性有两层含义。

A. 主债权全部消灭，担保物权消灭。

B. 主债权部分消灭，担保物权并不消灭，但是所担保之额度相应缩减。

④移转上的从属性：主债权转让时，除非另有约定或者另有规定，担保物权随同移转。

(2)物上代位性。担保物权具有物上代位性。所谓物上代位性，是指担保期间，担保财产毁损、灭失或者被征收等，担保物权并不消灭，担保物权人（主债权人）可以就获得的保险金、赔偿金或者补偿金等优先受偿。主债权的履行期未届满的，可以提存该保险金、赔偿金或者补偿金等物上代位金。

(3)不可分性。担保物权具有不可分性。所谓不可分性，是指担保物以其全部价值担保主债权，主债权之全部均受担保物的担保。

①从主债权的角度观察,主债权之全部均受担保物的担保。具体是指:A. 担保期间,主债权部分消灭的,剩余债权仍受担保物的担保。B. 担保期间,主债权部分转让的,保留债权与转让债权均受担保物的担保。

②从担保物的角度观察,担保物以其全部价值担保主债权。具体是指:A. 担保期间,担保物的价值变化(增加或者减少)的,担保物的全部担保主债权。B. 担保期间,担保物被分割的,分割后的各部分均担保主债权。

2. 担保物权的竞合

(1)抵押权与抵押权的竞合。

①同一动产上并存抵押权:登记过的抵押权优先于未登记的抵押权;登记过的抵押权有多个的,登记在先的抵押权优先于登记在后的抵押权;同一天登记的顺位相同,按照债权比例受偿。

②同一不动产上并存抵押权:登记在先的抵押权优先于登记在后的抵押权;同一天登记的顺位相同,按照债权比例受偿。

(2)抵押权与质权的竞合。

①同一动产上并存抵押权与质权,并且抵押权设立在先:登记过的抵押权优先于质权,未登记的抵押权落后于质权。

②同一动产上并存抵押权与质权,并且质权设立在先:质权优先于抵押权,无论抵押权是否登记。

(3)抵押权、质权与留置权的竞合:留置权优先于抵押权、质权。

考点 24 抵押权的设立

1. 一般情形。抵押权系担保物权的一种,因而抵押权的设立属物权从无到有之变动,应当符合物权变动的基本要件。

(1)不动产抵押权的设立:抵押合同有效 + 处分权 + 抵押登记。

(2)动产抵押权的设立:抵押合同有效 + 处分权。动产抵押权的设立无须办理抵押登记,但是未经登记不得对抗善意第三人;动产抵押权的设立无须交付抵押财产,因为抵押并不要求移转抵押财产的占有。

2. 特殊规定。部分财产不能抵押,详述如下:

(1)土地所有权。

(2)宅基地、自留地、自留山等集体所有的土地使用权,但是法律规定可以抵押的除外。

(3)学校、幼儿园、医疗机构等以公益为目的成立的非营利法人的教育设施、医疗卫生设施和其他公益设施。

(4)所有权、使用权不明或者有争议的财产。

(5)依法被查封、扣押、监管的财产。

如果当事人约定以上述受限财产作为抵押财产,那么抵押权不能设立。

考点 25 抵押权的效力

1. 抵押权人的权利

(1)收取抵押财产之孳息的权利:一般而言,抵押财产之孳息应当由抵押人收取，但是，一旦债务履行期限届满，债务人不履行债务导致抵押财产被法院扣押，此后抵押财产之孳息由抵押权人收取。

(2)保全抵押财产的权利：由于抵押无须移转抵押财产的占有，即抵押权设立之后，抵押财产仍为抵押人所占有。因此，抵押人有可能滥用抵押财产导致其价值减损。对此，抵押权人可以采取以下措施：①请求抵押人停止其作为或者不作为。②请求抵押人采取措施恢复抵押财产的价值。③请求抵押人另行提供补充担保。④请求债务人提前清偿债务。

(3)优先受偿的权利：在债务人不履行到期债务时，债权人得以与债务人协议以抵押财产折价或者以拍卖、变卖抵押财产所得价款优先受偿；在抵押财产毁损、灭失时，得以赔偿金、保险金、补偿金等物上代位金优先受偿。

(4)变更抵押权顺位的权利：在实现抵押权之前，抵押权人依然可以变更抵押权的顺位。所谓顺位变更，是指双方顺位交换，按照交换后的顺位依次受偿。但是，此变更未经其他抵押权人书面同意的，不得对其产生不利影响。

2. 抵押权人的义务

(1)容忍抵押人转让抵押财产的义务。

抵押期间，抵押人可以转让抵押财产。当事人另有约定的，按照其约定。抵押财产转让的，抵押权不受影响。

抵押人转让抵押财产的，应当及时通知抵押权人。抵押权人能够证明抵押财产转让可能损害抵押权的，可以请求抵押人将转让所得的价款向抵押权人提前清偿债务或者提存。转让的价款超过债权数额的部分归抵押人所有，不足部分由债务人清偿。

(2)容忍抵押人赠与抵押财产的义务。

抵押人赠与抵押财产，无须征得抵押权人的同意。值得注意的是，抵押人赠与抵押财产对抵押权并无影响，即抵押权人在赠与前与赠与后对抵押财产均有抵押权。

(3)容忍抵押人出租抵押财产的义务。

①先出租后抵押，此时，抵押权的实现不受影响，但是抵押财产的承租人可以主张“买卖不破租赁”对抗抵押财产的新所有权人，即抵押权人可以正常拍卖、变卖抵押财产并就所得价款优先受偿，但是即便抵押财产的所有权人因此发生变化，抵押财产的承租人也可以在原先约定的租期内承租该抵押财产。

②先抵押后出租，抵押权已经登记的，此时，抵押权的实现不受影响，同时抵押财产的承租人不能主张以“买卖不破租赁”对抗抵押财产的新所有权人，即抵押权人可以正常拍卖、变卖抵押财产并就所得价款优先受偿，并且一旦抵押财产的所有权人因此发生变化，抵押财产的承租人就不能在原先约定的租期内承租该抵押财产。

考点 26 抵押权的实现

1. 抵押权行使期间：依《民法典》相关规定，抵押权人应当在主债权诉讼时效期间内行使抵押权，未行使的，法院不予保护。也就是说，抵押权行使期间即为主债权的诉讼时效期间。

2. 抵押权的实现方式:在债务人到期不履行债务时,抵押权人与抵押人可以就实现抵押权的方式进行协商,协议折价;如果无法达成协议,抵押权人应当请求法院拍卖、变卖抵押财产,不得自行拍卖、变卖抵押财产。所谓协议折价,是指将抵押财产折算为一定金额,抵押财产归抵押权人所有,债务人免除相应金额的债务。

3. 流押条款:所谓流押条款,是指在债务履行期限届满前,抵押人与抵押权人约定,在债务人到期不履行债务时,抵押财产直接归抵押权人所有。依《民法典》相关规定,流押条款当属无效,抵押权不能依据流押条款实现,即抵押财产不能直接归抵押权人所有,但是抵押合同仍然有效。

4. “房地一体”主义。

(1)应当一并抵押:以建筑物抵押的,应当将该建筑物占用范围内的建设用地使用权一并抵押;以建设用地使用权抵押的,应当将土地上已有的建筑物一并抵押。只办理了建筑物的抵押登记,没有办理建设用地使用权的抵押登记,视为建筑物占用范围内的建设用地使用权已经办理了抵押登记;只办理了建设用地使用权抵押登记,没有办理土地上已有的建筑物抵押登记的,视为土地上已有的建筑物已经办理了抵押登记。

(2)新增建筑处理:建设用地使用权抵押后,土地上新增的建筑不属于抵押财产。实现该建设用地使用权上的抵押权时,应当将该土地上新增的建筑、原有建筑以及建设用地使用权一并拍卖、变卖,但是拍卖、变卖新增建筑所得价款,抵押权人无权优先受偿。

5. 反担保:当第三人以其财产为债务人提供担保时,债务人如果不履行到期债务,那么债权人可就用以担保之财产优先受偿。此后,第三人(担保人)可以向债务人追偿。为了保障该追偿权,第三人(担保人)可以要求债务人提供担保,即为反担保。

考点 27 抵押权的种类

1. 共同抵押

(1)按份共同抵押。

所谓按份共同抵押,是指两个或者两个以上的抵押人与债权人均约定了明确的担保数额的共同抵押。按份共同抵押考点有二。

①在按份共同抵押中,当债务人不履行到期债务时,各抵押人仅依约定份额承担抵押责任。

②在按份共同抵押中,当抵押人承担抵押责任之后,其只能向债务人追偿,不能向其他抵押人追偿。

(2)连带共同抵押。

所谓连带共同抵押,是指两个或者两个以上的抵押人与债权人未约定担保数额或者担保数额约定不明的共同抵押。连带共同抵押考点有二。

①在连带共同抵押中,当债务人不履行到期债务时,各抵押人对债权人应当

承担连带责任，债权人可以向任何一个或者数个抵押人主张全部债权。

②在连带共同抵押中，当抵押人承担抵押责任之后，其可以向债务人全额追偿，也可以向其他抵押人按照内部份额比例追偿，以上追偿并无顺序限制。

2. 最高额抵押

所谓最高额抵押，是指为担保未来一定期间内连续发生的债权，债务人或者第三人以其财产抵押，在债务人不履行到期债务时，债权人得以在最高限额内就抵押财产优先受偿的担保方式。最高额抵押的考点有三。

(1)最高额抵押的特征。

①最高额抵押权设立之初，实际债权尚未确定。

②债权转让时，已经转让的债权不再被担保。

③债权人的优先受偿权受到最高限额的限制。

(2)实际债权的确定。

所谓实际债权，是指债权人对债务人所实际享有的债权，即实际出借多少，实际债权就是多少。最高额抵押的一大特征：抵押权设立之初，实际债权尚未确定。依《民法典》相关规定，出现下列情形之一，实际债权方才确定：

①约定的债权确定期间届满的。

②没有约定债权确定期间或者约定不明确时，抵押权人或者抵押人自最高额抵押权设立之日起满 2 年后请求确定债权的。

③新的债权不可能发生的。

④抵押权人知道或者应当知道抵押财产被查封、扣押。

⑤债务人、抵押人被宣告破产或者解散的。

注意：在最高额抵押权设立之前既已存在的债权，经抵押人与抵押权人同意，可以计入实际债权。

(3)优先受偿额度的确定。在最高额抵押中，债权人的优先受偿权受到最高限额的限制，如果实际债权小于或者等于最高限额，那么全部实际债权可以得到优先受偿；如果实际债权超过最高限额，那么只能优先受偿最高限额内的部分，对于最高限额外的部分，债权人不能优先受偿，仅为普通债权。

3. 动产浮动抵押

(1)特征。

①动产浮动抵押权设立之初，抵押财产并不确定(抵押财产在动产浮动抵押权设立之初并不确定，因此动产浮动抵押的登记机关是抵押人住所地的市场监督管理部门，而非抵押财产所在地的市场监督管理部门。值得注意的是，此处登记并非动产浮动抵押权的设立要件，未经登记不影响动产浮动抵押权的设立，只是不得对抗善意第三人)。

②抵押财产确定之前，抵押人可以转让抵押财产，已经转让的抵押财产不再担保债权。

③抵押财产是经营者现有的及将有的动产的集合。

(2)抵押财产的确定。动产浮动抵押的一大特征：抵押权设立之初，抵押财产

并不确定。依《民法典》相关规定,出现下列情形之一,抵押财产方才确定:

①债务履行期届满,债权未实现。

②双方约定的实现抵押权的情形。

③抵押人被宣告破产或解散。

④严重影响债权实现的其他情形。

注意:抵押财产一旦确定,抵押人便不可以继续转让抵押财产,相当于抵押财产被冻结,等待抵押权人来行使抵押权,拍卖、变卖上述抵押财产并就所得价款优先受偿。

4. 混合担保

所谓混合担保,是指在同一债权上,既有担保物权,又有保证的担保方式。混合担保考点有二:

(1)在混合担保中,当债务人不履行到期债务时,有债务人自己提供物的担保的,债权人应当先就该物保实现债权;债务人自己未提供物的担保的,债权人可以就第三人物保或者保证人选择求偿。

(2)在混合担保中,承担了担保责任的担保人,可以向债务人全额追偿。值得注意的是,承担了担保责任的担保人不能向其他担保人追偿。

考点 28 动产质权

1. 动产质权的设立

质押合同有效+处分权+交付=动产质权的设立。值得注意的是,质权自出质财产交付时设立,但是约定由出质人代为占有出质财产的,质权不能设立。

2. 动产质权的效力

(1)质权人的权利。

①占有出质财产的权利:质权人既可以自己占有出质财产,也可以委托他人代为占有出质财产,但是此处的"他人"不能是出质人。

②收取出质财产之孳息的权利:质权人有权收取出质财产所生孳息,即出质财产所生孳息应当由质权人处置,但是质权人不能因此取得孳息的所有权。值得注意的是,收取的孳息应当优先抵充收取孳息的费用。

③优先受偿的权利:在债务人不履行到期债务时,债权人得以拍卖、变卖出质财产并就所得价款优先受偿。在出质财产毁损、灭失时,得以就赔偿金、保险金、补偿金等物上代位金优先受偿。

(2)质权人的义务。

①妥善保管出质财产的义务:质权人过错导致质物毁损、灭失的,质权人应当承担赔偿责任。值得注意的是,质权人的行为可能导致出质财产毁损、灭失的,出质人可以要求质权人将出质财产提存,或者请求提前清偿债务并且取回出质财产。

②经请求应当行使质权的义务:质权人经出质人请求应当行使质权,质权人不行使的,可以请求法院拍卖、变卖财产。质权人怠于行使质权造成损害的,应当赔偿。

③返还出质财产的义务：质权消灭，质权人应当返还出质财产。

考点 29 留置权

所谓留置权，是指债权人依约定占有债务人的财产，在债务人逾期不履行债务时留置该财产以要求债务人履行债务，在超过一定期限债务人仍不履行债务时得以拍卖、变卖该财产并就所得价款优先受偿的权利。抵押权、质权均是基于当事人的约定产生，因此称为意定担保物权，但是留置权是基于法律的规定产生，因此称为法定担保物权。留置权考点有三。

1. 留置权的条件

(1)普通留置权。

①债务人未履行到期债务，债务履行期间尚未届满，债务人拒绝履行的，债权人不得行使留置权。

②债权人合法占有债务人的动产，此处注意两点：一是债权人不得对不动产行使留置权；二是债权人对债务人的动产的占有应当合法，对于以盗抢等方式占有的债务人的动产，不得行使留置权。

③债务人的债务与被扣留的财产属于同一法律关系。

(2)商事留置权。

①债务人未履行到期债务，此处与普通留置权的行使条件没有区别，不再赘述。

②债权人合法占有债务人的动产，此处与普通留置权的行使条件没有区别，不再赘述。

③债权人与债务人双方均为商事组织，并且从事商事活动，在考试中一般表现为债权人与债务人均为企业。

④商事留置权与一般留置权最主要的区别——债务与财产之间不要求有牵连关系。

(3)紧急留置权。

无论是普通留置权还是商事留置权均要求债务人到期未履行债务时债权人方可行使，但是在债务人丧失支付能力或者被依法宣告破产时，即便债务履行期间尚未届满，债权人也可以对其合法占有的债务人的动产行使留置权。

2. 留置权的效力

(1)留置权人的权利。

①占有动产：留置权人有权占有留置财产。值得注意的是，留置财产如果是可分物，如10吨大米、2箱苹果等，所留置之财产价值应当大体相当于债权价值；留置财产如果是不可分物，如1部手机、1辆汽车等，可以留置全部财产。

②优先受偿：宽限期满后债务人仍不履行债务的，留置权人得以拍卖、变卖留置财产并就所得价款优先受偿。前述之宽限期，有约定从约定，没有约定的以60日为期限。值得注意的是，如果留置财产是鲜活易腐之物，那么留置权人可以径行受偿，不受宽限期的限制。

③收取孳息：留置权人有权收取留置财产所生孳息，即留置财产所生孳息应

当由留置权人处置,但是不能因此取得孳息的所有权。值得注意的是,收取的孳息应当优先抵充收取孳息的费用。

(2)留置权人的义务。

①妥善保管留置财产:留置权人有妥善保管留置财产的义务,留置权人过错导致留置财产毁损、灭失的,留置权人应当承担赔偿责任。

②经请求应当行使留置权:留置权人经债务人请求应当行使留置权,留置权人不行使的,债务人可以请求法院拍卖、变卖留置财产。

③返还留置财产:留置权消灭,留置权人应当返还留置财产。

3. 留置权的消灭

依《民法典》相关规定,出现下列情形之一的,留置权消灭:(1)留置权人接受债务人另行提供的担保;(2)留置权人丧失对留置财产的占有。

考点30 占有

1. 占有的分类

(1)有权占有与无权占有。有权占有与无权占有划分的标准是是否具有合法本权。

①所谓有权占有,是指有合法本权的占有。例如,所有权人、建设用地使用权人、留置权人、质权人等的占有是有权占有(本权为物权);借用人、承租人、保管人等的占有亦为有权占有(本权为债权)。

②所谓无权占有,是指无合法本权的占有。例如,拾得人对遗失物的占有、盗取人对盗赃物的占有等均为无权占有。

(2)善意占有与恶意占有。善意占有与恶意占有的划分标准是是否明知无占有之本权,这是对无权占有的分类,有权占有不再进行善意与恶意的划分。

①所谓善意占有,是指占有人不知道也不应当知道自己缺乏占有的本权而占有。例如,将他人之物误认成自己之物而占有即为善意占有。

②所谓恶意占有,是指占有人明知无占有的本权或者不是明知但是有所怀疑而占有。例如,拾得人对遗失物的占有即为恶意占有。

【考场演练】 不定项选择题

某日,张三在步行街上游玩时,拾得一精美挂件。正当张三准备上交时,巧遇朋友李四,张三出于炫耀向李四展示该挂件并谎称为自己所有,李四羡慕不已,央求张三借其把玩几天,张三答应,交给了李四。次日,王二趁李四不备,将挂件偷走,王二在某二手古玩市场准备倒卖时,被失主麻大认出。对此,正确的是:

A. 李四构成恶意占有

B. 张三属于无权占有

C. 李四可向王二主张返还原物

D. 麻大可向王二主张返还原物

【参考答案】 BCD

(3)直接占有与间接占有。直接占有与间接占有的划分标准是是否直接管领、控制。

①所谓直接占有,是指直接对物进行事实上的管领、控制。

②所谓间接占有，是指虽然没有直接对物进行事实上的管领、控制，但是依据一定的法律关系对直接占有人享有占有返还请求权。间接占有通常要求三个要件：A. 具有占有媒介关系；B. 直接占有人基于他主意思而占有；C. 间接占有人有请求其返还的权利。

(4)自主占有与他主占有。自主占有与他主占有的划分标准是是否把自己当作所有权人。

①所谓自主占有，是指视自己为所有权人的占有。值得注意的是，无论占有人是否为所有权人，只要其将自己视为所有权人，即为自主占有，如拾得人将遗失物据为己有时即为自主占有。

②所谓他主占有，是指视自己为非所有权人的占有。值得注意的是，占有人确系所有权人的，只要其将自己视为非所有权人，就为他主占有。

(5)自己占有与辅助占有。自己占有与辅助占有的划分标准是是否基于自我意志而占有。

①所谓自己占有，是指基于自己的意志所为的占有。

②所谓辅助占有，是指按照他人的指示所为的占有。占有辅助人不是占有人，而指示人为占有人。

2. 占有的保护

(1)占有返还请求权。

①请求人为占有被侵夺之人：何人之占有被侵夺，何人行使占有返还请求权，无侵夺则无占有返还请求权。所谓侵夺，是指完全违背占有人的意思，以法律禁止的私力剥夺他人之占有。

②被请求人为占有之侵夺人及其继受人，占有返还请求权的被请求人应当同时满足下列要求：

A. 被请求人必须是现时占有人，即在请求人请求返还占有时，被请求人必须正在占有该物。

B. 被请求人不是占有辅助人。

C. 被请求人是无权占有人。

③自侵夺之日起1年内行使：1年期满未行使的，占有返还请求权消灭。此处"1年"属于除斥期间，不得中断、终止或者延长。

(2)排除妨害请求权/消除危险请求权。主张排除妨害请求权/消除危险请求权应当具备以下条件：①妨害或者危险具有不法性或者超越了正常的容忍限度/危险可能发生；②请求人为占有人；③被请求人必须是对妨害或者危险的除去具有支配力的人；④请求之时，妨害或者危险依然存在。

考点31 债的分类

1. 劳务之债与财物之债。劳务之债与财物之债的划分标准是标的的形态。

(1)所谓劳务之债，是指债务人应当提供一定劳务的债，如家政服务、课业辅导等。

(2)所谓财物之债，是指债务人应当交付一定财物的债，如买卖合同、赠与合同等。

2. 种类之债与特定之债。种类之债与特定之债的划分标准是标的物是否特定，这是对财物之债的进一步区分。

（1）所谓种类之债，是指以种类物为标的物的债。其中，种类物是指能够为其他相同种类、相同品质的物所代替的物。

（2）所谓特定之债，是指以特定物为标的物的债。其中，特定物是指已经确定，无法为其他相同种类、相同品质的物所代替的物。

3. 简单之债与选择之债。简单之债与选择之债的划分标准是标的是否可以选择。

（1）所谓简单之债，是指标的只有一个，不可选择的债。

（2）所谓选择之债，是指标的存在多个，需要择一的债。在选择之债中，除另有约定外，债务人拥有选择权，但是在约定期限内或者履行期限届满未作选择，经催告后在合理期限内仍未选择的，选择权转移至债权人。此外，行使选择权应当及时通知对方，通知到达对方时债务之标的确定并且不得变更，但是对方同意的除外。待选择的部分标的不能履行的，不得选择该标的。

4. 单一之债与多数人之债。单一之债与多数人之债的划分标准是当事人的数量。

（1）所谓单一之债，是指债权人与债务人双方均为一人的债。

（2）所谓多数人之债，是指债权人或者债务人一方为二人以上的债。

5. 按份之债与连带之债。按份之债与连带之债的划分标准是当事人的关系。

（1）所谓按份之债，是指多个债权人按照各自份额行使债权或者多个债务人按照各自份额履行债务的债。按份之债的份额难以确定的，视为份额相同。

（2）所谓连带之债，是指多个债权人中任何一人均能行使全部债权或者多个债务人中任何一人均需负担全部债务的债。连带之债需要注意以下规则：

①连带债务人之间的份额难以确定的，视为份额相同。实际承担债务超过自己份额的连带债务人，有权就超出部分在其他连带债务人未履行的份额范围内向其追偿，并且享有相应债权人的权利。其他连带债务人对债权人的抗辩，可以向其主张。

②部分连带债务履行、抵销、提存、混同或者被免除的，其他连带债务人在相应范围内债务消灭（履行、抵销、提存、混同或者被免除了多少债务，其他债务人消灭多少债务）。

③连带债权人之间的份额难以确定的，视为份额相同。实际受领债权的连带债权人，应当按比例向其他连带债权人返还。

考点 32 债权转让

1. 构成要件

（1）债权具有可让与性。除约定或者规定外，常见不可让与的债权有：①精神损害赔偿请求权；②人身损害赔偿请求权；③抚养费、赡养费及扶养费请求权。

注意：当事人约定非金钱债权不得转让的，不得对抗善意第三人。当事人约定金钱债权不得转让的,不得对抗第三人。

(2)让与人与受让人达成债权让与的合意。

(3)遵循法定形式。

注意:让与人将债权让与的事实通知债务人并不是债权让与生效的要件,即无论是否将债权让与的事实通知债务人,都不影响债权让与在让与人与受让人之间生效。通知的效力在于:

①通知可以冻结债务人的清偿。一旦通知,债务人不得向让与人清偿,即使清偿,也属无效。

②通知之后债权受让方可对让与人的债务人产生效力,即通知之前受让人不得对让与人的债务人主张债权,通知之后受让人方可对让与人的债务人主张债权。

2. 法律效果

(1)从权利随同移转。

①主债权全部让与的,除另有约定外,担保物权、保证债权随同移转。

②主债权部分让与的,担保物权、保证债权仍同时担保已经转让的部分债权与尚未转让的部分债权。

注意:受让人取得从权利不因该从权利未履行转移登记手续或者未转移占有而受到影响。

(2)抗辩的援引。

让与通知到达债务人时,债务人对让与人的抗辩可以对受让人主张。

(3)诉讼时效的中断。

债权让与时,应当认定诉讼时效从让与通知到达债务人之日起中断。

(4)抵销的主张。

有下列情形之一的,债务人可以向受让人主张抵销:

①债务人接到债权转让通知时,债务人对让与人享有债权,并且债务人的债权先于转让的债权到期或者同时到期。

②债务人的债权与转让的债权是基于同一合同产生。

(5)费用的负担。

因债权转让增加的履行费用,由让与人负担。

考点 33 债务承担

1. 并存的债务承担

所谓并存的债务承担,是指原债务人不退出合同关系,而由第三人加入合同关系成为债务人,与原债务人共同承担债务(连带责任)。第三人与债务人约定加入债务并且通知债权人,或者第三人向债权人表示愿意加入债务,债权人未在合理期限内明确拒绝的,均可成立并存的债务承担。

2. 免责的债务承担

所谓免责的债务承担,是指原债务人将债务全部或者部分转移给第三人,第三人成为新债务人,原债务人免除相应部分的债务。

(1)构成要件。

①债务具有可让与性。

②债务人与承担人达成债务承担的合意。

③遵循法定形式。

④征得债权人的同意。债务人或者第三人可以催告债权人在合理期限内予以同意,债权人未作表示的,视为不同意。

(2)法律效果。

①从义务有条件地随同移转。

A. 第三人提供担保,未经担保人书面同意,债权人允许债务人转移全部或者部分债务的,担保人不再承担相应的担保责任。所谓从义务有条件地随同移转,其中的条件即担保人书面同意。

B. 在保证期间内,未经保证人书面同意,债权人允许债务人转移全部或者部分债务的,保证人不再承担相应的担保责任。所谓从义务有条件地随同移转,其中条件即保证人书面同意。

②抗辩的援引。

债务承担人有权援引原债务人对债权人的抗辩。但是,原债务人对债权人享有债权的,新债务人不得向债权人主张抵销。

③诉讼时效的中断。

免责的债务承担时,应当认定诉讼时效从债务承担的意思表示到达债权人之日起中断。

注意:在免责的债务承担中,诉讼时效中断的时间与免责的债务承担生效的时间并不相同,前者发生于承担通知到达债权人之时,后者发生于债权人同意免责的债务承担之时。

考点 34 保证

1. 保证的定义

所谓保证,是指保证人与债权人约定在债务人没有履行或者不能履行到期债务时,由保证人按照约定替债务人履行债务的担保方式。值得注意的是,保证合同的双方当事人是债权人与保证人(保证人不能是债务人,应当是债务人之外的第三人),债务人不是保证合同的一方当事人。

2. 保证的变更

在保证期间内,债务人与债权人协议变更债的内容的,应当取得保证人的书面同意,否则:

(1)如果减轻债务人的债务,保证人对减轻后的债务承担保证责任。

(2)如果加重债务人的债务,保证人对加重的部分不承担保证责任。

(3)如果对主合同履行期限作了变动,保证期间为原先双方约定或者法律规定的期间。

注意:变更债的内容不同于变更债的主体,债权转让、债务承担等属于变更债的主体,此处属于变更债的内容,作答时切不可混淆。

3. 保证的成立

保证的成立是债权人向保证人主张保证债权的前提，如果保证尚未成立，则债权人自然不享有保证债权。保证的成立考点有二：成立的方式与成立的限制。为简明，总结如下：

(1)成立的方式。

①保证人与债权人签订书面保证合同。

②主合同上有保证条款，保证人在主合同上签名、盖章或者捺指印。

③主合同上无保证条款，保证人在主合同上以保证人的身份签名、盖章或者捺指印。

④保证人单方面以书面形式向债权人出具担保文书，债权人未表示异议。(修改)

注意：他人在借据、收据、欠条等债权凭证或者借款合同上签名、盖章或者捺指印，但是并未表明其保证人身份或者承担保证责任，并且通过其他事实不能推定其为保证人，债权人请求其承担保证责任的，法院不予支持。简言之，见证人不是保证人，见证人不承担保证责任。

(2)成立的限制。

下列主体不能担任保证人，否则保证合同无效，债权人不能主张保证债权。

①机关法人不得为保证人，但是经国务院批准为使用外国政府或者国际经济组织贷款进行转贷的除外。

②以公益为目的的非营利法人、非法人组织不得为保证人。

4. 保证的分类

(1)一般保证与连带责任保证。

①一般保证。

A. 定义。所谓一般保证，是指保证人仅对债务人不能履行的债务承担补充责任的保证。在一般保证中，保证人享有先诉抗辩权，在主债权债务纠纷未经审判或者仲裁，并就债务人之财产强制执行仍不能履行债务前，保证人可以拒绝承担保证责任。值得注意的是，一般保证人在下列四种情形下不享有先诉抗辩权：

a. 债务人下落不明，且无财产可供执行；

b. 人民法院已经受理债务人破产案件；

c. 债权人有证据证明债务人的财产不足以履行全部债务或者丧失履行债务能力；

d. 保证人书面放弃先诉抗辩权的。

B. 认定。保证人与债权人对保证方式没有约定或者约定不明的，推定为一般保证。

C. 诉讼结构。

a. 债权人可以只列债务人为被告。

b. 债权人可以列债务人、保证人为共同被告，但是法院应当在判决书中明确在对债务人之财产依法强制执行后仍然不能履行债务时方由保证人承担保证责任。

c. 债权人不能只列保证人为被告，只列保证人为被告的，法院应当追加债务人为共同被告。

②连带责任保证。

A. 定义。所谓连带责任保证，是指保证人在债务人不履行到期债务或者发生当事人约定的情形时与债务人承担连带责任的保证。连带责任保证人不享有先诉抗辩权，债务人不履行到期债务时，债权人即有权请求连带责任保证人承担保证责任。

B. 认定。连带责任保证需要保证人与债权人明确约定。

C. 诉讼结构。

a. 债权人可以只列债务人为被告。

b. 债权人可以只列保证人为被告。

c. 债权人可以列债务人、保证人为共同被告。

（2）按份共同保证与连带共同保证。

①按份共同保证。

A. 定义。所谓按份共同保证，是指两个或者两个以上的保证人与债权人均约定了明确的保证数额的共同保证。

B. 认定。各保证人应当与债权人约定明确的保证数额。

C. 效力。按份共同保证效力有二：

a. 在按份共同保证中，当债务人不履行到期债务时，各保证人仅依约定份额承担保证责任。

b. 在按份共同保证中，当保证人承担保证责任之后，其只能向债务人追偿，不能向其他保证人追偿。

②连带共同保证。

A. 定义。所谓连带共同保证，是指两个或者两个以上的保证人与债权人未约定保证数额或者保证数额约定不明的共同保证。

B. 认定。在没有约定保证数额或者保证数额约定不明时推定为连带共同保证。

C. 效力。连带共同保证效力有二：

a. 在连带共同保证中，当债务人不履行到期债务时，各保证人对债权人应当承担连带责任，债权人可以向任何一个或者数个保证人主张全部债权。

b. 在连带共同保证中，当保证人承担保证责任之后，其可以向债务人全额追偿，也可以向其他保证人按照内部份额比例追偿。但是，以上追偿有顺序限制，应当先向债务人追偿，向债务人追偿不得的部分，再按内部比例向其他保证人追偿。所谓内部比例，有约定从约定，没有约定，平均分担。

5. 保证的限制

（1）时间上的限制。

债权人在行使保证债权时有两个时间上的限制：保证期间与保证债务的诉讼时效。简言之，债权人应当在保证期间内主张保证债权，否则保证期间经过，保证人的保证责任消灭，债权人即不得再向保证人主张保证债权；如果债权人在保证期间内主张保证债权，便会随之起算保证债务的诉讼时效，保证债务的诉讼时效一旦经过，那么在债权人主张保证债权时，保证人即可以提出诉讼时效经过的抗辩。

①保证期间。

A. 起算时间。

关于保证期间的起算时间，有约定从约定，没有约定，保证期间通常与主债权诉讼时效期间同步起算。

B. 保证期间长度。

关于保证期间的期间长度，有约定从约定，但是约定保证期间早于或者等于债务履行期限的，视为没有约定。对保证期间的期间长度没有约定或者约定不明的，保证期间为债务履行期限届满之日起6个月。

C. 期间效力。

a. 在一般保证中，债权人须在保证期间内提起诉讼或者申请仲裁，否则保证期间经过，保证人的保证责任消灭。

b. 在连带责任保证中，债权人须在保证期间内请求保证人承担保证责任，否则保证期间经过，保证人的保证责任消灭。

②保证债务的诉讼时效。

A. 起算时间。

a. 在一般保证中，债权人应当通过提起诉讼或者申请仲裁的方式主张权利，保证债务的诉讼时效自保证人拒绝承担保证责任的权利（先诉抗辩权）消灭之日起算。（修改）

b. 在连带责任保证中，债权人通过请求的方式主张权利，保证债务的诉讼时效自请求之日起算。

B. 期间长度。

一般为普通诉讼时效即3年。在考试中，除非题目有特别的交代，否则保证债务的诉讼时效为普通诉讼时效，即3年。

C. 期间效力。

保证债务的诉讼时效经过，保证人即获得保证债务的诉讼时效经过的抗辩权，可以拒绝承担保证责任。

（2）抗辩上的限制。

①保证人自己对债权人的抗辩权。一般保证人享有先诉抗辩权。一般保证人与连带责任保证人均享有保证债务的诉讼时效经过的抗辩权。

②保证人可以主张债务人对债权人的抗辩权，债务人放弃抗辩的，保证人仍有权向债权人主张抗辩。

考点 35 债权人代位权

1. 债权人代位权的条件

（1）债权人对债务人的债权合法、有效、到期。

（2）债务人对第三人享有债权或与该债权有关的从权利。

（3）债务人怠于行使其对第三人的权利。

（4）债务人怠于行使其权利影响债权人债权的实现，即有保全债权的必要。

2. 债权人代位权的行使

(1)行使方式。债权人代位权必须以诉讼的方式行使,称为代位之诉。代位之诉的原告为债权人、被告为债务人的相对人,此外法院应当追加债务人为第三人。

(2)行使范围。行使债权人代位权所主张的债权数额不得超过债务人的相对人对债务人负担的债务的数额、不得超过债权人对债务人享有的债权的数额。

3. 债权人代位权的法律效果

(1)对于债务人的效力:

①债权人向次债务人提起的代位权诉讼经人民法院审理后认定代位权成立的,由次债务人向债权人履行清偿义务,债权人与债务人之间相应的债权债务关系即归于消灭。

②债务人对其债权等权利的处分权因代位权的行使而受到限制,即不得再为妨害代位权行使的处分行为。在债权人已着手行使代位权且通知债务人后,债务人即不得为抛弃、免除、让与或其他足以使代位权的行使受到妨害的行为,债务人违反此限制而擅自处分的,其处分无效。

③债务人在代位权诉讼中对超过债权人代为请求数额的债权部分起诉次债务人的,人民法院应当告知其向有管辖权的人民法院另行起诉,受理债务人起诉的人民法院在代位权诉讼裁决发生效力以前,应当依法中止诉讼。

④债权人提起代位权诉讼的,对债权人的债权和债务人的债权均发生诉讼时效中断的效力(包括未被行使代位权的债权部分)。

⑤债权人行使代位权的必要费用,由债务人负担。所谓必要费用,包括律师代理费、旅差费等。

(2)对相对人的效力:

①次债务人等相对人在代位权诉讼中处于被告地位,可以向债权人主张自己对债务人的一切抗辩,如诉讼时效抗辩、同时履行抗辩等。但是,与债权人互负债务的次债务人不得在债权人行使代位权时主张对债权人的抗辩(如抵销抗辩)。

②人民法院认定代位权成立的,由次债务人等相对人向债权人履行清偿义务。次债务人等相对人向债权人履行清偿义务后,债务人与次债务人等相对人之间的权利义务在清偿范围内归于消灭。

③在代位权诉讼中,债权人胜诉的,诉讼费用由次债务人等相对人负担,从实现的债权中优先支付。

(3)对债权人的效力:

①直接受偿效力。《民法典》第537条前句规定,人民法院认定债权人代位权成立的,由债务人的相对人向债权人履行义务,债权人接受履行后,债权人与债务人之间的债权债务在相对人清偿范围内归于消灭。

②债权人代位权与相对人权利的保全、执行及债务人破产的关系。《民法典》第537条后句规定,债务人对相对人的债权或者与该债权有关的从权利被采取保全、执行措施,或者债务人破产的,依照相关法律规定办理。

考点 36 债权人撤销权

1. 债权人撤销权的成立条件。

(1)客观要件：债务人实施了有害债权的处分行为。其一，须有债务人的处分行为：①以放弃其债权、放弃债权担保、无偿转让财产等方式无偿处分财产利益；②恶意延长其到期债权的履行期限；③以明显不合理的低价转让财产、以明显不合理的高价受让他人财产或者为他人的债务提供担保。其二，债务人的处分行为须有害债权人的债权。

(2)主观要件：其一，债务人无偿处分财产权益的，无论债务人、相对人是否存在恶意，均不影响债权人撤销权的成立；其二，债务人延长其到期债权的履行期限而影响债权实现的，仅在该行为出于债务人恶意时，债权人方可主张撤销权；其三，债务人为有偿处分行为或为他人债务提供担保影响债权实现的，须相对人为恶意。

2. 债权人撤销权的行使。

(1)行使方式。债权人撤销权必须以自己的名义通过诉讼的方式行使，称为撤销之诉。撤销之诉的原告为债权人、被告为债务人，此外可以追加受益人或者受让人为第三人。在债权为连带债权的情况下，各债权人可作为共同原告主张债权人撤销权，也可以由其中的一个债权人作为原告主张债权人撤销权。但在后一种情况下，其他共同债权人不得再就该撤销权的行使提起诉讼。债权人提起撤销权诉讼的，应当以债务人和债务人的相对人为共同被告，由债务人或者相对人的住所地人民法院管辖，但是依法应当适用专属管辖规定的除外。两个以上债权人就债务人的同一行为提起撤销权诉讼的，人民法院可以合并审理。

(2)行使期限。债权人行使撤销权应当自知道或者应当知道撤销事由之日起 1 年内并且自债务人的行为发生之日起 5 年内行使。上述时间属于除斥期间，经过任何一个，债权人撤销权即予消灭。

3. 债权人撤销权的法律效果。自法院依法撤销损害债权人之债权的行为之日起，将产生四层法律效果：(1)损害债权人之债权的行为自始无效；(2)受益人或者受让人应当返还自债务人处受领的财产，其向债务人支付对价的，对债务人享有不当得利返还请求权；(3)债权人行使撤销权所支出的合理的律师代理费、差旅费等必要费用，由债务人负担；(4)对行使撤销权的债权人而言，其对所取回的财产并无优先受偿权。

考点 37 债的消灭

1. 清偿

(1)自己清偿。

(2)第三人代为清偿。

①定义。所谓第三人代为清偿，是指第三人基于代债务人清偿的意思而向债权人为清偿的行为。

②法律效力。

A. 就债务人与债权人而言：债务人对债权人的债务消灭，债务人从债务的束缚中挣脱出来，无须继续履行债务。

B. 就债务人与第三人而言：

a. 如果第三人基于赠与的意思代为清偿，那么第三人在清偿后对债务人无追偿权。

b. 如果第三人基于其他的原因代为清偿，那么第三人在清偿后对债务人有追偿权。

值得注意的是，追偿权的行使以其实际给付并使债务人免责的范围为限。

(3)代物清偿。

①定义。所谓代物清偿，是指债务人以他种给付代替原有给付，从而使债的关系归于消灭。

②法律效力。A. 债务人对债权人的债务由于代物清偿而消灭，当然，是在他种给付后才消灭。B. 如果用以代替原有给付的他种给付存在瑕疵，债权人就不能重新主张原有给付，但是可以追究他种给付的违约责任。

(4)清偿抵充。

①定义。债务人对债权人负担相同种类的数笔债务，但是债务人的偿付金额无法同时清偿数笔债务，并且不知该偿付金额是清偿哪笔债务的，此时用以判断债务人的偿付金额是清偿哪笔债务的规则即为清偿抵充。

②法律效力。优先抵充已经到期的债务；数笔债务均已经到期的，优先抵充债权人缺乏担保或者担保数额较少的债务；均无担保或者担保数额均相同的，优先抵充债务负担较重的债务；负担均相同的，按照债务到期的先后顺序抵充；到期时间均相同的，按照比例抵充。在抵充债务前，应当优先依次抵充实现债权的费用、利息。

2. 抵销

(1)法定抵销。

①行使条件。A. 双方互负相同种类的债务。B. 主动债权履行期限届满并且未过诉讼时效。所谓主动债权，是指提出抵销的一方的债权。

②行使方式。抵销权人主张法定抵销时，应当发出抵销的通知，通知到达对方时，产生抵销的效力。

③法律效果。双方债权、债务在对等额度内消灭。例如，以 50 万元的债权抵销 30 万元的债权，那么仍然剩余 20 万元的债权。

(2)约定抵销。

约定抵销，又称合意抵销，无论给付的种类是否相同、期限是否届满、时效是否经过，只要双方协商一致，均能抵销。

3. 提存

(1)提存的条件。

①发生了法定的提存原因：A. 债权人无正当理由而拒绝受领。B. 债权人下落不明。C. 债权人死亡未确定继承人、遗产管理人，或者债权人丧失民事行为能力未确定监护人。D. 债权人合并、分立或者住所变更未通知债务人致使其履行债务

发生困难。

②标的物应当适于提存,如手机、相机等。

(2)提存的效果。

债务人将标的物或者将标的物依法拍卖、变卖所得价款交付提存部门时,提存成立。

①就债权人而言:A. 提存之日起,提存物及其孳息归债权人所有。B. 提存之日起,提存物毁损、灭失的风险由债权人承担,即一旦提存,提存物毁损、灭失的损失就由债权人承担,债权人无权请求债务人补交提存物。C. 提存之日起,提存费用由债权人承担。D. 债权人应当自提存之日起 5 年内向提存部门领取提存物,5 年期满债权人没有领取提存物的,提存物扣除提存费用后归国家所有。但是,债权人未履行对债务人的到期债务,或者债权人向提存部门书面放弃领取提存物权利的,债务人负担提存费用后有权取回提存物。

②就债务人而言:A. 提存之日起,债务人的债务消灭。B. 债务人应当将提存事实通知债权人或者其继承人、遗产管理人、监护人、财产代管人,因为怠于通知给对方造成损失的,应当赔偿。C. 如果债务人另行向债权人清偿了债务,其有权从提存机关取回提存物。

③就提存机关而言:提存机关因为保管不善造成提存物毁损、灭失的,应当赔偿。

4. 免除

(1)免除条件。

①债权人免除债务时一般应当具有完全民事行为能力。

②债权人免除债务的意思表示应当向债务人作出。

③免除不得损害第三人利益。

④债务人可以在合理期限内拒绝。

(2)法律效力。

①被免除的债务消灭。

②在按份债务中,免除一人债务,仅该债务消灭,对其他债务人没有影响;在连带债务中,免除一人债务,其他债务人对该债务人按内部比例原本应当负担的份额不再承担连带责任。

5. 混同

混同是指债权与债务同归一人,债的关系消灭。混同主要包括以下两种:

(1)所有权与他物权同归一人,他物权消灭。

(2)所有权与承租权同归一人,承租权消灭。

但是,在涉及第三人利益时不发生上述法律效果。

考点 38 无因管理

1. 定义

所谓无因管理,是指没有法定或者约定的义务而为他人管理事务。管理事务的人称为管理人,他人称为本人,或者称为被管理人。

2. 构成要件

(1)管理他人事务。

①管理:一个管理行为同时为了数个他人的利益,可以同时成立数个无因管理。

②他人:为他人利益而管理,对被管理人发生误认的,不影响在管理人与真正的被管理人间成立无因管理。

③事务:无因管理所能管理的事务十分广泛,但是违法的事务、单纯不作为的事务、专属本人的事务及须经本人授权的事务不得无因管理。

(2)为他人利益而管理。

无因管理要求管理人主观上有为他人利益而管理的意思。下列三类管理行为较为特殊,需要注意:

①误信管理不是无因管理。误信管理是指误将他人事务当作自己事务而管理,毕竟此时管理人只有为自己利益管理的意思,没有为他人利益管理的意思。

②兼为利益成立无因管理。兼为利益是指管理行为既为他人利益,也为自己利益。

③不法管理不是无因管理。不法管理是指明知不是自己事务,却为自己利益而管理。

(3)没有法定或者约定义务。

上述法定或者约定义务并不限于民法义务,公法义务亦在其中,例如,消防队员救火、警察维持秩序等。值得注意的是,虽然存在法定或者约定义务,但是超出法定或者约定义务而管理的部分成立无因管理。

3. 法律效力

(1)管理人的义务。

①管理人应当按照被管理人明示或者可得推知的意思,以有利于被管理人的方法实施管理,但是被管理人的意思违反法律或者违背公序良俗的除外。中断管理对被管理人不利的,管理人无正当理由不得中断管理。

②管理人管理他人事务时,能够通知被管理人的,应当及时通知。管理的事务不需要紧急处理的,应当等待被管理人的指示。

③管理结束之后,管理人应当向被管理人报告管理事务的情况。管理人管理事务取得的财产,应当及时转交给被管理人。

(2)管理人的权利。

管理人有权请求被管理人偿还由于管理事务而支出的必要费用;管理人由于管理事务而受到损失的,可以请求被管理人给予适当赔偿。

考点39 不当得利

1. 定义

所谓不当得利,是指没有合法根据,致使他人受到损失而自己获得利益的事实。其中取得利益的人称为受益人,受到损失的人称为受害人。

2. 构成要件

(1)一方获得利益,包括财产积极增加(不该多的多了)与财产消极增加(该少的没有少)。

(2)一方受有损失,包括财产积极减少(不该少的少了)与财产消极减少(该多的没有多)。

(3)获得利益与受有损失间存在因果关系,获得利益与受有损失不必基于同一事实,只要两者具有牵连关系即可。

(4)获得利益没有法律上的原因。

3. 排除情形

以下情形所获之利益不属于不当得利:

(1)为履行道德义务而给付。

(2)提前清偿债务。

(3)清偿自然债务。例如,清偿已过诉讼时效的债务,债权人不属于不当得利。

(4)明知没有给付义务仍然给付。

(5)不法原因给付。例如,支付赌资、支付嫖资等,收受赌资、收受嫖资的人不属于不当得利,不必返还给支付方,但属于违法所得,应当予以收缴。值得注意的是,此处所谓"不法原因给付"是指不法行为同时存在于双方当事人身上,亦即支付价金的当事人存在不法行为,收受价金的当事人同样存在不法行为。如果不法行为只是存在于一方当事人身上,那么收受价金仍然属于不当得利,如绑架、敲诈勒索等。

(6)强迫得利,是指违反受益人的经济计划使其得利。

(7)反射利益。例如,修建地铁所带来的房屋增值。

4. 法律效力

(1)得利人不知道且不应当知道获得的利益没有法律根据,获得的利益已经不存在的,不承担返还该利益的义务。

(2)得利人知道或者应当知道获得的利益没有法律根据的,受损失的人可以请求得利人返还其获得的利益并依法赔偿损失。

(3)得利人已经将获得的利益无偿转让给第三人的,受损失的人可以请求第三人在相应范围内承担返还义务。

考点40 合同的订立

1. 订立合同的形式。订立合同,可以采用书面形式、口头形式或者其他形式。以电子数据交换、电子邮件等方式能够有形地表现所载内容,并且可以随时调取查用的数据电文,视为书面形式。

2. 订立合同的流程。

(1)要约。

所谓要约,是指希望与他人缔结合同的意思表示。关于要约,考点有二:构成要件与要约规则。

①第一个考点:构成要件。

A. 要约的内容应当具体确定。

B. 要约应当具有一经承诺即受拘束的意旨。

注意:所谓要约邀请,是指希望他人向自己发出要约的意思表示。常见的要约邀请有寄送的价目表、拍卖公告、招标公告、债券募集说明书、基金招募说明书、商业广告和宣传及招股说明书等。值得注意的是,商业广告和宣传符合要约的构成要件的,视为要约,当事人违反的,应当承担违约责任。

②第二个考点:要约规则。

A. 要约的生效。

a. 有相对人的要约,以对话方式作出的,相对人知道其内容时生效;以非对话方式作出的,到达相对人时生效。

b. 无相对人的要约,表示完成时生效。

c. 以公告方式作出的要约,公告发布时生效。

B. 要约的撤回。

a. 要约人应当发出撤回的意思表示。

b. 较之于要约的意思表示,撤回的意思表示应当更早或者同时到达受要约人。

C. 要约的撤销。

a. 要约人应当发出撤销的意思表示。

b. 撤销的意思表示应当在受要约人发出承诺的意思表示或者做出承诺的行为前到达受要约人。所谓"承诺的行为",通常是指履行行为,如预付价款、货物投邮、装运货物、开始施工等。

但是,有下列情形之一的,要约不可撤销:

a. 要约人已经确定承诺期限或者以其他方式明示要约不得撤销。

b. 受要约人有理由认为要约是不可撤销的,并且已经为履行合同做了合理准备工作。

注意:应当区分撤销与撤回的效力。撤销针对已经生效的要约,其效力在于使要约失效;撤回针对尚未生效的要约,其效力在于阻止要约生效。

D. 要约的失效。

要约一旦失效,受要约人随即丧失承诺资格。有下列情形之一的,要约失效:

a. 拒绝要约的通知到达要约人。

b. 要约人依法撤销要约。

c. 承诺期限届满,受要约人没有作出承诺。

d. 受要约人对要约的内容作出实质性变更。

(2)承诺。

所谓承诺,是指受要约人同意要约的意思表示。与要约相类似,关于承诺,考点有二:构成要件与承诺规则。

①第一个考点:构成要件。

A. 承诺应当由受要约人发出,受要约人之外的人作出承诺不能缔结合同。

B. 承诺应当向要约人发出。

C. 承诺的内容应当与要约的内容一致。通常存在以下两种不一致的情形:

a. 受要约人对要约的内容作出实质性变更(例如,变更价款、质量、数量等)的,视为新的要约。

b. 受要约人对要约的内容作出非实质性变更(例如,变更计量单位、货币种类等)的,除要约人及时表示反对或者要约表明不得作出任何变更外,承诺有效,合同的内容以承诺的内容为准。

D. 承诺应当在承诺期限内到达要约人。在考试中,承诺期限并非重要考点,如果考查,必然明确交代承诺期限。关于承诺期限,以下两种情形需要重视:

a. 受要约人超过承诺期限发出承诺的,或者在承诺期限内发出承诺,按照通常情形不能及时到达要约人的,除要约人及时通知受要约人承诺有效外,视为新的要约。

b. 受要约人在承诺期限内发出承诺,按照通常情形能够及时到达要约人,但是因为其他原因造成承诺到达要约人时超过承诺期限的,除要约人及时通知受要约人不接受承诺外,承诺有效,合同的内容以承诺的内容为准。

②第二个考点:承诺规则。

承诺规则只有承诺的生效与承诺的撤回,而不包括承诺的撤销与承诺的失效,原因在于承诺没有撤销与失效的可能。承诺一旦生效,合同即已缔结,受要约人想要反悔,只能通过撤销、解除等方式消灭合同,而非撤销承诺。

A. 承诺的生效。

a. 以对话方式承诺的,承诺自要约人知道其内容时生效。

b. 以通知方式承诺的,承诺自到达要约人时生效。所谓"到达",是指到达要约人能够控制的范围,使得要约人具有知悉的可能,对要约人事实上是否知悉并无要求。

c. 以意思实现承诺的,承诺自作出承诺的行为时生效。

d. 以单纯沉默进行承诺。当事人双方事前约定承诺可以沉默方式作出,承诺期限届满,受要约人没有作任何表示的,视为承诺,承诺期限届满之日即为承诺生效之日。

注意:除另有约定外,一方通过信息网络发布的商品或者服务信息符合要约条件的,对方选择该商品或者服务并且提交订单成功时合同成立。

B. 承诺的撤回。

a. 承诺人应当发出撤回的意思表示。

b. 较之于承诺的意思表示,撤回的意思表示应当更早或者同时到达要约人。

考点 41 合同的履行

1. 履行规则:当事人应当按照约定全面履行自己的义务。如果当事人就质量、价款或者报酬、履行地点等内容没有约定或者约定不明确的,可以协议补充;不能达成补充协议的,按照合同有关条款或者交易习惯确定;仍然无法确定的,适用下列规则。

(1)质量要求不明确的,按照强制性国家标准履行;没有强制性国家标准的,按照推荐性国家标准履行;没有推荐性国家标准的,按照行业标准履行;没有国家标准、行业标准的,按照通常标准或者符合合同目的的特定标准履行。

(2)价款或者报酬不明确的,按照订立合同时履行地的市场价格履行;依法应当执行政府定价或者政府指导价的,在合同约定的交付期限内政府价格调整的,按照交付时的价格计价。逾期交付标的物,遇价格上涨的,按照原价格执行;遇价格下降的,按照新价格执行。逾期取货或者逾期付款,遇价格上涨的,按照新价格执行;遇价格下降的,按照原价格执行。

(3)履行地点不明确,给付货币的,在接受货币一方所在地履行;交付不动产的,在不动产所在地履行;其他标的,在履行义务一方所在地履行。

(4)履行期限不明确的,债务人可以随时履行,债权人也可以随时请求履行,但是应当给对方必要的准备时间。

(5)履行方式不明确的,按照有利于实现合同目的的方式履行。

(6)履行费用的负担不明确的,由履行义务一方负担;由于债权人原因增加的履行费用,由债权人负担。

注意:通过互联网等信息网络订立的电子合同的标的为交付商品并采用快递物流方式交付的,收货人的签收时间为交付时间。电子合同的标的为提供服务的,生成的电子凭证或者实物凭证中载明的时间为提供服务时间;前述凭证没有载明时间或者载明时间与实际提供服务时间不一致的,以实际提供服务的时间为准。

电子合同的标的物为采用在线传输方式交付的,合同标的物进入对方当事人指定的特定系统并且能够检索识别的时间为交付时间。

2. 履行抗辩

(1)同时履行抗辩权。

所谓同时履行抗辩权,是指当事人互负债务,没有先后履行顺序的,应当同时履行。一方在对方履行前有权拒绝其履行要求。一方在对方履行不符合约定时,有权拒绝其相应的履行要求。

(2)先履行抗辩权。

所谓先履行抗辩权,是指当事人互负债务,有先后履行顺序,应当先履行的一方未履行的,后履行的一方有权拒绝其履行要求。先履行的一方履行不符合约定的,后履行的一方有权拒绝其相应的履行要求。先履行抗辩权的别称较多,包括顺序履行抗辩权、后履行抗辩权及先后履行抗辩权。

注意:先履行抗辩权只有后履行的一方可以行使,应当先履行的一方绝无可能行使先履行抗辩权。

(3)不安抗辩权。

所谓不安抗辩权,是指当事人互负债务,有先后履行顺序的,应当先履行的一方有确切证据证明后履行的一方存在丧失或者可能丧失履行能力的情形时,可以中止履行;同时应当及时通知后履行的一方。后履行的一方在合理期限内恢复履行能力或者提供相应担保的,不安抗辩权消灭;后履行的一方在合理期限内没有恢复履行能力并且没有提供相应担保的,视为以自己的行为表明不履行主要债务(修改),应当先履行的一方获得解除权,可以解除合同并请求对方承担违约责任。

注意:不安抗辩权只有应当先履行的一方可以行使,后履行的一方绝无可能行使不安抗辩权。

考点 42 合同的解除

1. 定义

所谓合同解除,是指在合同成立后完全履行前,经双方当事人协议或者在具备解除条件时,由一方当事人行使解除权使合同关系消灭的一种行为。值得注意的是,解除条件可以基于双方约定,也可以基于法律规定,前者称为约定解除,后者称为法定解除。

2. 类型

(1)协议解除。

所谓协议解除,是指在合同成立后完全履行前,经双方当事人协议使合同关系消灭的一种行为。值得注意的是,双方当事人在协议解除时应当具有相应民事行为能力。

(2)约定解除。

所谓约定解除,是指双方当事人在合同中约定了一方或者双方行使解除权的条件,在合同成立后完全履行前,双方约定的行使解除权的条件成就,一方通过行使解除权使合同关系消灭的一种行为。

(3)法定解除。

①由于不可抗力致使合同目的不能实现的,双方均享有解除权。(不可抗力)

②在履行期限届满前,当事人一方明确表示或者以行为表明不履行主要债务的,对方当事人享有解除权。(预期违约)

③当事人一方迟延履行主要债务,经催告后在合理期限内仍然没有履行的,对方当事人享有解除权。(二次迟延)

④当事人一方迟延履行债务或者有其他违约行为致使合同目的不能实现的,对方当事人享有解除权。(根本违约)

注意:①由于不可抗力致使合同目的不能实现,因此解除合同的,双方均不必承担违约责任。存在其他事由,因此解除合同的,违约当事人应当承担违约责任。

②以持续履行的债务为内容的不定期合同,当事人在合理期限前通知对方之后可以解除。

3. 解除规则

(1)行使的期间。

①法律规定或者当事人约定解除权行使期限,期限届满当事人不行使解除权的,权利消灭。

②法律没有规定或者当事人没有约定解除权行使期限,自解除权人知道或者应当知道解除事由之日起 1 年内不行使,或者经对方催告之后在合理期限内不行使的,权利消灭。

(2)行使的方式。

解除权的行使采用通知的方式，口头或者书面均可。

①解除权属于形成权，解除的通知到达对方当事人时发生合同解除的效力，无须对方当事人同意。

②如果通知载明对方当事人在一定期限内不履行合同义务的合同自动解除，那么对方当事人在相应期限内未履行合同义务的，合同自通知载明的期限届满时解除。

③当事人一方未通知而直接以提起诉讼或者申请仲裁的方式依法主张解除合同，法院或者仲裁机构认可的，合同自起诉书或者仲裁申请书副本送达对方当事人时解除。

注意：对方当事人有异议的，可以在异议期间内向法院或仲裁机构提起确认之诉。

(3)解除的效力。

①合同解除之后，尚未履行的，终止履行；已经履行的，根据履行情况、合同性质，可以请求恢复原状或者采取其他补救措施，并且有权请求赔偿损失。

②合同由于违约解除之后，解除权人可以请求对方承担违约责任。

③合同解除之后，担保人对债务人应当承担的民事责任仍然应当承担担保责任。

④合同解除不影响清理和结算条款的效力。

4. 特殊规定

合同成立之后，基础条件发生了当事人在订立合同时无法预见的、不属于商业风险的重大变化，继续履行合同对当事人一方明显不公平的，受不利影响的当事人可以与对方重新协商；在合理期限内协商不成的，当事人可以请求法院或者仲裁机构变更或者解除合同。(修改)

考点 43 缔约过失责任

1. 定义

所谓缔约过失责任，是指在缔结合同的过程中，一方违背诚实信用原则导致对方利益损失，依法应当承担的民事赔偿责任。

2. 构成要件

(1)当事人为了签订合同而接触或者磋商。值得注意的是，缔约过失责任仅存在于接触或者磋商的双方当事人之间。

(2)一方当事人违反协助、照顾、保护、忠实、通知以及保密等附随义务。

(3)对方当事人因此遭受损失。

(4)违反附随义务的行为与对方当事人遭受损失具有因果关系。

3. 法律效力

一方当事人缔约过失，给对方当事人造成损失的，应当承担损害赔偿责任。当然，缔约过失责任只能赔偿信赖利益损失(一般是指缔约费用损失与丧失交易机会损失)，不会赔偿履行利益损失(一般是指可得利益损失)。

考点 44 违约责任

1. 实际履行。所谓实际履行,是指在一方当事人拒不履行合同义务时,对方当事人可以请求法院或者仲裁机构强制违约方履行合同义务。实际履行又称继续履行。实际履行需要区分金钱义务与非金钱义务两类情形讨论。

(1)一方当事人未支付价款、报酬、租金或者利息(新增)等的,对方当事人可以要求其支付。此类不存在履行不能的情况,亦即金钱义务不存在履行不能的情形,均可请求实际履行。

(2)一方当事人不履行非金钱债务或者履行非金钱债务不符合约定的,对方可以要求其实际履行。但是,存在下列情形之一的不得要求其实际履行:

①法律上或者事实上不能履行;

②债务的标的不适于强制履行或者履行费用过高;

③债权人在合理期限内未请求履行。

2. 定金罚则。

(1)定金数额不得超过合同标的额的20%。

(2)定金罚则与支付违约金同时存在时,一般不得同时主张,二者应当择一主张。

【考场演练】 不定项选择题

白某出资100万元开了一家烤鸭店。某日,白某与养鸭专业户杜某签订的一份购鸭合同,约定:白某应于2015年6月26日向杜某支付购鸭款6万元,杜某于2015年7月1日向白某交付活鸭3000只。6月26日清晨,白某从杜某所在地农业局的畜牧兽医办公室得知杜某养的鸭得了鸭瘟,目前正大量死亡。关于本案,下列说法不正确的是:

A. 白某有权中止履行合同,并且白某应将中止履行一事通知杜某

B. 白某对杜某享有的是一种一时性抗辩权

C. 若杜某恢复履行能力或提供适当担保后,白某仍拒绝恢复履行,则杜某有权主张违约责任

D. 若杜某未恢复履行能力,亦未提供适当担保,则白某有权解除合同,但不得要求杜某承担违约责任

【参考答案】 D

3. 支付违约金。违约金由双方当事人在合同中约定,可以约定具体数额,可以约定计算方式,并无限制。违约金的价值在于补平一方所受损失(损害填平原则),但是,一旦发生纠纷,一方所受损失的数额往往与事先约定违约金的数额有所出入,此时应当按照下列规则处理:

(1)事先约定违约金的数额过分高于一方所受损失的数额时,可以请求适当减少事先约定违约金的数额。所谓过分高于,是指事先约定违约金的数额高于一方所受损失的数额,并且约定的违约金超过造成损失的30%。

(2)事先约定违约金的数额低于一方所受损失的数额时,可以请求适当增加事先约定违约金的数额,但是增加时应当以一方所受损失的数额为上限。

4. 支付赔偿金。支付赔偿金可以进一步区分为:支付补偿性赔偿金与支付惩

罚性赔偿金。前者以救济受害一方为目的,后者以惩罚违约一方为目的。

(1)支付补偿性赔偿金。

①赔偿原则:完全赔偿原则,既要赔偿直接损失(信赖利益损失),也要赔偿间接损失(履行利益损失)。

②赔偿限制。

A. 减轻损失规则:在一方违约后,对方应当采取合理措施防止损害扩大;如果对方没有采取合理措施致使损害扩大,对于扩大的损害,违约一方不必承担损害赔偿责任。对方为防止损失扩大而支出的合理费用,违约一方应当负担。

B. 损益相抵规则:一方违约导致损失的同时附带利益,违约一方可以以利益抵扣赔偿。

C. 过错相抵规则:如果受害一方对于违约也有过错,可以减轻违约一方的赔偿责任。

(2)支付惩罚性赔偿金。

惩罚性赔偿金在我国的应用比较广泛。在合同中,我们需要关注的是最高人民法院《关于审理商品房买卖合同纠纷案件适用法律若干问题的解释》中的惩罚性赔偿金。

①商品房买卖合同有下列情形之一的,买受人可以请求解除合同、返还已付房款及其利息、赔偿损失,并且可以请求出卖人承担不超过已付购房款1倍的赔偿责任:

A. 买卖合同签订之后擅自抵押房屋或者隐瞒房屋抵押的事实签订买卖合同。

B. 就同一房屋先后签订数份买卖合同。(一房数卖)

C. 隐瞒没有预售许可的事实或者提供假的预售许可签订买卖合同。

D. 隐瞒为拆迁安置房的事实签订买卖合同。

②交付的房屋面积与约定的房屋面积不符,合同有约定的,按照约定处理;合同没有约定或者约定不明确的,按照以下原则处理:

A. 面积误差比绝对值在3%以内(含3%)。

按照合同约定的价格据实结算,买受人请求解除合同的,不予支持。

B. 面积误差比绝对值超出3%。

a. 买受人请求解除合同、返还已付购房款及其利息的,应当支持。

b. 买受人同意继续履行合同,房屋实际面积大于合同约定面积的,面积误差比在3%以内(含3%)部分的房价款由买受人按照约定的价格补足,面积误差比超出3%部分的房价款由出卖人承担,所有权归买受人;房屋实际面积小于合同约定面积的,面积误差比在3%以内(含3%)部分的价款及其利息由出卖人返还买受人,面积误差比超过3%部分的价款由出卖人双倍返还买受人。

注意:面积误差问题计算颇为烦琐,为简明起见,本书梳理得出结论:3%以内的,据实结算;3%以外的,多送少罚。

5. 采取补救措施。常见的补救措施包括:修理、更换以及重作等。

6. 减少合同价款。标的物的质量不符合约定,买受人可以主张以符合约定的标的物和实际交付的标的物按交付时的市场价值计算差价。如果价款已经支付，买受人可以主张返还减少约定价款后多出的部分价款。

考点45 买卖合同的检验通知

所谓检验通知，是指买受人应当在检验期间（除斥期间）内检验标的物，并且在检验期间内将其对标的物的异议通知出卖人。

1. 检验通知的作用

买受人能够在检验期间内将其对标的物的异议通知出卖人而没有通知的，视为标的物的数量、质量等符合约定。也就是说，即便标的物的数量、质量等并不符合约定，只要超过检验期限，买受人能够通知而没有通知的，将来不得主张违约责任，除非出卖人在交付时就已知道或者应当知道标的物的数量、质量等不符合约定。

2. 检验通知的期限

检验通知的期限即为检验期限，对此期间，双方当事人有约定的从约定，没有约定的，需要区分外观瑕疵与隐蔽瑕疵分别处理。

（1）外观瑕疵。

所谓外观瑕疵，是指数量、颜色等能够直观识别的瑕疵。对于外观瑕疵，一般要求在收货的同时检验，并且将其对标的物的异议通知出卖人。当事人约定的检验期间过短，根据标的物的性质、交易习惯，买受人在检验期间内难以完成全面检验的，该期间仅视为买受人对外观瑕疵提出异议的期间。

（2）隐蔽瑕疵。

所谓隐蔽瑕疵，是指内部结构、材质等不能直观识别的瑕疵。对于隐蔽瑕疵，买受人应当在发现或者应当发现标的物不符合约定的合理期限内，并且在收到标的物之日起2年（标的物有质量保证期的以质量保证期为准）内，将其对标的物的异议通知出卖人。

注意：（1）约定的检验期间或者质量保证期间短于法律、行政法规规定期间的，应当以法律、行政法规规定的期间为准。

（2）出卖人依照买受人的指示向第三人交付标的物，出卖人和买受人约定的检验标准与买受人和第三人约定的检验标准不一致的，以出卖人和买受人约定的检验标准为准。

考点46 买卖合同的风险负担

所谓风险负担，是指买卖合同的标的物因不可归责于双方当事人的原因而毁损、灭失时，损失应当由哪一方当事人承担。其实，风险就是损失，风险由谁负担，就是损失由谁承担。对此，我们可以从原则与例外两个角度观察。

1. 风险负担的原则

对于风险由谁负担，有约定的从约定，没有约定的，采用交付主义。也就是说，在买卖合同中，标的物交付前，标的物的损失由出卖人负担；标的物交付后，标的物的损失由买受人负担。以下四点值得注意。

（1）现实交付、简易交付、指示交付、占有改定在风险负担上的分配完全相同。

也就是说，无论采用何种交付方式，只要交付标的物，标的物的损失即转由买受人负担。

（2）以代办托运的方式完成现实交付（通常是指货物需要长距离的运输）的，风险负担发生移转的时间点比较特殊：

①双方约定或者一方指定交付地点的，标的物在约定地点或者指定地点交付时风险即转由买受人负担。

②双方没有约定交付地点或者指定交付地点的，标的物交付第一承运人时风险即转由买受人负担。

（3）标的物的风险负担与标的物的所有权并不挂钩，只要标的物已经交付，即使买受人没有取得标的物的所有权，风险也转由买受人承担。

①保留所有权买卖中，只要交付动产，即便动产的所有权仍然被出卖人保留，风险也转由买受人承担。

②不动产买卖中，只要交付不动产，即便尚未办理过户登记，风险也转由买受人承担。

（4）出卖人没有按照约定交付有关标的物的单证或者资料（保险单、发票、合格证、原产地证明书等）的，构成违约，应当承担违约责任，但是只要已经交付标的物，风险即转由买受人负担。但是，由于标的物不符合质量要求，不能实现合同目的的，买受人拒绝接受标的物或者解除合同的，标的物毁损、灭失的风险由出卖人承担。

2. 风险负担的例外

（1）在途货物买卖。

所谓在途货物买卖，是指出卖人与买受人就正在运输途中的标的物订立买卖合同。在途货物买卖的风险负担规则是：

①在途货物买卖中，自买卖合同成立时起，风险即转由买受人负担。

②出卖人在合同成立时知道或者应当知道标的物已经毁损、灭失却没有告知买受人的，风险负担不会移转。

（2）买方迟延履约。

买方迟延履约这一例外包括买方迟延提货与买方迟延收货两种情况，分述如下：

①买受人于约定之日应当收货而没有收货，应当自约定之日起负担标的物毁损、灭失的风险，亦即货物将来因为不可归责于双方当事人的原因而发生损失，该损失一律由买受人承担。

②买受人于约定之日应当提货而没有提货，应当自约定之日起负担标的物毁损、灭失的风险，亦即货物将来因为不可归责于双方当事人的原因而发生损失，该损失一律由买受人承担。

（3）试用买卖。

标的物在试用期内毁损、灭失的风险由出卖人承担。

（4）种类物的买卖。

买卖合同的标的物如果是种类物，而不是特定物，那么在标的物特定化前，风险负担不会移转。

考点47 赠与合同

所谓赠与合同，是指赠与人将自己的财产无偿给予受赠人，受赠人表示接受的合同。如果赠与合同约定受赠人在接受赠与后应当履行一定义务，即为附义务的赠与合同。赠与合同属于双方行为，不仅需要赠与人表示赠与，而且需要受赠人表示接受，否则赠与合同不能成立。关于赠与合同，考点有四：任意撤销、法定撤销、违约责任以及穷困抗辩。

1. 任意撤销。赠与人在赠与财产的权利（此处“权利”通常是指所有权）移转前可以撤销赠与合同，但是具有救灾、扶贫、助残等社会公益、道德义务性质的赠与合同或者经过公证的赠与合同除外。具有救灾、扶贫、助残等社会公益、道德义务性质的赠与合同或者经过公证的赠与合同，赠与人没有交付赠与财产的，受赠人可以要求赠与人交付，赠与人故意或者重大过失导致赠与财产毁损、灭失的，赠与人应当承担损害赔偿责任。

2. 法定撤销。赠与合同的法定撤销包括两种情形：赠与人的法定撤销与赠与人之继承人或者法定代理人的法定撤销。

（1）赠与人的法定撤销。

受赠人有下列情形之一的，赠与人可以撤销赠与合同：

①严重侵害赠与人或者赠与人的近亲属的合法权益。

②对赠与人有扶养义务而不履行。

③不履行赠与合同约定的义务。

赠与人的法定撤销权应当自知道或者应当知道撤销事由之日起1年内行使。

（2）赠与人之继承人或者法定代理人的法定撤销。

受赠人的违法行为导致赠与人死亡或者丧失民事行为能力的，赠与人之继承人或者法定代理人可以撤销赠与合同。赠与人之继承人或者法定代理人的法定撤销权应当自知道或者应当知道撤销事由之日起6个月内行使。

3. 违约责任。

（1）赠与财产存在瑕疵，赠与人不承担责任。但是，赠与人故意不告知瑕疵或者保证没有瑕疵，造成受赠人损失的，应当承担损害赔偿责任。

（2）附义务的赠与，赠与财产有瑕疵的，赠与人在所附义务的限度内承担与出卖人相同的责任。

4. 穷困抗辩。赠与人的经济状况显著恶化，继续履行赠与合同严重影响其生产经营或者家庭生活的，可以不再履行。

考点48 租赁合同的变动

所谓租赁合同的变动，是指租赁合同的当事人或者租赁物基于民事法律事实发生变动，具体包括四种情形：承租人死亡、租赁物转让、租赁物转租以及租赁物改善。

1. 承租人死亡

（1）法律效果。

承租人在租赁合同的期限内死亡的，与其生前共同居住的人、共同经营的人以及其他合伙人可以按照原租赁合同继续承租。值得注意的是，此处“死亡”应当作广义的理解，包括生理死亡、宣告死亡以及宣告失踪。

(2)适用限制。

仅适用于房屋租赁合同，其他动产与不动产租赁合同并不存在上述法律效果。

2. 租赁物转让

(1)买卖不破租赁。

①法律效果。

租赁合同有效并且租赁房屋已经交付，租赁房屋的所有权由于买卖、互易以及赠与等原因发生变动的，第三人取得租赁房屋的所有权后，承租人可以按照原租赁合同继续承租。

②适用限制。

买卖不破租赁适用于所有的租赁合同。

(2)优先购买权。

①法律效果。

出租人向第三人转让租赁房屋。承租人如果能够提出与第三人同等的条件，其便可以优先购买租赁房屋。因此，出租人转让租赁房屋时应当通知承租人，如果没有通知或者存在其他侵害承租人之优先购买权的行为，出租人应当承担损害赔偿责任。但是，承租人不能主张出租人与第三人间的房屋买卖合同无效。

②适用限制。

仅适用于房屋租赁合同，并且，有下列情形之一的，承租人不能行使优先购买权：

A. 房屋共有人行使优先购买权。

B. 出租人向近亲属转让房屋。

C. 出租人通知承租人后，承租人在15日内没有明确表示购买。

注意：①承租人没有行使优先购买权或者不能行使优先购买权，并不影响承租人主张买卖不破租赁。

②类似于房屋承租人的优先购买权，租赁期间届满，房屋承租人享有以同等条件优先承租的权利。

【考场演练】 多项选择题

2019年2月1日，李某将其位于房山区金鸽园的9－7－202号房屋出租给卓某，月租3000元，租期1年。合同签订后，卓某即拎包入住。同年4月1日，李某又将前述房屋出租给乔某，月租3500元，租期2年。合同签订后的次日，双方到房屋管理部门对该合同办理了登记备案。卓某、乔某得知实情后，均要求李某继续履行各自的租赁合同。关于本案，下列选项正确的是：

A. 因卓某入住在先，故李某应履行与卓某的租赁合同

B. 因乔某办理了登记备案，故李某应履行与乔某的租赁合同

C. 因卓某的租赁合同成立在先，故李某应履行与卓某的租赁合同

D. 李某与卓某、乔某的租赁合同均有效

【参考答案】 AD

3. 租赁物转租

(1)合法转租。

①行为模式。

承租人在维持与出租人间租赁合同的同时，征得出租人的同意后，可将租赁物的全部或者部分出租给第三人(次承租人)。

②法律效力。

合法转租产生的一般法律效果是次承租人应当向承租人支付租金，承租人应当向出租人支付租金，并且次承租人造成租赁物毁损、灭失的，承租人应当承担损害赔偿责任。值得注意的是，合法转租还将产生以下两个特殊法律效果：

A. 承租人征得出租人同意将租赁房屋转租给第三人时，转租合同的期限超过租赁合同的剩余期限的，除另有约定外，超过部分的约定对出租人不具有法律约束力。

B. 由于承租人拖欠租金，出租人请求解除租赁合同时，次承租人可以请求代承租人支付欠付的租金、违约金等以抗辩出租人的解除权。次承租人代为支付的租金和违约金，可以折抵次承租人应当向承租人支付的租金；超出部分可以向承租人追偿。

(2)非法转租。

①行为模式。

承租人在维持与出租人间租赁合同的同时，没有征得出租人的同意，将租赁物的全部或者部分出租给第三人(次承租人)。

②法律效力。

非法转租产生的一般法律效果是出租人可以解除租赁合同。出租人知道或者应当知道承租人转租，但是在6个月内未提出异议的，视为出租人同意转租。

4. 租赁物改善

(1)征得同意改善。

①行为模式。

所谓征得同意改善，是指承租人征得出租人同意，对租赁物进行装饰、装修以及扩建等。

②法律效力。

征得同意改善产生的一般法律效果是承租人可以对租赁物进行改善。但是，在考试中，经常考查的是下列特殊法律效果。

首先，承租人征得出租人同意装饰、装修。

A. 租赁合同无效的，对于没有附合的部分，承租人可以拆除；对于已经附合的部分，承租人与出租人按照各自导致合同无效的过错分担损失。

B. 租赁合同届满的，对于没有附合的部分，承租人可以拆除；对于已经附合的部分，出租人无须补偿。

C. 租赁合同解除的，对于没有附合的部分，承租人可以拆除；对于已经附合的部分，按照下列规则处理：

a. 出租人违约导致租赁合同解除的，出租人应当赔偿。

b. 承租人违约导致租赁合同解除的，出租人无须赔偿。但同意利用的，应在利用价值范围内予以补偿。

c. 出租人与承租人违约导致租赁合同解除的，承租人与出租人按照过错分担损失。

d. 由于不可归责于出租人与承租人的原因导致租赁合同解除的，承租人与出租人按照公平原则分担损失。

其次，承租人征得出租人同意扩建。

A. 办理合法建设手续的，扩建费用由出租人承担。

B. 没有办理合法建设手续的，扩建费用由承租人与出租人按照过错分担。

(2) 未征得同意改善。

①行为模式。所谓未征得同意改善，是指承租人没有征得出租人的同意，即对租赁物进行装饰、装修以及扩建等。

②法律效力。没有征得同意改善产生的一般法律效果是承租人应当恢复原状或者赔偿损失。在考试中，经常考查的是：承租人没有征得出租人同意装饰、装修或者扩建的，装饰、装修费用或者扩建费用由承租人承担。装饰、装修或者扩建对租赁房屋造成损坏的，承租人应当恢复原状或者赔偿损失。

考点 49 融资租赁合同

1. 融资租赁合同的界定

融资租赁合同存在两种模式：人买我租与售后回租。

(1) 人买我租。所谓人买我租，是指以融通资金为目的，由出租人按照承租人的指示向第三人购买租赁物后出租给承租人，承租人向出租人支付租金的融资租赁合同。

(2) 售后回租。所谓售后回租，是指以融通资金为目的，由出租人向承租人收购租赁物后出租给承租人，承租人向出租人支付租金的融资租赁合同。

注意：当事人以虚构租赁物等方式订立融资租赁合同掩盖非法目的的，融资租赁合同无效。

2. 融资租赁合同的履行

关于融资租赁合同的履行，考点有四：承租人的拒领、出租人的豁免、承租人的义务以及租赁物的归属。

(1) 承租人的拒领。

①承租人拒绝受领租赁物的法定事由：

A. 租赁物严重不符合融资租赁合同的约定。

B. 出卖人没有在约定期间或者合理期间内交付租赁物，经承租人或者出租人催告，在催告期满后依然没有交付。

②承租人拒绝受领租赁物的法律效果：

承租人拒绝受领租赁物没有及时通知出租人或者承租人没有正当理由拒绝受领租赁物，造成出租人损失的，应当承担损害赔偿责任。

(2)出租人的豁免。

所谓出租人的豁免，是指出租人不承担租赁物瑕疵的违约责任、租赁物损坏的维修责任以及租赁物致害的侵权责任。详述如下：

①出租人不承担租赁物瑕疵的违约责任。租赁物存在瑕疵的，除出租人干预选择租赁物或者承租人依赖出租人的技能确定租赁物外，出租人不承担违约责任。

②出租人不承担租赁物损坏的维修责任。租赁物由承租人占有期间，承租人应当妥善使用、保管以及维修。

③出租人不承担租赁物致害的侵权责任。租赁物由承租人占有期间，造成他人人身伤害或者财产损害的，出租人不承担侵权责任，由承租人承担侵权责任。

(3)承租人的义务。

①承租人应当支付租金。

注意：A. 租赁物存在瑕疵，承租人不得以此为由拒绝支付租金。但是，出租人干预选择租赁物或者承租人依赖出租人的技能确定租赁物的，承租人可以主张免除全部或者部分租金。

B. 租赁物由承租人占有期间，租赁物毁损、灭失的风险由承租人承担，承租人不得以此为由拒绝支付租金。

②租赁物由承租人占有期间，承租人应当妥善使用、保管以及维修。

③没有征得出租人的同意，承租人不得处分租赁物。

(4)租赁物的归属。

在融资租赁合同中，关于租赁物的归属，有约定的从约定，没有约定的，租赁物归出租人所有。租赁物毁损、灭失或者混合于他物导致承租人不能返还租赁物的，出租人可以要求给予合理补偿。

注意：如果约定租赁期间届满，承租人仅需向出租人支付象征性价款的，视为租金义务履行完毕之后租赁物的所有权归承租人。

3. 融资租赁合同的解除

(1)双方的解除权。

有下列情形之一的，出租人或者承租人可以解除融资租赁合同：

①出租人与出卖人订立的买卖合同解除、被确认无效或者被撤销，并且双方没有重新订立买卖合同。

②租赁物由于不可归责于出租人与承租人的原因毁损、灭失，且不能修复或者确定替代物。

③因出卖人的原因致使融资租赁合同的目的不能实现。

(2)出租人的解除权。

有下列情形之一的，出租人可以解除融资租赁合同：

①承租人没有征得出租人同意，将租赁物转让、抵押、质押、投资入股或者以其他方式处分的。

②承租人应当按照约定支付租金。承租人经催告后在合理期限内仍不支付

租金的,出租人可以请求支付全部租金;或者请求解除合同,收回租赁物。

(3)承租人的解除权。

由于出租人的原因致使承租人无法占有、使用租赁物的,承租人可以解除融资租赁合同。

(4)解除的法律效果。

①融资租赁合同因买卖合同解除、被确认无效或者被撤销而解除,出卖人与租赁物系由承租人选择的,出租人有权请求承租人赔偿相应损失。出租人的损失已经在买卖合同解除、被确认无效或者被撤销时获得赔偿的,承租人不再承担相应的赔偿责任。

②融资租赁合同由于租赁物交付承租人之后意外毁损、灭失等不可归责于双方当事人的原因解除的,出租人可以请求承租人按照租赁物折旧情况给予补偿。

考点 50 承揽合同

所谓承揽合同,是指承揽人按照定作人的要求完成工作,交付工作成果,定作人向承揽人支付报酬的合同。承揽通常包括加工、定作、修理、复制、测试以及检验等工作。承揽合同可以拆解为两个考点:承揽合同的履行与承揽合同的解除。

1. 承揽合同的履行

承揽合同的履行主要依赖定作人与承揽人恪尽义务,因此,承揽合同的履行可以从定作人的义务与承揽人的义务两个角度考量。

(1)第一个角度:定作人的义务。

①协助义务:承揽工作需要定作人协助的,定作人应当协助。

②付款义务:定作人应当按照约定向承揽人支付报酬。对支付期限没有约定或者约定不明确,并且协商不成的,采用后付主义,亦即定作人应当在承揽人交付工作成果时支付;工作成果部分交付的,定作人应当相应支付。定作人没有向承揽人支付报酬的,承揽人可以留置或者拒绝交付工作成果。

(2)第二个角度:承揽人的义务。

①工作义务:承揽人应当以自己的设备、技术以及劳力完成主要工作。承揽人将承揽的主要工作或者辅助工作交由第三人完成的,应当对第三人完成的工作成果负责。

②通知义务:承揽人发现定作人提供的图纸或者要求的技术不合理的,应当及时通知定作人。如果定作人怠于答复造成承揽人损失,定作人应当承担损害赔偿责任。

③交付义务:承揽人应当按照约定交付工作成果。如果承揽人交付的工作成果不符合质量要求,定作人可以合理选择要求承揽人承担修理、重作、减少报酬以及赔偿损失的违约责任。

④保管义务:承揽人应当妥善保管工作成果与工作材料,承揽人保管不善导致毁损、灭失的,承揽人应当承担损害赔偿责任。

注意:多个承揽人共同承揽的,多个承揽人对定作人承担连带责任。

2. 承揽合同的解除

除一般解除事由外,承揽合同也可以基于下列事由解除:

(1)定作人在承揽人完成工作前可以随时解除合同,造成承揽人损失的,应当赔偿损失。(修改)

(2)承揽人没有征得定作人同意,将承揽的主要工作交由第三人完成的,定作人有权解除承揽合同。

(3)定作人拒不履行协助义务导致承揽工作不能完成,承揽人可以催告定作人在合理期限内履行协助义务,定作人逾期仍不履行协助义务的,承揽人有权解除合同。

考点 51 建设工程合同的无效

1. 无效的法定事由

(1)发包合同的无效。

所谓发包合同,是指发包人与承包人订立的建设工程合同。有下列情形之一的,发包合同无效:

①欠缺资质。承包人没有相应资质,但是承包人在建设工程竣工之前取得相应资质的除外。

②借名承包。名义承包人具有相应资质,但是实际承包人没有相应资质。此时,如果将来建设工程存在瑕疵,发包人有权向名义承包人与实际承包人主张连带责任。

③程序瑕疵。应当招标没有招标或者中标无效。

④手续不全。发包人没有取得建设工程规划许可证等规划审批手续,但是发包人在起诉之前取得建设工程规划许可证等规划审批手续的除外。

(2)转包合同的无效。所谓转包,是指承包人将其承包的全部工程交由第三人完成。转包合同一律无效。

(3)分包合同的无效。所谓分包,是指承包人将其承包的工程进行拆分交由第三人完成。有下列情形之一的,分包合同无效:

①全部分包。承包人将其承包的全部工程分为不同部分全部交由第三人完成。

②主体分包。承包人将其承包的主体工程交由第三人完成。

③二次分包。承包人将其承包的部分工程交由第三人完成,第三人又将该部分工程交由其他人完成,其中第三人又交由其他人完成属于二次分包。

④资质瑕疵。承包人将其承包的部分工程交由第三人完成,但是第三人没有相应资质。

2. 无效的法律效果

(1)建设工程合同无效,工程价款是否应当支付?处理规则如下。

①应当参照合同关于工程价款的约定折价补偿的情形。

A. 建设工程经竣工验收合格。

B. 建设工程初始并不合格,在修复之后经竣工验收合格。此后,发包人可以请求承包人承担修复费用。

注意：由于此时建设工程合同无效，又无其他依据，所以只能参照建设工程合同支付工程价款。如果建设工程合同先后签订多份，并且全部无效，那么参照实际履行的建设工程合同支付工程价款。如果多份建设工程合同均未实际履行，那么参照最后签订的建设工程合同支付工程价款。

②不必参照合同关于工程价款的约定折价补偿的情形。

建设工程初始并不合格，在修复之后经竣工验收仍不合格。

注意：如果实际施工人没有拿到工程价款，其可以以非法转包人或者违法分包人为被告提起诉讼，同样可以以发包人为被告提起诉讼，此时法院应当追加非法转包人与违法分包人为第三人。但是，发包人仅在其欠付工程价款的范围内承担责任。

(2)建设工程合同无效，非法所得如何处理？处理规则如下。

法院可以收缴基于非法转包、违法分包以及借名承包所取得的非法所得。

考点52 建设工程合同的履行

1. 建设工程的开工日期。当事人对建设工程开工日期有争议的，应当分别按照以下情形予以认定。

(1)开工日期为发包人或者监理人发出的开工通知载明的开工日期；开工通知发出之后，尚不具备开工条件的，以开工条件具备的时间为开工日期；由于承包人原因导致开工时间推迟的，以开工通知载明的时间为开工日期。

(2)承包人经发包人同意已经实际进场施工的，以实际进场施工的时间为开工日期。

(3)发包人或者监理人没有发出开工通知，亦无相关证据证明实际开工日期的，应当综合考虑开工报告、合同、施工许可证、竣工验收报告或者竣工验收备案表等载明的时间，并结合是否具备开工条件的事实，认定开工日期。

2. 建设工程的质量。承包人应当确保建设工程的质量。因为建设工程的质量发生纠纷的，发包人得以总承包人、分包人以及实际施工人为共同被告提起诉讼。

3. 工程价款的支付。关于工程价款的支付，核心考点在于工程价款请求权。下文分别从优先效力、优先期间、优先范围以及优先限制四个角度观察。

第一个角度：工程价款请求权的优先效力。

工程价款请求权具有优先效力，就拍卖、变卖建设工程所得价款，工程价款请求权人优先于抵押权人等受偿。

第二个角度：工程价款请求权的优先期间。

工程价款请求权作为债权，受到诉讼时效的限制。但是，工程价款请求权的优先期间最长不超过18个月，自发包人应当支付工程价款之日起算。

第三个角度：工程价款请求权的优先范围。

对于逾期支付建设工程价款的利息、违约金、损害赔偿金等，不得主张优先受偿。

第四个角度:工程价款请求权的优先限制。

(1)承包人主张优先受偿虽然既不需要建设工程合同有效,也不需要建设工程竣工,但是需要建设工程质量合格。

(2)发包人与承包人约定承包人不得就建设工程折价或者拍卖并且优先受偿的,如果损害建筑工人的利益,约定无效。

4. 质量保证金的返还。有下列情形之一,承包人请求发包人返还工程质量保证金的,法院应予支持:

(1)当事人约定的工程质量保证金返还期限届满。

(2)当事人没有约定工程质量保证金返还期限的,自建设工程竣工验收之日起满2年。

(3)由于发包人原因建设工程没有按照约定期限竣工验收的,自承包人提交竣工验收报告90日后当事人约定的工程质量保证金返还期限届满;当事人没有约定工程质量保证金返还期限的,自承包人提交竣工验收报告90日之后起满2年。

注意:发包人返还工程质量保证金之后,并不影响承包人根据合同约定或者法律规定履行工程保修义务。

考点53 技术成果的归属

技术成果的归属可以就四类技术合同分别而论:技术开发合同、技术转让合同、技术咨询合同以及技术服务合同。

1. 技术开发合同

(1)发明创造的归属。

①委托开发完成的发明创造,除当事人另有约定外,专利申请权属于研究开发人。研究开发人取得专利权后,委托人可以依法实施该专利。研究开发人转让专利申请权的,委托人有权以同等条件优先受让。

②合作开发完成的发明创造,除另有约定外,专利申请权与专利权由合作开发的当事人共有。当事人行使权利时应当遵循以下规则:

A. 当事人一方不同意申请专利的,其他各方不得申请专利;

B. 当事人一方转让专利申请权的,其他各方有同等条件优先受让权;

C. 当事人一方放弃专利申请权的,不影响其他各方的专利申请权,其他各方取得专利权之后,放弃专利申请权的一方可以免费实施相应专利;

D. 当事人对权利行使没有约定的,可以自己实施或者普通许可他人实施,但是许可所得应当合理分配。

(2)技术秘密成果的归属。

委托开发或者合作开发的技术秘密,除当事人另有约定外,任何一方均得自行使用或者普通许可他人使用。如果排他许可、独占许可给他人使用或者转让给他人,应当得到全体同意或者追认。

2. 技术转让合同

技术转让合同包括专利权转让合同、专利申请权转让合同以及技术秘密转让合同等。当事人可以在技术转让合同中约定后续改进技术成果或者改进技术秘密的分享,没有约定又协商不成的,一方后续改进技术成果或者改进技术秘密,其他各方无权分享。

注意:技术许可合同在旧法中是技术转让合同的一种,《民法典》中将二者分立,技术许可合同包括专利实施许可合同、技术秘密使用许可合同等,不再是技术转让合同的一种。

3. 技术咨询合同、技术服务合同

除当事人另有约定外,在技术咨询合同、技术服务合同履行过程中,受托人利用委托人提供的技术资料和工作条件完成的新的技术成果或者新的技术秘密,属于受托人。委托人利用受托人的工作成果完成的新的技术成果或者新的技术秘密,属于委托人。

考点 54 保管合同

所谓保管合同,是指保管人有偿或者无偿保管寄存人交付的保管物,并返还该物的合同。保管合同属于实践合同,保管合同自保管物交付时成立。除另有约定外,寄存人到保管人处从事购物、就餐、住宿等活动,将物品存放在指定场所的,视为保管。

1. 保管人的义务

(1)保管人的妥善保管义务。

①无偿保管,除非保管人有故意或者重大过失,否则对保管物之损害不承担赔偿责任。

②有偿保管,保管人有过错,应当对保管物之损害承担赔偿责任。

(2)保管人的自管义务。

除当事人另有约定外,保管人不得将保管物转交第三人保管。违反此规定者,对保管物造成损失的,保管人应当承担损害赔偿责任。

(3)保管人的禁用义务。

除当事人另有约定外,保管人不得使用或者许可他人使用保管物。

(4)保管人的返还义务。

保管期间届满或者寄存人提前领取保管物的,保管人应当返还原物及其孳息。保管物为可以替代之物的,保管人可以按照约定返还种类、品质以及数量相同的物品。

2. 寄存人的义务

(1)寄存人的告知义务。

①保管物存在瑕疵,或者性质特殊需要采取特殊保管措施的,寄存人应当告知保管人。由于寄存人没有告知而对保管物造成损失的,保管人无须承担损害赔偿责任。

②保管物为货币、有价证券等贵重物品的,寄存人应当声明,否则保管物毁损、灭失的,保管人可以按照一般物品赔偿。

(2)寄存人的付费义务。

寄存人应当按照约定支付费用,对数额没有约定或者约定不明确的,视为无偿保管;对付费期限没有约定或者约定不明确的,应当在领取保管物时支付。

考点55 仓储合同

所谓仓储合同,是指保管人有偿储存存货人交付的仓储物的合同。

1. 保管人的义务

(1)保管人的妥善保管义务。

保管人应当妥善保管仓储物,保管人有过错造成仓储物损坏的,应当对仓储物之损害承担赔偿责任。

(2)保管人的验收义务。

保管人应当按照约定验收仓储物,发现不符的,应当及时通知存货人。保管人接受仓储物后,发生不符的,应当承担损害赔偿责任。

仓单是提取仓储物的凭证。仓单持有人在仓单上背书,同时保管人签名或者盖章的,可以转让提取仓储物的权利。

2. 存货人的义务

(1)存货人的告知义务。

储存危险物品、易腐物品等的,存货人应当告知仓储物的性质。违反此规定者,保管人可以拒收仓储物,也可以采取相应措施以避免损失的发生,采取相应措施的费用由存货人承担。

(2)存货人的付费义务。

存货人应当按照约定支付费用。逾期提货的,加收仓储费;提前提货的,不减仓储费。

考点56 委托合同

所谓委托合同,是指委托人与受托人约定,由受托人处理委托人事务的合同。

1. 受托人的义务

(1)受托人的报告义务。

受托人应当按照委托人的要求报告事务处理的情况,在委托合同终止后,报告事务的处理结果。

(2)受托人的履职义务。

①无偿委托,除非受托人故意或者有重大过失,否则对履职之损害不承担赔偿责任。

②有偿委托,受托人有过错,便需对履职之损害承担赔偿责任。

☞ **易错点提示** 与履职义务相似,合同解除也需要区分有偿委托与无偿委托。

委托人或者受托人可以随时解除委托合同。由于解除合同造成对方损失的,除不可归责于当事人外,无偿委托合同的解除方应当赔偿由于解除时间不当造成的直接损失,有偿委托合同的解除方应当赔偿对方的直接损失和间接损失(可得利益损失)。

2. 委托人的义务

(1)委托人的付费义务。

受托人完成委托事务的,委托人应当支付报酬。由于不可归责于受托人的事由,委托合同解除或者委托事务不能完成的,委托人应当支付相应的报酬。

(2)委托人的赔偿义务。

受托人处理委托事务时,由于不可归责于自己的事由受到损失的,可以向委托人要求赔偿损失。

考点 57 人格损害责任

1. 人格权

(1)生命权。

自然人享有生命权,有权维护自己的生命安全和生命尊严,侵害他人致其死亡即为最典型的侵权行为。

(2)身体权。

自然人享有身体权,有权维护自己的身体完整和行动自由,侵害他人致其身体不再完满即为最典型的侵权行为。

注意:①完全民事行为能力人有权采用书面或者遗嘱形式自主决定无偿捐献人体细胞、人体组织、人体器官、遗体,任何组织或者个人不得强迫、欺骗、利诱。自然人生前未表示不同意捐献的,该自然人死亡之后,配偶、成年子女、父母可以共同决定捐献,决定捐献应当采用书面形式。

②禁止买卖人体细胞、人体组织、人体器官、遗体,实施前述行为的买卖合同无效。

③临床试验应当依法经相关主管部门批准并且经伦理委员会审查同意,向受试者或者受试者的监护人告知试验目的、用途和可能产生的风险等详细情况,并且经其书面同意。临床试验不得向受试者收取试验费用。

④违背他人意愿,以言语、行为等方式对他人实施性骚扰的,应当承担侵权责任。

⑤以非法拘禁等方式剥夺、限制他人的行动自由,或者非法搜查他人身体的,应当承担侵权责任。

【考场演练】 不定项选择题

乙与甲长相酷似,平常也有交往。某日,乙获悉甲获得了“劳动模范”的荣誉称号并有奖金,便伪造了甲的身份证件,到相关部门签字冒领了该笔奖金。根据《民法典》的规定,下列说法正确的是:

A. 乙侵害了甲的荣誉权

B. 乙侵害了甲的姓名权

C. 乙侵害了甲的财产权

D. 乙的行为构成不当得利

【参考答案】 BCD

(3)健康权。

自然人享有健康权,有权维护自己的身心健康。侵害他人致其身体或者心理健康受损即为最典型的侵权行为。

(4)姓名权、名称权。

自然人享有姓名权,其有权依法决定、使用、变更或者许可他人使用自己的姓名。法人、非法人组织享有名称权，有权依法决定使用、变更、转让或者许可他人使用自己的名称。干涉他人使用或者变更姓名（名称）、盗用他人姓名（名称）以及假冒他人姓名（名称）均为最典型的侵权行为。

注意：①自然人应当随父姓或者母姓，但是有下列情形之一的，可以在父姓和母姓之外选取姓氏：

A. 选取其他直系长辈血亲的姓氏。

B. 因由法定扶养人以外的人扶养而选取扶养人姓氏。

C. 有不违背公序良俗的其他正当理由。

少数民族自然人的姓氏可以遵从本民族的文化传统和风俗习惯。

②除另有规定外，民事主体决定、变更自己的姓名、名称，或者转让自己的名称的，应当依法向有关机关办理登记手续。民事主体变更姓名、名称的，变更前实施的民事法律行为对其具有法律约束力。

③具有一定社会知名度的笔名、艺名、网名、译名、字号、姓名和简称等，被他人使用足以造成公众混淆的，参照适用姓名权和名称权保护的相关规定。

（5）肖像权。

自然人享有肖像权，有权依法制作、使用、公开或者许可他人使用自己的肖像。所谓肖像，是指通过影像、雕塑、绘画等方式在一定载体上所反映的特定自然人可以被识别的外部形象。丑化、污损、利用信息技术手段伪造，或者未经肖像权人同意，制作、使用、公开他人肖像均为最典型的侵权行为。但是，未经同意，合理实施下列行为并不侵权：

①为个人学习、艺术欣赏、课堂教学或者科学研究，在必要范围内使用肖像权人已经公开的肖像；

②为实施新闻报道，不可避免地制作、使用、公开肖像权人的肖像；

③为依法履行职责，国家机关在必要范围内制作、使用、公开肖像权人的肖像；

④为展示特定公共环境，不可避免地制作、使用、公开肖像权人的肖像；

⑤其他为维护公共利益或者肖像权人合法权益的行为。

注意：肖像、姓名、声音均可许可他人使用，关于许可合同，以下两点值得关注。

①当事人对肖像许可使用期限没有约定或者约定不明确的，任何一方当事人可以随时解除肖像许可使用合同，但是应当在合理期限之前通知对方。

②当事人对肖像许可使用期限有明确约定，肖像权人有正当理由的，可以解除肖像许可使用合同，但是应当在合理期限之前通知对方。由于解除合同造成对方损失的，除不可归责于肖像权人的事由外，肖像权人应当赔偿损失。

（6）名誉权。

民事主体享有名誉权。所谓名誉，是指对民事主体的品德、声望、才能、信用等的社会评价。侮辱、诽谤他人即为最典型的侵权行为。为公共利益实施新闻报道、舆论监督等行为影响他人名誉的，不必承担民事责任，但是有下列情形之一的除外：

①捏造、歪曲事实；

②对他人提供的失实内容未尽到合理核实义务；

③使用侮辱性言辞等贬损他人名誉。

注意：①行为人发表的文学、艺术作品以真人真事或者特定人为描述对象，含有侮辱、诽谤内容，侵害他人名誉权的，应当承担侵权责任。行为人发表的文学、艺术作品不以特定人为描述对象，仅情节与特定人的情况相似的，不在此列。

②民事主体有证据证明报刊、网络等媒体报道的内容失实，侵害其名誉权的，有权请求该媒体及时采取更正或者删除等必要措施。

(7)荣誉权。

民事主体享有荣誉权。非法剥夺他人荣誉称号、诋毁或者贬损他人荣誉均为最典型的侵权行为。荣誉称号应当记载而没有记载的，民事主体可以请求记载；荣誉称号记载错误的，民事主体可以请求更正。

(8)隐私权。

自然人享有隐私权。刺探、侵扰、泄露、公开他人隐私信息即为最典型的侵权行为。所谓隐私，是指自然人的私人生活安宁和不愿为他人知晓的私密空间、私密活动、私密信息。侵犯隐私权的行为具体表现如下(包括但是并不限于)：

①以短信、电话、即时通讯工具、电子邮件、传单等方式侵扰他人的私人生活安宁；

②进入、窥视、拍摄他人的住宅、宾馆房间等私密空间；

③拍摄、公开、窥视、窃听他人的私密活动；

④拍摄、窥视他人身体的私密部位；

⑤处理他人的私密信息。

(9)个人信息。

所谓个人信息，是指以电子或者其他方式记录的能够单独或者与其他信息结合识别特定自然人的各种信息，包括自然人的姓名、出生日期、身份证件号码、生物识别信息、住址、电话号码、电子邮箱、健康信息、行踪信息等。未经同意，收集、使用、加工、传输、提供、公开他人个人信息即为最典型的侵权行为。

注意：个人信息中的私密信息，适用有关隐私权的规定；没有规定的，适用有关个人信息保护的规定。

2. 责任承担

(1)人格权受到侵害的，受害人请求行为人停止侵害、排除妨碍、消除危险、消除影响、恢复名誉等，不适用诉讼时效的规定。

(2)违约行为损害对方人格权并且造成严重精神损害，受害人主张违约责任的，不影响受害人请求精神损害赔偿。

(3)行为人拒不承担消除影响、恢复名誉、赔礼道歉等民事责任的，法院可以采取在报刊、网络等媒体上发布公告或者公布生效裁判文书等方式执行，因此产生的费用由行为人承担。

考点 58 精神损害赔偿

1. 可以主张精神损害赔偿请求权的情形

(1)侵犯人格权益,情节严重,受害人可以因为身心痛苦而主张精神损害赔偿请求权;如果受害人死亡,死者近亲属可以因为痛失至亲而主张精神损害赔偿请求权。值得注意的是:精神损害赔偿请求权具有专属性,原则上不得让与或者继承,但是在以下两种情形下,精神损害赔偿请求权可以让与或者继承:

①加害人已经书面承诺赔偿。

②受害人生前已经提起诉讼。

(2)侵犯身份权益,情节严重,受害人主张精神损害赔偿请求权。

(3)侵犯死者利益,死者近亲属主张精神损害赔偿请求权。

(4)由于故意或者重大过失毁损具有特殊纪念价值的物品,受害人主张精神损害赔偿请求权。

2. 不能主张精神损害赔偿请求权的情形

(1)法人、非法人组织的人格权益遭受侵犯,不得主张精神损害赔偿请求权。

(2)虽然存在精神损害,但是没有造成严重后果,不得主张精神损害赔偿请求权。

考点 59 婚姻关系的瑕疵

1. 无效的婚姻

(1)请求确认婚姻无效的情形。

无效的婚姻有且只有以下三种情形。

①重婚的,第一段婚姻不受影响,第二段婚姻无效。

②有禁止结婚的亲属关系的,亦即近亲婚姻无效,而且近亲婚姻不能补正,永远无效,不存在转为有效的可能。

注意:禁止结婚的亲属关系包括两类。

A. 直系血亲。没有代数(亲等)要求,凡为直系血亲,均被禁止结婚。

B. 三代以内旁系血亲。以当事人为第一代,往上数到第三代是共同长辈或者往下数到第三代是共同晚辈的,即属于三代以内旁系血亲。

③没有达到法定婚龄的,婚姻无效,但是随着年龄增长,此后达到法定婚龄的,婚姻转为有效。

(2)请求确认婚姻无效的主体。

请求确认婚姻无效的主体包括婚姻当事人以及利害关系人,利害关系人包括:

①以重婚为由请求确认婚姻无效的,为当事人的近亲属以及基层组织。

②以没有达到法定婚龄为由请求确认婚姻无效的,为没有达到法定婚龄者的近亲属。

③以有禁止结婚的亲属关系为由请求确认婚姻无效的,为当事人的近亲属。

(3)请求确认婚姻无效程序上的限制。

①关于婚姻效力问题,不得调解:法院审理宣告婚姻无效案件,对婚姻效力的

审理不适用调解，应当依法作出判决。但是，涉及财产分割和子女抚养的，可以调解。调解达成协议的，另行制作调解书。

②一审作出即生效力，不得上诉：法院审理请求确认婚姻无效案件，有关婚姻效力的判决一经作出，即发生法律效力，不得上诉。但是，对财产分割和子女抚养问题的判决不服的，当事人可以上诉。

③查实确属无效情形，不得撤诉：法院受理请求确认婚姻无效案件之后，经审查确属无效婚姻的，应当依法作出宣告婚姻无效的判决。原告申请撤诉的，不予准许。

(4)请求确认婚姻无效的效果。

①同居期间所得财产，按照共同共有处理。但是有证据证明财产为一方所有的除外。

②婚姻关系视为自始无效。

2. 可撤销的婚姻

(1)申请撤销婚姻的情形。

①因胁迫而缔结的婚姻可撤销。所谓由于胁迫而缔结的婚姻，是指一方以给对方或者其近亲属的生命、身体健康、名誉、财产等方面造成损害为要挟，迫使对方违背真实意愿结婚。

②一方患有重大疾病的，应当在结婚登记前如实告知对方；未如实告知的，对方可以请求撤销婚姻。

(2)申请撤销婚姻的主体。

受胁迫一方或者受欺诈（特指对方隐瞒重大疾病）一方。

(3)申请撤销婚姻的限制。

①受胁迫的婚姻当事人撤销婚姻的申请，应当自胁迫行为终止之日起1年内提出。受胁迫并且被非法限制人身自由的婚姻当事人撤销婚姻的申请，应当自恢复人身自由之日起1年内提出。此处的1年是除斥期间，一旦经过，受胁迫的婚姻当事人即不得再提出撤销婚姻的申请。（修改）

②受欺诈（特指对方隐瞒重大疾病）的婚姻当事人撤销婚姻的申请，应当自知道或者应当知道撤销事由之日起1年内提出。（新增）

(4)申请撤销婚姻的效果。

①同居期间所得财产，按照共同共有处理。但是有证据证明财产为一方所有的除外。

②婚姻关系视为自始无效。

考点60 夫妻财产的归属

1. 夫妻共同财产

(1)工资、奖金以及其他劳务报酬。

(2)生产、经营、投资的收益。

(3)知识产权收益：婚姻关系存续期间实际取得或者已经明确可以取得的知识产权收益属于夫妻共同财产。

(4)继承或者赠与所得：遗嘱或者赠与合同中确定只归夫或者妻一方的除外。

(5)个人资产投资收益：个人资产婚后所产生的收益一分为三——投资收益、自然增值以及孳息；其中投资收益为共同财产，自然增值与孳息为个人财产。

(6)住房补贴与住房公积金：所谓住房补贴与住房公积金，是指婚姻关系存续期间，双方实际取得或者应当取得的住房补贴与住房公积金。

(7)养老保险金与破产安置补偿：所谓养老保险金与破产安置补偿，是指婚姻关系存续期间，双方实际取得或者应当取得的养老保险金与破产安置补偿。

(8)军人复员费与自主择业费等一次性费用：以夫妻婚姻关系存续年限乘以年平均值，所得数额为夫妻共同财产。

(9)婚后父母出资购房：婚后父母为双方购置房屋出资的，该出资应当认定为对夫妻双方的赠与，但是父母明确表示赠与一方的除外。例如，产权登记在出资人子女名下的，视为只对自己子女一方的赠与。

(10)婚前一方承租，婚后共同购买：即便登记在一人名下，也应当认定为夫妻共同财产。

(11)共同财产投保：发生保险事故之后，所获保险金属于夫妻共同财产。

2. 夫妻个人财产

(1)一方婚前财产。

(2)一方人身损害赔偿或者补偿。

(3)一方专用生活用品，例如，眼镜、轮椅等。

(4)对个人的遗嘱或者赠与：婚姻关系存续期间，夫妻继承或者赠与所得的财产，属于夫妻共同财产，但是遗嘱或者赠与合同中确定只归夫或者妻一方的除外。

(5)个人资产婚后产生的自然增值、孳息：个人资产婚后所产生的收益一分为三——投资收益、自然增值以及孳息；其中投资收益为共同财产，自然增值与孳息为个人财产。

(6)军人的伤亡保险金、伤残补助金、医药生活补助费。

(7)婚前父母出资购房：婚前父母为双方购置房屋出资的，该出资应当认定为对夫妻一方的赠与，但是父母明确表示赠与双方的除外。

(8)婚前一方签订不动产买卖合同，婚后共同还贷：婚前一方签订不动产买卖合同，以个人财产支付首付款，婚后共同还贷，不动产登记于首付款支付方名下的，离婚时该不动产由双方协议处理。协议不成的，法院可以判决该不动产归产权登记一方，尚未归还的贷款为产权登记一方的个人债务。婚后共同还贷支付的款项及其相对应财产增值部分，离婚时由不动产登记一方对另一方进行补偿。

考点 61 离婚的法定事由

离婚方式有二：协议离婚或者起诉离婚。

1. 协议离婚。男女双方自愿离婚的，应当订立书面离婚协议，并且亲自到婚姻登记机关申请离婚登记。自婚姻登记机关收到离婚登记申请之日起30日内，任何一方不愿意离婚的，可以向婚姻登记机关撤回离婚登记申请。前述期间届满之后30日内,双方应当亲自到婚姻登记机关申请发给离婚证;未申请的,视为撤回离婚登记申请。

2. 起诉离婚。夫妻一方起诉离婚,法院应当调解,但是有下列情形之一的,在调解无效时应当准予离婚:

(1)重婚或者与他人同居的。

(2)实施家庭暴力或者虐待、遗弃家庭成员的。

(3)有赌博、吸毒等恶习屡教不改的。

(4)由于感情不和分居满2年的。

(5)夫妻双方因是否生育发生纠纷,致使感情确已破裂。

法院判决不准离婚之后,双方又分居满1年,一方再次提起离婚诉讼的,应当准予离婚。完成离婚登记,或者离婚判决书、调解书生效,婚姻关系随即解除。

注意:(1)女方在怀孕期间、分娩后1年内或者终止妊娠后6个月内,男方不得提出离婚。但是,女方提出离婚或者法院认为确有必要受理男方离婚请求的除外。

(2)现役军人的配偶要求离婚,应当征得军人同意,但是军人一方有重大过错的除外。所谓军人一方有重大过错,是指:

①重婚或者与他人同居的。

②实施家庭暴力或者虐待、遗弃家庭成员的。

③有赌博、吸毒等恶习屡教不改的。

考点62 离婚的财产效果

1. 离婚的财产分割

(1)一般规则。

离婚的财产分割,由双方协议处理,双方协议不成时,由法院依法判决。法院依法判决时应当照顾子女、女方以及无过错方(新增)的权益。

(2)特殊规则。

①一方隐藏、转移、变卖、毁损、挥霍(新增)夫妻共同财产,或者伪造夫妻共同债务企图侵占对方财产的,对其可以少分或者不分。离婚之后,一方发现对方有上述行为的,可以提起诉讼,请求再次分割夫妻共同财产。

②男女双方协议离婚之后1年内就财产分割问题反悔,可以请求变更或者撤销财产分割协议。如果经过审理,并无欺诈、胁迫等情形,应当判决驳回诉讼请求。

③以离婚为条件的财产分割协议,如果双方离婚未成,一方在离婚诉讼中反悔,法院应当认定财产分割协议没有生效,并且根据实际情况按法律规定判决。

④夫妻一方继承所得尚未实际分割,诉讼离婚时另一方请求分割的,法院应当告知其在继承人之间实际分割遗产后另行起诉。

⑤离婚之后,一方以尚有夫妻共同财产没有处理为由起诉请求分割的,一经查实,法院应当依法予以分割。

⑥离婚时双方对尚未取得所有权的房屋有争议且协商不成的,法院不宜判决

房屋所有权的归属，应当根据实际情况判决由当事人使用。当事人取得所有权之后，可以另行向人民法院提起诉讼。

注意：夫妻双方对夫妻共同财产中的房屋价值及其归属无法达成协议时，法院应当按照以下情形分别处理。

①双方均主张房屋所有权并且同意竞价取得的，应当准许；

②一方主张房屋所有权的，由评估机构按市场价格对房屋作出评估，取得房屋所有权的一方应当给予另一方相应的补偿；

③双方均不主张房屋所有权的，根据当事人的申请拍卖房屋，就所得价款进行分割。

2. 离婚的债务清偿

(1)清偿规则。

共同债务连带责任，个人债务个人清偿。

(2)共债认定。

①夫妻双方共同签字或者夫妻一方事后追认等共同意思表示所负的债务，应当认定为夫妻共同债务。

②夫妻一方在婚姻关系存续期间以个人名义为家庭日常生活需要所负的债务，属于夫妻共同债务。

③夫妻一方在婚姻关系存续期间以个人名义超出家庭日常生活需要所负的债务，不是夫妻共同债务，但是债权人能够证明该债务用于夫妻共同生活、共同生产经营或者基于夫妻双方共同意思表示的除外。

(3)特殊规定。

①夫妻一方与第三人串通，虚构债务，第三人主张该债务为夫妻共同债务的，法院不予支持。

②夫妻一方在从事赌博、吸毒等违法犯罪活动中所负债务，第三人主张该债务为夫妻共同债务的，法院不予支持。

3. 离婚的经济义务

(1)离婚经济补偿。

一方由于抚育子女、照料老人、协助对方工作等负担较多义务的，离婚时有权请求对方补偿。

(2)离婚经济帮助。

离婚时，一方生活困难，有负担能力的对方应当给予适当帮助。所谓生活困难，是指依靠个人财产和离婚时分得的财产无法维持当地基本生活水平。

(3)婚内损失赔偿。

一方擅自处分共同共有的房屋造成对方损失，离婚时对方有权请求赔偿损失。

(4)离婚损害赔偿。

①事由。一方有下列情形之一，导致离婚的，无过错方有权主张离婚损害赔偿请求权。

A. 重婚的。

B. 有配偶者与他人同居的。

C. 实施家庭暴力的。

D. 虐待、遗弃家庭成员的。

E. 有其他重大过错。

②限制。主张离婚损害赔偿请求权有下列限制。

A. 前提限制：以离婚为前提，没有离婚不得主张离婚损害赔偿请求权。

B. 主体限制：只有没有过错的一方有权主张离婚损害赔偿请求权。在离婚时，如果双方均有过错，那么双方均不得主张离婚损害赔偿请求权。

考点 63 收养的条件

1. 实质条件

(1)客观条件。

①被收养人。下列未成年人可以被收养：

A. 丧失父母的孤儿。

B. 查找不到父母的未成年人。

C. 父母有特殊困难无力抚养的子女。(继父母收养继子女、收养三代以内同辈旁系血亲的子女无此限制)

②送养人。下列公民、组织可以作为送养人：

A. 孤儿的监护人。

B. 社会福利机构。

C. 有特殊困难无力抚养子女的父母。(继父母收养继子女、收养三代以内同辈旁系血亲的子女无此限制)

注意：A. 未成年人的父母均不具备完全民事行为能力且可能严重危害该未成年人的，未成年人的监护人可以将其送养。

B. 监护人送养孤儿的，应当征得有抚养义务的人同意。有抚养义务的人不同意送养、监护人不愿意继续履行监护职责的，应当依法另行确定监护人。

③收养人。收养人应当同时具备下列条件：

A. 没有子女或者只有一名子女。(继父母收养继子女，收养孤儿、残疾儿童或者查找不到父母的弃婴与儿童以及华侨收养三代以内同辈旁系血亲的子女无此限制)

B. 有抚养、教育和保护被收养人的能力。(继父母收养继子女无此限制)

C. 没有在医学上认为不应当收养子女的疾病。(继父母收养继子女无此限制)

D. 无不利于被收养人健康成长的违法犯罪记录。(继父母收养继子女无此限制)

E. 年满 30 周岁。(继父母收养继子女无此限制)

注意：无配偶者收养异性子女的，收养人与被收养人的年龄应当相差 40 周岁以上。(收养三代以内同辈旁系血亲的子女无此限制)

（2）主观条件。

①父母双方共同送养。配偶一方死亡，另一方送养未成年子女的，死亡一方的父母有优先抚养的权利。（抚养≠收养）

②收养年满8周岁以上的未成年人的，应当征得被收养人的同意。继父母收养继子女应当征得其生父母同意。

注意：无子女的收养人可以收养两名子女；有一名子女的收养人只能收养一名子女。继父母收养继子女，收养孤儿、残疾儿童或者查找不到父母的弃婴与儿童，可以不受无子女或只有一名子女的限制。

2. 形式条件

收养应当向县级以上人民政府民政部门登记，收养关系自登记之日起成立。收养查找不到父母的弃婴与儿童的，民政部门应当在登记前予以公告。

考点64 遗赠扶养协议

遗赠扶养协议是指被扶养人与扶养人之间订立的，由扶养人承担被扶养人生养死葬的义务，在被扶养人死亡后取得其财产的协议。遗赠扶养协议分为两种：自然人与自然人之间的遗赠扶养协议；自然人与集体组织之间的遗赠扶养协议。

遗赠扶养协议可以解除，解除事由不同，法律效果不同，分述如下：

（1）由于扶养人的过错而解除遗赠扶养协议的，扶养人不能取得遗产并且一般不退还供养费用。

（2）由于被扶养人的过错而解除遗赠扶养协议的，被扶养人应当偿还供养费用。

除遗赠扶养协议外，继承方式尚有遗嘱或者遗赠与法定继承。被继承人死亡（自然死亡或者宣告死亡）之后，选取继承方式应当按照下列顺序：遗赠扶养协议→遗嘱或者遗赠→法定继承。也就是说，如果被继承人生前订立遗赠扶养协议，那么应当按照遗赠扶养协议处理遗产；如果被继承人生前没有订立遗赠扶养协议或者遗产按照遗赠扶养协议处理之后还有剩余，并且被继承人生前订立遗嘱或者遗赠，那么应当按照遗嘱或者遗赠处理；如果被继承人生前既没有订立遗赠扶养协议，也没有订立遗嘱或者遗赠，或者遗产按照遗赠扶养协议与遗嘱或者遗赠处理之后还有剩余，那么应当按照法定继承处理。

考点65 遗嘱或者遗赠

1. 权利主体

（1）遗嘱。

自然人可以订立遗嘱指定法定继承人中的一人或者数人继承其财产。由此可知，遗嘱是写给法定继承人的。继承开始之后，继承人放弃继承的，应当在遗产处理前，作出放弃继承的表示。没有表示的，视为接受继承。

（2）遗赠。

自然人可以订立遗嘱将财产赠给国家、集体或者法定继承人以外的人。由此可见，遗赠是写给法定继承人以外的人的。受遗赠人应当在知道受遗赠之后60日内,作出接受或者放弃受遗赠的表示。到期没有表示的,视为放弃受遗赠。

2. 遗嘱形式

(1)公证遗嘱:公证遗嘱由遗嘱人经公证机构办理。

(2)自书遗嘱:遗嘱人亲笔书写,签名,注明年、月、日。

(3)代书遗嘱:有两个以上见证人在场见证,其中一人代书,注明年、月、日,并且由代书人、见证人和遗嘱人签名。

(4)录音或者录像遗嘱:有两个以上见证人在场见证,并且见证人和遗嘱人应当在录音或者录像中记录其姓名或者肖像,以及年、月、日。

(5)口头遗嘱:在危急情况下,有两个以上见证人在场见证。危急情况解除,能够用书面或者录音等形式订立遗嘱的,口头遗嘱无效。

(6)打印遗嘱:有两个以上见证人在场见证,注明年、月、日,并且由见证人和遗嘱人逐页签字。

注意:下列人员不能作为遗嘱的见证人:

(1)无民事行为能力人、限制民事行为能力人以及其他不具有见证能力的人;

(2)继承人、受遗赠人;

(3)与继承人、受遗赠人有利害关系的人。

3. 遗嘱效力

(1)遗嘱的无效。

遗嘱属于单方法律行为,一经作出即生效力,但是有下列情形之一的遗嘱无效:

①无行为能力人或者限制行为能力人所订立的遗嘱无效。

②遗嘱必须表示遗嘱人的真实意思,受胁迫、欺诈所订立的遗嘱无效。

③伪造的遗嘱无效。

④遗嘱被篡改的,篡改的内容无效。

⑤遗嘱人以遗嘱处分属于国家、集体或者他人所有的财产,遗嘱的相应部分无效。

(2)遗嘱的撤回或者变更。

遗嘱生效之后,可以通过下列方式撤回或者变更:

①被继承人可以以在后遗嘱撤回或者变更在先遗嘱。值得注意的是,修改之后,撤回或者变更在先公证遗嘱不再要求在后遗嘱也是公证遗嘱。

②被继承人可以以生前行为撤回或者变更遗嘱。也就是说,如果被继承人的生前行为与遗嘱内容不符的,那么视为被继承人以生前行为撤回或者变更遗嘱的相应内容,应当以被继承人的生前行为为准。

考点66 法定继承

1. 继承顺位

(1)第一顺位。

①一般情形。

A. 配偶。夫妻一方死亡之后另一方再婚的，有权处分所继承的财产，任何人不得干涉。

B. 子女。此处子女包括婚生子女、非婚生子女、养子女和有扶养关系的继子女。

C. 父母。此处父母包括生父母、养父母和有扶养关系的继父母。

注意：继父母与继子女一定要有扶养关系才能成为彼此的第一顺位法定继承人，如果继父母与继子女并不具有扶养关系，那么不能成为彼此的法定继承人。在考试中，如果继子女在未成年阶段与继父母共同生活，那么可以认定有扶养关系。

②特殊情形。

A. 丧偶儿媳或者女婿。丧偶儿媳对公、婆，丧偶女婿对岳父、岳母，尽了主要赡养义务的，无论是否再婚，均可作为第一顺位法定继承人。

B. 代位继承人。被继承人的子女先于被继承人死亡的，由被继承人的子女的直系晚辈血亲取代被继承人的子女的位置继承原本应当由被继承人的子女继承的份额。被继承人的兄弟姐妹先于被继承人死亡的，由被继承人的兄弟姐妹的子女代位继承。

注意：A. 代位继承只能适用于法定继承，遗嘱或者遗赠不能代位继承。

B. 继承人丧失继承权的，其直系晚辈血亲不得代位继承。

☞ **易错点提示** 转继承：继承开始之后，继承人没有放弃继承权，并于遗产分割前死亡的，其继承遗产的权利转移给他的继承人。

(2)第二顺位：兄弟姐妹、祖父母、外祖父母。

注意：第一顺位法定继承人与第二顺位法定继承人的区别并非分多分少，而是分与不分。只要第一顺位法定继承人尚存一人，第二顺位法定继承人便无继承可能，可谓“前赴后继”。

2. 遗产分配

继承开始之后，遗嘱执行人为遗产管理人；没有遗嘱执行人的，继承人应当及时推选遗产管理人；未推选的，由继承人共同担任遗产管理人；没有继承人或者继承人均放弃继承的，由被继承人生前住所地的民政部门或者村民委员会担任遗产管理人。对遗产管理人的确定有争议的，利害关系人可以向人民法院申请指定遗产管理人。遗产管理人应当依法履行职责，由于故意或者重大过失造成继承人、受遗赠人、债权人损害的，应当承担民事责任。

(1)平均分配。

同一顺序继承人继承遗产的份额，一般应当均等，但是有下列例外情况：

①对生活有特殊困难又缺乏劳动能力的法定继承人应当予以照顾。

②对尽了主要扶养义务或者与其共同生活的继承人可以多分。

③对有扶养能力和条件的却未尽扶养义务的继承人应当不分或者少分。

(2)内部分配。

一般仅有法定继承人可以通过法定继承取得被继承人的遗产，但是有下列情形之一的除外：

①继承人以外的依靠被继承人扶养的人可以适当分得遗产。

②继承人以外的对被继承人扶养较多的人可以适当分得遗产。

3. 适用范围

（1）一般范围。

遗嘱没有处分的遗产按照法定继承处理。

（2）特殊情形。遗嘱虽然处分，但是有下列情形之一的，仍然按照法定继承处理：

①遗嘱或者遗赠的权利人放弃权利的，放弃权利致其不能履行法定义务的除外。

②遗嘱或者遗赠的权利人丧失权利的。

【考场演练】 单项选择题

姚大爷的儿子先于姚大爷死亡，在其后的十几年里，儿媳叶某与姚大爷一起生活并尽了主要赡养义务。其间，叶某与朱某结婚，并育有一子朱某1。后叶某因车祸不幸遇难，姚大爷于半年后在悲伤中与世长辞。姚大爷去世后，下列关于朱某1对姚大爷的遗产享有何种权利的表述正确的是：

A. 有权代位继承姚大爷的遗产

B. 有权转继承姚大爷的遗产

C. 无权继承姚大爷的遗产

D. 有权适当分得姚大爷的遗产

【参考答案】 C

值得注意的是，继承人有下列行为之一的，丧失继承权：

A. 故意杀害被继承人的；

B. 为争夺遗产而杀害其他继承人的；

C. 遗弃被继承人的，或者虐待被继承人情节严重的；

D. 伪造、篡改、隐匿或者销毁遗嘱，情节严重的；

E. 以欺诈、胁迫手段迫使或者妨碍被继承人设立、变更或者撤回遗嘱，情节严重的。

继承人有前述C、D、E三项行为的，确有悔改表现，被继承人表示宽恕或者事后在遗嘱中将其列为继承人的，该继承人不丧失继承权。

③遗嘱或者遗赠的权利人先于被继承人死亡或者终止的。

④遗嘱无效部分所涉及的遗产。

考点67 债务的继承与清偿

1. 债务的继承。继承人没有放弃继承权的，那么无论是权利，抑或义务，其均应当继承。（概括继承规则）

2. 债务的清偿。

（1）清偿的额度：对于继承所负债务，继承人只需以其继承所得之财产为限清偿。（限制继承规则）

（2）清偿的顺序：对于继承所负债务，应当先由法定继承人以法定继承所得清偿，不足部分再由遗嘱或者遗赠的权利人以遗嘱继承或者遗赠继承所得清偿。

注意：遗赠扶养协议的权利人不必清偿被继承人的债务。

考点68 侵权责任的归责原则

1. 过错责任原则

(1)一般过错原则。如果适用一般过错原则,那么主张侵权责任一般应当同时满足以下构成要件:

①加害人实施加害行为。

②受害人遭受损害结果。

③加害行为与损害结果间存在因果关系。

④加害人具有主观过错。(受害人应当证明对方具有过错,否则对方不必承担侵权责任)

(2)过错推定原则。如果适用过错推定原则,那么主张侵权责任一般应当同时满足以下构成要件:

①加害人实施加害行为。

②受害人遭受损害结果。

③加害行为与损害结果间存在因果关系。

④加害人具有主观过错。(加害人应当证明自己没有过错,否则应当承担侵权责任)

2. 无过错责任原则

如果适用无过错责任原则,那么主张侵权责任一般应当同时满足以下构成要件:

(1)加害人实施加害行为。

(2)受害人遭受损害结果。

(3)加害行为与损害结果间存在因果关系。

☞ **易错点提示** 公平原则是在加害人与受害人对损害结果的发生均无过错,并且不适用无过错责任原则时,用于判断损失如何分配的原则。以下规定的后半句即属公平原则:

完全民事行为能力人对自己的行为暂时没有意识或者失去控制造成他人损害,有过错的,应当承担侵权责任;没有过错的,根据经济状况对受害人适当补偿。

考点69 侵权责任的免责事由

1. 外部原因

(1)受害人过失。

所谓受害人过失,是指侵权责任产生之后,如果受害人对损害结果的发生或者扩大具有过失,那么可以减轻加害人的侵权责任。

(2)受害人故意。

所谓受害人故意,是指侵权责任产生之后,如果受害人对损害结果的发生或者扩大具有故意,那么可以免除加害人的侵权责任。

(3)第三人过错。

所谓第三人过错,是指侵权责任产生之后,如果损害结果系全部因第三人的故意或者过失产生,那么可以免除加害人的侵权责任;如果损害结果系部分因第三人的故意或者过失产生，那么可以减轻加害人的侵权责任。

(4)不可抗力。

所谓不可抗力，是指不能预见、不能避免并且不能克服的客观情况，例如，地震、台风、海啸以及雪崩等。不可抗力如果是损害结果的产生原因，那么可以免除加害人的侵权责任。

(5)风险自担。

所谓风险自担，是指自愿参加具有一定风险的文体活动，由于其他参加者的行为受到损害的，受害人不得请求其他参加者承担侵权责任，除非其他参加者对损害的发生有故意或者重大过失。

2. 正当理由

(1)正当防卫。

所谓正当防卫，是指为了保护他人或者本人的人身权益、财产权益免受不法侵害而实施防卫行为，带来损害结果的，只要没有超过必要限度，那么防卫人无须承担侵权责任。

(2)紧急避险。

所谓紧急避险，是指为了保护他人或者本人的人身权益、财产权益免受危险而实施避险行为，带来损害结果的，只要措施得当、限度合理，那么避险人无须承担侵权责任。紧急避险需要把握两个要点：

①人为因素引起险情的，对于损害，由引起险情的人承担侵权责任。

②自然因素引起险情的，对于损害，由受益人适当进行补偿。

(3)紧急救助。

所谓紧急救助，是指为了保护他人的人身权益、财产权益而实施紧急救助行为，造成损害结果的，分以下两种情形处理：

①紧急救助行为导致受助人损害的，救助人不必承担侵权责任。

②紧急救助行为导致救助人损害的，加害人承担侵权责任，受助人可以给予适当补偿。加害人没有能力承担侵权责任或者无法找到加害人，救助人请求补偿的，受助人应当给予适当补偿。

(4)自助行为。

合法权益受到侵害，情况紧迫，不能及时获得国家机关保护，不立即采取措施将使其合法权益受到难以弥补的损害的，受害人可以在必要范围内采取扣留侵权人的财物等合理措施；但是，应当立即请求有关国家机关处理。受害人采取措施不当造成他人损害的，应当承担侵权责任。

考点 70 侵权责任的行为模式

1. 共同侵权行为

(1)共同加害行为。

共同加害行为包括共同故意加害行为与共同过失加害行为。所谓共同故意加害行为，是指数个主体基于同一故意实施侵害他人法定权利或者民事权益的行为；所谓共同过失加害行为，是指数个主体，因为从事某一事务或者处于某种环境，进而负有同一注意义务，数个主体均未尽到前述注意义务导致损害结果产生。数个主体实施共同加害行为的，应当承担连带责任。

(2)共同危险行为。

所谓共同危险行为，是指数个主体实施数个危险行为，其中一个或者数个危险行为导致损害结果产生。对此情形，可作如下处理：

①如果能够确定具体加害人，那么由加害人承担侵权责任。

②如果不能确定具体加害人，那么由所有加害人承担连带责任。

(3)教唆(帮助)侵权。

①教唆(帮助)完全民事行为能力人侵权，教唆人(帮助人)与侵权人承担连带责任。

②教唆(帮助)限制民事行为能力人或者无民事行为能力人侵权，该限制民事行为能力人或者无民事行为能力人的监护人尽到监护职责的，教唆人(帮助人)承担侵权责任。

③教唆(帮助)限制民事行为能力人或者无民事行为能力人侵权，该限制民事行为能力人或者无民事行为能力人的监护人没有尽到监护职责的，教唆人(帮助人)承担侵权责任，监护人承担相应的侵权责任。

2. 分别侵权行为

(1)直接结合行为。

数个主体无意思联络而实施数个行为，其中任一行为即可造成全部损害结果的，属于直接结合行为，数个主体承担连带责任。

(2)间接结合行为。

数个主体无意思联络而实施数个行为，只有数个行为结合在一起才能造成全部损害结果的，属于间接结合行为，能够确定责任大小的，各自承担相应责任；难以确定责任大小的，平均承担责任。

考点 71 侵权责任的特殊主体

1. 侵权本人不担责，他人代替其担责

(1)被监护人侵权。

①被监护人侵权的，由其监护人承担侵权责任。被监护人侵权，监护人将监护职责委托给他人的，由监护人承担侵权责任；受托人有过错的，承担相应责任。

②被监护人有财产的，以其财产先行赔偿，不足部分再由其监护人赔偿。

注意：监护人尽到监护职责的，不能免除监护人的侵权责任，但是可以减轻监护人的侵权责任。

(2)用人单位责任。

①用人单位工作人员执行工作任务导致他人损害的，就一般情形而言，由用人单位承担侵权责任，用人单位承担侵权责任之后，可以向有故意或者重大过失的工作人员追偿。

②用人单位工作人员执行工作任务导致他人损害的，就劳务派遣而言，由用工单位承担侵权责任，派遣单位如果存在过错，承担相应责任。

(3)个人劳务责任。

①雇员执行工作任务导致他人损害的，由雇主承担侵权责任，雇主承担侵权责任之后，可以向有故意或者重大过失的雇员追偿。

②雇员执行工作任务导致自己损害的，由雇员与雇主按照各自过错承担侵权责任。

③提供劳务期间，由于第三人的行为造成雇员损害的，雇员有权请求第三人承担侵权责任，或者请求雇主补偿。雇主补偿之后，可以向第三人追偿。

2. 侵权本人要担责，他人补充其责任

(1)安保场所责任。

所谓安保场所责任，是指公共场所的管理者或者群众性活动的组织者负有安全保障义务，应当确保其管理的公共场所或者其组织的群众性活动没有安全隐患，如果没有尽到安全保障义务导致损害结果发生，其应当承担侵权责任。

①安保场所没有尽到安全保障义务直接造成受害人损害的，由安保场所承担侵权责任。

②安保场所范围之内第三人侵权的，第三人承担侵权责任，安保场所如果存在过错，承担相应的补充责任。安保场所承担补充责任之后，可以向第三人追偿。

(2)教育机构责任。

①无民事行为能力人在教育机构学习、生活期间遭受人身伤害的，推定教育机构存在过错，教育机构如果能证明自己尽到教育、管理职责，不必承担侵权责任。(过错推定原则)

②限制民事行为能力人在教育机构学习、生活期间遭受人身伤害的，如果教育机构存在过错，那么其应当承担侵权责任。(一般过错原则)

③无民事行为能力人、限制民事行为能力人在教育机构学习、生活期间遭到第三人侵权的，第三人承担侵权责任，教育机构如果存在过错，承担相应的补充责任。教育机构承担补充责任之后，可以向第三人追偿。

3. 侵权本人要担责，他人过错同担责

(1)网络侵权行为。

①网络用户利用网络服务侵权的，如果网络服务提供者对此自始知情或者应当知情，由网络用户与网络服务提供者承担连带责任。

②网络用户利用网络服务侵权的，如果网络服务提供者收到受害人的通知之后方才知情，其收到受害人的通知之后及时采取补救措施的，不必承担侵权责任；其收到受害人的通知之后没有采取补救措施致使损害扩大的，就扩大的损害而言，其应当与网络用户承担连带责任。(这一规则被认为是网络服务提供者的避风港，因此也称“避风港规则”)

注意：①错误通知造成网络用户或者网络服务提供者损害的，应当承担侵权责任。

②网络服务提供者接到通知之后，应当及时将通知转送被控侵权的网络用户。被控侵权的网络用户接到转送的通知之后，可以向网络服务提供者提交不侵权的声明。网络服务提供者接到声明之后，应当将声明转送发出通知的网络用

户,同时告知其可以向有关部门投诉或者向法院提起诉讼。网络服务提供者在转送声明到达发出通知的网络用户之后的合理期限内,未收到其已经投诉或者提起诉讼通知的,应当及时终止所采取的措施。

(2)承揽工作侵权。

承揽人在承揽工作中导致他人或者自己损害的,定作人对定作、指示或者选任有过错时方才承担相应的侵权责任,否则定作人不必承担侵权责任。

考点72 产品损害责任

1. 责任主体

产品存在缺陷导致受害人损害的,生产者与销售者承担连带责任,有过错的仓储者、运输者不对外承担侵权责任,生产者、销售者承担侵权责任之后,有权向有过错的仓储者、运输者追偿。

在产品损害责任纠纷中,产品存在缺陷导致受害人损害的,受害人可以提起侵权之诉主张加害人承担侵权责任。同时,产品存在缺陷表明产品不符合合同的约定的,受害人可以提起违约之诉主张销售者承担违约责任。

2. 归责原则

(1)对外连带责任。

无过错责任原则。也就是说,无论生产者、销售者是否具有主观过错,只要产品存在缺陷导致受害人损害,即应当对受害人承担连带责任。

(2)对内追偿责任。

①销售者向生产者追偿适用无过错责任原则。也就是说,无论生产者是否具有主观过错,销售者承担侵权责任之后均可向其追偿。

②生产者向销售者追偿适用过错责任原则。也就是说,只有销售者具有主观过错,生产者承担侵权责任后才能向其追偿。

3. 跟踪责任

产品投入流通之后发现存在缺陷的,生产者、销售者应当及时采取停止销售、警示、召回等补救措施。生产者、销售者没有及时采取补救措施或者采取补救措施不力造成受害人损害的,应当承担侵权责任。采取召回措施的,生产者、销售者应当负担被侵权人因此支出的必要费用。

4. 惩罚性赔偿

产品损害纠纷中,受害人意欲主张惩罚性赔偿应当满足以下主观条件与客观条件。

(1)主观条件:生产者或者销售者明知产品存在缺陷仍然将其投入流通领域,或者知情之后没有及时采取上述补救措施。

(2)客观条件:导致受害人死亡或者健康严重损害。

考点73 交通事故责任

1. 责任主体

(1)一般责任主体。

交通事故责任的一般责任主体应当区分为以下两种情形处理:

①机动车与机动车。

机动车与机动车发生交通事故的，按照事故双方的过错分担侵权责任。

②机动车与非机动车。

机动车与非机动车发生交通事故的，机动车一方的侵权责任包含多层考点，详述如下：

机动车与非机动车驾驶人、行人之间发生交通事故，非机动车驾驶人、行人没有过错的，由机动车一方承担赔偿责任；有证据证明非机动车驾驶人、行人有过错的，根据过错程度适当减轻机动车一方的赔偿责任；机动车一方没有过错的，承担不超过10%的赔偿责任。交通事故的损失是由非机动车驾驶人、行人故意碰撞机动车造成的，机动车一方不承担赔偿责任。

(2)特殊责任主体。

①因租赁、借用等情形机动车所有人、管理人与使用人不是同一人时，发生交通事故造成损害，属于该机动车一方责任的，由机动车使用人承担赔偿责任；机动车所有人、管理人对损害的发生有过错的，承担相应的赔偿责任。

②机动车的所有权人转让或者赠与机动车，已经交付机动车，但是没有办理过户登记，此时受让人或者受赠人驾车发生交通事故，造成受害人损害的，由受让人或者受赠人承担侵权责任。

③机动车的所有权人转让拼装或者报废机动车，受让人驾车发生交通事故，造成受害人损害的，由转让人与受让人承担连带责任；多次转让拼装或者报废机动车，受让人驾车发生交通事故，造成受害人损害的，由所有参与的转让人与受让人承担连带责任。

④盗窃、抢劫或者抢夺机动车发生交通事故，造成受害人损害的，由盗窃、抢劫或者抢夺机动车的人承担侵权责任。盗窃、抢劫或者抢夺机动车的人与机动车使用人并非同一人的，由盗窃、抢劫或者抢夺机动车的人与机动车使用人承担连带责任。保险公司在交通责任强制保险的限额内垫付抢救费用的，有权向责任人追偿。

⑤非营运机动车发生交通事故造成无偿搭乘人损害的，应当减轻赔偿责任，但是机动车使用人有故意或者重大过失的除外。

⑥没有征得机动车的所有权人的同意而驾驶其机动车，发生交通事故，造成受害人损害的，属于该机动车一方责任的，由机动车的使用人承担侵权责任。机动车的所有权人、管理人存在过错的，承担相应的侵权责任。

⑦驾驶挂靠机动车发生交通事故，造成受害人损害的，由挂靠人与被挂靠人承担连带责任。

2. 归责原则

(1)机动车与机动车间：一般过错原则，亦即机动车驾驶人没有主观过错即不必承担侵权责任。

(2)机动车与非机动车间：无过错责任原则，亦即无论机动车一方是否具有主观过错，只要发生交通事故导致受害人损害，即要承担侵权责任。

3. 责任承担

在交通事故责任中，一旦确定责任主体与赔偿数额，即应当按照下列步骤承担侵权责任，对受害人进行赔偿：

第一步，首先应当由机动车强制保险的承保公司在赔偿限额内对受害人进行赔偿。

第二步，如果机动车强制保险的承保公司对受害人进行赔偿之后仍有不足，那么不足部分应当由第三者责任险的承保公司按照保险合同对受害人进行赔偿。

第三步，如果第三者责任险的承保公司按照保险合同对受害人进行赔偿之后仍有不足，那么不足部分由交通事故的责任人承担。

注意：(1)如果投保义务人没有投保交强险，那么原本应当由机动车强制保险的承保公司承担的赔偿数额改由投保义务人承担，投保义务人与侵权行为人不是同一人的，二人对此赔偿数额承担连带责任。

(2)受害人或者其近亲属有权要求机动车强制保险的承保公司优先赔偿精神损害。原因在于第三者责任险的承保公司通常不会赔偿精神损害，如果不能要求机动车强制保险的承保公司优先赔偿精神损害，那么最终精神损害将由交通事故的责任人承担，而交通事故的责任人的赔偿能力远远低于机动车强制保险的承保公司的赔偿能力。为了充分保障受害人或者其近亲属获得及时、充分的赔偿，法律允许受害人或者其近亲属要求机动车强制保险的承保公司优先赔偿精神损害。

考点 74 医疗损害责任

1. 责任主体

(1)一般责任主体。

医务人员未尽告知义务、未尽诊疗义务、公开病历资料，造成患者损害的，医疗机构应当承担责任。医疗机构外聘医务人员对患者进行诊疗，由于受邀医务人员的过错造成患者损害的，医疗机构应当承担侵权责任。

①未尽告知义务：医务人员在诊疗活动中应当向患者说明病情和医疗措施。需要实施手术、特殊检查、特殊治疗的，医务人员应当及时向患者具体说明医疗风险、替代医疗方案等情况，并取得其明确同意；不能或者不宜向患者说明的，应当向患者的近亲属说明，并取得其明确同意。医务人员未尽告知义务，造成患者损害的，医疗机构应当承担侵权责任。

注意：由于抢救生命垂危的患者等紧急情况，不能征得患者或者其近亲属同意的，经医疗机构的负责人或者授权的负责人批准，可以立即实施相应的医疗措施。

②未尽诊疗义务：医务人员在诊疗活动中未尽到与当时的医疗水平相应的诊疗义务，造成患者损害的，医疗机构应当承担侵权责任。

③公开病历资料：医疗机构及其医务人员应当对患者的隐私和个人信息保密。泄露患者隐私和个人信息或者未经患者同意公开其病历资料，医疗机构应当承担侵权责任。

(2)特殊责任主体。

因药品、消毒产品、医疗器械的缺陷或输入不合格血液导致患者损害的，考点有三：

①因药品、消毒产品、医疗器械的缺陷或输入不合格血液导致患者损害的，患者既可以向医疗机构主张侵权责任，也可以向药品上市许可持有人、医疗产品的生产者、销售者或者血液的提供者主张侵权责任。医疗机构承担侵权责任之后可以向药品上市许可持有人、医疗产品的生产者、销售者或者血液的提供者追偿。

②因药品、消毒产品、医疗器械的缺陷或输入不合格血液与过错诊疗行为共同造成患者同一损害的，应当由生产者、销售者或者提供者与医疗机构一同承担连带责任。

③医疗产品的生产者、销售者明知医疗产品存在缺陷仍然生产、销售，造成患者死亡或者健康严重损害的，应当在患者所受损失的两倍以内支付惩罚性赔偿金。

2. 归责原则

医疗损害责任原则上适用一般过错原则，但是以下情形除外：

(1)因药品、消毒产品、医疗器械的缺陷或输入不合格血液导致患者损害的，医疗产品的生产者、销售者或者血液的提供者与医疗机构承担侵权责任适用无过错责任原则。

(2)医疗机构存在以下情形时适用过错推定原则：

①违反法律、行政法规、规章以及其他有关诊疗规范的规定。

②隐匿或者拒绝提供与纠纷有关的病历资料。

③遗失、伪造、篡改或者违法销毁病历资料。

3. 免责事由

患者在医疗活动中受有损害，存在下列情形之一的，医疗机构不必承担侵权责任：

(1)患者或者其近亲属不配合医疗机构进行符合诊疗规范的诊疗。

(2)医务人员在抢救生命垂危的患者等紧急情况下已尽合理诊疗义务。

(3)限于当时的医疗水平难以诊疗。

考点 75 生态环境侵权责任

【知识图解】 生态环境侵权责任

项目	内容
案件范围	因实施下列污染环境、破坏生态行为造成他人人身、财产损害的 **注意**：不动产权利人在日常生活中环境污染造成相邻不动产权利人损害的，不属于生态环境侵权；因经营活动污染环境、破坏生态造成相邻不动产权利人损害的，属于生态环境侵权
归责原则	(1)行为人——无过错原则：污染环境、破坏生态造成他人损害，行为人无论有无过错，都应当承担侵权责任； (2)其他人——过错原则：行为人以外的其他责任人对损害发生有过错的，应当承担侵权责任

民法

续表

项目	内容
共同侵权	(1)两个以上侵权人分别污染环境、破坏生态造成同一损害,每一个侵权人的行为都足以造成全部损害,侵权人承担连带责任; (2) 两个以上侵权人分别污染环境、破坏生态,每一个侵权人的行为都不足以造成全部损害,能够确定责任大小的,各自承担相应的责任;难以确定责任大小的,平均承担责任; (3)两个以上侵权人分别污染环境、破坏生态,部分侵权人的行为足以造成全部损害,部分侵权人的行为只造成部分损害,足以造成全部损害的侵权人对全部损害承担责任,并与其他侵权人就共同造成的损害部分承担连带责任;受偿范围应以侵权行为造成的全部损害为限; (4)两个以上侵权人分别排放的物质相互作用产生污染物造成他人损害,侵权人承担连带责任
股东责任	公司股东滥用股东权利或公司独立法人地位,污染环境、破坏生态的,股东承担责任
补充责任	侵权人污染环境、破坏生态造成他人损害,被侵权人请求未尽到安全保障义务的经营场所、公共场所的经营者、管理者或者群众性活动的组织者承担相应补充责任的,人民法院应予支持
第三人过错	(1)侵权人不得以损害是由第三人过错造成的为由,主张不承担责任或者减轻责任; (2)被侵权人同时起诉侵权人和第三人,侵权人对损害的发生没有过错的,人民法院应当判令侵权人、第三人就全部损害承担责任,侵权人承担责任后有权向第三人追偿; (3)侵权人对损害的发生有过错的,人民法院应当判令侵权人就全部损害承担责任,第三人承担与其过错相适应的责任,侵权人承担责任后有权就第三人应当承担的责任份额向其追偿; (4)被侵权人仅请求第三人承担责任,侵权人对损害的发生也有过错的,人民法院应当判令第三人承担与其过错相适应的责任

考点 76 动物损害责任

1. 责任主体

(1)一般责任主体。

饲养的动物造成受害人损害的,由动物的饲养人或者管理人承担侵权责任。野生动物导致损害属于意外事件,并不产生侵权责任。

(2)特殊责任主体。

①遗弃、逃逸的动物致人损害,由动物的原饲养人或者管理人承担侵权责任。值得注意的是,遗弃不同于放生。所谓放生,是指使动物回归其原本的生存环境。

②第三人原因导致动物侵权的,受害人既可以向动物的饲养人或者管理人主张责任,也可以向第三人主张责任。动物的饲养人或者管理人承担责任之后可以

向第三人追偿。

2. 归责原则

动物损害责任适用无过错责任原则，以受害人存在故意或者重大过失为免责或者减责事由，但是以下情形除外：

(1)违反管理规定，没有对动物采取安全措施致人损害的，受害人的重大过失不能作为免责或者减责事由；受害人的故意不能作为免责事由，但是可以作为减责事由。

(2)禁止饲养的烈性犬等危险动物致人损害的，没有免责或者减责事由，即便受害人存在故意或者重大过失，动物的饲养人或者管理人也应当承担侵权责任。

(3)动物园的动物导致损害的，适用过错推定原则。

【考场演练】 多项选择题

2017 年元旦当天，于某带着李某交其保管的宠物狗七七到卓某家做客。进门后，于某欲将七七放在阳台晒太阳。此时卓某告知于某：阳台围墙不高，七七容易掉下去。于某则告知卓某，七七腿短，跳不出去。后七七果然从阳台跳落，正好将刚到楼下受邀到卓某家做客的乔某砸伤，为此乔某花去医疗费近万元。此外，七七最终因抢救无效死亡。关于本案，下列表述不正确的是：

A. 李某作为七七的所有权人，应当赔偿乔某的损失

B. 于某作为七七的管理人，应当赔偿乔某的损失

C. 卓某作为此次聚会的组织者，应当赔偿乔某的损失

D. 李某有权选择请求于某承担违约责任或侵权责任

【参考答案】 AC

考点 77 物件损害责任

1. 建筑物、构筑物等倒塌、塌陷

建筑物、构筑物或者其他设施倒塌、塌陷致人损害的，建设单位与施工单位承担连带责任，但是建设单位与施工单位能够证明不存在质量缺陷的除外。(新增)建设单位与施工单位赔偿之后，可以向其他责任人追偿。因所有人、管理人、使用人或者第三人原因，建筑物、构筑物或者其他设施倒塌、塌陷致人损害的，所有人、管理人、使用人或者第三人承担侵权责任。

2. 搁置物、悬挂物等脱落、坠落

建筑物、构筑物或者其他设施及其搁置物、悬挂物发生脱落、坠落致人损害的，所有人、管理人或者使用人不能证明自己没有过错的，应当承担侵权责任。所有人、管理人或者使用人承担侵权责任之后，可以向其他责任人追偿。

3. 堆放物倒塌、滚落或者滑落

堆放物倒塌、滚落或者滑落致人损害的，堆放人不能证明自己没有过错的，应当承担侵权责任。

4. 公共道路堆放妨碍通行物品

在公共道路上堆放、倾倒、遗撒妨碍通行的物品致人损害的，应当承担侵权责任。公共道路的管理人不能证明已经尽到清理、防护、警示等义务的，应当承担相应责任。

5. 林木折断、倾倒或者果实坠落

林木折断、倾倒或者果实坠落致人损害的，所有人或者管理人不能证明自己没有过错的，应当承担侵权责任。

6. 地面施工

在公共场所或者道路上挖掘、修缮安装地下设施等，不能证明已经设置明显标志和采取安全措施致人损害的，施工人承担侵权责任。

7. 地下设施

窨井等地下设施致人损害的，管理人不能证明自己没有过错的，应当承担侵权责任。

8. 高空抛物

从建筑物中抛掷物品或者从建筑物上坠落的物品致人损害的，由侵权人承担侵权责任；难以确定侵权人的，由可能加害的建筑物使用人给予补偿，但是能够证明自己不是侵权人的除外。可能加害的建筑物使用人补偿之后，可以向侵权人追偿。

物业服务人等建筑物管理人应当采取安全保障措施防止高空抛物的发生；未采取安全保障措施的，应当承担未履行安全保障义务的侵权责任。

知识产权法

考点 1 著作权的产生

1. 中国人

著作权自作品创作完成之日起产生。无须发表,无须登记,自动取得。

2. 外国人和无国籍人

(1)成员国的国民或在成员国具有经常居住地的外国人和无国籍人:国民待遇,受到《著作权法》的保护。

(2)非成员国的国民且在成员国无经常居住地的外国人和无国籍人:

①若其创作的作品首先在中国出版,自出版之日起,依照《著作权法》赋予权利。

②只要其创作的作品在任何一个成员国首次出版,或者在一个成员国与非成员国同时出版,自其在成员国首次出版之日起,受《著作权法》保护。

注意:①中国人受到《著作权法》保护。无须发表,无须登记,创作完成即可取得。

②外国人或者无国籍人。成员国国民、经常居住地在成员国、首次发表国在成员国,三个情况之一即可认定受到《著作权法》保护。

考点 2 著作权的客体——作品

1. 内容:指文学、艺术和科学领域内具有独创性并能以某种形式表现的智力成果。

2. 特征:

(1)由文学、艺术和自然科学、社会科学、工程技术领域内的人通过智力创造活动所产生。

(2)独创性。本人独立创作或体现了自己的选择和编排。

(3)可复制性。作品必须可以通过某种形式复制,从而被他人所感知。

注意:作品是对思想观念的独创性表达;著作权只保护思想观念的表达,而不保护思想观念。

3. 种类:文字作品;口述作品;音乐、戏剧、曲艺、舞蹈、杂技艺术作品;美术、建筑作品;摄影作品;视听作品;图形作品和模型作品;计算机软件。

4. 不予保护的对象:

(1)法律、法规,国家机关的决议、决定、命令和其他具有立法、行政、司法性质的文件,及其官方正式译文;

(2)单纯事实消息;

(3)历法、通用数表、通用表格和公式。

考点 3 著作权的内容

1. 著作人身权(独有的)

(1)基本理论。

①著作人身权包括发表权、署名权、修改权、保护作品完整权。

②特点:

A. 不能继承、转让;

B. 除发表权外,著作人身权的保护期限不受限制。

(2)发表权。

①概念:发表权即决定作品是否公之于众的权利。

②特点:

A. 向不特定的第三人公开。

B. 使作品处于公众可得而知的状态即可。

C. 须著作权人自行或者许可他人公之于众;如果涉及第三人,发表权往往还受到第三人权利的制约。

D. 发表权是一次性权利(一次用尽)。

(3)署名权。

①决定署名:作者有权决定是否在作品上署名。

②署名方式:

A. 作品以署名方式发表,可以选择署真名、笔名、网名或者其他作者认为能够代表自己身份的形式;

B. 作品为演绎作品的,原作品的作者享有在演绎作品上署名的权利。

③禁止冒名:禁止在他人享有著作权的作品上署自己的名字。

(4)修改权。

①含义:作者拥有对作品进行修改或者授权他人修改作品的权利。

②原则:对作品内容的修改,必须征得作者同意。

(5)保护作品完整权。

保护作品完整权是指保护作品不

【考场演练】 单项选择题

曹某、孟某、刘某三人是司法考试的培训老师,利用业余时间共同完成一幅绘画作品《从头再来》,他们的好朋友李某提供了一些创作上的建议,并提出在署名的时候最好把自己的名字署上,这样可以利用自己的知名度提高作品的影响力,曹某、孟某、刘某三人一致同意。孟某提议要把这个作品公开发表,曹某说最好还是低调一些,自己欣赏就可以了,刘某则不置可否。孟某不顾曹某的反对把作品在招生现场进行了展览,结果被现场咨询报班的学员张某看中,出价10,000元予以购买,曹某、孟某、刘某三人均表示同意。张某购买后随即拍照在微博上进行发布,一时引起热议。请问下列说法正确的是:

A. 李某对作品的完成提出了建议,应是作者

B. 曹某、孟某、刘某三人同意李某在作品上署名,李某也表示同意,该署名行为合法

C. 孟某不顾曹某的反对把该画发表的做法合法

D. 张某购买后随即拍照在微博上进行发布的行为合法

【参考答案】 C

受歪曲、篡改的权利。

2. 著作财产权

(1)复制权。

①概念:以印刷、复印、拓印、录音、录像、翻录、翻拍、数字化等方式将作品制作一份或多份的权利。

②构成要件:

A. 将作品于有形物质载体上再现;

B. 作品须相对稳定和持久地固定在物质载体上。

(2)发行权。

①概念:以出售或者赠与方式向公众提供作品的原件或者复制件的权利。

②构成要件:

A. 提供作品的对象是公众;

B. 方式为销售或者赠与;

C. 须有作品载体(原件或复制件)所有权的移转。

(3)出租权。

①概念:有偿许可他人临时使用视听作品、计算机软件的原件或者复制作的权利,计算机软件不是出租的主要标的的除外。

②主体:视听作品的著作权人;计算机软件的著作权人。

(4)展览权。

①概念:公开陈列美术作品、摄影作品的原件或者复制件的权利。

②主体:美术作品的原件所有者;摄影作品的著作权人。

(5)表演权。

①概念:公开表演作品,以及用各种手段公开播送作品的表演的权利。

②内容:公开的活表演(如演奏乐曲、上演剧本等);公开的机械表演。

③非表演权控制的行为:非公开表演;免费的公开表演。

(6)信息网络传播权。

以有线或者无线方式向公众提供作品,使公众可以在其个人选定的时间和地点获得作品的权利,即将作品"上网"的权利。

(7)许可使用权和转让权。

①著作权人有权转让使用权中一项、多项或全部权利并获得报酬。

②著作权人有权许可他人使用作品并获得报酬;他人使用著作权人的作品,应当同著作权人订立许可使用合同,但属于法定许可使用情形的除外。

考点 4 邻接权

1. 表演者权

(1)概念:是指演员或其他文学、艺术作品的表演人(包括演出单位),对其表演所享有的权利。

(2)前提:必须是对"作品"的表演。如果被表演的不是作品,则不可能享有表演者权。

(3)客体:对作品的表演活动;表演者对同一作品"每一次表演"均分别享有表演者权。

(4)权利:

①人身权。

A. 表明表演者身份权;

B. 保护表演形象不受歪曲。

②财产权。

A. 许可他人从现场直播和公开传送其现场表演,并获得报酬(播送权);

B. 许可他人录音录像,并获得报酬(录制权);

C. 许可他人复制、发行、出租录有其表演的录音录像制品,并获得报酬(复制权、发行权和出租权);

D. 许可他人通过信息网络向公众传播其表演,并获得报酬(信息网络传播权)。

2. 录音录像制作者权

(1)主体:录音制作者和录像制作者。

(2)客体:录音制品和录像制品。

(3)权利:录音录像制作者对其制作的录音录像制品,享有许可他人复制、发行、出租、通过信息网络向公众传播并获得报酬的权利。

3. 播放者权

(1)主体:广播电台、电视台。

(2)客体:广播组织播放的节目"信号"。

(3)权利:转播权、录制权、复制权、信息网络传播权。

考点 5 著作权的限制

1. 合理使用

(1)内容。

指基于法律的规定,可以不经权利人同意使用他人作品,亦无须支付报酬,且不构成侵权的行为。

(2)情形:

①为个人学习、研究或者欣赏,使用他人已经发表的作品;

②为介绍、评论某一作品或者说明某一问题,在作品中适当引用他人已经发表的作品;

③为报道时事新闻,在报纸、期刊、广播电台、电视台等媒体中不可避免地再现或者引用已经发表的作品;

④报纸、期刊、广播电台、电视台等媒体刊登或者播放其他报纸、期刊、广播电台、电视台等媒体已经发表的关于政治、经济、宗教问题的时事性文章,但著作权人声明不许刊登、播放的除外;

⑤报纸、期刊、广播电台、电视台等媒体刊登或者播放在公众集会上发表的讲话,但作者声明不许刊登、播放的除外;

⑥为学校课堂教学或者科学研究,翻译、改编、汇编、播放或者少量复制已经

发表的作品，供教学或者科研人员使用，但不得出版发行；

⑦国家机关为执行公务在合理范围内使用已经发表的作品；

⑧图书馆、档案馆、纪念馆、博物馆、美术馆、文化馆等为陈列或者保存版本的需要，复制本馆收藏的作品；

⑨免费表演已经发表的作品，该表演未向公众收取费用，也未向表演者支付报酬，且不以营利为目的；

⑩对设置或者陈列在公共场所的艺术作品进行临摹、绘画、摄影、录像；

⑪将中国公民、法人或者非法人组织已经发表的以国家语言文字创作的作品翻译成少数民族语言文字作品在国内出版发行；

⑫以阅读障碍者能够感知的无障碍方式向其提供已经发表的作品。

2. 法定许可

(1)概念：是指基于法律的规定，可不经著作权人同意使用他人已经发表作品，但需要支付报酬的行为。

(2)情形：

①为实施义务教育和国家教育规划而编写出版教科书。

②录音制作者使用他人已经合法录制为录音制品的音乐作品制作录音制品，可以不经著作权人许可，但应当按照规定支付报酬。

③作品在报刊刊登后，除著作权人声明不得转载、摘编的外，其他报刊可以转载或者作为文摘、资料刊登，但应当按照规定向著作权人支付报酬。

注意：此处强调"纸媒"和"纸媒"的转载，其余情形如"纸媒"和"网络"、"网络"和"网络"的转载均需要经过许可且支付报酬。

④广播电视组织：广播电台、电视台播放他人已发表的作品，可以不经著作权人许可，但应当支付报酬。

【考场演练】 单项选择题

曹老师的小说《那些年，我们一起经历的法考》被孟老师改编成电视剧剧本，合众传媒利用该剧本拍摄成同名电视剧，杭州电视台将该电视剧在法治频道进行了播放，合众教育的某学员用手机将该电视剧录下后供自己在备考的过程中欣赏，下列说法正确的是：

A. 合众传媒使用孟老师的剧本拍摄该电视剧需要经过孟老师的许可并向其支付报酬

B. 杭州电视台播放该电视剧需要经过该剧编剧孟老师的同意并向其付费

C. 孟老师改编曹老师的小说只需要向曹老师付费即可

D. 合众教育的某学员用手机将该电视剧录下后供自己在备考的过程中欣赏需要经过合众传媒同意并向其付费

【参考答案】 A

考点 6 著作权法上的侵权法律责任及诉讼时效

1. 责任形式

(1)停止侵权、消除影响、恢复名誉、销毁侵权物品等(无过错责任)。

(2)赔偿损失(过错责任，即行为人有故意或者过失)。

(3)赔偿损失规则：

①侵犯著作权或者与著作权有关的权利的,侵权人应当按照权利人的实际损失给予赔偿。

②权利人的实际损失或者侵权人的违法所得难以计算的,由法院按照侵权情节判决给予500元以上500万元以下的赔偿。

③赔偿数额还应当包括权利人为制止侵权行为所支付的合理开支。

2. 诉讼时效

(1)原则上:侵犯著作权的诉讼时效为3年,自著作权人知道或者应当知道侵权行为之日起计算。

(2)例外:权利人超过3年起诉的,如果侵权行为在起诉时仍在持续,在该著作权保护期内,人民法院应当判决被告停止侵权行为。

考点 7 商标的注册原则

1. 自愿注册原则

(1)内容:商标的使用人是否申请商标注册完全取决于自己的意愿。商标的注册人对其已经注册的商标享有专用权,受到法律保护。

(2)未注册商标使用:未经注册的商标可以在商标或者服务项目上使用,但其使用人不享有专用权,无权禁止他人在同种或者类似商品上使用与其商标相同或近似的商标,但是驰名商标除外。

(3)特殊情形:

①烟卷、雪茄烟和有包装的烟丝必须申请商标注册,否则不能使用。

②不以使用为目的的恶意商标注册申请,应当予以驳回。

2. 申请在先原则

(1)两个或者两个以上的商标注册申请人,在同一种商品或者类似商品上,以相同或者近似的商标申请注册的,初步审定并公告申请在先的商标。

(2)同一天申请的,初步审定并公告使用在先的商标,驳回其他人的申请,不予公告。

3. 优先权原则

(1)内容:商标注册申请人自其商标在外国第一次提出商标注册申请之日起6个月内,又在中国就相同商品以同一商标提出商标注册申请的,依照该外国同中国签订的协议或者共同参加的国际条约,或者按照相互承认优先权的原则,可以享有优先权。

(2)对象:优先权日即为申请日。

考点 8 商标的注册条件

1. 绝对禁止:不能注册,不得使用(所有商标)。

(1)同中华人民共和国的国家名称、国旗、国徽、国歌、军旗、军徽、军歌、勋章等相同或者近似的,以及同中央国家机关的名称、标志、所在地特定地点的名称或者标志性建筑物的名称、图形相同的;

(2)同外国的国家名称、国旗、国徽、军旗相同或者近似的,但该国政府同意的除外;

(3)同政府间国际组织的名称、旗帜、徽记等相同或者近似的，但经该组织同意或者不易误导公众的除外；

(4)与表明实施控制、予以保证的官方标志、检验印记相同或者近似的，但经授权的除外；

(5)同“红十字”“红新月”的名称、标志相同或者近似的；

(6)带有民族歧视性的；

(7)带有欺骗性，容易使公众对商品的质量等特点或者产地产生误认的；

(8)有害社会主义道德风尚或者有其他不良影响的。

注意：县级以上行政区划的地名或者公众知晓的外国地名，不得作为商标。但是，地名具有其他含义或者作为集体商标、证明商标组成部分的除外。

2. 相对禁止：原则上不得注册。

(1)仅有本商品的通用名称、图形、型号的；

(2)仅直接表示商品的质量、主要原料、功能、用途、重量、数量及其他特点的；

(3)缺乏显著特征的。

经过使用取得显著特征，并便于识别的，可以作为商标注册，但仅限于注册商标。

【考场演练】 多项选择题

下列关于《商标法》的有关规定，说法正确的是：

A. 声音也可被注册为商标

B. 商标注册申请人通过一份申请只能就一个类别的商品申请注册同一商标

C. 同中央国家机关的名称、标志相同的，不得作为商标注册

D. 经营者不得将驰名商标字样用于商品的广告宣传当中

【参考答案】 ACD

考点 9 商标权的内容

1. 权利期间：注册商标的有效期为10年，自核准注册之日起计算。

2. 专用权：注册商标的专用权，以核准注册的商标和核定使用的商品为限。

3. 转让权。

(1)程序：①签订转让协议；②共同向商标局提出转让申请。

(2)限制：转让注册商标的，商标注册人对其在同一种商品上注册的近似的商标，或者在类似商品上注册的相同或者近似的商标，应当一并转让。未一并转让的，由商标局通知其限期改正；期满不改正的，视为放弃转让该注册商标的申请。

(3)时间：转让注册商标经核准后，予以公告。受让人自公告之日起享有商标专用权。

4. 许可权。

(1)程序：许可他人使用其注册商标的，许可人应当将其商标使用许可报商标局备案，由商标局予以公告；商标使用许可未经备案不得对抗善意第三人。

(2)要求：

①必须在使用该注册商标的商品上标明被许可人的名称和商品产地；

②被许可人应当保证使用该注册商标的商品质量；

③许可人应当监督被许可人使用其注册商标的商品质量。

(3)种类:

①独占使用许可,是指商标注册人在约定的期间、地域和以约定的方式,将该注册商标仅许可一个被许可人使用,商标注册人依约定不得使用该注册商标。

注意:在发生注册商标专用权被侵害时,独占使用许可合同的被许可人可以向法院提起诉讼。

②排他使用许可,是指商标注册人在约定的期间、地域和以约定的方式,将该注册商标仅许可一个被许可人使用,商标注册人依约定可以使用该注册商标,但不得另行许可他人使用该注册商标。

注意:在发生注册商标专用权被侵害时,排他使用许可合同的被许可人可以和商标注册人共同起诉,也可以在商标注册人不起诉的情况下,自行提起诉讼。

③普通使用许可,是指商标注册人在约定的期间、地域和以约定的方式,许可他人使用其注册商标,并可自行使用该注册商标。

注意:在发生注册商标专用权被侵害时,普通使用许可合同的被许可人经商标注册人明确授权,可以提起诉讼。

【考场演练】 多项选择题

下列关于商标专用权的规定,哪些说法是正确的?

A. 仅注册商标享有商标专用权

B. 注册商标需要在核定使用范围之外的商品上取得商标专用权的,应当另行提出注册申请

C. 注册商标需要改变其标志的,应当提出变更注册申请

D. 侵犯未注册驰名商标的,不需要承担赔偿责任

【参考答案】 ABD

5. 续展权。

(1)内容:期满后商标所有人需要继续使用该商标并维持专用权的,可以通过续展注册延长商标权的保护期限。续展注册没有次数的限制。

(2)期限:

①续展期。续展注册应当在有效期满前12个月内办理。

②宽展期。在此期间未能提出申请的,有6个月的宽展期。

(3)法律效果:

①续展。

A. 在前述期限内办理续展手续的,每次续展注册的有效期为10年,自该商标上一届有效期满次日起计算。

B. 商标注册人或者利害关系人在注册商标续展、宽展期内提出续展申请,未获核准前,以他人侵犯其注册商标专用权提起诉讼的,人民法院应予受理。

②不续展。

A. 注销其注册商标(注意:注销≠撤销)。

B. 自注销之日起1年内,商标局对与该商标相同或者近似的商标注册申请,不予核准。

考点 10 注册商标权的消灭

1. 商标权的注销情形

(1)注册商标法定期限届满,未续展和续展未获批准的;

(2)商标注册人申请注销其注册商标或者注销其商标在部分指定商品上的注册;

(3)商标注册人死亡或者终止,自死亡或者终止之日起 1 年期满,该注册商标没有办理转移手续的,任何人可以向商标局申请注销该注册商标。

2. 商标权的撤销

(1)事由。

①商标注册人在使用注册商标的过程中,自行改变注册商标、注册人名义、注册地址或者其他注册事项的,由地方工商行政管理部门责令限期改正;期满不改正的,由商标局撤销其注册商标。

②注册商标成为其核定使用的商品的通用名称或者没有正当理由连续 3 年不使用的,任何单位或者个人可以向商标局申请撤销该注册商标。

(2)后果。

①被撤销的注册商标,由商标局予以公告,该注册商标专用权自公告之日起终止。

②自撤销之日起 1 年内,商标局对与该商标相同或者近似的商标注册申请,不予核准。

(3)商标权的无效宣告。

①情形:

A. 已经注册的商标,违反商标注册的禁止性条件的,或者是以欺骗手段或者其他不正当手段取得注册的,由商标局宣告该注册商标无效,其他单位或者个人可以请求商标局宣告该注册商标无效。

B. 已经注册的商标侵害他人民事权益的,自商标注册之日起 5 年内,在先权利人或者利害关系人可以请求商标局宣告该注册商标无效。对恶意注册的,驰名商标所有人不受 5 年的时间限制。

②后果:

A. 宣告无效的注册商标,由商标局予以公告,该注册商标专用权视为自始不存在;

B. 宣告注册商标无效的决定或者裁定,对宣告无效前人民法院已作出并已执行的商标侵权案件的判决、裁定、调解书和工商行政管理部门作出并已执行的商标侵权案件的处理决定以及已经履行的商标转让或者使用许可合同不具有追溯力;

C. 依照前款规定不返还商标侵权赔偿金、商标转让费、商标使用费,明显违反公平原则的,应当全部或者部分返还。

考点11 商标侵权

1. 侵权行为

(1)假冒和仿冒他人注册商标。

①同一种商品上使用与他人注册商标相同的商标(假冒)。

注意:此处客观题中有一点会是核心考点:假冒注册商标的商品必须销毁,不得在仅去除假冒注册商标后进入商业渠道。

②同一种商品上使用与他人注册商标相近似的商标(仿冒)。

③类似商品上使用与注册商标相同的商标(仿冒)。

④类似商品上使用与他人注册商标相近似的商标(仿冒)。

注意:《商标法》对于商标和商品都是既保护商标的相同也保护商标的相似,所以此处用"相同、相似"排列组合四种情形:"相同、相同""相同、相似""相似、相同""相似、相似"。

(2)销售侵犯商标专用权的商品。

销售不知道是侵犯注册商标专用权的商品,能证明该商品是自己合法取得并说明提供者的,不承担赔偿责任。

(3)伪造、擅自制造他人注册商标标识或者销售伪造、擅自制造的注册商标标识。

(4)未经商标注册人同意,更换其注册商标并将该更换商标的商品又投入市场。

(5)故意为侵犯他人商标专用权行为提供便利条件,帮助他人实施侵犯商标专用权行为。

2. 侵权赔偿

(1)赔偿金额认定规则。

①侵犯商标专用权的赔偿数额,按照权利人因被侵权所受到的实际损失确定。

②实际损失难以确定的,可以按照侵权人因侵权所获得的利益确定。

③权利人的损失或者侵权人获得的利益难以确定的,参照该商标许可使用费的倍数合理确定。

④对恶意侵犯商标专用权,情节严重的,可以在按照上述方法确定数额的1倍以上5倍以下确定赔偿数额。赔偿数额应当包括权利人为制止侵权行为所支付的合理开支。

(2)赔偿金额举证责任。

①人民法院为确定赔偿数额,在权利人已经尽力举证,而与侵权行为相关的账簿、资料主要由侵权人掌握的情况下,可以责令侵权人提供与侵权行为相关的账簿、资料;

②侵权人不提供或者提供虚假的账簿、资料的,人民法院可以参考权利人的主张和提供的证据判定赔偿数额;

③权利人因被侵权所受到的实际损失、侵权人因侵权所获得的利益、注册商

标许可使用费难以确定的，由人民法院根据侵权行为的情节判决给予500万元以下的赔偿。

3. 不承担赔偿责任的抗辩

(1)注册商标3年未使用：注册商标3年未使用，并且注册商标专用权人不能证明受到其他损失的，侵权人不承担赔偿责任。

(2)善意销售：销售不知道是侵犯注册商标专用权的商品，能证明该商品是自己合法取得并说明提供者的，不承担赔偿责任。

(3)侵犯未注册驰名商标：侵犯未注册驰名商标的，只承担停止侵害、销毁侵权物品等责任，不承担赔偿责任。

考点 12 专利权的主体

1. 专利权的一般主体

(1)发明人或者设计人。

①概念：是指对发明创造的实质性特点作出创造性贡献的人；只能是自然人。

②限制：发明创造活动是一种事实行为。

(2)受让人。

①内容：是指他人可以通过合同或者继承成为专利权人。

②对象：专利申请权和专利权可以转让。

2. 专利权的特殊主体

(1)合作发明：

①有约定从约定；无约定的，申请专利的权利属于合作开发的当事人共有。

②合作开发的当事人一方不同意申请专利的，另一方或者其他各方不得申请专利。

注意：要将其和合作作品的著作权归属和行使方式进行区分。

(2)委托发明专利：

①有约定从约定；无约定的，申请专利的权利属于受托人。

②受托人转让专利申请权的，委托人享有同等条件下优先受让的权利。

(3)职务发明创造：

①专利申请权归属单位。

②适用情形。

A. 执行本单位任务，"本单位"(含临时工作单位)包括：

a. 在本职工作中作出的发明创造。

b. 履行本单位交付的本职工作之外的任务所作出的发明创造。

c. 退休、调离原单位后或者劳动、人事关系终止后1年内作出的，与其在原单位承担的本职工作或者原单位分配的任务有关的发明创造。

B. 主要利用本单位的物质技术条件：职务发明创造的专利申请权和取得的专利权归发明人或设计人所在的单位。利用本单位的物质技术条件所完成的发明创造，单位与发明人或者设计人订有合同，对申请专利的权利和专利权的归属作出约定的,从其约定。

③职务发明中,发明人(设计人)享有以下权利。

A. 署名权;B. 获得报酬权;C. 获得奖励权。

考点 13 专利权的客体

1.《专利法》的保护范围

(1)发明:是指对产品、方法或者其改进所提出的新的技术方案。

(2)实用新型:是指对产品的形状、构造或者其组合所提出的适于实用的新的技术方案。

(3)外观设计:是指对产品的整体或者局部的形状、图案或者其结合以及色彩与形态、图案的结合所作出富有美感并适用于工业应用的新设计。

注意:发明和实用新型的对象都是“技术方案”,而外观设计的对象是“设计”。

2. 专利法不予保护的对象

(1)对违反法律、社会公德或者妨害公共利益的发明创造;

(2)对违反法律、行政法规的规定获取或者利用遗传资源,并依赖该遗传资源完成的发明创造;

(3)科学发现;

(4)智力活动的规则和方法,如体育竞赛规则、游戏规则、商业方法等;

(5)疾病的诊断和治疗方法;

(6)动物和植物品种;

(7)原子核变换方法以及用原子核变换方法获得的物质;

(8)对“平面”印刷品的图案、色彩或者二者的结合作出的主要起标识作用的设计。

考点 14 专利的申请原则

1. 先申请原则:两个以上的申请人分别就同样的发明创造申请专利的,专利权授予最先申请的人。

2. 形式法定原则:申请专利的各种手续,都应当以书面形式或者国家知识产权局专利局规定的其他形式办理。以电子数据交换等方式能够有形地表现所载内容,并可以随时调取查用的数据电文,视为书面形式。

3. 单一性原则(一发明一申请;一申请一发明;一发明一专利权):

(1)含义。

①一件发明或者实用新型专利申请应当限于一项发明或者实用新型;

②一件外观设计专利申请应当限于一项外观设计。

(2)例外。

①属于一个总的发明构思的两项以上的发明或者实用新型,可以作为一件申请提出。

②同一产品两项以上的相似外观设计,或者用于同一类别并且成套出售或者使用的产品的两项以上外观设计,可以作为一件申请提出。

注意:此处虽然“作为一件提出”,但是授权是因为一件上有多个技术方案,因此，授权是授予多个权利。

4. 诚实信用原则：申请专利应当遵循诚实信用原则。提出各类专利申请应当以真实发明创造活动为基础，不得弄虚作假。

5. 保密审查原则：任何单位或者个人将在中国完成的发明或者实用新型向外国申请专利的，应当事先报经国务院专利行政部门进行保密审查。保密审查的程序、期限等按照国务院的规定执行。中国单位或者个人可以根据中华人民共和国参加的有关国际条约提出专利国际申请。申请人提出专利国际申请的，应当遵守前述规定。对违反前述规定向外国申请专利的发明或者实用新型，在中国申请专利的，不授予专利权。

考点 15 专利权的内容和限制

1. 专利权的内容

(1)专利权人的权利。

①独占实施权。

A. 产品专利：产品专利权人依法享有制造权、使用权、许诺销售权、销售权、进口权；

B. 方法专利：方法专利权人依法享有使用专利方法权、使用权、许诺销售权、销售权、进口权；

C. 外观设计专利：外观设计专利权人依法享有制造权、销售权、许诺销售权、进口权。

②许可实施权：A. 独占实施许可；B. 排他实施许可；C. 普通实施许可。

注意：专利许可与商标许可的规则一样。

③转让权，是指专利权人将其专利权转移给他人所有。转让专利权的，由国务院专利行政部门予以公告。专利权的转让自登记之日起生效。

(2)专利权的保护期间。

①期限。

A. 发明专利权：20 年；

B. 实用新型专利权：10 年；

C. 外观设计专利权：15 年。

②起算。申请日起计算。

2. 专利权的限制：专利权的强制许可（仅限于发明和实用新型专利）

(1)防止权利滥用的强制许可：①专利权人自专利权被授予之日起满 3 年，且自提出专利申请之日起满 4 年，无正当理由未实施或者未充分实施其专利。

②专利权人行使专利权的行为被依法认定为垄断行为，为消除或者减

【考场演练】 多项选择题

根据《专利法》的规定，下列行为中，属于侵犯专利权的行为是：

A. 发明专利权申请公布后，专利局公告授权之前，第三人未经同意实施该技术的行为

B. 专利权人制造的专利产品售出后，使用该产品的行为

C. 专为科学研究而制造有关专利产品的

D. 为生产经营目的使用不知道是未经专利权人许可制造而售出的专利产品，能证明本产品合法来源的

【参考答案】 CD

少该行为对竞争产生的不利影响。

(2)符合公共利益的强制许可:

①在国家出现紧急状态或者非常情况时,或者为了公共利益,国务院专利行政部门可以给予实施发明专利或者实用新型专利的强制许可;

②为了公共健康,对取得专利权的药品,国务院专利行政部门可以给予制造并将其出口到符合中华人民共和国参加的有关国际条约规定的国家或者地区的强制许可。

(3)交叉许可:一项取得专利权的发明或者实用新型比前已经取得专利权的发明或者实用新型具有显著经济意义的重大技术进步,其实施又有赖于前一发明或者实用新型的实施的,国务院专利行政部门根据后一专利权人的申请,可以给予实施前一发明或者实用新型的强制许可。在依照前面情形给予实施强制许可的情形下,国务院专利行政部门根据前一专利权人的申请,也可以给予实施后一发明或者实用新型的强制许可。

商　法

考点 1 公司的分类与责任承担

我国《公司法》规定，公司是企业法人，有独立的法人财产，享有法人财产权。

1. 公司的分类

(1)以公司股东的责任范围为标准分类，可将公司分为无限责任公司、两合公司、股份两合公司、股份有限公司和有限责任公司。

(2)以股份转让方式为标准进行分类，可将公司分为封闭式公司与开放式公司。

(3)以公司的信用基础为标准分类，可将公司分为人合公司与资合公司以及人合兼资合公司。

(4)以公司之间的关系为标准分类，可将公司分为总公司与分公司、母公司与子公司。

(5)以公司的国籍为标准分类，可将公司分为本国公司、外国公司和跨国公司。

根据我国《公司法》的规定，公司包括有限责任公司和股份有限公司两种类型。

2. 责任承担

(1)公司以其全部财产对公司的债务承担责任。

(2)有限责任公司的股东以其认缴的出资额为限对公司承担责任；股份有限公司的股东以其认购的股份为限对公司承担责任。

公司股东滥用股东权利给公司或者其他股东造成损失的，应当依法承担赔偿责任。公司股东滥用公司法人独立地位和股东有限责任，逃避债务，严重损害公司债权人利益的，应当对公司债务承担连带责任。

【考场演练】 单项选择题

2016年7月，张某出资100万元，成立恒润有限责任公司(自然人独资)，2017年8月，张某又出资设立复星制衣厂(个人独资企业)，2018年6月，恒润公司欠刘某货款80万元，关于本案，下列哪一选项是正确的？

A. 恒润公司可以和复星制衣厂共同出资设立一家有限责任公司

B. 刘某可以张某为恒润公司唯一股东为由，要求张某承担连带责任

C. 张某在设立恒润公司后可以再投资设立一人公司

D. 张某在设立恒润公司后不得再投资设立复星制衣厂

【参考答案】 A

(3)分公司不具有法律上和经济上的独立地位，但其设立的程序简单；子公司

具有独立法人资格，拥有自己所有的财产，自己的公司名称、章程和董事会，对外独立开展业务和承担责任，但是涉及公司利益的重大决策或重大人事安排，仍要由母公司决定。

（4）外国公司在中国境内设立的分支机构不具有中国法人资格。外国公司对其分支机构在中国境内进行经营活动承担民事责任。

【知识图解】 子公司与分公司区别

比较项目	子公司	分公司
法律地位	虽受母公司实际控制，但具有独立的法人人格，在工商部门领取《企业法人营业执照》，有自己的公司名称和章程，以自己的名义开展经营活动	不具有独立的法人人格，虽有公司字样但并非真正意义上的公司，无自己的章程，公司名称只要在总公司名称后加上分公司字样即可。 **注意**：分公司虽不具有独立法律地位，但是依法设立的分公司可以以自己名义从事民事活动，具有诉讼资格，另外分公司也具有独立的缔约能力
责任承担	以其自身财产独立承担民事责任，与母公司互不连带，除在出资人（子公司的各股东）出资不实或抽逃资金，以及公司人格否认的情形下，债权人不得就未得清偿部分向出资人追偿	分公司作为分支机构，以自己的名义从事民事活动，产生的民事责任由公司法人承担；也可以先以该分支机构管理的财产承担，不足以承担的，由公司法人承担
设立方式	由一个股东（一人有限责任公司）或者两个以上股东按照公司法规定的公司设立条件和方式投资设立	总公司在其住所地之外向当地工商部门申请设立，属于设立公司的分支机构，在公司授权范围内独立开展业务活动
投资限制	公司向其他有限责任公司、股份公司投资的，公司章程对投资或者担保的总额及单项投资或者担保的数额有限额规定的，不得超过规定的限额	总公司对分公司的投入原则上不受限制。 注意：依照《商业银行法》第19条第2款，商业银行拨付其分公司运营资金的总和不得超过总行资本金总额的60%

☞ **易错点提示** 公司法人人格否认制度：公司股东滥用公司法人独立地位和股东有限责任，逃避债务，严重损害公司债权人利益的，应当对公司债务承担连带责任。

考点 2 公司股东的权利

1. 股东权利的内容

（1）股东权利的类型：①发给股票或其他股权证明请求权；②股份转让权；③股息红利分配请求权，即资产收益权；④股东会临时召集请求权或自行召集权；⑤出席股东会并行使表决权，即参与重大决策权和选择管理者的权利；⑥对公司财务的监督检查权和会计账簿、会计凭证的查阅权；⑦公司章程和股东名册、股东会会议记录、董事会会议决议、监事会会议决议、财务会计报告、全资子公司相关材料的查阅权和复制权；⑧优先认购新股权；⑨公司剩余财产分配权；⑩权利损害救济权和股东代表诉讼权；⑪公司重整申请权；⑫对公司经营的建议与质询权。其中，第①、②、③、⑧、⑨项为股东权中的财产权，第④、⑤、⑥、⑦、⑩、⑪、⑫项为股东权中的管理参与权。

(2)股东会计账簿、会计凭证查阅权的行使。

①查阅、复制公司章程、股东会会议记录、董事会会议决议、监事会会议决议和财务会计报告，股东提出查阅请求(包括口头请求与书面请求)即可。

②查阅公司会计账簿、会计凭证，股东应当向公司提出书面请求，说明目的。如果公司有合理根据认为股东查阅会计账簿、会计凭证有不正当目的，且可能损害公司合法利益，可以拒绝提供查阅。公司拒绝提供查阅的，应当自股东提出书面请求之日起15日内书面答复股东并说明理由。

(3)股东红利分配请求权的行使。

①公司股东如果认为公司没有按照公司章程或者公司法的规定进行股息或者利润分配，可以通过诉讼途径行使自己的红利分配请求权，应当列公司为被告。

②利润分配的完成时限，分配方案中有规定的，以分配方案为准；分配方案中没有规定的，以公司章程为准；分配方案和公司章程中均没有规定，或者有规定但时限超过1年的，则应当在1年内分配完毕。

(4)期限利益的例外。在注册资本认缴制下，股东依法享有期限利益。债权人以公司不能清偿到期债务为由，请求未届出资期限的股东在未出资范围内对公司不能清偿的债务承担补充赔偿责任的，人民法院不予支持。但是，下列情形除外：

①公司作为被执行人的案件，人民法院穷尽执行措施无财产可供执行，已具备破产原因，但不申请破产的；

②在公司债务产生后，公司股东(大)会决议或以其他方式延长股东出资期限的。

(5)表决权是否应受到限制。

股东认缴的出资未届履行期限，对未缴纳部分的出资是否享有以及如何行使表决权等问题，应当根据公司章程来确定。公司章程没有规定的，应当按照认缴出资的比例确定。

2. 股东权利的分类

(1)依权利行使之目的为标准，可分为自益权与共益权。自益权是指股东专为自己利益行使的权利，如发给股票或其他股权证明请求权；共益权是指股东为自己利益同时也为公司利益而行使的权利，如出席股东会并表决权。

(2)依权利主体之不同为标准，可分为普通股股东权和特别股股东权。前者是指一般股东享有的权利；后者则是专属特别股股东所享有的权利。

(3)依权利之性质为标准，可分为固有权和非固有权。

(4)依权利之行使方式，可分为单独股东权和少数股东权。

3. 名义股东与实际出资人、股份代持协议

(1)名义股东(显名股东)，是指登记于股东名册及公司登记机关的登记文件，

但事实上并没有真实向公司出资,并且也不会向公司出资的人。实际出资人或者实际股东,就是向公司履行了出资义务,并且实际享有股东权利但其姓名或者名称并未记载于公司股东名册及公司登记机关的登记文件的人。

(2)最高人民法院《关于适用〈中华人民共和国公司法〉若干问题的规定(三)》第24条第1款规定,有限责任公司的实际出资人与名义出资人订立合同,约定由实际出资人出资并享有投资权益,以名义出资人为名义股东,实际出资人与名义股东对该合同效力发生争议的,如无法律规定的情形,人民法院应当认定该合同有效。

(3)实际股东如果想要取代名义股东的法律地位,必须履行相关的股权转让手续。

(4)如果名义股东将登记于其名下的股权进行了处分,实际出资人请求认定处分股权行为无效的,可以参照《民法典》第311条关于善意取得的规定处理。

(5)就对外责任而言,如果公司债权人以名义股东未履行出资义务为由,请求其对公司债务不能清偿的部分在未出资本息范围内承担补充赔偿责任的,名义股东应当承担出资不足或者出资不实的赔偿责任。承担上述赔偿责任后,有权向实际出资人追偿(冒名股东除外)。

考点 3 股东的义务

1. 股东的出资。

(1)以不动产、设备和知识产权等出资的,应当办理财产的权利转移手续,对以上非货币出资必须评估作价,核实财产,不可以协商作价。

(2)股东逾期缴纳出资或出资不实的,除应追缴出资外,还应当对给公司造成的损失承担赔偿责任。

2. 参加股东会会议的义务。

参加股东会会议既是股东的权利,同时也是股东的一项义务,股东应当按照公司机构通知的时间、地点参加股东会会议,不能亲自参加时可以委托其他股东出席股东会会议并行使表决权。

3. 涉公司正常经营的义务。

股东依据公司章程规定的关于股东会或股东大会的权限以及公司法规定的股东权利行使权利,应当尊重公司董事会和监事会依据公司法和公司章程各自履行自己的职责,不得干涉董事会、经理的正常经营管理活动,不得干涉监事会的正常工作。

4. 特定情形下的表决权禁行义务。

《公司法》第15条第2款、第3款规定,公司为公司股东或者实际控制人提供担保的,应当经股东会决议,被提供担保的股东或者受被提供担保的实际控制人支配的股东,不得参加关于该事项的股东会决议的表决,这称为利害关系股东表决权的排除。

5. 控股股东的特殊义务。

控股股东,是指持股比例超过50%或虽然持股比例低于50%,但其享有的股东表决权足以实际影响股东会会议的决议的股东。公司法规定控股股东不得滥用控股股东的地位;不得利用其关联关系损害公司利益。

6. 不得滥用股东权利。

公司股东滥用公司的独立地位和有限责任损害公司利益或股东利益,应当依法承担责任;股东滥用公司法人独立地位和有限责任,逃避债务,严重损害公司债权人利益的,应当对公司债务承担连带责任。

【知识图解 1】 出资形式

公司类型		出资形式			
		货币	非货币		
			实物	知识产权	土地使用权
有限责任公司		√	√	√	√
股份有限公司	发起人	√	√	√	√
	认股人	√	×	×	×

【知识图解 2】 股东的权利义务

比较项目	股东权利									股东义务
	转让自由	优先购买	分红	知情权	股东会召集和主持	股东会提案权	派生诉讼	异议股东股份回购请求权	公司解散请求权	
有限责任公司股东	受限制	√	按照实缴比例或约定分红	查阅、复制公司章程、股东会会议记录、董事会会议决议、监事会会议决议和财务会计报告	代表1/10以上表决权的股东		《公司法》第189条	√	√	1. 不得抽回出资或股本; 2. 不得滥用股东权利; 3. 不得滥用法人地位和有限责任逃避债务(股东滥用法人地位和有限责任逃避债务,严重损害债权人利益的,股东对公司债务承担连带责任。此种情况,称为公司人格否认)
股份有限公司股东	√	×	按股权份额分红		连续90日以上单独或者合计持有公司10%以上股份的股东	单独或合计持有1%以上股份的股东		×	×	

考点 4 股东直接诉讼与股东派生诉讼(股东代表诉讼)

代表诉讼制度即公司股东为公司利益而以自己的名义直接向法院提起诉讼的制度。股东代表诉讼的条件:

1. 股东条件:有限公司股东、股份公司连续 180 天单独或合计持有 1% 以上股份的股东。

2. 适用情形:上述股东发现下列人员有《公司法》第 189 条的情形或损害公司利益时。

股东发现：
(1)董事、高管人员损害公司时,书面请求监事会起诉
(2)监事有损公司利益时,股东书面请求董事会起诉
(3)他人有损公司利益时,书面请求董事会或监事会起诉
(4)公司全资子公司的董事、监事、高管或者他人侵犯公司全资子公司合法权益的,股东可以依照上述三种情形书面请求全资子公司的监事会、董事会起诉或者以自己的名义直接起诉

上述书面请求遭到拒绝、收到后30日内没有诉讼或情况紧急、不立即提起诉讼将会使公司利益受到难以弥补的损害的,可以自己的名义起诉。

【知识图解】 派生诉讼与直接诉讼

比较项目		派生诉讼	直接诉讼
诉权归属		公司	股东
目的		维护公司利益	维护个人利益
前置程序		书面请求监事会、董事会向人民法院提起诉讼,监事会、董事会收到书面请求后拒绝提起诉讼,或者自收到请求之日起30日内未提起诉讼,或者情况紧急、不立即提起诉讼将会使公司利益受到难以弥补的损害	没有前置程序
结果归属	胜诉	公司	股东自己
	败诉	起诉的股东	

考点 5 公司的收益分配制度

1. 收益分配顺序。收益分配顺序是规定公司当年税后利润分配规定的法定顺序。具体分配顺序如下:(1)弥补上一年度公司亏损;(2)提取法定公积金;(3)提取任意公积金;(4)支付股利。

2. 公积金制度。公积金又称储备金,包括法定公积金、任意公积金和资本公积金,是指公司为增强自身财产能力,扩大生产经营和预防意外亏损,依法从公司利润中提取的一种款项。

(1)法定公积金(强制性规范不可以用章程排除)。

①计提方法:每年提取利润的10%,累计额达到公司注册资本的50%以上时可以不再提取。

②用途:A. 弥补公司的亏损;B. 扩大公司生产经营;C. 转增公司资本,所留存的法定公积金不得少于转增前注册资本的25%。

(2)任意公积金:任意公积金不是法定必须提取的。任意公积金是否提取及提取比例均由股东会决定。

(3)资本公积金:公司以超过股票票面金额的发行价格发行股份所得的溢价款、发行无面额股所得股款未计入注册资本的金额以及国务院财政部门规定列入资本公积金的其他项目,应当列为公司资本公积金。公积金弥补公司亏损,应当

先使用任意公积金和法定公积金;仍不能弥补的,可以按照规定使用资本公积金。

☞ **易错点提示** ①公司在弥补亏损和提取法定公积金之前即向股东分配红利的,属于违反公司法的行为,股东应当将其分配的利润退还给公司。

②公司持有的本公司股份不得分配利润。

考点 6 公司的设立

1. 公司设立方式

公司设立的方式基本为两种,即发起设立和募集设立。

公司设立方式
- 有限公司:仅能采取发起设立的方式
- 股份公司
  - 募集设立:发起人认购股本总数的一部分(≥35%)
  - 发起设立:发起人认购全部股份

募集设立只为股份有限公司的设立方式,依据募资的对象不同募集设立又分为公开发行股票向全社会募集设立和仅向部分特定对象募集设立,由于募集设立对社会其他成员影响重大,为防止发起人“圈钱”,《公司法》特别规定发起人应至少认购股本总数的35%。

2. 公司设立登记

(1)设立公司,应当依法向公司登记机关申请设立登记。法律、行政法规规定设立公司必须报经批准的,应当在公司登记前依法办理批准手续。

(2)申请设立公司,应当提交设立登记申请书、公司章程等文件,提交的相关材料应当真实、合法和有效。申请材料不齐全或者不符合法定形式的,公司登记机关应当一次性告知需要补正的材料。

(3)申请设立公司,符合《公司法》规定的设立条件的,由公司登记机关分别登记为有限责任公司或者股份有限公司;不符合本法规定的设立条件的,不得登记为有限责任公司或者股份有限公司。

(4)公司登记事项包括:①名称;②住所;③注册资本;④经营范围;⑤法定代表人的姓名;⑥有限责任公司股东、股份有限公司发起人的姓名或者名称。公司登记机关应当将上述规定的公司登记事项通过国家企业信用信息公示系统向社会公示。

(5)依法设立的公司,由公司登记机关发给公司营业执照。公司营业执照签发日期为公司成立日期。公司营业执照应当载明公司的名称、住所、注册资本、经营范围、法定代表人姓名等事项。公司登记机关可以发给电子营业执照。电子营业执照与纸质营业执照具有同等法律效力。

(6)公司设立分公司,应当向公司登记机关申请登记,领取营业执照。

3. 发起人

(1)发起人的概念。发起人是指为设立公司而签署公司章程、向公司认购出资或者股份并履行公司设立职责的人。发起人是有限公司和股份公司设立的不可或缺的条件之一。自然人、法人、非法人组织等民商事主体均可以作为公司设立时的发起人。国家也可以作为公司的发起人,具体由国有资产管理部门作为出资者代表而履行发起人职责。自然人作为发起人时,法律并无行为能力的要求,当其为无行为能力人时,可以由其法定代理人或者监护人代理行使其权利。

(2)发起人的职责。①签订出资协议;②订立公司章程;③确认出资方式,对以实物、知识产权、土地使用权出资的进行协议作价或者委托评估;④办理公司登记手续;⑤其他与公司设立相关的事务。

(3)发起人责任与公司责任的区分。①发起人为设立公司而以自己的名义对外签订合同的,合同相对人有权请求该发起人承担合同责任。②发起人如果是以公司的名义在设立公司过程中对外签订合同,则公司成立后由公司承担合同责任。但是,如果公司能够证明发起人利用设立公司的名义为自己的利益与相对人订立合同,则公司可以抗辩,但此种抗辩不能对抗善意的第三人。③公司设立失败时,发起人对设立公司产生的费用和债务承担连带清偿责任。④在公司设立过程中,发起人因自己的过失使公司利益受到损害的,应当对公司承担赔偿责任。⑤发起人因履行公司设立职责而给第三人造成损害的,公司成立后由公司承担对第三人的赔偿责任;若公司未成立,则由全体发起人对第三人承担连带赔偿责任。

考点 7 公司章程

1. 公司章程的概念与特征。公司章程,是指公司所必备的,规定其名称、宗旨、资本、组织机构等对内对外事务的基本法律文件。公司章程具有以下基本特征:(1)法定性;(2)真实性;(3)自治性;(4)公开性。

2. 公司章程的订立。设立有限责任公司,应当由股东共同制定公司章程。设立股份有限公司,应当由发起人共同制订公司章程。

3. 公司章程的内容。(1)绝对记载事项;(2)相对记载事项。

4. 我国公司法对公司章程内容的规定。

(1)有限责任公司公司章程的绝对记载事项:①公司名称和住所;②公司经营范围;③公司注册资本;④股东的姓名或者名称;⑤股东的出资额、出资方式和出资日期;⑥公司的机构及其产生办法、职权、议事规则;⑦公司法定代表人的产生、变更办法;⑧股东会认为需要规定的其他事项。

(2)股份有限公司公司章程的绝对记载事项:①公司名称和住所;②公司经营范围;③公司设立方式;④公司注册资本、已发行的股份数和设立时发行的股份数,面额股的每股金额;⑤发行类别股的,每一类别股的股份数及其权利和义务;⑥发起人的姓名或者名称、认购的股份数、出资方式;⑦董事会的组成、职权和议事规则;⑧公司法定代表人的产生、变更办法;⑨监事会的组成、职权和议事规则;⑩公司利润分配办法;⑪公司的解散事由与清算办法;⑫公司的通知和公告办法;⑬股东会认为需要规定的其他事项。

5. 公司章程的效力。《公司法》第5条规定:"设立公司应当依法制定公司章程。公司章程对公司、股东、董事、监事、高级管理人员具有约束力。"

6. 公司章程的变更。公司章程在变更时,应遵循以下原则:(1)不损害股东利益;(2)不损害债权人利益;(3)不妨害公司法人的一致性原则,即不得因公司章程的变更,而使一个公司法人转变为另一个公司法人。

考点 8 股份有限公司的设立

1. 设立条件

股份有限公司在设立条件上除了符合一般的要求,应有名称、住所、章程并建立相应的组织结构外,还应注意以下要点:

(1)发起人。应当有1人以上200人以下为发起人,其中须有半数以上的发起人在中国境内有住所。

(2)注册资本。股份有限公司的注册资本为在公司登记机关登记的已发行股份的股本总额。在发起人认购的股份缴足前,不得向他人募集股份。法律、行政法规以及国务院决定对股份有限公司注册资本最低限额另有规定的,从其规定。

2. 设立方式

(1)发起设立。由发起人认购设立公司时应发行的全部股份而不向发起人之外的任何人募集而设立公司。

(2)募集设立。由发起人认购设立公司时应发行股份的一部分,其余部分向社会公开募集而设立公司。募集设立的程序如下:①签订发起人协议(性质为合伙协议)。②发起人共同制订公司章程。③发起人认购股份(不得少于公司章程规定的公司设立时应发行股份总数的35%)。④公告招股说明书、制作认股书(招股说明书中应附有公司章程)。⑤与证券公司签订承销协议,与银行签订代收股款协议。⑥申请批准募集。⑦公开募股。⑧召开成立大会(发行股份的股款缴足后30日内主持召开成立大会)。发起人应当在成立大会召开15日前将会议日期通知各认股人或者予以公告。成立大会应当有持有表决权过半数的认股人出席,方可举行。公司成立大会行使下列职权:审议发起人关于公司筹办情况的报告;通过公司章程;选举董事、监事;对公司的设立费用进行审核;对发起人非货币财产出资的作价进行审核;发生不可抗力或者经营条件发生重大变化直接影响公司设立的,可以作出不设立公司的决议。成立大会对上述所列事项作出决议,应当经出席会议的认股人所持表决权过半数通过。⑨申请设立登记(成立大会结束后30日内,由董事会授权代表申请设立登记)。

考点 9 有限责任公司的股权转让

1. 内部转让。有限责任公司的股东之间可以相互转让其全部或者部分股权。

2. 对外转让中的优先购买权。

(1)股东向股东以外的人转让股权的,应当将股权转让的数量、价格、支付方式和期限等事项书面通知其他股东,其他股东在同等条件下有优先购买权。股东自接到书面通知之日起30日内未答复的,视为放弃优先购买权。两个以上股东行使优先购买权的,协商确定各自的购买比例;协商不成的,按照转让时各自的出资比例行使优先购买权。

(2)人民法院依照法律规定的强制执行程序转让股东的股权时,应当通知公司及全体股东,其他股东在同等条件下有优先购买权。其他股东自人民法院通知之日起满20日不行使优先购买权的,视为放弃优先购买权。

3. 异议股东的股权收购请求权。有下列情形之一的,对股东会该项决议投反对票的股东可以请求公司按照合理的价格收购其股权。

(1)公司连续5年不向股东分配利润,而公司该5年连续盈利,并且符合《公司法》规定的分配利润条件。

(2)公司合并、分立、转让主要财产。

(3)公司章程规定的营业期限届满或者公司章程规定的其他解散事由出现,股东会通过决议修改章程使公司存续。

自股东会决议作出之日起60日内,股东与公司不能达成股权收购协议的,股东可以自股东会决议作出之日起90日内向人民法院提起诉讼。

公司的控股股东滥用股东权利,严重损害公司或者其他股东利益的,其他股东有权请求公司按照合理的价格收购其股权。

4. 转让程序。股东转让股权的,应当书面通知公司,请求变更股东名册;需要办理变更登记的,并请求公司向公司登记机关办理变更登记。公司拒绝或者在合理期限内不予答复的,转让人、受让人可以依法向人民法院提起诉讼。

5. 转让效力。

(1)股权转让的,受让人自记载于股东名册时起可以向公司主张行使股东权利。

(2)依法转让股权后,公司应当及时注销原股东的出资证明书,向新股东签发出资证明书,并相应修改公司章程和股东名册中有关股东及其出资额的记载。对公司章程的该项修改不需再由股东会表决。

(3)股东转让已认缴出资但未届出资期限的股权的,由受让人承担缴纳该出资的义务;受让人未按期足额缴纳出资的,转让人对受让人未按期缴纳的出资承担补充责任。

(4)未按照公司章程规定的出资日期缴纳出资或者作为出资的非货币财产的实际价额显著低于所认缴的出资额的股东转让股权的,转让人与受让人在出资不足的范围内承担连带责任;受让人不知道且不应当知道存在上述情形的,由转让人承担责任。

6. 自然人股东资格的继承。自然人股东死亡后,其合法继承人可以继承股东资格;但是,公司章程另有规定的除外。

考点 10 有限责任公司的组织机构

1. 股东会

(1)股东会的性质及组成。股份有限公司股东会由全体股东组成,是公司的权力机构。只有一个股东的股份有限公司不设股东会。

(2)职权及通过规则:①与有限责任公司股东会的职权一致。②股东会作出决议,应当经出席会议的股东所持表决权过半数通过。股东会作出修改公司章程、增加或者减少注册资本的决议,以及公司合并、分立、解散或者变更公司形式的决议,应当经出席会议的股东所持表决权的2/3以上通过。

(3)股东会召开规则。

①定期会议。股东会应当每年召开1次年会。

②临时会议。有下列情形之一的，应当在两个月内召开临时股东会会议：董事人数不足《公司法》规定人数或者公司章程所定人数的2/3时；公司未弥补的亏损达股本总额1/3时；单独或者合计持有公司10%以上股份的股东请求时；董事会认为必要时；监事会提议召开时；公司章程规定的其他情形。

③召集和主持。股东会会议由董事会召集，董事长主持；下列人员不能履行职务或者不履行职务时依次变更：董事长⇨副董事长⇨半数以上董事共同推举一名董事。

下列机构不能履行或者不履行召集股东会会议职责时依次变更：董事会⇨监事会⇨连续90日以上单独或者合计持有公司10%以上股份的股东。单独或者合计持有公司10%以上股份的股东请求召开临时股东会会议的，董事会、监事会应当在收到请求之日起10日内作出是否召开临时股东会会议的决定，并书面答复股东。

④召开通知。召开股东会会议，应当将会议召开的时间、地点和审议的事项于会议召开20日前通知各股东；临时股东会会议应当于会议召开15日前通知各股东。

(4)累积投票权。所谓累积投票权，是指股东会选举两名以上的董事或监事时，股东所持的每一股份拥有与当选董事或监事总人数相等的投票权，股东既可以用所有的投票权集中投票选举某一人，也可以分散投票选举数人，按得票多少依次决定董事人选的表决权制度。

适用前提：按照公司章程的规定或者股东会的决议。

2. 董事会

(1)董事会的性质及其组成。

①董事会是股份有限公司的业务执行和经营意思决定机构，规模较小或者股东人数较少的股份有限公司，可以不设董事会，设一名董事，行使《公司法》规定的董事会的职权。该董事可以兼任公司经理。

②董事会由全体董事组成。董事会成员为3人以上。董事的任期由公司章程规定，但每届任期不得超过3年，可以连选连任。

③股东会可以决议解任董事，决议作出之日解任生效。无正当理由，在任期届满前解任董事的，该董事可以要求公司予以赔偿。

(2)董事会的职权，适用公司法关于有限责任公司董事会的职权的规定。

(3)审计委员会。股份有限公司可以按照公司章程的规定在董事会中设置由董事组成的审计委员会，行使《公司法》规定的监事会的职权，不设监事会或者监事。审计委员会成员为3人以上，过半数成员不得在公司担任除董事以外的其他职务，且不得与公司存在任何可能影响其独立客观判断的关系。公司董事会成员中的职工代表可以成为审计委员会成员。审计委员会作出决议，应当经审计委员会成员的过半数通过。

(4)董事会会议的召开。

①定期会议：每年度至少召开两次会议，每次应于会议召开10日前通知全体

董事和监事。

②临时会议,其会议通知方式和通知时限,可由公司章程作出规定。董事会会议应有过半数的董事出席方可举行,经全体董事的过半数通过。

3. 经理

经理是对股份有限公司日常经营管理负有全责的高级管理人员,由董事会聘任或解聘,对董事会负责。

4. 监事会

股份公司的监事会和有限公司的监事会在各方面规定上差别不大,需要注意的是:(1)股份有限公司的监事会每6个月至少召开一次会议,有限责任公司的监事会每年度至少召开一次会议。(2)规模较小或者股东人数较少的有限责任公司,经全体股东一致同意,也可以不设监事;股份有限公司无此规定。

考点 11 公司解散的类型

依据公司解散的原因不同,公司解散分为以下三种类型。

1. 一般解散
   - 依据公司章程规定解散
   - 股东会决议解散
   - 合并、分立导致解散

依据公司章程规定、股东会决议解散,且尚未向股东分配财产的,可以通过修改公司章程或者经股东会决议而存续。

2. 强制解散:又称命令解散,是指出现某种情况由主管机关或人民法院命令解散。

3. 请求解散:指公司陷入僵局时请求法院予以解散,因此又称司法解散。

(1)请求的主体:持有公司表决权10%以上的股东。

(2)适用前提:当公司经营管理发生严重困难,继续存在会使股东利益受到重大损失,通过其他途径不能解决时。此种情况即为公司陷入僵局,最高人民法院《关于适用〈中华人民共和国公司法〉若干问题的规定(二)》对公司陷入僵局列明了下列具体情形,即在下列情形下股东可以请求解散。①公司持续2年以上无法召开股东会,公司经营管理发生严重困难的;②股东表决时无法达到法定或者公司章程规定的比例,持续2年以上不能作出有效的股东会决议,公司经营管理发生严重困难的;③公司董事长期冲突,且无法通过股东会解决,公司经营管理发生严重困难的;④经营管理发生其他严重困难,公司继续存续会使股东利益受到重大损失情形的。股东以知情权、利润分配请求权等权益受到损害,或者公司亏损、财产不足以偿还全部债务,以及公司被吊销企业法人营业执照未进行清算等为由,提起解散公司诉讼的,人民法院不予受理。

(3)适用程序:

①诉讼主体。以股东为原告、公司为被告提起诉讼。原告以其他股东为被告一并提起诉讼的,人民法院应当告知原告将其他股东变更为第三人;原告坚持不予变更的,人民法院应当驳回原告对其他股东的起诉。

②财产保全或证据保全。股东提起解散公司诉讼时,向人民法院申请财产保

全或者证据保全的，在股东提供担保且不影响公司正常经营的情形下，人民法院可予以保全。

③起诉同时提出清算的不予受理。人民法院可以告知原告，在人民法院判决解散公司后，依据《民法典》第70条、《公司法》第232条和最高人民法院《关于适用〈中华人民共和国公司法〉若干问题的规定（二）》第7条的规定，自行组织清算或者另行申请人民法院对公司进行清算。

④审理过程中注重调解。当事人协商同意由公司或者股东收购股份，或者以减资等方式使公司存续，且不违反法律、行政法规强制性规定的，人民法院应予支持。当事人不能协商一致使公司存续的，人民法院应当及时判决。经人民法院调解公司收购原告股份的，公司应当自调解书生效之日起6个月内将股份转让或者注销。股份转让或者注销之前，原告不得以公司收购其股份为由对抗公司债权人。

（4）解散之诉的判决效力。人民法院关于解散公司诉讼作出的判决，对公司全体股东具有法律约束力。人民法院判决驳回解散公司诉讼请求后，提起该诉讼的股东或者其他股东又以同一事实和理由提起解散公司诉讼的，人民法院不予受理。注意，被驳回后该股东或其他股东仍可以其他事实或理由起诉解散。

考点 12 公司解散时的清算

1. 清算的类型：广义上的清算包括解散清算和破产清算，本部分的清算仅指解散清算，破产清算适用《企业破产法》。依据我国的现行规定，除因合并或分立解散无须清算外，其他类型解散都需清算。

2. 清算程序。

（1）成立清算组。自解散事由出现之日起15日内成立清算组。有下列情形之一，债权人、公司股东、董事或其他利害关系人申请人民法院指定清算组进行清算的，人民法院应予受理：①公司解散逾期不成立清算组进行清算的；②虽然成立清算组但故意拖延清算的；③违法清算可能严重损害债权人或者股东利益的。

（2）通知或者公告债权人申报债权。清算组应当自成立之日起10日内通知债权人，并于60日内在报纸上或者国家企业信用信息公示系统公告。债权人应当自接到通知之日起30日内，未接到通知的自公告之日起45日内，向清算组申报其债权，在申报债权期间，清算组不得对债权人进行清偿。债权人在规定的期限内未申报债权，在公司清算程序终结前补充申报的，清算组应予登记。

（3）清理财产清偿债务，分配剩余财产。公司财产在分别支付清算费用、职工的工资、社会保险费用和法定补偿金，缴纳所欠税款，清偿公司债务后的剩余财产，有限责任公司按照股东的出资比例分配，股份有限公司按照股东持有的股份比例分配。清算期间，公司存续，但不得开展与清算无关的经营活动。公司财产在未依照上述规定清偿前，不得分配给股东。

（4）清算终结。人民法院组织清算的，清算组应当自成立之日起6个月内清算完毕。因特殊情况无法在6个月内完成清算的，清算组应当向人民法院申请延长。

3. 清算组的组成及职责：清算组分为两种，一种是公司自行组成的；另一种是法院指定组成的。

（1）公司自行组成：董事为公司清算义务人，应当在解散事由出现之日起15日内组成清算组进行清算。清算组由董事组成，但是公司章程另有规定或者股东会决议另选他人的除外。

（2）法院指定组成的人员可以从下列人员或机构中产生：①公司股东、董事、监事、高级管理人员；②依法设立的律师事务所、会计师事务所、破产清算事务所等社会中介机构；③依法设立的律师事务所、会计师事务所、破产清算事务所等社会中介机构中具备相关专业知识并取得执业资格的人员。

（3）清算组职权：①清理公司财产，分别编制资产负债表和财产清单；②通知、公告债权人；③处理与清算有关的公司未了的业务；④清缴所欠税款以及清算过程中产生的税款；⑤清理债权、债务；⑥分配公司清偿债务后的剩余财产；⑦代表公司参与民事诉讼活动。公司成立清算组的，由清算组负责人代表公司参加诉讼；尚未成立清算组的，由原法定代表人代表公司参加诉讼。

4. 解散清算与破产清算的关系：清算组在清理公司财产、编制资产负债表和财产清单后，发现公司财产不足清偿债务的，应当依法向人民法院申请破产清算。人民法院受理破产申请后，清算组应当将清算事务移交给人民法院指定的破产管理人。

考点 13 合伙企业的设立

1. 合伙企业设立的条件

（1）有符合要求的合伙人。

①合伙人数应不少于2人。若出资人只有1人，则是独资企业而非合伙企业。

②有限合伙企业由2个以上50个以下合伙人设立，但法律另有规定的除外。有限合伙企业中至少有一个普通合伙人和至少有一个有限合伙人。

☞ **易错点提示** ①无民事行为能力人或限制民事行为能力人不能成为合伙企业设立时的创始合伙人，其可以且只能成为有限合伙人，而不能成为普通合伙人。

②法律、行政法规禁止从事营利性活动的人，不得成为合伙企业的合伙人，具体包括法官、检察官、警察及其他国家公务人员。

③法人合伙得到立法的承认，自然人、法人和其他组织均可以成为合伙企业的合伙人。

④国有独资公司、国有企业、上市公司以及公益性的事业单位、社会团体不得成为普通合伙人。

（2）有合伙协议。合伙协议必须采用书面形式。合伙协议的修改或补充应当经过全体合伙人一致同意，但合伙协议另有约定的除外。

（3）有合伙人认缴或者实际缴付的出资。合伙人应当按照合伙协议约定的出资方式、数额和缴付出资的期限，履行出资义务。如果合伙人违反了出资义务，即构成违约，其他合伙人可追究其违约责任。

☞ **易错点提示** 有限合伙人可以货币、实物、知识产权、土地使用权或者其他财产权利作价出资，但不得以劳务出资。这是有限合伙人与普通合伙人在出资方式上的唯一差别。

(4)有合伙企业的名称。普通合伙企业的名称中应当标明“普通合伙”字样，特殊的普通合伙企业必须在其企业名称中标明“特殊普通合伙”字样，有限合伙企业的名称中应当标明“有限合伙”字样。

2. 合伙企业的责任承担

(1)在普通合伙企业中，由全体合伙人承担无限连带责任。

(2)在特殊的普通合伙企业中，一个合伙人或数个合伙人在执业活动中因故意或者重大过失造成合伙企业债务的，应当承担无限责任或者无限连带责任，其他合伙人则仅以其在合伙企业中的财产份额为限承担责任。

(3)在有限合伙企业中，普通合伙人对合伙企业债务承担无限连带责任，有限合伙人则仅以其出资额为限承担有限责任。新入伙的有限合伙人对入伙前合伙企业的债务也是以其认缴的出资额为限承担责任。

3. 合伙企业财产

合伙企业的财产主要由两部分组成，即合伙人出资形成的财产和以合伙企业名义取得的收益和依法取得的其他财产。

(1)除非合伙协议另有约定，有限合伙人可以将其在合伙企业中的财产份额出质，而普通合伙人须经其他合伙人一致同意方可以其在合伙企业中的财产份额出质。

(2)有限合伙人可以按照合伙协议的约定向合伙人以外的人转让其在合伙企业中的财产份额，只需提前30日通知其他合伙人即可。而普通合伙人对外转让财产份额时须经其他合伙人一致同意，除非合伙协议另有约定。

4. 有限合伙与普通合伙的转换

(1)当有限合伙企业仅剩普通合伙人时，有限合伙企业转为普通合伙企业，并应当进行相应的变更登记。

(2)当有限合伙企业仅剩有限合伙人时，则该企业不再是合伙企业，故应解散。

(3)经全体合伙人一致同意，普通合伙人可以转变为有限合伙人，有限合伙人可以转变为普通合伙人。有限合伙人转变为普通合伙人的，对其作为有限合伙人期间合伙企业发生的债务承担无限连带责任；普通合伙人转变为有限合伙人的，对其作为普通合伙人期间合伙企业发生的债务承担无限连带责任。

考点 14 有限合伙与普通合伙

【知识图解】 有限合伙与普通合伙

比较项目	有限合伙	普通合伙
人数	2人以上50人以下(至少应当有一个普通合伙人)；法律另有规定除外	2人以上
利润与亏损	有限合伙企业不得将全部利润分配给部分合伙人；但是，合伙协议另有约定的除外	合伙协议不得约定全部利润分配给部分合伙人； 不得约定部分合伙人承担全部亏损

续表

比较项目	有限合伙	普通合伙
自营	可以同本有限合伙企业进行交易;但是,合伙协议另有约定的除外	不得同本合伙企业进行交易; 但是,合伙协议另有约定的除外或全体合伙人一致同意的除外
竞业	可以自营或同他人合作经营与本有限合伙企业相竞争的业务; 但是,合伙协议另有约定的除外	不得自营或同他人合作经营与本合伙企业相竞争的业务
财产份额出质	可以将其在有限合伙企业中的财产份额出质; 但是,合伙协议另有约定的除外	将其在合伙企业中的财产份额出质,必须经其他合伙人一致同意。否则,行为无效,由此给善意第三人造成损失的,由行为人承担赔偿责任
转让财产份额	可以按照合伙协议约定向合伙人以外的人转让其在有限合伙企业中的财产份额。但应提前30日通知其他合伙人	向合伙人以外的人转让其在合伙企业的财产份额,要经其他合伙人一致同意;但合伙协议另有约定的除外
对企业债务承担	(1)以其认缴的出资额为限对合伙企业承担有限责任(但这有一个前提:有限合伙人不执行合伙事务)。 (2)第三人有理由相信有限合伙人为普通合伙人并与其交易的,该有限合伙人对该笔交易承担与普通合伙人同样的责任。 (3)有限合伙人未经授权以有限合伙企业名义与他人进行交易,给有限合伙企业或者其他合伙人造成损失的,该有限合伙人应当承担赔偿责任	无限连带、双重优先、先诉抗辩
新入伙	新入伙的有限合伙人对入伙前有限合伙企业的债务,以其认缴的出资额为限承担责任	新合伙人对入伙前合伙企业的债务承担无限连带责任
法定退伙	没有"个人丧失偿债能力"情形	合伙人有下列情形之一的,当然退伙: (1)作为合伙人的自然人死亡或者被依法宣告死亡; (2)个人丧失偿债能力; (3)作为合伙人的法人或者其他组织依法被吊销营业执照、责令关闭、撤销,或者被宣告破产; (4)法律规定或者合伙协议约定合伙人必须具有相关资格而丧失该资格; (5)合伙人在合伙企业中的全部财产份额被人民法院强制执行
退伙后债务承担	对基于其退伙前的原因发生的有限合伙企业债务,以其退伙时从有限合伙企业中取回的财产承担责任	退伙人对基于其退伙前的原因发生的合伙企业债务,承担无限连带责任

续表

比较项目	有限合伙	普通合伙
丧失民事行为能力	其他合伙人不得因此要求其退伙	经其他合伙人一致同意可以转为有限合伙人； 其他合伙人不一致同意的退伙
死亡	当然退伙，但是继承人可以继承，直接取得资格	当然退伙： (1)合伙协议约定或者合伙人一致同意，继承人可以继承资格。 (2)合伙人不一致同意、合伙协议约定不能成为合伙人或者继承人不愿意成为合伙人的，退还被继承合伙人的财产份额。 (3)合伙人的继承人为无民事行为能力人或者限制民事行为能力人的，经全体合伙人一致同意，可以依法成为有限合伙人，普通合伙企业依法转为有限合伙企业。全体合伙人未能一致同意的，合伙企业应当将被继承合伙人的财产份额退还该继承人
相互转换	有限→普通：对作为有限合伙人期间有限合伙企业发生的债务承担无限连带责任； 普通→有限：对作为普通合伙人期间合伙企业发生的债务承担无限连带责任	

考点 15 合伙事务的执行

1. 普通合伙企业合伙事务的执行规则：合伙人对执行合伙事务享有同等的权利。

(1)如果根据合伙协议的约定或者经过全体合伙人一致同意，由一人或者数个合伙人执行合伙事务的，则其他合伙人不再执行合伙事务。

(2)不执行合伙事务的合伙人有权监督执行事务合伙人执行合伙事务的情况；执行事务合伙人应当定期向其他合伙人报告事务执行情况以及合伙企业的经营和财务状况。

(3)所有合伙人为了解合伙企业的经营状况和财务状况，都有权查阅合伙企业的财务会计账簿等财务资料。

(4)合伙人分别执行合伙事务的，执行事务合伙人可以对其他合伙人执行的事务提出异议。提出异议时，应当暂停该项事务的执行；如果合伙人之间因此发生争议，应当由合伙人按照合伙协议约定的表决方式进行表决。

(5)受委托执行合伙事务的合伙人不按照合伙协议或者全体合伙人的决定执行事务的，其他合伙人可以决定撤销该委托。

2. 普通合伙企业事务执行后果的承担：执行合伙事务的合伙人，对外代表合伙组织，其执行合伙事务所产生的收益归合伙企业，所产生的费用和亏损由合伙企业承担。

☞ **易错点提示** 有限合伙企业的事务由普通合伙人执行。有限合伙人不执行合伙事务,也不得对外代表有限合伙企业。这是有限合伙企业与普通合伙企业的重大区别。在普通合伙企业中,任何一个合伙人都有权执行合伙事务,都有权对外代表合伙企业,其地位是完全平等的。

3. 普通合伙企业合伙事务的决议:合伙企业事务的决议只能由合伙人依法作出,不得委托其他合伙人或合伙人以外的人进行。

(1)合伙事务的决议方式:合伙人对合伙企业有关事项作出决议,按合伙协议约定的表决方式办理(约定优先)。

(2)合伙事务全票决的事项:全票决亦称一致决,即需要全体同意才能作出有效决议。包括:改变合伙企业名称;改变合伙企业的经营范围、主要经营场所的地点;处分合伙企业的不动产;转让或者处分合伙企业的知识产权和其他财产权利;以合伙企业的名义为他人提供担保;聘任合伙人以外的人担任合伙企业的经营管理人员。

☞ **易错点提示** 除上述《合伙企业法》第31条规定的关于执行合伙事务方面的全票决情形外,根据《合伙企业法》其他条文的规定,还须注意须经全体合伙人一致同意才能作出决议的下列事项:

①修改或者补充合伙协议(《合伙企业法》第19条第2款);

②合伙人向第三人转让其在合伙企业中的全部或者部分财产份额(《合伙企业法》第22条第1款);

③吸收新的合伙人(《合伙企业法》第43条第1款)。

4. 竞业禁止:在普通合伙企业存续期间,普通合伙人不得自营或者与他人合作经营与本合伙企业相竞争的业务。不得在未经全体合伙人同意,合伙协议也没有约定的情况下,与本合伙企业进行交易。

☞ **易错点提示** 有限合伙人的特殊权利:

①除非合伙协议另有约定,有限合伙人可以同合伙企业进行交易,而普通合伙人通常是不可以的,除非合伙协议另有约定或者经过全体合伙人同意。

②除非合伙协议另有约定,有限合伙人可以自营或者同他人合作经营与本合伙企业相竞争的业务,而普通合伙人是不可以的。

5. 利润分配与亏损分担:由合伙协议约定。但是,合伙协议不得约定将全部利润分配给部分合伙人或者由部分合伙人承担全部亏损。

考点16 入伙与退伙

1. 入伙:是指在合伙企业存续期间,合伙人以外的第三人加入合伙企业并取得合伙人资格的行为。

(1)入伙的程序:除合伙协议另有约定外,入伙应当经全体合伙人一致同意,并依法订立书面入伙协议。订立入伙协议时,原合伙人应当向新合伙人如实告知原合伙企业的经营状况和财务状况。

(2)入伙的后果:除入伙协议另有约定的以外,入伙的新合伙人与原合伙人享有同等权利,承担同等责任。新入伙的普通合伙人对入伙前合伙企业的债务承担无限连带责任；新入伙的有限合伙人对入伙前有限合伙企业的债务，以其认缴的出资额为限承担责任。

2. 退伙：是在合伙存续期间，合伙人资格的消灭。退伙的形式有声明退伙和法定退伙。声明退伙可以分为协议退伙和通知退伙；而法定退伙中又包括当然退伙和除名退伙。

(1)声明退伙：又称自愿退伙，是指合伙人基于自愿的意思表示而退伙。

①协议退伙。合伙协议约定合伙期限的，在合伙企业存续期间，有下列情形之一的，合伙人可以退伙：合伙协议约定的退伙事由出现；经全体合伙人一致同意退伙；发生合伙人难以继续参加合伙的事由；其他合伙人严重违反合伙协议约定的义务。

②通知退伙。合伙协议未约定合伙期限的，合伙人在不给合伙企业事务执行造成不利影响的情况下，可以退伙，但应当提前30日通知其他合伙人。

(2)法定退伙：是指直接根据法律的规定而退伙。

①当然退伙。是指发生了某种客观情况而导致的退伙。《合伙企业法》第48条针对普通合伙人规定了以下客观情况：作为合伙人的自然人死亡或者被依法宣告死亡；个人丧失偿债能力；作为合伙人的法人或者其他组织依法被吊销营业执照、责令关闭、撤销或者被宣告破产；法律规定或者合伙协议约定合伙人必须具有相关资格而丧失该资格；合伙人在合伙企业中的全部财产份额被人民法院强制执行。

注意：有限合伙人除个人丧失偿债能力，出现以上情形的，当然退伙。

合伙人被依法认定为无民事行为能力人或者限制民事行为能力人的，经其他合伙人一致同意，可以依法转为有限合伙人，普通合伙企业依法转为有限合伙企业。其他合伙人未能一致同意的，该无民事行为能力或者限制民事行为能力的合伙人退伙。

☞ **易错点提示** 作为有限合伙人的自然人在有限合伙企业存续期间丧失民事行为能力的，其他合伙人不得因此要求其退伙。

②除名退伙。又称开除退伙，是指在合伙人出现法定事由的情形下，由其他合伙人一致同意将该合伙人除名。《合伙企业法》第49条规定了除名退伙的事由：未履行出资义务；因故意或者重大过失给合伙企业造成损失；执行合伙事务时有不正当行为；发生合伙协议约定的事由。

对合伙人的除名决议应当书面通知被除名人。被除名人接到除名通知之日，除名生效，被除名人退伙。

(3)退伙的效力：声明退伙和法定退伙的效力基本上是一致的，具体表现在：

①退伙人丧失合伙人身份，脱离原来合伙协议约定的权利义务关系。

②合伙人退伙，其他合伙人应当与该退伙人按照退伙时的合伙企业财产状况进行结算，退还退伙人的财产份额。退伙人对给合伙企业造成的损失负有赔偿责任的，相应扣减其应当赔偿的数额。退伙人在合伙企业中财产份额的退还办法，

由合伙协议约定或者由全体合伙人决定，可以退还货币，也可以退还实物。

普通合伙人退伙时，对基于其退伙前的原因发生的合伙企业债务，承担无限连带责任。

注意：有限合伙人退伙后，对基于其退伙前的原因发生的有限合伙企业债务，以其退伙时从有限合伙企业中取回的财产承担责任。退伙时有未了结的合伙企业事务的，待该事务了结后进行结算。

③退伙并不必然导致散伙，只有合伙人是两个的时候，一人退伙则导致合伙的解散。

【考场演练】 不定项选择题

2018年，甲、乙、丙三人设立新川面馆（普通合伙企业）。随着业务扩展，合伙企业拟聘任谭某担任经理。下列说法正确的是：

A. 聘任谭某需经全体合伙人一致同意

B. 合伙企业和经理的关系可以类推适用委托代理法律关系

C. 谭某可以在其职权范围内以合伙企业名义签订合同

D. 谭某有权决定在现有合伙企业营业范围外新增其他业务

【参考答案】 ABC

☞ **易错点提示** ①普通合伙人死亡后其财产份额的继承：合伙人死亡或者被依法宣告死亡的，对该合伙人在合伙企业中的财产份额享有合法继承权的继承人，按照合伙协议的约定或者经全体合伙人一致同意，从继承开始之日起，取得该合伙企业的合伙人资格。

有下列情形之一的，合伙企业应当向合伙人的继承人退还被继承合伙人的财产份额：

a. 继承人不愿意成为合伙人；

b. 法律规定或者合伙协议约定合伙人必须具有相关资格，而该继承人未取得该资格；

c. 合伙协议约定不能成为合伙人的其他情形。

对于合伙人的继承人为无民事行为能力人或者限制民事行为能力人的情形作了特殊规定：经全体合伙人一致同意，其可以依法成为有限合伙人，普通合伙企业依法转为有限合伙企业。全体合伙人未能一致同意的，合伙企业应当将被继承合伙人的财产份额退还该继承人。

②作为有限合伙人的自然人死亡、被依法宣告死亡或者作为有限合伙人的法人及其他组织终止时，其继承人或者权利承受人可以依法取得该有限合伙人在有限合伙企业中的资格。

考点 17 合伙人所负债务的清偿

1. 合伙人所负合伙债务的清偿。

（1）普通合伙人对合伙企业债务承担无限连带责任，有限合伙人以其认缴的出资额为限对合伙企业债务承担责任。

（2）对于合伙企业到期债务，首先应先以合伙企业的全部财产进行清偿，不能清偿的，普通合伙人承担无限连带责任。

(3)合伙人由于承担无限连带责任,清偿数额超过其应分担比例的,有权向其他合伙人追偿。

☞ **易错点提示** 有限合伙人转为普通合伙人的,对其作为有限合伙人期间有限合伙企业发生的债务承担无限连带责任。

2. 合伙人个人债务的清偿。对于合伙人发生与合伙企业无关的债务:

(1)相关债权人不得以其债权抵销其对合伙企业的债务。

(2)相关债权人也不得代位行使合伙人在合伙企业中的权利。

(3)如果合伙人的自有财产不足清偿其与合伙企业无关的债务,其可用从合伙企业中分取的收益用于清偿;债权人也可以依法请求人民法院强制执行该合伙人在合伙企业中的财产份额用于清偿。

人民法院强制执行合伙人的财产份额时,应当通知全体合伙人,其他合伙人有优先购买权。

3. 合伙企业清算时清偿的顺序:

(1)清算费用和职工工资;

(2)社会保险费用;

(3)法定补偿金以及缴纳所欠税款;

(4)清偿债务。

合伙企业财产在支付以上各项后的剩余财产,依照《合伙企业法》第33条第1款的规定进行分配。

☞ **易错点提示** ①合伙企业对合伙人执行合伙事务以及对外代表合伙企业权利的限制,不得对抗善意第三人。

②在强制执行债务人在合伙企业中的财产份额时,其他合伙人有优先购买权。《合伙企业法》第42条同时规定,对于普通合伙人,如果其他合伙人不购买,又不同意将该财产份额转让给他人的,应为该合伙人办理退伙结算,或者办理削减该合伙人相应财产份额的结算。

③除《合伙企业法》另有规定外,合伙人在合伙企业清算前,不得请求分割合伙企业的财产。合伙人在合伙企业清算前私自转移或者处分合伙企业财产的,合伙企业不得以此对抗善意第三人。

商法

考点 18 破产清算、重整与和解

【知识图解】 破产清算、重整与和解

比较项目	破产清算	重整	和解
原因	(1)不能清偿到期债务,并且资产不足以清偿全部债务; (2)不能清偿到期债务,并且明显缺乏清偿能力的	(1)不能清偿到期债务,并且资产不足以清偿全部债务; (2)不能清偿到期债务,并且明显缺乏清偿能力的; (3)有明显丧失清偿能力可能	(1)不能清偿到期债务,并且资产不足以清偿全部债务; (2)不能清偿到期债务,并且明显缺乏清偿能力的

续表

<table>
<tr><th>比较项目</th><th>破产清算</th><th>重整</th><th>和解</th></tr>
<tr><td rowspan="3">申请主体条件</td><td colspan="2">债权人：
债务人不能清偿到期债务</td><td rowspan="3">债务人：
具备一般和解原因。或者在法院受理破产申请后、宣告债务人破产前，向法院申请和解</td></tr>
<tr><td>债务人：
破产原因</td><td>债务人：
重整原因 + 债权人提起破产清算申请</td></tr>
<tr><td>清算组：
企业法人已解散但未清算或者未清算完毕，资产不足以清偿债务的，依法负有清算责任的人应当向人民法院申请破产清算</td><td>出资人（出资额占债务人注册资本 1/10 以上）
重整原因——债权人提起了破产清算申请</td></tr>
<tr><td>方案通过</td><td>(1) 人民法院宣告债务人破产；
(2) 破产财产分配方案：由出席会议的有表决权的债权人过半数通过，并且其所代表的债权额占无财产担保债权总额的 1/2 以上</td><td>(1) 债权人会议小组通过的两个条件：（《企业破产法》第 84 条）①同一个表决组出席人数过半数；②同意重整计划草案的债权人所代表的债权额应当占该组全部债权总额的 2/3 以上。
(2) 法院强制批准重整计划草案（重整计划草案对各债务人的利益已经充分考虑，并不损害债权人任何利益，重整计划草案仍不能通过）（《企业破产法》第 87 条）</td><td>债权人会议通过和解协议的决议（《企业破产法》第 97 条）：由出席会议的有表决权的债权人过半数同意，并且其所代表的债权额占无财产担保债权总额的 2/3 以上</td></tr>
<tr><td colspan="4">注：除“通过和解协议”“通过破产财产分配方案”两项议案外，未放弃优先受偿权利的别除权人对债权人会议的其他事项均享有表决权</td></tr>
<tr><td>执行</td><td>破产管理人执行分配</td><td>债务人执行，管理人监督。人民法院裁定批准重整计划后，已接管财产和营业事务的管理人应当向债务人移交财产和营业事务（《企业破产法》第 89 条）</td><td>债务人应当按照和解协议规定的条件清偿债务（《企业破产法》第 102 条）</td></tr>
</table>

考点 19 破产撤销权、追回权、取回权、抵销权

1. 撤销权和追回权的追诉对象。

(1)欺诈破产行为:

①可撤销的欺诈破产行为。人民法院受理破产申请前1年内,涉及债务人财产的下列行为,管理人有权请求人民法院予以撤销:一是无偿转让财产的;二是以明显不合理的价格进行交易的;三是对没有财产担保的债务提供财产担保的;四是对未到期的债务提前清偿的(但是,提前清偿的债务在破产申请受理前6个月之前已经到期的除外);五是放弃债权的。

②无效的欺诈破产行为。涉及债务人财产的下列行为无效:一是为逃避债务而隐匿、转移财产的;二是虚构债务或者承认不真实的债务的。

(2)个别清偿行为。人民法院受理破产申请前6个月内,债务人有《企业破产法》第2条第1款规定的情形,仍对个别债权人进行清偿的,管理人有权请求人民法院予以撤销。但是,个别清偿使债务人财产受益的除外。

2. 对企业管理层的特别追回权。债务人的董事、监事和高级管理人员利用职权从企业获取的非正常收入和侵占的企业财产,管理人应当追回。

3. 取回权。

(1)人民法院受理破产申请后,债务人占有的不属于债务人的财产,该财产的权利人可以通过管理人取回。

人民法院受理破产申请时,出卖人已将买卖标的物向作为买受人的债务人发运,债务人尚未收到且未付清全部价款的,出卖人可以取回在运途中的标的物。但是,管理人可以支付全部价款,请求出卖人交付标的物。

(2)破产宣告后,破产程序终结前,取回权人得随时向管理人请求取回财产。管理人收到取回权人的请求后,经证明属实的,应予以返还。但是,取回权人行使权利时未依法向管理人支付相关的加工费、保管费、托运费、委托费、代销费等费用的,管理人有权拒绝。

取回权标的物应当原物返还(原物取回权)。取回权标的物因已经处分或者毁损灭失而不能原物返还的,应当折价返还(赔偿取回权)。

> **【考场演练】** 多项选择题
>
> 甲公司因不能清偿到期债务且明显缺乏清偿能力,遂于2014年3月申请破产,且法院已受理。经查,在此前半年内,甲公司针对若干债务进行了个别清偿。关于管理人的撤销权,下列哪些表述是正确的?
>
> A. 甲公司清偿对乙银行所负的且以自有房产设定抵押担保的贷款债务的,管理人可以主张撤销
>
> B. 甲公司清偿对丙公司所负的且经法院判决所确定的货款债务的,管理人可以主张撤销
>
> C. 甲公司清偿对丁公司所负的为维系基本生产所需的水电费债务的,管理人不得主张撤销
>
> D. 甲公司清偿对戊所负的劳动报酬债务的,管理人不得主张撤销
>
> 【参考答案】 CD

管理人在处理以取回权为由提出的给付请求时,如果认为请求人缺乏权利

根据，可以拒绝给付。由此发生争议的，请求人可以向受理破产案件的人民法院提起诉讼。

4. 破产抵销权，是指破产债权人在破产申请受理前对破产人负有债务的，不论债的种类和到期时间，得于清算分配前以破产债权抵销其所负债务的权利。

不适用破产抵销的情形：

（1）债务人的债务人在破产申请受理后取得的他人对债务人的债权，不得用于抵销。

（2）债权人已知债务人有不能清偿到期债务或者破产申请的事实，而对债务人负担债务的，不得抵销。但是，债权人因为法律规定或者自破产申请1年前所发生的原因而负担债务的除外。

（3）债务人的债务人已知债务人有不能清偿到期债务或者破产申请的事实，而对债务人取得的债权，不得抵销。但是，债务人的债务人因为法律规定或者有破产申请1年前所发生的原因而取得债权的除外。

考点20 破产费用与共益债务

【知识图解】 破产费用与共益债务

比较项目	破产费用	共益债务
具体内容	（1）破产案件的诉讼费用； （2）管理、变价和分配债务人财产的费用； （3）管理人执行职务的费用、报酬和聘用工作人员的费用	（1）因管理人或者债务人请求对方当事人履行双方均未履行完毕的合同所产生的债务； （2）债务人财产受无因管理所产生的债务； （3）因债务人不当得利所产生的债务； （4）为债务人继续营业而应支付的劳动报酬和社会保险费用以及由此产生的其他债务； （5）管理人或相关人员执行职务致人损害所产生的债务； （6）债务人财产致人损害所产生的债务
清偿顺序	（1）破产费用和共益债权由债务人随时清偿； （2）不足清偿所有破产费用和共益债权的，破产费用优先； （3）不足清偿所有破产费用或共益债权的，按比例清偿； （4）不足清偿破产费用的，终结破产程序并公告	

考点21 破产债权

债务人被宣告破产后，人民法院受理破产申请时对债务人享有的债权称为破产债权。

1. 债权申报期限：人民法院受理破产申请后，应当确定债权人申报债权的期限。债权申报期限自人民法院发布受理破产申请公告之日起计算，最短不得少于30日，最长不得超过3个月。

2. 债权申报范围：人民法院受理破产申请时对债务人享有债权的债权人，可以依法申报债权。

注意：(1)附条件、附期限的债权和诉讼、仲裁未决的债权，债权人可以申报。

(2)债务人的保证人或者其他连带债务人已经代替债务人清偿债务的，以其对债务人的求偿权申报债权。债务人的保证人或者其他连带债务人尚未代替债务人清偿债务的，以其对债务人的将来求偿权申报债权。但是，债权人已经向管理人申报全部债权的除外。

(3)管理人或者债务人依照法律规定解除合同的，对方当事人以因合同解除所产生的损害赔偿请求权申报债权。

(4)债务人所欠职工的工资和医疗、伤残补助、抚恤费用，所欠的应当划入职工个人账户的基本养老保险、基本医疗保险费用，以及法律、行政法规规定应当支付给职工的补偿金，不必申报，由管理人调查后列出清单并予以公示。职工对清单记载有异议的，可以要求管理人更正；管理人不予更正的，职工可以向人民法院提起诉讼。

【考场演练】 多项选择题

A公司因经营不善，资产已不足以清偿全部债务，经申请进入破产还债程序。关于破产债权的申报，下列哪些表述是正确的？

A. 甲对A公司的债权虽未到期，仍可以申报

B. 乙对A公司的债权因附有条件，故不能申报

C. 丙对A公司的债权虽然诉讼未决，但丙仍可以申报

D. 职工丁对A公司的伤残补助请求权，应予以申报

【参考答案】 AC

3. 债权的补充申报：在人民法院确定的债权申报期限内，债权人未申报债权的，可以在破产财产最后分配前补充申报；但是，此前已进行的分配，不再对其补充分配。审查和确认补充申报债权的费用，由补充申报人承担。

4. 债权债务抵销：债权人在破产申请受理前对债务人负有债务的，可以向管理人主张抵销。但是，有下列情形之一的，不得抵销。

(1)债务人的债务人在破产申请受理后取得他人对债务人的债权的。

(2)债权人已知债务人有不能清偿到期债务或者破产申请的事实，对债务人负担债务的；但是，债权人因为法律规定或者有破产申请1年前所发生的原因而负担债务的除外。

(3)债务人的债务人已知债务人有不能清偿到期债务或者破产申请的事实，对债务人取得债权的；但是，债务人的债务人因为法律规定或者有破产申请1年前所发生的原因而取得债权的除外。

☞ **易错点提示** 未到期的债权，在破产申请受理时视为到期。附利息的债权自破产申请受理时停止计息。

考点22 本票、汇票与支票

【知识图解】 本票、汇票与支票

比较项目	本票	汇票	支票
信用功能	《票据法》上本票限于见票即付,为支付证券	基于出票人和付款人信用,除见票即付,还可另行指定到期日,为信用证券	见票即付,属支付证券
基本当事人	出票人(付款人和出票人为同一个人)和收款人	出票人、付款人和收款人	出票人、付款人和收款人(出票人与付款人之间必须先有资金关系,才能签发支票)
对出票人的要求	只能为银行	出票人具有完全民事行为能力	必须使用本名,提交合法身份证件开立支票存款账户,存入足够的款项,并预留本名的签名样式和印章样式
对付款人的要求	与出票人为同一银行	银行汇票付款人为参加"全国联行往来"的银行;商业汇票付款人为商品交易活动中接收货物的当事人或与出票人签订承诺委托协议的银行	有从事支票业务资格的银行或其他金融机构
绝对必要记载事项	"本票"字样、无条件支付的承诺、确定的金额、出票日期、出票人签章、收款人名称	"汇票"字样、无条件支付的委托、确定的金额、出票日期、出票人签章、付款人名称、收款人名称	"支票"字样、无条件支付的委托、确定的金额(可授权补记)、出票日期、出票人签章(必须与在银行预留印鉴的印章和签名式样一致)、付款人名称
付款期限	自出票日起2个月内	见票即付者,自出票日起1个月内;定日付款、出票后定期付款、见票后定期付款者,自到期日起10日内	同城支票自出票日起10日内;异地使用的支票,付款提示期限由中国人民银行另行规定
权利消灭时效	自出票日起2年内有效	见票即付者,自出票日起2年内有效;远期汇票自到期日起2年内有效	自出票日起6个月内有效

【法条链接】

《票据法》

第十九条 汇票是出票人签发的,委托付款人在见票时或者在指定日期无条件支付确定的金额给收款人或者持票人的票据。

汇票分为银行汇票和商业汇票。

第七十三条　本票是出票人签发的，承诺自己在见票时无条件支付确定的金额给收款人或者持票人的票据。

本法所称本票，是指银行本票。

第八十一条　支票是出票人签发的，委托办理支票存款业务的银行或者其他金融机构在见票时无条件支付确定的金额给收款人或者持票人的票据。

考点 23 票据的无因性

1. 票据的无因性。

票据上的法律关系是一种单纯的金钱支付关系，权利人享有票据权利只以持有符合票据法规定的有效票据为必要。至于票据赖以发生的原因，在所不问。即使原因关系无效或有瑕疵，均不影响票据的效力。所以，票据权利人在行使票据权利时，无须证明给付原因，票据债务人也不得以原因关系对抗善意第三人。例如，出票人A基于和收款人B之间的买卖关系，向B签发汇票，B又基于和C之间的借贷关系，将该汇票背书转让给C，则C在请求付款时，无须证明A、B间买卖关系及B、C间借贷关系的存在，即使A、B间的买卖关系不存在了，或有瑕疵，C亦可以背书连续的票据，当然地行使票据权利。这就是票据的无因性。

2. 无因性的限制。

关于无因性的限制，《票据法》有5处规定，即第10条、第12条、第13条第2款、第21条、第87条。在这几种情形下，票据的无因性是受限制的：

第一，从票据取得来看，必须支付对价（《票据法》第10条第2款），但有三种例外（《票据法》第11条第1款——税收、继承和赠与），持票人取得票据如无对价或无相当之对价，不能享有优先于其前手的票据权利；持票人必须是以合法手段取得票据，以欺诈、偷盗、胁迫手段或者恶意、重大过失取得票据不能享有票据权利（《票据法》第12条）。

第二，票据债务人对不履行义务的直接债权债务关系持票人可以进行抗辩（《票据法》第13条第2款）。也就是说，票据无因性只在非直接关系人之间适用，如果当事人之间存在直接的债权债务关系，则债务人可以以原因关系对抗票据关系。

第三，汇票和支票这两种他付票据，都要求出票人和付款人之间有真实的资金关系（《票据法》第21条、第87条）。特别是支票，出票人在付款人那里没有存款是不可能签发支票的，同时不得签发空头支票（出票人签发的支票金额超过其付款时在付款人处实有的存款金额的，为空头支票）。

考点 24 票据抗辩

物的抗辩和人的抗辩是票据抗辩的两大原因或事由。物的抗辩，又称客观的抗辩或绝对的抗辩，是指一切票据债务人或特定的票据债务人可以对抗任何票据债权人的抗辩。人的抗辩，又称相对抗辩或主观抗辩，是指一切票据债务人或特定票据债务人可以对抗特定债权人的抗辩。二者的区别有以下几个方面。

第一，抗辩理由不同。物的抗辩主要基于票据本身无效、票据行为本身具有某些缺陷或者依票据性质当然发生的事项而产生。人的抗辩基于当事人间的特别关系而产生或者基于债权人方面的原因而产生。

第二,对抗主体的范围不同。物的抗辩可以对抗任何持票人,不因持票人的变更而受影响。人的抗辩只能对抗特定的持票人,如果持票人发生变更,此种抗辩就会受到影响,票据债务人对抗某一个持票人的抗辩事由不能同时用来对抗其他持票人。《票据法》之所以对人的抗辩进行限制,目的在于保护正当持票人或善意取得人的票据权利,保障票据的流通。

第三,具体种类不同。物的抗辩,根据行使抗辩权的主体范围不同,可分为下列两种:(1)一切票据债务人可以对抗一切持票人的抗辩,主要包括:①以票据不符合法定的形式要件而无效所主张的抗辩。例如,欠缺确定的金额、无条件支付的委托文句、出票人签章等记载,更改了不可更改的事项而使票据无效的抗辩(《票据法》第 9 条第 2 款规定)。②以票据权利无法行使所主张的抗辩。(2)特定票据债务人可以对抗一切持票人的抗辩,主要包括:①票据上记载的债务人是欠缺民事行为能力的人;②票据上记载的债务人是被他人无权代理或越权代理的人;③票据上记载的债务人是被伪造人;④票据上发生变造,票据上记载的债务人是在变造前签章的;⑤票据上记载的债务人因持票人权利时效经过或持票人欠缺权利保全手续而解除了票据责任;⑥票据上记载的债务人是被法院宣告破产或被行政主管部门责令中止业务活动的人。

人的抗辩,根据行使抗辩权的主体范围不同,也可分为下列两种:(1)一切票据债务人可以对抗特定票据债权人的抗辩,主要有:以欺诈、胁迫、偷盗等方式恶意取得票据的抗辩;持票人欠缺或丧失受领票据金额能力的抗辩,如持票人被宣告破产、票据债权被法院扣押禁止付款等;持票人欠缺形式上受领票据金额的资格的抗辩,如背书不连续所产生的抗辩。(2)特定的票据债务人可以对抗特定持票人的抗辩,主要有:基于原因关系的抗辩;欠缺对价的抗辩(《票据法》第 10 条第 2 款),但《票据法》第 11 条规定,因税收、继承、赠与而无偿取得票据的,不受给付对价的限制;禁止背书所引起的抗辩,背书人禁止背书的,其仅对直接后手负票据责任,如有间接后手向其追索,该背书人可以禁止背书为由进行抗辩。

考点 25 票据行为

汇票的票据行为包括出票、背书、承兑、保证,本票的票据行为包括出票、背书、保证,支票的票据行为包括出票和背书。

1. 出票,是指出票人签发票据并将其交付给收款人的票据行为。

出票时的记载事项有:

(1)汇票和支票为他付票据,应当记载付款人的名称和无条件支付的委托;本票为自付票据,无须记载付款人的名称,但应记载无条件支付的承诺。

汇票、本票必须由出票人记载收款人名称,否则票据无效,而支票上的收款人名称可以由出票人授权他人补记。支票金额也可以由出票人授权补记,但未经补记,支票不得使用。

其他必要记载事项的要求,三种票据是一致的。

(2)本票上未记载付款地的，出票人的营业场所为付款地。本票上未记载出票地的，出票人的营业场所为出票地。支票上未记载付款地的，付款人的营业场所为付款地。支票上未记载出票地的，出票人的营业场所、住所或者经常居住地为出票地。

2. 背书。

(1)持票人可以将票据权利转让给他人或者将一定的票据权利授予他人行使。以背书转让的票据，背书应当连续。持票人以背书的连续，证明其票据权利；非经背书转让，而以其他合法方式取得票据的，需依法举证，证明其票据权利。

所谓背书连续，是指在票据转让中，转让票据的背书人与受让票据的被背书人在票据上的签章依次前后衔接。

(2)背书不得附有条件。背书时附有条件的，所附条件不具有票据上的效力。将票据金额的一部分转让的背书或者将票据金额分别转让给二人以上的背书无效。

【考场演练】 单项选择题

甲公司为支付货款向乙公司签发了一张金额为80万元的汇票。丙公司在汇票上作为保证人并签章。下列说法正确的是：

A. 甲公司未在汇票上记载被保证人的名称，因此丙公司无须承担保证责任

B. 甲公司未在汇票上记载保证日期的，保证无效

C. 甲公司可以进行附条件保证

D. 丙公司与甲公司对持票人乙公司承担连带责任

【参考答案】 D

(3)票据被拒绝承兑、被拒绝付款或者超过付款提示期限的，不得背书转让；背书转让的，背书人应当承担票据责任。

(4)出票人在票据上记载“不得转让”字样的，票据不得转让。背书人在票据上记载“不得转让”字样，其后手再背书转让的，原背书人对后手的被背书人不承担保证责任。

3. 承兑。

(1)定日付款或者出票后定期付款的汇票，持票人应当在汇票到期日前向付款人提示承兑。提示承兑是指持票人向付款人出示汇票，并要求付款人承诺付款的行为。

(2)见票后定期付款的汇票，持票人应当自出票日起1个月内向付款人提示承兑。汇票未按照规定期限提示承兑的，持票人丧失对其前手的追索权。见票即付的汇票无须提示承兑。

付款人承兑汇票，不得附有条件；承兑附有条件的，视为拒绝承兑。

4. 保证。汇票的债务可以由保证人承担保证责任。保证人由汇票债务人以外的他人担当。

保证不得附有条件；附有条件的，不影响对汇票的保证责任。

保证人为2人以上的，保证人之间承担连带责任。

☞ **易错点提示** 附条件的票据行为效力不同：

①背书附有条件的，所附条件不具有票据上的效力。

②附条件的承兑视为拒绝承兑。

③附条件的保证不影响对汇票的保证责任。

考点 26 禁止的证券交易行为

1. 限制和禁止的证券交易行为的一般规定。证券交易的限制和禁止行为是指我国《证券法》《公司法》等法律、法规规定的,证券市场的参与者在证券交易过程中限制或者禁止从事的行为。《证券法》除在第三章第三节专门规定"禁止的交易行为"外,还对限制和禁止的证券交易行为作了一般性的规定,这些规定包括:

(1)证券交易当事人依法买卖的证券,必须是依法发行并交付的证券。非依法发行的证券,不得交易。依法发行的证券,法律对其转让期限有限制性规定的,在限定的期限内不得转让。

(2)上市公司持有5%以上股份的股东、实际控制人、董事、监事、高级管理人员,以及其他持有发行人首次公开发行前发行的股份或者上市公司向特定对象发行的股份的股东,转让其持有的本公司股份的,不得违反法律、行政法规和国务院证券监督管理机构关于持有期限、卖出时间、卖出数量、卖出方式、信息披露等规定,并应当遵守证券交易所的业务规则。

(3)依法公开发行的证券,应当在依法设立的证券交易所上市交易或者在国务院批准的其他全国性证券交易场所交易。非公开发行的证券,可以在证券交易所、国务院批准的其他全国性证券交易场所、按照国务院规定设立的区域性股权市场转让。

(4)证券交易场所、证券公司和证券登记结算机构的从业人员,证券监督管理机构的工作人员以及法律、行政法规规定禁止参与股票交易的其他人员,在任期或者法定限期内,不得直接或者以化名、借他人名义持有、买卖股票或者其他具有股权性质的证券,也不得收受他人赠送的股票或者其他具有股权性质的证券。任何人在成为上述所列人员时,其原已持有的股票或者其他具有股权性质的证券,必须依法转让。实施股权激励计划或者员工持股计划的证券公司的从业人员,可以按照国务院证券监督管理机构的规定持有、卖出本公司股票或者其他具有股权性质的证券。

(5)为证券发行出具审计报告或者法律意见书等文件的证券服务机构和人员,在该证券承销期内和期满后6个月内,不得买卖该证券。除上述规定外,为发行人及其控股股东、实际控制人,或者收购人、重大资产交易方出具审计报告或者法律意见书等文件的证券服务机构和人员,自接受委托之日起至上述文件公开后5日内,不得买卖该证券。实际开展上述有关工作之日早于接受委托之日的,自实际开展上述有关工作之日起至上述文件公开后5日内,不得买卖该证券。

(6)上市公司、股票在国务院批准的其他全国性证券交易场所交易的公司持有5%以上股份的股东、董事、监事、高级管理人员,将其持有的该公司的股票或者其他具有股权性质的证券在买入后6个月内卖出,或者在卖出后6个月内又买入,由此所得收益归该公司所有,公司董事会应当收回其所得收益。但是,证券公司因购入包销售后剩余股票而持有5%以上股份,以及有国务院证券监督管理机构规定的其他情形的除外。上述所称董事、监事、高级管理人员、自然人股东持有的股票或者其他具有股权性质的证券,包括其配偶、父母、子女持有的及利用他人账户持有的股票或者其他具有股权性质的证券。公司董事会不按照上述规定执行的,股东有权要求董事会在30日内执行。公司董事会未在上述期限内执行的,股东有权为了公司的利益以自己的名义直接向人民法院提起诉讼。公司董事会不按照上述规定执行的,负有责任的董事依法承担连带责任。

(7)通过计算机程序自动生成或者下达交易指令进行程序化交易的,应当符合国务院证券监督管理机构的规定,并向证券交易所报告,不得影响证券交易所系统安全或者正常交易秩序。

2. 禁止内幕交易行为。内幕交易是指知悉证券交易内幕信息的知情人和非法获取内幕信息的人,利用内幕信息进行证券交易的活动。证券交易活动中,涉及发行人的经营、财务或者对该发行人证券的市场价格有重大影响的尚未公开的信息,为内幕信息。知悉证券交易内幕信息的知情人员或者非法获取内幕信息的其他人员,不得买入或者卖出所持有的该公司的证券,或者泄露该信息或者建议他人买卖该证券。禁止证券交易场所、证券公司、证券登记结算机构、证券服务机构和其他金融机构的从业人员,有关监管部门或者行业协会的工作人员,利用因职务便利获取的内幕信息以外的其他未公开的信息,违反规定,从事与该信息相关的证券交易活动,或者明示、暗示他人从事相关交易活动。内幕交易行为给投资者造成损失的,行为人应当依法承担赔偿责任。

3. 禁止操纵证券市场行为。操纵证券市场行为,是指行为人背离市场自由竞价和供求关系原则,以各种不正当的手段,影响或者试图影响证券市场价格或者证券交易量,制造证券市场假象,以引诱他人参与证券交易,为自己谋取不正当利益或者转嫁风险的行为。

操纵证券市场的行为包括:(1)单独或者通过合谋,集中资金优势、持股优势或者利用信息优势联合或者连续买卖;(2)与他人串通,以事先约定的时间、价格和方式相互进行证券交易;(3)在自己实际控制的账户之间进行证券交易;(4)不以成交为目的,频繁或者大量申报并撤销申报;(5)利用虚假或者不确定的重大信息,诱导投资者进行证券交易;(6)对证券、发行人公开作出评价、预测或者投资建议,并进行反向证券交易;(7)利用在其他相关市场的活动操纵证券市场;(8)以其他手段操纵证券市场。

4. 禁止虚假陈述和信息误导行为。《证券法》规定:禁止任何单位和个人编造、传播虚假信息或者误导性信息,扰乱证券市场。禁止证券交易场所、证券公司、证券登记结算机构、证券服务机构及其从业人员,证券业协会、证券监督管理机构及其工作人员,在证券交易活动中作出虚假陈述或者信息误导。各种传播媒介传播证券市场信息必须真实、客观,禁止误导。传播媒介及其从事证券市场信息报道的工作人员不得从事与其工作职责发生利益冲突的证券买卖。编造、传播虚假信息或者误导性信息,扰乱证券市场,给投资者造成损失的,应当依法承担赔偿责任。

5. 禁止损害客户利益的行为。损害客户利益的行为,是指证券公司及其从业人员在证券交易及相关活动中,为了牟取不法利益,而违背客户的真实意思进行代理的行为,以及诱导客户进行不必要的证券交易的行为。《证券法》规定,在证券交易中,禁止证券公司及其从业人员从事下列损害客户利益的行为:(1)违背客户的委托为其买卖证券;(2)不在规定时间内向客户提供交易的确认文件;(3)未经客户的委托,擅自为客户买卖证券,或者假借客户的名义买卖证券;(4)为牟取佣金收入,诱使客户进行不必要的证券买卖;(5)其他违背客户真实意思表示,损害客户利益的行为。违反上述规定给客户造成损失的,行为人应当依法承担赔偿责任。

6. 其他禁止行为。

考点 27 保险合同的基本原则

1. 最大诚信原则:是保险法的首要原则,基于保险合同的特殊性,法律对当事人的诚信程度的要求远远高于其他民事活动。最大诚信原则对投保人和保险人均有要求,而不仅仅针对一方。

(1)对投保人:主要体现为告知义务,即订立保险合同时如实向保险人告知保险标的的相关情况,以及在履行保险合同的时候信守保险义务。

(2)对保险人:主要体现为说明义务,即订立保险合同时,应将保险条款告知投保人,并及时与全面支付保险金的义务。

保险合同中有关于保险人责任免除条款的,保险人在订立保险合同时应当向投保人明确说明,未明确说明的,该条款不产生效力。

2. 自愿原则:是指保险法律关系的当事人有权根据自己的意愿设立、变更或终止保险法律关系,不受他人干扰;投保人有权选择保险人和保险的种类、范围、责任等。

3. 保险利益原则:是指投保人应对保险标的具有法律上承认的利益,否则保险合同无效。

保险利益成立的条件是:(1)必须是法律上承认的利益;(2)必须是经济上的利益;(3)必须是可确定的利益。

4. 近因原则:近因是指造成保险标的的损害的主要、起决定性作用的原因。

5. 公序良俗原则。

☞ **易错点提示** 人身保险合同中,投保人对下列人员具有保险利益:①本人;②配偶、子女、父母;③前项以外与投保人有抚养、赡养或者扶养关系的家庭其他成员、近亲属。除上述规定外,被保险人同意投保人为其认立合同的,视为投保人对被保险人具有保险利益。

考点 28 《保险法》中的代位求偿权

1. 代位求偿权的条件:

(1)保险事故是由第三人的行为引起的。第三人的行为可以是违约、侵权、不当得利等可以产生债权请求权的行为,亦可以是犯罪行为、违法行政行为。

(2)保险人已向被保险人支付保险赔偿。保险赔偿可以是全部的,也可以是部分的，保险人在未向被保险人支付赔偿前不得行使代位求偿权。

(3) 保险人行使代位求偿权的数额以给付的保险金额为限，对于超过保险人已支付的保险金额以外的部分，保险人无权要求第三人赔偿，求偿权仍由被保险人享有。

2. 代位求偿权的适用范围：

(1) 仅限于财产保险合同。在人身保险合同中，保险人不得享有代位求偿权。

(2) 对代位求偿权行使对象的第三者，通常不包括被保险人一定范围的亲属或雇员。除非是由他们的故意行为引起保险事故。

除被保险人的家庭成员或者其组成人员故意造成《保险法》规定的保险事故以外，保险人不得对被保险人的家庭成员或者其组成人员行使代位请求赔偿的权利。这里的家庭成员应包括与被保险人共同生活的配偶、父母、子女等较近的血亲或者姻亲，这里的组成人员指为被保险人的利益或者受被保险人的委托与被保险人存在某种特殊法律关系而进行活动的人，包括代理人、合伙人。

3. 对代位求偿权的保护规则：

(1) 保险事故发生后，在保险人未赔偿保险金之前，被保险人放弃对第三者的赔偿请求权的，保险人不再承担赔偿保险金的责任。被保险人无论以何种方式放弃对第三者的赔偿请求权，如通过和解协议的方式、单方声明放弃的方式，均产生上述后果。

(2) 保险人向被保险人承担了赔偿保险金的责任后，被保险人未经保险人同意而放弃对第三者的赔偿请求权的，该放弃行为无效，对保险人无约束力，保险人仍然可以向第三者行使代位求偿权。

(3) 如果被保险人因故意或者重大过失而使保险人不能行使代位求偿权，若保险人尚未支付保险赔偿金，保险人可以相应地扣减部分保险金；若保险人已经支付保险赔偿金，保险人可以要求被保险人返还相应的保险金。

4. 保险事故发生后，被保险人已经从第三者处取得损害赔偿的，保险人赔偿保险金时，可以相应扣减被保险人从第三者处已取得的赔偿金额。

☞ **易错点提示** ①代位求偿权仅适用于财产保险，不适用于人身保险。②保险事故发生后，在保险人未赔偿保险金之前，被保险人放弃对第三人的赔偿请求权的，保险人不承担赔偿保险金的责任；保险人向被保险人赔偿保险金后，被保险人未经保险人同意放弃对第三人的赔偿请求权的，该放弃行为无效。

考点 29 人身保险合同的保险金给付

1. 保险人应当依照保险合同的约定，履行赔偿或者给付保险金的义务。

2. 被保险人死亡后，有下列情形之一的，保险金作为被保险人的遗产，由保险人向被保险人的继承人履行给付保险金的义务：

(1) 没有指定受益人，或者受益人指定不明无法确定的；

(2) 受益人先于被保险人死亡，没有其他受益人的；

(3) 受益人依法丧失受益权或者放弃受益权，没有其他受益人的。

受益人与被保险人在同一事件中死亡，且不能确定死亡先后顺序的，推定受益人死亡在先。

3. 投保人故意造成被保险人死亡、伤残或者疾病的，保险人不承担给付保险金的责任。投保人已交足 2 年以上保险费的，保险人应当按照合同约定向其他享有权利的受益人退还保险单的现金价值，其他权利人按照被保险人、被保险人继承人的顺序确定。受益人故意造成被保险人死亡或者伤残的，或者故意杀害被保险人未遂的，丧失受益权。

4. 以死亡为给付保险金条件的合同，自合同成立或者合同效力恢复之日起 2 年内，被保险人自杀的，保险人不承担给付保险金的责任，但被保险人自杀时为无民事行为能力人的除外。

5. 因被保险人故意犯罪或者抗拒依法采取的刑事强制措施导致其自身伤残或者死亡的，保险人不承担给付保险金的责任。投保人已交足 2 年以上保险费的，保险人应当按照保险单退还其现金价值。

6. 投保人申报被保险人的年龄不真实，并且其真实年龄不符合合同约定的年龄限制的：保险人在合同成立之日起未逾 2 年发现此情况，保险人可以解除合同，并按照合同约定返还保险单的现金价值；此种情况下的解除权适用我国《保险法》第 16 条关于除斥期间的规定，即自保险人知道解除事由之日起超过 30 日内不行使而消灭，自合同成立之日起超过 2 年的则不得再解除合同。

7. 人身保险合同约定分期支付保险费的，投保人支付首期保险费后，除合同另有约定外，投保人自保险人催告之日起超过 30 日未支付当期保险费，或者超过规定的期限 60 日未支付当期保险费的，合同效力中止，或者由保险人按照合同约定的条件减少保险金额。

☞ **易错点提示** 人身保险合同中，保险人不得以强制方式要求投保人支付保险费。投保人可以自由选择缴纳保险费以维持合同，或者不缴纳保险费以终止合同。

考点 30 证券发行

1. 证券概念：证券泛指代表一定权利的书面凭证。《证券法》以有价证券为调整对象。《证券法》主要调整包括股票、债券、存托凭证和证券投资基金份额的上市与交易。

2. 证券发行：

(1) 概念：证券发行是指证券交易机构利用平台发行证券的行为。

(2) 方式：证券发行分为公开发行和非公开发行。

①有下列情形的应该公开发行：

A. 向不特定的对象发行；

B. 向特定的对象发行证券累计超过 200 人，但依法实施员工持股计划的员工人数不计算在内。

②非公开发行证券，不得采用广告、公开劝诱和变相公开的方式。

考点 31 投资者保护

1. 投资者类型：可以分为普通投资者和专业投资者。

2. 要求：

(1) 投资者应当具备与投资相匹配的财产、金融资产、投资知识和经验、专业能力；证券公司应当了解投资者相关信息并销售、提供与投资者上述状况相匹配的证券、服务。

(2)证券公司违反上述规定销售和提供证券服务导致投资者损失的，应当承担相应的赔偿责任。

(3)普通投资者的特殊保护：普通投资者与证券公司发生纠纷的，证券公司应当证明其行为符合相关规定，不存在误导、欺诈等情形。证券公司不能证明的，应当承担相应的赔偿责任。

考点32 股东权利代为行使公开征集

1. 征集人：

(1)上市公司董事会、独立董事、持有1%以上有表决权股份的股东或投资者保护机构可以作为征集人，公开请求上市公司股东委托其代为出席股东会，并代为行使提案权、表决权等股东权利。

(2)禁止以有偿或者变相有偿的方式公开征集股东权利。

2. 后果：公开征集股东权利违反法律、行政法规或者国务院证券监督管理机构有关规定，导致上市公司或者其股东遭受损失的，应当依法承担赔偿责任。

考点33 纠纷处理与损失赔偿

1. 先行赔付。

发行人因欺诈发行、虚假陈述或者其他重大违法行为给投资者造成损失的，发行人的控股股东、实际控制人、相关的证券公司可以委托投资者保护机构，就赔偿事宜与受到损失的投资者达成协议，予以先行赔付。先行赔付后，可以依法向发行人以及其他连带责任人追偿。

2. 纠纷处理。

(1)投资者与发行人、证券公司等发生纠纷的，双方可以向投资者保护机构申请调解。

(2)普通投资者与证券公司发生证券业务纠纷，普通投资者提出调解请求的，证券公司不得拒绝。

(3)投资者保护机构对损害投资者利益的行为，可以依法支持投资者向人民法院提起诉讼。

3. 投资者保护机构的股东代表诉讼。

发行人的董事、监事、高管执行公司职务时违反法律、行政法规或者公司章程的规定给公司造成损失，发行人的控股股东、实际控制人等侵犯公司合法权益给公司造成损失，投资者保护机构持有该公司股份的，可以为公司的利益以自己的名义向人民法院提起诉讼，持股比例和持股期限不受《公司法》规定的限制。

4. 证券虚假陈述赔偿。

(1)投资者提起虚假陈述等证券民事赔偿诉讼时，诉讼标的是同一种类，且当事人一方人数众多的，可以依法推选代表人进行诉讼。

(2)对按照上述情形提起的诉讼，可能存在有相同诉讼请求的其他众多投资者的，人民法院可以发出公告，说明该诉讼请求的案件情况，通知投资者在一定期限内向人民法院登记。人民法院作出的判决、裁定,对参加登记的投资者发生效力。

(3)投资者保护机构受50名以上投资者委托,可以作为代表人参加诉讼,并为经证券登记结算机构确认的权利人依照前款规定向人民法院登记,但投资者明确表示不愿意参加该诉讼的除外。

考点 34 信息披露

1. 信息披露义务人:发行人及法律、行政法规和国务院证券监督管理机构规定的其他信息披露义务人。

2. 财务会计报告:

(1)年度报告。

①每一会计年度结束之日起4个月内,报送并公告年度报告,其中的年度财务会计报告应当经符合《证券法》规定的会计师事务所审计。

②年度报告中应当载明公司财务会计报告和经营情况、公司实际控制人和已发行的股票、公司债券情况,包括持有公司股份最多的前10名股东的名单和持股数额等相关信息。

(2)中期报告。

每一会计年度的上半年结束之日起2个月内,报送并公告中期报告。

3. 重大事件临时公告:

(1)公司的经营方针和经营范围的重大变化;(2)公司的重大投资行为,公司在1年内购买、出售重大资产超过公司资产总额30%,或者公司营业用主要资产的抵押、质押、出售或者报废一次超过该资产的30%;(3)公司订立重要合同、提供重大担保或者从事关联交易,可能对公司的资产、负债、权益和经营成果产生重要影响;(4)公司发生重大债务和未能清偿到期重大债务的违约情况;(5)公司发生重大亏损或者重大损失;(6)公司生产经营的外部条件发生的重大变化;(7)公司的董事、1/3以上监事或者经理发生变动,董事长或者经理无法履行职责;(8)持有公司5%以上股份的股东或者实际控制人持有股份或者控制公司的情况发生较大变化,公司的实际控制人及其控制的其他企业从事与公司相同或者相似业务的情况发生较大变化;(9)公司分配股利、增资的计划,公司股权结构的重要变化,公司减资、合并、分立、解散及申请破产的决定,或者依法进入破产程序、被责令关闭;(10)涉及公司的重大诉讼、仲裁,股东会、董事会决议被依法撤销或者宣告无效;(11)公司涉嫌犯罪被依法立案调查,公司的控股股东、实际控制人、董事、监事、高级管理人员涉嫌犯罪被依法采取强制措施;(12)国务院证券监督管理机构规定的其他事项。

4. 损害赔偿:

(1)发行人等信息披露义务人未按照规定披露信息,或者存在虚假记载、误导性陈述或者重大遗漏,致使投资者在证券交易中遭受损失的,信息披露义务人应当承担赔偿责任。

(2)发行人的控股股东、实际控制人、董事、监事、高管和其他直接责任人员以及保荐人、承销的证券公司及其直接责任人员,应当与发行人承担连带赔偿责任,但是能够证明自己没有过错的除外。

考点 35 证券交易所

1. 突发事件处置。

(1)因不可抗力、意外事件、重大技术故障、重大人为差错等突发性事件而影响证券交易正常进行时,证券交易所可以按照业务规则采取技术性停牌、临时停市等处置措施。

(2)因突发性事件导致证券交易结果出现重大异常,按交易结果进行交收将对证券交易正常秩序和市场公平造成重大影响的,证券交易所按照业务规则可以采取取消交易、通知证券登记结算机构暂缓交收等措施。

(3)证券交易所对其采取措施造成的损失,不承担民事赔偿责任,但存在重大过错的除外。

2. 证券交易监管。

(1)证券交易所对证券交易实行实时监控,并按照国务院证券监督管理机构的要求,对异常的交易情况提出报告。

(2)证券交易所根据需要,可以按照业务规则对出现重大异常交易情况的证券账户的投资者限制交易。

(3)证券交易所应当加强对证券交易的风险监测,出现重大异常波动的,证券交易所可以按照业务规则采取限制交易、强制停牌等处置措施。严重影响证券市场稳定的,证券交易所可以按照业务规则采取临时停市等处置措施并公告。

(4)证券交易所对其依照《证券法》第 113 条的规定采取措施造成的损失,不承担民事赔偿责任,但存在重大过错的除外。

考点 36 证券公司的禁止性义务

1. 证券公司不得为其股东或股东的关联人提供融资或担保;

2. 证券公司不得将其自营账户借给他人使用;

3. 禁止任何单位或个人以任何形式挪用客户的交易结算资金和证券;

4. 证券公司办理经纪业务,不得接受客户的全权委托而决定证券买卖、选择证券种类、决定买卖数量或买卖价格;

5. 证券公司不得以任何方式对客户证券买卖的收益或赔偿证券买卖的损失作出承诺;

6. 证券公司不得允许他人以证券公司的名义直接参与证券的集中交易。

考点 37 信托设立“三确定”原则

1. 信托财产确定性原则。信托财产确定性原则在我国信托法上,包含两方面的内容:其一,作为信托关系的客体,信托财产须确定化与特定化,若信托财产不确定或特定,则无法满足信托财产由委托人移转给受托人这一要件。因此,对于无从确定的、仅是将来有取得可能的客体,不能在其上设立信托。其二,信托财产须为委托人合法所有的财产。对于委托人不享有所有权或其归属的财产,委托人自然无法合法地移转给受托人,从而无从设立信托。应注意的是,信托财产确定性原则只是针对信托设立行为的要求，并不是针对信托设立后之信托财产的管理行为。此外，信托设立若违反信托财产确定性原则，其后果在我国法上为信托无效，即信托财产不能确定与委托人以非法财产或者《信托法》规定不得设立信托的财产设立信托的，均被列为信托无效的事由。

2. 受益人确定性原则。信托若无受益人或受益人不确定，则对信托无从强制执行，故信托的设立须遵循受益人确定性原则，即在设立信托的意思表示中，必须表明受益人的范围或者确定受益人范围的方法。信托设立时违反该原则，也就是没有受益人或者受益人范围不能确定，在我国《信托法》上同样产生信托无效的后果。

3. 信托目的确定性原则。信托目的为成立信托的一项必备要素。我国《信托法》虽未明文规定信托目的确定性原则，但在理论上均认可这一信托法的基本原则。违反信托目的确定性原则，设立信托的行为原则上也应归于无效，即应参照前两项确定性原则来处理。

经 济 法

考点 1 垄断行为

1. 垄断协议，是指排除、限制竞争的协议、决定或者其他协同行为。

禁止具有竞争关系的经营者达成下列垄断协议：(1)固定或者变更商品价格；(2)限制商品的生产数量或者销售数量；(3)分割销售市场或者原材料采购市场；(4)限制购买新技术、新设备或者限制开发新技术、新产品；(5)联合抵制交易；(6)国务院反垄断执法机构认定的其他垄断协议。

禁止经营者与交易相对人达成下列垄断协议：(1)固定向第三人转售商品的价格；(2)限定向第三人转售商品的最低价格；(3)国务院反垄断执法机构认定的其他垄断协议。

2. 滥用市场支配地位。市场支配地位，是指经营者在相关市场内具有能够控制商品价格、数量或者其他交易条件，或者能够阻碍、影响其他经营者进入相关市场能力的市场地位。禁止具有市场支配地位的经营者从事下列滥用市场支配地位的行为：

(1)以不公平的高价销售商品或者以不公平的低价购买商品；

(2)没有正当理由，以低于成本的价格销售商品；

(3)没有正当理由，拒绝与交易相对人进行交易；

(4)没有正当理由，限定交易相对人只能与其进行交易或者只能与其指定的经营者进行交易；

(5)没有正当理由搭售商品，或者在交易时附加其他不合理的交易条件；

(6)没有正当理由，对条件相同的交易相对人在交易价格等交易条件上实行差别待遇；

(7)国务院反垄断执法机构认定的其他滥用市场支配地位的行为。

具有市场支配地位的经营者不得利用数据和算法、技术及平台规则等从事上述规定的滥用市场支配地位的行为。

3. 经营者集中，是指下列情形：(1)经营者合并；(2)经营者通过取得

【考场演练】 单项选择题

甲公司生产炒菜机器人，产销量已经占到相关市场份额的70%，现甲公司与下游经销商签署特许经销协议，约定某一畅销型号的炒菜机器人商品价格不得低于2000元。关于此行为，下列说法正确的是：

A. 该行为构成了纵向垄断协议

B. 该行为为正常的市场竞争行为

C. 没有购买该商品的曹某无权向反垄断执法机构进行举报

D. 当该协议付诸实施后，反垄断执法机构才可视情节对其处罚

【参考答案】 A

股权或者资产的方式取得对其他经营者的控制权；(3)经营者通过合同等方式取得对其他经营者的控制权或者能够对其他经营者施加决定性影响。

考点 2 不正当竞争行为

1. 混淆行为。经营者不得采用下列不正当手段从事市场交易，损害竞争对手：

(1)擅自使用与他人有一定影响的商品名称、包装、装潢等相同或者近似的标识；

(2)擅自使用他人有一定影响的企业名称(包括简称、字号等)、社会组织名称(包括简称等)、姓名(包括笔名、艺名、译名等)；

(3)擅自使用他人有一定影响的域名主体部分、网站名称、网页等；

(4)其他足以引人误认为是他人商品或者与他人存在特定联系的混淆行为。

2. 商业贿赂行为。经营者不得采用财物或者其他手段贿赂下列单位或者个人，以谋取交易机会或者竞争优势：

(1)交易相对方的工作人员；

(2)受交易相对方委托办理相关事务的单位或者个人；

(3)利用职权或者影响力影响交易的单位或者个人。

经营者在交易活动中，可以以明示方式向交易相对方支付折扣，或者向中间人支付佣金。经营者向交易相对方支付折扣、向中间人支付佣金的，应当如实入账。接受折扣、佣金的经营者也应当如实入账。

经营者的工作人员进行贿赂的，应当认定为经营者的行为；但是，经营者有证据证明该工作人员的行为与为经营者谋取交易机会或者竞争优势无关的除外。

3. 虚假宣传行为。经营者不得对其商品的性能、功能、质量、销售状况、用户评价、曾获荣誉等作虚假或者引人误解的商业宣传，欺骗、误导消费者。

经营者不得通过组织虚假交易等方式，帮助其他经营者进行虚假或者引人误解的商业宣传。

4. 侵犯商业秘密行为。经营者不得采用下列手段侵犯商业秘密：

(1)以盗窃、贿赂、欺诈、胁迫、电子侵入或者其他不正当手段获取权利人的商业秘密；

(2)披露、使用或者允许他人使用以前项手段获取的权利人的商业秘密；

(3)违反保密义务或者违反权利人有关保守商业秘密的要求，披露、使用或者允许他人使用权利人的商业秘密；

(4)教唆、引诱、帮助他人违反保密义务或者违反权利人有关保守商业秘密的要求，获取、披露、使用或者允许他人使用权利人的商业秘密。

经营者以外的其他自然人、法人、非法人组织实施前述所列违法行为的，视为侵犯商业秘密。第三人明知或者应知商业秘密权利人的员工、前员工或者其他单位、个人实施上述所列违法行为，仍获取、披露、使用或者允许他人使用该商业秘密的，视为侵犯商业秘密。

5. 低价倾销行为。经营者不得以排挤竞争对手为目的，以低于成本的价格销售商品。有下列情形之一的，不属于不正当竞争行为：

(1)销售鲜活商品；

(2)处理有效期限即将到期的商品或者其他积压的商品；

(3)季节性降价；

(4)因清偿债务、转产、歇业降价销售商品。

6. 不正当有奖销售。经营者不得从事下列有奖销售：

(1)所设奖的种类、兑奖条件、奖金金额或者奖品等有奖销售信息不明确，影响兑奖；

(2)采用谎称有奖或者故意让内定人员中奖的欺骗方式进行有奖销售；

(3)抽奖式的有奖销售，最高奖的金额超过五万元。

7. 诋毁商誉行为。经营者不得编造、传播虚假信息或者误导性信息，损害竞争对手的商业信誉、商品声誉。

需要注意的是：

(1)诋毁商誉行为的主体是市场经营活动中的经营者，其他经营者如果受其指使从事诋毁商誉行为的，可构成共同侵权人。

(2)经营者实施了诋毁商誉行为，如通过广告、新闻发布会等形式捏造、散布虚假事实，使用户、消费者不明真相，产生怀疑心理，不敢或不再与经营者进行交易活动。若发布的消息真实，则不构成诋毁行为。

(3)诋毁行为是针对一个或多个特定竞争对手的。

(4)经营者对其他竞争者进行诋毁，目的是败坏对方的商誉，其主观上出于故意是显而易见的。

(5)经营者不得捏造、散布虚伪事实，损害竞争对手的商业信誉、商品声誉。

考点 3 违反《消费者权益保护法》的法律责任

1. 网购7日内无理由退货。经营者采用网络、电视、电话、邮购等方式销售商品，消费者有权自收到商品之日起7日内退货，且无须说明理由，但下列商品除外：(1)消费者定作的；(2)鲜活易腐的；(3)在线下载或者消费者拆封的音像制品、计算机软件等数字化商品；(4)交付的报纸、期刊；(5)其他根据商品性质并经消费者在购买时确认不宜退货的商品。消费者退货的商品应当完好。经营者应当自收到退回商品之日起7日内返还消费者支付的商品价款。退回商品的运费由消费者承担；经营者和消费者另有约定的，按照约定。

2. 缺陷责任。经营者发现其提供的商品或者服务存在缺陷，有危及人身、财产安全危险的，应当立即向有关行政部门报告和告知消费者，并采取停止销售、警示、召回、无害化处理、销毁、停止生产或者服务等措施。采取召回措施的，经营者应当承担消费者因商品被召回支出的必要费用。

3. 瑕疵举证责任。经营者提供的机动车、计算机、电视机、电冰箱、空调器、洗衣机等耐用商品或者装饰装修等服务，消费者自接受商品或者服务之日起6个月内发现瑕疵，发生争议的，由经营者承担有关瑕疵的举证责任。

4. 惩罚性赔偿。

(1)经营者提供商品或者服务有欺诈行为的，应当按照消费者的要求增加赔偿其受到的损失，增加赔偿的金额为消费者购买商品的价款或者接受服务的费用的3倍;增加赔偿的金额不足500元的为500元。法律另有规定的,依照其规定。

(2)经营者明知商品或者服务存在缺陷,仍然向消费者提供,造成消费者或者其他受害人死亡或者健康严重损害的,受害人有权要求经营者依照《消费者权益保护法》的规定赔偿损失,并有权要求所受损失2倍以下的惩罚性赔偿。

考点 4 产品责任

1. 我国《产品质量法》对生产者、销售者的产品缺陷责任分别作了不同的规定。

(1)生产者的严格责任:因产品存在缺陷造成人身、他人财产损害的,生产者应当承担赔偿责任。无论生产者处于什么样的主观心理状态,都应承担赔偿责任。因此,这是一种严格责任。但严格责任不同于绝对责任,它仍然是一种有条件的责任。

(2)销售者的过错责任:由于销售者的过错使产品存在缺陷,造成人身、他人财产损害的,销售者应当承担赔偿责任。销售者如果能够证明自己没有过错,则不必承担赔偿责任。销售者不能指明缺陷产品的生产者也不能指明缺陷产品的供货者的,应当承担赔偿责任。

2. 法定免责条件。生产者能够证明有下列情形之一的,不承担赔偿责任:

(1)未将产品投入流通的;

(2)产品投入流通时,引起损害的缺陷尚不存在的;

(3)将产品投入流通时的科学技术水平尚不能发现缺陷的存在的。

☞ **易错点提示** ①这里的产品不等同于商品,其具备的要件为:必须是经过加工、制作出来的;必须是用于销售的。

需要注意的是:

a. 天然形成的商品以及未经加工制作的初级农产品等,都不是这里所称的产品。

b. 建设工程本身不属于产品,但是构成建设工程的建筑材料、建筑构配件和设备属于产品的范围。

c. 军工产品、核设施、核产品不属于这里所称的产品;但是军转民产品属于这里所称的产品,适用本法。

②事先对产品质量的瑕疵作出说明的,销售者和生产者不承担产品质量责任。

考点 5 食品安全控制

1. 食品行业许可制度

(1)食品生产经营许可制度。从事食品生产、食品销售、餐饮服务,应当依法取得许可。但是,销售食用农产品,不需要取得许可。

(2)食品添加剂生产许可制度。从事食品添加剂生产,应当具有与所生产食品添加剂品种相适应的场所、生产设备或者设施、专业技术人员和管理制度,并依照法定的程序,取得食品添加剂生产许可。

生产食品添加剂应当符合法律、法规和食品安全国家标准。

2. 食品安全全程追溯制度

食品生产经营者应当依照《食品安全法》的规定,建立食品安全追溯体系,保证食品可追溯。国家鼓励食品生产经营者采用信息化手段采集、留存生产经营信息，建立食品安全追溯体系。国务院市场监督管理部门会同国务院农业行政等有关部门建立食品安全全程追溯协作机制。

3. 食品召回制度

(1)主动召回：食品生产者发现其生产的食品不符合食品安全标准或者有证据证明可能危害人体健康的，应当立即停止生产，召回已经上市销售的食品，通知相关生产经营者和消费者，并记录召回和通知情况。食品经营者发现其经营的食品有前款规定情形的，应当立即停止经营，通知相关生产经营者和消费者，并记录停止经营和通知情况。食品生产者认为应当召回的，应当立即召回。由于食品经营者的原因造成其经营的食品有前述情形的，食品经营者应当召回。

(2)责令召回：食品生产经营者未依照规定召回或者停止经营的，县级以上人民政府市场监督管理部门可以责令其召回或者停止经营。

考点 6 商业银行的业务规则

商业银行的业务大体分为资产业务、负债业务和中间业务三类。其中，资产业务和负债业务在财务上称为表内业务，中间业务称为表外业务。表内业务主要是存贷款业务。此外，发行金融债券、同业拆借、贸易融资、票据融资、融资租赁、发行固定收益理财产品、透支等业务，也属于表内业务。

1. 存贷款业务。商业银行的贷款业务应当遵循以下基本规则：

(1)服从信贷政策。

(2)贷款审查制度。商业银行贷款，必须对借款人的借款用途、偿还能力、还款方式等情况进行严格审查，实行审贷分离、分级审批的制度。

(3)贷款担保制度。商业银行贷款原则上要求借款人提供担保。

(4)借款合同制度。商业银行贷款，应当与借款人订立书面合同。

(5)资产负债比例管理制度。

(6)禁止性规定。第一，商业银行不得向关系人发放信用贷款；向关系人发放担保贷款的条件不得优于其他借款人同类贷款的条件。关系人包括商业银行的董事、监事、管理人员、信贷业务人员及其近亲属，以及他们投资或者担任高级管理职务的公司等经济组织。第二，任何单位和个人不得强令商业银行发放贷款或者提供担保，商业银行对此类行为有权拒绝。

(7)担保物处分时限。因借款人到期不归还担保贷款，商业银行依法行使抵押权、质权而取得的不动产或者股权，应当自取得之日起2年内予以处分。

2. 中间业务。中间业务是指商业银行利用技术、信息、机构网络、资金和信誉等方面的优势，不运用或较少运用银行的资财，以中间人的身份替客户办理收付、咨询、代理、担保、托管及其他委托事项，提供各类金融服务并收取一定费用的经营活动。

考点 7 银行业监督管理

1.《银行业监督管理法》的适用范围。吸收公众存款、发放贷款的金融机构，即商业银行，城市信用合作社，农村信用合作社，政策性银行，以及金融资产管理公司、信托投资公司、财务公司、金融租赁公司等具有存款或融资经营范围的金融机构。

2. 审慎经营规则。银行业金融机构的审慎经营规则，由法律、行政法规规定，也可以由国务院银行业监督管理机构依照法律、行政法规制定。审慎经营规则，包括风险管理、内部控制、资本充足率、资产质量、损失准备金、风险集中、关联交易、资产流动性等内容。银行业金融机构应当严格遵守审慎经营规则。

3. 信息披露义务。银行业监督管理机构应当责令银行业金融机构按照规定，如实向社会公众披露财务会计报告、风险管理状况、董事和高级管理人员变更以及其他重大事项等信息。

考点 8 个人所得税的纳税范围及减免

1. 个人所得税的纳税人：在中国境内有住所，或者无住所而一个纳税年度内在中国境内居住累计满 183 天的个人（居民纳税人），以及在中国境内无住所又不居住，或者无住所而一个纳税年度内在中国境内居住累计不满 183 天但有源于中国境内所得的个人（非居民纳税人）。

2. 个人所得税的征税对象：(1)工资、薪金所得；(2)劳务报酬所得；(3)稿酬所得；(4)特许权使用费所得；(5)利息、股息、红利所得；(6)财产租赁所得；(7)财产转让所得；(8)偶然所得；(9)经营所得。

3. 下列各项个人所得，免纳个人所得税：

(1)省级人民政府、国务院部委和中国人民解放军军以上单位，以及外国组织、国际组织颁发的科学、教育、技术、文化、卫生、体育、环境保护等方面的奖金；

(2)国债和国家发行的金融债券利息；

(3)按照国家统一规定发给的补贴、津贴；

(4)福利费、抚恤金、救济金；

(5)保险赔款；

(6)军人的转业费、复员费；

(7)按照国家统一规定发给干部、职工的安家费、退职费、基本养老金或者退休费、离休费、离休生活补助费；

(8)依照我国有关法律规定应予免税的各国驻华使馆、领事馆的外交代表、领事官员和其他人员的所得；

(9)中国政府参加的国际公约、签订的协议中规定免税的所得；

(10)国务院规定的其他所得（该项由国务院报全国人民代表大会常务委员会备案）。

4. 有下列情形之一的，可以减征个人所得税，具体幅度和期限，由省、

【考场演练】 多项选择题

某高校教师参与学校科研项目获得教育部奖励 10 万元，彩票中奖所得 500 万元，因被评为全校十佳老师，获得学校奖励 2000 元，参与学校的监考活动获得 200 元报酬，发表一篇科研文章获得稿酬 3000 元。下列说法中正确的是：

A. 监考劳务报酬和稿酬可以合并纳税

B. 科研奖金 10 万元免征个人所得税

C. 学校奖金 2000 元可免征个人所得税

D. 彩票中奖适用比例税率

【参考答案】 ABC

自治区、直辖市人民政府规定，并报同级人民代表大会常务委员会备案：

(1)残疾、孤老人员和烈属的所得；

(2)因严重自然灾害造成重大损失的；

(3)国务院可以规定其他减税情形，报全国人民代表大会常务委员会备案。

考点 9 税收征管制度

1. 征纳期限。

(1)延期：纳税人因有特殊困难，不能按期缴纳税款的，经国家税务局、地方税务局批准，可以延期缴纳税款，但是最长不得超过3个月。

(2)补缴：因税务机关的责任，致使纳税人、扣缴义务人未缴或者少缴税款的，税务机关在3年内可以要求纳税人、扣缴义务人补缴税款，但是不得加收滞纳金。

(3)追征期：因纳税人、扣缴义务人计算错误等失误，未缴或者少缴税款的，税务机关在3年内可以追征税款、滞纳金；有特殊情况的，追征期可以延长到5年。特殊情况，是指纳税人或者扣缴义务人因计算错误等失误，未缴或者少缴、未扣或者少扣、未收或者少收税款，累计数额在10万元以上的。对偷税、抗税、骗税的，税务机关追征其未缴或者少缴的税款、滞纳金或者所骗取的税款，没有期限的限制。

2. 税收保全措施。这一措施是在纳税期之前采用的，防止纳税人逃避纳税义务，保障国家税款的措施。税务机关有根据认为从事生产、经营的纳税人有逃避纳税义务行为的，可以在规定的纳税期之前，责令限期缴纳应纳税款；在限期内发现纳税人有明显的转移、隐匿其应纳税的商品、货物以及其他财产或者应纳税的收入的迹象的，税务机关可以责成纳税人提供纳税担保。如果纳税人不能提供纳税担保，经县以上税务局(分局)局长批准，税务机关可以采取下列税收保全措施：

(1)书面通知纳税人开户银行或者其他金融机构冻结纳税人的金额相当于应纳税款的存款；

(2)扣押、查封纳税人的价值相当于应纳税款的商品、货物或者其他财产。

> 【考场演练】 单项选择题
>
> 某企业流动资金匮乏，一直拖欠缴纳税款。为恢复生产，该企业将办公楼抵押给某银行获得贷款。此后，该企业因排污超标被环保部门罚款。现银行、税务部门和环保部门均要求拍卖该办公楼以偿还欠款。关于拍卖办公楼所得价款的清偿顺序，下列哪一选项是正确的？
>
> A. 银行贷款优先于税款
>
> B. 税款优先于银行贷款
>
> C. 罚款优先于税款
>
> D. 三种欠款同等受偿，拍卖所得不足时按比例清偿
>
> 【参考答案】 B

纳税人在前述限期内缴纳税款的，税务机关必须立即解除税收保全措施。个人及其所扶养家属维持生活必需的住房和用品，不在税收保全措施的范围之内。

3. 税收强制措施。这是指在纳税人未履行纳税义务，经采取一般的征管措施无效的情况下，所采取的一项强制纳税人尽纳税义务的措施。从事生产、经营的

纳税人、扣缴义务人未按照规定的期限缴纳或者解缴税款，纳税担保人未按照规定的期限缴纳所担保的税款，由税务机关责令限期缴纳，逾期仍未缴纳的，经县以上税务局(分局)局长批准，税务机关可以采取下列强制执行措施：

(1)书面通知其开户银行或者其他金融机构从其存款中扣缴税款；

(2)扣押、查封、依法拍卖或者变卖其价值相当于应纳税款的商品、货物或者其他财产，以拍卖或者变卖所得抵缴税款。

税务机关采取强制执行措施时，对前款所列纳税人、扣缴义务人、纳税担保人未缴纳的滞纳金同时强制执行。个人及其所扶养家属维持生活必需的住房和用品，不在强制执行措施的范围之内。

☞ **易错点提示** ①税收强制措施与税收保全措施一样，对非从事生产经营的纳税人，如个人纳税人不得采用。但是，税收保全措施仅适用于从事生产、经营的纳税人，税收强制执行措施不仅适用于从事生产经营的纳税人，还适用于扣缴义务人和纳税担保人。

②扣缴义务人是指法律、行政法规规定负有代扣代缴、代收代缴税款义务的单位和个人。

③税务机关征收税款，税收优先于无担保债权，法律另有规定的除外；纳税人欠缴的税款发生在纳税人以其财产设定抵押、质押或者纳税人的财产被留置之前的，税收应当先于抵押权、质权、留置权执行。纳税人欠缴税款，同时被行政机关决定处以罚款、没收违法所得的，税收优先于罚款、没收违法所得。

考点 10 土地所有权和使用权

1. 土地所有权。城市市区的土地属于国家所有。农村和城市郊区的土地，除由法律规定属于国家所有的以外，属于农民集体所有；宅基地和自留地、自留山，属于农民集体所有。

2. 土地使用权。国有土地有偿使用的方式包括：(1)出让；(2)租赁；(3)使用权作价出资或入股。

依法改变土地权属和用途的，应当办理土地变更登记手续。依法登记的土地的所有权和使用权受法律保护，任何组织和个人不得侵犯。

划拨土地使用权：土地使用权划拨，是指县级以上人民政府依法批准，在土地使用者缴纳补偿、安置等费用后将该幅土地交付其使用，或者将土地使用权无偿交付给土地使用者使用的行为。依照本法规定以划拨方式取得土地使用权的，除法律、行政法规另有规定外，没有使用期限的限制。

3. 建设用地管理。我国将建设用地分为国家建设用地和乡(镇)村建设用地，对其实行严格的用地审批制度，对非农建设占用农用地更是进行特别控制。

国家建设征收农民集体土地，应依法报国务院或省、自治区、直辖市人民政府批准。征收以下土地由国务院批准：

(1)永久基本农田；(2)永久基本农田以外的耕地超过 35 公顷的；(3)其他土地超过 70 公顷的。

征收上述规定以外的土地的，由省级人民政府批准。

考点 11 不动产登记程序

1. 申请登记:因买卖、设定抵押权等申请不动产登记的,应当由当事人双方共同申请。属于下列情形之一的,可以由当事人单方申请:(1)尚未登记的不动产首次申请登记的;(2)继承、接受遗赠取得不动产权利的;(3)人民法院、仲裁委员会生效的法律文书或者人民政府生效的决定等设立、变更、转让、消灭不动产权利的;(4)权利人姓名、名称或者自然状况发生变化,申请变更登记的;(5)不动产灭失或者权利人放弃不动产权利,申请注销登记的;(6)申请更正登记或者异议登记的;(7)法律、行政法规规定可以由当事人单方申请的其他情形。申请登记时应当按规定提交相关材料。

2. 受理并办结:不动产登记机构应当自受理登记申请之日起 30 个工作日内办结不动产登记手续,法律另有规定的除外。登记事项自记载于不动产登记簿时完成登记。

登记申请有下列情形之一的,不动产登记机构应当不予登记,并书面告知申请人:违反法律、行政法规规定的;存在尚未解决的权属争议的;申请登记的不动产权利超过规定期限的;法律、行政法规规定不予登记的其他情形。

3. 登记信息共享与保护:

(1)信息共享:不动产登记有关信息与住房城乡建设、农业农村、林业草原等部门审批信息、交易信息等应当实时互通共享。不动产登记机构能够通过实时互通共享取得的信息,不得要求不动产登记申请人重复提交。自然资源、公安、民政、财政、税务、市场监管、金融、审计、统计等部门应当加强不动产登记有关信息互通共享,同时有义务对不动产登记信息保密。

(2)信息查询:权利人、利害关系人可以依法查询、复制不动产登记资料,不动产登记机构应当提供。有关国家机关可以依照法律、行政法规的规定查询、复制与调查处理事项有关的不动产登记资料。

查询不动产登记资料的单位、个人应当向不动产登记机构说明查询目的,不得将查询获得的不动产登记资料用于其他目的;未经权利人同意,不得泄露查询获得的不动产登记资料。

环境资源法

考点 1 环境保护基本制度

1. 环境影响评价制度。编制有关开发利用规划,建设对环境有影响的项目,应当依法进行环境影响评价。未依法进行环境影响评价的开发利用规划,不得组织实施;未依法进行环境影响评价的建设项目,不得开工建设。

(1)专项规划的环境影响评价的程序。

①国务院有关部门、设区的市级以上地方人民政府及其有关部门,应当在该专项规划草案上报审批前,组织进行环境影响评价,并向审批该专项规划的机关提出环境影响报告书;②对可能造成不良环境影响并直接涉及公众环境权益的规划,应当在该规划草案报送审批前,举行论证会、听证会,或者采取其他形式,征求有关单位、专家和公众对环境影响报告书草案的意见;③编制机关在报批规划草案时,应当将环境影响评价报告书一并附送审批机关审查;④设区的市级以上人民政府作出审批决策前,应当先由人民政府指定的生态环境主管部门或者其他部门召集有关部门代表和专家组成审查小组,对环境影响报告书进行审查,提出书面审查意见;⑤对环境有重大影响的规划实施后,编制机关应当及时组织环境影响的跟踪评价,并将评价结果报告审批机关。

(2)建设项目的环境影响评价的程序。

①建设单位可以委托技术单位对其建设项目开展环境影响评价,编制建设项目环境影响报告书、环境影响报告表;建设单位具备环境影响评价技术能力的,可以自行对其建设项目开展环境影响评价,编制建设项目环境影响报告书、环境影响报告表。②对环境可能造成重大影响的建设项目,建设单位应当在报批环境影响报告书前,举行论证会、听证会,或者采取其他形式,征求有关单位、专家和公众的意见。③建设单位将建设项目的环境影响报告书、环境影响报告表报有审批权的生态环境主管部门审批。其中,下列建设项目的环境影响评价

【考场演练】 不定项选择题

华声公司从甲省承包一条高速公路的修建工程,该高速公路横跨甲乙两省,环境影响评价文件已经审批,准备开工时发现该公路需要延长到丙省。关于该公司的环境影响评价文件报批的相关事宜,下列说法正确的是:

A. 该公路的环境影响评价文件应由丙省的生态环境主管部门审批

B. 在原环境影响评价文件上作相应补充并由丙省的生态环境主管部门审批

C. 未经生态环境主管部门审批环境影响评价文件,该公路不得开工建设

D. 应对此公路项目重新进行环境影响评价

【参考答案】 CD

文件由国务院生态环境主管部门负责审批：A. 核设施、绝密工程等特殊性质的建设项目。B. 跨省、自治区、直辖市行政区域的建设项目。C. 由国务院审批的或者由国务院授权有关部门审批的建设项目。除此之外的建设项目的环境影响评价文件的审批权限，由省级人民政府规定。建设项目可能造成跨行政区域的不良环境影响，有关生态环境主管部门对该项目的环境影响评价结论有争议的，其环境影响评价文件由共同的上一级生态环境主管部门审批。D. 审批部门应当自收到环境影响报告书之日起60日内，收到环境影响报告表之日起30日内，分别作出审批决定并书面通知建设单位。E. 建设项目的环境影响评价文件经批准后，建设项目的性质、规模、地点、采用的生产工艺或者防治污染、防止生态破坏的措施发生重大变动的，建设单位应当重新报批建设项目的环境影响评价文件。F. 建设项目建设过程中，建设单位应当同时实施环境影响报告书、环境影响报告表以及环境影响评价文件审批部门审批意见中提出的环境保护对策措施。G. 在项目建设、运行过程中产生不符合经审批的环境影响评价文件的情形的，建设单位应当组织环境影响的后评价，采取改进措施，并报原环境影响评价文件审批部门和建设项目审批部门备案；原环境影响评价文件审批部门也可以责成建设单位进行环境影响的后评价，采取改进措施。H. 生态环境主管部门应当对建设项目投入生产或者使用后所产生的环境影响进行跟踪检查，对造成严重环境污染或者生态破坏的，应当查清原因、查明责任。

2. “三同时”制度。建设项目中防治污染的设施，应当与主体工程同时设计、同时施工、同时投产使用。防治污染的设施应当符合经批准的环境影响评价文件的要求，不得擅自拆除或者闲置。

3. 排污收费制度。排放污染物的企业事业单位和其他生产经营者，应当按照国家有关规定缴纳排污费。排污费应当全部专项用于环境污染防治，任何单位和个人不得截留、挤占或者挪作他用。

4. 环境标准制度。常考的为环境质量标准和污染物排放标准。由国务院生态环境主管部门制定国家环境质量标准和国家污染物排放标准，省、自治区、直辖市人民政府对国家标准中未作规定的项目，可以制定地方标准；对国家标准中已作规定的项目，可以制定严于国家标准的地方标准。地方标准应当报国务院生态环境主管部门备案。

【考场演练】 单项选择题

某采石场扩建项目的环境影响报告书获批后，采用的爆破技术发生重大变动，其所生粉尘将导致周边居民的农作物受损。关于此事，下列哪一说法是正确的？

A. 建设单位应重新报批该采石场的环境影响报告书

B. 建设单位应组织环境影响的后评价，并报原审批部门批准

C. 该采石场的环境影响评价，应当与规划的环境影响评价完全相同

D. 居民将来主张该采石场承担停止侵害的侵权责任，受3年诉讼时效的限制

【参考答案】 A

5. 信息公开和公众参与制度。公民、法人和其他组织依法享有获取环境信息、参与和监督环境保护的权利。

环境公益诉讼。对污染环境、破坏生态,损害社会公共利益的行为,符合下列条件的社会组织提起诉讼的,人民法院应当依法受理:(1)依法在设区的市级以上人民政府民政部门登记;(2)专门从事环境保护公益活动连续5年以上且无违法记录。环境公益诉讼不受地域限制,提起诉讼的社会组织不得通过诉讼牟取经济利益。

6. 生态保护制度。(1)生态保护红线制度;(2)生态保护补偿制度;(3)生物多样性保护制度。

考点 2 环境民事责任

1. 因污染环境和破坏生态造成损害的,应当依照《民法典》的有关规定承担侵权责任。

2. 举证:因污染环境发生纠纷,污染者应当就法律规定的不承担责任或者减轻责任的情形及其行为与损害之间不存在因果关系承担举证责任。

3. 两个以上污染者污染环境,污染者承担责任的大小,根据污染物的种类、排放量等因素确定。

4. 因第三人的过错污染环境造成损害的,被侵权人可以向污染者请求赔偿,也可以向第三人请求赔偿。污染者赔偿后,有权向第三人追偿。

5. 提起环境损害赔偿诉讼的时效期间为3年,从当事人知道或者应当知道其受到损害时起计算。

考点 3 森林资源权属制度

1. 权利归属:森林资源属于国家所有,由法律规定属于集体所有的除外。国家所有的森林资源的所有权由国务院代表国家行使。国务院可以授权国务院自然资源主管部门统一履行国有森林资源所有者职责。

2. 森林资源权属登记林地和林地上的森林、林木的所有权、使用权,由不动产登记机构统一登记造册,核发证书。国务院确定的国家重点林区(以下简称重点林区)的森林、林木和林地,由国务院自然资源主管部门负责登记。

3. 林木所有权及收益权。国有企业事业单位、机关、团体、部队营造的林木,由营造单位管护并按照国家规定支配林木收益。农村居民在房前屋后、自留地、自留山种植的林木,归个人所有。城镇居民在自有房屋的庭院内种植的林木,归个人所有。集体或者个人承包国家所有和集体所有的宜林荒山荒地荒滩营造的林木,归承包的集体或者个人所有;合同另有约定的从其约定。其他组织或者个人营造的林木,依法由营造者所有并享有林木收益;合同另有约定的从其约定。

4. 权属争议的解决。单位之间发生的林木、林地所有权和使用权争议,由县级以上人民政府依法处理。个人之间、个人与单位之间发生的林木所有权和林地使用权争议,由乡镇人民政府或者县级以上人民政府依法处理。当事人对有关人民政府的处理决定不服的,可以自接到处理决定通知之日起30日内向人民法院起诉。在林木、林地权属争议解决前,除因森林防火、林业有害生物防治、国家重大基础设施建设等需要外，当事人任何一方不得砍伐有争议的林木或者改变林地现状。

考点 4 矿产资源权属制度

1. 国家所有权：在中华人民共和国领域及管辖海域的矿产资源属于国家所有，由国务院行使国家对矿产资源的所有权。地表或者地下的矿产资源的国家所有权，不因其所依附的土地的所有权或者使用权的不同而改变。

2. 矿业权及矿业权的取得。矿业权包括探矿权、采矿权。探矿权是指在依法取得的勘查许可证规定的范围内，勘查矿产资源的权利。取得勘查许可证的单位或者个人称为探矿权人。采矿权是指在依法取得的采矿许可证规定的范围内，开采矿产资源和获得所开采的矿产品的权利。取得采矿许可证的单位或者个人称为采矿权人。勘查、开采矿产资源，必须依法分别申请、经批准取得探矿权、采矿权，并办理登记；但是，已经依法申请取得采矿权的矿山企业在划定的矿区范围内为本企业的生产而进行的勘查除外。从事矿产资源勘查和开采的，必须符合规定的资质条件。国家实行探矿权、采矿权有偿取得的制度；但是，国家对探矿权、采矿权有偿取得的费用，可以根据不同情况规定予以减缴、免缴。具体办法和实施步骤由国务院规定。开采矿产资源，必须按照国家有关规定缴纳资源税和资源补偿费。

3. 矿业权的转让。根据《矿产资源法》第6条的规定，符合下列规定的，矿业权可以转让：(1)探矿权人有权在划定的勘查作业区内进行规定的勘查作业，有权优先取得勘查作业区内矿产资源的采矿权。探矿权人在完成规定的最低勘查投入后，经依法批准，可以将探矿权转让他人。(2)已取得采矿权的矿山企业，因企业合并、分立，与他人合资、合作经营，或者因企业资产出售以及有其他变更企业资产产权的情形而需要变更采矿权主体的，经依法批准可以将采矿权转让他人采矿。禁止将探矿权、采矿权倒卖牟利。

劳动与社会保障法

考点 1 劳动合同的订立和解除

1. 劳动合同的订立。

(1)建立劳动关系的时间:用人单位自用工之日起即与劳动者建立劳动关系,并应当建立职工名册备查。用人单位与劳动者在用工前订立劳动合同的,劳动关系自用工之日起建立。

(2)书面劳动合同的订立:建立劳动关系,应当订立书面劳动合同。已建立劳动关系,未同时订立书面劳动合同的,应当自用工之日起1个月内订立书面劳动合同。

(3)无固定期限劳动合同:用人单位与劳动者协商一致,可以订立无固定期限劳动合同。有下列情形之一,劳动者提出或者同意续订、订立劳动合同的,除劳动者提出订立固定期限劳动合同外,应当订立无固定期限劳动合同:

①劳动者在该用人单位连续工作满10年的;

②用人单位初次实行劳动合同制度或者国有企业改制重新订立劳动合同时,劳动者在该用人单位连续工作满10年且距法定退休年龄不足10年的;

③连续订立二次固定期限劳动合同,且劳动者没有《劳动合同法》第39条和第40条第1项、第2项规定的情形,续订劳动合同的。

用人单位自用工之日起满1年不与劳动者订立书面劳动合同的,视为用人单位与劳动者已订立无固定期限劳动合同。

(4)集体合同:企业职工一方与用人单位通过平等协商,可以就劳动报酬、工作时间、休息休假、劳动安全卫生、保险福利等事项订立集体合同。集体合同草案应当提交职工代表大会或者全体职工讨论通过。集体合同由工会代表企业职工一方与用人单位订立;尚未建立工会的用人单位,由上级工会指导劳动者推举的代表与用人单位订立。

①集体合同订立后,应当报送劳动行政部门;劳动行政部门自收到集体合同文本之日起15日内未提出异议的,集体合同即行生效。

②依法订立的集体合同对用人单位和劳动者具有约束力。行业性、区域性集体合同对当地本行业、本区域的用人单位和劳动者具有约束力。

③集体合同中劳动报酬和劳动条件等标准不得低于当地人民政府规定的最低标准;用人单位与劳动者订立的劳动合同中劳动报酬和劳动条件等标准不得低于集体合同规定的标准。

④用人单位违反集体合同,侵犯职工劳动权益的,工会可以依法要求用人单位承担责任;因履行集体合同发生争议,经协商解决不成的,工会可以依法申请仲

裁、提起诉讼。

2. 劳动合同的解除。

劳动合同的解除可分为:

(1)双方协商解除劳动合同。用人单位与劳动者协商一致,可以解除劳动合同。

(2)用人单位单方解除劳动合同。有以下三种情况。

①随时解除,即用人单位无须以任何形式提前告知劳动者,可随时通知劳动者解除合同。一般适用于因劳动者不符合录用条件或者严重违纪、违法的情形:在试用期间被证明不符合录用条件的;严重违反用人单位规章制度的;严重失职,营私舞弊,给用人单位造成重大损害的;劳动者同时与其他用人单位建立劳动关系,对完成本单位的工作任务造成严重影响或者经用人单位提出,拒不改正的;以欺诈、胁迫的手段或者乘人之危,使对方在违背真实意思的情况下订立或者变更劳动合同致使劳动合同无效的;被依法追究刑事责任的。

②须预告的解除,即用人单位应当提前30日以书面形式通知劳动者本人或者额外支付劳动者一个月工资后,方可解除合同:劳动者患病或者非因工负伤,医疗期满后,不能从事原工作,也不能从事由用人单位另行安排的工作的;劳动者不能胜任工作,经过培训或者调整工作岗位,仍不能胜任工作的;劳动合同订立时所依据的客观情况发生变化,致使原劳动合同无法履行,经用人单位与劳动者协商未能就变更劳动合同达成协议的。

③经济性裁员。有下列情形之一,需要裁减人员20人以上或者裁减不足20人但占企业职工总数10%以上的,用人单位提前30日向工会或者全体职工说明情况,听取工会或者职工的意见后,裁减人员方案经向劳动行政部门报告,可以裁减人员:依照《企业破产法》规定进行重整的;生产经营发生严重困难的;企业转产、重大技术革新或者经营方式调整,经变更劳动合同后,仍需裁减人员的;其他因劳动合同订立时所依据的客观经济情况发生重大变化,致使劳动合同无法履行的。

在6个月内重新招用人员的,应当通知被裁减的人员,并在同等条件下优先招用被裁减的人员。

裁减人员时,应当优先留用下列人员:与本单位订立较长期限的固定期限劳动合同的;与本单位订立无固定期限劳动合同的;家庭无其他就业人员,有需要扶养的老人或者未成年人的。

劳动者有下列情形之一的,用人单位不得依照上述②、③的规定解除劳动合同:从事接触职业病危害作业的劳动者未进行离岗前职业健康检查,或者疑似职业病病人在诊断或者医学观察期间的;在本单位患职业病或者因工负伤并被确认丧失或者部分丧失劳动能力的;患病或者非因工负伤,在规定的医疗期内的;女职工在孕期、产期、哺乳期的;在本单位连续工作满15年,且距法定退休年龄不足5年的;法律、行政法规规定的其他情形。

(3)劳动者单方解除劳动合同。

①预告解除。劳动者提前30日以书面形式通知用人单位,可以解除劳动合

同。劳动者在试用期内提前3日通知用人单位,可以解除劳动合同。

②无须预告的解除。用人单位有下列情形之一的,劳动者可以解除劳动合同:未按照劳动合同约定提供劳动保护或者劳动条件的;未及时足额支付劳动报酬的;未依法为劳动者缴纳社会保险费的;用人单位的规章制度违反法律、法规的规定,损害劳动者权益的;以欺诈、胁迫的手段或者乘人之危,使对方在违背真实意思的情况下订立或者变更劳动合同致使劳动合同无效的;法律、行政法规规定劳动者可以解除劳动合同的其他情形。

用人单位以暴力、威胁或者非法限制人身自由的手段强迫劳动者劳动的,或者用人单位违章指挥、强令冒险作业危及劳动者人身安全的,劳动者可以立即解除劳动合同,不需事先告知用人单位。

考点 2 劳务派遣和非全日制用工

1. 劳务派遣是指劳务派遣单位与劳动者订立劳动合同后,由派遣单位与实际用工单位通过签订劳务派遣协议,将劳动者派遣到用工单位工作,用工单位实际使用劳动者,用工单位向劳务派遣单位支付管理费而形成的关系。

(1)劳务派遣单位是将劳动者派遣到实际用工单位的企业法人。劳务派遣单位就是用人单位,应当履行用人单位对劳动者的义务,遵守《劳动法》的相关规定,与被派遣的劳动者订立书面劳动合同。

(2)劳务派遣协议是劳务派遣单位与实际用工单位就劳务派遣事项签订的书面协议。劳务派遣协议应当约定派遣岗位和人员数量、派遣期限、劳动报酬和社会保险费的数额与支付方式以及违反协议的责任;劳务派遣只能在临时性、辅助性或者替代性的工作岗位上实施;用工单位应当根据工作岗位的实际需要与劳务派遣单位确定派遣期限,不得将连续用工期限分割订立数个短期劳务派遣协议。劳务派遣单位应当将劳务派遣协议的内容告知被派遣劳动者;被派遣劳动者有知情权。

(3)实际用工单位的义务:执行国家劳动标准,提供相应的劳动条件和劳动保护;告知被派遣劳动者的工作要求和劳动报酬;支付加班费、绩效奖金,提供与工作岗位相关的福利待遇;对在岗被派遣劳动者进行工作岗位所必需的培训;连续用工的,实行正常的工资调整机制;不得将被派遣劳动者再派遣到其他用人单位;不得设立劳务派遣单位向本单位或者所属单位派

【考场演练】 多项选择题

甲公司与梁某签订劳动合同后,与乙公司签订劳务派遣协议,派梁某到乙公司做车间主任,派遣期3个月。2012年1月至2013年7月,双方已连续6次续签协议,梁某一直在乙公司工作。2013年6月,梁某因追索上一年加班费与乙公司发生争议,申请劳动仲裁。下列哪些选项是正确的?

A. 乙公司是在辅助性工作岗位上使用梁某,符合法律规定

B. 乙公司是在临时性工作岗位上使用梁某,符合法律规定

C. 梁某申请仲裁不受仲裁时效期间的限制

D. 梁某申请仲裁时应将甲公司和乙公司作为共同当事人

【参考答案】 CD

遣劳动者。

2. 非全日制用工是指以小时计酬为主，劳动者在同一用人单位一般平均每日工作时间不超过4小时，每周工作时间累计不超过24小时的用工形式。

(1)非全日制用工可以不订立书面劳动合同，双方当事人可以订立口头协议。

(2)法律允许非全日制用工建立双重或多重劳动关系，从事非全日制用工的劳动者可以与一个或者一个以上用人单位订立劳动合同；但是，后订立的劳动合同不得影响先订立的劳动合同的履行。

(3)非全日制用工双方当事人任何一方都可以随时通知对方终止用工。终止用工，用人单位不向劳动者支付经济补偿。

☞ **易错点提示** ①非全日制用工双方当事人不得约定试用期。

②非全日制用工小时计酬标准不得低于用人单位所在地人民政府规定的最低小时工资标准。

③非全日制用工劳动报酬结算支付周期最长不得超过15日。

考点 3 劳动争议的解决方式及处理程序

我国劳动争议的解决方式主要有协商、调解、仲裁和诉讼。

1. 协商。协商不是处理劳动争议的必经程序，和解协议无必须履行的法律效力。

2. 调解。发生劳动争议，当事人不愿协商、协商不成或者达成和解协议后不履行的，可以向调解组织申请调解。调解不是劳动争议解决的必经程序，不愿调解、调解不成或者达成调解协议后不履行的，可以向劳动争议仲裁委员会申请仲裁。

劳动者可以申请支付令。因支付拖欠劳动报酬、工伤医疗费、经济补偿或者赔偿金事项达成调解协议，用人单位在协议约定期限内不履行的，劳动者可以持调解协议书依法向人民法院申请支付令。人民法院应当依法发出支付令。

3. 仲裁。仲裁是劳动争议案件处理必经的法律程序。

(1)劳动争议申请仲裁的时效期间为1年，从当事人知道或者应当知道其权利被侵害之日起计算。

劳动关系存续期间因拖欠劳动报酬发生争议的，劳动者申请仲裁不受1年仲裁时效期间的限制；但是，劳动关系终止的，应当自劳动关系终止之日起1年内提出。

(2)仲裁调解书的效力：仲裁委员会可依法进行调解，经调解达成协议的，制作仲裁调解书。仲裁调解书具有法律效力，自送达之日起具有法律约束力，当事人需自觉履行，一方当事人不履行的，另一方当事人可向人民法院申请强制执行。

(3)举证责任：发生劳动争议，当事人对自己提出的主张，有责任提供证据。在劳动争议案件中，用人单位的举证责任重大，与争议事项有关的证据属于用人单位掌握管理的，用人单位应当提供；用人单位不提供的，应当承担不利后果。

(4)先予执行：仲裁委员会对部分案件有先予执行的裁决权。仲裁庭对追索劳动报酬、工伤医疗费、经济补偿或者赔偿金的案件，根据当事人的申请，可以裁决先予执行，移送人民法院执行。

(5)一裁终局：追索劳动报酬、工伤医疗费、经济补偿或者赔偿金，不超过当地月最低工资标准12个月金额的争议；因执行国家的劳动标准在工作时间、休息休假、社会保险等方面发生的争议。

上述案件的仲裁裁决为终局裁决，裁决书自作出之日起发生法律效力。劳动者对一裁终局的仲裁裁决不服的，可以自收到仲裁裁决书之日起15日内向人民法院起诉。而用人单位对一裁终局的仲裁裁决，不能再向法院起诉，也不能申请再次仲裁，但在具备法定情形时，用人单位可以向人民法院申请撤销。

除一裁终局的仲裁裁决以外的其他劳动争议案件的仲裁裁决，当事人不服的，可以自收到仲裁裁决书之日起15日内向人民法院提起诉讼；期满不起诉的，裁决书发生法律效力。一方当事人逾期不履行，另一方当事人可以向人民法院申请强制执行。受理申请的人民法院应当依法执行。

4. 诉讼。当事人对可诉的仲裁裁决不服的，可自收到仲裁裁决书之日起15日内向人民法院提起诉讼。对经过仲裁裁决，当事人向法院起诉的劳动争议案件，人民法院应当受理。

考点4 社会保险的险种

社会保险险种分为以下五种：基本养老保险；基本医疗保险；工伤保险；失业保险；生育保险。

考点5 军人保险

1. 军人保险的特点：

(1)保障对象为特定人员，按不同险种包括现役军人、退役军人和随军未就业的军人配偶。

(2)遵循体现军人职业特点、与社会保险制度相衔接和与经济社会发展水平相适应的原则。

(3)全军的军人保险工作由中国人民解放军军人保险主管部门负责。

2. 军人保险的险种：

(1)军人伤亡保险；(2)退役养老保险；(3)退役医疗保险；(4)随军未就业的军人配偶保险。

3. 军人保险基金。军人保险基金包括军人伤亡保险基金、军人退役养老保险基金、军人退役医疗保险基金和随军未就业的军人配偶保险基金。各项军人保险基金按照军人保险险种分别建账，分账核算，执行军队的会计制度。军人保险基金由个人缴费资金、中央财政负担的军人保险资金以及利息收入等资金构成。军人和随军未就业的军人配偶缴纳的保险费，由军人所在单位代扣代缴。中央财政负担的军人保险资金，由国务院财政部门纳入年度国防费预算。军人保险基金实行预算决算管理，专户存储、专款专用和集中管理。军人保险基金管理机构应当严格管理军人保险基金，保证基金安全。

考点 6 违反《社会保险法》的法律责任

违反《社会保险法》的法律责任，根据不同的情形可分为三类：承担行政责任；承担行政责任和民事责任；追究刑事责任。

1. 承担行政责任的情形：(1)用人单位违反社保义务；(2)社保欺诈；(3)保费征收机构渎职；(4)侵害社保基金；(5)国家工作人员渎职。

2. 承担行政责任和民事责任的情形：(1)用人单位违反证明义务；(2)社保经办机构渎职；(3)军人保险经办机构渎职；(4)泄露社保信息。

3. 追究刑事责任的情形：违反《社会保险法》《军人保险法》的规定，构成犯罪的，依法追究刑事责任。

国际私法

考点 1 冲突规范和准据法

1. 冲突规范是由国内法或国际条约规定的，指明某种国际民商事法律关系应适用何种法律的规范。冲突规范由范围、系属、关联词三部分构成。

根据冲突规范对应适用的法律规定的不同，可以把冲突规范划分成四种基本的类型，即单边冲突规范、双边冲突规范、重叠适用的冲突规范和选择适用的冲突规范。

2. 准据法指冲突规范指明的用以确定国际民商事法律关系的当事人具体权利和义务的实体法。准据法的特点主要有：

（1）准据法必须是通过冲突规范所指引的法律。各国的民商事法律经冲突规范的援引后，适用于具体的涉外民商事法律关系。

（2）准据法是可以具体确定国际民商事法律关系的当事人权利义务的实体法。

（3）准据法是需结合所调整的国际民商事法律事实的具体情况方能确定的法律。

3. 准据法的确定涉及区际法律冲突、人际法律冲突和时际法律冲突问题。

我国《涉外民事关系法律适用法》第 6 条规定，涉外民事关系适用外国法律，该国不同区域实施不同法律的，适用与该涉外民事关系有最密切联系区域的法律。

考点 2 外国法的查明

1. 外国法查明的一般方法。

（1）当事人举证证明：英、美等普通法系国家和部分拉丁美洲国家采用这种办法。它们认为外国法不是法院应主动适用的法律，而是当事人引用来主张自己权利的事实，所以外国法中有无相关规定及其内容如何，须由当事人举证证明，法官无依职权查明的义务。

（2）法官依职权查明，无须当事人举证：欧洲大陆一些国家采用这种做法。他们把外国法看作法律，认为法官应该知道法律，主张法官负责调查认定，无须当事人举证证明。

（3）法官依职权查明，但当事人亦负有协助的义务：采取这种做法的国家，主张对外国法内容的查明，既不同于查明内国法律的程序，又不同于查明“事实”的程序，原则上应由法官负责调查，当事人也应负协助的责任。在依据相应的查明方法无法查明冲突规范指引应当适用的外国法时，大多数国家采用的做法是代之以法院地法。

2. 中国关于外国法查明的规定。《涉外民事关系法律适用法》第 10 条规定："涉外民事关系适用的外国法律,由人民法院、仲裁机构或者行政机关查明。当事人选择适用外国法律的,应当提供该国法律。不能查明外国法律或者该国法律没有规定的,适用中华人民共和国法律。"最高人民法院《关于适用〈中华人民共和国涉外民事关系法律适用法〉若干问题的解释(二)》(以下简称《涉外适用解释(二)》)第 1 条规定:"人民法院审理涉外民商事案件适用外国法律的,应当根据涉外民事关系法律适用法第十条第一款的规定查明该国法律。当事人选择适用外国法律的,应当提供该国法律。当事人未选择适用外国法律的,由人民法院查明该国法律。"《涉外适用解释(二)》第 2 条规定:"人民法院可以通过下列途径查明外国法律:(一)由当事人提供;(二)通过司法协助渠道由对方的中央机关或者主管机关提供;(三)通过最高人民法院请求我国驻该国使领馆或者该国驻我国使领馆提供;(四)由最高人民法院建立或者参与的法律查明合作机制参与方提供;(五)由最高人民法院国际商事专家委员会专家提供;(六)由法律查明服务机构或者中外法律专家提供;(七)其他适当途径。人民法院通过前款规定的其中一项途径无法获得外国法律或者获得的外国法律内容不明确、不充分的,应当通过该款规定的不同途径补充查明。人民法院依据本条第一款第一项的规定要求当事人协助提供外国法律的,不得仅以当事人未予协助提供为由认定外国法律不能查明。"

3. 外国法的适用与解释。《涉外适用解释(二)》第 8 条规定:"人民法院对外国法律的内容及其理解与适用,根据以下情形分别作出处理:(一)当事人对外国法律的内容及其理解与适用均无异议的,人民法院可以予以确认;(二)当事人对外国法律的内容及其理解与适用有异议的,应当说明理由。人民法院认为有必要的,可以补充查明或者要求当事人补充提供材料。经过补充查明或者补充提供材料,当事人仍有异议的,由人民法院审查认定;(三)外国法律的内容已为人民法院生效裁判所认定的,人民法院应当予以确认,但有相反证据足以推翻的除外。"在对外国法加以查明的过程中,有时还会提出一个外国法的解释问题,学者们大都主张依外国法所属法律体系来解释外国准据法的有关规定。

考点 3 民事主体的法律适用

根据《涉外民事关系法律适用法》的规定,不同的主体适用不同的法律,具体如下。

【知识图解】 民事主体的法律适用

比较项目	适用情形	适用法律
自然人	民事权利能力	适用经常居所地法律
	民事行为能力	适用经常居所地法律
	宣告失踪或者宣告死亡	适用经常居所地法律

续表

比较项目	适用情形	适用法律
法人	法人及其分支机构的民事权利能力、民事行为能力、组织机构、股东权利义务等事项	适用登记地（设立登记地）法律
人格权	人格权的内容	适用权利人经常居所地法律
代理	代理	适用代理行为地法律
	被代理人与代理人的民事关系	适用代理关系发生地法律
		当事人可以协议选择委托代理适用的法律
信托		当事人可以协议选择信托适用的法律
	当事人没有选择的	适用信托财产所在地法律或者信托关系发生地法律
仲裁协议		当事人可以协议选择仲裁协议适用的法律
	当事人没有选择的	适用仲裁机构所在地法律或者仲裁地法律

☞ **易错点提示** ①自然人从事民事活动，依照经常居所地法律为无民事行为能力人，依照行为地法律为有民事行为能力人的，适用行为地法律，但涉及婚姻家庭、继承的除外。

②法人的主营业地与登记地不一致的，可以适用主营业地法律。法人的经常居所地，为其主营业地。

考点 4 物权的法律适用

在解决不同国家有关物权的法律规定冲突的问题上，国际上普遍采用物之所在地法作为解决物权关系法律冲突的基本原则。

【知识图解】 物权、知识产权的法律适用

比较项目	适用情形	适用法律
不动产	不动产物权	适用不动产所在地法律
动产	动产物权	当事人可以协议选择动产物权适用的法律。当事人没有选择的，适用法律事实发生时动产所在地法律
	运输中动产物权发生变更	当事人可以协议选择运输中动产物权发生变更适用的法律。当事人没有选择的，适用运输目的地法律
权利质权		适用质权设立地法律

比较项目	适用情形	适用法律
有价证券		适用有价证券权利实现地法律或者其他与该有价证券有最密切联系的法律
知识产权	知识产权的归属和内容	适用被请求保护地法律
	知识产权转让和许可使用	当事人可以协议选择知识产权转让和许可使用适用的法律。当事人没有选择的，适用《涉外民事关系法律适用法》对合同的有关规定
	知识产权的侵权责任	适用被请求保护地法律，当事人也可以在侵权行为发生后协议选择适用法院地法律

考点 5 债权的法律适用

对于合同之债的法律适用，在准据法的确定上主要遵循意思自治原则。当事人可以协议选择合同适用的法律。当事人没有选择的，适用履行义务最能体现该合同特征的一方当事人经常居所地法律或者其他与该合同有最密切联系的法律。

对于侵权之债，一般适用侵权行为地法律。侵权行为发生后，当事人协议选择适用法律的，按照其协议。

【知识图解】 债权的法律适用

比较项目	适用情形	适用法律
合同之债	消费者合同	适用消费者经常居所地法律；消费者选择适用商品、服务提供地法律或者经营者在消费者经常居所地没有从事相关经营活动的，适用商品、服务提供地法律
	劳动合同	适用劳动者工作地法律；难以确定劳动者工作地的，适用用人单位主营业地法律。劳务派遣，可以适用劳务派出地法律
侵权之债	侵权责任	适用侵权行为地法律，但当事人有共同经常居所地的，适用共同经常居所地法律
	产品责任	适用被侵权人经常居所地法律；被侵权人选择适用侵权人主营业地法律、损害发生地法律的，或者侵权人在被侵权人经常居所地没有从事相关经营活动的，适用侵权人主营业地法律或者损害发生地法律
	通过网络或者采用其他方式侵害姓名权、肖像权、名誉权、隐私权等人格权的	适用被侵权人经常居所地法律

续表

比较项目	适用情形	适用法律
不当得利、无因管理		适用当事人协议选择适用的法律。当事人没有选择的，适用当事人共同经常居所地法律；没有共同经常居所地的，适用不当得利、无因管理发生地法律

☞ **易错点提示** 侵权行为发生后，当事人协议选择适用法律的，按照其协议。

考点 6 票据关系的法律适用

【知识图解】 票据关系的法律适用

票据关系分类		适用法律
票据债务人行为能力		一般适用当事人的属人法 **注意**：若依照本国法为无/限制民事行为能力人而依行为地法律为完全民事行为能力人的，则适用行为地法
票据行为方式	汇票、本票出票时的记载事项	适用出票地法律
	支票出票时的记载事项	适用出票地法律； 经当事人协议，也可适用付款地法律
	背书、承兑、付款、保证	适用行为地法律
票据追索权的行使期限		适用出票地法律
持票人责任（票据的提示期限、有关拒绝证明的方式、出具拒绝证明的期限），票据丧失时权利保全程序		适用付款地法律

考点 7 海事关系的法律适用

《海商法》有关海事关系的法律适用的规定可概括如下。

1. 意思自治原则和最密切联系原则。合同当事人可以选择适用的法律，法律另有规定的除外。当事人没有选择的，适用与合同有最密切联系的国家的法律。

2. 条约优先原则。中华人民共和国缔结或参加的国际条约同《海商法》有不同规定的，适用国际条约的规定，但是中华人民共和国声明保留的除外。

3. 国际惯例补缺原则。中华人民共和国法律和中华人民共和国缔结或参加的条约没有规定的，可以适用国际惯例。

4. 侵权行为地法的适用。船舶碰撞的损害赔偿，适用侵权行为地法。但碰撞双方为同一国籍的船舶时，无论碰撞发生于何地，碰撞船间的损害赔偿适用船旗国法律。

5. 船旗国法的适用：

（1）船舶所有权的取得、转让和消灭；

（2）船舶抵押权。

船舶在光船租赁以前或光船租赁期间，设立船舶抵押权的，适用原船舶登记地的法律。

6. 法院地法的适用：

(1)船舶优先权；

(2)船舶在公海上发生碰撞的损害赔偿；

(3)海事赔偿责任限制。

7. 理算地法的适用：共同海损的理算。

考点 8 涉外婚姻家庭关系的法律适用

【知识图解】 涉外婚姻家庭关系的法律适用

比较项目	适用情形	适用法律
结婚	结婚条件	适用当事人共同经常居所地法律；没有共同经常居所地的，适用共同国籍国法律；没有共同国籍，在一方当事人经常居所地或者国籍国缔结婚姻的，适用婚姻缔结地法律
离婚	协议离婚	当事人可以协议选择适用一方当事人经常居所地法律或者国籍国法律。当事人没有选择的，适用共同经常居所地法律；没有共同经常居所地的，适用共同国籍国法律；没有共同国籍的，适用办理离婚手续机构所在地法律
	诉讼离婚	适用法院地法律
夫妻关系	夫妻人身关系	适用共同经常居所地法律；没有共同经常居所地的，适用共同国籍国法律
	夫妻财产关系	当事人可以协议选择适用一方当事人经常居所地法律、国籍国法律或者主要财产所在地法律。当事人没有选择的，适用共同经常居所地法律；没有共同经常居所地的，适用共同国籍国法律
父母子女关系	父母子女人身、财产关系	适用共同经常居所地法律；没有共同经常居所地的，适用一方当事人经常居所地法律或者国籍国法律中有利于保护弱者权益的法律
扶养		适用一方当事人经常居所地法律、国籍国法律或者主要财产所在地法律中有利于保护被扶养人权益的法律
收养	收养的条件和手续	适用收养人和被收养人经常居所地法律
	收养的效力	适用收养时收养人经常居所地法律
	收养关系的解除	适用收养时被收养人经常居所地法律或者法院地法律
监护		适用一方当事人经常居所地法律或者国籍国法律中有利于保护被监护人权益的法律

☞ **易错点提示** 结婚手续，符合婚姻缔结地法律、一方当事人经常居所地法律或者国籍国法律的，均为有效。

考点 9 涉外继承的法律适用

【知识图解】 涉外继承的法律适用

适用情形	适用法律
法定继承	适用被继承人死亡时经常居所地法律,但不动产法定继承,适用不动产所在地法律
遗嘱效力	适用遗嘱人立遗嘱时或者死亡时经常居所地法律或者国籍国法律
遗产管理等事项	适用遗产所在地法律
无人继承遗产的归属	适用被继承人死亡时遗产所在地法律

☞ **易错点提示** 遗嘱方式符合遗嘱人立遗嘱时或者死亡时经常居所地法律、国籍国法律或者遗嘱行为地法律的,遗嘱均成立。

【考场演练】 多项选择题

因中国与新加坡不承认同性婚姻,经常居所同在新疆的新加坡男性公民毛毛与中国男性公民林林到伦敦结婚。后因感情不和,毛毛与林林欲解除婚姻关系引发争议,诉到中国某法院,并要求分割财产。关于该案,根据中国相关法律,下列哪些选项是正确的?

A. 两人在伦敦结婚的行为,属于国际私法上的法律规避

B. 因伦敦是婚姻缔结地,两人的婚姻条件应适用英国法

C. 两人的财产分割应根据夫妻财产关系法律适用规则

D. 因新疆是两人共同经常居所地,两人的结婚条件应适用中国法

【参考答案】 AD

考点 10 中国关于国际民事案件管辖权规则

【知识图解】 中国关于国际民事案件管辖权规则

管辖类型	内容
普通地域管辖	采用原告就被告的原则
特别地域管辖	(1)对在我国领域内没有住所的被告提起除身份关系以外的涉外民事纠纷,如果合同签订地、合同履行地、诉讼标的物所在地、可供扣押财产所在地、侵权行为地、代表机构所在地位于我国领域内的,可以由合同签订地、合同履行地、诉讼标的物所在地、可供扣押财产所在地、侵权行为地、代表机构所在地人民法院均可以行使管辖权; (2)涉外民事纠纷与我国存在其他适当联系的,可以由人民法院管辖; (3)《民事诉讼法》第 22 条至第 33 条有关国内特别地域管辖的规定可类推适用于涉外民事案件

续表

管辖类型	内容
专属管辖	(1)因不动产纠纷提起的诉讼,由不动产所在地人民法院管辖; (2)因港口作业中发生纠纷提起的诉讼,由港口所在地人民法院管辖; (3)因继承遗产纠纷提起的诉讼,由被继承人死亡时的住所地或者主要遗产所在地人民法院管辖; (4)因在我国领域内设立的法人或者其他组织的设立、解散、清算,以及该法人或者其他组织作出的决议的效力等纠纷提起的诉讼,我国法院有专属管辖权; (5)因与在我国领域内审查授予的知识产权的有效性有关的纠纷提起的诉讼,我国法院有专属管辖权; (6)因在我国履行的中外合资经营企业合同、中外合作经营企业合同、中外合作勘探开发自然资源合同发生的纠纷提起的诉讼,我国法院有专属管辖权; (7)属于我国法院专属管辖的案件,当事人不得用书面协议选择其他国家法院管辖,但协议选择仲裁裁决的除外
协议管辖	(1)涉外民事纠纷的当事人可以协议选择解决争议的法院,不限于涉外合同或其他财产权益纠纷; (2)选择必须是书面的; (3)不要求争议必须与我国有实际联系; (4)不得违反专属管辖和级别管辖
应诉管辖	当事人未提出管辖异议,并应诉答辩或提出反诉的,视为人民法院有管辖权
级别管辖	(1)基层人民法院管辖第一审涉外民事案件; (2)中级人民法院管辖第一审重大涉外案件; (3)高级人民法院管辖在本辖区有重大影响的第一审涉外民事案件; (4)最高人民法院管辖在全国有重大影响的第一审涉外民事案件
非方便法院	被告提出管辖异议,且同时符合下列情形: (1)案件争议的基本事实不是发生在中国领域内,人民法院审理案件和当事人参加诉讼均明显不方便; (2)当事人之间不存在选择人民法院管辖的协议; (3)案件不属于人民法院专属管辖; (4)案件不涉及中国主权、安全或者社会公共利益; (5)外国法院审理案件更为方便
平行诉讼	我国允许平行诉讼,同时采取一事不再理原则、判决在先原则,以及受理在先可申请中止诉讼
国际条约优先	国际条约的规定优先适用
集中管辖	以下沉管辖权为原则,集中管辖为例外
国际商事法庭管辖权	受理五类案件

考点 11 国际司法协助

1. 司法协助的内容。送达诉讼文书、代为询问证人、调查取证以及外国法院判决和外国仲裁裁决的承认与执行。

2. 司法协助的途径与履行。

(1)外交途径:请求国司法机关→请求国外交部→被请求国外交代表→被请求国司法机关。

(2)使领馆途径:请求国司法机关→请求国驻被请求国使领馆→被请求国司法机关。

(3)法院途径:请求国法院→被请求国法院。

(4)中心机关途径,又称中央机关途径。方式为:请求国司法机关→请求国中央机关→被请求国中央机关→被请求国主管司法机关,或者请求国司法机关→被请求国中央机关→被请求国主管司法机关。

3. 中国关于司法协助的规定。

(1)司法协助请求的提出,应根据我国缔结或参加的国际条约所规定的途径进行;没有条约关系的,通过外交途径进行。

(2)外国驻我国使领馆可以向其本国公民送达文书和调查取证,但不得违反我国法律,并不得采取强制措施。

(3)未经我国主管机关的准许,任何其他外国机关和个人不得在我国领域内送达文书和调查取证。

(4)最高人民法院《关于依据国际公约和双边司法协助条约办理民商事案件司法文书送达和调查取证司法协助请求的规定》:

①司法协助的原则:便捷高效原则、对等原则和依法审查原则。

②统一管理和专人负责相结合的管理机制。

③人民法院国际司法协助工作的制度建设,包括登记制度和档案制度。

④经最高人民法院授权的高级人民法院,可以依据海牙送达公约、海牙取证公约直接对外发出本辖区各级人民法院提出的民商事案件司法文书送达和调查取证请求。

4. 域外送达。

(1)《民事诉讼法》第283条规定的方式:

①依照受送达人所在国与中华人民共和国缔结或者共同参加的国际条约中规定的方式送达;

②通过外交途径送达;

③对具有中华人民共和国国籍的受送达人,可以委托中华人民共和国驻受送达人所在国的使领馆代为送达;

④向受送达人在本案中委托的诉讼代理人送达;

⑤向受送达人在中华人民共和国领域内设立的独资企业、代表机构、分支机构或者有权接受送达的业务代办人送达;

⑥受送达人为外国人、无国籍人，其在中华人民共和国领域内设立的法人或者其他组织担任法定代表人或者主要负责人，且与该法人或者其他组织为共同被告的，向该法人或者其他组织送达；

⑦受送达人为外国法人或者其他组织，其法定代表人或者主要负责人在中华人民共和国领域内的，向其法定代表人或者主要负责人送达；

⑧受送达人所在国的法律允许邮寄送达的，可以邮寄送达，自邮寄之日起满3个月，送达回证没有退回，但根据各种情况足以认定已经送达的，期间届满之日视为送达；

⑨采用能够确认受送达人收悉的电子方式送达，但是受送达人所在国法律禁止的除外；

⑩以受送达人同意的其他方式送达，但是受送达人所在国法律禁止的除外；

⑪不能用上述方式送达的，公告送达，自发出公告之日起，经过60日，即视为送达。

(2)最高人民法院《关于涉外民事或商事案件司法文书送达问题若干规定》：

①作为受送达人的外国自然人或者企业、其他组织的法定代表人、主要负责人在我国领域内的，人民法院可以向其直接送达。

②有权接受送达的诉讼代理人：除受送达人在授权委托书中明确表明其诉讼代理人无权代为接收有关司法文书外，人民法院可以向该诉讼代理人送达。

③受送达人在我国领域内设立有代表机构的，人民法院向受送达人送达司法文书时可以送达给其代表机构。而对于受送达人的分支机构和业务代办人，只有经过受送达人的授权，人民法院才可以向其分支机构和业务代办人送达。

④人民法院向在中华人民共和国领域内没有住所的受送达人送达司法文书时，若该受送达人所在国与中华人民共和国签订有司法协助协定，可以依照司法协助协定规定的方式送达；若该受送达人所在国是《关于向国外送达民事或商事司法文书和司法外文书公约》的成员国，可以依照该公约规定的方式送达。依照受送达人所在国与中华人民共和国缔结或者共同参加的国际条约中规定的方式送达的，根据最高人民法院《关于依据国际公约和双边司法协助条约办理民商事案件司法文书送达和调查取证司法协助请求的规定》办理。

注意：根据最高人民法院《关于依据国际公约和双边司法协助条约办理民商事案件司法文书送达和调查取证司法协助请求的规定》(上述引用了2013年版，但该规定2020年已修订)，不再坚持双边条约优先适用的原则，法院应依据便捷、高效原则确定依据。

⑤判断不能以邮寄送达方式送达的期间为3个月。

⑥除本规定的上述送达方式外，人民法院可以通过传真、电子邮件等能够确认收悉的其他适当方式向受送达人送达。

考点12 外国法院判决的承认与执行

1. 中国关于外国法院判决承认与执行的规定。

(1)承认与执行的法院:可以由当事人直接向有管辖权的法院提出(在我国为被执行人住所地或财产所在地的中级人民法院),也可以由法院按照条约的规定或者互惠原则请求对方国家的法院承认与执行。

(2)请求承认与执行的判决或裁定必须是已经发生法律效力的判决或裁定。

(3)无论是由当事人直接申请还是由外国法院请求,我国法院都必须依照我国与该国缔结或参加的国际条约的规定,或者互惠原则进行审查。

(4)如果某国与我国既无条约关系也不存在互惠关系时,我国法院将裁定驳回承认与执行申请,对该外国法院的判决不予以承认与执行。在此种情形下,当事人可以向我国法院起诉,由有管辖权的法院作出判决并予以执行。

(5)申请承认与执行的期间:2年。

【知识图解】 承认与执行外国法院判决的条件

双边条约机制	互惠机制
①请求承认与执行的缔约国法院判决或裁定必须已经发生法律效力; ②原判决国法院必须有管辖权; ③审判程序公正; ④不与正在我国国内进行或已经终结的诉讼相冲突; ⑤承认与执行不违反执行地国公共政策	没有条约关系时,具有互惠关系是承认与执行外国法院判决的前提条件。 ①请求承认与执行的判决或裁定必须是已经发生法律效力的判决或裁定; ②外国判决、裁定不违反我国法律的基本原则,或者不危害我国国家主权、安全和社会公共利益; ③如系缺席判决,胜诉一方当事人必须提供文件证明败诉一方被适当送达或者判决本身明确载有适当送达当事人的内容; ④如果存在已经做出的相同当事人之间相同诉因的人民法院判决,则承认与执行外国法院判决的请求将不予准许,如果外国法院判决、裁定已经被人民法院承认,当事人就同一争议向人民法院起诉的,人民法院不予受理。我国采纳的是判决在先原则

2. 中国关于承认与执行外国法院离婚判决的规定。

(1)中国公民向人民法院申请承认外国法院离婚判决,人民法院不应以其未在国内缔结婚姻关系而拒绝受理。

(2)外国公民向人民法院申请承认外国法院离婚判决,如果其离婚的原配偶是中国公民,人民法院应予受理;如果其离婚的原配偶是外国公民,人民法院不予受理。

(3)当事人向人民法院申请承认外国法院离婚调解书效力的,人民法院应予受理。

(4)中国当事人一方,持外国法院作出的离婚判决书,向人民法院申请承认其效力的,应由中级人民法院受理。

考点13 区际法律问题

【知识图解】 内地与香港特别行政区、澳门特别行政区之间的送达

比较项目	香港特别行政区	澳门特别行政区
机构	通过各高级人民法院和香港特别行政区高等法院进行。最高人民法院司法文书可以直接委托香港特别行政区高等法院送达	通过各高级人民法院和澳门特别行政区终审法院进行。最高人民法院与澳门特别行政区终审法院可以直接相互委托送达
方式	委托方请求送达司法文书须出具盖有其印章的委托书，并在委托书中说明委托机关的名称、受送达人的姓名或者名称、详细地址及案件的性质。委托书应使用中文，未使用中文的，应提供中文译本。文件应一式两份	委托方请求送达司法文书须出具盖有其印章的委托书，并在委托书中说明委托机关的名称、受送达人的姓名或者名称、详细地址及案件的性质。委托书应使用中文，未使用中文的，应提供中文译本。文件应一式两份
依据	依受委托方所在地法律规定的程序进行	受委托方法院应当依本辖区法律规定执行委托事项

1. 内地与香港特别行政区的调查取证

（1）机构。根据最高人民法院《关于内地与香港特别行政区法院就民商事案件相互委托提取证据的安排》的规定，双方相互委托提取证据，须通过各自指定的联络机关进行。其中，内地指定各高级人民法院为联络机关；香港特别行政区指定香港特别行政区政府政务司司长办公室辖下行政署为联络机关。最高人民法院可以直接通过香港特别行政区指定的联络机关委托提取证据。

（2）请求协助的范围。内地人民法院根据本安排委托香港特别行政区法院提取证据的，请求协助的范围包括：①讯问证人；②取得文件；③检查、拍摄、保存、保管或扣留财产；④取得财产样品或对财产进行试验；⑤对人进行身体检验。香港特别行政区法院根据本安排委托内地人民法院提取证据的，请求协助的范围包括：①取得当事人的陈述及证人证言；②提供书证、物证、视听资料及电子数据；③勘验、鉴定。

（3）期限。受委托方应当尽量自收到委托书之日起6个月内完成受托事项。受委托方完成受托事项后，应当及时书面回复委托方。

2. 内地与澳门特别行政区的调查取证

（1）机构。依最高人民法院《关于内地与澳门特别行政区法院就民商事案件相互委托送达司法文书和调取证据的安排》的规定，双方委托调查取证，均须通过各高级人民法院和澳门特别行政区终审法院进行。最高人民法院与澳门特别行政区终审法院可以直接相互委托调取证据。

（2）取证的范围。委托方法院请求调取的证据只能是与诉讼有关的证据。调取证据的范围包括：代为询问当事人、证人和鉴定人，代为进行鉴定和司法勘验，调取其他与诉讼有关的证据。

(3)期限。完成受托事项的期限,送达文书最迟不得超过自收到委托书之日起2个月,调取证据最迟不得超过自收到委托书之日起3个月。

3. 大陆与台湾地区相互执行法院和仲裁裁决

目前司法解释对于单方认可和执行我国台湾地区判决和仲裁裁决作了规定,其中相同之处如下所述。

(1)申请期间:适用《民事诉讼法》第250条的规定(2年)(但申请认可我国台湾地区法院有关身份关系的判决除外)。

(2)受理法院:由申请人住所地、经常居住地或者被申请人住所地、经常居住地、财产所在地中级人民法院或者专门人民法院受理。

需要比较记忆两部规定:第一,最高人民法院《关于认可和执行台湾地区法院民事判决的规定》。

(1)认可和执行对象:

①台湾地区法院民事判决,包括台湾地区法院作出的生效民事判决、裁定、和解笔录、调解笔录、支付命令等;

②台湾地区法院在刑事案件中作出的有关民事损害赔偿的生效判决、裁定、和解笔录。

(2)不予认可的情形:

①申请认可的民事判决,是在被申请人缺席又未经合法传唤或者在被申请人无诉讼行为能力又未得到适当代理的情况下作出的;

②案件系人民法院专属管辖的;

③案件双方当事人订有有效仲裁协议,且无放弃仲裁管辖情形的;

④案件系人民法院已作出判决或者中国大陆的仲裁庭已作出仲裁裁决的;

⑤香港特别行政区、澳门特别行政区或者外国的法院已就同一争议作出判决且已为人民法院所认可或者承认的;

⑥台湾地区、香港特别行政区、澳门特别行政区或者外国的仲裁庭已就同一争议作出仲裁裁决且已为人民法院所认可或者承认的;

⑦认可该民事判决将违反一个中国原则等国家法律的基本原则或者损害社会公共利益的,人民法院应当裁定不予认可。

(3)法律效果:经人民法院裁定认可的台湾地区法院民事判决,与人民法院作出的生效判决具有同等效力。

☞ **易错点提示** 以裁定认可、不予认可或驳回,裁定一经送达即发生法律效力。当事人对上述裁定不服的,可以自裁定送达之日起10日内向上一级人民法院申请复议。

对人民法院裁定不予认可的台湾地区法院民事判决,申请人再次提出申请的,人民法院不予受理,但申请人可以就同一争议向人民法院起诉。

第二,最高人民法院《关于认可和执行台湾地区仲裁裁决的规定》。

(1)认可和执行的对象:有关常设仲裁机构及临时仲裁庭在台湾地区按照台湾地区仲裁规定就有关民商事争议作出的仲裁裁决,包括仲裁判断、仲裁和解和仲裁调解。

(2)法律效果:对人民法院裁定不予认可的台湾地区仲裁裁决,申请人再次提出申请的,人民法院不予受理。但当事人可以根据双方重新达成的仲裁协议申请仲裁,也可以就同一争议向人民法院起诉。

☞ **易错点提示** 已裁定认可、不予认可或驳回,裁定一经送达即发生法律效力。

4. 内地与香港特别行政区相互认可和执行法院判决

根据最高人民法院、香港特别行政区政府《关于内地与香港特别行政区法院相互认可和执行婚姻家庭民事案件判决的安排》:

(1)认可和执行的对象:内地人民法院和香港特别行政区法院就婚姻家庭民事案件作出的生效判决。在内地,生效判决是指第二审判决,依法不准上诉或者超过法定期限没有上诉的第一审判决,以及依照审判监督程序作出的上述判决(包括判决、裁定、调解书);在香港特别行政区,生效判决是指终审法院、高等法院上诉法庭及原讼法庭和区域法院作出的已经发生法律效力的判决(包括判决、命令、判令、讼费评定证明书、定额讼费证明书,但不包括双方依据其法律承认的其他国家和地区法院作出的判决),包括依据香港法律可以在生效后作出更改的命令。

【考场演练】 单项选择题

中国香港甲公司与内地乙公司签订商事合同,并通过电子邮件约定如发生纠纷由香港法院管辖。后因履约纠纷,甲公司将乙公司诉至香港法院并胜诉。判决生效后,甲公司申请人民法院认可和执行该判决。关于该判决在内地的认可与执行,下列哪一选项是正确的?

A. 电子邮件不符合“书面”管辖协议的要求,故该判决不应被认可与执行

B. 如乙公司的住所地与财产所在地分处两个中级人民法院的辖区,甲公司不得同时向这两个人民法院提出申请

C. 如乙公司在内地与香港均有财产,甲公司不得同时向两地法院提出申请

D. 如甲公司的申请被人民法院裁定驳回,它可直接向最高人民法院申请复议

【参考答案】 B

(2)受理的法院:在内地向申请人住所地、经常居住地或者被申请人住所地、经常居住地、财产所在地的中级人民法院提出;在香港特别行政区向区域法院提出,申请人应当向符合前述的其中一个人民法院提出申请,向两个以上有管辖权的人民法院提出申请的,由最先立案的人民法院管辖。

(3)不予认可和执行的情形:

①根据原审法院地法律,被申请人未经合法传唤,或者虽经合法传唤但未获得合理的陈述、辩论机会的;

②判决是以欺诈方法取得的;

③被请求方法院受理相关诉讼后,请求方法院又受理就同一争议提起的诉讼

并作出判决的；

④被请求方法院已经就同一争议作出判决，或者已经认可和执行其他国家和地区法院就同一争议所作出的判决的；

⑤内地人民法院认为认可和执行香港特别行政区法院判决明显违反内地法律的基本原则或者社会公共利益，香港特别行政区法院认为认可和执行内地人民法院判决明显违反香港特别行政区法律的基本原则或者公共政策的，不予认可和执行。

申请认可和执行的判决涉及未成年子女的，在根据上述规定审查决定是否认可和执行时，应当充分考虑未成年子女的最佳利益。

（4）法律效果：被请求方法院就认可和执行的申请作出裁定或者命令后，当事人不服的，在内地可以于裁定送达之日起10日内向上一级人民法院申请复议，在香港特别行政区可以依据其法律规定提出上诉。

5. 内地与澳门特别行政区相互认可和执行法院判决

根据最高人民法院《关于内地与澳门特别行政区相互认可和执行民商事判决的安排》：

（1）认可和执行的根据。在内地包括：判决、裁定、决定、调解书、支付令；在澳门特别行政区包括：裁判、判决、确认和解的裁定、法官的决定或者批示。

（2）受理的法院。内地有权受理认可和执行判决申请的法院为被申请人住所地、经常居住地或者财产所在地的中级人民法院。两个或者两个以上中级人民法院均有管辖权的，申请人应当选择向其中一个中级人民法院提出申请。

澳门特别行政区有权受理认可判决申请的法院为中级法院，有权执行的法院为初级法院。

☞ **易错点提示** ①以上内地与香港特别行政区相互认可和执行法院判决的规定，仅适用于具有书面管辖协议的民商事案件，执行根据必须是支付款项的具有执行力的终审判决。

②以上内地与澳门特别行政区相互认可和执行法院判决的规定，适用于民商事案件（在内地包括劳动争议案件，在澳门特别行政区包括劳动民事案件），同时适用于刑事案件中有关民事损害赔偿的判决、裁定，但不适用于行政案件。

国际经济法

考点 1 2020 年贸易术语

【知识图解 1】 2020 年贸易术语基本规则

名称	交货地点	风险转移	运输	保险	出口手续	进口手续
FOB 船上交货	装运港船上	装上船	买方	买方	买方	买方
CFR 成本加运费	装运港船上	装上船	卖方	买方	卖方	买方
CIF 成本、保险费加运费	装运港船上	装上船	卖方	卖方	卖方	买方
DPU 目的地交货	目的地卸货	交货时	卖方	卖方	卖方	买方
DAP 目的地交货	指定目的地	交货时	卖方	卖方	卖方	买方

1. 贸易术语规律

(1)运输:E、F 组都由买方负责,C、D 组都由卖方负责。

(2)保险:除本身自带 I 的外,其余均是风险在谁手中,谁负责买保险。

(3)清关手续:卖出买进,EXW 均由买方负责,DDP 都由卖方负责。

(4)风险转移:FOB、CIF、CFR 货物装上船时风险转移,其他交货时转移风险。

(5)术语后港口名:F 组(地点)——装运地、装运港;C 组(地点)——目的地、目的港。

2.《国际贸易术语解释通则 2020》(以下简称《2020 年通则》)的主要修改

(1)装船批注提单和 FCA 术语条款的修改:《2020 年通则》的 FCA 术语提供了一个额外的选择,即虽然买方负责运输,但买方和卖方可以同意买方指定的承运人在装货开始后向卖方签发已装船提单,然后再由卖方向买方做出交单。

(2)CIF 和 CIP 术语下对投保险别的规定。

在《2010 年国际贸易术语解释通则》(以下简称《2010 年通则》)中,CIF 和 CIP 术语下如果双方没有特别约定,卖方只有义务投保最低级别的海上货物运输保险即平安险;但在《2020 年通则》中,CIF 术语下的保险级别仍为类似平安险的最低险,而 CIP 对卖方有义务取得保险的要求有所提高,相当于我国的"一切险"。当然,双方当事人仍可以自由商定较低的保险险别。

(3)在 FCA、DAP、DPU、DDP 术语下,卖方或买方可使用自己的运输工具安排运输。

(4)将 DAT 改为 DPU:在《2020 年通则》的规定下,DPU 术语的货物交付地点仍旧是目的地,但这个目的地不再限于"运输的终端",目的地可以是任何地方,但是如果该地点不在“运输终端”，卖方应确保其准备交付货物的地点是能够卸货的地点。同时，DPU 还明确规定了卖方不负责卸货。其余内容均和之前《2010 年通则》中的 DAT 术语一致。

(5)在运输义务和费用中加入与安全有关的要求。

【知识图解 2】 适用于海运和内河水运的术语

名称	交货地点	风险转移	办理运输	办理保险	出口手续	进口手续	各组特点
FAS 船边交货	装港船边	交货时	买方	买方①	卖方	买方	主要运费未付装运合同
FOB 船上交货	装港船上	装港货物置于船上	买方	买方②	卖方	买方	
CFR 成本加运费	装港船上	装港货物置于船上	卖方	买方③	卖方	买方	主要运费已付装运合同
CIF 成本、保险费加运费	装港船上	装港货物置于船上	卖方	卖方	卖方	买方	

注：依《2010 年通则》，上述①②③的术语中，保险一项在卖方和买方的义务中均注明“无义务”，但由于运输途中的风险是买方的，因此，买方为了自己的利益应当投保，《2010 年通则》与《2000 年通则》相比加了一项内容，即虽然卖方无保险的义务，但卖方必须向买方提供后者取得保险所需的信息。

考点 2 国际货物买卖中双方义务的规定

1. 国际货物买卖中的卖方义务

(1)交付货物。卖方应依合同规定的地点、时间及方式完成其交货义务。

(2)质量担保。卖方交付的货物必须与合同规定的数量、质量和规格相符，并须按照合同所规定的方式装箱或包装。

卖方对质量责任的免除：如果买方在订立合同时知道或者不可能不知道货物不符合合同，卖方就无须按上述内容负不符合合同的责任。

(3)权利担保：

①所有权担保，指卖方保证对其出售的货物享有完全的所有权，必须是第三方不能提出任何权利或要求的货物，如不存在任何未向买方透露的担保物权等。

②知识产权担保，指卖方所交付的货物，必须是第三方不能依工业产权或其他知识产权主张任何权利或要求的货物。如果在买方接受货物后，任何第三人通过司法程序指控买方所购的货物侵犯了其知识产权，卖方应代替买方针对第三人的指控进行辩驳。

卖方的知识产权担保义务的限制：

①地域限制。其一，依货物销售目的国的法律，即第三人的请求必须是依货物使用地或转售地国家的法律提出的。如果双方在订立合同时，没有规定货物的最终使用地或转卖地，则卖方对买方不承担知识产权的担保义务。其二，依买方营业地所在国法律，即第三人的请求必须是依买方营业地所在国的法律提出的。也就是说，如果双方没有确定货物的最终使用地或转卖地，则卖方只对那些依买方营业地所在国的法律提出的请求向买方负责。

②主观限制。卖方在下列两种情况下，免除其知识产权担保的义务：其一，买方在订立合同时已知道或不可能不知道此项权利或要求；其二，此项权利或要求，是由于卖方要遵照买方所提供的技术图样、图案、款式或其他规格进行制作而发

生的。

(4)交付单据。如果卖方有义务移交与货物有关的单据，则其必须按照合同规定的时间、地点和方式移交这些单据。

2.《联合国国际货物销售合同公约》规定的买方义务

(1)支付货款。如果双方当事人未在合同中具体约定付款的时间，则买方应依公约规定的下列时间支付货款：

①在卖方将货物或单据置于买方控制下时付款。依《联合国国际货物销售合同公约》的规定，卖方可以买方支付货款作为移交货物或单据的条件，不付款则不交货或不交单据。

②买卖合同涉及运输时，在收到银行的付款通知时付款。

③在买方没有机会检验货物前，无义务支付货款。但是，如果买方这种检验货物的机会与双方约定的交货或付款程序相抵触，则买方丧失其在付款前检验货物的权利。此种情况下，买方应按上述①和②规定的时间付款。

(2)接收货物：

①采取行动。买方应采取一切理应采取的行动，以期卖方能交付货物。为了使卖方能交付货物，买方应当采取的行为包括为卖方指定准确的发货地点，委托代理人接收货物，依贸易术语的要求作出相应的运输安排等。

②提取货物。提取货物要求买方将货物置于自己的实际控制下。如果买方在提取货物时不配合，即违反了接收货物的义务。

☞ **易错点提示** ①接收货物不等于接受货物，接受表明买方认为货物的质量符合买卖合同的规定；而接收并不表明买方对货物的质量没有异议，如货物在目的港经检验与合同不符，买方也应接收货物，然后再进行索赔。

②声称另一方违约的一方，有义务采取合理的措施，减轻由于违约引起的损失，否则将从损害赔偿中予以相应扣除。

考点 3 提单

1. 提单的法律特征。依《汉堡规则》的规定，提单是指用以证明海上运输合同的订立和货物已经由承运人接收或者装船，以及承运人保证据以交付货物的单据。提单具有下列法律特征：

(1)提单是海上运输合同的证明。

(2)提单是承运人出具的接收货物的收据。

提单的证明作用在托运人手中和托运人以外的第三方持有人手中的效力是不同的。提单在托运人手中时只是初步证据，所谓初步证据指如承运人有确实的证据证明其收到的货物与提单上的记载不符，承运人可以向托运人提出异议。但在托运人将提单背书转让给第三人的情况下，对于提单受让人来说，提单就成了终结性的证据。

(3)提单是承运人交付货物的凭证。

2. 提单的种类。

(1)根据货物是否已装船可将提单分为已装船提单和备运提单。已装船提单的正面载有装货船舶的名称和装船日期，表明货物确已装船。备运提单，又称收货待运提单,指船方收到货物后,在货物装船以前签发的提单。

(2)依收货人的抬头可将提单分为记名提单、不记名提单和指示提单。记名提单指提单正面载明收货人名称的提单。不记名提单指提单正面未载明收货人名称的提单。指示提单指提单正面载明凭指示交付货物的提单。

(3)根据提单有无批注可将提单分为清洁提单和不清洁提单。清洁提单指提单上未附加表明货物表面状况有缺陷的批注的提单。不清洁提单指在提单上批注表明货物表面状况有缺陷的提单。

(4)根据运输方式可将提单分为直达提单、转船提单和联运提单。直达提单指中途不经转船直接将货物运往目的地的提单。转船提单指当货物的运输不是由一条船直接运到目的港,而需在中途转换另一船舶运往目的港时,船方签发的包括全程的提单。联运提单指依联运合同签发的提单。

(5)依是否已付运费可将提单分为运费预付提单和运费到付提单。运费预付提单指载明托运人在装货港已向承运人支付运费的提单。运费到付提单指载明收货人在目的港提货时向承运人支付运费的提单。

3. 倒签提单和预借提单。这两种提单都掩盖了货物的实际装船日期,避开了迟延交货的责任。

(1)倒签提单。提单中注明的装船日期早于实际装船的日期。托运人因此往往向承运人出具保函,要求承运人按信用证规定的装船期签发提单,以便向银行办理结汇。

(2)预借提单。该提单是指当信用证规定的有效期即将届满,而货物未装船时,托运人为了使提单上的装船日期与信用证规定的日期相符,要求承运人在货物装船前签发的已装船提单。

☞ **易错点提示** ①不记名提单无须背书即可转让,只需将提单交给受让人。指示提单的转让必须经过背书。记名提单一般不能转让。

②《汉堡规则》第一次在一定范围内承认了保函的效力。托运人为了换取清洁提单,可向承运人出具保函,保函只在托运人与承运人之间有效,不能对抗第三人。恶意保函无效。

③无正本提单交付货物问题:依据最高人民法院《关于审理无正本提单交付货物案件适用法律若干问题的规定》规定,承运人违反法律规定,无正本提单交付货物,损害正本提单持有人提单权利的,正本提单持有人可以要求承运人承担由此造成损失的民事责任。承运人因无正本提单交付货物造成正本提单持有人损失的,正本提单持有人可以要求承运人承担违约责任,或者承担侵权责任。承运人因无正本提单交付货物承担民事责任的,将丧失限制赔偿责任的权利。

考点 4 《海牙规则》《维斯比规则》《汉堡规则》

1.《海牙规则》是在国际航运业影响较大的公约之一。其主要内容如下所述。

(1)承运人最低限度的义务:

①适航义务。承运人在开航前与开航时必须谨慎处理,以便使船舶具有适航性;适当地配备船员、设备和船舶供应品;使货舱、冷藏舱和该船其他运载货物的

部位适宜并能安全地收受、运送和保管货物。

②管货的义务。应适当和谨慎地装载、操作、积载、运送、保管、照料和卸载所承运的货物。

(2)承运人的责任期间。从货物装上船起至卸完船止的期间,即"钩至钩责任"为承运人的责任期间。

(3)承运人的免责。船长、船员、引水员或承运人的雇佣人在航行或管理船舶中的行为、疏忽或不履行义务;火灾,但由于承运人实际过失或私谋所造成者除外;海上或其他可航水域的风险、危险或意外事故;天灾;战争行为;公敌行为;君主、统治者或人民的扣留或拘禁或依法扣押;检疫限制;货物托运人或货主、其代理人或代表的行为或不行为;无论由于何种原因引起的局部或全面的罢工、关厂、停工或劳动力受到限制;暴动和骚乱;救助或企图救助海上人命或财产;由于货物的固有瑕疵、性质或缺陷所造成的容积或重量的损失,或任何其他灭失或损害;包装不当;标志不清或不当;尽适当的谨慎所不能发现的潜在缺陷;不是由于承运人的实际过失或私谋,或是承运人的代理人或受雇人员的过失或疏忽所引起的任何其他原因。

(4)索赔通知与诉讼时效。收货人在提货时应检查货物,如发现短卸或残损,应立即向承运人提出索赔;如残损不明显,则在 3 日内提出索赔通知;如在提货时或提货后 3 日内没有提出索赔通知,就是交货时货物的表面状况良好的初步证据。在联合检验的情况下,不需出具索赔通知。

关于诉讼时效,《海牙规则》第 3 条第 6 款规定,货方对承运人或船舶提起货物灭失或损害索赔的诉讼时效为 1 年,自货物交付之日起算;在货物灭失的情况下,自货物应交付之日起算。

(5)《海牙规则》的适用范围。适用于在任何缔约国所签发的一切提单,不适用于租船合同,但如果提单是在船舶出租情况下签发,则应符合《海牙规则》中的各项规定。

2.《维斯比规则》主要是对《海牙规则》的补充和修改。该规则的主要内容如下所述。

(1)明确规定提单对于善意受让人是最终证据。

(2)责任限制。对货物的灭失或损害责任以每件或每单位 10,000 金法郎或每公斤 30 金法郎为限,两者以高者计。

(3)承运人的雇佣人或代理人的责任限制:

①对承运人提起的货损索赔诉讼,无论是以合同为依据,还是以侵权行为为依据,均可以适用责任限制的规定。

②承运人的雇佣人或代理人也可以享受责任限制的保护。

(4)诉讼时效。诉讼时效为 1 年,双方经协商,可以延长时效。对第三者的追偿诉讼,在 1 年的诉讼时效期满后,仍有 3 个月的宽限期。

(5)公约的适用范围。提单在缔约国签发;从一个缔约国的港口起运;提单中列有首要条款。首要条款就是法律选择条款,即合同双方当事人合意选择适用该公约。

3.《汉堡规则》的特点是扩大了承运人的责任，主要表现在下列几个方面。

(1)承运人的责任基础与免责。承运人对由于货物的灭失、损坏以及延迟交付所造成的损失负赔偿责任，除非承运人能证明，他及他的受雇人和代理人已经为避免事故的发生采取了一切所能合理要求的措施。

在承运人的责任基础上，《汉堡规则》取消了承运人对航行过失的免责，因而是完全的过失责任制。同时，《汉堡规则》还采用了推定过失责任制。

(2)延迟交货的责任。《汉堡规则》规定承运人应对延迟交货负责。延迟交货指未在约定的时间内交付，或在无约定的情况下，未在合理的时间内交付。承运人对延迟交货的赔偿责任限额为迟交货物应付运费的2.5倍，但不应超过应付运费的总额。

(3)承运人的责任期间。《汉堡规则》规定承运人的责任期间为货物在装货港、运送途中和卸货港在承运人掌管下的期间。与《海牙规则》相比，《汉堡规则》中承运人的责任期间在装港和卸港间向两头延长了，即承运人"收货"到"交货"的全部期间。

(4)关于保函的效力。托运人为了换取清洁提单可向承运人出具保函，保函只在托运人与承运人之间有效。如保函有欺诈意图，则保函无效，承运人应赔偿第三者的损失，且不能享受责任限制。

(5)关于承运人与实际承运人的关系。《海牙规则》只有承运人的概念，没有关于实际承运人的规定，《汉堡规则》则有此规定，其第10条规定：即使订约承运人将全程运输或部分运输委托给实际承运人，订约承运人仍应对运输全程负责。如承运人和实际承运人都有责任，则两者负连带责任。

(6)索赔通知和诉讼时效。依《汉堡规则》的规定，索赔通知应在收货后的第1个工作日内提交。损害不明显时，在收货后15日内提交。延迟交付的索赔通知应在收到货后连续60日内提交。该公约规定的诉讼时效为2年。

(7)《汉堡规则》的适用范围。《汉堡规则》适用于两个不同国家之间的海上运输合同，并且提单或作为海上运输合同证明的其他单证在某一缔约国签发；提单或作为海上运输合同证明的其他单证中载有适用《汉堡规则》或采纳该规则的任何国内法的首要条款；装货港或卸货港或备选卸货港位于缔约国；《汉堡规则》不适用于租船合同，但适用于租船合同项下的提单。

(8)货物的适用范围。《海牙规则》不适用于舱面货和活牲畜。《汉堡规则》对舱面货和活牲畜作了相应规定。

☞ **易错点提示** ①三个公约在承运人责任、诉讼时效上的不同规定。

②提单的法律特征。依《海牙规则》的规定，提单记载的内容为该提单所载货物的初步证据。《维斯比规则》第1条对《海牙规则》第3条第4款的内容进行了补充，规定提单对托运人来说是初步证据，而对善意的提单受让人来说则是最终的证据。

③《汉堡规则》关于保函的规定。

考点 5 我国海洋货物运输保险的险别

1. 主要险别，指可以独立承保，不必附加在其他险别项下的险别。中国人民保险公司海洋运输货物保险的主要险别有三种,即平安险、水渍险和一切险。

(1)平安险,该险的英文意思为"单独海损不赔"。其责任范围主要包括:

①被保险货物在运输途中由于恶劣气候、雷电、海啸、地震、洪水等自然灾害造成的整批货物的全部损失或推定全损。

②由于运输工具遭受搁浅、触礁、沉没、互撞、与流冰或其他物体碰撞以及失火、爆炸等意外事故造成货物的全部或部分损失。

③在运输工具已经发生搁浅、触礁、沉没、焚毁等意外事故的情况下,货物在此前后又在海上遭受恶劣气候、雷电、海啸等自然灾害所造成的部分损失。

④在装卸或转运时由于一件或数件整件货物落海造成的全部或部分损失。

⑤被保险人对遭受承保责任内危险的货物采取抢救、防止或减少货损的措施而支付的合理费用,但以不超过该批被救货物的保险金额为限。

⑥运输工具遭遇海难后,在避难港由于卸货所引起的损失以及在中途港、避难港由于卸货、存仓以及运送货物所产生的特别费用。

⑦共同海损的牺牲、分摊和救助费用。

⑧运输合同中订有"船舶互撞责任"条款,根据该条款规定应由货方偿还船方的损失。

(2)水渍险,该险的责任范围除平安险的各项责任外,还包括被保险货物由于恶劣气候、雷电、海啸、地震、洪水等自然灾害所造成的部分损失。

(3)一切险,该险除包括水渍险的责任范围外,还负责赔偿被保险货物在运输途中由于外来原因所致的全部或部分损失。外来原因指偷窃、提货不着、淡水雨淋、短量、混杂、沾污、渗漏、串味异味、受潮受热、包装破裂、钩损、碰损破碎、锈损等。中国人民保险公司海洋货物保险条款主要以"仓至仓条款""扩展责任条款""航程终止条款""驳运条款"来确定保险人的责任起讫。

中国人民保险公司海洋运输货物保险的除外责任包括:

(1)被保险人的故意或过失行为所造成的损失;

(2)属于发货人责任引起的损失;

(3)在保险责任开始前,被保险货物已存在的品质不良或数量短差所造成的损失;

(4)被保险货物的自然损耗、本质

【考场演练】 多项选择题

两批化妆品从韩国由大洋公司"清田"号货轮运到中国,适用《海牙规则》,货物投保了平安险。第一批货物因"清田"号过失与他船相碰致部分货物受损,第二批货物收货人在持正本提单提货时,发现已被他人提走。争议诉至中国某法院。根据相关规则及司法解释,下列哪些选项是正确的?

A. 第一批货物受损虽由"清田"号过失碰撞所致,但承运人仍可免责

B. 碰撞导致第一批货物的损失属于保险公司赔偿的范围

C. 大洋公司应承担第二批货物无正本提单放货的责任,但可限制责任

D. 大洋公司对第二批货物的赔偿范围限于货物的价值加运费

【参考答案】 AB

缺陷、特性以及市价跌落、运输延迟引起的损失和费用；

(5)海洋运输货物战争险条款和货物运输罢工险条款规定的责任范围和除外责任。

海洋运输货物保险的索赔时效为2年，从被保险货物在最后卸货港全部卸离运输工具后起算。

2. 附加险别，是投保人在投保主要险别时，为补偿因主要险别范围以外可能发生的某些危险造成的损失所附加的保险。附加险又可分为一般附加险、特别附加险和特殊附加险三类：

(1)一般附加险。承保各种外来原因造成的货物全损或部分损失。

(2)特别附加险。必须附属于主要险别项下，对因特殊风险造成的保险标的的损失负赔偿责任的附加险，包括：交货不到险、进口关税险、舱面险、拒收险、黄曲霉素险、出口货物到香港或澳门特别行政区存仓火险。

(3)特殊附加险。包括海洋运输货物战争险和货物运输罢工险。

注：特别附加险与一般附加险的区别在于：一般附加险属于一切险的范围，参保了一切险，就不必再附加任何一般附加险；而特别附加险所承保的责任已超出了一切险的范围。

考点 6 信用证

信用证是银行依开证申请人的请求，开给受益人的一种保证银行在满足信用证要求的条件下承担付款责任的书面凭证。在信用证付款方式下，开证银行以自身的信誉为卖方提供付款的保证。因此，信用证付款方式是一种银行信用。适用于信用证的国际惯例是国际商会在1930年制定的《跟单信用证统一惯例》，目前使用的是2006年的修订本，通称为国际商会第600号出版物(以下简称UCP600)。

1. 信用证的当事人及当事人之间的关系：

(1)开证申请人与受益人之间是买卖合同关系。

(2)开证行与开证申请人之间是以开证申请书及其他文件确定的委托合同关系。

(3)通知行与开证行之间是委托代理关系。

(4)通知行与受益人之间不存在直接的合同关系。

(5)开证行与受益人之间的关系是有争论的，一般认为，两者之间的关系依开立的信用证的不同而有所不同，当开立的是可撤销的信用证时，开证行与受益人之间并不存在对双方有约束力的合同关系。而在开立不可撤销的信用证的情况下，当信用证送达受益人时，在开证行与受益人之间即形成了对双方有约束力的独立合同。

2. 银行的责任与免责。银行对信用证具有审单的义务，在审单时须坚持单证相符、单单相符的原则。UCP600规定了银行免责的情况，主要包括：

(1)关于单据有效性的免责：银行对任何单据的形式、充分性、准确性、内容真实性、虚假性或法律效力，或对单据中规定或添加的一般或特殊条件，概不负责；银行对任何单据所代表的货物、服务或其他履约行为的描述、数量、重量、品质、状况、包装、交付、价值或其存在与否,或对发货人、承运人、货运代理人、收货人、货物的保险人或其他任何人的诚信与否,作为或不作为、清偿能力、履约或资信状况,也概不负责。

(2)关于信息传递和翻译的免责:当报文、信件或单据按照信用证的要求传输或发送时,或当信用证未作指示,银行自行选择传送服务时,银行对报文传输或信件和单据的递送过程中发生的延误、中途遗失、残缺或其他错误产生的后果,概不负责。

(3)不可抗力的免责:银行对由于天灾、暴动、骚乱、叛乱、战争、恐怖主义行为或任何罢工、停工或其无法控制的任何其他原因导致的营业中断的后果,概不负责。银行恢复营业时,对于在营业中断期间已逾期的信用证,不再进行承付或议付。

(4)关于被指示方行为的免责:为了执行申请人的指示,银行利用其他银行的服务,其费用和风险由申请人承担。即使银行自行选择了其他银行,如果发出的指示未被执行,开证行或通知行对此亦不负责。指示另一银行提供服务的银行有责任负担被指示方因执行指示而发生的任何佣金、手续费、成本或开支(费用)。如果信用证规定费用由受益人负担,而该费用未能收取或从信用证款项中扣除,开证行依然承担支付此费用的责任。信用证或其修改不应规定向受益人的通知以通知行或第二通知行收到其费用为条件。外国法律和惯例加诸银行的一切义务和责任,申请人应受其约束,并就此对银行负补偿之责。

3. 信用证欺诈及例外原则。

最高人民法院《关于审理信用证纠纷案件若干问题的规定》,对信用证欺诈及其例外作了规定。

(1)有以下情形之一的,应当认定存在信用证欺诈:

①受益人伪造单据或者提交记载内容虚假的单据;

②受益人恶意不交付货物或者交付的货物无价值;

③受益人和开证申请人或者其他第三方串通提交假单据,而没有真实的基础交易;

④其他进行信用证欺诈的情形。

开证申请人、开证行或者其他利害关系人发现有以上情形,并认为上述情形将会给其造成难以弥补的损害时,可以向有管辖权的人民法院申请中止支付信用证项下的款项。

(2)人民法院认定存在信用证欺诈的,应当裁定中止支付或者判决终止支付信用证项下款项,但有下列情形之一的除外:

①开证行的指定人、授权人已按照开证行的指令善意地进行了付款;

【考场演练】 多项选择题

中国大象公司和非洲斑马公司订立了出口一批机电产品的合同。因目的港无直达航线,需要转船运输,合同约定了信用证支付方式。关于斑马公司申请开立的信用证,下列哪些情形属于"软条款"信用证?

A. 信用证要求保兑

B. 信用证要求提单为已装船提单

C. 信用证规定"开证行须在货物经检验合格后方可支付"

D. 信用证规定"禁止转船",但实际上装运港至目的港无直达船只

【参考答案】 CD

②开证行或者其指定人、授权人已对信用证项下票据善意地作出了承兑；

③保兑行善意地履行了付款义务；

④议付行善意地进行了议付。

☞ **易错点提示** 依《跟单信用证统一惯例》(UCP500)的规定，信用证上没有注明的，视为不可撤销的信用证。UCP600将该条删除，在第2条关于信用证的定义中，规定信用证是不可撤销的。

考点 7 反倾销措施

1. 采取反倾销措施的条件。

(1)存在倾销。倾销指在正常贸易过程中进口产品以低于其正常价值的出口价格进入中国市场。对倾销的调查和确定，由商务部负责。确定倾销的关键是比较正常价值和出口价格。出口价格低于其正常价值的幅度，为倾销幅度。

(2)对国内产业造成损害。倾销对已经建立的国内产业造成实质损害或产生实质损害威胁，或者对建立国内产业造成实质阻碍。国内产业指中国国内同类产品的全部生产者，或者其总产量占国内同类产品全部总产量的主要部分的生产者。同类产品，指与倾销进口产品相同的产品；没有相同产品的，以与倾销进口产品的特性最相似的产品为同类产品。

(3)倾销进口与国内产业损害间有因果关系。一方面，倾销进口必须是造成国内产业损害的原因。另一方面，非倾销因素对国内产业造成的损害，不得归因于倾销。

2. 反倾销调查发起方式。主要是基于国内产业或者代表国内产业的自然人、法人或者有关组织向商务部提出反倾销调查的书面申请。申请应有足够的国内生产者的支持，在支持和反对申请的生产者中，支持者的产量占二者总产量的50%以上，同时不得低于国内同类产品总产量的25%。特殊情况下，商务部可以自主决定立案调查。反倾销调查分为初步裁定和终局裁定两个阶段。反倾销措施包括临时反倾销措施、价格承诺和反倾销税：

(1)临时反倾销措施。包括征收临时反倾销税、提供现金保证金、保函或其他形式的担保。其数额不得超过初步裁定确定的倾销幅度。

临时反倾销措施自公告实施之日起不得超出4个月，特殊情形下不得超出9个月。在公告反倾销立案调查之日起的60日内，不得采取临时反倾销措施。

(2)价格承诺。倾销进口产品的出口经营者在反倾销调查期间，可以向商务部作出改变价格或者停止以倾销价格出口的价格承诺。

(3)反倾销税。终局裁定确定倾销成立并由此对国内产业造成损害的，可以征收反倾销税。反倾销税的纳税人为倾销进口产品的进口经营者。反倾销税税额不得超过终局裁定确定的倾销幅度。

对实施临时反倾销税的期间追溯征收的，采取多退少不补的原则。反倾销税的征收期限和价格承诺的履行期限不超过5年。

考点 8 保障措施

1. 采取保障措施的基本条件：进口产品数量增加、国内产业受到损害、二者之间存在因果关系。

2. 调查的发起：与国内产业有关的自然人、法人或者其他组织，可以依照《保障措施条例》的规定，向商务部提出保障措施的申请；必要时，商务部即使没有收到此类申请，也可以立案调查。《保障措施条例》对申请人，不作反倾销条例或反补贴条例中的产业支持量的要求。一般保障措施调查，由商务部负责；涉及农产品的，由商务部会同农业农村部进行。商务部根据调查结果，可以作出初裁决定，也可以直接作出终裁决定，并予以公告。

3. 进口产品数量增加：是指进口产品数量绝对增加或者与国内生产相比的相对增加。进口产品数量增加这一条件的关键是增加的确定。国内主管机关应对进口产品增加提供合理的充分说明。

4. 损害的调查与确定：进口产品的绝对和相对增长率与增长量；增加的进口产品在国内市场中所占的份额；进口产品对国内产业的影响，包括对国内产业在产量、销售水平、市场份额、生产率、设备利用率、利润与亏损、就业等方面的影响；造成国内产业损害的其他因素。

5. 进口产品数量增加与国内产业损害间的因果关系：进口增加以外的因素对国内产业造成的损害不得归因于进口增加。

6. 保障措施的实施：有明确证据表明进口产品数量增加，在不采取临时保障措施将对国内产业造成难以补救的损害的紧急情况下，商务部可以作出初步裁定，并采取临时保障措施。临时保障措施采取提高关税的形式。

终裁决定确定进口产品数量增加，并由此对国内产业造成损害的，可以采取保障措施。保障措施可以采取提高关税、数量限制等形式。保障措施应针对正在进口的产品实施，不区分产品来源国（地区）。采取保障措施应限制在防止、补救严重损害并便利调整国内产业所必要的范围内。终裁决定确定不采取保障措施的，已征收的临时关税应当予以退还。

保障措施的实施期限不超过 4 年。符合法律规定的条件的，保障措施的实施期限可以适当延长，但一项保障措施的实施期限及延长期限，最长不超过 10 年。保障措施实施期限超过 1 年的，应当在实施期间内按固定时间间隔逐步放宽。这些都不同于反倾销措施或反补贴措施。

对同一进口产品再度采取保障措施的，与前次采取保障措施的时间间隔应当不短于前次采取保障措施的实施期限，并且至少为 2 年。符合下列条件的，对一产品实施的期限为 180 天或少于 180 天的保障措施，可以不受前述时间间隔的限制：自对该进口产品实施保障措施之日起，已经超过 1 年；自实施该保障措施之日起 5 年内，未对同一产品实施 2 次以上保障措施。

另外，在进口产品增加损害国内产业时，除采取消除或减轻损害的保障措施外，还可以对该产业提供必要的支持。

考点 9 争端解决机制

1. 世界贸易组织争端解决机构解决的争端类型。主要包括《关税与贸易总协定》第 23 条规定的三种类型：

(1)违反性申诉。这是最主要的争端类型。申诉方须证明被诉方违反了有关协议的条款。对这种争端的裁定,被诉方往往需要废除或修改有关措施。

(2)非违反性申诉。对这种申诉的审查,不追究被诉方是否违反了有关协议条款,只处理被诉方的措施是否使申诉方根据有关协议享有的利益受损或丧失。对这种争端的裁定,被诉方没有取消有关措施的义务,只需要作出补偿。

(3)其他情形。迄今为止,还没有出现过上述两种类型以外的类型的争端。

2. 世界贸易组织争端解决的基本程序包括:磋商程序;专家小组程序;上诉审查机构程序;专家小组和上诉机构报告的通过程序;裁定和建议的监督执行程序等。

除上述基本程序外,世界贸易组织的争端解决程序还包括斡旋、调解、仲裁等非必经程序。

【知识图解】 专家组和上诉机构

比较项目	专家组	上诉机构
是否常设	临时设立	常设
解决对象	争议措施+法律问题	仅法律问题(包括解释)

考点 10 国际知识产权保护

1.《保护工业产权巴黎公约》(以下简称《巴黎公约》)。该公约是知识产权领域第一个世界性多边公约。公约规定了成员国工业产权保护的最低要求,还规定驰名商标的认定不以注册为前提,使用亦可成为认定的依据。其主要原则如下。

(1)国民待遇原则。适用于公约缔约国的国民和在一个缔约国领域内设有住所或真实有效的工商营业所的非缔约国国民。

(2)优先权原则。只适用于发明专利、实用新型、外观设计和商品商标。在优先权期限内(发明专利和实用新型专利为 12 个月,外观设计和商标为 6 个月),每一个在后申请的申请日均为第一次申请的申请日。在规定的申请优先权期限届满之前,任何后来在公约其他成员国内提出的申请,都不因在此期间内他人所作的任何行为而失效。

(3)临时性保护原则。缔约国应对在任何一个成员国内举办的或经官方承认的国际展览会上展出的商品中可以取得专利的发明、实用新型、外观设计和可以注册的商标给予临时保护。如果展品所有人在临时保护期内申请了专利或商标注册,则申请案的优先权日不再从第一次提交申请案时起算,而从展品公开展出之日起算。

(4)独立性原则。关于外国人的专利申请或商标注册,应由各成员国根据本国法律作出决定,不应受原属国或其他任何国家就该申请作出的决定的影响。

2.《保护文学和艺术作品伯尔尼公约》(以下简称《伯尔尼公约》)。该公约是版权领域第一个世界性多边国际条约,公约规定了成员版权保护的最低要求以及成员必须保护的作品,要求成员国必须保护两项精神权利,公约允许的权利限制包括合理使用和法定许可。《伯尔尼公约》是有追溯力的,它适用于所有在该公约开始生效时尚未因保护期满而在其来源国进入公有领域的作品。规定的主要原则如下:

(1)国民待遇原则,又称"双国籍国民待遇"。有权享有国民待遇的包括:第一,公约成员国国民和在成员国有惯常居所的非成员国国民,其作品无论是否出版,均应在一切成员国中享有国民待遇,这称为"作者国籍标准";第二,非公约成员国国民,其作品在任何一个成员国出版,或者在一个成员国和非成员国同时出版,也应在一切成员国中享有国民待遇,这称为"作品国籍标准"。

(2)自动保护原则。要求享有及行使依国民待遇所提供的有关权利时,不需要履行任何手续。

(3)版权独立性原则。享有国民待遇的人在公约任何成员国所得到的著作权保护,不依赖于其作品在来源国受到的保护。在符合公约最低要求的前提下,该作者的权利受到保护的程度以及为保护作者权利而向其提供的司法救济方式等,均完全适用提供保护的那个成员国的法律。

3.《与贸易有关的知识产权协议》(TRIPs)。该协议是关贸总协定乌拉圭回合谈判的21个最后文件之一,自2001年12月11日中国正式加入世界贸易组织时对我国生效。

TRIPs首先要求成员确保协议的效力。但为了使发展中国家成员以及最不发达成员在全面实施TRIPs之前有一个准备的时间,TRIPs第六部分特别规定了"过渡期安排"。协议还从民事、行政、刑事程序及边境措施方面规定了知识产权的执法措施。其主要内容如下所述。

(1)国民待遇原则和最惠国待遇原则。最惠国待遇原则是首次在知识产权国际保护领域适用。TRIPs最惠国待遇原则的含义是:在知识产权的保护上,某一成员提供给其他成员国民的任何利益、优惠、特权或豁免,均应无条件地适用于全体成员之国民。但是,TRIPs的最惠国待遇原则也有四项例外。

(2)成员保护知识产权的最低标准。在对成员保护知识产权的义务作出具体规定之前,TRIPs首先将《巴黎公约》《伯尔尼公约》《罗马公约》《关于集成电路的知识产权条约》的实体性规定全部纳入其中,成为世界贸易组织成员必须给予知识产权保护的最低标准。在上述被纳入的公约内容基础上,TRIPs又在下列方面进一步明确了成员保护知识产权的最低水平:

第一,版权和相关权利。在版权保护问题上,TRIPs主要在保护客体和权利内容两个方面对《伯尔尼公约》进行了补充。在保护客体方面将计算机程序和有独创性的数据汇编明确列为版权保护的对象;在权利内容方面增加了计算机程序和电影作品的出租权。

第二,商标。TRIPs规定商标是指任何能够将一企业的商品或服务与其他企业的商品或服务区分开的标记或标记的组合,包括文字、字母、数字、图形要素、色彩的组合以及上述内容的组合。与《巴黎公约》相比,一方面,TRIPs扩大了对驰名商标的特殊保护,规定驰名商标的保护原则可以扩大适用于服务标记;另一方面,将相对保护扩大为绝对保护。

第三,地理标志。地理标志是表示一种商品的产地在某一成员领土内,或者在该领土内的某一地区或地方的标志,该种商品的特定品质、名声或者其特色主要与其地理来源有关。根据 TRIPs 规定,各成员有义务对地理标志提供法律保护。

第四,工业品外观设计。TRIPs 要求各成员对独立创作的、具有新颖性或原创性的工业品外观设计提供保护,其保护期至少为 10 年。

第五,专利。在专利保护客体方面,TRIPs 规定除疾病的诊断方法、治疗方法和外科手术方法以及动植物新品种两种例外,一切技术领域内具有新颖性和创造性,并能付诸工业应用的发明,无论是产品还是方法,均有可能获得专利。和《巴黎公约》相比,TRIPs 在专利权内容方面增加了专利进口权、提供销售权。专利权的保护期应不少于自提交专利申请之日起的 20 年。

第六,集成电路布图设计。TRIPs 将保护对象扩大到了含有受保护集成电路的物品,并将《关于集成电路的知识产权条约》中 8 年的保护期延长为 10 年。

第七,对未披露信息的保护。

考点 11 海外投资保证制度和《多边投资担保机构公约》

1. 海外投资保证制度。该制度是资本输出国对本国的私人海外投资依据国内法所实施的一种对政治风险进行保险的制度,旨在鼓励本国私人投资者向境外投资。从性质上讲,海外投资保证制度是一种政府保证或国家保证。海外投资保证制度的承保机构多为国家控股的专业保险公司或政府专门机构。承保的风险是特殊的政治风险,险别通常包括外汇禁兑险、财产征用险、战争内乱险。在合格投资者上,各国的海外投资保证制度都要求前来投保的投资者和保险机构的所在国有相当密切的关系。在合格投资上,各国的海外投资保证制度几乎都明文规定前来申请投保的海外投资。该制度对合格东道国也有一定的要求。例如,美国要求东道国必须是与美国有双边投资保证协定的国家。海外投资保证一般不进行全额保险,通常以投资总额的 90% 作为最大的保险金额。保险期限一般为 15 ~ 20 年。在发生承保的风险之后,海外投资保证机构先依据一定的条件向遭受风险的投资者支付赔偿,而后代位取得向东道国政府的索赔权。

2.《多边投资担保机构公约》。该公约于 1985 年签订,1988 年生效,我国是多边投资担保机构的创始会员国。多边投资担保机构拥有完全的国际法律人格,有权缔结契约,取得并处分不动产和动产,有权进行法律诉讼。其主要内容如下所述。

(1)承保险别。多边投资担保机构承保四种政治风险:货币汇兑险、征收和类似措施险、战争内乱险和政府违约险。

(2)合格投资者。多边投资担保机构要求必须是具备东道国以外的会员国国籍的自然人;或在东道国以外一会员国注册并设有主要营业点的法人;或其多数股本为东道国以外一个或几个会员国所有或其国民所有的法人。

(3)合格投资。《多边投资担保机构公约》对合格投资的具体形式未作严格限定,是否属于合格投资由董事会决定。但是,出口信贷均不在多边投资担保的范围之内,在各种投资形式中,股权投资和股权持有人发放或担保的中长期贷款是多边投资担保机构重点考虑的承保对象。

(4)合格东道国。只有向发展中国家会员国的跨国投资才有资格向多边投资担保机构申请投保。

(5)代位求偿。多边投资担保机构一经向投保人支付或同意支付赔偿,即代位取得投保人对东道国或其他债务人所拥有的有关承保投资的各种权利或索赔权。

民事诉讼法与仲裁制度

考点 1 民事诉讼法的基本原则

民事诉讼法的基本原则包括当事人诉讼权利平等原则、同等原则和对等原则、法院调解自愿和合法原则、辩论原则、诚信原则、处分原则、检察监督原则、支持起诉原则等。其中考查较多的是辩论原则、处分原则和诚信原则。

1. 辩论原则:是指当事人有权在法院的主持下,就案件的事实以及争议的焦点互相进行反驳和答辩。辩论原则要求认定案件事实的有关诉讼资料只能由当事人提出,否则不能作为法院裁判的依据。

2. 处分原则:是指当事人有权在法律规定的范围内处分自己的民事权利和诉讼权利,该原则主要包含以下三方面内容。

(1)民事诉讼程序必须依原告的起诉才能开始。

(2)法院裁判的范围受当事人诉讼请求的制约,对于当事人没有提出的诉讼请求,法院不得超范围裁判。在诉讼中,当事人有权依法变更或增加诉讼请求。

(3)当事人有权在法律规定的范围内自行决定诉讼的发展和终结,可以在法院作出判决前撤回起诉。

不告不理原则是处分原则的体现,是指民事诉讼程序的启动以及法院审理和裁判的范围应由当事人确定,法院无权依职权对当事人的诉讼请求进行变更或撤销。

【考场演练】 单项选择题

甲公司与乙公司于2016年10月签订《房屋租赁合同》一份,甲公司将房屋出租给乙公司使用。该合同约定:租赁期限自2016年10月30日起至2026年10月29日止,每月租金为人民币11.8万元,装修免租期为5个月,逾期支付租金需按日租金5‰支付违约金,逾期支付租金累计超过1个月,出租方可提前解除合同,承租方应支付违约金11.8万元。合同签订后,乙公司自2017年7月起拒不履行支付租金的义务。甲公司多次催讨无果,2018年2月诉至法院,要求支付自2017年7月30日起至2018年2月28日止的房屋租金70.8万元。一审法院审理后作出判决,要求乙公司支付拖欠的房屋租金70.8万元,并支付逾期付款的利息3600元,解除双方之间的租赁合同。关于法院对该案判决的评论,下列哪一选项是正确的?

A. 该判决符合法律规定,实事求是,全面保护了权利人的合法权益

B. 该判决不符合法律规定,违反了民事诉讼的处分原则

C. 该判决不符合法律规定,违反了民事诉讼的公开审判制度

D. 该判决不符合法律规定,违反了民事诉讼的两审终审制度

【参考答案】 B

考点 2 各级法院管辖的第一审民事案件

1. 基层人民法院管辖的第一审民事案件:基层人民法院管辖第一审民事案件,但本法另有规定的除外。

2. 中级人民法院管辖的第一审民事案件:

(1)重大涉外案件。涉外案件是指具有涉外因素的民事案件。重大涉外案件是指争议标的额大,或者案情复杂,或者一方当事人人数众多等具有重大影响的涉外案件。

(2)在本辖区有重大影响的案件。这是指案件的影响超出了基层人民法院的辖区,在中级人民法院辖区内产生了重大影响。

(3)最高人民法院确定由中级人民法院管辖的案件。这是指最高人民法院根据审判工作的需要,将某些案件确定由中级人民法院作为一审法院。

3. 高级人民法院管辖的第一审民事案件:高级人民法院管辖在本辖区有重大影响的案件。高级人民法院的主要任务是对本辖区内中级人民法院和基层人民法院的审判活动进行指导和监督,审理不服中级人民法院判决、裁定的上诉案件。

4. 最高人民法院管辖的第一审民事案件:一类是在全国有重大影响的案件;另一类是最高人民法院认为应当由本院审理的案件。

☞ **易错点提示** 根据最高人民法院《关于审理民事级别管辖异议案件若干问题的规定》,当事人对级别管辖有异议的,可以提出管辖异议;对于应由上级人民法院审理的第一审民事案件,下级人民法院不得报请上级人民法院交其审理。

考点 3 主管与管辖

法院在民事诉讼中的主管,是指法院受理民事案件的权限范围,也即确定法院与其他国家机关、社会团体之间解决民事纠纷的分工和权限。《民事诉讼法》第3条规定:"人民法院受理公民之间、法人之间、其他组织之间以及他们相互之间因财产关系和人身关系提起的民事诉讼,适用本法的规定。"我国人民法院主管的民事案件主要有以下几类:(1)因民事实体法调整的平等主体之间的财产关系和人身关系发生的民事案件;(2)因经济法、劳动法调整的社会关系发生的争议,法律规定适用民事诉讼程序审理的案件;(3)适用特别程序审理的选民资格案件和宣告公民失踪、死亡等非诉案件;(4)按照督促程序解决的债务纠纷;(5)按照公示催告程序解决的宣告票据和有关事项无效的案件。

管辖,是指各级人民法院之间和同级人民法院之间受理第一审民事案件的分工和权限。它是在法院内部具体落实民事审判权的一项制度。

主管与管辖是民事诉讼中具有密切联系的两个概念。主管先于管辖发生,它是确定管辖的前提与基础,只有首先确定某一纠纷属于民事诉讼受案范围后,才有必要通过管辖将它具体分配到某个人民法院,而管辖则是对属于人民法院民事诉讼主管范围案件的具体体现和落实,即确定由哪个人民法院来具体行使审判权。

考点 4 特殊地域管辖

1. 因合同纠纷提起的诉讼,由被告住所地或者合同履行地人民法院管辖。

(1)合同约定履行地点的,以约定的履行地点为合同履行地。

(2)合同对履行地点没有约定或者约定不明确,争议标的为给付货币的,接收货币一方所在地为合同履行地;交付不动产的,不动产所在地为合同履行地;其他标的,履行义务一方所在地为合同履行地。即时结清的合同,交易行为地为合同履行地。

(3)合同没有实际履行,当事人双方住所地都不在合同约定的履行地的,由被告住所地人民法院管辖。

(4)财产租赁合同、融资租赁合同以租赁物使用地为合同履行地。合同对履行地有约定的,从其约定。

【考场演练】 多项选择题

A区公司的货车在C区与另一辆小汽车相撞,经查,小汽车在B区保险公司投保交强险,小汽车司机甲负全部责任。甲住所地在D区,该车车主为E区的乙。现该公司欲起诉赔偿,请问对本案有管辖权的法院包括:

A. A区法院　　B. B区法院

C. C区法院　　D. D区法院

【参考答案】 BCD

(5)以信息网络方式订立的买卖合同,通过信息网络交付标的的,以买受人住所地为合同履行地;通过其他方式交付标的的,收货地为合同履行地。合同对履行地有约定的,从其约定。

2. 因保险合同纠纷提起的诉讼,由被告住所地或者保险标的物所在地法院管辖。

(1)因财产保险合同纠纷提起的诉讼,如果保险标的物是运输工具或者运输中的货物,可以由运输工具登记注册地、运输目的地、保险事故发生地人民法院管辖。

(2)因人身保险合同纠纷提起的诉讼,可以由被保险人住所地人民法院管辖。

3. 因票据纠纷提起的诉讼,由票据支付地或者被告住所地人民法院管辖。

4. 因公司设立、确认股东资格、分配利润、解散等纠纷提起的诉讼,由公司住所地人民法院管辖。这些纠纷还包括因股东名册记载、请求变更公司登记、股东知情权、公司决议、公司合并、公司分立、公司减资、公司增资等引起的纠纷。

5. 因铁路、公路、水上、航空运输和联合运输合同纠纷提起的诉讼,由运输始发地、目的地或者被告住所地法院管辖。

6. 因铁路、公路、水上和航空事故请求损害赔偿提起的诉讼,由事故发生地或者车辆、船舶最先到达地、航空器最先降落地或者被告住所地法院管辖。

7. 因侵权行为提起的诉讼,由侵权行为地或者被告住所地人民法院管辖。侵权行为地包括侵权行为实施地和侵权结果发生地。

(1)信息网络侵权行为实施地包括实施被诉侵权行为的计算机等信息设备所在地,侵权结果发生地包括被侵权人住所地。

(2)因产品、服务质量不合格造成他人财产、人身损害提起的诉讼,产品制造地、产品销售地、服务提供地、侵权行为地和被告住所地人民法院都有管辖权。

8. 因船舶碰撞或者其他海损事故请求损害赔偿提起的诉讼,由碰撞发生地、碰撞船舶最先到达地、加害船舶被扣留地或者被告住所地法院管辖。

9. 因海难救助费用提起的诉讼,由救助地或者被救助船舶最先到达地法院管辖。

10. 因共同海损提起的诉讼，由船舶最先到达地、共同海损理算地或者航程终止地法院管辖。

考点 5 协议管辖与专属管辖

1. 协议管辖，是指根据双方当事人的约定确定的管辖，又称合议管辖或约定管辖。协议管辖应当符合下列条件：

(1)双方当事人必须以书面的形式进行约定；

(2)就合同纠纷或者其他财产权益纠纷进行约定；

(3)约定只能针对第一审法院的管辖，且不能违反级别管辖和专属管辖的规定；

(4)协议管辖法院的范围包括被告住所地、合同履行地、合同签订地、原告住所地、合同标的物所在地等与争议有实际联系的地点的法院。

☞ **易错点提示** 管辖协议约定两个以上与争议有实际联系的地点的人民法院管辖，原告可以向其中一个人民法院起诉。

2. 专属管辖，是指法律规定某些特殊类型的案件专门由特定的法院管辖。专属管辖是排他性管辖，它排除了协议管辖和地域管辖的适用。《民事诉讼法》规定的属于专属管辖的诉讼有以下几类：

(1)因不动产纠纷提起的诉讼。

(2)因港口作业中发生纠纷提起的诉讼。

(3)因继承遗产纠纷提起的诉讼。

(4)因在中国领域内设立的法人或者其他组织的设立、解散、清算，以及该法人或者其他组织作出的决议的效力等纠纷提起的诉讼。

(5)因与在中华人民共和国领域内审查授予的知识产权的有效性有关的纠纷提起的诉讼。

(6)在我国履行中外合资经营企业合同、中外合作经营企业合同、中外合作勘探开发自然资源合同的诉讼。

《海事诉讼特别程序法》规定了下列海事诉讼，由海事法院专属管辖：

(1)因沿海港口作业纠纷提起的诉讼，由港口所在地海事法院管辖；

(2)因船舶排放、泄漏、倾倒油类或者其他有害物质，海上生产、作业或者拆船、修船作业造成海域污染损害提起的诉讼，由污染发生地、损害结果地或者采取预防污染措施地海事法院管辖；

(3)因在中华人民共和国领域和有管辖权的海域履行的海洋勘探开发合同纠纷提起的诉讼，由合同履行地海事法院管辖。

☞ **易错点提示** ①协议管辖不得变更专属管辖和级别管辖。

②在共同管辖发生时，由原告选择。如果原告向两个以上法院起诉的，三大诉讼法在同一问题上有不同规定：《民事诉讼法》和《行政诉讼法》规定由最先立案的法院管辖，《刑事诉讼法》规定由最初受理的法院管辖。

考点 6 裁定管辖

《民事诉讼法》规定的裁定管辖有三种，即移送管辖、指定管辖和管辖权转移。

1. 移送管辖,是指法院在受理民事案件后,发现自己对案件并无管辖权,依法将案件移送到有管辖权的法院审理。

下列三种情况下不得移送:

(1)受移送的法院即使认为本院对移送来的案件并无管辖权,也不得自行将案件移送到其他法院,而只能报请上级法院指定管辖。

(2)有管辖权的法院受理案件后,根据管辖恒定的原则,其管辖权不受行政区域变更、当事人住所地或居所地变更的影响,因此不得以上述理由移送案件。这表明确定管辖的时间标准为原告向法院提起诉讼之时。

(3)两个以上法院对案件都有管辖权时,应当由先立案的法院行使管辖权,先立案的法院不得将案件移送至另一有管辖权的法院。

2. 指定管辖,是指发生管辖权争议的两个人民法院因协商不成报请它们的共同上级人民法院指定管辖。

对报请上级人民法院指定管辖的案件,下级人民法院应当中止审理。指定管辖裁定作出前,下级人民法院对案件作出判决、裁定的,上级人民法院应当在裁定指定管辖的同时,一并撤销下级人民法院的判决、裁定。

3. 管辖权转移,是指依据上级法院的决定或同意,将案件的管辖权从原来有管辖权的法院转移至无管辖权的法院,使无管辖权的法院因此而取得管辖权。

(1)向上转移,是指管辖权从下级法院转至上级法院。向上转移有两种情况:一是上级法院认为下级法院管辖的一审案件应当由自己审理时,有权决定把案件调上来自己审理;二是下级法院认为自己管辖的一审案件需要由上级法院审理时,报请上级法院审理。在第一种情况下,上级法院作出决定后管辖权即发生转移;在第二种情况下,必须经过上级法院同意管辖权才能发生转移。

(2)向下转移。下列第一审民事案件,可以在开庭前交下级人民法院审理:

①破产程序中有关债务人的诉讼案件;

②当事人人数众多且不方便诉讼的案件;

③最高人民法院确定的其他类型案件。

人民法院交下级人民法院审理前,应当报请其上级人民法院批准。上级人民法院批准后,人民法院应当裁定将案件交下级人民法院审理。

☞ **易错点提示** ①法律对管辖权向下转移做了严格的限制,要求必须报请上级人民法院批准。

②专利纠纷案件由知识产权法院、最高人民法院确定的中级人民法院和基层人民法院管辖。

北京市、上海市和广州市设立知识产权法院后,此三市的中级人民法院不再受理知识产权民事和行政案件。

③第一审环境民事公益诉讼案件由污染环境、破坏生态行为发生地、损害结果地或者被告住所地的中级以上人民法院管辖。中级人民法院认为确有必要的,可以在报请高级人民法院批准后,裁定将本院管辖的第一审环境民事公益诉讼案件交由基层人民法院审理。同一原告或者不同原告对同一污染环境、破坏生态行

为分别向两个以上有管辖权的人民法院提起环境民事公益诉讼的，由最先立案的人民法院管辖，必要时由共同上级人民法院指定管辖。

考点 7 回避

【知识图解】 回避相关知识点

项目	内容
回避对象	审判员、陪审员、法官助理、书记员、司法技术人员、鉴定人、勘验人、翻译人员
回避的法定情形	(1)是本案当事人或者当事人近亲属的； (2)本人或者其近亲属与本案有利害关系的； (3)担任过本案的证人、鉴定人、辩护人、诉讼代理人、翻译人员的； (4)是本案诉讼代理人近亲属的； (5)本人或者其近亲属持有本案非上市公司当事人的股份或股权的； (6)与本案当事人或者诉讼代理人有其他利害关系，可能影响对案件的公正审理的
回避的方式	(1)自行回避；(2)申请回避
申请回避的程序	(1)申请方式：书面方式、口头方式均可，但要说明理由； (2)申请时间：最迟法庭辩论终结前； (3)人民法院应该在3日内作出决定； (4)对决定不服可以申请复议一次
申请回避的效力	当事人申请回避后，被申请回避人要暂停执行职务，但需要采取紧急措施的除外。当事人对回避决定有异议的，可以申请复议一次，但在复议审查期间，被申请回避人员不停止参与本案工作
回避的决定权限	(1)院长担任审判长时的回避，由审判委员会决定； (2)审判人员的回避，由院长决定； (3)其他人员(书记员、翻译人员、鉴定人、勘验人)的回避，由审判长决定
回避决定的后果	决定回避，更换人员后，诉讼程序继续进行。回避并不影响先前诉讼程序的效力
违反回避规定的法律后果	第二审人民法院发现第一审人民法院审判人员应当回避而未回避的，应依《民事诉讼法》第177条第1款第4项的规定，裁定撤销原判，发回原审人民法院重审

考点 8 确认之诉、变更之诉与给付之诉

确认之诉，是指一方当事人请求法院确认其与对方当事人之间争议的民事法律关系是否存在或者存在的具体状态的诉讼。它可分为肯定的确认之诉和否定的确认之诉。确认之诉有两个主要特点：第一，一方当事人提出确认之诉的目的，不是要求法院判令对方当事人履行一定的给付义务，而是要求法院明确某一争议的民事法律关系是否存在或者存在的具体状态；第二，法院对确认之诉进行审理后所作出的判决，没有给付内容，不具有执行性。

给付之诉，是指一方当事人请求法院判令对方当事人履行一定民事义务的诉讼。根据原告请求给付的时间不同，可分为现在给付之诉和将来给付之诉。给付之诉有两个基本特点：第一，当事人提起给付之诉的目的，在于请求法院判令对方

当事人履行一定的民事义务;第二,给付之诉具有执行性,即法院作出的给付判决生效后,负有义务的当事人必须按照判决的要求履行义务,否则法院将根据对方当事人的申请强制执行。

变更之诉,是指一方当事人请求法院通过判决,改变或者消灭其与对方当事人之间现存的某种民事法律关系的诉讼。变更之诉的特点是:第一,当事人之间对某一民事法律关系的存在无争议;第二,在法院作出的变更判决生效前,原法律关系仍然存在。

给付之诉与确认之诉的区别在于:前者具有执行性,后者不具有执行性。而它们之间的联系则表现在:首先,确认之诉是给付之诉的前提;其次,法院对确认之诉作出的肯定判决,对将来可能提起的与此有联系的给付之诉具有预决性;最后,确认之诉有时可以直接发展为给付之诉。

变更之诉与确认之诉的区别在于:在确认之诉中,当事人之间对是否存在某种民事法律关系有争议,而需要法院加以明确;在变更之诉中,当事人之间对现存的民事法律关系无争议,而只是要求法院判决改变或者消灭这种民事法律关系。它们之间的联系则表现在这两种诉常常并存于同一个案件之中,在这种情况下,法院应将两诉合并审理,并一同作出判决。

考点 9 审判组织

1. 一审:由审判员、陪审员共同组成合议庭或者由审判员组成合议庭。合议庭的成员人数,必须是单数。

(1)适用简易程序审理的民事案件,由审判员一人独任审理。

(2)陪审员在执行陪审职务时,与审判员有同等的权利义务。

2. 二审:由审判员组成合议庭。合议庭的成员人数,必须是单数。

(1)发回重审的案件,原审人民法院应当按照第一审程序另行组成合议庭。

(2)审理再审案件,原来是第一审的,按照第一审程序另行组成合议庭;原来是第二审的或者是上级人民法院提审的,按照第二审程序另行组成合议庭。

3. 中级人民法院对第一审适用简易程序审结或者不服裁定提起上诉的第二审民事案件,事实清楚、权利义务关系明确的,经双方当事人同意,可以由审判员一人独任审理。

4. 审判长:合议庭的审判长由院长或者庭长指定审判员一人担任;院长或者庭长参加审判的,由院长或者庭长担任。

5. 评议原则:合议庭评议案件,实行少数服从多数的原则。评议应当制作笔录,由合议庭成员签名。评议中的不同意见,必须如实记入笔录。

☞ **易错点提示** ①不同审判程序中,合议庭的组成不同,但是,重审与再审必须另行组成合议庭,防止审判人员先入为主。

②合议庭评议无法形成多数意见时,民诉与仲裁的区别:民诉中不能按照审判长的意见作出判决,但是仲裁中按照首席仲裁员的意见作出裁决。

考点 10 诉的要素与分类

诉的要素是指构成诉的不可缺少的因素。诉有三个要素:当事人、诉讼标的、诉的理由。

1. 诉讼标的:是指当事人之间发生争执并要求法院作裁判的民事权利义务关系。

(1)诉讼标的与诉讼标的物的区别:前者是当事人之间发生争议的实体上的权利义务关系,后者则是民事权利义务关系所指向的对象。

(2)诉讼标的与诉讼请求的区别:前者是当事人争议的权利义务关系,后者则是根据法律关系要求法院作出特定的判决。

2. 诉的分类:

(1)确认之诉,是指原告请求法院确认与被告之间是否存在某种民事法律关系的诉。确认之诉的特点在于原告仅要求法院通过审判确认特定的法律关系存在或不存在,并不要求判令被告基于存在的法律关系履行给付义务。

(2)给付之诉,是指原告请求法院判令被告向其履行特定给付义务的诉讼。履行既包括支付一定的货币,给付一定的财物,也包括进行一定的行为,行为包括作为和不作为。因此,像请求被告拆除违章建筑、停止有关侵权的诉讼,都属于给付之诉。

(3)变更之诉,又称形成之诉,是指原告请求法院以判决改变或消灭既存的某种民事法律关系的诉。在变更之诉中,原告一般是要求法院变更其与被告之间的法律关系,在法律有明文规定的情况下,原告也可以要求法院判决变更他人之间的民事法律关系。

考点 11 反诉

1. 提起反诉的条件:

(1)须由本诉的被告向本诉的原告提出。

(2)须在本诉进行中提出。

反诉一般应当在举证期限届满前提出,以避免证据突袭和诉讼迟延。超出举证时限提出的反诉,如果法院认为应当合并审理,须重新指定举证期限。

(3)须向受理本诉的法院提出,且受诉法院对反诉有管辖权。

(4)须与本诉适用同一诉讼程序。

(5)须反诉与本诉之间存在牵连关系。

2. 反诉的审理:被告提出反诉后,法院应审查是否符合起诉的一般条件和反诉的特别条件,对符合条件的反诉,应予受理。被告如在开庭过程中才提出反诉,除非原告放弃法定的答辩期利益,否则法院应休庭让原告答辩并另行指定开庭的日期。法院原则上应一并审理本诉与反诉,将两诉合并调查和辩论,并且一并对两诉作出裁判。在例外情况下,法院也可将反诉与本诉分开调查和辩论,并且在其中一诉已达到可作出判决的程度时,先行作出判决。

☞ **易错点提示** 反诉与反驳

比较项目	反诉	反驳
性质	独立的反请求,具有诉的性质	不具有诉的性质

续表

比较项目	反诉	反驳
当事人诉讼地位	本诉当事人的诉讼地位因被告的反诉而发生相应的变化	不会导致当事人诉讼地位变化
提出的前提	反诉的提出以承认本诉为前提	反驳以直接否定对方的全部或部分诉讼主张为前提
提出主体	只能是本诉被告	当事人及诉讼参与人

考点 12 原告与被告的确定

1. 当事人适格，又称为正当当事人，是指对于具体的诉讼，有作为本案当事人起诉或应诉的资格。

(1)当事人适格是作为具体的诉讼当事人的资格，而诉讼权利能力与具体的诉讼无关。

(2)当事人适格与纯粹形式上的当事人不同，形式上的当事人仅以原告主观上主张为准，作为原告就是向法院起诉要求请求权利保护的主体。而当事人适格则是指对本案的诉讼标的，谁应当有权要求法院作出判决和谁应当作为被请求的当事人。

(3)一般来讲，应当以当事人是不是所争议的民事法律关系(本案诉讼标的)的主体，作为判断当事人适格与否的标准。例外情况主要有以下两种：一是根据当事人的意思或者法律的规定，依法对他人的民事法律关系或民事权利享有管理权的人，当受其管理的民事法律关系或民事权利发生争议以后，这些人可以以自己的名义起诉或应诉。二是在确认之诉中，对诉讼标的有确认利益的人。

2. 原告与被告的确定。原告，是指为维护自己或自己所管理的他人的民事权益，而以自己的名义向法院起诉，从而引起民事诉讼程序发生的人。被告，是指被原告诉称侵犯原告民事权益或者与原告发生民事争议，而由法院通知应诉的人。

《民事诉讼法》第 51 条规定："公民、法人和其他组织可以作为民事诉讼的当事人。法人由其法定代表人进行诉讼。其他组织由其主要负责人进行诉讼。"

最高人民法院《关于适用〈中华人民共和国民事诉讼法〉的解释》(以下简称《民诉解释》)对此作了细化规定：

(1)法人或者其他组织的工作人员执行工作任务造成他人损害的，该法人或者其他组织为当事人。

(2)下列情形，以行为人为当事人：

①法人或者其他组织应登记而未登记，行为人即以该法人或者其他组织名义进行民事活动的；

②行为人没有代理权、超越代理权或者代理权终止后以被代理人名义进行民事活动的，但相对人有理由相信行为人有代理权的除外；

③法人或者其他组织依法终止后，行为人仍以其名义进行民事活动的。

(3)企业法人合并的,因合并前的民事活动发生的纠纷,以合并后的企业为当事人;企业法人分立的,因分立前的民事活动发生的纠纷,以分立后的企业为共同诉讼人。

(4)企业法人解散的,依法清算并注销前,以该企业法人为当事人;未依法清算即被注销的,以该企业法人的股东、发起人或者出资人为当事人。

(5)在诉讼中,个体工商户以营业执照上登记的经营者为当事人。有字号的,以营业执照上登记的字号为当事人,但应同时注明该字号经营者的基本信息。

营业执照上登记的经营者与实际经营者不一致的,以登记的经营者和实际经营者为共同诉讼人。

(6)在诉讼中,未依法登记领取营业执照的个人合伙的全体合伙人为共同诉讼人。个人合伙有依法核准登记的字号的,应在法律文书中注明登记的字号。全体合伙人可以推选代表人;被推选的代表人,应由全体合伙人出具推选书。

(7)借用业务介绍信、合同专用章、盖章的空白合同书或者银行账户的,出借单位和借用人为共同诉讼人。

【考场演练】 单项选择题

精神病人姜某冲入向阳幼儿园将入托的小明打伤,小明的父母与姜某的监护人朱某及向阳幼儿园协商赔偿事宜无果,拟向法院提起诉讼。关于本案当事人的确定,下列哪一选项是正确的?

A. 姜某是被告,朱某是无独立请求权第三人

B. 姜某与朱某是共同被告,向阳幼儿园是无独立请求权第三人

C. 向阳幼儿园与姜某是共同被告

D. 姜某、朱某、向阳幼儿园是共同被告

【参考答案】 D

(8)提供劳务一方因劳务造成他人损害,受害人提起诉讼的,以接受劳务一方为被告。

在劳务派遣期间,被派遣的工作人员因执行工作任务造成他人损害的,以接受劳务派遣的用工单位为当事人。当事人主张劳务派遣单位承担责任的,该劳务派遣单位为共同被告。

(9)因保证合同纠纷提起的诉讼,债权人向保证人和被保证人一并主张权利的,人民法院应当将保证人和被保证人列为共同被告。保证合同约定为一般保证,债权人仅起诉保证人的,人民法院应当通知被保证人作为共同被告参加诉讼;债权人仅起诉被保证人的,可以只列被保证人为被告。

(10)无民事行为能力人、限制民事行为能力人造成他人损害的,无民事行为能力人、限制民事行为能力人和其监护人为共同被告。

(11)居民委员会、村民委员会或者村民小组与他人发生民事纠纷的,居民委员会、村民委员会或者有独立财产的村民小组为当事人。

(12)对侵害死者遗体、遗骨以及姓名、肖像、名誉、荣誉、隐私等行为提起诉讼的,死者的近亲属为当事人。

《民事诉讼法》中对公益诉讼作了规定:对污染环境、侵害众多消费者合法权益等损害社会公共利益的行为,法律规定的机关和有关组织可以向人民法院提起诉讼。社会组织是指依照法律、法规的规定,在设区的市级以上人民政府民政部门登记的社会团体、基金会以及社会服务机构等,要求:

(1)社会组织章程确定的宗旨和主要业务范围是维护社会公共利益,且从事环境保护公益活动连续5年以上且无违法记录。

(2)社会组织提起的诉讼所涉及的社会公共利益,应与其宗旨和业务范围具有关联性。

人民检察院在履行职责中发现破坏生态环境和资源保护、食品药品安全领域侵害众多消费者合法权益等损害社会公共利益的行为,在没有上述规定的机关和组织或者上述规定的机关和组织不提起诉讼的情况下,可以向人民法院提起诉讼。上述规定的机关或者组织提起诉讼的,人民检察院可以支持起诉。

3. 上诉人与被上诉人。二审程序中,上诉人的确定有以下两点判断标准:

(1)有提出上诉的资格,即应为合格的上诉人,具体包括:一审案件中的原被告、共同诉讼人、代表人诉讼中的代表人和被代表人、有独立请求权的第三人以及一审判决其承担民事责任的无独立请求权的第三人。

(2)实施了提出上诉的行为。由此可见,上诉人的确定与当事人所提出上诉请求的具体内容无关,只要有权提出上诉的人在上诉期间内实施了提出上诉的行为,该人即应确定为上诉人。

☞ **易错点提示** 双方当事人和第三人都提出上诉的,均为上诉人。

考点 13 共同诉讼

【知识图解】 必要共同诉讼与普通共同诉讼

比较项目	必要共同诉讼	普通共同诉讼
诉的特征	不可分之诉	可分之诉
诉讼标的特征	全部当事人与对方形成一个诉讼标的	全部当事人与对方形成一类诉讼标的
行为效力特征	全部生效	个别生效
审理方式特征	必须合并审理	法院与当事人都同意合并审理,才合并审理
裁判方式特征	合并判决	各自判决
追加与否的特征	必须追加	绝不追加

1. 必要共同诉讼。诉讼标的同一的共同诉讼,是必要共同诉讼,法院必须合并审理、合一判决。

2. 普通共同诉讼。争议的诉讼标的是同种类的共同诉讼,是普通共同诉讼,是一种可分之诉，法院合并审理必须得到当事人的同意。

3. 诉讼代表人。我国民事诉讼的代表人包括人数确定代表人诉讼中的诉讼代表人和人数不确定代表人诉讼中的诉讼代表人。

诉讼代表人的人数为2~5人，每位代表人可以委托1~2人作为诉讼代理人。

☞ **易错点提示** 诉讼代表人与诉讼代理人的区别：

①诉讼代表人是当事人，与案件的诉讼结果有利害关系，而诉讼代理人不是当事人，与案件的诉讼结果没有利害关系。

②诉讼代表人实施诉讼行为，不仅是为被代表的当事人的利益，也是为自己的利益。诉讼代理人实施诉讼行为是为被代理人的利益。

③诉讼代表人在人数不确定的情况下，是由部分当事人推选出的，但其实施的诉讼行为对全体利害关系人有效。诉讼代理人实施诉讼代理行为必须有全体被代理人的授权。

考点14 第三人

【知识图解】 有独立请求权的第三人与必要的共同诉讼人

比较项目	有独立请求权的第三人	必要的共同诉讼人
诉讼标的	有独立请求权的第三人提起的诉讼与本诉的诉讼标的并不是同一个	只有一个诉讼标的
诉的进行	有独立请求权的第三人提起的诉讼虽与本诉有密切关系，但可以分别进行	必要共同诉讼是一种不可分之诉，必须共同进行
与其他当事人的关系	与本诉中双方当事人的利益都是对立的	与一方当事人有共同的利益，在诉讼中与对方当事人利益对立
参加诉讼的方式	法院只能通知其诉讼发生的情况而不能主动追加其为当事人	若必要的共同诉讼人没有参加诉讼，法院应通知其参加诉讼，并主动追加其为原告或被告
诉讼地位	独立于原告、被告之外，与本诉的原告、被告均有争议，故其只能处于原告地位	与其有共同利益一方是原告，其就处于原告地位，否则就处于被告地位
诉讼行为的效力	有独立请求权的第三人的诉讼行为对本诉的双方当事人不发生效力	必要的共同诉讼人中一人的诉讼行为经全体承认，对全体发生效力

根据第三人参与诉讼的根据的不同，可以将第三人分为有独立请求权的第三人和无独立请求权的第三人。

1. 有独立请求权的第三人。对本诉中原告和被告争议的诉讼标的有独立的请求权，以起诉的方式参加诉讼。其在诉讼中的地位是参加之诉的原告，是诉讼的当事人。

2. 无独立请求权的第三人。对本诉中原告和被告争议的诉讼标的没有独立的请求权，但与案件的处理结果有法律上的利害关系。其并不是完全独立的诉讼当事人。

(1) 无独立请求权的第三人无权对案件的管辖权提出管辖异议，无权放弃、变更诉讼请求或者申请撤诉。

(2) 无独立请求权的第三人在法院判决要求其承担义务时才有权上诉。

3. 第三人对裁判的撤销权。第三人因不能归责于本人的事由未参加诉讼，但有证据证明发生法律效力的判决、裁定、调解书的部分或者全部内容错误，损害其民事权益的，可以自知道或者应当知道其民事权益受到损害之日起6个月内，向作出该判决、裁定、调解书的人民法院提起诉讼。

人民法院经审理：(1) 诉讼请求成立的，应当改变或者撤销原判决、裁定、调解书；(2) 诉讼请求不成立的，驳回诉讼请求。

4. 第三人撤销之诉与案外人申请再审、原裁判所涉及的案件再审的关系：

(1) 第三人撤销之诉案件审理期间，人民法院对生效判决、裁定、调解书裁定再审的，受理第三人撤销之诉的人民法院应当裁定将第三人的诉讼请求并入再审程序。但有证据证明原审当事人之间恶意串通损害第三人合法权益的，人民法院应当先行审理第三人撤销之诉案件，裁定中止再审诉讼。

【考场演练】 单项选择题

李某独资设立甲公司，甲公司经营状况不好，李某还雪上加霜，将甲公司的全部资产投入李某夫人的一个项目中。乙公司对甲公司有200万元的货款，到期索要时，甲公司无力清偿。乙公司发现李某的所作所为，遂将李某告上法庭，关于本案，法院的下列做法正确的是：

A. 法院应该依职权变更甲公司为被告

B. 法院应依职权把甲公司列为第三人

C. 法院应当依职权把甲公司追加为共同被告

D. 法院应向乙公司释明，告知其追加甲公司为共同被告

【参考答案】 D

(2) 第三人诉讼请求并入再审程序审理的，按照下列情形分别处理：①按照第一审程序审理的，人民法院应当对第三人的诉讼请求一并审理，所作的判决可以上诉；②按照第二审程序审理的，人民法院可以调解，调解达不成协议的，应当裁定撤销原判决、裁定、调解书，发回一审法院重审，重审时应当列明第三人。

(3) 第三人提起撤销之诉后，未中止生效判决、裁定、调解书执行的，执行法院对第三人依照《民事诉讼法》第238条规定提出的执行异议，应予审查。第三人不服驳回执行异议裁定，申请对原判决、裁定、调解书再审的，人民法院不予受理。案外人对人民法院驳回其执行异议裁定不服，认为原判决、裁定、调解书内容错误损害其合法权益的，应当根据《民事诉讼法》第238条规定申请再审，提起第三人撤销之诉的，人民法院不予受理。

【法条链接】

《民事诉讼法》

第五十五条　当事人一方或者双方为二人以上，其诉讼标的是共同的，或者诉讼标的是同一种类、人民法院认为可以合并审理并经当事人同意的，为共同诉讼。

共同诉讼的一方当事人对诉讼标的有共同权利义务的，其中一人的诉讼行为经其他共同诉讼人承认，对其他共同诉讼人发生效力；对诉讼标的没有共同权利义务的，其中一人的诉讼行为对其他共同诉讼人不发生效力。

第五十九条　对当事人双方的诉讼标的，第三人认为有独立请求权的，有权提起诉讼。

对当事人双方的诉讼标的，第三人虽然没有独立请求权，但案件处理结果同他有法律上的利害关系的，可以申请参加诉讼，或者由人民法院通知他参加诉讼。人民法院判决承担民事责任的第三人，有当事人的诉讼权利义务。

前两款规定的第三人，因不能归责于本人的事由未参加诉讼，但有证据证明发生法律效力的判决、裁定、调解书的部分或者全部内容错误，损害其民事权益的，可以自知道或者应当知道其民事权益受到损害之日起六个月内，向作出决定判决、裁定、调解书的人民法院提起诉讼。人民法院审理，诉讼请求成立的，应当改变或撤销原判决、裁定、调解书；诉讼请求不成立的，驳回诉讼请求。

☞ **易错点提示** ①无独立请求权的第三人，无权提出管辖权异议。

②第一审程序中未参加诉讼的第三人，申请参加第二审程序的，人民法院可以准许。

考点 15 民事证据的分类

1. 民事证据的法定分类：

(1)当事人的陈述。是指当事人就案件事实向人民法院所作的陈述。具有专门知识的人在法庭上就专业问题提出的意见，视为当事人陈述。

(2)书证。是指以文字、符号、图形等形式所记载的内容或表达的思想来证明案件事实的证据。

(3)物证。是指以其存在的外形、特征、质量、性能等来证明案件待证事实的物品。

(4)视听资料。是指以声音、图像及其他视听信息来证明案件待证事实的录像带、录音带、电脑软件等信息材料。

(5)电子数据。

(6)证人证言。是指当事人之外了解案件有关情况的人向人民法院就自己知道的案件事实所作的陈述。证人证言的证明力一般小于物证、档案、鉴定意见、勘验笔录和经过公证或登记的书证；无民事行为能力或者限制民事行为能力人所作的与其年龄和智力状况或者精神状况不相当的证言、与一方当事人或其代理人有利害关系的证人出具的证言、无正当理由未出庭作证的证人证言，不能单独作为认定案件事实的证据。

(7)鉴定意见。是指鉴定人运用自己的专业知识对案件中的有关专门性问题进行鉴别、分析所作出的意见。

(8)勘验笔录。

2. 民事证据的理论分类：

(1)本证与反证：

①本证。对当事人主张的事实起肯定性作用的证据，称为本证。本证一般由原告提出，但在某些情况下，被告也可提出本证。

②反证。对对方当事人主张的事实予以否定的证据，为反证。反证否定的对象是本证所证明的事实，而不是直接针对对方当事人的诉讼请求，用以否定对方当事人诉讼请求的证据不一定都是反证。

(2)直接证据与间接证据：

①直接证据，是指能够单独地、直接地证明待证事实的证据。

②间接证据，是指单个证据无法直接证明待证事实，而必须通过与其他证据联合在一起，方有可能证明待证事实的证据。

直接证据的证明力一般大于间接证据。间接证据虽证明力比较弱，但仍有重要作用：可为寻找直接证据提供线索；鉴别、印证直接证据；在无法收集到直接证据时，若干个有效的间接证据综合在一起，也能证明一定的待证事实。

(3)原始证据与传来证据：

①原始证据，是指直接源于案件事实的证据。原始证据的证明力一般大于间接证据。

②传来证据，是指从原始证据中派生出来的证据。原则上对只有传来证据证明的事实不予认定。

当事人提供证据应当提供原始证据，只有在提供原始证据有困难的情况下，才可以提供传来证据。

☞ **易错点提示** ①凡是知道案件情况的单位和个人，都有义务出庭作证。不能正确表达意思的人，不能作证。

②经人民法院通知，证人应当出庭作证。有下列情形之一的，经人民法院许可，可以通过书面证言、视听传输技术或者视听资料等方式作证：

a. 因健康原因不能出庭的；

b. 因路途遥远，交通不便不能出庭的；

c. 因自然灾害等不可抗力不能出庭的；

d. 其他有正当理由不能出庭的。

③证人因履行出庭作证义务而支出的交通、住宿、就餐等必要费用以及误工损失，由败诉一方当事人负担。当事人申请证人作证的，由该当事人先行垫付；当事人没有申请，人民法院通知证人作证的，由人民法院先行垫付。

考点16 民事诉讼中的证明责任

1. 证明责任的分配，是指案件所涉及的事实由谁来负责提供证据。当事人对自己提出的主张应当及时提供证据。

人民法院根据当事人的主张和案件审理情况，确定当事人应当提供的证据及其期限。当事人在该期限内提供证据确有困难的，可以向人民法院申请延长期限，人民法院根据当事人的申请适当延长。当事人逾期提供证据的，人民法院应当责令其说明理由；拒不说明理由或者理由不成立的，人民法院根据不同情形可以不予采纳该证据，或者采纳该证据但予以训诫、罚款。

人民法院收到当事人提交的证据材料，应当出具收据，写明证据名称、页数、份数、原件或者复印件以及收到时间等，并由经办人员签名或者盖章。

2. 免予证明的事实包括：

(1)自然规律以及定理、定律；

(2)众所周知的事实；

(3)根据法律规定推定的事实；

(4)根据已知的事实和日常生活经验法则推定出的另一事实；

(5)已为人民法院发生法律效力的裁判所确认的事实；

(6)已为仲裁机构生效裁决所确认的事实；

(7)已为有效公证文书所证明的事实。

上述第(2)项至第(4)项规定的事实，当事人有相反证据足以反驳的除外；第(5)项至第(7)项规定的事实，当事人有相反证据足以推翻的除外。

【考场演练】 单项选择题

薛某雇杨某料理家务。一天，杨某乘电梯去楼下扔厨房垃圾时，袋中的碎玻璃严重划伤电梯中的邻居乔某。乔某诉至法院，要求赔偿其损失3万元。关于本案，下列哪一说法是正确的？

A. 乔某应起诉杨某，并承担杨某主观有过错的证明责任

B. 乔某应起诉杨某，由杨某承担其主观无过错的证明责任

C. 乔某应起诉薛某，由薛某承担其主观无过错的证明责任

D. 乔某应起诉薛某，薛某主观是否有过错不是本案的证明对象

【参考答案】 D

【知识图解1】 侵权诉讼中的举证责任分担

<table>
<tr><td>项目</td><td colspan="2">内容</td></tr>
<tr><td>概念</td><td colspan="2">证明责任是一种不利的风险负担。
在作出判决前，当事人未能提供证据或者证据不足以证明其事实主张的，由负有举证证明责任的当事人承担不利后果</td></tr>
<tr><td>理解</td><td colspan="2">(1)真伪不明是证明责任发生的前提；
(2)当事人是证明责任的主体，法院不承担证明责任；
(3)针对单一诉讼请求所涉及的事实，证明责任只能由一方当事人承担；
(4)证明责任的负担是由法律和司法解释预先确定的，在诉讼中不存在证明责任转移问题；
(5)不承担证明责任的一方当事人也可以积极行使举证权利；
(6)证明责任是一种拟制或假定，可能与客观事实不符</td></tr>
<tr><td>证明责任分配</td><td>原则</td><td>“谁主张，谁举证”
(1)主张法律关系存在的当事人，应当对产生该法律关系的基本事实承担举证证明责任；
(2)主张法律关系变更、消灭或者权利受到妨害的当事人，应当对该法律关系变更、消灭或者权利受到妨害的基本事实承担举证证明责任</td></tr>
</table>

续表

<table>
<tr><th>项目</th><th colspan="2">内容</th></tr>
<tr><td rowspan="5">证明责任分配</td><td rowspan="2">体现</td><td>合同纠纷：
(1)主张合同成立并生效的一方当事人对合同成立并生效的事实承担证明责任；
(2)主张合同关系变更、解除、终止、撤销的一方当事人对合同关系变更、解除、终止、撤销的事实承担证明责任；
(3)对合同是否履行发生争议，由主张合同已经履行的一方当事人承担证明责任；
(4)对是否存在代理权发生争议，由主张代理权存在的一方当事人承担证明责任</td></tr>
<tr><td>侵权纠纷：
(1)由受害方对侵权责任的构成要件(一般为侵权行为、因果关系、损害后果、加害人过错四要件；如果是无过错责任原则则为行为、结果、因果关系三要件)承担证明责任。
(2)由加害方对具有法定的免责事由承担证明责任</td></tr>
<tr><td rowspan="2">倒置规定</td><td>因果关系倒置：
因污染环境、破坏生态发生纠纷，行为人应当就其行为与损害之间不存在因果关系承担举证责任(无过错责任原则)</td></tr>
<tr><td>过错倒置——民法中的所有“过错推定”即为过错倒置：
(1)无民事行为能力人在幼儿园、学校或者其他教育机构学习、生活期间受到人身伤害，幼儿园、学校或者其他教育机构应当承担赔偿责任；但能够证明尽到教育、管理职责的，不承担责任。
(2)医疗纠纷中，患者在诊疗活动中受到损害，有下列情形之一的，推定医疗机构有过错：
①违反法律、行政法规、规章以及其他有关诊疗规范的规定；
②隐匿或者拒绝提供与纠纷有关的病历资料；
③遗失、伪造、篡改或者违法销毁病历资料。
(3)动物园的动物造成他人损害的，动物园应当承担侵权责任；但是能够证明尽到管理职责的不承担侵权责任。(无过错，无倒置规定)
(4)建筑物、构筑物或者其他设施及其搁置物、悬挂物发生脱落、坠落造成他人损害，所有人、管理人或者使用人不能证明自己没有过错的，应当承担侵权责任。(过错倒置)
(5)堆放物倒塌、滚落或者滑落造成他人损害，堆放人不能证明自己没有过错的，应当承担侵权责任</td></tr>
<tr><td colspan="2">【归纳总结】“一个原则，两类倒置”
一个原则——谁主张积极事实，谁承担证明责任。(合同纠纷、侵权纠纷等均如此，侵权纠纷中，原告证明侵权法律构成要件，被告证明免责事由)
两类倒置——存在倒置的两类规定。(环境污染的因果关系倒置；过错推定的过错倒置)
做题“三步走”：
第1步：一个原则
“谁主张，谁举证”：①原告证明侵权构成要件；②被告证明免责事由。
第2步：根据《民法典》的规定判断归责原则(是否无过错责任原则)
①如果是无过错责任原则，侵权构成要件包含行为、结果、因果关系三要件；
②如果不是无过错责任原则，侵权构成要件包含行为、结果、因果关系、过错四要件。
第3步：根据《民法典》的规定判断是否存在“两类倒置”
①环境污染案件因果关系倒置；②过错推定案件过错倒置</td></tr>
</table>

【知识图解2】 合同纠纷案件中的举证责任

承担举证责任的当事人	举证内容
主张合同成立并生效的一方	合同订立和生效的事实
主张合同关系变更、解除、终止、撤销的一方	引起合同关系变动的事实
负有履行义务的当事人	合同是否履行
主张有代理权一方当事人	代理权

【知识图解3】 劳动争议纠纷案件中的举证责任

承担举证责任的当事人	举证内容
用人单位	开除、除名、辞退、解除劳动合同、减少劳动报酬、计算劳动者工作年限等

☞ **易错点提示** 关于自认：

①一方当事人在法庭审理中，或者在起诉状、答辩状、代理词等书面材料中，对于己不利的事实明确表示承认的，另一方当事人无须举证证明。

②对于涉及身份关系、国家利益、社会公共利益等应当由人民法院依职权调查的事实，不适用前述自认的规定。

③自认的事实与查明的事实不符的，人民法院不予确认。

考点17 法院调解

调解是民事诉讼法的一项基本原则，无论一审还是二审，都可适用调解作为结案的方式之一。

1. 一审中的调解：

(1)在一审案件受理之后，法院经审查认为法律关系明确、事实清楚，在征得双方当事人同意后，可以径行调解。

审理离婚案件，应当进行调解，但不应久调不决。

人民法院审理民事案件，应当根据自愿、合法的原则进行调解。当事人一方或者双方坚持不愿调解的，应当及时裁判。

(2)不适用调解的案件：适用特别程序、督促程序、公示催告程序的案件，婚姻等身份关系确认案件，以及其他依案件性质不能进行调解的民事案件，人民法院不得调解。

2. 二审中的调解。第二审人民法院审理上诉案件，可以进行调解。调解达成协议，应当制作调解书，由审判人员、书记员署名，加盖人民法院印章。当事人不愿调解或达不成调解协议的，由法院判决结案。注意对一些特殊案件调解的处理：

(1)对当事人在一审中已经提出的诉讼请求，原审人民法院未作审理、判决的，第二审人民法院可以根据当事人自愿的原则进行调解，调解不成的，发回重审。

(2)必须参加诉讼的当事人或者有独立请求权的第三人,在一审中未参加诉讼,第二审人民法院可以根据当事人自愿的原则予以调解,调解不成的,发回重审。

(3)在第二审程序中,原审原告增加独立的诉讼请求或原审被告提出反诉的,第二审人民法院可以根据当事人自愿的原则就新增加的诉讼请求或反诉进行调解;调解不成的,告知当事人另行起诉。

(4)一审判决不准离婚的案件,上诉后,第二审人民法院认为应当判决离婚的,可以根据当事人自愿的原则,与子女抚养、财产问题一并调解;调解不成的,发回重审。

☞ **易错点提示** 以上(3)(4)两项,双方当事人同意由第二审人民法院一并审理的,第二审人民法院可以一并裁判。

【考场演练】 不定项选择题

程某与邓某恋爱过程中,2020年5月邓某怀孕,邓某威胁程某如果不结婚将到程某单位吵闹,程某迫于无奈于8月与邓某登记结婚。10月邓某流产,程某起诉邓某要求撤销婚姻关系,一审法院判决驳回程某诉讼请求,程某不服一审判决,提起上诉,在二审中程某将诉讼请求变更为解除婚姻关系。关于本案表述正确的是:

A. 二审法院应当撤销一审判决

B. 二审法院对解除婚姻关系的诉讼请求可以组织当事人调解,调解不成发回一审法院重审

C. 二审法院对解除婚姻关系的诉讼请求可以组织当事人调解,调解不成告知程某另行起诉

D. 二审法院可以直接对变更后的诉讼请求进行审理,并作出判决

【参考答案】 C

3. 调解达成协议,人民法院应当制作调解书,写明诉讼请求、案件的事实和调解结果。调解书经双方当事人签收后,即具有法律效力。

(1)不需制作调解书的案件有:调解和好的离婚案件;调解维持收养关系的案件;能够即时履行的案件;其他不需要制作调解书的案件。

对不需要制作调解书的协议,应当记入笔录,由双方当事人、审判人员、书记员签名或者盖章后,即具有法律效力。

(2)调解书的效力。调解书应自双方当事人签收后才发生法律效力。一审的调解协议或调解书生效后,当事人不得上诉。具有给付内容的调解书,具有强制执行力。

☞ **易错点提示** ①调解书不适用留置送达。

②当事人自行和解或者调解达成协议后,请求人民法院按照和解协议或者调解协议的内容制作判决书的,人民法院不予准许。

考点18 保全和先予执行

1. 保全。

(1)保全适用的情形。

①诉前保全:利害关系人因情况紧急,不立即申请保全将会使其合法权益受到难以弥补的损害的,可以在提起诉讼或者申请仲裁前向被保全财产所在地、被

申请人住所地或者对案件有管辖权的人民法院申请采取保全措施。申请人应当提供担保，不提供担保的，裁定驳回申请。

②诉讼中保全：人民法院对于可能因当事人一方的行为或者其他原因，使判决难以执行或者造成当事人其他损害的案件，根据对方当事人的申请，可以裁定对其财产进行保全、责令其作出一定行为或者禁止其作出一定行为；当事人没有提出申请的，人民法院在必要时也可以裁定采取保全措施。

人民法院采取保全措施，可以责令申请人提供担保，申请人不提供担保的，裁定驳回申请。

☞ **易错点提示** 诉前保全只能依当事人申请作出；诉讼中保全可以依当事人申请，或者由人民法院依职权作出。

(2)保全的范围和方式：限于请求的范围，或者与本案有关的财物。

财产保全采取查封、扣押、冻结或者法律规定的其他方法。人民法院保全财产后，应当立即通知被保全财产的人。财产已被查封、冻结的，不得重复查封、冻结。

【考场演练】 多项选择题

C市玉林区的陶某与A市江北区恒鲜水果批发公司在玉林区签订了买卖合同，双方约定如果产生纠纷，由合同签订地法院管辖。陶某支付了20万元货款之后，恒鲜公司一直没有发货。后陶某发现恒鲜公司已经不打算交付这批水果，而且还有转移财产的可能。于是向该公司仓库所在地A市渝北区法院申请对该批水果采取保全措施。渝北区法院根据申请作出了诉前保全裁定，陶某随后向法院起诉。关于本案，下列说法正确的是：

A. 渝北区法院可以采取保全措施

B. 渝北区法院应当在陶某起诉后，将保全手续移送给受诉法院

C. 陶某应当向渝北区法院提起诉讼

D. 陶某申请保全应当提供担保

【参考答案】 ABD

(3)保全的解除：

①财产纠纷案件，被申请人提供担保的，人民法院应当裁定解除保全。

②申请诉前保全的，申请人在人民法院采取保全措施后30日内不依法提起诉讼或者申请仲裁的，人民法院应当解除保全。

③保全错误的，或申请人撤回保全申请的，或申请人的起诉或诉讼请求被生效裁判驳回的，或人民法院认为应当解除保全的其他情形，应当作出解除保全裁定。

(4)申请有错误的，申请人应当赔偿被申请人因保全所遭受的损失。

【知识图解】 诉前保全与诉讼中保全

比较项目	诉前保全	诉讼中保全
提起的主体	只能由利害关系人向人民法院提出申请	既可以由当事人提出申请，也可以由法院依职权进行
提起的时间	发生在诉讼或者申请仲裁前	发生在诉讼开始之后

续表

比较项目	诉前保全	诉讼中保全
法律对提供担保的要求	申请人应当提供担保	法院可以责令申请人提供担保，而不是应当
法院作出保全裁定的时间	法院必须在接受申请后48小时内作出裁定	法院对情况紧急的必须在48小时内作出裁定，对情况不紧急的可以在48小时后作出裁定
保全措施解除的条件	申请人在法院采取保全措施后30日内不起诉或申请仲裁的，法院应当主动解除财产保全	以被申请人是否提供担保为条件，提供担保的，法院应当解除保全；不提供担保的，则实施保全

☞ **易错点提示** 诉前保全的，启动诉讼或仲裁程序的时限由原来的15日延长至30日。

2. 先予执行。人民法院对下列案件，根据当事人的申请，可以裁定先予执行：

(1)追索赡养费、扶养费、抚养费、抚恤金、医疗费用的；

(2)追索劳动报酬的；

(3)因情况紧急需要先予执行的，此种情况包括以下几种。

①需要立即停止侵害、排除妨碍的；

②需要立即制止某项行为的；

③追索恢复生产、经营急需的保险理赔费的；

④需立即返还社会保险金、社会救助资金的；

⑤不立即返还款项，将严重影响权利人生活和生产经营的。

先予执行要求应当由当事人主动向人民法院提出，人民法院不能主动依职权裁定采取先予执行的措施。在管辖权尚未确定的情况下，法院不得裁定先予执行。

当事人申请先予执行，人民法院可以责令申请人提供担保，申请人不提供担保的，驳回申请。申请人败诉的，应当赔偿被申请人因先予执行遭受的财产损失。

☞ **易错点提示** 当事人对保全或者先予执行的裁定不服的，可以申请复议一次。复议期间不停止裁定的执行。

考点 19 起诉与立案登记

1. 起诉，是指公民、法人或者其他组织认为自己的民事权益受到他人的侵犯或者与他人发生争议，以自己的名义，请求人民法院通过审判予以司法保护的行为。

当事人的起诉应满足法定的条件(包括实质条件和形式条件)：

(1)原告是与本案有直接利害关系的公民、法人和其他组织。

(2)有明确的被告。

(3)有具体的诉讼请求和事实、理由。

（4）属于人民法院受理民事诉讼的范围和受诉人民法院管辖。

2. 先行调解。当事人起诉到人民法院的民事纠纷，适宜调解的，先行调解，但当事人拒绝调解的除外。

3. 立案登记。根据《民事诉讼法》第122条、第126条进行审查，符合规定的予以登记立案。

4. 对当事人起诉时几种特殊情况的处理。对下列情形之一的起诉，人民法院不予受理：

（1）依照行政诉讼法的规定，属于行政诉讼受案范围的，告知原告提起行政诉讼。

（2）依照法律规定，双方当事人达成书面仲裁协议申请仲裁、不得向人民法院起诉的，告知原告向仲裁机构申请仲裁。

（3）依照法律规定，应当由其他机关处理的争议，告知原告向有关机关申请解决。

（4）对不属于本院管辖的案件，告知原告向有管辖权的人民法院起诉。

（5）对判决、裁定、调解书已经发生法律效力的案件，当事人又起诉的，告知原告申请再审，但人民法院准许撤诉的裁定除外。

（6）依照法律规定，在一定期限内不得起诉的案件，在不得起诉的期限内起诉的，不予受理。

（7）判决不准离婚与调解和好的离婚案件，判决、调解维持收养关系的案件，没有新情况、新理由，原告在6个月内又起诉的，不予受理；原告撤诉或者按照撤诉处理的离婚案件，没有新情况、新理由，在6个月内又起诉的，不予受理。

对下列情形之一的起诉，人民法院应当予以受理：

（1）裁定不予受理、驳回起诉的案件，原告再次起诉的，如果符合起诉条件的，人民法院应当予以受理；当事人撤诉或人民法院按撤诉处理后，当事人以同一诉讼请求再次起诉的，人民法院应当予以受理。

（2）当事人达成的仲裁条款、仲裁协议无效、失效或者内容不明确无法执行的，人民法院有权依法受理当事人一方的起诉。

（3）夫妻一方下落不明，另一方诉至人民法院，只要求离婚，不申请宣告下落不明人失踪或死亡的案件，法院应当受理，并对下落不明的人用公告送达诉讼文书。

（4）赡养费、扶养费、抚养费案件，裁判发生法律效力后，因新情况、新理由，一方当事人再行起诉要求增加或减少费用的，人民法院应当作为新案件受理。

（5）当事人超过诉讼时效期间起诉的，人民法院应予受理。受理后对方当事人提出诉讼时效抗辩，人民法院经审理认为抗辩事由成立的，判决驳回原告的诉讼请求。

考点 20 撤诉与缺席判决

1. 撤诉，是指在人民法院受理案件后、宣告判决之前，原告要求撤回其起诉的行为。撤诉分为申请撤诉和按撤诉处理两种情况。

(1)申请撤诉的条件包括:申请人必须是合格主体;必须是自愿;撤诉必须在法定期间内提出;撤诉必须由人民法院依法进行审查后,作出裁定。

有独立请求权的第三人参加诉讼后,原告申请撤诉,人民法院依法准许后,有独立请求权的第三人作为另案原告,原案原告、被告作为另案的被告,进行诉讼。

(2)按撤诉处理的情况包括:

①原告经传票传唤,无正当理由拒不到庭。

②原告未经法庭许可中途退庭。

③原告应预交而未预交受理费,人民法院通知其预交,通知后仍不预交或申请缓交、减交、免交未获批准而仍不预交的,按撤诉处理。

④无民事行为能力的原告方的法定代理人,经传票传唤无正当理由拒不到庭的。

⑤有独立请求权的第三人经法院传票传唤,无正当理由拒不到庭的,或者未经法庭许可中途退庭的,按撤诉处理;无独立请求权的第三人经人民法院传票传唤,无正当理由拒不到庭,或者未经法庭许可中途退庭的,不影响案件的审理。

当事人申请撤诉或者依法可以按撤诉处理的案件,如果当事人有违反法律的行为需要依法处理,人民法院可以不准许撤诉或者不按撤诉处理。

撤诉的法律后果:①直接导致诉讼程序的终结;②诉讼时效重新开始计算;③诉讼费用由撤诉的当事人承担。

☞ **易错点提示** ①在第二审程序和再审审理程序中,原审原告申请撤回起诉,经其他当事人同意,且不损害国家利益、社会公共利益、他人合法权益的,人民法院可以准许。准许撤诉的,应当一并裁定撤销原判决。

②公益诉讼案件的原告在法庭辩论终结后申请撤诉的,人民法院不予准许。

2. 缺席判决,是指人民法院在一方当事人无正当理由拒不参加法庭审理的情况下,仅就到庭的一方进行调查、审核证据,并对未到庭的一方当事人的诉讼材料进行审查后,依法作出裁判的诉讼活动。缺席判决和对席判决具有同等的法律效力。缺席判决适用的情形包括:

(1)原告不出庭或中途退庭按撤诉处理,被告提出反诉的;

(2)被告经传票传唤,无正当理由拒不到庭的,或者未经法庭许可中途退庭的;

(3)法院裁定不准撤诉的,原告经传票传唤,无正当理由拒不到庭的;

(4)无民事行为能力的被告方的法定代理人,经传票传唤无正当理由拒不到庭的。

☞ **易错点提示** 按撤诉处理与缺席判决的适用规则:这两种情形均针对当事人无正当理由拒不到庭或者未经法庭许可中途退庭,只是按撤诉处理针对原告方(包括有独立请求权的第三人、反诉的原告以及类似于当事人的原告法定代理人),

而缺席判决针对被告方(包括反诉被告以及类似于当事人的被告法定代理人)。

考点 21 延期审理、诉讼中止与诉讼终结

1. 延期审理。有下列情形之一的,可以延期开庭审理:

(1)必须到庭的当事人和其他诉讼参与人有正当理由没有到庭的;

(2)当事人临时提出回避申请的;

(3)需要通知新的证人到庭,调取新的证据,重新鉴定、勘验,或者需要补充调查的;

(4)其他应当延期的情形。

延期审理只发生在开庭审理阶段,延期审理前已进行的诉讼行为,对延期后的审理仍然有效。延期审理的时间不计算在审理期限内。

2. 诉讼中止。有下列情形之一的,应当中止诉讼:

(1)一方当事人死亡,需要等待继承人表明是否参加诉讼的;

(2)一方当事人丧失诉讼行为能力,尚未确定法定代理人的;

(3)作为一方当事人的法人或者其他组织终止,尚未确定权利义务承受人的;

(4)一方当事人因不可抗拒的事由,不能参加诉讼的;

(5)本案必须以另一案的审理结果为依据,而另一案尚未审结的;

(6)其他应当中止诉讼的情形。

【考场演练】 多项选择题

对张男诉刘女离婚案(两人无子女,刘父已去世),因刘女为无行为能力人,法院准许其母李某以法定代理人身份代其诉讼。2017 年 7 月 3 日,法院判决二人离婚,并对双方共有财产进行了分割。该判决同日送达双方当事人,李某对解除其女儿与张男的婚姻关系无异议,但对共有财产分割有意见,拟提起上诉。2017 年 7 月 10 日,刘女身亡。在此情况下,本案将产生哪些法律后果?

A. 本案诉讼中止,视李某是否就一审判决提起上诉而确定案件是否终结

B. 本案诉讼终结

C. 一审判决生效,二人的夫妻关系根据判决解除,李某继承判决分配给刘女的财产

D. 一审判决未生效,二人的共有财产应依法分割,张男与李某对刘女的遗产均有继承权

【参考答案】 BD

3. 诉讼终结。有下列情形之一的,终结诉讼:

(1)原告死亡,没有继承人,或者继承人放弃诉讼权利的;

(2)被告死亡,没有遗产,也没有应当承担义务的人的;

(3)离婚案件一方当事人死亡的;

(4)追索赡养费、扶养费、抚养费以及解除收养关系案件的一方当事人死亡的。

诉讼终结的案件以裁定的方式作出,送达即生效,当事人不得上诉,不得申请复议。诉讼终结的案件,当事人不得以同一事实和理由,就同一诉讼标的再行起诉,法院也不得再行受理此案。

☞ **易错点提示** 在区分延期审理和诉讼中止的适用时,除了法定的几种情

形，可以简单地理解为：某种特殊情况发生后，延期审理可以确定下次开庭审理的日期，具有可预测性；但是诉讼中止一般无法确定日期。

考点22 判决、裁定与决定

【知识图解】 判决、裁定与决定

比较项目	判决	裁定	决定
适用范围	针对案件中的民事实体权利义务争议	针对程序性问题	针对有关回避和对妨碍民事诉讼的强制措施方面的问题；处理人民法院内部工作关系方面的问题
作出形式	必须采用书面形式	可以采用口头形式，也可以采用书面形式	可以采用口头形式，也可以采用书面形式
作出的依据	依据的事实是法院认定的民事法律关系产生、变更、消灭的事实，依据的法律是民事实体法	依据的事实是程序性事实，依据的法律是民事诉讼法	无
效力	准予上诉的地方各级人民法院的第一审民事判决，即按普通程序和简易程序审理案件作出的判决，在上诉期间15日内，可以上诉。 按特别程序审理案件作出的判决、最高人民法院的一审民事判决、中级以上人民法院作出的二审民事判决，自送达之日起生效	只有不予受理、管辖权异议、驳回起诉的裁定可以上诉，上诉期间为10日；其他裁定一经作出立即生效	被驳回申请回避的决定，对妨碍民事诉讼行为人采取罚款、拘留的决定，可以申请复议一次，但复议不影响其效力。 其他决定，一经作出，立即生效
一个案件中可以作出的数量	通常只有一个（指全部判决而不是指先行作出的部分判决）	可以根据需要作出多个	可以根据需要作出多个

考点23 不予受理、驳回起诉和驳回诉讼请求的区别

【知识图解】 不予受理、驳回起诉和驳回诉讼请求

比较项目	不予受理	驳回起诉	驳回诉讼请求
适用文书	裁定	裁定	判决
解决问题性质	程序问题	程序问题	实体问题
适用诉讼阶段	审查起诉阶段	受理案件后	受理案件后
适用条件	起诉不符合受理条件	起诉不符合受理条件	起诉符合条件，但丧失实体胜诉权
当事人针对文书的权利	可以上诉、申请再审	可以上诉、申请再审	可以上诉、申请再审

续表

比较项目	不予受理	驳回起诉	驳回诉讼请求
当事人的权利	可以再起诉	可以再起诉	不得再起诉，因为一事不再理
上诉期	10 日	10 日	15 日
适用组织	立案庭	审判组织	审判组织

考点 24 简易程序的适用

1. 简易程序适用范围：

(1)从法院方面来看，只有基层法院及其派出法庭可以适用简易程序；

(2)从案件类型来看，事实清楚、权利义务关系明确、争议不大的第一审民事案件适用简易程序。其他民事案件，当事人双方也可以约定适用简易程序(开庭前提出)。

不得适用简易程序的案件类型包括：

(1)起诉时被告下落不明的；

(2)发回重审的；

(3)当事人一方人数众多的；

(4)适用审判监督程序的；

(5)涉及国家利益、社会公共利益的；

(6)第三人起诉请求改变或者撤销生效判决、裁定、调解书的；

(7)其他不宜适用简易程序的案件。

2. 简易程序的适用方式：

(1)在起诉方式上，简单的民事案件可以口头起诉，也可以书面起诉。

(2)在审判组织上，简易程序一律实行独任制。对以简易程序审理的案件，审判人员可以根据案件情况，不受普通程序关于开庭审理阶段和顺序的限制。可以用简便的方式传唤当事人和证人、送达诉讼文书、审理案件，但应当保障当事人陈述意见的权利。

(3)适用简易程序审理的案件，应当在立案之日起 3 个月内审结。有特殊情况需要延长的，由本院院长批准，可以延长 1 个月。

(4)当事人双方可就开庭方式向

【考场演练】 多项选择题

2014 年 9 月 30 日，吴某租赁王某建筑搭架设备，使用结束后，经双方结算吴某欠王某 1000 元。2016 年 5 月 29 日，吴某为王某出具了一张 1000 元欠条，后经王某多次催要，吴某一直未还，王某诉至法院。法院决定适用小额诉讼程序审理，告知了双方小额诉讼程序的特点。被告要求书面答辩，法院确定了 7 日的答辩期，并指定了 5 日的举证期限。在答辩期内，被告提出了管辖权异议，法院告知其小额诉讼程序不能提管辖权异议。关于本案诉讼程序中，法院做法正确的是：

A. 法院决定适用小额诉讼程序审理该案

B. 法院确定了 7 日的答辩期

C. 法院指定了 5 日举证期限

D. 法院告知其小额诉讼程序不能提管辖权异议

【参考答案】 ABC

人民法院提出申请,由人民法院决定是否准许。经当事人双方同意,可以采用视听传输技术等方式开庭。

3. 简易程序的裁判:人民法庭适用简易程序制作的判决书、裁定书、调解书,必须加盖基层人民法院印章,不得用人民法庭的印章代替基层人民法院的印章。

4. 小额诉讼:基层人民法院和它派出的法庭审理事实清楚、权利义务关系明确、争议不大的简单金钱给付民事案件,标的额为各省、自治区、直辖市上年度就业人员年平均工资50%以下的,适用小额诉讼的程序审理,实行一审终审。

下列案件,不适用小额诉讼程序审理:

(1)人身关系、财产确权案件;

(2)涉外案件;

(3)需要评估、鉴定或者对诉前评估、鉴定结果有异议的案件;

(4)一方当事人下落不明的案件;

(5)当事人提出反诉的案件;

(6)其他不宜适用小额诉讼的程序审理的案件。

☞ **易错点提示** ①简易程序是与普通程序相并列的第一审程序,相互独立、互不依赖。在内容上,是普通程序的简化,但它并不是普通程序的附属性程序,也不是普通程序的辅助性程序。如果当事人不服可以向第二审人民法院提起上诉。

②已经按照普通程序审理的案件,在开庭后不得转为简易程序审理。

考点25 二审程序和裁判

1. 二审法院对上诉案件的审理范围:

(1)上诉案件的审理包括对一审裁判认定的事实和适用的法律进行审查。

(2)上诉审理的范围应限于上诉人请求的范围,当事人没有提出请求的,不予审理,但一审判决违反法律禁止性规定,或者损害国家利益、社会公共利益、他人合法权益的除外。

2. 第二审法院审理案件的方式和地点:二审法院审理案件可以开庭审理也可不开庭审理,审判地点也较灵活。

(1)第二审人民法院对上诉案件,应当组成合议庭,开庭审理。经过阅卷、调查和询问当事人,对没有提出新的事实、证据或理由,合议庭认为不需要开庭审理的,也可以不开庭审理。

(2)二审法院审理上诉案件,可在本院进行,也可在案件发生地或一审法院进行。

3. 二审法院对上诉案件的裁判有

【考场演练】 多项选择题

关于民事诉讼二审程序的表述,下列哪些选项是正确的?

A. 二审既可能因为当事人上诉而发生,也可能因为检察院的抗诉而发生

B. 二审既是事实审,又是法律审

C. 二审调解书应写明撤销原判

D. 二审原则上应开庭审理,特殊情况下可不开庭审理

【参考答案】 BD

以下几种：

（1）原判决、裁定认定事实清楚，适用法律正确的，以判决、裁定方式驳回上诉，维持原判决、裁定。

（2）原判决、裁定认定事实错误或者适用法律错误的，以判决、裁定方式依法改判、撤销或者变更。

（3）原判决认定基本事实不清的，裁定撤销原判决，发回原审人民法院重审，或者查清事实后改判。

"基本事实"是指用以确定当事人主体资格、案件性质、民事权利义务等对原判决、裁定的结果有实质性影响的事实。

（4）原判决遗漏当事人或者违法缺席判决等严重违反法定程序的，裁定撤销原判决，发回原审人民法院重审。

①审判组织的组成不合法的；

②应当回避的审判人员未回避的；

③无诉讼行为能力人未经法定代理人代为诉讼的；

④违法剥夺当事人辩论权利的。

原审人民法院对发回重审的案件作出判决后，当事人提起上诉的，第二审人民法院不得再次发回重审。

☞ **易错点提示** ①人民法院依照第二审程序审理案件，认为第一审人民法院受理案件违反专属管辖规定的，应当裁定撤销原裁判并移送有管辖权的人民法院。

②原判决、裁定认定事实或者适用法律虽有瑕疵，但裁判结果正确的，第二审人民法院可以在判决、裁定中纠正瑕疵后，依照《民事诉讼法》第177条第1款第1项规定予以维持。

考点 26 审判监督程序的提起

审判监督程序，即再审程序，是指对已经发生法律效力的判决、裁定、调解书，人民法院认为确有错误，对案件再行审理的程序。

1. 基于当事人申请的再审：当事人对已经发生法律效力的判决、裁定，认为有错误的，可以向上一级人民法院申请再审；当事人一方人数众多或者当事人双方为公民的案件，也可以向原审人民法院申请再审。当事人申请再审的，不停止判决、裁定的执行。

《民事诉讼法》第211条规定，当事人的申请符合下列情形之一的，人民法院应当再审：

（1）有新的证据，足以推翻原判决、裁定的；

（2）原判决、裁定认定的基本事实缺乏证据证明的；

（3）原判决、裁定认定事实的主要证据是伪造的；

（4）原判决、裁定认定事实的主要证据未经质证的；

（5）对审理案件需要的主要证据，当事人因客观原因不能自行收集，书面申请人民法院调查收集，人民法院未调查收集的；

(6)原判决、裁定适用法律确有错误的；

(7)审判组织的组成不合法或者依法应当回避的审判人员没有回避的；

(8)无诉讼行为能力人未经法定代理人代为诉讼或者应当参加诉讼的当事人,因不能归责于本人或者其诉讼代理人的事由,未参加诉讼的；

(9)违反法律规定,剥夺当事人辩论权利的；

(10)未经传票传唤,缺席判决的；

(11)原判决、裁定遗漏或者超出诉讼请求的；

(12)据以作出原判决、裁定的法律文书被撤销或者变更的；

(13)审判人员审理该案件时有贪污受贿,徇私舞弊,枉法裁判行为的。

当事人对已经发生法律效力的调解书,提出证据证明调解违反自愿原则或者调解协议的内容违反法律,经人民法院审查属实的,应当再审。

适用特别程序、督促程序、公示催告程序、破产程序等非讼程序审理的案件,当事人不得申请再审。

当事人申请再审,应当在判决、裁定发生法律效力后6个月内提出;有以上第(1)(3)(12)(13)项规定情形的,自知道或者应当知道之日起6个月内提出。

2. 基于审判监督权的再审:

(1)提起再审的主体:

①各级人民法院院长对本院已经发生法律效力的判决、裁定、调解书,发现确有错误,认为需要再审的,应当提交审判委员会讨论决定。

【考场演练】 多项选择题

韩某起诉翔鹭公司要求其依约交付电脑,并支付迟延履行违约金5万元。经县市两级法院审理,韩某均胜诉。后翔鹭公司以原审适用法律错误为由申请再审,省高院裁定再审后,韩某变更诉讼请求为解除合同,支付迟延履行违约金10万元。再审法院最终维持原判。关于再审程序的表述,下列哪些选项是正确的?

A. 省高院可以亲自提审,提审应当适用二审程序

B. 省高院可以指令原审法院再审,原审法院再审时应当适用一审程序

C. 再审法院对韩某变更后的请求应当不予审查

D. 对于维持原判的再审裁判,韩某认为有错误的,可以向检察院申请抗诉

【参考答案】 ACD

②最高人民法院对地方各级人民法院已经发生法律效力的判决、裁定、调解书,上级人民法院对下级人民法院已经发生法律效力的判决、裁定、调解书,发现确有错误的,有权提审或者指令下级人民法院再审。

(2)再审的程序:人民法院审理再审案件,应当另行组成合议庭。

①人民法院按照审判监督程序再审的案件,发生法律效力的判决、裁定是由第一审法院作出的,按照第一审程序审理,所作的判决、裁定,当事人可以上诉;发生法律效力的判决、裁定是由第二审法院作出的,按照第二审程序审理,所作的判决、裁定,是发生法律效力的判决、裁定。

②上级人民法院按照审判监督程序提审的，按照第二审程序审理，所作的判决、裁定是发生法律效力的判决、裁定。

3. 基于审判监督权的抗诉和再审：

(1)抗诉主体：

①最高人民检察院对各级人民法院已经发生法律效力的判决、裁定，上级人民检察院对下级人民法院已经发生法律效力的判决、裁定，发现有《民事诉讼法》第211条规定情形之一的，或者发现调解书损害国家利益、社会公共利益的，应当提出抗诉。

②地方各级人民检察院对同级人民法院已经发生法律效力的判决、裁定，发现有《民事诉讼法》第211条规定情形之一的，或者发现调解书损害国家利益、社会公共利益的，可以向同级人民法院提出检察建议，并报上级人民检察院备案；也可以提请上级人民检察院向同级人民法院提出抗诉。

各级人民检察院对审判监督程序以外的其他审判程序中审判人员的违法行为，有权向同级人民法院提出检察建议。

(2)有下列情形之一的，当事人可以向人民检察院申请检察建议或者抗诉：

①人民法院驳回再审申请的；

②人民法院逾期未对再审申请作出裁定的；

③再审判决、裁定有明显错误的。

人民检察院对当事人的申请应当在3个月内进行审查，作出提出或者不予提出检察建议或者抗诉的决定。当事人不得再次向人民检察院申请检察建议或者抗诉。

(3)人民检察院因履行法律监督职责提出检察建议或者抗诉的需要，可以向当事人或者案外人调查核实有关情况。

(4)人民检察院提出抗诉的案件，接受抗诉的人民法院应当自收到抗诉书之日起30日内作出再审的裁定；有《民事诉讼法》第211条第1项至第5项规定情形之一的，可以交下一级人民法院再审，但经该下一级人民法院再审的除外。

☞ **易错点提示** ①当事人对已经生效的解除婚姻关系的判决、调解书，不得申请再审。由于这种判决关系到当事人身份关系的变动不得申请再审，但财产分割部分可以申请再审；如涉及判决中未作处理的夫妻共同财产，应告知当事人另行起诉。

②按照审判监督程序决定再审的案件，裁定中止原判决、裁定、调解书的执行，但追索赡养费、扶养费、抚养费、抚恤金、医疗费用、劳动报酬等案件，可以不中止执行。

考点 27 公示催告程序

【知识图解】 公示催告程序流程

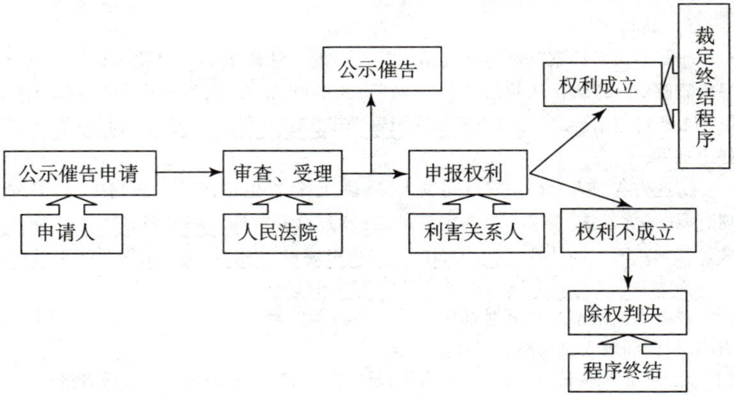

1. 申请条件

(1)申请原因:票据被盗、遗失或者灭失。

(2)申请人:票据持有人。

2. 特点

(1)管辖:票据支付地的基层人民法院管辖。

(2)审级:一审终审。

(3)没有答辩程序。

(4)主要是书面审查和公告方式。

(5)公示催告程序由公示催告和除权判决两个阶段构成,均由申请人申请启动。

(6)公示催告程序的两个阶段可以由两个不同的审判组织进行审理。

3. 公告阶段

(1)停止支付与公告。

(2)利害关系人申报权利。

4. 除权判决阶段

(1)除权判决的作出:依申请人申请;由合议庭作出。

(2)同时具备的条件:①在申报权利的期间没有人申报的,或者申报被驳回;②公示催告申请人自申报权利期间届满的次日起 1 个月内申请。

(3)除权判决的效力。自公告之日起发生法律效力,公示催告程序终结,当事人不得提起上诉。

(4)救济。可以向人民法院起诉,条件是:①因正当理由不能在判决前向人民法院申报权利;②自知道或者应当知道判决公告之日起 1 年内。

考点28 督促程序

督促程序是指人民法院根据债权人的申请，向债务人发出支付令，催促债务人在法定期限内向债权人清偿债务的程序。督促程序属于一种非讼的特别程序。人民法院在适用督促程序时，只由审判员一人审理，并实行一审终审制，且无须开庭审理。

1. 支付令的申请。债权人向人民法院申请支付令，符合下列条件的，基层人民法院应予受理，并在收到申请后5日内通知债权人：

(1)请求给付金钱或汇票、本票、支票、股票、债券、国库券、可转让的存款单等有价证券；

(2)请求给付的金钱或者有价证券已到期且数额确定，并写明了请求所根据的事实、证据；

(3)债权人没有对待给付义务；

(4)债务人在我国境内且未下落不明；

(5)支付令能够送达债务人；

(6)收到申请书的人民法院有管辖权；

(7)债权人未向人民法院申请诉前保全。

不符合前述规定的，人民法院应当在收到支付令申请书后5日内通知债权人不予受理。

☞ **易错点提示** 基层人民法院受理申请支付令案件，不受债权金额的限制。

2. 对支付令的审查和处理：人民法院受理申请后，由审判员一人进行审查。经审查，有下列情形之一的，裁定驳回申请：

(1)申请人不具备当事人资格的；

(2)给付金钱或者有价证券的证明文件没有约定逾期给付利息或者违约金、赔偿金，债权人坚持要求给付利息或者违约金、赔偿金的；

(3)要求给付的金钱或者有价证券属于违法所得的；

(4)要求给付的金钱或者有价证券尚未到期或者数额不确定的。

人民法院受理支付令申请后，发现不符合《民诉解释》规定的受理条件的，应当在受理之日起15日内裁定驳回申请。

有下列情形之一的，人民法院应当裁定终结督促程序，已发出支付令的，支付令自行失效：

(1)人民法院受理支付令申请后，债权人就同一债权债务关系又提起诉讼的；

(2)人民法院发出支付令之日起30日内无法送达债务人的；

(3)债务人收到支付令前，债权人撤回申请的。

3. 对支付令的异议：债务人应当在收到支付令之日起15日内清偿债务，或者向人民法院提出书面异议。经形式审查，债务人提出的书面异议有《民诉解释》规定的下列情形之一的，应当认定异议成立，裁定终结督促程序，支付令自行失效：

(1)不予受理申请情形的；

(2)裁定驳回申请情形的；

(3)应当裁定终结督促程序情形的；

(4)人民法院对是否符合发出支付令条件产生合理怀疑的。

债务人的口头异议无效。

☞ **易错点提示** ①债务人在收到支付令后，未在法定期间提出书面异议，而向其他人民法院起诉的，不影响支付令的效力。债务人超过法定期间提出异议的，视为未提出异议。

②债务人对债务本身没有异议，只是提出缺乏清偿能力、延缓债务清偿期限、变更债务清偿方式等异议的，不影响支付令的效力。

③人民法院院长发现本院已经发生法律效力的支付令确有错误，认为需要撤销的，应当提交本院审判委员会讨论决定后，裁定撤销支付令，驳回债权人的申请。

考点 29 第三人撤销之诉、案外人申请再审、案外人执行异议之诉

【知识图解】 第三人撤销之诉、案外人申请再审、案外人执行异议之诉

比较项目	第三人撤销之诉	案外人申请再审	案外人执行异议之诉
申请人	第三人(有独立请求的第三人和无独立请求的第三人)	案外人申请再审制度对“案外人”本身资格并无专门限制，只是要求其民事权益受到生效裁判损害即可，但与第三人撤销之诉不同的是，该制度以案外人提出执行异议为前提	实体权利因执行受到损害的不特定第三人
申请理由	因不可归责本人的原因未参加他人之间的诉讼而因该诉讼结果与其有利害关系，进而为了维护自己被该诉讼侵害的合法权益，而提请法院撤销他人之间诉讼的判决。 注：不是所有的民事权利受到生效裁判损害，都需要通过撤销之诉进行救济。该民事权利应包括：所有权及他物权、法定优先权、股权、知识产权、租赁权、撤销权、就原诉争议的特定物享有请求给付的债权、撤销权等，实践中较多的金钱债权受到损害的情形，不能通过撤销之诉救济	案外人对原判决、裁定、调解书确定的执行标的物主张权利，且无法提起新的诉讼解决争议的，可申请再审。 **注**：案外人对执行行为提出异议，执行法院裁定驳回其异议后仍不服的，可根据《民事诉讼法》第236条向上一级人民法院申请复议，但无权申请再审或提起执行异议之诉	就执行标的享有足以排除强制执行的权利，请求法院不得对涉案标的事实执行

续表

比较项目	第三人撤销之诉	案外人申请再审	案外人执行异议之诉
申请期限	知道或者应当知道其民事权益受损之日起6个月内提出	因需要提出案外人执行异议为前置程序,故其申请再审应在执行异议裁定送达之日起6个月内提出	执行终结前,自执行异议裁定送达之日起15日内提出
管辖	由作出生效裁判的原审法院管辖	由作出生效裁判的原审法院管辖	执行法院
立案审查期限	30日	3个月	30日
对生效裁判的执行	原则上不中止生效裁判的执行,但原告提供相应担保,请求中止执行,如人民法院认为有必要的,可以中止执行	在审查案外人再审申请的期间不中止执行,裁定再审后一般中止原裁判的执行	诉讼期间,不停止执行。若案外人提供担保,可以裁定停止执行;若申请执行人提供担保则裁定不停止执行
法院驳回的后果	原审法院作出一审裁判后,任何一方都可以提出上诉	案外人申请再审如被裁定驳回,则不存在对驳回裁定的上诉问题;如果裁定再审并按二审程序审理,对审理结果不能上诉	可上诉
例外	特别程序、督促程序、公示催告程序、破产程序等非讼案件;婚姻无效、撤销或者解除婚姻关系的案件;执行案件的生效裁判;代表人诉讼和公益诉讼	特别程序、督促程序、公示催告程序、破产程序等非讼案件;婚姻无效、撤销或者解除婚姻关系的案件;执行案件的生效裁判	仅限于对财产权的执行
性质	普通诉讼程序	审判监督程序	执行救济制度

1. 对执行标的物享有所有权的案外人只能提起案外人执行异议之诉,不能提起确权之诉。

2. 撤销之诉案件审理过程中,原告有权对生效裁判的执行提出案外人执行异议,但其异议被驳回后,无权再就生效裁判申请再审;在案外人未提起撤销之诉的情况下,案外人提出执行异议之后,有权申请再审,但无权提起撤销之诉。

3. 第三人撤销之诉案件审理期间,该第三人无权再以案外人身份,对于同一生效裁判申请再审,但对该生效裁判仍有可能因原审当事人申请、检察监督或者法院依职权启动再审。出现上述情况的,原则上再审吸收撤销之诉,人民法院以裁定将第三人的诉讼请求并入再审程序,这相当于诉的合并。例外的是,对有证据证明原审当事人之间恶意串通损害第三人合法权益的,则优先审理撤销之诉,裁定中止再审诉讼。如果撤销之诉撤销或改变了生效裁判,致使再审已经没有必要，可终结再审程序。

考点30 指定遗产管理人案件

【知识图解】 指定遗产管理人案件

项目	内容
管辖	被继承人死亡时住所地或者主要遗产所在地基层法院
指定原则	有利于遗产管理的原则
变更指定	被指定的遗产管理人死亡、终止、丧失民事行为能力或者存在其他无法继续履行遗产管理职责情形的，人民法院可以根据利害关系人或者本人的申请另行指定遗产管理人
撤销	遗产管理人违反遗产管理职责，严重侵害继承人、受遗赠人或者债权人合法权益的，人民法院可以根据利害关系人的申请，撤销其遗产管理人资格，并依法指定新的遗产管理人

考点31 执行申请和管辖

1. 执行根据，是指能够据以执行的法律文书。执行根据主要有三类：

(1)人民法院制作的具有给付内容的法律文书；

(2)其他机关制作的由人民法院执行的法律文书；

(3)人民法院制作的承认并执行外国法院判决、裁定或者外国仲裁机构裁决的裁定书。

发生法律效力的具有赡养费、扶养费、扶养费内容的法律文书、民事制裁决定书，以及刑事附带民事判决、裁定、调解书，由审判庭移送执行机构执行。

2. 申请执行的期限：2年。

3. 执行管辖，是指划分人民法院办理执行案件的权限和分工。

(1)人民法院制作的具有财产内容的民事判决、裁定和刑事判决、裁定中的财产部分，由第一审人民法院或者与第一审人民法院同级的被执行的财产所在地人民法院执行。

(2)发生法律效力的实现担保物权裁定、确认调解协议裁定、支付令，由作出裁定、支付令的人民法院或者与其同级的被执行财产所在地的人民法院执行。

【考场演练】 多项选择题

汤某设宴为母祝寿，向成某借了一尊清代玉瓶装饰房间。毛某来祝寿时，看上了玉瓶，提出购买。汤某以30万元将玉瓶卖给了毛某，并要其先付钱，寿典后15日内交付玉瓶。毛某依约履行，汤某以种种理由拒绝交付。毛某诉至甲县法院，要求汤某交付玉瓶，得到判决支持。汤某未上诉，判决生效。在该判决执行时，成某知晓了上述情况。对此，成某依法可采取哪些救济措施？

A. 以案外人身份向甲县法院直接申请再审

B. 向甲县法院提出执行异议

C. 向甲县法院提出第三人撤销之诉

D. 向甲县法院申诉，要求甲县法院依职权对案件启动再审

【参考答案】 BCD

(3)认定财产无主的判决,由作出判决的人民法院将无主财产收归国家或者集体所有。

(4)由人民法院执行的其他法律文书,由被执行人住所地或者被执行的财产所在地的人民法院执行。

4. 执行员接到申请执行书或者移交执行书,应当向被执行人发出执行通知,并可以立即采取强制执行措施。

考点 32 执行异议

1. 对执行行为的异议:是指当事人、利害关系人对人民法院的执行行为质疑,从而要求人民法院变更或停止执行行为的请求。

当事人、利害关系人提出异议的条件是:(1)必须以人民法院的执行行为违反法律法规或司法解释为由提出异议;(2)必须向负责执行的人民法院提出异议;(3)必须以书面的方式提出异议。书面异议提出后,人民法院应当自收到异议之日起 15 日内审查完毕并作出裁定:理由成立的,裁定撤销或者改正;理由不成立的,裁定驳回。

当事人和利害关系人如果对裁定不服,还可以自裁定送达之日起10 日内向上一级人民法院提出书面复议。对复议的审查程序,《民诉解释》规定,上一级法院应当自收到复议申请之日起 30 日内审查完毕,作出裁定。有特殊情况需要延长的,经本院院长批准,可以延长,延长的期限不得超过 30 日。

执行异议审查和复议期间,不停止执行。被执行人、利害关系人提供充分、有效的担保请求停止相应处分措施的,人民法院可以准许;申请执行人提供充分、有效的担保请求继续执行的,应当继续执行。

2. 案外人对执行标的的异议:案外人对执行标的提出异议,应当在该执行标的执行程序终结前提出,由执行法院进行审查,审查期间不应超过 15 日,并按照下列情形分别处理:

(1)案外人对执行标的不享有足以排除强制执行的权益的,裁定驳回其异议;

(2)案外人对执行标的享有足以排除强制执行的权益的,裁定中止执行。

3. 案外人执行异议之诉:有前置条件,即人民法院对案外人提出的执行异议作出了裁定。特别注意:

(1)如果认为原判决、裁定错误的,则依照审判监督程序办理。

(2)诉讼请求与原判决、裁定无关的,可提起执行异议之诉。原告有两种可能:①如果案外人对执行异议的驳回裁定不服,自裁定送达之日起 15 日内可提起案外人执行异议之诉。②如果申请执行人对案外人执行异议的中止执行裁定不服,自裁定送达之日起 15 日内可提起执行异议之诉(许可执行之诉)。

如果申请执行人对中止执行裁定未提起执行异议之诉,被执行人无权提起执行异议之诉,可另行起诉。

【知识图解】 案外人执行异议之诉流程示意

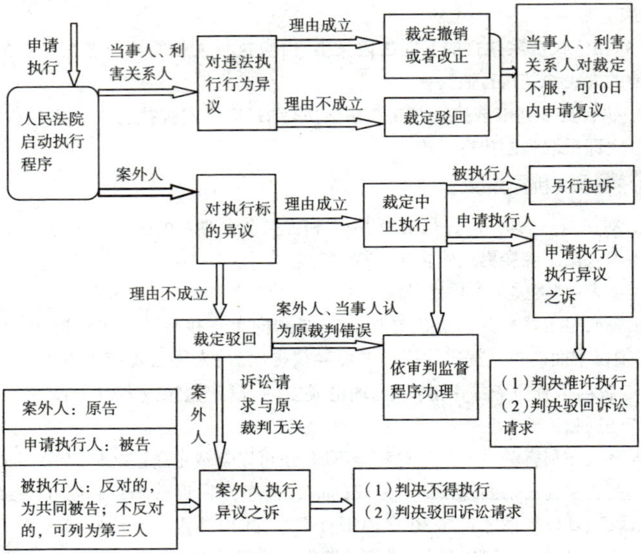

考点 33 执行和解

执行和解，是指在执行过程中，申请执行人和被申请执行人自愿协商，达成协议，并经人民法院审查批准后，结束执行程序的行为。

(1)申请执行期限因达成执行和解协议而中止，其期限自和解协议所确定履行期限的最后一日起连续计算。

(2)执行和解可以导致执行的中止，但当事人的和解协议不可以作为执行的根据。

(3)申请执行人与被执行人达成和解协议后请求中止执行或者撤回执行申请的，人民法院可以裁定中止执行或者终结执行。

☞ **易错点提示** 当事人达成的和解协议虽然不具有强制执行力，也不具有撤销原生效法律文书的效力，但是，和解协议履行完毕的，人民法院作执行结案处理，不得再恢复执行程序。例外：申请执行人因受欺诈、胁迫与被执行人达成和解协议，或者当事人不履行和解协议，对方当事人申请执行原生效法律文书的，人民法院应当恢复执行。

考点 34 涉外民事诉讼主要制度

【知识图解】 涉外民事诉讼主要制度

主要制度	主要内容	
管辖	地域管辖	(1)对在中国领域内没有住所的被告提起除身份关系以外的诉讼,如果合同签订所在地、合同履行所在地、诉讼标的物所在地、可供扣押财产所在地、侵权行为地、代表机构住所地位于中国领域内的,可以由合同签订地、合同履行地、诉讼标的物所在地、可供扣押财产所在地、侵权行为地、代表机构住所地人民法院管辖; (2)除前述情形外,涉外民事纠纷与中国存在其他适当联系的,可以由人民法院管辖
	协议管辖	当事人可以书面协议选择人民法院管辖
	专属管辖	(1)因在中华人民共和国领域内设立的法人或者其他组织的设立、解散、清算,以及该法人或者其他组织作出的决议的效力等纠纷提起的诉讼; (2)因与在中华人民共和国领域内审查授予的知识产权的有效性有关的纠纷提起的诉讼; (3)因在中华人民共和国领域内履行中外合资经营企业合同、中外合作经营企业合同、中外合作勘探开发自然资源合同发生纠纷提起的诉讼
域外送达	(1)依照受送达人所在国与中国缔结或者共同参加的国际条约中规定的方式送达; (2)通过外交途径送达; (3)对具有中国国籍的受送达人,可以委托中国驻受送达人所在国的使领馆代为送达; (4)向受送达人在本案中委托的诉讼代理人送达; (5)向受送达人在中华人民共和国领域内设立的独资企业、代表机构、分支机构或者有权接受送达的业务代办人送达; (6)受送达人为外国人、无国籍人,其在中国领域内设立的法人或者其他组织担任法定代表人或者主要负责人,且与该法人或者其他组织为共同被告的,向该法人或者其他组织送达; (7)受送达人为外国法人或者其他组织,其法定代表人或者主要负责人在中国领域内的,向其法定代表人或者主要负责人送达; (8)受送达人所在国的法律允许邮寄送达的,可以邮寄送达,自邮寄之日起满3个月,送达回证没有退回,但根据各种情况足以认定已经送达的,期间届满之日视为送达; (9)采用能够确认受送达人收悉的电子方式送达,但是受送达人所在国法律禁止的除外; (10)以受送达人同意的其他方式送达,但是受送达人所在国法律禁止的除外; 不能用上述方式送达的,公告送达,自发出公告之日起,经过60日,即视为送达	
域外调查取证	(1)人民法院可以依照证据所在国与中国缔结或者共同参加的国际条约中规定的方式,或者通过外交途径调查收集; (2)在所在国法律不禁止的情况下,人民法院可以采用下列方式调查收集: ①对具有中国国籍的当事人、证人,可以委托中华人民共和国驻当事人、证人所在国的使领馆代为取证; ②经双方当事人同意,通过即时通讯工具取证; ③以双方当事人同意的其他方式取证	

主要制度	主要内容
裁定不予承认和执行外国法院的判决、裁定	人民法院经审查，有下列情形之一的，裁定不予承认和执行： (1)依《民事诉讼法》第301条的规定，外国法院对案件无管辖权； (2)被申请人未得到合法传唤或者虽经合法传唤但未获得合理的陈述、辩论机会，或者无诉讼行为能力的当事人未得到适当代理； (3)判决、裁定是通过欺诈方式取得； (4)人民法院已对同一纠纷作出判决、裁定，或者已经承认第三国法院对同一纠纷作出的判决、裁定； (5)违反中华人民共和国法律的基本原则或者损害国家主权、安全、社会公共利益

考点35 仲裁与民事诉讼的关系

1. 仲裁是指发生争议的双方当事人，根据其在争议发生前或者争议发生后所达成的协议，自愿将该争议提交中立的第三者进行裁判的争议解决制度和方式。仲裁的特点有：自愿性、专业性、灵活性、保密性、快捷性、经济性、独立性。

(1)仲裁必须以有效的仲裁协议存在为前提。

(2)仲裁不公开审理。

(3)仲裁制度中始终贯穿当事人自愿原则。

(4)或裁或审制度和一裁终局制度是仲裁的基本制度。

下列纠纷不能仲裁：

(1)婚姻、收养、监护、扶养、继承纠纷。

(2)依法应当由行政机关处理的行政争议。

2. 仲裁与民事诉讼的选择：

当事人达成仲裁协议的，一方向人民法院起诉时未声明有仲裁协议，人民法院受理后，另一方在首次开庭前提交仲裁协议的，人民法院应当驳回起诉，但仲裁协议无效的除外。另一方在首次开庭前未对人民法院受理该案提出异议的，视为放弃仲裁协议，人民法院应当继续审理。

考点36 仲裁协议的效力

仲裁协议的存在是仲裁的前提。在我国，仲裁协议必须采用书面形式。仲裁协议包括合同中订立的仲裁条款和以其他书面方式在纠纷发生前或者纠纷发生后达成的请求仲裁的协议。仲裁协议应当具有下列内容：(1)请求仲裁的意思表示；(2)仲裁事项；(3)选定的仲裁委员会。

仲裁协议的效力包括对双方当事人的约束力、对法院的约束力和对仲裁机构的约束力。

1. 仲裁协议的效力主要表现为：如果当事人仲裁协议中约定的仲裁事项发生纠纷，只能申请仲裁，法院对仲裁所约定的事项无管辖权。仲裁机构对仲裁协议中的仲裁事项有权仲裁且只能在该范围内仲裁。

2. 有权确认仲裁协议法律效力的机构是仲裁委员会和人民法院：

(1)当事人对仲裁协议的效力有异议的，可以请求仲裁委员会作出决定或者请求人民法院作出裁定。一方请求仲裁委员会作出决定,另一方请求人民法院作出裁定的,由人民法院裁定。

(2)如果一方当事人申请仲裁机构确认仲裁协议效力,另一方当事人请求人民法院确认仲裁协议无效,仲裁机构先于人民法院接受申请并已作出决定的,人民法院不予受理;仲裁机构接受申请后尚未作出决定的,人民法院应予受理,同时通知仲裁机构终止仲裁。

3. 仲裁协议无效的法定情形:

(1)以口头形式订立的仲裁协议;

(2)约定的仲裁事项超过法律规定的仲裁范围的;

(3)无民事行为能力人或者限制民事行为能力人订立的仲裁协议;

(4)一方采取胁迫手段,迫使对方当事人订立的仲裁协议;

(5)仲裁协议对仲裁事项没有约定或约定不明确的。

4. 仲裁协议的失效:是指一项有效的仲裁协议因特定事由的发生而丧失其原有的法律效力。

(1)仲裁协议的失效与仲裁协议的无效的根本区别在于,仲裁协议的失效是指原本有效的仲裁协议在特定条件下失去了其效力,而仲裁协议的无效是指该仲裁协议自始就没有效力。

(2)仲裁协议在下列情形下失效:仲裁协议约定的提交仲裁的争议得到最终解决;当事人协议放弃仲裁协议。

☞ **易错点提示** ①仲裁协议独立存在,合同的变更、解除、终止或者无效,不影响仲裁协议的效力。仲裁庭有权确认合同的效力。

②"其他书面形式"的仲裁协议,包括以合同书、信件和数据电文(包括电报、电传、传真、电子数据交换和电子邮件)等形式达成的请求仲裁的协议。

③对于仲裁机构约定不明的处理:

a. 仲裁协议约定的仲裁机构名称不准确,但能够确定具体的仲裁机构的,应当认定选定了仲裁机构。

b. 仲裁协议约定两个以上仲裁机构的,当事人可以协议选择其中的一个仲裁机构申请仲裁;当事人不能就仲裁机构选择达成一致的,仲裁协议无效。

c. 仲裁协议约定由某地的仲裁机构仲裁且该地仅有一个仲裁机构的,该仲裁机构视为约定的仲裁机构。该地有两个以上仲裁机构的,当事人可以协议选择其中的一个仲裁机构申请仲裁;当事人不能就仲裁机构选择达成一致的,仲裁协议无效。

d. 仲裁协议仅约定纠纷适用的仲裁规则的,视为未约定仲裁机构,但当事人达成补充协议或者按照约定的仲裁规则能够确定仲裁机构的除外。

④当事人对仲裁协议的效力有异议,应当在仲裁庭首次开庭前提出。当事人在仲裁庭首次开庭前没有对仲裁协议的效力提出异议,而后向人民法院申请确认仲裁协议无效的,人民法院不予受理。

仲裁机构对仲裁协议的效力作出决定后,当事人向人民法院申请确认仲裁协议效力或者申请撤销仲裁机构的决定的,人民法院不予受理。

考点 37 仲裁和解与仲裁调解

1. 仲裁和解。当事人申请仲裁后,可以自行和解。达成和解协议的,可以请求仲裁庭根据和解协议作出裁决书,也可以撤回仲裁申请。

当事人达成和解协议,撤回仲裁申请后反悔的,仍可以根据原仲裁协议申请仲裁。

2. 仲裁调解。仲裁庭在作出裁决前,可以先行调解。当事人自愿调解的,仲裁庭应当调解。调解不成的,应当及时作出裁决。调解达成协议的,仲裁庭应当制作调解书或者根据协议的结果制作裁决书。调解书与裁决书具有同等法律效力。

(1)调解书要写明仲裁请求和当事人协议的结果,并由仲裁员签名,加盖仲裁委员会印章。

(2)仲裁调解书经双方当事人签收后即发生法律效力。

考点 38 仲裁裁决的撤销

申请撤销仲裁裁决,是指对符合法定应予撤销情形的仲裁裁决,经由当事人提出申请,人民法院组成合议庭审查核实,裁定撤销仲裁裁决的效力。

1. 申请撤销仲裁裁决的条件:

(1)提出申请的主体必须是仲裁当事人。

(2)必须向有管辖权的人民法院提出,即向仲裁委员会所在地的中级人民法院直接提出。

(3)必须在法定期限内提出:自收到裁决书之日起6个月内提出。

(4)必须有证据证明仲裁裁决有法律规定的应予撤销的情形。

2. 申请撤销仲裁裁决的理由:

(1)没有仲裁协议的;

(2)裁决的事项不属于仲裁协议的范围或者仲裁委员会无权仲裁的;

(3)仲裁庭的组成或者仲裁的程序违反法定程序的;

(4)裁决所根据的证据是伪造的;

(5)对方当事人隐瞒了足以影响公正裁决的证据的;

(6)仲裁员在仲裁该案时有索贿受贿,徇私舞弊,枉法裁决行为的。

人民法院经组成合议庭审查核实裁决有前述情形之一的,应当裁定撤销。人民法院认定该裁决违背社会公共利益的,应当裁定撤销。

3. 对撤销仲裁裁决申请的处理。法院除作出撤销仲裁裁决或驳回撤销仲裁裁决申请的处理外,还可以通知仲裁庭重新开庭。

当事人申请撤销国内仲裁裁决的案件属于下列情形之一的,人民法院可以通知仲裁庭在一定期限内重新仲裁:

(1)仲裁裁决所根据的证据是伪造的;

(2)对方当事人隐瞒了足以影响公正裁决的证据的。

人民法院应当在通知中说明要求重新仲裁的具体理由。

☞ **易错点提示** ①对于法院管辖,《民诉解释》作了详细的规定:

a. 当事人向人民法院申请确认仲裁协议效力的案件，由仲裁协议约定的仲裁机构所在地的中级人民法院管辖；仲裁协议约定的仲裁机构不明确的，由仲裁协议签订地或者被申请人住所地的中级人民法院管辖。

b. 申请确认涉外仲裁协议效力的案件，由仲裁协议约定的仲裁机构所在地、仲裁协议签订地、申请人或者被申请人住所地的中级人民法院管辖。

c. 涉及海事海商纠纷仲裁协议效力的案件，由仲裁协议约定的仲裁机构所在地、仲裁协议签订地、申请人或者被申请人住所地的海事法院管辖；上述地点没有海事法院的，由就近的海事法院管辖。

②仲裁庭的组成或者仲裁的程序违反法定程序，是指违反仲裁法规定的仲裁程序和当事人选择的仲裁规则可能影响案件正确裁决的情形。

考点 39 仲裁裁决的不予执行

1. 被申请执行人提出证据证明仲裁裁决有法定不应执行的情形的，可以请求人民法院不予执行该仲裁裁决。不予执行仲裁裁决的申请是由仲裁执行程序中的被申请人提出的，它是在执行程序已经启动之后提出的，它的提出会导致仲裁裁决执行程序的中止。

被申请人提出证据证明仲裁裁决有下列情形之一的，经人民法院组成合议庭审查核实，裁定不予执行：

(1)当事人在合同中没有订有仲裁条款或者事后没有达成书面仲裁协议的；

(2)裁决的事项不属于仲裁协议的范围或者仲裁机构无权仲裁的；

(3)仲裁庭的组成或者仲裁的程序违反法定程序的；

(4)裁决所根据的证据是伪造的；

(5)对方当事人向仲裁机构隐瞒了足以影响公正裁决的证据的；

(6)仲裁员在仲裁该案时有贪污受贿，徇私舞弊，枉法裁决行为的。

(7)人民法院认定执行该裁决违背社会公共利益的，裁定不予执行。

裁定书应当送达双方当事人和仲裁机构。

2. 不予执行的处理。仲裁裁决被人民法院裁定不予执行的，当事人可以根据双方达成的书面仲裁协议重新申请仲裁，也可以向人民法院起诉。

3. 不予执行仲裁裁决的程序：

(1)被执行人、案外人对仲裁裁决执行案件申请不予执行的，负责执行的中级人民法院应当另行立案审查处理；执行案件已指定基层人民法院管辖的，应当于收到不予执行申请后 3 日内移送原执行法院另行立案审查处理；

(2)人民法院裁定中止执行，并组成合议庭进行审查；

(3)人民法院经过审查，认为仲裁裁决不符合法律规定的不予执行仲裁裁决的情形的，应当裁定驳回被申请执行人的申请，执行程序恢复进行。执行法院对拟不予执行的案件，应当向本辖区所属高级人民法院报核；待高级人民法院审核后，方可依高级人民法院的审核意见作出裁定。

4. 不予执行仲裁裁决的法律后果：

(1)执行仲裁裁决的程序终结；

(2)不予执行的裁定为终局裁定，不得申请再审；

(3)当事人重新选择纠纷解决方式。

考点 40 仲裁裁决的中止执行与终结执行

仲裁裁决的中止执行，是指在执行程序的时候，由于出现某种特定的原因，从而暂时停止执行程序，等这种特定原因消除后，再决定执行程序是否继续进行的制度。《仲裁法》第 64 条第 1 款规定："一方当事人申请执行裁决，另一方当事人申请撤销裁决的，人民法院应当裁定中止执行。"《民事诉讼法》第 267 条规定："有下列情形之一的，人民法院应当裁定中止执行：(一)申请人表示可以延期执行的；(二)案外人对执行标的提出确有理由的异议的；(三)作为一方当事人的公民死亡，需要等待继承人继承权利或者承担义务的；(四)作为一方当事人的法人或者其他组织终止，尚未确定权利义务承受人的；(五)人民法院认为应当中止执行的其他情形。中止的情形消失后，恢复执行。"

仲裁裁决的终结执行，是指执行程序开始后，由于出现特定的事由，使执行程序无法再进行或者已经没有进行的必要，因而结束执行程序的制度。《仲裁法》第 64 条第 2 款规定："人民法院裁定撤销裁决的，应当裁定终结执行。撤销裁决的申请被裁定驳回的，人民法院应当裁定恢复执行。"《民事诉讼法》第 268 条规定："有下列情形之一的，人民法院裁定终结执行：(一)申请人撤销申请的；(二)据以执行的法律文书被撤销的；(三)作为被执行人的公民死亡，无遗产可供执行，又无义务承担人的；(四)追索赡养费、扶养费、抚养费案件的权利人死亡的；(五)作为被执行人的公民因生活困难无力偿还借款，无收入来源，又丧失劳动能力的；(六)人民法院认为应当终结执行的其他情形。"

仲裁裁决的执行中止和执行终结最大的区别在于：执行中止只是暂时停止执行程序，等中止的原因消除后，由当事人申请或人民法院依照职权恢复执行程序，继续执行；而执行终结则是彻底结束执行程序。